LEGISLAÇÃO TURÍSTICA

Obras Publicadas:

- "Manual de Direito da Segurança, Higiene e Saúde no Trabalho", Almedina, 2ª ed., 2011.
- "Código do Trabalho Anotado e Comentado", 2ª ed., Almedina, 2010, em co-autoria.
- "Legislação Turística – Anotada", 4ª ed., Almedina, 2009.
- "Novo (O) Regime Jurídico de Instalação, Exploração e Funcionamento dos Empreendimentos Turísticos", Almedina, 2008.
- "Regime Jurídico dos Títulos de Crédito – Compilação anotada com Jurisprudência", 2ª ed., Almedina, 2007, em co-autoria.
- "Regime (O) Jurídico dos Despedimentos", Almedina, Reimpressão, 2007, em co--autoria.
- "Prática (Da) Laboral à Luz do *Novo* Código do Trabalho", 4ª ed., Almedina, 2007, em co-autoria.
- "Código do Trabalho Anotado e Comentado", 5ª ed., Almedina, 2007, em co-autoria.
- "Regulamentação do Código do Trabalho", 3ª ed., Almedina, 2006, em co-autoria.
- "Direito do Turismo", Almedina, 2003.
- "Problemática (Da) do Efeito Directo nas Directivas Comunitárias", *Dixit*, 2000.
- "Direito do Consumidor e Tutela de Outros Agentes Económicos", Almeida & Leitão, Lda., 1998.

Artigos Publicados:

- "O *Direito à Palavra* no mundo do trabalho: liberdade de expressão ou delito de opinião?", PDT, nºs 76-78.
- "Apreciação de alguns aspectos cruciais do «Livro Branco das Relações Laborais» no que concerne à contratação individual – a *pulsão flexibilizadora* do legislador, PDT, nºs 74-75.
- "A *dificultosa* transposição da Directiva 98/59/CE, do Conselho, de 20 de Julho de 1998 (despedimentos colectivos)", *Scientia Iuridica*, nº 302.
- "A precariedade dentro da precariedade ou a *demanda* dos trabalhadores à procura de primeiro emprego", Questões Laborais, nº 24.
- "A directiva nº 80/987 (quanto à aproximação das legislações dos Estados-membros respeitantes à protecção dos trabalhadores assalariados em caso de insolvência do empregador) – o antes e o depois de *Francovich*", Questões Laborais, nº 16.
- "A *preversidade* da tutela indemnizatória do art. 443º do CT – a desigualdade entre iguais (breve reflexão)", PDT, nº 71, CEJ.

LEGISLAÇÃO TURÍSTICA

Paula Quintas
Advogada
Professora do Ensino Universitário
Mestre em Direito
Pós-Graduada em Estudos Europeus

2011 · 5ª Edição

ALMEDINA

LEGISLAÇÃO TURÍSTICA

AUTORA
Paula Quintas

EDITOR
EDIÇÕES ALMEDINA, S.A.
Rua Fernandes Tomás nºs 76, 78, 80
3000-167 Coimbra
Tel.: 239 851 904 · Fax: 239 851 901
www.almedina.net · editora@almedina.net

DESIGN DE CAPA
FBA.

PRÉ-IMPRESSÃO, IMPRESSÃO E ACABAMENTO
G.C. - GRÁFICA DE COIMBRA, LDA.
Palheira Assafarge, 3001-153 Coimbra
producao@graficadecoimbra.pt
Setembro, 2011

DEPÓSITO LEGAL
333143/11

ALMEDINA | GRUPOALMEDINA

BIBLIOTECA NACIONAL DE PORTUGAL – CATALOGAÇÃO NA PUBLICAÇÃO
PORTUGAL. Leis decretos, etc.
Legislação turística : anotada / Paula
Quintas. – 5ª ed. – (Legislação anotada)
ISBN 978-972-40-4624-2
I – QUINTAS, Paula, 1965-
CDU 338
351

PREFÁCIO

Na presente edição pretende-se unificar (em obra única) os títulos, "O novo regime jurídico de instalação, exploração e funcionamento dos empreendimentos turísticos" e "Legislação Turística".

Atendeu-se às novidades introduzidas pelo Decreto-Lei nº 48/2011, de 1 de Abril, relativo ao «Licenciamento zero», ao novo regime das agências de viagens, aprovado pelo Decreto-Lei nº 61/2011, de 6 de Maio, à reestruturação do regime jurídico de instalação e do funcionamento dos estabelecimentos de restauração e de bebidas, aprovado pelo Decreto-Lei nº 48/2011, de 01.04.

Desenvolveu-se a parte dos crimes turísticos e inseriu-se excertos da Lei da Imigração.

No todo, pretendeu-se melhorar a presente obra, actualizando-a, desenvolvendo-a e apresentando os novos regime jurídicos.

Grijó, 29 de Agosto de 2011.

QUADRO LEGISLATIVO DAS ENTIDADES ADMINISTRATIVAS COMPETENTES

Lei Orgânica do XIX Governo Constitucional – Decreto-Lei nº 86-A/2011, de 12.07, a qual criou como ministério da tutela o Ministério da Economia e Emprego (art. 16º).

O Decreto-Lei nº 208/2006, de 27.10 procedeu às seguintes alterações:

Criou o Instituto de Turismo de Portugal, I.P. (art. 18º), a Secretaria Geral (art. 27º, nº 1, al. *a*)), e a Direcção-Geral das Actividades Económicas (art. 27º, nº 1, al. *b*)).

Extinguiu a Comissão Nacional de Gastronomia (art. 27º, nº 2, al. *c*)). Extinguiu, ainda, por fusão:

- a *Direcção-Geral de Turismo*, sendo as respectivas atribuições de natureza normativa integradas na Direcção-Geral das Actividades Económicas, e as restantes no Instituto do Turismo de Portugal, I.P. (art. 27º, nº 3, al. *d*));
- a *Inspecção-Geral dos Jogos*, sendo as suas atribuições integradas no Instituto do Turismo de Portugal, I.P. (art. 27º, nº 3, al. *e*)).
- o *ICEP Portugal I.P.*, sendo as suas atribuições integradas na Agência Portuguesa para o Investimento, E.P.E., que é objecto reestruturação e passa a denominar-se Agência para o Investimento e Comércio Externo de Portugal, E.P.E. (art. 27º, nº 3, al. *g*));
- a Direcção-Geral da Empresa, sendo as suas atribuições integradas na Direcção-Geral das Actividades Económicas (art. 27º, nº 3, al. *h*)).

E reestruturou:

- O *Instituto de Apoio às Pequenas e Médias Empresas e ao Investimento, I.P.*, sendo as suas atribuições relativas aos Centros de Formalidades das Empresas (art. 27º, nº 4, al. *c*)).

As *regiões de turismo* deixam de integrar o MEI (art. 29º). A aprovação do regime jurídico das áreas regionais de turismo de Portugal continental e dos pólos de desenvolvimento turístico, a delimitação e características, bem como o regime jurídico da criação, organização e funcionamento das respectivas entidades regionais de turismo foi realizada pelo Decreto-Lei nº 67/2008, de 04.10.

Instituto de Turismo de Portugal (Turismo de Portugal, Instituto Público) – Decreto-Lei nº 141/2007, de 27.04, art. 9º do Decreto-Lei nº 308/99, de 10.08.

Estatutos do Instituto de Turismo de Portugal – Portaria nº 539/2007, de 30.04.

Conselho Sectorial do Turismo – Decreto-Lei nº 108/2000, de 30.06.

Autoridade de Segurança Alimentar e Económica – Decreto-Lei nº 274/2007, de 30.07. e arts. 32º, 35º e 36º do Decreto-Lei nº 237/2005, de 30.12.

A ASAE é a entidade fiscalizadora do sector (conforme arts. 3º, nº 2, al. *t*) do Decreto-Lei nº 274/2007, de 30.07. e 66º, do Decreto-Lei nº 39/2008, de 07.03, excepto no que se refere a publicidade cuja competência pertence à Direcção-Geral do Consumidor). Quanto à competência sancionatória é partilhada (nos termos do art. 70º, do Decreto-Lei nº 39/2008, de 07.03) pela Comissão de Aplicação de Coimas em Matéria Económica e de Publicidade (CACMEP) e pelas câmaras municipais.

Instituto de Apoio às Médias e Pequenas Empresas – Decreto-Lei nº 140/ /2007, de 27.04.

Agência para o Investimento e Comércio Externo de Portugal, E.P.E (AICEP, E.P.E) – Decreto-Lei nº 245/2007, de 25.06.

Direcções regionais da economia – Decreto-Regulamentar nº 58/2007, de 27.04 e Portaria nº 537/2007, de 30.04.

Quadro de transferência de atribuições e competências para as autarquias locais – Lei nº 159/99, de 14.09.

Fundação INATEL – Decreto-Lei nº 106/2008, de 25.06.

QUADRO LEGISLATIVO
DAS INICIATIVAS LEGISLATIVAS MAIS RELEVANTES

Plano Estratégico Nacional de Turismo (PENT) – Resolução do Conselho de Ministros nº 53/2007, de 04.04.

Projectos de Potencial Interesse Nacional (PIN) – Decreto-Lei nº 174/2008, de 26.08.

Projectos de Potencial Interesse Nacional + (PIN +) – Decreto-Lei nº 285/ /2007, de 17.08.

ABREVIATURAS

AASTA	Antologia de Acórdãos do Supremo Tribunal Administrativo
ASAE	Autoridade para a Segurança Alimentar e Económica
ATJ	Actividades do Tribunal de Justiça
BMJ	Boletim do Ministério da Justiça
CC	Código Civil
CE	Código das Expropriações
CJA	Cadernos de Justiça Administrativa
CPA	Código de Procedimento Administrativo
DGT	Direcção-Geral do Turismo
EBF	Estatuto dos Benefícios Fiscais
IMT	Imposto municipal sobre transmissões
IMTOI	Imposto municipal sobre transmissão onerosa de bens imóveis
ITP, IP	Instituto de Turismo de Portugal, Instituto Público
MEI	Ministério da Economia e da Inovação
PIN	Projectos de Potencial Interesse Nacional
RCM	Resolução do Conselho de Ministros
REN	Reserva Ecológica Nacional
RJCO	Regime Jurídico das Contra-Ordenações
RJUE	Regime Jurídico de Urbanização e Edificação
TC	Tribunal Constitucional
TCA	Tribunal Central Administrativo
TCAN	Tribunal Central Administrativo do Norte
TP	Tribunal Pleno

Regime Jurídico da Instalação, Exploração e Funcionamento dos Empreendimentos Turísticos

DECRETO-LEI Nº 39/2008, DE 7 DE MARÇO[1]

O presente decreto-lei consagra o novo regime jurídico da instalação, exploração e funcionamento dos empreendimentos turísticos, procedendo à revogação dos diversos diplomas que actualmente regulam esta matéria e reunindo num único decreto-lei as disposições comuns a todos os empreendimentos, de modo a tornar mais fácil o acesso às normas reguladoras da actividade.

Através da presente iniciativa legislativa, que vem dar cumprimento a uma das medidas do Programa de Simplificação Administrativa e Legislativa – SIMPLEX 2007 com maior impacto na relação entre a Administração Pública e as empresas, e em estreita articulação com o regime jurídico da urbanização e edificação (RJUE), aprovado pelo Decreto-Lei nº 555/99, de 16 de Dezembro, recentemente alterado pela Lei nº 60/2007, de 4 de Setembro, dá-se cumprimento às orientações fixadas no Programa do Governo no sentido de ser reapreciado o actual quadro legislativo da actividade turística e agilizado o procedimento de licenciamento dos empreendimentos turísticos.

Esta agilização do licenciamento traduz uma simplificação os procedimentos, acompanhada de uma maior responsabilização dos promotores e de uma melhor fiscalização por parte das entidades públicas.

No que respeita à classificação dos empreendimentos turísticos, optou-se por uma significativa diminuição das tipologias e sub-tipologias existentes e introduziu-se um sistema uniforme de graduação assente na atribuição das categorias de uma a cinco estrelas, com excepção dos empreendimentos de turismo de habitação e de turismo no espaço rural cujas características não justificam o seu escalonamento.

Por outro lado, e tendo como objectivo a promoção da qualificação da oferta em todas as suas vertentes, de forma a atingir elevados níveis de satisfação dos turistas que nos procuram, a classificação deixa de atender sobretudo aos requisitos físicos das instalações, como acontecia até agora, para passar a reflectir igualmente a qualidade dos serviços prestados.

[1] Alterado pelo Decreto-Lei nº 228/2009, de 14.09.

Opta-se ainda por um sistema de classificação mais flexível que impõe um conjunto de requisitos mínimos para cada categoria e que enumera um conjunto de requisitos opcionais, cujo somatório permite alcançar a pontuação necessária para a obtenção de determinada categoria.

Simultaneamente, e tendo em vista a manutenção dos níveis de qualidade da oferta turística, introduz-se a obrigatoriedade de revisão periódica da classificação atribuída, prevendo-se que este controlo de qualidade possa ser realizado não só pelos serviços e organismos do turismo como por entidades acreditadas para o efeito.

Cria-se o Registo Nacional dos Empreendimentos Turísticos, organizado pelo Turismo de Portugal, I. P., que deve conter a relação actualizada de todos os empreendimentos turísticos e que será disponibilizado ao público.

No capítulo da exploração e funcionamento, consagra-se um novo paradigma de exploração dos empreendimentos turísticos, assente na unidade e continuidade da exploração por parte da entidade exploradora e na permanente afectação à exploração turística de todas as unidades de alojamento que compõem o empreendimento, independentemente do regime de propriedade em que assentam e da possibilidade de utilização das mesmas pelos respectivos proprietários. A aferição deste modelo de exploração turística passa, desde logo, pelo dever da entidade exploradora assegurar que as unidades de alojamento se encontram permanentemente em condições de serem locadas para alojamento a turistas e que nela são prestados os serviços obrigatórios da categoria atribuída ao empreendimento turístico.

Fixam-se igualmente um conjunto de regras que regulam a relação entre a entidade exploradora do empreendimento e o respectivo utilizador, reforçando-se os deveres da primeira, nomeadamente quanto à obrigatoriedade de publicitação de preços e de informação dos utentes relativamente às condições dos serviços prestados.

No que concerne aos empreendimentos turísticos em propriedade plural, determina-se a aplicação subsidiária do regime da propriedade horizontal no relacionamento entre a entidade exploradora e administradora do empreendimento e os proprietários das unidades de alojamento que o compõem, sem prejuízo do estabelecimento de um importante conjunto de normas específicas, resultantes da natureza turística do empreendimento.

Foram ouvidos os órgãos de governo próprio das Regiões Autónomas, a Associação Nacional de Municípios Portugueses e as associações representativas do sector.

Assim:

Nos termos da alínea *a*) do nº 1 do artigo 198º da Constituição, o Governo decreta o seguinte:

CAPÍTULO I
DISPOSIÇÕES GERAIS

ARTIGO 1º
Objecto

O presente decreto-lei estabelece o regime jurídico da instalação, exploração e funcionamento dos empreendimentos turísticos.

Nota:

Com a entrada em vigor do presente diploma são **unificados num corpo legal único** as seguintes estruturas:

– os empreendimentos turísticos (regulados pelo Decreto-Lei nº 167/97, de 04.07);

– os empreendimentos de turismo no espaço rural (consagrados no Decreto-Lei nº 54/2002, de 11.03), com a agora autonomização dos empreendimentos de turismo de habitação, que apresentam uma tipologia mais restrita;

– os empreendimentos de turismo da natureza (aprovados pelo Decreto-Lei nº 47/99, de 16.02), recebendo um procedimento administrativo comum para efeito de licenciamento ou comunicação prévia.

Desta forma os diferentes procedimentos de instalação, exploração e funcionamento (regulados pelo Decreto-Lei nº 167/97, de 04.07, pelo Decreto-Lei nº 54/2002, de 11.03 e pelo Decreto-Lei nº 47/99, de 16.02), são concentrados agora num *regime único*, acolhido pelo presente diploma.

CAPÍTULO II
EMPREENDIMENTOS TURÍSTICOS

SECÇÃO I
NOÇÃO E TIPOLOGIAS

ARTIGO 2º
Noção de empreendimentos turísticos

1 – Consideram-se empreendimentos turísticos os estabelecimentos que se destinam a prestar serviços de alojamento, mediante remuneração, dispondo, para o seu funcionamento, de um adequado conjunto de estruturas, equipamentos e serviços complementares.

2 – Não se consideram empreendimentos turísticos para efeitos do presente decreto-lei:
a) As instalações ou os estabelecimentos que, embora destinados a proporcionar alojamento, sejam explorados sem intuito lucrativo ou para fins exclusivamente de solidariedade social e cuja frequência seja restrita a grupos limitados;
b) As instalações ou os estabelecimentos que, embora destinados a proporcionar alojamento temporário com fins lucrativos, revistam natureza de alojamento local nos termos do artigo seguinte.

Nota:
A noção de empreendimentos turísticos acompanha, na sua estrutura, o regime anterior (previsto no art. 1º, nº 1, do Decreto-Lei nº 167/97, de 04.07).

Tratam-se de estabelecimentos que prestam alojamento (a redacção actual deixou cair o carácter temporário), mediante remuneração (indicação que não constava da lei anterior, embora surgisse na definição dos tipos de empreendimentos turísticos), dispondo de um adequado conjunto de estruturas, equipamentos e serviços complementares (mantendo-se integralmente, neste ponto, a versão revogada).

A redacção actual deixa de consagrar como fazendo parte da prestação dos serviços dos empreendimentos turísticos a "restauração ou animação de turistas". O que nos permite alcançar a seguinte conclusão: o carácter da prestação da restauração cada vez menos se apresenta como complementar à prestação do alojamento. A actividade do empreendimento turístico assenta no alojamento, como actividade única ou principal (a restauração constituirá um serviço autónomo).

O nº 2, do presente preceito, descaracteriza o empreendimento turístico, mantendo alguma proximidade com o previsto no nº 2, do art. 1º, do Decreto-Regulamentar nº 36/97, de 25 de Setembro (regulamento dos estabelecimentos hoteleiros), com a introdução, no entanto, de um conceito novo (alojamento local) que pretende substituir, quanto a nós, as vulgarmente denominadas *casas de hóspedes*.

ARTIGO 3º
Alojamento local

1 – Consideram-se estabelecimentos de alojamento local as moradias, apartamentos e estabelecimentos de hospedagem que, dispondo de autorização de utilização, prestem serviços de alojamento temporário, mediante remuneração, mas não reúnam os requisitos para serem considerados empreendimentos turísticos.
2 – Os estabelecimentos de alojamento local devem respeitar os requisitos mínimos de segurança e higiene definidos por portaria conjunta dos membros do Governo responsáveis pelas áreas do turismo e da administração local.

3 – Os estabelecimentos de alojamento local que reúnam os requisitos previstos no presente artigo são obrigatoriamente registados na câmara municipal da respectiva área.
4 – Apenas os estabelecimentos de alojamento local registados nas câmaras municipais da respectiva área podem ser comercializados para fins turísticos quer pelos seus proprietários, quer por agências de viagens e turismo.
5 – As câmaras municipais devem facultar ao Turismo de Portugal, I. P., o acesso informático ao registo do alojamento local.
6 – Os estabelecimentos referidos no presente artigo devem identificar-se como alojamento local, não podendo, em caso algum, utilizar a qualificação turismo e ou turístico, nem qualquer sistema de classificação.

Nota:

A introdução desta figura, alojamento local, que não é enquadrável como empreendimento turístico por não reunir os requisitos para assim ser considerada, é dispensada, por conseguinte, do regime de instalação, exploração e funcionamento previsto no presente diploma, bastante o respectivo registo na câmara municipal da respectiva área (nº 3).

A Portaria indicada no nº 2 do preceito é a Portaria nº 517/2008, de 22.08, com a Declaração de Rectificação nº 45/2008, de 22 de Agosto.

Curiosamente o preceito mantém o requisito de "temporariedade" do alojamento, retirado na qualificação dos empreendimentos turísticos.

Sobre ilícito contra-ordenacional: *v.* art. 67º, nº 1, al. *b*).

ARTIGO 4º
Tipologias de empreendimentos turísticos

1 – Os empreendimentos turísticos podem ser integrados num dos seguintes tipos:
a) Estabelecimentos hoteleiros;
b) Aldeamentos turísticos;
c) Apartamentos turísticos;
d) Conjuntos turísticos (resorts);
e) Empreendimentos de turismo de habitação;
f) Empreendimentos de turismo no espaço rural;
g) Parques de campismo e de caravanismo;
h) Empreendimentos de turismo da natureza.
2 – Os requisitos específicos da instalação, classificação e funcionamento de cada tipo de empreendimento turístico referido no número anterior são definidos:
a) Por portaria conjunta dos membros do Governo responsáveis pelas áreas do turismo e do ordenamento do território, nos casos das alíneas a) a d);

b) Por portaria conjunta dos membros do Governo responsáveis pelas áreas do turismo, da administração local e da agricultura e do desenvolvimento rural, no caso das alíneas e) a g).

Nota:

A nova tipologia de empreendimento turístico surpreende o intérprete. O legislador extingue as quatro tipologias existentes (estabelecimentos hoteleiros, meios complementares de alojamento turístico, parques de campismo públicos e privativos e conjuntos turísticos, conforme previsão do nº 2, do art. 1º, do Decreto-Lei nº 167/97, de 04.07) e apresenta oito novos tipos:

– Estabelecimentos hoteleiros (cuja tipologia agora se restringe aos hotéis, hotéis-apartamentos e pousadas, conforme dispõe o nº 2, do art. 11º.

Desaparecem, portanto, as pensões, as estalagens e os motéis, que o art. 2º do Decreto-Regulamentar nº 36/97, de 25 de Setembro acolhia);

– Aldeamentos turísticos e apartamentos turísticos (os quais pertenciam aos meios complementares de alojamento turístico, conforme dispunha o art. 1º, do Decreto-Regulamentar nº 34/97, de 17.09), deixando de possuir existência jurídica as moradias turísticas (pensamos que estas últimas serão convertidas agora em "alojamento local"), *v.* respectivamente, arts. 13º e 14º;

– Conjuntos turísticos (denominados *resorts*); os quais se encontravam regulados no Drecreto-Regulamentar nº 20/99, de 18.09, *v.* art. 15º;

– Desdobramento do turismo no espaço rural (anteriormente, concentrado num único diploma, o Decreto-Lei nº 54/2002, de 11.03), *autonomizando os empreendimentos de turismo de habitação* e *restringindo os tipos de empreendimentos de turismo no espaço rural* [agora apenas qualificáveis como casas de campo, agro-turismo e hotéis rurais, nos termos do art. 18º, nº 3, do presente diploma, desaparecendo, portanto, o turismo rural, o turismo de aldeia (ou melhor, mantendo-se a partir do conceito casas de campo) e os parques de campismo rurais];

– parques de campismo e de caravanismo, *v.* art. 19º;

– empreendimentos de turismo da natureza (os quais nos termos do art. 20º recebem um *suavização* do respectivo regime. Até outra leitura (nomeadamente a portaria para o qual o nº 2, do art. 20º remete), parece-nos que o nº 1, do preceito citado, permite a *construção* deste tipo de estruturas (relembramos que nos termos do art. 7º, do Decreto-Lei nº 47/99, de 16 de Fevereiro, apenas os centros de acolhimento permitiam uma construção de raiz ou adaptada; os restantes, casas-abrigo e casas-retiro, obrigavam à respectiva instalação em *casas recuperadas*).

O nº 2, do preceito, relativo aos requisitos específicos de cada tipo de empreendimento turístico remete, para portaria a publicar.

Relativamente a todo o preceito, v. Portaria nº 358/2009, de 06 de Abril, a qual estabelece os requisitos dos equipamentos de uso comum dos empreendimentos turísticos.

V. ainda as seguintes Portarias:

– Portaria nº 327/2008, de 28 de Abril, relativa ao sistema de classificação dos hotéis, aldeamentos e apartamentos, publicada no DR;

– Portaria nº 937/2008, de 20 de Agosto, relativa aos requisitos mínimos de turismo de habitação e turismo no espaço rural.

SECÇÃO II
REQUISITOS COMUNS

ARTIGO 5º
Requisitos gerais de instalação

1 – A instalação de empreendimentos turísticos que envolvam a realização de operações urbanísticas conforme definidas no regime jurídico da urbanização e da edificação devem cumprir as normas constantes daquele regime, bem como as normas técnicas de construção aplicáveis às edificações em geral, designadamente em matéria de segurança contra incêndio, saúde, higiene, ruído e eficiência energética, sem prejuízo do disposto no presente decreto-lei e respectiva regulamentação.

2 – O local escolhido para a instalação de empreendimentos turísticos deve obrigatoriamente ter em conta as restrições de localização legalmente definidas, com vista a acautelar a segurança de pessoas e bens face a possíveis riscos naturais e tecnológicos.

3 – Os empreendimentos turísticos devem possuir uma rede interna de esgotos e respectiva ligação às redes gerais que conduzam as águas residuais a sistemas adequados ao seu escoamento, nomeadamente através da rede pública, ou de um sistema de recolha e tratamento adequado ao volume e natureza dessa águas, de acordo com a legislação em vigor, quando não fizerem parte das águas recebidas pelas câmaras municipais.

4 – Nos locais onde não exista rede pública de abastecimento de água, os empreendimentos turísticos devem estar dotados de um sistema de abastecimento privativo, com origem devidamente controlada.

5 – Para efeitos do disposto no número anterior, a captação de água deve possuir as adequadas condições de protecção sanitária e o sistema ser dotado dos processos de tratamentos requeridos para potabilização da água ou para manutenção dessa potabilização, de acordo com as normas de qualidade da água em vigor, devendo para o efeito ser efectuadas análises físico-químicas e ou microbiológicas.

Nota:

Sobre ilícito contra-ordenacional: *v.* art. 67º, nº 1, al. *c*).

ARTIGO 6º
Condições de acessibilidade

1 – As condições de acessibilidade a satisfazer no projecto e na construção dos empreendimentos turísticos devem cumprir as normas técnicas previstas no Decreto-Lei nº 163/2006, de 8 de Agosto.

2 – Sem prejuízo do disposto no número anterior, todos os empreendimentos turísticos, com excepção dos previstos na alínea e) e f) do nº 1 do artigo 4º, devem dispor de instalações, equipamentos e, pelo menos, de uma unidade de alojamento, que permitam a sua utilização por utentes com mobilidade condicionada.

Nota:

O Decreto-Lei nº 163/2006, de 8 de Agosto, aprovou as condições de acessibilidade para a construção de edifícios públicos e habitacionais, excluindo as então moradias turísticas e os apartamentos turísticos dispersos (art. 2º, nº 2, al. *r*)).

ARTIGO 7º
Unidades de alojamento

1 – Unidade de alojamento é o espaço delimitado destinado ao uso exclusivo e privativo do utente do empreendimento turístico.

2 – As unidades de alojamento podem ser quartos, suítes, apartamentos ou moradias, consoante o tipo de empreendimento turístico.

3 – Todas as unidades de alojamento devem ser identificadas no exterior da respectiva porta de entrada em local bem visível.

4 – As portas de entrada das unidades de alojamento devem possuir um sistema de segurança que apenas permita o acesso ao utente e ao pessoal do estabelecimento.

5 – As unidades de alojamento devem ser insonorizadas e devem ter janelas ou portadas em comunicação directa com o exterior.

Nota:

As unidades de alojamento são agora alargadas aos quartos, *suítes*, apartamentos e moradias.

Sobre ilícito contra-ordenacional: *v.* art. 67º, nº 1, al. *d*).

ARTIGO 8º
Capacidade

1 – Para o único efeito da exploração turística, e com excepção do disposto no nº 4, a capacidade dos empreendimentos turísticos é determinada pelo correspondente número de camas fixas instaladas nas unidades de alojamento.
2 – Nas unidades de alojamento podem ser instaladas camas convertíveis desde que não excedam o número das camas fixas.
3 – Nas unidades de alojamento podem ser instaladas camas suplementares amovíveis.
4 – A capacidade dos parques de campismo e de caravanismo é determinada pela área útil destinada a cada utilizador, de acordo com o estabelecido na portaria prevista na alínea b) do nº 2 do artigo 4º

Nota:
Preceito alterado pelo Decreto-Lei nº 228/2009, de 14 de Setembro.
Sobre ilícito contra-ordenacional: *v.* art. 67º, nº 1, als. *e*) e *f*).

ARTIGO 9º
Equipamentos colectivos

Os requisitos dos equipamentos colectivos que integram os empreendimentos turísticos, com excepção dos requisitos de segurança, são definidos por portaria do membro do Governo responsável pela área do turismo.

Nota:
Sobre esta matéria, *v.* Portaria nº 357/2009, de 06 de Abril.

ARTIGO 10º
Estabelecimentos comerciais ou de prestação de serviços

Nos empreendimentos turísticos podem instalar-se estabelecimentos comerciais ou de prestação de serviços desde que o seu número e localização não afectem a função e a utilização das áreas de uso comum.

SECÇÃO III
ESTABELECIMENTOS HOTELEIROS

ARTIGO 11º
Noção de estabelecimento hoteleiro

1 – São estabelecimentos hoteleiros os empreendimentos turísticos destinados a proporcionar alojamento temporário e outros serviços acessórios ou de apoio, com ou sem fornecimento de refeições, e vocacionados a uma locação diária.

2 – Os estabelecimentos hoteleiros podem ser classificados nos seguintes grupos:

a) Hotéis;

b) Hotéis-apartamentos (aparthotéis), quando a maioria das unidades de alojamento é constituída por apartamentos;

c) Pousadas, quando explorados directamente pela ENATUR – Empresa Nacional de Turismo, S. A., ou por terceiros mediante celebração de contratos de franquia ou de cessão de exploração, e instalados em imóveis classificados como monumentos nacionais, de interesse público, de interesse regional ou municipal, ou em edifícios que, pela sua antiguidade, valor arquitectónico e histórico, sejam representativos de uma determinada época.

Nota:

A definição de estabelecimento hoteleiro, presente no nº 1, do preceito, não se afasta grandemente da redacção anterior (constante do art. 2º, do Decreto-Lei nº 167/97, de 04.07).

Consideram-se então estabelecimentos hoteleiros aqueles que:

– proporcionam alojamento *temporário* e outros serviços acessórios ou de apoio (aditou-se o requisito temporário);

– com ou sem fornecimento de refeições;

– *vocacionados a uma locação diária* (indicação nova).

A prestação obrigatória do serviço de restauração ou a sua dispensa serão regulados pela portaria prevista na al. *a*), do nº 2, do art. 4º.

Conforme já dissemos a actual tipologia restringe os estabelecimentos aos hotéis, hotéis-apartamentos (quando as unidades de alojamento são constituídas por apartamentos) e pousadas, conforme dispõe o nº 2. *Desaparecem*, portanto, as pensões, as estalagens e os motéis (que o art. 2º, do Decreto-Regulamentar nº 36/97, de 25 de Setembro, acolhia).

O conceito de pousada mantém-se na íntegra (cfr. arts. 43º a 45º, do Decreto-Regulamentar nº 36/97, de 25 de Setembro), continuando a merecer o enquadramento previsto no art. 15º, da Lei nº 107/2001, de 08.90 (Lei de Bases da Política de Protecção e Valorização do Património Cultural).

Sobre esta matéria, *v.* Portaria nº 327/2008, de 28 de Abril relativa ao sistema de classificação dos hotéis, aldeamentos e apartamentos, publicada em anexo.

ARTIGO 12º
Condições de instalação

1 – Os estabelecimentos hoteleiros devem dispor, no mínimo, de 10 unidades de alojamento.

2 – Os estabelecimentos hoteleiros podem ocupar uma parte independente de um edifício, constituída por pisos completos e contíguos, ou a totalidade de um ou mais edifícios que constituam um conjunto harmónico e articulado entre si, inserido num conjunto de espaços contíguos, apresentando expressão arquitectónica e características funcionais coerentes.

3 – Num mesmo edifício podem ser instalados estabelecimentos hoteleiros de diferentes categorias.

Nota:

Mantém-se a obrigatoriedade de uma capacidade mínima de alojamento (de 10 unidade), conforme dispõe o nº 1, por cfr. com o Anexo I, do Decreto-Regulamentar nº 36/97, de 25.09.

No *grosso*, o nº 2, aligeirou os requisitos de funcionamento (cfr. anexos I e II, do Decreto-Regulamentar nº 36/97, de 25 de Setembro).

A novidade assenta no nº 3, que permite que num mesmo edifício possam ser instalados estabelecimentos de diferentes categorias.

A categorização depende da publicação da portaria prevista na al. *a*), do nº 2, do art. 4º.

SECÇÃO IV
ALDEAMENTOS TURÍSTICOS

ARTIGO 13º
Noção de aldeamento turístico

1 – São aldeamentos turísticos os empreendimentos turísticos constituídos por um conjunto de instalações funcionalmente interdependentes com expressão arquitectónica coerente, situadas em espaços com continuidade territorial, ainda que atravessados por estradas e caminhos

municipais, linhas ferroviárias secundárias, linhas de água e faixas de terreno afectas a funções de protecção e conservação de recursos naturais, destinados a proporcionar alojamento e serviços complementares de apoio a turistas.
2 – Os edifícios que integram os aldeamentos turísticos não podem exceder três pisos, incluindo o rés-do-chão, sem prejuízo do disposto em instrumentos de gestão territorial aplicáveis ou alvarás de loteamento válidos e eficazes nos termos da lei, quando estes estipularem número inferior de pisos.
3 – Os aldeamentos turísticos devem dispor, no mínimo, de 10 unidades de alojamento e, para além dos requisitos gerais de instalação, das infra-estruturas e equipamentos referidos nas alíneas a) a f) do nº 1 do artigo 16º

Nota:
A principal novidade do regime actual, comparativamente com a versão do art. 2º, do Decreto-Regulamentar nº 34/97, de 17.09, assenta na possibilidade de os espaços serem considerados de continuidade territorial "ainda que atravessados por ..." (nº 1, do preceito).

A altura dos edifícios mantém-se (cfr. nº 2, do preceito, com o art. 8º, do Decreto-Regulamentar nº 34/97, de 17.09).

A capacidade de alojamento igualmente é inalterada (cfr. nº 3, com o anexo I do Decreto-Regulamentar nº 34/97, de 17.09).

Sobre esta matéria, *v.* Portaria nº 327/2008, de 28 de Abril relativa ao sistema de classificação dos hotéis, aldeamentos e apartamentos, publicada em anexo.

SECÇÃO V
APARTAMENTOS TURÍSTICOS

ARTIGO 14º
Noção de apartamento turístico

1 – São apartamentos turísticos os empreendimentos turísticos constituídos por um conjunto coerente de unidades de alojamento, mobiladas e equipadas, que se destinem a proporcionar alojamento e outros serviços complementares e de apoio a turistas.
2 – Os apartamentos turísticos podem ocupar parte de um edifício, constituída por pisos completos e contíguos, e ou a totalidade de um ou mais edifícios que constituam um conjunto harmónico e articulado entre si, inserido num espaço identificável, apresentando expressão arquitectónica e características funcionais coerentes.

3 – Os apartamentos turísticos devem dispor, no mínimo, de 10 unidades de alojamento.

Nota:

O regime actual substituiu a instalação em "fracções de edifícios independentes" por "conjunto coerente de unidades de alojamento" (cfr. nº 1, do preceito, com o art. 3º do Decreto-Regulamentar nº 34/97, de 17.09), conceito que o nº 2 desenvolve ao indicar "parte de um edifício" ou a "totalidade de um ou mais edifícios". Comparando, no entanto, a redacção actual, com o art. 38º, nº 2, do Decreto-Regulamentar nº 34/97, de 17.09, constatamos que igualmente na versão anterior o conceito "fracção independente" apresentava grande versatilidade.

A capacidade de alojamento é agora fixada em, no mínimo, 10 unidades de alojamento (nº 3), corrigindo-se a omissão da lei anterior.

Sobre esta matéria, *v.* Portaria nº 327/2008, de 28 de Abril relativa ao sistema de classificação dos hotéis, aldeamentos e apartamentos, publicada em anexo.

SECÇÃO VI
CONJUNTOS TURÍSTICOS (RESORTS)

ARTIGO 15º
Noção de conjunto turístico (resort)

1 – São conjuntos turísticos (resorts) os empreendimentos turísticos constituídos por núcleos de instalações funcionalmente interdependentes, situados em espaços com continuidade territorial, ainda que atravessados por estradas e caminhos municipais, linhas ferroviárias secundárias, linhas de água e faixas de terreno afectas a funções de protecção e conservação de recursos naturais, destinados a proporcionar alojamento e serviços complementares de apoio a turistas, sujeitos a uma administração comum de serviços partilhados e de equipamentos de utilização comum, que integrem pelo menos dois empreendimentos turísticos de um dos tipos previstos no nº 1 do artigo 4º, sendo obrigatoriamente um deles um estabelecimento hoteleiro de cinco ou quatro estrelas, e ainda um equipamento de animação autónomo e um estabelecimento de restauração.

2 – Para efeitos do disposto no presente artigo, consideram-se equipamentos de animação autónomos, nomeadamente:

a) Campos de golfe;

b) Marinas, portos e docas de recreio;

c) Instalações de spa, balneoterapia, talassoterapia e outras semelhantes;
d) Centros de convenções e de congressos;
e) Hipódromos e centros equestres;
f) Casinos;
g) Autódromos e kartódromos;
h) Parques temáticos;
i) Centros e escolas de mergulho.
3 – O estabelecimento de restauração pode ser parte integrante de um dos empreendimentos turísticos que integram o conjunto turístico (resort).
4 – Sem prejuízo do disposto no artigo 10º, nos conjuntos turísticos (resorts) só podem instalar-se empreendimentos turísticos.
5 – Podem ser instalados num conjunto turístico (resort) empreendimentos turísticos de diferentes categorias.
6 – Quando instalados em conjuntos turísticos (resorts), os aldeamentos turísticos consideram-se sempre situados em espaços com continuidade territorial.
7 – Sem prejuízo do disposto no nº 4, podem instalar-se em conjuntos turísticos (resorts), desde que admitidos pelos instrumentos de gestão territorial aplicáveis, edifícios autónomos, de carácter unifamiliar, com alvará de autorização de utilização para fins turísticos autónomo, desde que:
a) A exploração turística dessas unidades de alojamento seja assegurada pela entidade exploradora de um dos empreendimentos turísticos do conjunto turístico;
b) Sejam cumpridos os requisitos de instalação e de serviço obrigatórios exigidos para as unidades de alojamento dos aldeamentos turísticos com a categoria equivalente à categoria do empreendimento turístico que assegura a exploração destes edifícios autónomos;
c) As unidades de alojamento integrem o título constitutivo do conjunto turístico (resort), ficando sujeitas ao pagamento da prestação periódica fixada de acordo com o critério determinado no título constitutivo.

Nota:

O conceito de *resort* que era apanágio dos hotéis (art. 27º, nº 3, do Decreto-Regulamentar nº 36/97, de 25.09) é agora sinal distintivo dos conjuntos turísticos (mega-empreendimentos turísticos).

Conclui-se que o conceito de conjunto turístico é agora aligeirado, confrontando o nº 1, do preceito, com o art. 1º, do Decreto-Regulamentar nº 20/99, de 13.09.

Assim, são considerados conjuntos turísticos:

– os núcleos de instalações funcionalmente interdependentes, situados em espaços com continuidade territorial, “ainda que atravessados por ...” (a lei anterior referia "núcleos de instalações funcionalmente interdependentes, localizados numa área demarcada");

– destinados a proporcionar alojamento e serviços complementares de apoio a turistas (indicação redundante face ao disposto no art. 2º, nº 1, *in fine*, e que a lei anterior omitia);

– sujeitos a uma administração comum de serviços partilhados e de equipamentos de utilização comum (a versão anterior apenas referia "submetidos a uma mesma administração"),

– que integrem pelo menos dois empreendimentos turísticos (a lei anterior referia "um ou vários estabelecimentos hoteleiros ou meios complementares de alojamento"), sendo obrigatoriamente um deles um *estabelecimento hoteleiro de cinco ou quatro estrelas* (requisito que a lei anterior omitia), um equipamento de animação autónomo (requisito que a lei anterior igualmente omitia) e um estabelecimento de restauração (requisito pré-existente na versão anterior), o qual pode fazer parte integrante de um dos empreendimentos turísticos (nºs 1 e 3).

A versão actual não obriga, desconhecendo-se o motivo, à existência ainda de um estabelecimento, iniciativa, projecto ou actividade *declarados de interesse para o turismo.*

Os equipamentos de animação autónomos estão identificados, a título exemplificativo, no nº 2.

Permite-se a instalação de estabelecimentos comerciais ou de prestação de serviços (do tipo centro comercial), segundo o nº 4, por remissão para o art. 10º, do presente diploma.

O nº 5, do preceito, introduz também um elemento novo, permitindo a instalação de empreendimentos turísticos de diferentes categorias.

Preceito alterado pelo Decreto-Lei nº 228/2009, de 14 de Setembro.

ARTIGO 16º

Requisitos mínimos dos conjuntos turísticos (resorts)

Os conjuntos turísticos (resorts) devem possuir, no mínimo, e para além dos requisitos gerais de instalação, as seguintes infra-estruturas e equipamentos:

a) Vias de circulação internas que permitam o trânsito de veículos de emergência;

b) Vias de circulação interna com uma largura mínima de 3 m ou 5 m, conforme sejam de sentido único ou duplo, quando seja permitido o trânsito de veículos automóveis, salvo quando admitidos limites mínimos inferiores em plano municipal de ordenamento do território aplicável;

c) Áreas de estacionamento de uso comum;

d) Espaços e áreas verdes exteriores envolventes para uso comum;
e) Portaria;
f) Piscina de utilização comum;
g) Equipamentos de desporto e lazer.

Nota:
Preceito alterado pelo Decreto-Lei nº 228/2009, de 14 de Setembro.

SECÇÃO VII
EMPREENDIMENTOS DE TURISMO DE HABITAÇÃO

ARTIGO 17º
Noção de empreendimentos de turismo de habitação

1 – São empreendimentos de turismo de habitação os estabelecimentos de natureza familiar instalados em imóveis antigos particulares que, pelo seu valor arquitectónico, histórico ou artístico, sejam representativos de uma determinada época, nomeadamente palácios e solares, podendo localizar-se em espaços rurais ou urbanos.
2 – Nos empreendimentos de turismo de habitação o número máximo de unidades de alojamento destinadas a hóspedes é de 15.

Nota:
Uma das principais novidades do presente regime, conforme já dito, é a autonomização dos empreendimentos de turismo de habitação, que deixam de fazer parte de um dos tipos de empreendimentos de turismo no espaço rural, atendendo à novidade da respectiva localização, sendo agora também admissível a instalação em *espaços urbanos*.

Quanto ao conceito em si, acompanha, na primeira parte, o disposto no art. 4º, do Decreto-Lei nº 54/2002, de 11.03; apresentando, na segunda parte, a referida novidade.

Relativamente à capacidade de alojamento a redacção actual aumenta-a de 10 para 15 quartos (deixando de se exigir capacidade mínima, cfr. o nº 3, do presente preceito com o art. 14º, nº 2, do Decreto-Regulamentar nº 13/2002, de 12.03).

Os respectivos requisitos de funcionamento dependem da publicação da portaria a que alude o art. 4º, nº 2, al. *b*).

Sobre esta matéria, *v.* Portaria nº 937/2008, de 20 de Agosto relativa aos requisitos mínimos de turismo de habitação e turismo no espaço rural.

SECÇÃO VIII
EMPREENDIMENTOS DE TURISMO NO ESPAÇO RURAL

ARTIGO 18º
Noção de empreendimentos no espaço rural

1 – São empreendimentos de turismo no espaço rural os estabelecimentos que se destinam a prestar, em espaços rurais, serviços de alojamento a turistas, dispondo para o seu funcionamento de um adequado conjunto de instalações, estruturas, equipamentos e serviços complementares, tendo em vista a oferta de um produto turístico completo e diversificado no espaço rural.

2 – Os empreendimentos de turismo no espaço rural previstos nas alíneas a) a c) do número seguinte devem preservar, recuperar e valorizar o património arquitectónico, histórico, natural e paisagístico dos respectivos locais e regiões onde se situam, através da reconstrução, reabilitação ou ampliação de construções existentes, de modo a ser assegurada a sua integração na envolvente.

3 – Os empreendimentos de turismo no espaço rural podem ser classificados nos seguintes grupos:

a) Casas de campo;

b) Agro-turismo;

c) Hotéis rurais.

4 – São casas de campo os imóveis situados em aldeias e espaços rurais que se integrem, pela sua traça, materiais de construção e demais características, na arquitectura típica local.

5 – Quando as casas de campo se situem em aldeias e sejam exploradas de uma forma integrada, por uma única entidade, são consideradas como turismo de aldeia.

6 – São empreendimentos de agro-turismo os imóveis situados em explorações agrícolas que permitam aos hóspedes o acompanhamento e conhecimento da actividade agrícola, ou a participação nos trabalhos aí desenvolvidos, de acordo com as regras estabelecidas pelo seu responsável.

7 – São hotéis rurais os estabelecimentos hoteleiros situados em espaços rurais que, pela sua traça arquitectónica e materiais de construção, respeitem as características dominantes da região onde estão implantados, podendo instalar-se em edifícios novos.

8 – Nos empreendimentos previstos nas alíneas a) e b) do nº 3, o número máximo de unidades de alojamento destinadas a hóspedes é de 15.

Nota:

A redacção do nº 1, mantém a característica soberana do empreendimento no espaço rural (localização "em espaços rurais", em conformidade com o art. 1º, do Decreto-Lei nº 54/2002, de 11.03, embora aqui se optasse pela indicação "zona rural"); por outro lado, surge um abrandamento do regime ao substituir-se o termo "hospedagem" (art. 2º, nº 1, do Decreto-Lei nº 54/2002, de 11.03) pela denominação *serviços de alojamento*. No restante, o preceito corresponde à redacção anterior (art. 2º, nº 1, do citado Decreto-Lei nº 54/2002).

O nº 2, acolhe a *razão-de-ser dos empreendimentos de turismo no espaço rural*, conforme plasmado no regime anterior (art. 2º, nº 2, do Decreto-Lei nº 54/2002, de 11.03), ou seja, "preservar, recuperar e valorizar". Confunde-nos, no entanto, a redacção do preceito quando indica "Os empreendimentos de turismo no espaço rural *previstos nas alíneas a) a c)*", atendendo a que esta explicitação peca por redundante, dado que agora os grupos existentes são **só** os previstos nas alíneas *a*) a *c*).

Na redacção actual, introduzida pelo Decreto-Lei nº 228/2009, de 14 de Setembro, a expressão "recuperação de construções existentes, desde que seja assegurado que esta respeita a traça arquitectónica da construção já existente" é substituída pela indicação "reconstrução, reabilitação ou ampliação de construções existentes, de modo a ser assegurada a sua integração na envolvente". Demonstra-se um abrandamento do regime, bastando que o empreendimento se integre na envolvente.

Quanto aos empreendimentos de turismo de habitação, que constituem um novo tipo de empreendimento turístico, a lei actual mantém a exigência de se instalarem em "imóveis antigos particulares", ou seja, os *imóveis continuam a não puder ser construídos para o efeito de exploração em turismo de habitação*.

O nº 3, apresenta a tipologia dos empreendimentos que fica restrita a três grupos: casas de campo, agro-turismo e hotéis-rurais. O turismo de aldeia mantém-se a partir da figura casas de campo (quando estas são situadas em aldeias e exploradas de forma integrada, nº 5), não se estabelecendo qualquer limite mínimo de casas.

O conceito de aldeia histórica perdeu-se ...

Os parques de campismo *rurais* não são acolhidos na nova redacção, ficando a pertencer, entendemos, apenas ao tipo parques de campismo.

As casas de campo definidas no nº 4, recebem uma abrandamento dos respectivos requisitos, deixando de se exigir que constituam casas particulares, que prestem um serviço de hospedagem e, eventualmente, sirvam de utilização própria aos proprietários, possuidores ou legítimos detentores (cfr. art. 8º, do Decreto-Lei nº 54/2002, de 11.03), a não ser que tal venha a ser corrigido na portaria a publicar, hipótese que, por ora, desconsideramos. O legislador actual apenas recebeu o nº 2, do preceito anterior, solicitando (além da localização) a adequação da "traça, materiais de construção e demais características, na arquitectura típica local".

Os empreendimentos de agro-turismo deixam de ter em consideração "o serviço de hospedagem de natureza familiar prestado em casas particulares", mantendo no restante a versão anterior (cfr. nº 6, do preceito com o art. 6º, nº 1, do Decreto-Lei nº 54/2002, de 11.03).

Os hotéis-rurais também receberam um regime menos exigente, sendo somente acolhido o nº 2, do art. 9º, do Decreto-Lei nº 54/2002, de 11.03, com a facilidade de poderem ser *instalados em edifícios novos* (nº 7, *in fine*). Parece-nos que o nº 7, confronta o nº 2, 2ª parte do mesmo preceito, porquanto se mantém o propósito de "recuperação de construções existentes".

A capacidade de alojamento é aumentada, quanto às casas de campo de 10 para 15 (cfr. nº 8, do preceito, com o art. 34º, nº 2, do Decreto-Regulamentar nº 13/2002, de 12.03), e quanto ao agro-turismo, igualmente de 10 para 15 (cfr. nº 8, do preceito, com o art. 24º, nº 2, do Decreto-Regulamentar nº 13/2002, de 12.03).

Os hotéis-rurais não possuem qualquer limite de capacidade máxima (conforme já decorria da lei anterior, na redacção introduzida pelo Decreto-Regulamentar nº 5/2007, de 14.02).

As características subjacentes ao espírito do turismo no espaço rural, e, em particular, as condições próprias de exploração não foram atendidas, pelo que esta forma de turismo se assemelha a uma estrutura de alojamento comum, exceptuando a localização.

Breve itinerário histórico do regime do turismo no espaço rural:

> Aquando da publicação do Decreto-Lei nº 256/86, de 27 de Agosto (primeiro diploma sobre esta matéria)[2], pretendia-se com o regime do turismo no espaço rural, para além das preocupações com o património arquitectónico e artístico das regiões, promover a fixação da população às zonas rurais, contrariando as tendências migratórias, e corrigir ou esbater as assimetrias regionais.

Explicava Catarina Mendes Leal ("O Turismo Rural e a União Europeia – Uma realidade em expansão – Guia prático de investimento", Almedina, 2001, p. 22), "Há

[2] Posteriormente revogado pelo Decreto-Lei nº 169/97, de 04 de Julho, e este, mais tarde, substituído pelo Decreto-Lei nº 54/2002, de 11 03.

que salientar, que o objectivo da Coesão Económica e Social é muito importante, pois visa:

– a reorganização da Política Regional Comunitária;

– visa acompanhar as políticas sectoriais.

A dimensão rural é uma preocupação geral da Comunidade. Assim, o artigo 130B, Tratado CEE (*actual* artigo 159º, Tratado de Amesterdão), aborda a necessidade de corrigir desequilíbrios regionais através da aplicação de Políticas Comunitárias e do Mercado Interno.

A alteração do artigo 130º-A, Tratado CEE (artigo 158º, com o título XVII, Tratado de Amesterdão), relativo à Coesão Económica e Social, é importante, pois traduz a existência de uma vontade política em promover o desenvolvimento rural, tanto mais que tal objectivo se encontra inscrito como um objectivo da Coesão.

O artigo 130º-B, Tratado CEE (artigo 159, Tratado de Amesterdão), permite a criação de acções específicas através de fundos, tendo por base a consulta. (...).

Determinados Regulamentos Comunitários, cuja aplicabilidade se destina a todos os países, visam o desenvolvimento das actividades turísticas ou em quintas. Estes Regulamentos englobam projectos individuais ou colectivos, financiados pelos quadros 5 e 6 do Regulamento (CEE) 2328/91, que incentiva investimentos em explorações que conduzam ao desenvolvimento do Turismo de Quinta e de Artesanato".

Breve comentário relativo ao TER no Regime anterior.

Com a aprovação do Decreto-Lei nº 54/2002, de 11.03, o *turismo no espaço rural* é definido como o conjunto de actividades, serviços de alojamento e animação a turistas (promovendo designadamente o "património natural, paisagístico e cultural, os itinerários temáticos, a gastronomia, o artesanato, a caça, o foclore, a pesca, os jogos e os transportes tradicionais"), em empreendimentos de natureza familiar, realizados e prestados mediante remuneração, em zonas rurais, segundo as modalidades já referidas (art. 1º).

Consideravam-se empreendimentos de turismo no espaço rural os estabelecimentos que se destinavam a prestar serviços temporários de hospedagem e de animação a turistas, realizados e prestados em zonas rurais, dispondo para o seu funcionamento de um adequado conjunto de instalações (por forma a preservar, recuperar e valorizar o património arquitectónico, histórico, natural e paisagístico dos respectivos locais e regiões), estruturas, equipamentos e serviços complementares, tendo em vista a oferta de um produto turístico completo e diversificado no espaço rural (art. 2º, nºs 1 e 2).

Por sua vez, o *turismo de habitação*, que então se incluía no turismo no espaço rural acentuava o valor arquitectónico, histórico ou artístico da casa antiga (art. 4º, nº 1); o turismo rural e o turismo de aldeia estabelecia a ligação das casas à arquitectura típica local (arts. 5º, nºs 1 e 7, nº 2); nas casas de campo sobressaia a arquitectura e o ambiente rústico (art.

8º, nº 2); o agro-turismo previa o acompanhamento e conhecimento pelo hóspede da actividade agrícola (art. 6º, nº 1); e os hotéis-rurais visavam "pela sua traça arquitectónica, materiais de construção, equipamento e mobiliário", respeitar as características dominantes da região em que se situem (art. 9º, nº 1).

Além das características arquitectónicas e de inserção que diversificam a oferta turística das modalidades assinaladas, em todas houve o cuidado de padronizar determinados requisitos. Valorizava-se a natureza familiar da exploração "na perspectiva de que o turismo no espaço rural deve incentivar o contacto entre os visitantes e as populações, prevê-se que as explorações tenham, na medida do possível, natureza familiar.

Pretende-se assim revitalizar e desenvolver o tecido económico rural, contribuindo para o aumento do rendimento das populações locais e criando condições para o crescimento da oferta de emprego e fixação das ditas populações" (preâmbulo do diploma introdutório).

O requisito da natureza familiar, era especialmente reflectido quanto ao turismo de habitação (art. 4º, nº 1), esperava-se que o explorador da casa acolhesse o turista na qualidade de *anfitrião*.

O explorador não teria necessariamente que ser o proprietário da casa, podendo deter a figura de mero possuidor [poder de facto (elemento material) e comportamento como proprietário (elemento psicológico, *animus*)] ou legítimo detentor (*animus detendi*). A lei destacava que não se pretendia a intervenção no domínio estatal, focalizada como sabemos para uma outra forma de recuperação de património, de que as pousadas são o melhor exemplo.

A exploração do empreendimento podia ser exercida em nome individual ou através de agrupamento de pessoas unidas por laços familiares, sob a forma societária.

A união familiar pode decorrer de lanços de sangue (parentesco) ou do casamento (afinidade). A lei revogada definia o conceito de sociedade familiar, como a sociedade comercial em que 80% do respectivo capital social seja detido por membros da mesma família cujo respectivo parentesco não exceda o 6º grau da linha colateral (art. 4º, nº 3).

No que concernia ao turismo de habitação, turismo rural e agro-turismo, durante o período de exploração (em princípio, durante todo o ano, podendo, excepcionalmente, encerrar durante um período máximo de 90 dias, nos termos do nº 1 do art. 54º), era obrigatória a permanência na casa do respectivo explorador (arts. 4º, nº 2, 5º, nº 2 e 6º, nº 2).

Preceito alterado pelo Decreto-Lei nº 228/2009, de 14 de Setembro.

Sobre esta matéria, *v.* Portaria nº 937/2008, de 20 de Agosto relativa aos requisitos mínimos de turismo de habitação e turismo no espaço rural.

SECÇÃO IX
PARQUES DE CAMPISMO E DE CARAVANISMO

ARTIGO 19º
Noção de parques de campismo e de caravanismo

1 – São parques de campismo e de caravanismo os empreendimentos instalados em terrenos devidamente delimitados e dotados de estruturas destinadas a permitir a instalação de tendas, reboques, caravanas ou autocaravanas e demais material e equipamento necessários à prática do campismo e do caravanismo.

2 – Os parques de campismo e de caravanismo podem ser públicos ou privativos, consoante se destinem ao público em geral ou apenas aos associados ou beneficiários das respectivas entidades proprietárias ou exploradoras.

3 – Os parques de campismo e de caravanismo podem destinar-se exclusivamente à instalação de um dos tipos de equipamento referidos no nº 1, adoptando a correspondente designação.

4 – Nos parques de campismo e de caravanismo podem existir instalações de carácter complementar destinadas a alojamento desde que não ultrapassem 25% da área total do parque destinada aos campistas, nos termos a regulamentar na portaria prevista na alínea b) do nº 2 do artigo 4º

Nota:

A redacção do preceito acompanha o art. 4º, do Decreto-Lei nº 167/97, de 04.07, agora com o aditamento "caravanismo".

Sobre ilícito contra-ordenacional: *v.* art. 67º, nº 1, al. *g*).

SECÇÃO X
EMPREENDIMENTOS DE TURISMO DE NATUREZA

ARTIGO 20º
Noção de empreendimentos de turismo de natureza

1 – São empreendimentos de turismo de natureza os estabelecimentos que se destinem a prestar serviços de alojamento a turistas, em áreas classificadas ou noutras áreas com valores naturais, dispondo para o seu funcionamento de um adequado conjunto de instalações, estruturas, equipamentos e serviços complementares relacionados com a animação ambiental, a visitação de áreas naturais, o desporto de natureza e a interpretação ambiental.

2 – Os empreendimentos de turismo de natureza são reconhecidos como tal, pelo Instituto de Conservação da Natureza e da Biodiversidade, I. P., de acordo com os critérios definidos por portaria conjunta dos membros do Governo responsáveis pelas áreas do ambiente e do turismo.

3 – Os empreendimentos de turismo de natureza adoptam qualquer das tipologias previstas nas alíneas a) a g) do nº 1 do artigo 4º, devendo obedecer aos requisitos de instalação, classificação e funcionamento previstos para a tipologia adoptada.

Nota:

Confessamos que a noção de empreendimentos de turismo de natureza contém tal latitude que nos confunde.

Preliminarmente, o nº 3, indica que os empreendimentos de turismo de natureza podem adoptar qualquer das tipologias previstas nas alíneas *a*) a g) do nº 1, do artigo 4º, ou seja, qualquer das tipologias legalmente admissíveis (atendendo a que a alínea *h*), do nº 1, do art. 4º, contempla exactamente o turismo da natureza).

Por outro lado, enquanto na lei anterior se referia a localização em "zonas integradas na Rede Nacional de Áreas Protegidas" (art. 1º, do Decreto-Lei nº 47/99, de 16.02), a redacção actual apenas indica "áreas classificadas ou noutras áreas com valores naturais", remetendo, depois, o nº 2, do preceito, para uma portaria a publicar, para efeito de reconhecimento do empreendimento.

Também aqui o conceito "hospedagem" é substituído por *serviços de alojamento* (cfr. art. 1º, nº 2, do Decreto-Lei nº 47/99, de 16.02 com o nº 1, do preceito) e não é acolhida a contemplação e desfrute do património tendo em vista a oferta de produto turístico integrado e diversificado.

As actividades são agora alargadas (para além da animação ambiental, interpretação ambiental e desporto de natureza), e surge a actividade de visitação de áreas naturais (nº 1, do preceito, *in fine*, em confronto com o nº 2, do art. 2º, do Decreto-Lei nº 47/99, de 16.02). É, pensamos, devido a esta última actividade que (fenómeno extraordinário), se permite a *construção de empreendimentos* (com o leque de estruturas já indicado, inclusive a edificação de um conjunto turístico). Comparando o regime actual com a rigorosa lei anterior que delimitava o turismo de natureza a casas e empreendimentos turísticos de turismo no espaço rural e a casas de natureza (sendo estas últimas, as casas-abrigo, as casas-retiro e os centros de acolhimento, de acordo com o nº 1, do art. 2º, do Decreto-Lei nº 47/99, de 16.02, sendo que as únicas casas construídas de raiz ou adaptadas a partir de edifício existente eram os centros de acolhimento, atento o respectivo fim), resta perguntar que tipo de turismo da natureza é afinal acolhido, até aqui sempre ligado ao ecoturismo.

Continuam em vigor os artigos. 2º, nºs 2 e 3, 8º, 9º e 12º do Decreto-Lei nº 47/99, de 16 de Fevereiro.

Desta forma para a definição de animação ambiental, *v.* o art. 8º, sobre desporto de natureza, *v.* o art. 9º, nº 3 relativamente a interpretação ambiental, *v.* o art. 9º, nº 2, todos do Decreto-Lei nº 47/99, de 16.02. A visitação de áreas naturais continua um conceito omisso.

Sobre esta matéria, *v.* Portaria nº 261/2009, de 12 de Março relativa ao turismo da natureza.

CAPÍTULO III
COMPETÊNCIAS

ARTIGO 21º
Competências do Turismo de Portugal, I. P.

1 – Compete ao Turismo de Portugal, I. P., exercer as competências especialmente previstas no presente decreto – lei relativamente aos empreendimentos turísticos referidos nas alíneas a) a d) do nº 1 do artigo 4º e na alínea c) do nº 3 do artigo 18º

2 – Compete ainda ao Turismo de Portugal, I. P., no âmbito das suas atribuições:

a) Intervir, nos termos da lei, na elaboração dos instrumentos de gestão territorial;

b) Emitir parecer sobre as operações de loteamento que contemplem a instalação de empreendimentos turísticos, limitado à área destes, excepto quando tais operações se localizem em zona abrangida por plano de pormenor em que tenha tido intervenção;

c) Fixar a capacidade máxima e atribuir a classificação dos empreendimentos turísticos referidos nas alíneas a) a d) do nº 1 do artigo 4º e dos hotéis rurais.

3 – Ao parecer referido na alínea b) do número anterior aplica-se o disposto no artigo 26º, com as necessárias adaptações.

4 – Para efeitos da instalação de empreendimentos turísticos, os contratos que tenham por objecto a elaboração de um projecto de plano, sua alteração ou revisão, previsto no artigo 6º-A do regime jurídico dos instrumentos de gestão territorial, podem ser celebrados também com o Turismo de Portugal, I. P., e com as demais entidades públicas representativas de interesses a ponderar no procedimento relativo ao futuro plano.

Nota:

Já nos pronunciamos no passado pela intervenção *fulgurante* do Turismo de Portugal, I. P. através do Decreto-Lei nº 141/2007, de 27.04, que salvo melhor opinião, não dota integralmente esta entidade das competências anteriormente exercidas pela DGT[3]. Não entendemos a razão subjacente ao âmbito de intervenção do Turismo de Portugal, I. P.

[3] (O entendimento que a seguir se manifesta foi proferido antes da entrada em vigor do diploma em anotação).
No preâmbulo do Decreto-Lei nº 208/2006, de 27 de Outubro, que aprovou a Lei Orgânica do MEI (Ministério da Economia e da Inovação) é referida a criação de "uma única estrutura pública dirigida à promoção do desenvolvimento turístico, o *Instituto de Turismo de Portugal*, envolvendo a disponibilização de **informação** aos agentes económicos, a **qualificação** dos recursos turísticos, no plano interno e externo, e a estrutura, planeamento e execução das acções de **promoção** turística, por iniciativa própria ou mediante contratualização, o financiamento da melhoria da oferta turística, o investimento qualificado dos **recursos humanos**, bem como a regulação e fiscalização dos **jogos de fortuna e azar**"(negrito nosso).
Assim, nos termos do art. 18º, nº 2, al. *e)*, daquele diploma, cabe ao Instituto de Turismo de Portugal, I. P.:
"**Acompanhar o desenvolvimento da oferta turística nacional**, *nomeadamente* através do **registo** e **classificação** de estabelecimentos e actividades turísticas, e promover uma correcta inserção do turismo sustentável, entendido como elemento de valorização territorial, em colaboração com os organismos competentes pelo ordenamento do território e pela protecção da Natureza" (negrito e itálico nossos).
No mesmo diploma, procede-se à extinção da Direcção-Geral do Turismo (DGT), sendo as suas atribuições de natureza normativa integradas na Direcção-Geral das Actividades Económicas (DGAE), e as restantes no "Instituto do Turismo de Portugal, IP" (art. 27º, nº 3, al. *d*)).
A DGAE, por sua vez, tem por incumbência (para além da herança normativa deixada pela DGT), promover a articulação da política de empresa com outras políticas públicas, nomeadamente nas áreas do ambiente e do ordenamento do território (al. *a*), do art. 12º); contribuir para a definição e execução das políticas que enquadram o relacionamento económico externo, apoiando o Governo na política de turismo (al. *b*), do art. 12º, ambos do diploma citado).
De seguida, procede-se à publicação do Decreto-Lei nº 141/2007, de 27 de Abril, que pretende (segundo o respectivo preâmbulo) concretizar o esforço de racionalização estrutural consagrado no Decreto-Lei nº 208/2006, de 27 de Outubro, visando a criação de uma "única estrutura pública que prossiga a missão de promover a valorização e sustentabilidade da actividade turística nacional". Para tal, o novo organismo (ITP, IP) concentra as competências anteriormente exercidas pelo Instituto de Turismo de Portugal, a *Direcção-Geral de Turismo* – com excepção das atribuições de natureza normativa – o Instituto de Formação Turística e a Inspecção-Geral de Jogos (art. 24º, nº 1).
Neste contexto, o art. 4º, do diploma em análise, sob a epígrafe *Missão e atribuições*, preceitua que ao Turismo de Portugal, I.P, cabe:
g) Acompanhar a evolução da oferta turística nacional, *designadamente* através do **registo** e **classificação** de empreendimentos e actividades turísticas [ou seja, em análise comparativa, a primeira incumbência (registo) corresponde à primeira parte da al. *e*) do art. 7º do Decreto-Lei nº 167/97, de 04 de Julho e a segunda (classificação) ao art. 60º, igualmente do diploma citado].
Sendo certo que tais incumbências são meramente exemplificativas (aliás veja-se que do art. 7º do Decreto-Lei nº 167/97, de 04 de Julho, *só uma alínea foi aflorada).*
h) "Promover uma política adequada de ordenamento turístico e de estruturação da oferta, em colaboração com os organismos competentes, intervindo na elaboração dos instrumentos de gestão territorial, participando no licenciamento ou autorização de empreendimentos e actividades, reconhecendo o seu interesse para o turismo ou propondo ao Governo o reconhecimento da respectiva utilidade turística".
Chegados aqui cabe-nos proceder à seguinte reflexão:
Como interpretar a segunda parte desta alínea?
Hipótese A) licenciamento ou autorização de empreendimentos e actividades e reconhecimento do interesse para o turismo desses empreendimentos e actividades ou *propondo ao Governo o reconhecimento da respectiva utilidade turística*

se quedar aos empreendimentos previstos no art. 4º, nº 1, als. *a*) a *d*) e aos hotéis-rurais (art. 18º, nº 3, al. *c*)). Os restantes empreendimentos, ou seja, os empreendimentos de

Hipótese B) licenciamento ou autorização de empreendimentos e actividades, reconhecendo o seu interesse para o turismo ou *propondo ao Governo o reconhecimento da respectiva utilidade turística*
Hipótese C) licenciamento ou autorização de empreendimentos e actividades, declarando o seu interesse para o turismo ou *propondo ao Governo o reconhecimento da respectiva utilidade turística*
Como sabemos, a qualificação de utilidade turística só poderá ser atribuída num contexto jurídico muito específico.
O art. 4º do Decreto-Lei nº 423/83, de 05.12 (que aprovou o regime jurídico da utilidade turística) obriga ao preenchimento cumulativo dos pressupostos aí enunciados. A dispensa quanto ao preenchimento de tais pressupostos apenas será concedida aos chamados *empreendimentos de categoria superior*, assim considerados pelo Decreto-Lei nº 38/94, de 08.02.
Por sua vez, a declaração de interesse para o turismo *projecta-se a partir de um empreendimento turístico*, conforme prevê o preâmbulo do Decreto-Regulamentar nº 22/98, de 21 de Setembro.
Ora, literalmente, o preceito em análise refere: "participando no licenciamento ou autorização de empreendimentos e actividades, **reconhecendo** (e não declarando) o seu interesse para o turismo". Ou seja, aparentemente, quer-se afastar a intervenção da figura jurídica "declaração de interesse para o turismo".
Por outro lado, no entanto, e no segundo segmento do preceito, é dito "**ou** propondo o reconhecimento da respectiva utilidade turística". Para reforço da ideia, o art. 24º, nº 2 do Decreto-Lei nº 141/2007, de 27 de Abril, indica que as competências legalmente cometidas à Comissão da Utilidade Turística passam a ser exercidas pelo conselho directivo do TP, IP.
O preceito (art. 4º, nº 2, al. *h*) do Decreto-Lei nº 141/2007, de 27.04) possui a virtualidade de nos aproximar novamente da figura "declaração de interesse para o turismo", que há pouco rejeitamos como protagonista do preceito, atendendo a que quer a declaração de utilidade turística, quer a declaração de interesse para o turismo pretendem dar sustentabilidade a um turismo diversificado e de qualidade.
Seguindo tal linha de raciocínio, quem intervém no licenciamento ou autorização de empreendimentos turísticos que, apesar de legalmente assumidos como tal, não são dotados dessa, digamos, chancela de qualidade?
Se fosse ainda nosso ensejo sofisticar um pouco o raciocínio, perguntaríamos se também cabe no elemento literal "participar" os seguintes actos que até então eram assumidos pela *DGT* (nos termos do art. 7º do Decreto-Lei nº 167/97, de 04 de Julho, que usamos, repetimos, meramente a título exemplificativo).
- Dar parecer, no âmbito dos pedidos de informação prévia;
- Dar parecer, no âmbito do pedido do licenciamento ou de autorização para a realização de obras de edificação, sobre os projectos de arquitectura dos empreendimentos turísticos e sobre a localização dos mesmos;
- Autorizar as obras isentas ou dispensadas de autorização previstas no Decreto-Lei nº 555/99, de 16 de Dezembro, que aprovou o Regime Jurídico de Urbanização e de Edificação (RJUE);
- Vistoriar os empreendimentos turísticos, para efeitos da sua classificação, revisão da mesma ou desclassificação como empreendimento turístico;
- Aprovar o nome dos empreendimentos turísticos;
- Atribuir e retirar a qualificação de conjunto turístico.
Quanto à aprovação da classificação, o art. 4º do Decreto-Lei nº 141/2007, de 27 de Abril peremptoriamente indica que tal é atribuição do TP, IP.
O que novamente nos confunde. Pois qual a razão deste destaque, quanto à classificação? Qual o motivo de desmerecimento legal do *nome* do estabelecimento, quando ambos, e em igualdade de circunstâncias, são realidades que ultrapassam o procedimento de licenciamento?

turismo de habitação, os empreendimentos de turismo no espaço rural, os parques de campismo e de caravanismo e os empreendimentos de turismo da natureza são acompanhados apenas pela respectiva câmara municipal (é isso que deduzimos do art. 27º).

Preferíamos a límpida redacção do art. 7º, do Decreto-Lei nº 167/97, de 04.07, ao preceito actual.

Ainda, outra questão que não sendo maior, não será de desprezar, a que órgãos são delegadas estas incumbências?
À luz do art. 7º do Decreto-Lei nº 141/2007, de 27 de Abril, que refere a existência do conselho directivo, da comissão de jogos, do fiscal único e do conselho de crédito, ponderamos que só o primeiro pode vir em nosso auxílio. Atendendo que o art. 8º, nº 2, al. *i*), do diploma em análise indica que cabe a este órgão (*conselho directivo*):
"desempenhar as competências relativas às atribuições mencionadas nas alíneas *g*) e *h*) do nº 2 do art. 4º",
ou seja,
[– acompanhar a evolução da oferta turística nacional, designadamente através do registo e classificação de empreendimentos e actividades turísticas (al. *g*));
– participar no licenciamento ou autorização de empreendimentos e actividades, *reconhecendo o seu interesse para o turismo*, al. *h*)]
"bem como as que se referem aos procedimentos de atribuição de utilidade turística".
Assim, perguntamos, quem integra a comissão de vistoria dos empreendimentos turísticos, para efeitos da sua classificação, revisão da mesma ou desclassificação como empreendimento turístico, em substituição da extinta *DGT*?
Por último, a intervenção do TP, IP, também se estende aos empreendimentos de turismo em espaço rural, aprovados pelo Decreto-Lei nº 54/2002, de 11.03?
Relembramos que "a opção de atribuir as competências antes exercidas pela Direcção-Geral do Turismo, ao abrigo do Decreto-Lei nº 169/97, de 4 de Julho, e no Decreto-Regulamentar nº 37/97, de 25 de Setembro, às direcções regionais do Ministério da Economia (...), resulta igualmente de aproximar os centros de decisão das populações, permitindo assim uma resposta mais rápida e eficaz dos órgãos da Administração Pública" (*in* preâmbulo do diploma).
O art. 16º, nº 2, do Decreto-Lei nº 208/2006, de 27.10, preceitua que compete às direcções regionais da economia:
b) Assegurar funções desconcentradas de execução das políticas do MEI, através da produção de bens e serviços em matéria de licenciamento, fiscalização e controlo metrológico no âmbito do turismo;
g) Garantir a aplicação da legislação nos sectores do turismo, nas respectivas áreas geográficas de actuação.
Podemos então concluir que as competências das direcções regionais do ME(I) previstas no art. 11º do Decreto-Lei nº 54/2002, de 11.03, não transitaram para o TP, IP?
Assim sendo, qual o regime que fundamenta a manutenção da competência, para efeito de procedimento de licenciamento, das direcções regionais da economia, quando da leitura conjugada das alíneas *b*) e *g*) do 16º, nº 2, do Decreto-Lei nº 208/2006, de 27.10., nenhuma das alíneas do preceito citadas suporta essa convicção?
Não se pretende de todo criticar esta descentralização, pois seria especialmente penalizante para o dono da casa de turismo no espaço rural, que no grosso dos casos, tem expressão maior no Norte do País carecer da intervenção do poder central para acompanhamento do respectivo procedimento de licenciamento ou autorização.
O que se crítica é a ausência de coerência do regime normativo.

Atendendo a que o actual diploma unifica todos os regimes de licenciamento, o preceito igualmente corresponde, com as devidas adaptações, ao art. 11º, do Decreto-Lei nº 54/2002, de 11.03 (turismo no espaço rural) e ao art. 10º do Decreto-Lei nº 47/99, de 16.02 (turismo da natureza).

ARTIGO 22º
Competências dos órgãos municipais

1 – No âmbito da instalação dos empreendimentos turísticos, compete aos órgãos municipais exercer as competências atribuídas pelo regime jurídico da urbanização e da edificação com as especificidades constantes do presente decreto-lei.

2 – Compete ainda à câmara municipal exercer as seguintes competências especialmente previstas no presente decreto-lei:

a) Fixar a capacidade máxima e atribuir a classificação dos empreendimentos de turismo de habitação;

b) Fixar a capacidade máxima e atribuir a classificação dos empreendimentos de turismo no espaço rural, com excepção dos hotéis rurais;

c) Fixar a capacidade máxima e atribuir a classificação dos parques de campismo e de caravanismo;

d) Efectuar e manter o registo do alojamento local disponível ao público.

Nota:

Também aqui preferíamos a redacção do art. 8º, do Decreto-Lei nº 167/97, de 04.07, à *versão* actual.

Apenas ficou claro que a fixação da capacidade máxima e a atribuição da classificação é repartida entre o Turismo de Portugal, I. P. e as respectivas câmaras municipais.

O preceito também corresponde, com as devidas adaptações, ao art. 12º, do Decreto-Lei nº 54/2002, de 11.03 (turismo no espaço rural) e ao art. 11º, do Decreto-Lei nº 47/99, de 16.02 (turismo da natureza).

CAPÍTULO IV
INSTALAÇÃO DOS EMPREENDIMENTOS TURÍSTICOS
SECÇÃO I
DISPOSIÇÕES GERAIS

ARTIGO 23º
Regime aplicável

1 – O procedimento respeitante à instalação dos empreendimentos turísticos segue o regime previsto no presente decreto-lei e está submetido ao regime jurídico da urbanização e da edificação, com as especificidades constantes do presente regime e respectiva regulamentação, sempre que envolva a realização das operações urbanísticas ali previstas.

2 – O pedido de licenciamento e a apresentação da comunicação prévia de operações urbanísticas relativas à instalação dos empreendimentos turísticos deve ser instruído nos termos do regime jurídico referido no número anterior, e ainda com os elementos constantes de portaria conjunta dos membros do Governo responsáveis pelas áreas do turismo e do ordenamento do território, devendo o interessado indicar no pedido o tipo de empreendimento, bem como o nome e a classificação pretendidos.

3 – A câmara municipal pode contratualizar com o Turismo de Portugal, I. P., o acompanhamento do procedimento de instalação dos empreendimentos turísticos referidos nas alíneas a) a d) do nº 1 do artigo 4º e na alínea c) do nº 3 do artigo 18º, para efeitos de dinamização do procedimento, designadamente para promoção de reuniões de concertação entre as entidades consultadas ou entre estas, a câmara municipal e o requerente.

4 – Os projectos de arquitectura relativos a empreendimentos turísticos devem ser subscritos por arquitecto ou por arquitecto em colaboração com engenheiro civil, sendo aplicável o disposto no artigo 10º do regime jurídico da urbanização e da edificação com as necessárias adaptações.

5 – Nos casos em que decorra em simultâneo a avaliação ambiental de instrumento de gestão territorial e a avaliação de impacto ambiental de projectos de empreendimentos turísticos enquadrados de forma detalhada naquele instrumento, pode realizar-se uma única consulta pública, sem prejuízo de exercício das competências próprias das entidades intervenientes.

6 – Para os projectos relativos a empreendimentos turísticos que sejam submetidos a procedimento de avaliação de impacto ambiental e que se localizem, total ou parcialmente, em áreas incluídas na Reserva Ecológica Nacional, a pronúncia da comissão de coordenação e desenvolvimento regional competente no âmbito daquela avaliação compreende, também, a sua pronúncia nos termos previstos na alínea a) do nº 2 do artigo 4º do regime jurídico da Reserva Ecológica Nacional.

7 – Quando os projectos relativos a empreendimentos turísticos sejam submetidos a procedimento de análise de incidências ambientais e se localizem, total ou parcialmente, em áreas incluídas na Reserva Ecológica Nacional, a pronúncia da comissão de coordenação e desenvolvimento regional competente, ao abrigo do disposto na alínea a) do nº 2 do artigo 4º do regime jurídico da Reserva Ecológica Nacional, tem em conta os resultados daquele procedimento.

Nota:

A redacção do preceito corresponde, *grosso modo*, ao art. 10º, do Decreto-Lei nº 167/97, de 04.07. O preceito também corresponde, com as devidas adaptações, ao art. 16º, do Decreto-Lei nº 54/2002, de 11.03 (turismo no espaço rural) e ao art. 14º, do Decreto-Lei nº 47/99, de 16.02 (turismo da natureza).

O regime de instalação aplicável aos empreendimentos turísticos (agora unificado) é, naturalmente, o aprovado pelo presente diploma, aplicando-se a título subsidiário, o RJUE.

A instrução do pedido de licenciamento e a apresentação prévia de operações urbanísticas aguardam a publicação das respectivas portarias (nº 2), sendo que a Portaria inerente ao Decreto-Lei nº 555/99, de 16.12 (RJUE) já se encontra publicada (Portaria nº 232/2008, de 11 de Março[4]).

Novidade é a possibilidade de contratualização entre a câmara municipal respectiva e o Turismo de Portugal, I. P., mas apenas para os empreendimentos previstos nas alíneas *a*) a *d*) do nº 1, do art. 4º, e na alínea *c*) do nº 3, do art. 18º, para efeitos de "dinamização do procedimento" (nº 3). Presume-se que os restantes empreendimentos não carecem de tanta dinamização.

Mantém-se a obrigatoriedade da intervenção de arquitecto ou arquitecto em colaboração com engenheiro civil (nº 4).

Unificou-se a consulta pública quando estão envolvidas diversas entidades (nº 5) e a pronúncia da comissão de coordenação e desenvolvimento regional compreende a decisão da REN, perante o procedimento de avaliação de impacto ambiental e de análise de incidências ambientais, de empreendimentos turísticos localizados em áreas incluídas na REN (nºs 6 e 7).

[4] Refere o legislador no respectivo preâmbulo: "A Lei nº 60/2007, de 4 de Setembro, que alterou o regime jurídico da urbanização e da edificação, remete a indicação dos elementos instrutores dos pedidos de realização de operações urbanísticas para portaria, tal como fazia a redacção actual desse mesmo regime. Deste modo, reúne-se num único diploma regulamentar a enunciação de todos os elementos que devem instruir aqueles pedidos, tendo-se optado por uma estruturação baseada na forma de procedimento adoptada, de modo a facilitar a sua consulta e actualizando os elementos que contavam da Portaria nº 1110/2001, de 19 de Setembro".

Entende-se por *operação urbanística*, as "operações materiais de urbanização, de edificação, utilização dos edifícios ou do solo, desde que, neste último caso, para fins não exclusivamente agrícolas, pecuniários, florestais, mineiros ou de abastecimento público de água" (art. 2º, al. *j*), do RJUE).

ARTIGO 24º
Estabelecimentos comerciais e de restauração e bebidas

1 – As disposições do presente decreto-lei relativas à instalação dos empreendimentos turísticos são aplicáveis aos estabelecimentos comerciais e de restauração ou de bebidas que deles sejam partes integrantes.
2 – O disposto no número anterior não dispensa o cumprimento dos requisitos específicos relativos a instalações e funcionamento previstos na demais legislação aplicável.
3 – Sem prejuízo do disposto no número anterior, a emissão do alvará de autorização de utilização para fins turísticos ou a comunicação de abertura de um empreendimento turístico substitui a permissão de funcionamento de todas as suas partes integrantes, incluindo os estabelecimentos de restauração ou de bebidas.

Nota:

O preceito corresponde ao art. 5º, do Decreto-Lei nº 167/97, de 04.07.

Preceito alterado pelo Decreto-Lei nº 228/2009, de 14 de Setembro.

SECÇÃO II
INFORMAÇÃO PRÉVIA

ARTIGO 25º
Pedido de informação prévia

1 – Qualquer interessado pode requerer à câmara municipal informação prévia sobre a possibilidade de instalar um empreendimento turístico e quais as respectivos condicionantes urbanísticas.
2 – O pedido de informação prévia relativo à possibilidade de instalação de um conjunto turístico (resort) abrange a totalidade dos empreendimentos, estabelecimentos e equipamentos que o integram.

Nota:

O preceito corresponde ao art. 11º, do Decreto-Lei nº 167/97, de 04.07, com a novidade apresentada pelo nº 2. O preceito também corresponde, com as devidas adaptações, ao art. 17º, do Decreto-Lei nº 54/2002, de 11.03 (turismo no espaço rural) e ao art. 15º, do Decreto-Lei nº 47/99, de 16.02 (turismo da natureza).

Sobre a instrução do pedido de informação prévia, *v.* arts. 1º a 6º, da Portaria nº 232/ /2008, de 11 de Março, que, em nosso entender, substituiu a Portaria nº 1064/97, de 21.10, pese embora, o silêncio do legislador.

O pedido de informação prévia mantém-se facultativo, possuindo o interesse de aferir da possibilidade de instalar um empreendimento turístico e quais as respectivas condicionantes urbanísticas.

Explica Fernanda Paula Oliveira (em anotação ao Acórdão do STA, de 11.01.2001, publicado nos CJA, nº 29, p. 53):

> "No domínio do direito do urbanismo é costume distinguir-se o pedido de informação prévia do direito à informação. A distinção passa, desde logo, pela diferente natureza do pedido formulado: enquanto no direito à informação o requerente pretende saber quais as normas em vigor para uma determinada área ou se esta é abrangida por servidões administrativas, restrições de utilidade pública ou outras condicionantes ao uso dos solos, já no pedido de informação o requerente tem em vista uma concreta pretensão urbanística servindo este pedido para que a Administração verifique se tal pretensão pode ser deferida, tendo em conta as normas urbanísticas em vigor. Trata-se, pois, de uma faculdade reconhecida aos interessados de solicitar à câmara municipal informação sobre a possibilidade de realizar certa operação urbanística sujeita a controlo municipal, bem como os respectivos condicionamentos.
>
> O pedido de informação prévia constitui um instrumento de segurança dos particulares, diminuindo o risco de não aprovação do projecto da obra ou da operação de loteamento, cujos custos são normalmente elevados".

Nos termos do art. 17º, nº 1, do RJUE, "A informação prévia favorável vincula as entidades competentes na decisão sobre um eventual pedido de licenciamento ou apresentação de comunicação prévia da operação urbanística a que respeita e, quando proferida nos termos do nº 2 do art. 14º[5], tem por efeito a sujeição da operação urbanística em causa, a efectuar nos exactos termos em que foi apreciada, ao regime de comunicação prévia e dispensa a realização de novas consultas externas", contanto que efectuado no prazo de um ano após a decisão favorável (nº 2). Esgotado o prazo o promotor tem que solicitar ao presidente da câmara declaração "de que se mantêm os pressupostos de facto e de direito que levaram à anterior decisão favorável" (nº 3).

[5] Sob a epígrafe "Pedido de informação prévia".

Jurisprudência:

1. *I – O exercício do direito à informação urbanística distingue-se do pedido de informação prévia, uma vez que enquanto a pronúncia administrativa sobre este pedido tem a natureza de acto prévio administrativo, pois define e regula de modo final e vinculativo a posição da Administração perante uma concreta pretensão urbanística, o acto informativo daquele outro pedido constitui uma mera actuação de natureza declarativa, desprovida de carácter decisório.*

II – O processo de intimação para a prestação de informações, consulta de processos ou passagem de certidões não só está organizado em forma contraditória, como também em termos de se chegar rapidamente à decisão final, em atenção ao tipo de pretensão que visa tutelar, o que geralmente impede o requerente de responder aos factos invocados na resposta.

III – O direito à informação urbanística é mais amplo do que o previsto no regime geral do CPA e na LADA, porque os particulares interessados, têm o direito à informação directa das «disposições» dos instrumentos de gestão territoriais, designadamente os planos municipais, ou seja, o plano director municipal, plano de urbanização e o plano de pormenor, independentemente de estar em curso um procedimento administrativo em que sejam interessados.

IV – Mas o direito à informação urbanística, na modalidade de informação directa, visa apenas a informação constituída e apreensível através da leitura, exame e interpretação da parte documental dos planos municipais, estando excluída a obtenção de informação com o conteúdo de pareceres, opiniões, estudos, instruções, ou qualquer outra forma de elucidação, seja de que natureza for.

(Ac. TCAN, de 16.12.2004, CJA, nº 49, p. 79)

2. *I – Pratica um acto ilícito e culposo, gerador da obrigação de indemnizar, o Município que, dispondo de todos os elementos para permitir uma informação correcta, informa os requerentes de que não podiam construir em determinado local, por o Plano o não permitir e, posteriormente, ao ser constatada uma construção no local, esclarece, a pedido dos interessados, que não tinha havido alteração do Plano quanto à possibilidade de edificação no local em causa, posteriormente àquela primeira informação, onde estava prevista uma construção.*

II – Está correctamente fixada, de harmonia com o preceituado no art. 562º do Código Civil, a indemnização numa quantia que corresponde à diferença entre a importância pela qual os autores venderam a parcela de terreno, na previsão de que aí não lhes era permitido construir, em face da informação camarária, e a que corresponderia ao valor da mesma parcela, se destinada a construção.

(Ac. STA, de 03.06.1998, CJA, nº 36, p. 17)

SECÇÃO III
LICENCIAMENTO OU COMUNICAÇÃO PRÉVIA DE OPERAÇÕES URBANÍSTICAS

ARTIGO 26º
Parecer do Turismo de Portugal, I. P.

1 – O deferimento pela câmara municipal do pedido de licenciamento e a admissão da comunicação prévia ou a aprovação de informação prévia para a realização de operações urbanísticas referentes aos empreendimentos turísticos previstos nas alíneas a) a d) do nº 1 do artigo 4º e na alínea c) do nº 3 do artigo 18º do presente decreto-lei carece sempre de parecer do Turismo de Portugal, I. P.

2 – O parecer referido no número anterior destina-se a verificar o cumprimento das normas estabelecidas no presente decreto-lei e respectiva regulamentação, designadamente a adequação do empreendimento turístico projectado ao uso e tipologia pretendidos e implica a apreciação do projecto de arquitectura do empreendimento turístico.

3 – Quando desfavorável, o parecer do Turismo de Portugal, I. P., é vinculativo e deve indicar e justificar as alterações a introduzir no projecto de arquitectura.

4 – Ao parecer referido no nº 1 aplica-se o disposto no artigo 13º do regime jurídico da urbanização e da edificação.

5 – Juntamente com o parecer, são fixadas a capacidade máxima do empreendimento e a respectiva classificação de acordo com o projecto apresentado.

Nota:

O deferimento pela câmara municipal do pedido de licenciamento e a admissão da comunicação prévia ou a aprovação de informação prévia para a realização de operações urbanísticas só carece de parecer do Turismo de Portugal, I. P. estando em causa estabelecimentos hoteleiros, aldeamentos turísticos, apartamentos turísticos, conjuntos turísticos e hotéis-rurais.

O Decreto-Lei nº 555/99, de 16.12 (RJUE) na redacção introduzida pelo Decreto-Lei nº 26/2010, de 30.03 estabelece agora três possibilidades procedimentais (art. 4º, nº 1):

- Licença;
- Comunicação prévia,
- Autorização de utilização, tornando-a mais consentânea com as leis do turismo.

Jurisprudência:

1. *I – O direito dos interessados a serem ouvidos após a conclusão da instrução não possui a natureza jurídica de direito fundamental.*

II – Tal direito depende da natureza do procedimento em causa, não tendo necessariamente de ser concretizado, nomeadamente nos casos em que não houve instrução ou em que a audiência pretendida se revista de um carácter meramente formal e sem qualquer conteúdo útil para a decisão a proferir.

(Ac. TCA, de 30.10.2003, AASTA, Ano VII, nº 1, Set.-Dez., 2003, p. 233)

2. *I – Quando a decisão a tomar no procedimento administrativo seja urgente não existe obrigação à audiência prévia, nos termos do nº 1, al. a), do art. 103º do CPA, nem de fundamentar a urgência, ainda que esta tenha de resultar de factos objectivos, pelo que pode ser controlada «a posteriori» pelos tribunais.*

II – A obrigação de notificar os interessados para os exames, vistorias, avaliações e diligências semelhantes prevista no nº 1 do art. 95º do CPA, está ressalvada apenas nos casos em que a diligência incidir sobre matérias de carácter secreto ou confidencial. (...).

(Ac. STA, de 26.01.2001, AASTA, Ano IV, nº 2, 2001, p. 79)

3. *(...) IV – A falta de audiência do interessado, prevista no art. 100º do CPA, quando devida, gera, em princípio, mera anulabilidade, pois, não sendo o direito de ser ouvido um direito fundamental, é de aplicar a regra geral contida no art. 135º do mesmo Código.*

V – A função instrumental do direito de audiência torna incompreensível que se lhe atribua a dignidade de direito fundamental – e, muito menos, que se considere que a sua preterição ofende «o conteúdo essencial de um direito fundamental» em termos de tal gravidade que justifiquem o seu sancionamento com a nulidade do acto conclusivo do respectivo procedimento – quando o direito substantivo em causa no procedimento não merece, ele próprio, a qualificação de direito fundamental: é isso que ocorre no caso presente, em que o direito substantivo em causa – o direito de construir ou edificar – não reveste as características de direito fundamental.

(Ac. STA, de 01.03.2000, CJA, nº 21, p. 61)

4. *I – O que fundamentalmente releva no direito de audiência consagrado no artigo 100º do CPA é a participação do interessado e a possibilidade de o mesmo influenciar a decisão final, evitando-se decisões-surpresa.*

II – A palavra «instrução», constante do nº 1 do citado normativo, tem um sentido amplo, abrangendo qualquer elemento, informação ou parecer que anteceda a prolação do acto em causa.

III – Ocorre instrução procedimental quando, após deferimento do pedido de demolição de construção, um terceiro, arrogando-se a propriedade do terreno em causa, apresenta certidão de inscrição no registo predial em seu nome, na sequência do que foi emitido parecer pelo consultor jurídico da Câmara Municipal, com base no qual foi proferido acto revogatório daquele licenciamento.

IV – Assim, impunha-se no caso a audiência do interessado, quer por ter havido instrução, quer porque em casos de revogação, como o presente, o interessado interveio na formação do acto anterior, investindo-o numa certa posição jurídica, devendo ser confrontado com os novos elementos que justificam a prática do novo acto pela Administração.

V – O princípio do aproveitamento do acto administrativo só releva, no âmbito do direito de audiência, se estiver adquirido, em termos absolutos, pela discussão efectuada nos autos, que a decisão a proferir pela Administração, seja qual for a intervenção do interessado, só possa ter determinado sentido.

(Ac. STA, de 24.11.99, CJA, nº 20, p. 73)

5. *O legislador pretendeu, com o disposto no art. 100º do CPA, por obediência à norma do nº 4 do art. 267º da CRP, a participação dos cidadãos na formação das decisões que lhe digam respeito.*

(Ac. STA, de 10.03.1999, AASTA, Ano II, nº 2, Jan.-Março, 1999, p. 127)

ARTIGO 27º
Alvará de licença ou admissão da comunicação prévia

No caso dos parques de campismo e de caravanismo e dos empreendimentos de turismo de habitação e de turismo no espaço rural, com excepção dos hotéis rurais, a câmara municipal, juntamente com a emissão do alvará de licença ou a admissão da comunicação prévia para a realização de obras de edificação, fixa a capacidade máxima e atribui a classificação de acordo com o projecto apresentado.

Nota:

Aparentemente nos empreendimentos assinalados previstos no art. 4º, nº 1, als. *e*) a *g*):

- parques de campismo e de caravanismo;
- empreendimentos de turismo de habitação;
- empreendimentos de turismo no espaço rural [incluindo as casas de campo e o agroturismo, contemplados no art. 18º, nº 3, als. *a*) e *b*), com excepção dos hotéis rurais, contemplados na al. *c*), do mesmo preceito], *prescindem da intervenção do Turismo de Portugal, I.P.*, estando a competência decisória concentrada *exclusivamente na câmara municipal* respectiva, não só para efeito de fixação de capacidade máxima e atribuição da classificação, como ainda para emissão do alvará de licença ou a admissão da comunicação prévia. Trata-se de um poder absoluto nunca anteriormente conferido às autarquias, numa aproximação ao regime de instalação dos estabelecimentos de restauração e de bebidas.

Relativamente aos empreendimentos de turismo da natureza, a tipologia dos mesmos obriga à intervenção do Turismo de Portugal, I.P., quando se trate da instalação de estabelecimentos hoteleiros, aldeamentos turísticos, apartamentos turísticos e conjuntos turísticos (art. 20º, do diploma em anotação).

ARTIGO 28º
Instalação de conjuntos turísticos (resorts)

Sem prejuízo do disposto no nº 2 do artigo 25º, a entidade promotora do empreendimento pode optar por submeter conjuntamente a licenciamento ou comunicação prévia as operações urbanísticas referentes à instalação da totalidade dos componentes de um conjunto turístico (resort), ou, alternativamente, submeter tais operações a licenciamento ou comunicação prévia separadamente, relativamente a cada um dos componentes ou a distintas fases de instalação.

Nota:

O preceito novo permite que conjunto turístico *(resort)*, possa alternativamente, submeter tais operações a licenciamento ou comunicação prévia separadamente, relativamente a cada um dos componentes ou a distintas fases de instalação.

SECÇÃO IV
OBRAS ISENTAS DE LICENÇA E NÃO SUJEITAS A COMUNICAÇÃO PRÉVIA

ARTIGO 29º
Processo

As obras realizadas nos empreendimentos turísticos referidos nas alíneas a) a d) do nº 1 do artigo 4º e na alínea c) do nº 3 do artigo 18º que, nos termos do regime jurídico da urbanização e da edificação, estejam isentas de licença e não se encontrem sujeitas ao regime da comunicação prévia, são declaradas ao Turismo de Portugal, I. P., mediante formulário a disponibilizar na página da Internet daquela entidade, no prazo de 30 dias após a sua conclusão, desde que:

a) Tenham por efeito a alteração da classificação ou da capacidade máxima do empreendimento;

b) Sejam susceptíveis de prejudicar os requisitos mínimos exigidos para a classificação do empreendimento, nos termos do presente decreto-lei e da respectiva regulamentação.

Nota:

O preceito corresponde, *grosso modo*, ao art. 21º, do Decreto-Lei nº 167/97, de 04.07. O preceito também corresponde, com as devidas adaptações, ao art. 28º, do Decreto-Lei nº 54/2002, de 11.03 (turismo no espaço rural) e ao art. 24º, do Decreto-Lei nº 47/99, de 16.02 (turismo da natureza).

SECÇÃO V
AUTORIZAÇÃO OU COMUNICAÇÃO DE UTILIZAÇÃO PARA FINS TURÍSTICOS

ARTIGO 30º
Autorização de utilização para fins turísticos e emissão de alvará

1 – Concluída a obra, o interessado requer a concessão da autorização de utilização para fins turísticos, nos termos do artigo 62º e seguintes do regime jurídico da urbanização e da edificação[6]*, com as especificidades previstas no presente decreto-lei.*

2 – O pedido de concessão da autorização de utilização para fins turísticos deve ser instruído com:

a) Termo de responsabilidade subscrito pelos autores do projecto de arquitectura das obras e pelo director de fiscalização de obra, no qual atestam que o empreendimento respeita o projecto aprovado e, sendo caso disso, que as alterações introduzidas no projecto se limitam às alterações isentas de licença nos termos da alínea b) do nº 1 do artigo 6º do regime jurídico da urbanização e da edificação, juntando a memória descritiva respectiva;

b) Termo de responsabilidade subscrito pelo autor do projecto de segurança contra incêndios, assegurando que a obra foi executada de acordo com o projecto aprovado e, se for caso disso, que as alterações efectuadas estão em conformidade com as normas legais e regulamentares aplicáveis em matéria de segurança contra riscos de incêndio, ou, em alternativa, comprovativo da inspecção realizada por entidades acreditadas nesta matéria;

c) Termo de responsabilidade subscrito pelos autores dos projectos de especialidades relativos a instalações eléctricas, acústicas, energéticas e acessibilidades ou, em alternativa, comprovativo das inspecções realizadas por entidades acreditadas nestas matérias, atestando a conformidade das instalações existentes.

3 – O prazo para deliberação sobre a concessão de autorização de utilização para fins turísticos e emissão do respectivo alvará é de 20 dias a contar da data de apresentação do requerimento, salvo quando haja lugar à vistoria prevista no artigo 65º do regime jurídico da urbanização e da edificação.

[6] O art. 62º **(Âmbito)**, do RJUE dispõe:
"1 – A autorização de utilização de edifícios ou suas fracções autónomas destina-se a verificar a conformidade da obra concluída com o projecto aprovado e com as condições do licenciamento ou da comunicação prévia.
2 – A autorização, quando não haja lugar à realização de obras ou quando se trate de alteração da utilização ou de autorização de arrendamento para fins não habitacionais de prédios ou fracções não licenciados, nos termos do nº 4 do artigo 5º do Decreto-Lei nº 160/2006, de 8 de Agosto, destina-se a verificar a conformidade do uso previsto com as normas legais e regulamentares aplicáveis e a idoneidade do edifício ou sua fracção autónoma para o fim pretendido."

4 – O alvará de autorização de utilização para fins turísticos deve conter os elementos referidos no nº 5 do artigo 77º do regime jurídico da urbanização e da edificação e dele é dado conhecimento ao Turismo de Portugal, I. P., através dos meios previstos no artigo 74º
5 – A emissão do alvará de utilização para fins turísticos depende apenas do pagamento prévio pelo requerente da respectiva taxa.
6 – Os conjuntos turísticos (resorts) dispõem de um único alvará de autorização de utilização para fins turísticos quando se tenha optado por submeter conjuntamente a licenciamento ou comunicação prévia as operações urbanísticas referentes à instalação da totalidade dos componentes de um conjunto turístico.
7 – Fora do caso previsto no número anterior, cada empreendimento turístico, estabelecimento e equipamento integrados em conjuntos turísticos (resorts) devem dispor de alvará de autorização de utilização próprio, de natureza turística ou para outro fim a que se destinem.
8 – A concessão de autorização de utilização para fins turísticos e a emissão do respectivo alvará aos edifícios autónomos de carácter unifamiliar previstos no nº 7 do artigo 15º depende de prévia concessão de autorização de utilização para fins turísticos a um dos empreendimentos turísticos do conjunto turístico, que assegura a sua exploração.
9 – A instalação dos empreendimentos turísticos pode ser autorizada por fases, aplicando-se a cada uma delas o disposto na presente secção.

Nota:

A presente Secção, das mais inovatórias que o regime apresenta, indica agora os regimes próprios de autorização ou comunicação de utilização para fins turísticos. O primeiro, assenta no art. 30º, e o segundo, no art. 31º, com carácter supletivo, dado que a epígrafe deste último indica "Comunicação de abertura *em caso de ausência de autorização de utilização para fins turísticos*".

Por outro lado, o procedimento das "vistorias" exigível em qualquer empreendimento é agora substituído pelo termo de responsabilidade dos técnicos, que agora vem instruir o pedido de concessão de autorização de utilização para fins turísticos (nº 2).

Na lei anterior, o art. 25º, do Decreto-Lei nº 167/97, de 04.07, na redacção introduzida pelo Decreto-Lei nº 217/2006, de 31.10, exigia apenas o termo de responsabilidade subscrito pelo director técnico responsável pela obra *e* somente quando o pedido de vistoria era apresentado após a conclusão das mesmas (nº 2).

O diploma actual, acolheu as al. *a*) a *c*), do nº 1, do art. 29º, do Decreto-Lei nº 167/97, de 04.07, com alguma alteração na denominação técnica dos responsáveis, sendo que agora cabe aos técnicos a responsabilidade inerente da utilização para fins turísticos, sem qualquer intervenção da autoridade administrativa.

Relembre-se que o art. 29º, do Decreto-Lei nº 167/97, de 04.07, havia sido alterado pelo Decreto-Lei nº 217/2006, de 31.10, com o fim de agilizar o procedimento de (na altura) licenciamento ou autorização, e estranhamente, havia sido o único diploma a merecer essa *agilização* [que não constava do Decreto-Lei nº 54/2002, de 11.03 (turismo no espaço rural) e do Decreto-Lei nº 47/99, de 16.02 (turismo da natureza)], facultando-se ao promotor a possibilidade de a vistoria ser requerida antes de o empreendimento estar em condições de ser aberto ao público e para combater, quer a ausência da vistoria requerida, quer a ausência de emissão de licença ou autorização de utilização turística, ou seja, para minar ou combater a inércia administrativa.

Hoje, os termos de responsabilidade fazem parte do procedimento, prescindindo-se da realização de vistoria, a não ser no caso da mesma ser exigível nos termos do art. 65º do RJUE (nº 3). Não entendemos o "salvo" do legislador actual, porquanto o art. 65º, pertence à Subsecção IV, indica *Utilização de edifícios ou suas fracções*, ou seja, quanto a nós, a vistoria é sempre exigível na fase de utilização de edifícios ou suas fracções.

O preceito corresponde, muito imperfeitamente, aos arts. 25º e 29º, do Decreto-Lei nº 167/97, de 04.07, recebendo ainda um contributo do RJUE, previsto no nº 5, do preceito; no que concerne ao prévio pagamento das taxas para efeito de emissão do alvará para fins turísticos (art. 113º, nº 2, do RJUE, sob a epígrafe *Deferimento Tácito*).

Note-se que o nº 3, do preceito, acolhe quer o prazo para deliberação sobre a concessão de autorização de utilização para fins turísticos, quer o prazo para emissão do respectivo alvará e a indicação da realização de vistoria nos termos do RJUE.

A remissão do nº 4, do preceito, para o nº 5, do art. 77º, do RJUE, visa apenas indicar quais os elementos a constar do alvará, prescindindo-se agora das especificações próprias da lei do turismo, previstas no nº 4, do art. 27º, do Decreto-Lei nº 167/97, de 04.07. Há também aqui um aligeiramento das exigências informativas do alvará.

O nº 6, do preceito, atribui aos conjuntos turísticos um alvará único quando submetam conjuntamente a licenciamento ou comunicação prévia as operações urbanísticas, fenómeno que não se estende aos restantes empreendimentos turísticos, quando integrados em conjuntos turísticos, mas cujo procedimento não foi conjunto (nº 7).

O nº 8, do preceito, corresponde ao art. 28º, nº 3, do Decreto-Lei nº 167/97, de 04.07.

O preceito também corresponde, com as devidas adaptações, ao art. 29º, do Decreto-Lei nº 54/2002, de 11.03 (turismo no espaço rural) e ao art. 25º, do Decreto-Lei nº 47/99, de 16.02 (turismo da natureza). Relembre-se que estes dois regimes não mereceram a *agilização* atribuída pelo Decreto-Lei nº 217/2006, de 31.10, que cuidou exclusivamente do Decreto-Lei nº 167/97, de 04.07.

Preceito alterado pelo Decreto-Lei nº 228/2009, de 14 de Setembro.

ARTIGO 31º
Comunicação de abertura em caso de ausência de autorização de utilização para fins turísticos

1 - Decorrido o prazo previsto no nº 3 do artigo 30º ou decorridos os prazos previstos do artigo 65º do regime jurídico da urbanização e da edificação, quando tenha sido determinada a realização da vistoria, sem que tenha sido concedida a autorização de utilização para fins turísticos ou emitido o respectivo alvará, o interessado pode comunicar à câmara municipal a sua decisão de abrir ao público, com conhecimento ao Turismo de Portugal, I. P., entregando os seguintes elementos:

a) Termos de responsabilidade a que se referem as alíneas a) a c) do nº 2 do artigo 30º, caso ainda não tenham sido entregues com o pedido aí referido;

b) Termo de responsabilidade subscrito pelo promotor da edificação, assegurando a idoneidade e correctas acessibilidades do edifício ou sua fracção autónoma para os fins a que se destina e que o mesmo respeita as normas legais e regulamentares aplicáveis, tendo em conta o uso e classificação previstos;

c) Auto de vistoria de teor favorável à abertura do estabelecimento elaborado pelas entidades que tenham realizado a vistoria prevista nos artigos 64º e 65º do regime jurídico da urbanização e da edificação[7], quando esta tenha ocorrido;

d) No caso de a vistoria ter imposto condicionantes, termo de responsabilidade assinado pelo responsável da direcção técnica da obra, assegurando que as mesmas foram respeitadas.

[7] O artigo 65º **(Realização da vistoria)**, do RJUE dispõe que:
"1 - A vistoria realiza-se no prazo de 15 dias a contar da decisão do presidente da câmara referida no nº 2 do artigo anterior, decorrendo sempre que possível em data a acordar com o requerente.
2 - A vistoria é efectuada por uma comissão composta, no mínimo, por três técnicos, a designar pela câmara municipal, dos quais pelo menos dois devem ter habilitação legal para ser autor de projecto, correspondente à obra objecto de vistoria, segundo o regime da qualificação profissional dos técnicos responsáveis pela elaboração e subscrição de projectos.
3 - A data da realização da vistoria é notificada pela câmara municipal ao requerente da autorização de utilização, o qual pode fazer-se acompanhar dos autores dos projectos e do técnico responsável pela direcção técnica da obra, que participam, sem direito a voto, na vistoria.
4 - As conclusões da vistoria são obrigatoriamente seguidas na decisão sobre o pedido de autorização.
5 - No caso da imposição de obras de alteração decorrentes da vistoria, a emissão da autorização requerida depende da verificação da adequada realização dessas obras, mediante nova vistoria a requerer pelo interessado, a qual deve decorrer no prazo de 15 dias a contar do respectivo requerimento.
6 - Não sendo a vistoria realizada nos prazos referidos nos n.os 1 ou 5, o requerente pode solicitar a emissão do título de autorização de utilização, mediante a apresentação do comprovativo do requerimento da mesma nos termos do artigo 63º ou do número anterior, o qual é emitido no prazo de cinco dias e sem a prévia realização de vistoria."

2 – No prazo de 30 dias a contar da recepção da comunicação prevista no número anterior, deve o presidente da câmara municipal proceder à emissão do alvará de autorização de utilização para fins turísticos, o qual deve ser notificado ao requerente no prazo de oito dias.
3 – Decorrido o prazo referido no número anterior, o interessado na obtenção de alvará de utilização para fins turísticos pode recorrer ao mecanismo da intimação judicial para a prática de acto legalmente devido previsto no artigo 112º do regime jurídico da urbanização e da edificação.
4 – Caso se venha a verificar grave ou significativa desconformidade do empreendimento em funcionamento com o projecto aprovado, os subscritores dos termos de responsabilidade a que se referem as alíneas a), b) e d) do nº 1 respondem solidariamente com a entidade exploradora do empreendimento, pelos danos causados por força da desconformidade em causa, sem prejuízo das demais sanções aplicáveis.

Nota:

1. A natureza da epígrafe do preceito "Comunicação de abertura *em caso de ausência de autorização de utilização para fins turísticos*" elucida que estamos no âmbito de intervenção dos deferimentos tácitos.

A operação urbanística é, por natureza legal, *autorizável*, no entanto, o prazo previsto no art. 30º, nº 3 (prazo para deliberação sobre a concessão de autorização de utilização para fins turísticos **e** prazo para emissão do respectivo alvará) ou os prazos previstos no art. 65º, do RJUE (para a realização da vistoria) esgotaram-se, sem que tenha sido concedida a autorização de utilização para fins turísticos ou emitido o respectivo alvará. Nesse caso a utilização em vista é meramente *comunicável*. Basta que o interessado *comunique à câmara municipal respectiva a sua pretensão, com conhecimento ao Turismo de Portugal, I.P.*

O preceito corresponde, na sua essência ao art. 29º, nº 1 e 2, do Decreto-Lei nº 167/97, de 04.07, na redacção introduzida pelo Decreto-Lei nº 217/2006, de 31.10. (a qual pretendeu desburocratizar e agilizar o regime de procedimento administrativo).

Há, no entanto, uma significativa diferença entre os dois preceitos, o art. 31º, nº 3, indica que não havendo emissão do alvará de autorização de utilização para fins turísticos, o interessado na obtenção do mesmo, deve apelar ao mecanismo da intimação judicial para a prática de acto legalmente devido previsto no art. 112º, do RJUE.

Este número do preceito não se encontrava reflectido no art. 29º, do Decreto-Lei nº 167/97, de 04.07, exigindo este diploma apenas a comunicação da abertura ao público à câmara municipal respectiva e à então *DGT* (art. 30º-A, aditado igualmente pelo Decreto-Lei nº 217/2006, de 31.10).

Ou seja, a potencial morosidade da figura "intimação judicial para a prática de acto legalmente devido" que o Decreto-Lei nº 217/2006, de 31.10. temia, pode agora, a qualquer momento, ser recuperada, pretendendo o promotor o alvará de autorização de utilização para fins turísticos, ou seja, se não se sentir devidamente resguardado com o título válido de abertura constituído pelo "comprovativo de ter efectuado a comunicação prevista no nº 1 do artigo anterior" (art. 32º, al. *b*)).

Quanto ao nº 4, do preceito, é de realçar o regime de *responsabilidade solidária* com a entidade exploradora do empreendimento, pelos danos causados por força da desconformidade em causa, sem prejuízo das demais sanções aplicáveis.

2. Relativamente ao mecanismo da intimação judicial para a prática de acto legalmente devido previsto no artigo 112º, do RJUE, é de destacar a figura da sanção pecuniária compulsória, de natureza civilista e que o direito administrativo acolheu.

Explica CALVÃO DA SILVA ("Cumprimento e sanção pecuniária compulsória", Coimbra, Almedina, 1997, p. 355), "por definição e por função, a sanção pecuniária compulsória não é um fim em si mesmo: a sua utilização visa obter a realização de uma prestação, judicialmente reconhecida, a que o credor tem direito, constituindo, apenas, uma forma de protecção do credor contra o devedor relapso e um reforço da tutela específica do direito daquele à realização *in natura* da prestação que por este lhe é devida. Insere-se, portanto, na sempre actual questão da efectividade da tutela específica a que o credor tem direito, da actuação desse princípio primário, natural e lógico, para toda a espécie de obrigações, que é o direito ao cumprimento".

Jurisprudência:

I – De acordo com o disposto na alínea a) do art. 111º do DL nº 555/99, decorridos os prazos fixados para a prática de qualquer acto especialmente regulado no presente diploma sem que o mesmo se mostre praticado, observa-se o seguinte:

"Tratando-se de acto que devesse ser praticado por qualquer órgão municipal no âmbito do procedimento de licenciamento, o interessado pode recorrer ao processo regulado no art. 112º.

II – (....).

III – A fórmula neutra utilizada pela lei – «o acto que se mostre devido» (art. 112º, nº 1, parte final) – resulta, simplesmente, da circunstância de a norma para onde remete (art. 111º, al. a) abarcar um conjunto incaracterizado de possíveis actos administrativos a emitir no âmbito do processo de licenciamento.

IV – Trata-se de uma norma aberta, a integrar em cada caso concreto com o pedido de intimação do tipo de acto que a situação requeira para a defesa dos interesses do requerente.

V – O pedido de intimação pode licença de construção, ao abrigo dos artigos anteriores, não pode ser rejeitado, apenas com fundamento em ilegal apresentação, se o requerente alegou ter apresentado o projecto de especialidade, todos deferidos e aprovados, e também o pedido de passagem da licença de construção sem que a entidade competente se tivesse pronunciado.

(Ac. STA, de 10.03.2004, CJA, nº 45, p. 59)

3. "As conclusões da vistoria são obrigatoriamente seguidas na decisão sobre o pedido de autorização", dispõe o art. 65º, do RJUE, ou seja, mantém-se o carácter vinculativo da mesma (apesar de o legislador actual não ter acolhido a indicação de que "se o auto de vistoria for desfavorável, o empreendimento turístico não pode, em caso algum, abrir ao público", como decorria, *v.g.*, do art. 26º, nº 8, do Decreto-Lei nº 167/97, de 04 de Julho). Para tal, e apesar da omissão legal, as referidas conclusões devem ser devidamente fundamentadas (a exemplo do expresso no art. 26º, nº 7, do revogado Decreto-Lei nº 167/97, de 04 de Julho).

O Dever de Fundamentação:

O dever de fundamentação recai sobre todos os actos que neguem, extingam, restrinjam ou afectem por qualquer modo direitos ou interesses legalmente protegidos, ou imponham ou agravem deveres, encargos ou sanções (art. 124º, nº 1, al. *a*), do CPA, acompanhando a lei constitucional, art. 268º, nº 3).

Quanto aos requisitos da fundamentação, dispõe o art. 125º, nºs 1 e 2, do CPA que:

"1. A fundamentação deve ser expressa, através de sucinta exposição dos fundamentos de facto e de direito da decisão, podendo consistir em mera declaração de concordância com os fundamentos de anteriores pareceres, informações ou propostas, que constituirão neste caso parte integrante do respectivo auto.

2. Equivale à falta de fundamentação a adopção de fundamentos que, por obscuridade, contradição ou insuficiência, não esclareçam concretamente a motivação do acto".

A "falta de fundamentação das decisões da administração dificulta muitas vezes a sua impugnação ou sequer uma opção consciente entre a aceitação da sua legalidade e a justificação de um recurso contencioso" (VIEIRA DE ANDRADE; "O dever de fundamentação expressa de actos administrativos", Coimbra, Almedina, p. 110).

O interesse da fundamentação do *acto negativo* é, na essência, estabelecer "um critério para a determinação do conteúdo da fundamentação (...), ou seja, permite-nos compreender a motivação e a justificação da recusa do pedido formulado pelo particular", garantindo ainda um *procedimento decisório* correcto (VIEIRA DE ANDRADE, *op. cit.*, p. 43).

Permite ainda avaliar se o orgão decisório actuou dentro dos poderes legalmente concedidos, ou se ocorreu desvio de poder ou outros vícios que afectam a validade do acto administrativo.

O desvio de poder é entendido por FREITAS DO AMARAL (Direito Administrativo, vol. III, AFDL, p. 308) como "o vício que consiste no exercício de um poder discricionário por um motivo principalmente determinante que não condiga com o fim que a lei visou ao conferir aquele poder. O desvio de poder pressupõe, portanto, uma discrepância entre o fim legal e o fim real (ou fim efectivamente prosseguido pela Administração)".

A tipologia exemplificativa da nulidade dos actos apresenta a usurpação do poder, a incompetência, o vício de forma, a violação da lei e o desvio de poder (arts. 133º e ss, do CPA)".

FREITAS DO AMARAL (*ibidem*) refere que os dois primeiros vícios (usurpação de poder e incompetência) correspondem à ideia de *ilegalidade orgânica*. O terceiro (vício de forma) à ideia de *ilegalidade formal*. E o quarto e quinto vícios (violação da lei e desvio de poder) à ideia de *ilegalidade material*.

Jurisprudência:

1. *I – O acto administrativo tem de ser fundamentado, sob pena da sua anulabilidade.*

II – A fundamentação, dando a conhecer ao seu destinatário as razões da prática do acto, desempenha um importante papel na defesa dos direitos do administrado, pois permite o controlo da sua legalidade, quer este se faça pela via graciosa, quer pela via contenciosa.

III – Fundamentar um acto não significa uma exaustiva descrição de todas as razões que determinaram a sua prática, mas implica esclarecer devidamente o seu destinatário dos motivos que estão na sua génese e das razões que sustentam o seu concreto conteúdo (...).

(Ac. STA, de 09.05.2001, ADSTA, Ano XLI, nº 483, p. 203)

2. *I – No domínio da fundamentação, só poderá considerar-se viável o recurso ao princípio do aproveitamento do acto administrativo, se tiver havido enunciação suficiente, embora errónea ou inexacta dos fundamentos de facto e de direito da decisão, mas não nos casos de falta ou insuficiência de fundamentação.*

II – Impondo-se como regra (arts. 124º e 125º CPA) a exigência legal de fundamentação, é mais acentuada quando esteja em causa o exercício de poderes discricionários pela Administração, ou esta disponha de margens de apreciação ou de escolha.

III – O aproveitamento do acto inquinado de vício de forma coloca-se ao juiz de um modo particularmente difícil, dado que tal aproveitamento só será admissível quando o agente administrativo, posto que racional e cumpridor da lei, só podia ter tomado aquela decisão, isto é, quando o acto não tenha alternativa válida.

(Ac. STA, de 13.04.2000, AASTA, Ano III, nº 3, Abr.-Jul., p. 10)

3. *I – O dever legal de decidir importa à Administração pelo artigo 9º, nº 1, do Código do Procedimento Administrativo mantém-se, mesmo que seja de presumir tacitamente indeferida à pretensão do interessado e que este tenha deixado transcrever o prazo para a interposição do recurso contencioso daquele indeferimento.*

II – Assim enferma de vício de violação de lei o despacho que, no circunstancialismos referido em I, não decide a pretensão do interessado e manda simplesmente arquivar o procedimento.

(Ac. STA, de 22.03.2000, BMJ, 495, p. 138).

4. *A fundamentação é um conceito relativo que depende do tipo legal do acto, dos seus termos e das circunstâncias em que foi proferido, devendo dar a conhecer ao seu destinatário as razões de facto e de direito em que se baseou o autor para decidir nesse sentido e não noutro, não se podendo abstrair da situação específica daquele e da sua possibilidade, face às circunstâncias pessoais concretas, de se aperceber ou de apreender as referidas razões, mormente quando intervém no procedimento administrativo impulsionando o itinerário cognoscitivo da autoridade competente.*

(Ac. TP, de 10.03.1999, CJA, nº 16, p. 5)

5. *Através do recurso contencioso, a estabilidade do acto em crise pode ser posta em causa, e este banido da ordem jurídica, seja por um acto administrativo – revogação – seja por decisão judicial – anulação.*

(Ac. STA, de 17.12.1998, AASTA, Ano II, Set.-Dez., p. 265)

A inércia administrativa

4. Relativamente a uma eventual inércia da autoridade administrativa, convém indicar os pressupostos do deferimento tácito, que têm que ser preenchidos *in casu*, cumulativamente (ou seja, todos os requisitos se têm que acumular perante o caso concreto):

a) Que haja competência e dever de decidir da autoridade em questão em relação à pretensão do requerente;

A competência só pode ser conferida, delimitada ou retirada pela lei (princípio da legalidade da competência, previsto no art. 29º-1 do CPA), assim a competência não se presume, é imodificável e irrenunciável.

Para Freitas do Amaral, competência é "o conjunto de poderes funcionais que a lei confere para a prossecução das atribuições das pessoas colectivas". Atribuições, são, por sua vez, "os fins ou interesses que a lei incumbe as pessoas colectivas de prosseguir" *(in* "Curso de Direito Administrativo", Coimbra, Almedina, 1994, p. 608).

Jurisprudência:

I – O indeferimento tácito pressupõe que a Autoridade a quem é imputado tenha o dever legal de decidir a pretensão do Requerente.

II – Não há dever legal de decidir se tal pretensão é dirigida à emissão de acto normativo, designadamente uma Portaria.

III – Neste caso o silêncio não é de molde a configurar uma situação de indeferimento tácito. (...)

V – Ou seja, é necessário que um orgão da Administração seja instado a tomar uma decisão que vise produzir efeitos jurídicos numa situação individual e concreta (...)".

(Ac. STA, de 25.06.1998, AASTA, Ano I, nº 3, Abril-Julho, p. 106)

b) manifestando aquela um comportamento omissivo;

c) durante determinado período de tempo;

Explica CARLOS ALBERTO CADILHA ("O silêncio administrativo", CJA, nº 28, p. 22.): "O acto de deferimento tácito, que começou por ser admitido no âmbito do direito do urbanismo, corresponde a uma técnica de intervenção de polícia administrativa ou de intervenção tutelar que tem em vista evitar as consequências desvantajosas que para a esfera jurídica dos particulares poderiam resultar da inércia administrativa em relação a certos direitos ou actividades, cujo exercício dependa de um prévio procedimento autorizatório.

Em segunda linha, a valoração positiva do silêncio administrativo tem ainda a intencionalidade de agilizar a Administração, impelindo-a a emitir uma decisão em tempo oportuno, de modo a evitar os inconvenientes do ponto de vista do interesse público que poderiam derivar do deferimento tácito de uma pretensão que fosse contrária à lei."

Jurisprudência:

I – Não ocorre nulidade por omissão de pronúncia quando na sentença expressamente se apontam as razões pelas quais se não conhecem das questões tidas por não apreciadas.

II – Tal abstenção poderá integrar erro de julgamento mas não aquela nulidade.

III – Nos procedimentos de 2º grau, como é o caso do recurso hierárquico, só haverá lugar a audiência do interessado quando o acto secundário se baseie em elementos novos que não constavam do procedimento de 1º grau.

IV – A emissão do alvará de licenciamento de construção é um acto integrativo de eficácia, tanto do deferimento expresso como do deferimento tácito do pedido de licenciamento.

V – Uma vez verificado o deferimento tácito, o interessado terá que requerer a emissão do título de licenciamento que é o alvará, só podendo agir ao abrigo do deferimento tácito após a obtenção desse mesmo título.

VI – Assim, não assume a natureza de revogação ilegal de acto constitutivo de direitos, a ordem de demolição de obras realizadas sem que o interessado tenha obtido o mencionado alvará, ainda que haja deferimento tácito do pedido.

(Ac. STA, de 26 de Junho de 2002, ADSTA, Ano XLI, nº 491, p. 1423)

5. Direito à informação procedimental para aferir se os pressupostos acima referidos foram ou não preenchidos (nomeadamente, se o prazo em curso já expirou), a consulta do processo é fundamental, enquadrando-se no âmbito do chamado *direito à informação procedimental,* ou seja, assiste ao requerente a faculdade de a fim de preparar e documentar a defesa dos seus interesses, consultar os processos administrativos em que é parte legítima e ser informado sobre o andamento dos procedimentos e resoluções tomadas nos termos do art. 61º, nºs 1 e 2 (Direito dos interessados à informação), do CPA que dispõe que:

> "1. Os particulares têm o direito de ser informados pela administração, sempre que o requeiram, sobre o andamento dos procedimentos em que sejam directamente interessados, bem como o direito de conhecer as resoluções definitivas que sobre eles forem tomadas.
>
> 2. As informações a prestar abrangem a indicação do serviço onde o procedimento se encontra, os actos e diligências praticados, as deficiências a suprir pelos interessados, as decisões adoptadas e quaisquer outros elementos solicitados".

O procedimento para intimação para consulta de documentos ou passagem de certidões tem vindo a ser entendido já não apenas como um mero meio acessório à acção principal de impugnação, mas uma providência autónoma de carácter geral. Para uma compreensão do raciocínio (Vieira de Andrade, "Justiça Administrativa, Univ. de Coimbra, Faculdade de Direito, p. 15 e ss.)

Esse mesmo direito é consagrado no art. 110º, do RJUE (Direito à informação), que abrange o direito à informação sobre os instrumentos de desenvolvimento e planeamento territorial em vigor (nº 1, al. *a*)), sobre o estado e o andamento dos processos que lhes digam directamente respeito (o chamado *direito à informação procedimental,* nº 1, al. *b*)); e o direito à consulta dos processos e à obtenção de certidões ou reproduções autenticadas dos documentos que os integram (nº 3).

O direito à informação procedimental é concedido a quem prove possuir um interesse legítimo e, ainda, para defesa de interesses difusos definidos na lei.

Por sua vez, o *direito à informação não procedimental,* destina-se a permitir aos cidadãos em geral a consulta dos registos e arquivos administrativos, independentemente de serem ou não directamente interessados.

Jurisprudência:

1. *I – O êxito do pedido de intimação para consulta de documentos ou passagem de certidões depende, inter alia, da verificação de um requisito de natureza substantiva (ou condição de procedência) a saber:*

Que a entidade requerida disponha de jurisdição sobre os procedimentos nos quais tais documentos se integrem.

II – Significa isto que, se do pedido formulado pelo requerente no procedimento administrativo, dos factos alegados e dos demais elementos probatórios resultar que a entidade demandada não dispõe de tal jurisdição, o pedido terá necessariamente que ser rejeitado, já que o dever e o poder de «facultar a consulta de documentos ou processos e passar certidões» pressupõe a verificação dessa condição de procedibilidade do pedido.

III – A simples invocação das qualidades de accionista e de contribuinte não têm, por si só, a virtualidade de conferir ao requerente um interesse legítimo atendível para requerer, nos termos do art. 64º, nº 1, do CPA, a consulta de documentos relativos a contratos celebrados entre outros accionistas da mesma sociedade a que o próprio requerente pertence.

(Ac. STA, de 13.04.2000, CJA, nº 21, p. 67)

2. *I – O direito à informação procedimental é conferido às pessoas «directamente interessadas no procedimento», devendo entender-se como directamente interessados, parta tal efeito, todas as pessoas cuja esfera jurídica resulta alterada pela própria instauração do procedimento ou aquelas que saiam (ou sairão provavelmente) beneficiadas ou desfavorecidas nessa sua esfera pela respectiva decisão final.*

II – Quer no regime procedimental, que no não procedimental, a titularidade do direito à informação é sempre aferida pela existência de um «interesse» nos elementos pretendidos, que deve ser alegado pelo requerente.

III – Tal «interesse» na obtenção dos elementos pretendidos deve-se aferir em função de uma situação de vantagem pretendida, alegada pelo requerente, único requisito subjectivo exigido pela lei de procedimento administrativo (CPA e Lei nº 65/93, de 26/8), para legitimar o exercício do direito à informação por parte dos administrados.

IV – O normativo constante do art. 82º, nº 2, da LPTA, regulador do processo de intimação judicial, como meio processual existente ao dispor dos interessados para a efectivação do seu direito à informação, pressupõe para o seu exercício a existência de um interesse legítimo na obtenção da informação, como pressuposto processual de apreciação do pedido de intimação, sem o qual tal pedido carece de ser rejeitado,, ao abrigo do disposto no art. 57º, § 4º, do RSTA, que tem aplicação em todos os meios processuais contenciosos administrativos, sejam eles principais ou acessórios.

(Ac. TCA, de 06.04.2000, CJA, nº 31, p. 36)

3. *I – Face à nova extensão e tutela do direito de informação procedimental, constitucionalmente consagrado no nº 1 do art. 268º da Constituição e concretizado nos artigos 61º a 64º do CPA, deverá entender-se que o segmento normativo do nº 1 do art. 82º da PLTA, corresponde à expressão «a fim de permitir o uso de meios administrativos ou contenciosos» está implicitamente revogado.*

II – O direito à informação tornou-se independente de qualquer pretensão impugnatória ou judiciária do administrado, perspectivando-se antes como um verdadeiro direito subjectivo. E sendo assim é irrelevante saber o fim a que se destina o pedido de intimação para consulta de documentos ou passagem de certidões.

III – Tendo a pretensão da requerente sido apreciada e rejeitada pelo Tribunal Administrativo do Círculo, ao abrigo do art. 82º da LPTA, o recurso daquela decisão se interpuser é da competência do Tribunal Central Administrativo, nos termos do art. 40º, alínea a) do ETAF, por a mesma ter sido proferida em meio processual acessório.

(Ac. TCA, de 27.01.2000, AASTA, Ano III – nº 2, Jan.-Mar., p. 262)

4. *Fundamentando-se um determinado acto administrativo em parecer jurídico emitido por serviços distintos daquele a que pertence o autor do acto, sobre este recai a obrigação de, a requerimento de um interessado, passar certidão não só do acto, mas ainda do teor ou conteúdo de tal parecer jurídico, enquanto fundamentação e parte integrante do acto administrativo por si praticado, sendo para o efeito irrelevante que o autor do acto não disponha do «original« ou «fotocópia autenticada« do referido parecer.*

(Ac. TCA, de 30.09.1999, BMJ, 489, p. 423)

5. *I – O direito à informação e o direito à sua tutela jurisdicional efectiva são direitos de natureza análoga aos «direitos, liberdades e garantias» (vide art. 268º da Constituição). E sendo o direito à informação e o direito à sua tutela jurisdicional efectiva direitos fundamentais, estes só podem ser objecto de restrições nos casos previstos na Constituição, devendo as restrições limitar-se ao necessário para garantir outros direitos ou liberdades constitucionalmente garantidos (art. 18º, nº 2, da Constituição).*

II – Daí que a imposição de uma condição ao exercício do direito à informação e à sua tutela jurisdicional efectiva se possa consubstanciar numa restrição àqueles direitos. Ponto é que essa condição se mostre, por exemplo, inadequada, desnecessária ou desproporcionada para a prossecução do fim ou fins à mesma subjacentes (art. 18º, nº 2, da Constituição).

III – O acto que, como condição para o exercício do direito à informação, impõe a um administrado o pagamento prévio de um montante de 3 020 000$00, a título de encargos, por ser susceptível de se configurar como um condicionamento ilegítimo ao acesso a esse direito, poderá, na prática, equivaler a uma recusa a esse mesmo direito. E podendo a condição ao exercício do direito à informação e à sua tutela jurisdicional efectiva consubstanciar-se num acto equivalente a uma recusa a esses direitos, terá o tribunal que conhecer da (i)legalidade de tal condição.

IV – Um julgamento de constitucionalidade sobre uma condição como a prevista no ponto 3 deste sumário pressupõe sempre uma avaliação do «equilíbrio interno» do sistema legal de pagamento relativo ao exercício do direito à informação, não sendo indiferente a existência ou inexistência de uma des-

proporção nos pagamentos a efectuar à luz de um critério de comparação das diferentes modalidades do direito à informação, consoante ela se apresente como procedimental (arts. 268º, nº 1, da Constituição, 61º e 64º do CPA e 84º da LPTA) ou como não procedimental (arts. 268º, nº 2, da Constituição, 65º, nº 1, do CPA, Lei nº 65/93, de 26/8), e mesmo à luz das normas relativas ao pagamento de custas, em sede de recurso contencioso.

V – A imposição do «pagamento das importâncias que forem devidas» (nº 3 do art. 62º do CPA), como condição do exercício do direito à informação procedimental, implica uma certa compressão ao direito fundamental de acesso à justiça administrativa (art. 11º, nº 1, do CPA e arts. 20º e 268º da Constituição). Daí que se imponha averiguar se esta compressão relativamente àqueles que não têm acesso à justiça, garantindo, neste domínio, pelo apoio judiciário, se situa dentro de limites razoáveis, como impõe o princípio da proporcionalidade, implícito no art. 18º, nº 2, da Constituição.

V – A ponderação de meios e fins a que assim somos conduzidos (vide ponto 4 deste sumário) não pode deixar de ter presente o quantitativo concreto imposto à ora recorrente (3 020 000$00) e, em função disso, não pode deixar de conduzir à conclusão que o valor em causa, quando encarado numa lógica comparativa com os decorrentes do direito ao acesso à informação não procedimental e também com o direito ao acesso aos tribunais administrativos (vide DL nº 41 150, de 12/2, o qual, no seu art. 9º, estabelece como limite máximo de taxa de justiça para o Tribunal Pleno a quantia de 120 000$00), se revela manifestamente excessivo e desproporcionado, tornando, in casu, *o direito à informação procedimental extremamente gravoso, tomando por paradigma a capacidade contributiva de um administrado médio*

VII – Ou seja, os encargos impostos pela entidade recorrida à ora recorrente como condição para a passagem de certidões de determinados documentos, não tendo de corresponder aos encargos impostos como condição para a reprodução por fotocópia dos mesmos documentos, nos termos do art. 12º, nº 1, alínea b), e 2, da Lei nº 65/93, ou às custas judiciais nos tribunais administrativos, não podem ser desproporcionalmente mais altos ou pôr em risco o acesso à justiça. (Refira-se, a propósito, que o problema não reside no facto de as despesas impostas serem mais elevadas, mas sim no quantum *que se terá que averiguar se a justiça administrativa é realmente acessível à generalidade dos administrados sem terem de recorrer ao sistema de apoio judiciário.*

VIII – No caso sub judice, *os encargos impostos pela entidade recorrida à ora recorrente como condição para a passagem de certidões por estas requeridas fundamentam-se numa norma – alínea s) do nº 1 da Portaria nº 854/97 – que, de acordo com a interpretação que lhe foi dada pela entidade recorrida, é inconstitucional, porque ao onerar de forma discriminada o procedimento administrativo em causa comparativamente com outros (designadamente com o procedimento relativo à informação não procedimental), e mesmo em relação ao processo administrativo contenciosos, numa completa perda do «equilíbrio interno necessário ao sistema» (a que está intimamente ligado o princípio da proporcionalidade), se consubstanciou num condicionamento ilegítimo do direito à informação e do direito à sua tutela jurisdicional efectiva, violador dos arts. 18º, nº 2, e 268º, nºs 1 e 4, da Constituição, con-*

dicionamento esse que, por ter objectivamente limitado o direito do administrado no acesso àqueles direitos, equivaleu, na prática, à sua recusa.

(Ac. TCA, de 02.06.1999, CJA, nº 23, p. 42)

ARTIGO 32º
Título de abertura

Constitui título válido de abertura do empreendimento qualquer dos seguintes documentos:

a) Alvará de autorização de utilização para fins turísticos do empreendimento;

b) Comprovativo de ter efectuado a comunicação prevista no nº 1 do artigo anterior;

c) Requerimento de intimação judicial para a prática de acto legalmente devido, nos termos do nº 3 do artigo anterior.

Nota:

O preceito corresponde, *ipsis verbis*, ao art. 30º, do Decreto-Lei nº 167/97, de 04.07, na redacção introduzida pelo Decreto-Lei nº 217/2006, de 31.10.

A al. *c*) deveria indicar mais precisamente: Certidão de sentença condenatória da acção de intimação judicial para a prática de acto legalmente devido, nos termos do nº 3 do artigo anterior.

Sobre ilícito contra-ordenacional: *v.* art. 67º, nº 1, al. *a*).

ARTIGO 33º
Caducidade da autorização de utilização para fins turísticos

1 – A autorização de utilização para fins turísticos caduca:

a) Se o empreendimento não iniciar o seu funcionamento no prazo de um ano a contar da data da emissão do alvará de autorização de utilização para fins turísticos ou do termo do prazo para a sua emissão;

b) Se o empreendimento se mantiver encerrado por período superior a um ano, salvo por motivo de obras;

c) Quando seja dada ao empreendimento uma utilização diferente da prevista no respectivo alvará;

d) Quando, por qualquer motivo, o empreendimento não puder ser classificado ou manter a classificação de empreendimento turístico.

2 – Caducada a autorização de utilização para fins turísticos, o respectivo alvará é cassado e apreendido pela câmara municipal, por iniciativa própria, no caso dos parques de campismo e de caravanismo dos empreendimentos de turismo de habitação e dos empreendi-

mentos de turismo no espaço rural, com excepção dos hotéis rurais, ou a pedido do Turismo de Portugal, I. P., nos restantes casos.
3 – A caducidade da autorização determina o encerramento do empreendimento, após notificação da respectiva entidade exploradora.
4 – Sem prejuízo do disposto nos números anteriores, podem ser adoptadas as medidas de tutela de legalidade urbanística que se mostrem fundadamente adequadas, nos termos do disposto no regime jurídico da urbanização e da edificação.

Nota:

Os nºs 1 a 3, do preceito, correspondem ao nº 1, als. *a*), *b*), *c*) e *e*), nº 3, e nº 4 do art. 32º, do Decreto-Lei nº 167/97, de 04.07.

O nº 4, remete para o RJUE.

O preceito também corresponde, com as devidas adaptações, ao art. 36º, do Decreto-Lei nº 54/2002, de 11.03 (turismo no espaço rural) e ao art. 32º, do Decreto-Lei nº 47/99, de 16.02 (turismo da natureza).

CAPÍTULO V
CLASSIFICAÇÃO

ARTIGO 34º
Noção e natureza

A classificação destina-se a atribuir, confirmar ou alterar a tipologia e a categoria dos empreendimentos turísticos e tem natureza obrigatória.

ARTIGO 35º
Categorias

1 – Os empreendimentos turísticos referidos nas alíneas a) a c) do nº 1 do artigo 4º classificam-se nas categorias de uma a cinco estrelas, atendendo à qualidade do serviço e das instalações, de acordo com os requisitos a definir pela portaria prevista na alínea a) do nº 2 do artigo 4º
2 – Tais requisitos devem incidir sobre:
a) Características das instalações e equipamentos;
b) Serviço de recepção e portaria;
c) Serviço de limpeza e lavandaria;

d) Serviço de alimentação e bebidas;

e) Serviços complementares.

3 – A portaria a que se refere o nº 1 distingue entre os requisitos mínimos e os requisitos opcionais, cujo somatório permite alcançar a pontuação necessária para a obtenção de determinada categoria.

Nota:

Os estabelecimentos hoteleiros, os aldeamentos turísticos e os apartamentos turísticos (empreendimentos turísticos referidos nas alíneas *a*) a *c*) do nº 1 do artigo 4º) classificam-se nas categorias de uma a cinco estrelas, de acordo com os requisitos a fixar em portaria, que irá distinguir entre os requisitos mínimos e os requisitos opcionais (nº 3). O art. 39º, indica a possibilidade de, em determinados casos, haver dispensa de requisitos.

O art. 35º aparentemente indica que os restantes empreendimentos turísticos não são categorizáveis, ideia reforçada pelo preâmbulo do diploma. Assim, nos termos do art. 36º, o presidente da câmara municipal determina a realização de uma auditoria de classificação (e não categorização), inclusivé para os parques de campismo.

Sobre esta matéria, *v.* Portaria nº 327/2008, de 28 de Abril relativa ao sistema de classificação dos hotéis, , aldeamentos e apartamentos turísticos.

ARTIGO 36º
Processo de classificação

1 – O Turismo de Portugal, I. P., no caso dos empreendimentos turísticos referidos nas alíneas a) a d) do nº 1 do artigo 4º e na alínea c) do nº 3 do artigo 18º, ou o presidente da câmara municipal, no caso dos parques de campismo, dos empreendimentos de turismo de habitação e dos empreendimentos de turismo no espaço rural, determina a realização de uma auditoria de classificação do empreendimento turístico no prazo de dois meses a contar da data da emissão do alvará de autorização utilização para fins turísticos ou da abertura do empreendimento, nos termos do nº 1 do artigo 31º e da alínea c) do artigo 32º

2 – A auditoria de classificação é realizada directamente pelo Turismo de Portugal, I. P., ou pela câmara municipal, consoante os casos, ou por entidade acreditada para o efeito, nos termos a definir por portaria do membro do Governo responsável pela área do turismo.

3 – Após a realização da auditoria, o Turismo de Portugal, I. P., ou o presidente da câmara municipal, consoante os casos, fixa a classificação do empreendimento turístico e atribui a correspondente placa identificativa.

4 – Em todos os empreendimentos turísticos é obrigatória a afixação no exterior, junto à entrada principal, da placa identificativa da respectiva classificação, cujo modelo é aprovado pela portaria referida no artigo anterior.
5 – No caso dos parques de campismo, dos empreendimentos de turismo de habitação e dos empreendimentos de turismo no espaço rural, com excepção dos hotéis rurais, a classificação pode ser confirmada juntamente com a autorização de utilização para fins turísticos quando tenha sido realizada vistoria nos termos do artigo 64º do regime jurídico da urbanização e da edificação.

Nota:

Substituiu-se agora o termo vistoria para efeitos de classificação por *auditoria de classificação.*

Essa auditoria é da competência do Turismo de Portugal. I.P., tratando-se de estabelecimentos hoteleiros, aldeamentos turísticos, apartamentos turísticos, conjuntos turísticos e hotéis-rurais (alíneas *a*) a *d*), do nº 1, do artigo 4º, e alínea *c*), do nº 3, do artigo 18º, e do presidente da câmara municipal respectiva, no caso dos parques de campismo, dos empreendimentos de turismo de habitação, dos empreendimentos de turismo no espaço rural, devendo ser realizada no prazo de dois meses a contar da emissão do alvará de autorização de utilização para fins turísticos **ou** da abertura do empreendimento (nº 1).

A auditoria pode ser realizada, no entanto, por entidade acreditada para o acto (nº 2).

Após a realização da auditoria é fixada a classificação do empreendimento e atribuída a correspondente placa identificativa (nº 3), a qual deve estar afixada no exterior do empreendimento (nº 4).

Este processo autónomo de classificação é dispensado nos casos dos parques de campismo, dos empreendimentos de turismo de habitação, dos empreendimentos de turismo no espaço rural, podendo a classificação ser confirmada juntamente com a autorização de utilização para fins turísticos, quando tenha havido vistoria, nos termos do art. 64º, do RJUE (nº 5).

O preceito também corresponde, grosseiramente, ao art. 34º, e ss, do Decreto-Lei nº 167/97, de 04.07 (empreendimentos turísticos), ao art. 39º, e ss, do Decreto-Lei nº 54/2002, de 11.03 (turismo no espaço rural) e ao art. 35º, e ss, do Decreto-Lei nº 47/99, de 16.02 (turismo da natureza).

Quanto ao *desaparecimento* do deferimento tácito previsto, *v.g.*, no art. 37º, do Decreto-Lei nº 167/97, de 04.07, entendemos ser de aplicar o art. 108º, do CPA (Deferimento tácito), que enuncia:

"Quando a prática de um acto administrativo ou o exercício de um direito por um particular dependam de aprovação ou autorização de um órgão administrativo, consideram-se estas concedidas, salvo disposição em contrário, se a decisão não for proferida no prazo estabelecido por lei".

Sobre ilícito contra-ordenacional: *v.* art. 67º, nº 1, al. *i*).

ARTIGO 37º
Taxa

1 – Pela realização de auditorias de classificação efectuadas pelo Turismo de Portugal, I. P., é devida uma taxa, nos termos a fixar por portaria conjunta dos membros do Governo responsáveis pelas áreas das finanças e do turismo, destinada a suportar as despesas inerentes.
2 – Sem prejuízo do disposto no número anterior, pela realização de auditorias de classificação efectuadas pelas câmaras municipais é igualmente devida uma taxa, nos termos a fixar em regulamento aprovado pelo órgão deliberativo do respectivo município, nos termos da Lei nº 53-E/2006, de 29 de Dezembro.

Nota:

O preceito corresponde, com as devidas adaptações, ao art. 68, do Decreto-Lei nº 167/97, de 04.07 (empreendimentos turísticos), ao art. 68º, do Decreto-Lei nº 54/2002, de 11.03 (turismo no espaço rural) e ao art. 64º, do Decreto-Lei nº 47/99, de 16.02 (turismo da natureza).

ARTIGO 38º
Revisão da classificação

1 – A classificação dos empreendimentos turísticos deve ser obrigatoriamente revista de quatro em quatro anos.
2 – O pedido de revisão deve ser formulado pelo interessado ao órgão competente seis meses antes do fim do prazo.
3 – A classificação pode, ainda, ser revista a todo o tempo, oficiosamente ou a pedido do interessado, quando se verificar alteração dos pressupostos que determinaram a respectiva atribuição.

Nota:

Inovadoramente fixa-se um regime de revisão periódica (quatro anos), nos termos do nº 1, do preceito, para aferir a qualidade da prestação. O impulso da revisão cabe ao interessado que o deve formular 6 meses antes do fim do prazo (nº 2).

Conforme decorria da lei anterior a classificação pode ocorrer a todo o tempo, oficiosamente, ou a pedido do interessado, quando se verificar alteração dos pressupostos que determinaram a respectiva atribuição (nº 3). Este número corresponde, com as devidas adaptações, ao art. 38, nº 1, do Decreto-Lei nº 167/97, de 04.07 (empreendimentos turísticos), ao art. 43º, nº 1, do Decreto-Lei nº 54/2002, de 11.03 (turismo no espaço rural) e ao art. 39º, nº 1, do Decreto-Lei nº 47/99, de 16.02 (turismo da natureza).

Sobre ilícito contra-ordenacional: *v.* art. 67º, nº 1, al. *h*).

ARTIGO 39º
Dispensa de requisitos

1 – Os requisitos exigidos para a atribuição da classificação podem ser dispensados pelo Turismo de Portugal, I. P., ou pela câmara municipal, consoante os casos, quando a sua estrita observância for susceptível de afectar as características arquitectónicas ou estruturais dos edifícios que estejam classificados a nível nacional, regional ou local ou que possuam valor histórico, arquitectónico, artístico ou cultural.

2 – A dispensa de requisitos pode também ser concedida a projectos reconhecidamente inovadores e valorizantes da oferta turística.

3 – No caso dos conjuntos turísticos (resorts,) podem ser dispensados alguns dos requisitos exigidos para as instalações e equipamentos quando o conjunto turístico (resort) integrar um ou mais empreendimentos que disponham de tais instalações e equipamentos e desde que os mesmos possam servir ou ser utilizados pelos utentes de todos os empreendimentos integrados no conjunto.

Nota:

Os nºs 1 e 2, do preceito, correspondem, com as devidas adaptações, ao art. 40º, nºs 1 e 2, do Decreto-Lei nº 167/97, de 04.07 (empreendimentos turísticos), ao art. 45º, nºs 1 a 4, do Decreto-Lei nº 54/2002, de 11.03 (turismo no espaço rural) e ao art. 41º, nºs 1 e 2, do Decreto-Lei nº 47/99, de 16.02 (turismo da natureza).

Inovadoramente, os conjuntos turísticos recebem uma dispensa de requisitos especial, nos termos do nº 3.

CAPÍTULO VI
REGISTO NACIONAL DE EMPREENDIMENTOS TURÍSTICOS

ARTIGO 40º
Registo Nacional de Empreendimentos Turísticos

1 – O Turismo de Portugal, I. P., disponibiliza no seu sítio na Internet o Registo Nacional dos Empreendimentos Turísticos (RNET), constituído pela relação actualizada dos empreendimentos turísticos com título de abertura válido, da qual consta o nome, classificação, capacidade e localização do empreendimento, respectiva classificação e localização, identificação da entidade exploradora e períodos de funcionamento.
2 – Quaisquer factos que constituam alteração aos elementos constantes do registo devem ser comunicados pela entidade exploradora ao Turismo de Portugal, I. P., no prazo de 10 dias sobre a sua verificação.
3 – A caducidade da autorização de utilização para fins turísticos nos termos do artigo 33º determina o cancelamento da inscrição do empreendimento turístico no RNET.
4 – Os serviços do registo predial podem ter acesso aos dados constantes do RNET relativos à classificação dos empreendimentos turísticos.

Nota:

Conforme é explicado no preâmbulo do diploma, "Cria-se o Registo Nacional de Empreendimentos Turísticos (RNET), organizado pelo Turismo de Portugal, I. P., que deve conter a relação actualizada de todos os empreendimentos turísticos e que será disponibilizado ao público".

O registo pertencia, no passado, à *DGT* (art. 69º, do Decreto-Lei nº 167/97, de 04.07; art. 69º, do Decreto-Lei nº 54/2002, de 11.03; e art. 65º, do Decreto-Lei nº 47/99, de 16.02).

CAPÍTULO VII
EXPLORAÇÃO E FUNCIONAMENTO

ARTIGO 41º
Nomes

1 – Os nomes dos empreendimentos turísticos não podem sugerir uma tipologia, classificação ou características que não possuam.

2 – As denominações simples ou compostas que utilizem o termo «hotel» só podem ser utilizadas pelos empreendimentos turísticos previstos na alínea a) do nº 1 do artigo 4º e na alínea c) do nº 3 do artigo 18º
3 – Os empreendimentos turísticos que disponham das infra-estruturas e equipamentos exigidos no artigo 16º para os conjuntos turísticos (resorts) podem, para fins comerciais, usar conjuntamente com o nome a expressão resort.

Nota:
O nº 1, do preceito, corresponde, com as devidas adaptações, ao art. 41º, nº 3, do Decreto-Lei nº 167/97, de 04.07 (empreendimentos turísticos), ao art. 46º, nº 3, do Decreto-Lei nº 54/2002, de 11.03 (turismo no espaço rural) e ao art. 43º, nº 3, do Decreto-Lei nº 47/99, de 16.02 (turismo da natureza).

Além da proibição de sugestão de uma classificação diferente, a lei actual releva a tipologia e as características.

O termo *residencial*, que resguardava a prestação apenas de pequeno-almoço não recebeu acolhimento. E a essência da exploração parece esgotar-se na prestação de alojamento turístico, nos termos previstos no nº 2, do art. 43º, eventualmente para vincar a natureza do serviço de restauração como prestação autónoma.

A alteração introduzida pelo Decreto-Lei nº 228/2009, de 14 de Setembro, veio permitir o uso mais abrangente do termo *resort*.

Sobre ilícito contra-ordenacional: *v*. art. 67º, nº 1, al. *j*).

ARTIGO 42º
Publicidade

1 – A publicidade, documentação comercial e merchandising dos empreendimentos turísticos deve indicar o respectivo nome e classificação, não podendo sugerir uma classificação ou características que o empreendimento não possua.
2 – Nos anúncios ou reclamos instalados nos próprios empreendimentos pode constar apenas o seu nome.

Nota:
O preceito corresponde, com as devidas adaptações, ao art. 42º, do Decreto-Lei nº 167/97, de 04.07 (empreendimentos turísticos), ao art. 47º, do Decreto-Lei nº 54/2002, de 11.03 (turismo no espaço rural) e ao art. 44º, do Decreto-Lei nº 47/99, de 16.02 (turismo da natureza).

Sobre ilícito contra-ordenacional: *v*. art. 67º, nº 1, al. *l*).

ARTIGO 43º
Oferta de alojamento turístico

1 – Com excepção do alojamento local, apenas os empreendimentos turísticos previstos no presente decreto-lei podem prestar serviços de alojamento turístico.
2 – Presume-se existir prestação de serviços de alojamento turístico quando um imóvel ou fracção deste esteja mobilado e equipado e sejam oferecidos ao público em geral, além de dormida, serviços de limpeza e recepção, por períodos inferiores a 30 dias.

Nota:

O conceito de alojamento turístico, previsto nº 2, acompanha o regime anterior, excepção feita à exigência de o período de alojamento ser inferior a 30 dias. Questiona-se se a presunção é afastada havendo uma prestação de alojamento por período superior.

A prestação dos serviços de restauração é autonomizada, *agora também nos próprios empreendimentos de turismo de habitação e nos empreendimentos de turismo no espaço rural*, característica que até aqui, constituía uma condição *sine qua non*, com apelo inclusive à promoção da gastronomia local (cfr. art. 10º, do Decreto-Regulamentar nº 13/2002, de 12 de Março).

O preceito corresponde, com as devidas adaptações, ao art. 43º, nºs 1 e 2, do Decreto-Lei nº 167/97, de 04.07 (empreendimentos turísticos).

ARTIGO 44º
Exploração dos empreendimentos turísticos

1 – Cada empreendimento turístico deve ser explorado por uma única entidade, responsável pelo seu integral funcionamento e nível de serviço e pelo cumprimento das disposições legais e regulamentares aplicáveis.
2 – A entidade exploradora é designada pelo titular do respectivo alvará de autorização de utilização para fins turísticos.
3 – Nos conjuntos turísticos (resorts), os empreendimentos turísticos que o integram podem ser explorados por diferentes entidades, que respondem directamente pelo cumprimento das disposições legais e regulamentares.
4 – Nos conjuntos turísticos (resorts), o funcionamento das instalações e equipamentos e os serviços de utilização comum obrigatórios, nos termos da classificação atribuída e do título constitutivo, são da responsabilidade da entidade administradora do conjunto turístico (resort).
5 – Caso o empreendimento turístico integre estabelecimentos comerciais e de restauração ou de bebidas, autonomamente autorizados, as respectivas entidades exploradoras respondem directamente pelo cumprimento das disposições legais e regulamentares.

Nota:

O nº 1, do preceito, corresponde, com as devidas adaptações, ao art. 44º, do Decreto-Lei nº 167/97, de 04.07 (empreendimentos turísticos), e ao art. 42º, do Decreto-Lei nº 47/99, de 16.02 (turismo da natureza).

Refere o preâmbulo, do diploma em anotação, que se consagrou "um novo paradigma de exploração dos empreendimentos turísticos, assente na unidade e continuidade da exploração por parte da entidade exploradora e na permanente afectação à exploração turística de todas as unidades de alojamento que compõem o empreendimento, independentemente do regime de propriedade em que assentam e da possibilidade de utilização das mesmas pelos respectivos proprietários".

O ênfase atribuído legalmente à exploração por uma única entidade é dispensado no caso dos conjuntos turísticos (*resorts*), nos termos do nº 3, sendo que o funcionamento das instalações e equipamentos e os serviços de utilização comum obrigatórios, são da responsabilidade da entidade administradora (nº 4).

O nº 5, do preceito, entende que as entidades exploradoras possuem autonomia apesar dos respectivos estabelecimentos comerciais e de restauração ou de bebidas, integrarem o empreendimento turístico.

Sobre ilícito contra-ordenacional: *v.* art. 67º, nº 1, al. *m*).

ARTIGO 45º
Exploração turística das unidades de alojamento

1 - Sem prejuízo do disposto no artigo 49º, as unidades de alojamento estão permanentemente em regime de exploração turística, devendo a entidade exploradora assumir a exploração continuada da totalidade das mesmas, ainda que ocupadas pelos respectivos proprietários.

2 - A entidade exploradora deve assegurar que as unidades de alojamento permanecem a todo o tempo mobiladas e equipadas em plenas condições de serem locadas para alojamento a turistas e que nelas são prestados os serviços obrigatórios da categoria atribuída ao empreendimento turístico.

3 - Quando a propriedade e a exploração turística não pertençam à mesma entidade ou quando o empreendimento se encontre em regime de propriedade plural, a entidade exploradora deve obter de todos os proprietários um título jurídico que a habilite à exploração da totalidade das unidades de alojamento.

4 - O título referido no número anterior deve prever os termos da exploração turística das unidades de alojamento, a participação dos proprietários nos resultados da exploração da unidade de alojamento, bem como as condições da utilização desta pelo respectivo proprietário.

5 – Os proprietários das unidades de alojamento, quando ocupam as mesmas, usufruem dos serviços obrigatórios da categoria do empreendimento, os quais estão abrangidos pela prestação periódica prevista no artigo 56º
6 – As unidades de alojamento previstas no nº 3 não podem ser exploradas directamente pelos seus proprietários, nem podem ser objecto de contratos que comprometam o uso turístico das mesmas, designadamente, contratos de arrendamento ou constituição de direitos de uso e habitação.

Nota:

Este regime de exploração turística visa permitir que o empreendimento turístico apresente sempre as condições de funcionamento adequadas. O preceito corresponde, na essência, ao art. 47º, do Decreto-Lei nº 167/97, de 04.07.

Sobre ilícito contra-ordenacional: *v.* art. 67º, nº 1, als. *n*) e *o*).

ARTIGO 46º
Deveres da entidade exploradora

São deveres da entidade exploradora:
a) Publicitar os preços de todos os serviços oferecidos, de forma bem visível, na recepção e mantê-los sempre à disposição dos utentes;
b) Informar os utentes sobre as condições de prestação dos serviços e preços, previamente à respectiva contratação;
c) Manter em bom estado de funcionamento todas as instalações, equipamentos e serviços do empreendimento, incluindo as unidades de alojamento, efectuando as obras de conservação ou de melhoramento necessárias para conservar a respectiva classificação;
d) Facilitar às autoridades competentes o acesso ao empreendimento e o exame de documentos, livros e registos directamente relacionadas com a actividade turística;
e) Cumprir as normas legais, regulamentares e contratuais relativas à exploração e administração do empreendimento turístico.

Nota:

O regime actual inclui o que até agora se encontrava no âmbito das informações ao utente (*v.g.*, art. 21º, do Decreto-Regulamentar nº 36/97, de 25.09), um leque de deveres perante o cliente e perante as autoridades administrativas competentes. No que concerne à al. *b*), exige-se à entidade exploradora informação pré-contratual, sobre as condições de prestação dos serviços e respectivos preços.

Sobre ilícito contra-ordenacional: *v.* art. 67º, nº 1, al. *p*).

ARTIGO 47º
Responsabilidade operacional

1 – Em todos os empreendimentos turísticos deve haver um responsável, nomeado pela entidade exploradora, a quem cabe zelar pelo seu funcionamento e nível de serviço.

2 – A responsabilidade operacional dos empreendimentos turísticos de cinco, quatro e três estrelas deve caber a um funcionário habilitado ao exercício da profissão de director de hotel.

Nota:

O preceito corresponde, na essência, ao art. 54º, do Decreto-Lei nº 167/97, de 04.07 (empreendimentos turísticos), ao art. 55º, do Decreto-Lei nº 54/2002, de 11.03 (turismo no espaço rural) e ao art. 51º, do Decreto-Lei nº 47/99, de 16.02 (turismo da natureza).

A figura de director de hotel apenas é exigível nos empreendimentos turísticos de cinco, quatro e três estrelas. O investimento na formação dos profissionais do sector fica assim por cumprir.

O Decreto-Lei nº 271/81 foi revogado pelo Decreto-Lei nº 49/2011, de 08.04, eliminando-se os requisitos de acesso à profissão de director de hotel, subdirector de hotel e assistente de direcção de hotel.

Sobre ilícito contra-ordenacional: *v.* art. 67º, nº 1, al. *q*).

ARTIGO 48º
Acesso aos empreendimentos turísticos

1 – É livre o acesso aos empreendimentos turísticos, salvo o disposto nos números seguintes.

2 – Pode ser recusado o acesso ou a permanência nos empreendimentos turísticos a quem perturbe o seu funcionamento normal.

3 – O disposto no nº 1 não prejudica, desde que devidamente publicitadas:

a) A possibilidade de afectação total ou parcial dos empreendimentos turísticos à utilização exclusiva por associados ou beneficiários das entidades proprietárias ou da entidade exploradora;

b) A reserva temporária de parte ou da totalidade do empreendimento turístico.

4 – A entidade exploradora dos empreendimentos turísticos pode reservar para os utentes neles alojados e seus acompanhantes o acesso e a utilização dos serviços, equipamentos e instalações do empreendimento.

5 – As normas de funcionamento e de acesso ao empreendimento devem ser devidamente publicitadas pela entidade exploradora.

Nota:

O preceito corresponde, com as devidas adaptações, ao art. 50º, do Decreto-Lei nº 167/ /97, de 04.07 (empreendimentos turísticos), ao art. 51º, do Decreto-Lei nº 54/2002, de 11.03 (turismo no espaço rural) e ao art. 48º, do Decreto-Lei nº 47/99, de 16.02 (turismo da natureza).

Ao contrário da lei anterior, a versão actual não exemplifica o conceito de "perturbação do funcionamento normal", o que concede ao promotor um poder mais alargado de intervenção.

Relativamente ao direito de acesso das pessoas com deficiência visual acompanhadas de cães-guia a locais, transportes e estabelecimentos de acesso público, encontra-se consagrado no Decreto-Lei nº 74/2007, de 27 de Março[8].

Sobre ilícito contra-ordenacional: v. art. 67º, nº 1, als. *r*) e *s*).

[8] Este diploma dispõe nos arts. 1º, 2º, 3º e 4º, o seguinte:

"Artigo 1º

Direito de acesso

1 – As pessoas com deficiência têm direito a fazer-se acompanhar de cães de assistência no acesso a locais, transportes e estabelecimentos de acesso público.

2 – Para efeitos da aplicação do presente decreto-lei, considera-se cão de assistência o cão treinado ou em fase de treino para acompanhar, conduzir e auxiliar a pessoa com deficiência.

3 – O conceito de cão de assistência abrange as seguintes categorias de cães:

a) Cão-guia, cão treinado ou em fase de treino para auxiliar pessoa com deficiência visual;

b) Cão para surdo, cão treinado ou em fase de treino para auxiliar pessoa com deficiência auditiva;

c) Cão de serviço, cão treinado ou em fase de treino para auxiliar pessoa com deficiência mental, orgânica ou motora.

Artigo 2º

Âmbito de aplicação

O cão de assistência quando acompanhado por pessoa com deficiência ou treinador habilitado pode aceder a locais, transportes e estabelecimentos de acesso público, designadamente:

(...) *j*) Estabelecimentos relacionados com a indústria da restauração e do turismo, incluindo restaurantes, cafetarias, casas de bebidas e outros abertos ao público;

l) Estabelecimentos de alojamento, como hotéis, residenciais, pensões e outros similares;

m) Lares e casas de repouso;

n) Locais de lazer e de turismo em geral, como praias, parques de campismo, termas, jardins e outros;

o) Locais de emprego.

Artigo 3º

Exercício do direito de acesso

1 – O direito de acesso previsto no artigo anterior não implica qualquer custo suplementar para a pessoa com deficiência e prevalece sobre quaisquer proibições ou limitações que contrariem o disposto no presente decreto-lei, ainda que assinaladas por placas ou outros sinais distintivos.

2 – Nos casos em que as especiais características, natureza ou finalidades dos locais o determinem, o direito de acesso a que se refere o artigo anterior poderá ser objecto de regulamentação que explicite o modo concreto do seu exercício.

ARTIGO 49º

Período de funcionamento

1 – Sem prejuízo de disposição legal ou contratual, nomeadamente no tocante à atribuição de utilidade turística ou de financiamentos públicos, os empreendimentos turísticos podem estabelecer livremente os seus períodos de funcionamento.

2 – Os empreendimentos turísticos em propriedade plural apenas podem encerrar desde que haja acordo de todos os proprietários.

3 – O período de funcionamento dos empreendimentos turísticos deve ser devidamente publicitado e afixado em local visível ao público do exterior do empreendimento.

Nota:

Liberalizou-se totalmente o período de funcionamento dos empreendimentos turísticos, desobrigando-os de estarem, em princípio, abertos ao público todo o ano (art. 51º, do Decreto-Lei nº 167/97, de 04.07; ou excepcionalmente, encerrar durante um período máximo de 90 dias, art. 52º, nº 1, do Decreto-Lei nº 54/2002, de 11.03).

O legislador pretendeu, a nosso ver, acentuar aqui o carácter (potencialmente) sazonal da actividade. Esta política de liberalização irá, no entanto, implicar, naturalmente efeitos negativos relativamente ao vínculo contratual dos trabalhadores e dos recursos humanos em geral.

É de assinalar o interesse que reveste a figura do contrato de trabalho intermitente, prevista no art. 157º do Código do Trabalho.

Neste quadro jurídico, o trabalhador vinculado à empresa através de contrato sem termo (art. 157º, nº 1, do CT), intervala períodos de actividade (de, pelo menos, 6 meses, art. 159º, nº 2, do CT) com períodos de inactividade, durante os quais aufere 20% da retribuição-base (art. 160º, nº 1, do CT).

3 – O direito de acesso não pode ser exercido enquanto o animal apresentar sinais manifestos de doença, agressividade, falta de higiene, bem como de qualquer outra característica anormal susceptível de provocar receios fundados para a segurança e integridade física das pessoas ou dos animais, ou se comporte de forma a perturbar o normal funcionamento do local em causa.

4 – Os cães de assistência são dispensados do uso de açaimo funcional quando circulem na via ou lugar público.

Artigo 4º

Cães de assistência em treino

1 – O regime definido neste decreto-lei é igualmente aplicável aos cães de assistência em treino, desde que acompanhados pelo respectivo treinador ou pela família de acolhimento.

2 – Consideram-se famílias de acolhimento as que recebem os cães de assistência durante a fase de socialização e adaptação do animal à convivência humana e que estejam credenciadas como tal.(...)".

Para mais desenvolvimentos, v. PAULA QUINTAS e HELDER QUINTAS, *Código do Trabalho Anotado e Comentado*, Almedina, 2010, 2ª ed., p. 425 e 426.

Sobre ilícito contra-ordenacional: *v.* art. 67º, nº 1, al. *u*).

ARTIGO 50º
Sinais normalizados

Nas informações de carácter geral relativas aos empreendimentos turísticos e aos serviços que neles são oferecidos devem ser usados os sinais normalizados constantes de tabela a aprovar por portaria do membro do Governo responsável pela área do turismo.

Nota:

O preceito corresponde, com as devidas adaptações, ao art. 55º, do Decreto-Lei nº 167/ /97, de 04.07 (empreendimentos turísticos), ao art. 56º, do Decreto-Lei nº 54/2002, de 11.03 (turismo no espaço rural) e ao art. 52º, do Decreto-Lei nº 47/99, de 16.02 (turismo da natureza).

Sobre esta matéria, *v.* Portaria nº 1173/2010, de 15 de Novembro relativa aos sinais normalizados.

Sobre ilícito contra-ordenacional: *v.* art. 67º, nº 1, al. *v*).

ARTIGO 51º
Livro de reclamações

1 – Os empreendimentos turísticos devem dispor de livro de reclamações, nos termos e condições estabelecidos no Decreto-Lei nº 156/2005, de 15 de Setembro, com as alterações introduzidas pelo Decreto-Lei nº 371/2007, de 6 de Novembro.

2 – O original da folha de reclamação deve ser enviado à Autoridade de Segurança Alimentar e Económica (ASAE), entidade competente para fiscalizar e instruir os processos de contra-ordenação previstos no decreto-lei referido no número anterior.

3 – A ASAE deve facultar ao Turismo de Portugal, I. P., acesso às reclamações dos empreendimentos turísticos, nos termos de protocolo a celebrar entre os dois organismos.

Nota:

O preceito corresponde, com as devidas adaptações, ao art. 60º, do Decreto-Lei nº 167/ /97, de 04.07 (empreendimentos turísticos), ao art. 60º, do Decreto-Lei nº 54/2002, de 11.03 (turismo no espaço rural) e ao art. 55º, do Decreto-Lei nº 47/99, de 16.02 (turismo da natureza).

Clarificou-se que a entidade competente para receber o original da reclamação é a ASAE, dentro das atribuídas conferidas pelo Decreto-Lei nº 274/2007, de 30.07 (art. 3º, nº 2, al. *t*)).

As alterações introduzidas pelo Decreto-Lei nº 371/2007, de 6 de Novembro, visaram não só alterar o anexo I do Decreto-Lei nº 156/2005, de 15 de Setembro, pela introdução de novos estabelecimentos, como ainda, foi criada uma *obrigação geral*, para todos os fornecedores de bens ou prestadores de serviços que não se encontrem identificados naquele anexo, de possuírem e disponibilizarem o livro de reclamações, contanto que exista um estabelecimento físico, fixo ou permanente, o contacto directo com o público e o fornecimento de um bem ou a prestação de um serviço (segundo o respectivo preâmbulo).

O regime previsto no Decreto-Lei nº 156/2005, de 15 de Setembro não se aplica aos serviços e organismos da Administração Pública a que se refere o art. 38º do Decreto-Lei nº 135/99, de 22 de Abril, (art. 2º, nº 3, do Decreto-Lei nº 156/2005, de 15 de Setembro), com a excepção prevista no nº 5.

O Decreto-Lei nº 156/2005, de 15 de Setembro, estabelece o conceito de "fornecedor de bens ou prestador de serviços" (art. 2º, nº 1). Este é obrigado a possuir o livro, a facultá-lo imediata e gratuitamente, a afixar a informação de que o possui (nos termos do art. 5º, nº 6) e a conservá-lo por um período mínimo, de três anos (art. 3º, nº 1, do Decreto-Lei nº 156/2005, de 15 de Setembro), sob pena de aplicação da censura cominatória e publicitária prevista no art. 9º, para além das sanções acessórias previstas no artigo 10º.

Esclarece-se agora que o fornecedor de bens ou prestador de serviços não pode justificar a ausência do livro pelo facto deste se encontrar disponível noutros estabelecimentos, dependências ou sucursais (nº 2).

Mantém-se o não condicionamento da apresentação do livro, designadamente à necessidade de identificação do utente (nº 3), sendo certo que a reclamação só é válida se o formulário for devidamente preenchido e o reclamante identificado.

Igualmente se mantém a possibilidade de intervenção policial para remover a recusa de apresentação do livro ou para tomar nota da ocorrência e a fazer chegar à entidade competente (nº 4).

A forma de formulação da reclamação (correcta e completa) é indicada no art. 4º, nºs 1 e 2, cabendo agora ao próprio fornecedor de bens ou prestador de serviços *confirmar* o preenchimento correcto.

O prazo de envio do original é aumentado para 10 dias úteis (art. 5º, nº 1), podendo, conjuntamente com o envio, o fornecedor de bens ou prestador de serviços alegar ou esclarecer o que entender por conveniente (nº 3).

O regime procedimental mantém-se, cabendo à ASAE receber as folhas de reclamação (e respectivas alegações, havendo-as) e instaurar o respectivo procedimento contra-ordenacional (art. 6º, nº 1). Em alternativa à instauração do procedimento, pode a ASAE notificar o fornecedor de bens ou prestador de serviços para apresentar as respectivas alegações (nº 2), para esclarecimento da reclamação apresentada.

O reclamante tem direito ao duplicado da reclamação, conservando-se no livro o triplicado (art. 5º, nº 4).

Cabe à ASAE manter o reclamante informado sobre o procedimento adoptado ou as medidas cominatórias tomadas (nº 3). A lei claramente impõe um *dever de informação* à autoridade competente para fiscalizar.

O nº 4, ao indicar "uma situação de litígio" confunde a interpretação do preceito, dado que a reclamação assenta sempre numa "situação de litígio". Pretende-se indicar que o nº 4, é reservado para os casos em que há ilícito contra-ordenacional com aplicação, de facto, das respectivas coima e medidas acessórias?

Manteve-se a abolição do "poder de queixa" do reclamante através do envio do respectivo duplicado.

A reclamação é oficiosamente atendida através do envio do original e o procedimento é, de imediato, de natureza contra-ordenacional. Sem prejuízo, naturalmente, do reclamante apresentar reclamações por quaisquer outros meios, de acordo com os direitos constitucionalmente consagrados (art. 13º).

Os estabelecimentos de prestação de serviços na área do turismo encontram-se consagrados no Anexo II (ponto 2). Escusado será dizer que a tipologia aí prevista se encontra desactualizada face ao diploma em anotação.

A actual redacção não acolheu expressamente a finalidade do livro de reclamações: "formulação de observações e reclamações sobre o estado e a apresentação das instalações e do equipamento, bem como sobre a qualidade dos serviços e o modo como foram prestados" (art. 60º, nº 1, do revogado Decreto-Lei nº 167/97, de 04 de Julho). A lei actual refere somente que o reclamante deve "descrever de forma clara e completa os factos que motivam a reclamação" (art. 4º, nº 1, al. *c*), do Decreto-Lei nº 156/2005, de 15 de Setembro).

CAPÍTULO VIII
PROPRIEDADE PLURAL EM EMPREENDIMENTOS TURÍSTICOS

ARTIGO 52º
Noção

1 – Consideram-se empreendimentos turísticos em propriedade plural aqueles que compreendem lotes e ou fracções autónomas de um ou mais edifícios.
2 – As unidades de alojamento dos empreendimentos turísticos podem constituir-se como fracções autónomas nos termos da lei geral.

Nota:

O presente capítulo apresenta uma realidade nova, muito semelhante ao regime de constituição e exploração do direito real de habitação periódica, aprovado pelo Decreto-Lei nº 275/93, de 05.08.

Refere o preâmbulo que "No que concerne aos empreendimentos turísticos em propriedade plural, determina-se a aplicação subsidiária do regime da propriedade horizontal no relacionamento entre a entidade exploradora e administradora do empreendimento e os proprietários das unidades de alojamento que o compõem, sem prejuízo do estabelecimento de um importante conjunto de normas específicas, resultantes da natureza turística do empreendimento".

ARTIGO 53º
Regime aplicável

Às relações entre os proprietários dos empreendimentos turísticos em propriedade plural é aplicável o disposto no presente decreto-lei e, subsidiariamente, o regime da propriedade horizontal.

ARTIGO 54º
Título constitutivo

1 – Os empreendimentos turísticos em propriedade plural regem-se por um título constitutivo elaborado e aprovado nos termos do presente decreto-lei.
2 – O título constitutivo a que se refere o número anterior não pode conter disposições incompatíveis com o estabelecido em alvará de loteamento ou título constitutivo da propriedade horizontal respeitantes aos imóveis que integram o empreendimento turístico.
3 – O título constitutivo de empreendimento turístico que se encontre instalado em edifício ou edifícios implantados num único lote consubstancia o título constitutivo da propriedade

horizontal do empreendimento, quando esta não tenha sido previamente constituída, desde que conste de escritura pública, de documento particular autenticado por entidade habilitada a fazê-lo nos termos da lei ou de outro título de constituição da propriedade horizontal, e abranja todas as fracções do edifício ou edifícios onde está instalado o empreendimento turístico, independentemente do uso a que sejam afectas.

4 – O título constitutivo é elaborado pelo titular do alvará de licença ou de autorização para a realização da operação urbanística relativa à instalação do empreendimento, ou pelo titular do respectivo alvará de licença ou autorização de utilização, e carece de aprovação pelo Turismo de Portugal, I. P., a qual constitui condição prévia à outorga da escritura pública ou documento particular autenticado a que se refere o número anterior, quando exista, sendo nesta exarada menção expressa à data da aprovação do título constitutivo pelo Turismo de Portugal, I. P.

5 – O Turismo de Portugal, I. P., deve pronunciar-se sobre o título constitutivo no prazo de 30 dias após a apresentação do mesmo pelo interessado e só pode recusar a sua aprovação caso o mesmo viole o disposto no presente decreto-lei ou noutras disposições legais ou regulamentares aplicáveis.

6 – O título constitutivo é registado nos serviços do registo predial previamente à celebração de qualquer contrato de transmissão ou contrato-promessa de transmissão dos lotes ou fracções autónomas.

7 – Deve fazer parte integrante dos contratos-promessa de transmissão, bem como dos contratos de transmissão de propriedade de lotes ou fracções autónomas que integrem o empreendimento turístico em propriedade plural, uma cópia simples do título constitutivo devidamente aprovado e registado, cópia simples do título referido no nº 3 do artigo 45º, bem como a indicação do valor da prestação periódica devida pelo titular daqueles lotes ou fracções autónomas no primeiro ano, nos termos do título constitutivo, sob pena de nulidade do contrato.

8 – O adquirente do direito sobre lote ou de fracção autónoma em empreendimento turístico, com base no qual tenha sido conferido à entidade exploradora do empreendimento o título referido no nº 3 do artigo 45º, sucede nos direitos e obrigações do transmitente daquele direito perante a entidade exploradora.

Nota:

Preceito alterado pelo Decreto-Lei nº 228/2009, de 14 de Setembro.

ARTIGO 55º

Menções do título constitutivo

1 – O título constitutivo deve conter obrigatoriamente as seguintes menções:

a) A identificação da entidade exploradora do empreendimento;
b) A identificação e descrição física e registral das várias fracções autónomas ou lotes, por forma a que fiquem perfeitamente individualizadas;
c) O valor relativo de cada fracção autónoma ou lote, expresso em percentagem ou permilagem do valor total do empreendimento;
d) O fim a que se destina cada uma das fracções autónomas ou lotes;
e) A identificação e descrição das instalações e equipamentos do empreendimento;
f) A identificação dos serviços de utilização comum;
g) A identificação das infra-estruturas urbanísticas que servem o empreendimento, o regime de titularidade das mesmas e a referência ao contrato de urbanização estabelecido com a câmara municipal, quando exista;
h) A menção das diversas fases de construção do empreendimento, quando for o caso;
i) O critério de fixação e actualização da prestação periódica devida pelos proprietários e a percentagem desta que se destina a remunerar a entidade responsável pela administração do empreendimento, bem como a enumeração dos encargos cobertos por tal prestação periódica;
j) Os deveres dos proprietários, designadamente os relacionados com o tempo, o lugar e a forma de pagamento da prestação periódica;
l) Os deveres da entidade responsável pela administração do empreendimento, nomeadamente em matéria de conservação do empreendimento;
m) Os meios de resolução dos conflitos de interesses.
2 – Do título constitutivo de um conjunto turístico (resort) constam a identificação da entidade administradora do conjunto turístico (resort), a identificação e descrição dos vários empreendimentos turísticos, dos edifícios autónomos de carácter unifamiliar previstos no nº 7 do artigo 15º, dos estabelecimentos ou instalações e equipamentos de exploração turística que o integram, por forma a que fiquem perfeitamente individualizados, o valor relativo de cada um desses elementos componentes do conjunto turístico (resort), expresso em percentagem ou permilagem do valor total do empreendimento, o fim a que se destina cada um dos referidos empreendimentos turísticos, estabelecimentos e instalações ou equipamentos de exploração turística, bem como as menções a que se referem as alíneas d) a l) do número anterior, com as devidas adaptações.
3 – Do título constitutivo deve fazer também parte integrante um regulamento de administração do empreendimento, o qual deve reger, designadamente, a conservação, a fruição e o funcionamento das unidades de alojamento, das instalações e equipamentos de utilização comum e dos serviços de utilização comum.

Nota:
Preceito alterado pelo Decreto-Lei nº 228/2009, de 14 de Setembro.

ARTIGO 56º

Prestação periódica

1 – O proprietário de um lote ou fracção autónoma de um empreendimento turístico em propriedade plural deve pagar à entidade administradora do empreendimento a prestação periódica fixada de acordo com o critério determinado no título constitutivo.

2 – A prestação periódica destina-se a fazer face às despesas de manutenção, conservação e funcionamento do empreendimento, incluindo as das unidades de alojamento, das instalações e equipamentos comuns e dos serviços de utilização comuns do empreendimento, bem como a remunerar a prestação dos serviços de recepção permanente, de segurança e de limpeza das unidades de alojamento e das partes comuns do empreendimento.

3 – Além do disposto no número anterior, a prestação periódica destina-se a remunerar os serviços do revisor oficial de contas e a entidade administradora do empreendimento, podendo suportar outras despesas desde que previstas no título constitutivo.

4 – Consideram-se equipamentos comuns e serviços de utilização comum do empreendimento os que são exigidos para a respectiva categoria.

5 – A percentagem da prestação periódica destinada a remunerar a entidade administradora do empreendimento não pode ultrapassar 20% do valor total.

6 – Nos conjuntos turísticos (resorts), cada um dos empreendimentos turísticos, estabelecimentos ou instalações e equipamentos de exploração turística que integram o empreendimento contribuem para os encargos comuns do conjunto turístico (resort) na proporção do respectivo valor relativo fixado no título constitutivo do empreendimento, nos termos previstos no nº 2 do artigo 55º.

7 – Os créditos relativos a prestações periódicas, bem como aos respectivos juros moratórios, gozam do privilégio creditório imobiliário sobre a respectiva fracção, graduado após os mencionados nos artigos 746º e 748º do Código Civil e aos demais previstos em legislação especial.

8 – Uma percentagem não inferior a 4% da prestação periódica deve ser afecta à constituição de um fundo de reserva destinado exclusivamente à realização de obras de reparação e conservação das instalações e equipamentos de uso comum e de outras despesas expressamente previstas no título constitutivo.

9 – Independentemente do critério de fixação da prestação periódica estabelecido no título constitutivo, aquela pode ser alterada por proposta do revisor oficial de contas inserida no respectivo parecer, sempre que se revele excessiva ou insuficiente relativamente aos encargos que se destina e desde que a alteração seja aprovada em assembleia convocada para o efeito.

Nota:

Preceito alterado pelo Decreto-Lei nº 228/2009, de 14 de Setembro.

ARTIGO 57º

Deveres do proprietário

1 – Os proprietários de lotes ou fracções autónomas em empreendimentos turísticos em propriedade plural não podem:

a) Dar-lhes utilização diversa da prevista no título constitutivo;

b) Alterar a sua volumetria ou a configuração arquitectónica exterior;

c) Praticar quaisquer actos ou realizar obras, incluindo pinturas, que afectem a continuidade ou unidade urbanística, ou paisagística, do empreendimento, ou que prejudiquem o funcionamento ou utilização de instalações e equipamentos de utilização comum;

d) Praticar quaisquer actos ou realizar obras que afectem a tipologia ou categoria do empreendimento;

e) Impedir a realização de obras de manutenção ou conservação da respectiva unidade de alojamento, por parte da entidade exploradora.

2 – A realização de obras pelos proprietários de lotes ou fracções autónomas, mesmo quando realizadas no interior destes, carece de autorização prévia da entidade administradora do empreendimento, sob pena de esta poder repor a situação a expensas do respectivo proprietário.

3 – A entidade exploradora do empreendimento deve ter acesso às unidades de alojamento do empreendimento, a fim de proceder à respectiva exploração turística, prestar os serviços de utilização comum e outros previstos no título constitutivo, proceder às vistorias convenientes para efeitos de conservação ou de executar obras de conservação ou reposição.

4 – Os créditos resultantes da realização de obras decorrentes do disposto no presente decreto-lei ou no título constitutivo, por parte da entidade exploradora do empreendimento, bem como os respectivos juros moratórios, gozam do privilégio creditório imobiliário sobre o respectivo lote ou fracção, graduado após os mencionados nos artigos 746º e 748º do Código Civil e os previstos em legislação especial.

Nota:

Sobre ilícito contra-ordenacional: *v.* art. 67º, nº 1, al. *x*).

ARTIGO 58º

Administração

1 – A administração dos empreendimentos turísticos em propriedade plural incumbe à entidade exploradora, salvo quando esta seja destituída das suas funções, nos termos do artigo 62º

2 – A administração dos conjuntos turísticos (resorts) incumbe a uma entidade administradora única, designada no título constitutivo do conjunto turístico (resort).
3 – A entidade administradora do empreendimento exerce as funções que cabem ao administrador do condomínio, nos termos do regime da propriedade horizontal, e é responsável pela administração global do empreendimento, incumbindo-lhe, nomeadamente, assegurar o funcionamento e a conservação das instalações e equipamentos de utilização comum e dos serviços de utilização comum previstos no título constitutivo, bem como a manutenção e conservação dos espaços verdes de utilização colectiva, das infra-estruturas viárias e das demais instalações e equipamentos de utilização colectiva integrantes do empreendimento, quando tenham natureza privada.

ARTIGO 59º
Caução de boa administração e conservação

1 – Nos empreendimentos em propriedade plural, a entidade administradora do empreendimento deve prestar caução de boa administração e conservação a favor dos proprietários das fracções autónomas ou lotes, através de depósito bancário, seguro ou garantia bancária, emitida por uma entidade seguradora ou financeira da União Europeia, devendo o respectivo título ser depositado no Turismo de Portugal, I. P.
2 – O montante da caução corresponde ao valor anual do conjunto das prestações periódicas devidas pelos proprietários das fracções autónomas ou lotes que integrem o empreendimento, podendo ser alterado por portaria do membro do Governo responsável pela área do turismo.
3 – A caução só pode ser accionada por deliberação da assembleia geral de proprietários.
4 – A caução deve ser constituída antes da celebração dos contratos de transmissão da propriedade dos lotes ou das fracções autónomas que integrem o empreendimento, sob pena de nulidade dos mesmos.

Nota:

Sobre ilícito contra-ordenacional: *v.* art. 67º, nº 1, al. *z*).

Preceito alterado pelo Decreto-Lei nº 228/2009, de 14 de Setembro.

ARTIGO 60º
Prestação de contas

1 – A entidade administradora do empreendimento deve organizar anualmente as contas respeitantes à utilização das prestações periódicas e submetê-las à apreciação de um revisor oficial de contas.

2 – O relatório de gestão e as contas a que se refere o número anterior são enviados a cada proprietário, juntamente com a convocatória da assembleia geral ordinária, acompanhados do parecer do revisor oficial de contas.
3 – Os proprietários têm o direito de consultar os elementos justificativos das contas e do relatório de gestão a apresentar na assembleia geral.
4 – A entidade administradora deve ainda facultar aos proprietários, na assembleia geral destinada a aprovar o relatório de gestão e as contas respeitantes à utilização das prestações periódicas, a análise das contas de exploração, bem como dos respectivos elementos justificativos.

Nota:
Sobre ilícito contra-ordenacional: *v.* art. 67º, nº 1, al. *aa*).

ARTIGO 61º
Programa de administração

1 – A entidade administradora dos empreendimentos turísticos em propriedade plural deve elaborar um programa de administração e de conservação do empreendimento para cada ano.
2 – O programa deve ser enviado a cada proprietário juntamente com a convocatória da assembleia geral ordinária em que se procede à respectiva aprovação para o ano seguinte.

Nota:
Sobre ilícito contra-ordenacional: *v.* art. 67º, nº 1, al. *bb*).

ARTIGO 62º
Destituição da entidade administradora

1 – Se a entidade administradora do empreendimento não cumprir as obrigações previstas no presente decreto-lei, a assembleia geral de proprietários pode destituí-la das suas funções de administração.
2 – A destituição só é eficaz se, no mesmo acto, for nomeada uma nova entidade administradora e se a mesma vier a prestar a caução prevista no artigo 59º no prazo de 15 dias.

ARTIGO 63º

Assembleia geral de proprietários

1 – A assembleia geral de proprietários integra todos os proprietários dos lotes ou fracções que constituem o empreendimento.

2 – Compete à assembleia geral:

a) Eleger o presidente de entre os seus membros;

b) Aprovar o relatório de gestão e as contas respeitantes à utilização das prestações periódicas;

c) Aprovar o programa de administração e conservação do empreendimento;

d) Aprovar, sob proposta do revisor oficial de contas, a alteração da prestação periódica, nos casos previstos no nº 9 do artigo 56º;

e) Accionar a caução de boa administração;

f) Destituir a entidade administradora do empreendimento, nos casos previstos no artigo 62º;

g) Deliberar sobre qualquer outro assunto que lhe seja submetido pela entidade administradora do empreendimento.

3 – A assembleia geral é convocada pela entidade responsável pela administração do empreendimento.

4 – A assembleia geral deve ser convocada por carta registada, enviada pelo menos 30 dias de calendário antes da data prevista para a reunião, no 1º trimestre de cada ano.

5 – A assembleia geral pode ser convocada pelo respectivo presidente sob proposta de proprietários que representem 10% dos votos correspondentes ao valor total do empreendimento.

6 – São aplicáveis à assembleia geral as regras sobre quórum deliberativo previstas no regime da propriedade horizontal.

7 – As deliberações são tomadas por maioria simples dos votos dos proprietários presentes ou representados, salvo:

a) Quando esteja em causa accionar a caução de boa administração ou destituir a entidade administradora do empreendimento, caso em que a deliberação deve ser tomada pela maioria dos votos correspondentes ao valor total do empreendimento;

b) Nos outros casos previstos no regime da propriedade horizontal.

ARTIGO 64º

Títulos constitutivos de empreendimentos existentes

1 – As normas do presente capítulo não se aplicam aos empreendimentos turísticos em propriedade plural cujo título constitutivo já se encontre aprovado à data de entrada em vigor do presente decreto-lei, sendo-lhes aplicável o disposto no Decreto-Lei nº 167/97, de 4 de Julho, na redacção actualmente em vigor, e seus regulamentos.

2 – As entidades exploradoras de empreendimentos turísticos em propriedade plural que se encontram em funcionamento à data da entrada em vigor do presente decreto-lei mas que não disponham de título constitutivo devem proceder à respectiva elaboração e promoção da respectiva aprovação em assembleia geral de proprietários até 31 de Dezembro de 2010.
3 – A assembleia de proprietários é convocada nos termos do artigo anterior, devendo a convocatória ser acompanhada dos documentos a aprovar.
4 – A assembleia geral pode deliberar desde que estejam presentes proprietários que representem um quarto do valor total do empreendimento, sendo as deliberações tomadas por maioria dos votos dos proprietários presentes.
5 – O título constitutivo a que se referem os números anteriores deve integrar o regulamento de administração e ser aprovado pelo Turismo de Portugal, I. P., e registado na Conservatória do Registo Predial nos termos do disposto no artigo 54º
6 – A entidade exploradora deve enviar a cada um dos proprietários uma cópia do título constitutivo devidamente aprovado pelo Turismo de Portugal, I. P., e registado na conservatória do registo predial.
7 – Às alterações aos títulos constitutivos dos empreendimentos existentes são aplicáveis as normas do presente capítulo.

Nota:
Sobre ilícito contra-ordenacional: v. art. 67º, nº 1, al. *cc*) e *dd*).
Preceito alterado pelo Decreto-Lei nº 228/2009, de 14 de Setembro.

CAPÍTULO IX
DECLARAÇÃO DE INTERESSE PARA O TURISMO

ARTIGO 65º
Declaração de interesse para o turismo

1 – O Turismo de Portugal, I. P., a requerimento dos interessados ou da câmara municipal, pode declarar de interesse para o turismo, nos termos a estabelecer em portaria do membro do Governo responsável pela área do turismo, os estabelecimentos, iniciativas, projectos ou actividades de índole económica, cultural, ambiental e de animação que, pela sua localização e características, complementem outras actividades ou empreendimentos turísticos, ou constituam motivo de atracção turística das áreas em que se encontram.
2 – A declaração de interesse para o turismo pode ser retirada oficiosamente, quando deixarem de se verificar os pressupostos que determinaram a sua atribuição.

Nota:
O Decreto-Regulamentar nº 22/98, de 21.09, que aprovou o regime de declaração de interesse para o turismo irá ser revogado por portaria a publicar.

Bizarramente, o regime da utilidade turística que data de 1983 (Decreto-Lei nº 423/83, de 05.12), continua por actualizar.

CAPÍTULO X
FISCALIZAÇÃO E SANÇÕES

ARTIGO 66º
Competência de fiscalização e instrução de processos

Sem prejuízo das competências das câmaras municipais previstas no regime jurídico da urbanização e edificação, compete à ASAE fiscalizar o cumprimento do disposto no presente decreto-lei, bem como instruir os respectivos processos, excepto no que se refere a matéria de publicidade cuja competência pertence à Direcção-Geral do Consumidor.

Nota:
As competências fiscalizadoras e sancionatórias que até aqui eram repartidas pela DGT, e pela direcção regional do Ministério da Economia, são concentradas na ASAE (nos termos do art. 3º, nº 2, al. *t*), do Decreto-Lei nº 274/2007, de 30 de Julho), excepto no que se refere a matéria de publicidade cuja competência pertence à Direcção-Geral do Consumidor. V. Portaria nº 244/2008, de 25.03, sobre as taxas cobradas pela ASAE.

As câmaras municipais mantém a respectiva competência no âmbito do atribuído pelo RJUE.

ARTIGO 67º
Contra-ordenações

1 – Constituem contra-ordenações:

a) A oferta de serviços de alojamento turístico sem título válido;

b) O não cumprimento pelo estabelecimento de alojamento local dos requisitos mínimos previstos no nº 2 do artigo 3º e do registo previsto no nº 3 do mesmo artigo;

c) O não cumprimento dos requisitos gerais de instalação previstos no artigo 5º;

d) O não cumprimento das condições de identificação, segurança no acesso, insonorização e comunicação com o exterior previstas nos nºs 3, 4 e 5 do artigo 7º;

e) O desrespeito pelo número máximo de camas convertíveis que podem ser instaladas nas unidades de alojamento dos empreendimentos turísticos, tal como previsto no nº 2 do artigo 8º;

f) O desrespeito da capacidade máxima dos empreendimentos turísticos, nos termos previstos nos nºs 1 e 4 do artigo 8º;

g) O desrespeito pela área máxima prevista para instalações de carácter complementar destinadas a alojamento, tal como estabelecido no nº 4 do artigo 19º;

h) A não apresentação do pedido de revisão da classificação do empreendimento turístico com a antecedência prevista no nº 2 do artigo 38º e a falta de apresentação do requerimento necessário para proceder à reconversão da classificação previsto no nº 2 do artigo 75º;

i) A não afixação no exterior da placa identificativa da classificação do empreendimento turístico, tal como previsto no nº 4 do artigo 36º;

j) A violação do disposto no artigo 41º, em matéria de identificação dos empreendimentos turísticos;

l) A adopção de classificação ou de características que o empreendimento não possua na respectiva publicidade, documentação comercial e merchandising, tal como previsto no nº 1 do artigo 42º;

m) O desrespeito pela regra da unidade da exploração prevista no nº 1 do artigo 44º;

n) O desrespeito pelo regime de exploração turística em permanência e de exploração continuada das unidades de alojamento do empreendimento turística, tal como previsto nos nºs 1 e 2 do artigo 45º, e a falta de celebração de contrato de exploração com os proprietários ou a falta de previsão no referido contrato dos termos da exploração turística das unidades de alojamento, da participação dos proprietários nos resultados da exploração das unidades de alojamento e das condições da utilização destas pelos respectivos proprietários, tal como previsto nos nºs 3 e 4 do artigo 45º;

o) A exploração das unidades de alojamento pelos respectivos proprietários ou a celebração de contratos que comprometam o uso turístico das mesmas, tal como previsto no nº 6 do artigo 45º;

p) A violação pela entidade exploradora dos deveres previstos nas alíneas a) a d) do artigo 46º;

q) A atribuição da responsabilidade operacional por empreendimentos turísticos de cinco, quatro e três estrelas a funcionário não habilitado ao exercício da profissão de director de hotel;

r) A proibição de livre acesso aos empreendimentos turísticos nos casos não previstos nos nºs 2, 3 e 4 do artigo 48º;

s) A falta de publicitação das regras de funcionamento e acesso aos empreendimentos turísticos;

t) O encerramento de um empreendimento turístico em propriedade plural, sem consentimento de todos os proprietários;
u) A falta de publicitação do período de funcionamento dos empreendimentos turísticos;
v) A não utilização de sinais normalizados, nos termos previstos no artigo 50º;
x) O desrespeito pelos proprietários de lotes ou fracções autónomas em empreendimentos turísticos do disposto nos nºs 1 e 3 do artigo 57º;
z) A falta de prestação de caução de boa administração e conservação pela entidade administradora do empreendimento, no termos previstos no nº 1 do artigo 59º;
aa) O não cumprimento dos deveres de prestação de contas previstos no artigo 60º;
bb) O não cumprimento dos deveres relativos à elaboração e disponibilização aos proprietários de um programa de administração e de conservação do empreendimento turístico em propriedade plural para cada ano, nos termos previstos no artigo 61º;
cc) A falta de elaboração e promoção da respectiva aprovação em assembleia geral de proprietários de título constitutivo para os empreendimentos turísticos em propriedade plural já existentes, nos termos previstos no nº 2 do artigo 64º;
dd) A falta de remessa a cada um dos proprietários de uma cópia do título constitutivo para os empreendimentos turísticos em propriedade plural, nos termos previstos no nº 6 do artigo 64º
2 – As contra-ordenações previstas nas alíneas d), e), i), m), s), u), v) e dd) do nº 1 são punidas com coima de € 100 a € 500, no caso de pessoa singular, e de € 1000 a € 5000, no caso de pessoa colectiva.
3 – As contra-ordenações previstas nas alíneas f), g), h), j), l), q), r), t) e x) do nº 1 são punidas com coima de € 500 a € 2500, no caso de pessoa singular, e de € 5000 a € 25000, no caso de pessoa colectiva.
4 – As contra-ordenações previstas nas alíneas a), b), c), n), o), p), z), aa), bb) e cc) do nº 1 são punidas com coima de € 2500 a € 3740,98, no caso de pessoa singular, e de € 25000 a € 44891,82, no caso de pessoa colectiva.

Nota:
A moldura cominatória é *actualizada.*

ARTIGO 68º
Sanções acessórias
1 – Em função da gravidade e da reiteração das contra-ordenações previstas no artigo anterior, bem como da culpa do agente, podem ser aplicadas as seguintes sanções acessórias:
a) Apreensão do material através do qual se praticou a infracção;

b) Suspensão, por um período até dois anos, do exercício da actividade directamente relacionada com a infracção praticada;
c) Encerramento, pelo prazo máximo de dois anos, do empreendimento ou das instalações onde estejam a ser prestados serviços de alojamento turístico sem título válido.
2 – Quando for aplicada a sanção acessória de encerramento, o alvará, quando exista, é cassado e apreendido pela câmara municipal, oficiosamente ou a pedido do Turismo de Portugal, I. P., ou da ASAE.

Nota:

Como requisito de apreciação da moldura sancionatória desconsiderou-se "o tipo e classificação do empreendimento". O encerramento é agora temporário, no máximo, pelo período de 2 anos. Volvido tal período, entende-se que o empreendimento turístico é *reabilitado*, se tal não ocorrer será definitivamente encerrado.

O preceito corresponde, com as devidas adaptações, ao art. 62º, do Decreto-Lei nº 167/97, de 04.07 (empreendimentos turísticos), ao art. 62º, do Decreto-Lei nº 54/ /2002, de 11.03 (turismo no espaço rural) e ao art. 58º, do Decreto-Lei nº 47/99, de 16.02 (turismo da natureza).

Recuperou-se o termo *cassação* do alvará.

A publicidade das sanções não foi acolhida.

ARTIGO 69º
Limites da coima em caso de tentativa e de negligência

A tentativa e a negligência são puníveis, sendo os limites mínimos e máximos das coimas aplicáveis reduzidos para metade.

Nota:

O preceito corresponde, com as devidas adaptações, ao art. 63º, do Decreto-Lei nº 167/ /97, de 04.07 (empreendimentos turísticos), ao art. 63º, do Decreto-Lei nº 54/2002, de 11.03 (turismo no espaço rural) e ao art. 59º, do Decreto-Lei nº 47/99, de 16.02 (turismo da natureza).

ARTIGO 70º
Competência sancionatória

1 – A aplicação das coimas e das sanções acessórias previstas no presente decreto-lei compete:

a) À Comissão de Aplicação de Coimas em Matéria Económica e de Publicidade (CACMEP) relativamente aos empreendimentos turísticos referidos nas alíneas a) a f) do nº 1 do artigo 4º;
b) Às câmaras municipais, relativamente aos empreendimentos turísticos referidos nas alíneas g) do nº 1 do artigo 4º e aos estabelecimentos de alojamento local.
2 – A aplicação das coimas e das sanções acessórias previstas no presente decreto-lei relativamente aos empreendimentos de turismo de natureza compete, respectivamente, à CACMEP, se estes empreendimentos adoptarem qualquer das tipologias previstas nas alíneas a) a f) do nº 1 do artigo 4º, e às câmaras municipais, se os referidos empreendimentos adoptarem a tipologia prevista na alínea g) do nº 1 do artigo 4º

Nota:
Perante o disposto no art. 66º, que atribui competência fiscalizadora e sancionatória à ASAE, excepto no que se refere a matéria de publicidade cuja competência pertence à Direcção-Geral do Consumidor, não entendemos a actual intervenção da Comissão de Aplicação de Coimas em Matéria Económica e de Publicidade (CACMEP), excepto quanto aos estabelecimentos de alojamento local.

No regime anterior dos empreendimentos turísticos, quer a competência fiscalizadora quer a sancionatória pertenciam à DGT, excepto no que concernia aos parques de campismo, que eram sancionados pela câmara municipal respectiva (art. 64º, do Decreto-Lei nº 167/97, de 04.07).

ARTIGO 71º
Produto das coimas

1 – O produto das coimas aplicadas pelas câmaras municipais constitui receita dos respectivos municípios.
2 – O produto das coimas aplicadas pela CACMEP reverte:
a) 60% para o Estado;
b) 30% para a ASAE;
c) 10% para a CACMEP.

ARTIGO 72º
Embargo e demolição

Sem prejuízo das competências atribuídas por lei a outras entidades, compete ao presidente da câmara municipal embargar e ordenar a demolição de obras realizadas em violação do disposto no presente decreto-lei, por sua iniciativa ou mediante comunicação do Turismo de Portugal, I. P., ou da ASAE.

Nota:

O preceito corresponde, com as devidas adaptações, ao art. 66º, do Decreto-Lei nº 167/ /97, de 04.07 (empreendimentos turísticos), ao art. 66º, do Decreto-Lei nº 54/2002, de 11.03 (turismo no espaço rural) e ao art. 62º, do Decreto-Lei nº 47/99, de 16.02 (turismo da natureza).

A figura do **embargo** encontra-se prevista no art. 102º, do RJUE, que indica:

"1 – Sem prejuízo das competências atribuídas por lei a outras entidades, o presidente da câmara municipal é competente para embargar obras de urbanização, de edificação ou de demolição, bem como quaisquer trabalhos de remodelação de terrenos, quando estejam a ser executadas:

a) Sem a necessária licença ou admissão de comunicação prévia;

b) Em desconformidade com o respectivo projecto ou com as condições do licenciamento ou comunicação prévia admitida, salvo o disposto no artigo 83º; ou

c) Em violação das normas legais e regulamentares aplicáveis.

2 – A notificação é feita ao responsável pela direcção técnica da obra, bem como ao titular do alvará de licença ou apresentante da comunicação prévia e, quando possível, ao proprietário do imóvel no qual estejam a ser executadas as obras ou seu representante, sendo suficiente para obrigar à suspensão dos trabalhos qualquer dessas notificações ou a de quem se encontre a executar a obra no local.

3 – Após o embargo, é de imediato lavrado o respectivo auto, que contém, obrigatória e expressamente, a identificação do funcionário municipal responsável pela fiscalização de obras, das testemunhas e do notificado, a data, a hora e o local da diligência e as razões de facto e de direito que a justificam, o estado da obra e a indicação da ordem de suspensão e proibição de prosseguir a obra e do respectivo prazo, bem como as cominações legais do seu incumprimento.

4 – O auto é redigido em duplicado e assinado pelo funcionário e pelo notificado, ficando o duplicado na posse deste.

5 – No caso de a ordem de embargo incidir apenas sobre parte da obra, o respectivo auto fará expressa menção de que o embargo é parcial e identificará claramente qual é a parte da obra que se encontra embargada.

6 – O auto de embargo é notificado às pessoas identificadas no nº 2.

7 – No caso de as obras estarem a ser executadas por pessoa colectiva, o embargo e o respectivo auto são ainda comunicados para a respectiva sede social ou representação em território nacional.

8 – O embargo, assim como a sua cessação ou caducidade, é objecto de registo na conservatória do registo predial, mediante comunicação do despacho que o determinou, procedendo-se aos necessários averbamentos".

Sendo os respectivos **efeitos** os seguintes (art. 103º, do RJUE):

"1 – O embargo obriga à suspensão imediata, no todo ou em parte, dos trabalhos de execução da obra.

2 – Tratando-se de obras licenciadas ou objecto de comunicação prévia, o embargo determina também a suspensão da eficácia da respectiva licença ou a admissão de comunicação prévia, bem como, no caso de obras de urbanização, da licença ou comunicação prévia de loteamento urbano a que as mesmas respeitam.

3 – É interdito o fornecimento de energia eléctrica, gás e água às obras embargadas, devendo para o efeito ser notificado o acto que o ordenou às entidades responsáveis pelos referidos fornecimentos.

4 – O embargo, ainda que parcial, suspende o prazo que estiver fixado para a execução das obras no respectivo alvará de licença e estabelecido para a admissão de comunicação prévia".

O embargo caduca, nos termos do art. 104º, do RJUE:

"1 – A ordem de embargo caduca logo que for proferida uma decisão que defina a situação jurídica da obra com carácter definitivo ou no termo do prazo que tiver sido fixado para o efeito.

2 – Na falta de fixação de prazo para o efeito, a ordem de embargo caduca se não for proferida uma decisão definitiva no prazo de seis meses, prorrogável uma única vez por igual período."

Em alternativa à demolição, pode presidente da câmara municipal ordenar a **realização de trabalhos de correcção ou alteração**, nos termos do art. 105º, do RJUE:

"1 – Nas situações previstas nas alíneas *b*) e *c*) do nº 1 do artigo 102º, o presidente da câmara municipal pode ainda, quando for caso disso, ordenar a realização de trabalhos de correcção ou alteração da obra, fixando um prazo para o efeito, tendo em conta a natureza e o grau de complexidade dos mesmos.

2 – Decorrido o prazo referido no número anterior sem que aqueles trabalhos se encontrem integralmente realizados, a obra permanece embargada até ser proferida uma decisão que defina a sua situação jurídica com carácter definitivo.

3 – Tratando-se de obras de urbanização ou de outras obras indispensáveis para assegurar a protecção de interesses de terceiros ou o correcto ordenamento urbano,

a câmara municipal pode promover a realização dos trabalhos de correcção ou alteração por conta do titular da licença ou do apresentante da comunicação prévia, nos termos dos artigos 107º e 108º

4 – A ordem de realização de trabalhos de correcção ou alteração suspende o prazo que estiver fixado no respectivo alvará de licença ou estabelecido na comunicação prévia pelo período estabelecido nos termos do nº 1.

5 – O prazo referido no nº 1 interrompe-se com a apresentação de pedido de alteração à licença ou comunicação prévia, nos termos, respectivamente, dos artigos 27º e 35º"

A **demolição da obra e reposição do terreno**, encontra-se prevista no artigo 106º. do RJUE:

"1 – O presidente da câmara municipal pode igualmente, quando for caso disso, ordenar a demolição total ou parcial da obra ou a reposição do terreno nas condições em que se encontrava antes da data de início das obras ou trabalhos, fixando um prazo para o efeito.

2 – A demolição pode ser evitada se a obra for susceptível de ser licenciada ou objecto de comunicação prévia ou se for possível assegurar a sua conformidade com as disposições legais e regulamentares que lhe são aplicáveis mediante a realização de trabalhos de correcção ou de alteração.

3 – A ordem de demolição ou de reposição a que se refere o nº 1 é antecedida de audição do interessado, que dispõe de 15 dias a contar da data da sua notificação para se pronunciar sobre o conteúdo da mesma.

4 – Decorrido o prazo referido no nº 1 sem que a ordem de demolição da obra ou de reposição do terreno se mostre cumprida, o presidente da câmara municipal determina a demolição da obra ou a reposição do terreno por conta do infractor."

Jurisprudência:

1. "*I – Provando-se que determinado edifício estava a ser implantado no terreno com uma distância a pontos fixos que lhe são próximos inferior à que lhe tinha sido marcada pelo projecto aprovado, é legal o acto camarário que, com esse fundamento, determinou o embargo da obra.*

II – Do despacho do Presidente da Câmara mandando levantar o embargo, exarado sobre requerimento do construtor que se limitava a pedir esse levantamento, não pode nunca resultar a aprovação de uma modificação do projecto de arquitectura segundo o que constaria de uma planta que segundo esse requerimento, para mais tratando-se dum tosco desenho sem escala feito em papel A4.

III – Não pode apreciar-se, em recurso jurisdicional, um eventual erro do projecto aprovado no tocante aos afastamentos referidos em I, se essa questão só agora vem suscitada e não foi incluída nos fundamentos do recurso constantes da petição e das alegações finais.

(Ac. STA, de 09.05.2001, AASTA, p. 81)

2. *"O responsável pelo pagamento das despesas feitas por uma câmara municipal com a demolição de obras efectuadas em violação de disposições no Regulamento Geral das Edificações Urbanas, nos termos do § único do seu artigo 166º, é o dono ou executor dessa obra, e não o proprietário do terreno onde a mesma foi clandestinamente edificada".*

(Ac. STA, de 24.11.1999, BMJ, 491, p. 309)

3. *"I – As figuras jurídicas do embargo de obra ilegal e da demolição são jurídica e ontologicamente distintas, com pressupostos, objecto e efeitos não coincidentes.*

II – Enquanto o embargo é uma medida cautelar, com carácter preventivo e urgente, visando impedir a continuação de obra lesiva da legalidade, já a demolição é um acto unilateral e autoritário, visando a reintegração da ordem jurídica violada.

III – Perante uma obra não licenciada que haja sido embargada, a notificação ao interessado assume a dupla função de proibição de continuação da obra e de audiência de interessado com vista à reposição da legalidade.

IV – Tendo o interessado, na sequência desta notificação requerido a legalização da obra, a demolição não pode ser ordenada, cerca de dois anos depois, sem nova audiência, nos termos dos artigos 58º, nº 3, do Decreto-Lei nº 445/91, de 20 de Novembro, e 100º do Código de Procedimento Administrativo".

(Ac. STA, de 28.10.1999, MBJ, 490, p. 304)

4. *"I – O acto administrativo que ordene a demolição de uma obra não constitui um acto de mera execução da prévia denegação do seu licenciamento.*

II – Se da competência globalmente transferida para o delegado, este só estiver autorizado pelo delegante a subdelegar poderes «para o despacho dos assuntos correntes dos serviços«, deve concluir-se que houve uma reserva expressa, limitadora do âmbito da subdelegação futura.

III – Os «assuntos correntes dos serviços« são, no que aos procedimentos administrativos respeita, os relacionados com os actos procedimentais a praticar, sejam eles anteriores ou posteriores aos actos culminantes dos procedimentos, ficando estes actos, em que fundamentalmente se exerce a autoridade administrativa, excluídos da previsão desses «assuntos».

IV – Não cabe na subdelegação de competências feita no director do Departamento de Construção e Conservação de Edifícios e Obras Diversas da Câmara Municipal de Lisboa «para o despacho dos assuntos correntes dos serviços» poder de ordenar a demolição de obras efectuadas sem licença ou em desconformidade com a licença.

V – O acto desse director determina demolição de obra, proferido com expressa invocação de subdelegação de competência, em que o seu autor quis manifestamente praticar um acto definitivo e executório e dizer a última palavra da Administração a definir a situação concreta do destinatário do acto, induzindo este a interpor recurso contencioso, deve ser considerado um acto susceptível de imediato recurso contencioso.

VI – Atentas as características do caso concreto, a aplicação da norma do artigo 56º da lei de Processo dos Tribunais Administrativos, implicando a rejeição do recurso contenciosos e a imposição ao interessado do esgotamento das vias graciosas, com o risco de, face a eventual indeferimento, expresso ou silente, do recurso hierárquico, ter de reiniciar a via contenciosa, representaria, na prática, uma restrição em medida intolerável do direito dos cidadãos ao recurso contencioso, na dupla perspectiva de direito a uma tutela jurisdicional efectiva e de direito a uma decisão em prazo razoável (artigos 268º, nº 4, e 20º, nº 4, da Constituição da República Portuguesa).

VII – Nos termos do corpo do art. 165º do Regulamento Geral das Edificações Urbanas, a utilização de parte de edificação em desconformidade com a licença apenas pode servir de base ao decretamento do despejo do local, não podendo servir de fundamento legal para a intimação da demolição de obras, designadamente quando, como no caso ocorre, estas obras tenham sido executadas por entidade dispensada de as submeter a licenciamento municipal".

(Ac. STA, de 23.06.1999, BMJ, 488, p. 207).

5. *"I – Para que ocorra a responsabilidade extracontratual das autarquias locais por actos ilícitos e culposos dos seus orgãos ou agentes, no exercício das suas funções e por causa delas, é necessária a verificação cumulativa dos seguintes pressupostos: facto ilícito, culpa, dano e nexo de causalidade adequada entre o facto e o dano.*

II – Perante uma barraca implantada num terreno municipal, a título precário, que a interessada não habitava havia quatro anos e que se encontrava parcialmente destruída, e, tendo em vista os poderes que assistem às câmaras em matéria urbanística (cfr., v.g., artigo 165º do Regulamento Geral das Edificações Urbanas) e relativamente às construções degradadas (cfr., v.g., os artigos 51º, nº 2, da Lei das Autarquias Locais e 10º, §1º, do Regulamento Geral das Edificações Urbanas), a sua ordem de demolição encontra-se legalmente fundada.

III – Embora a ilicitude e culpa sejam em si mesmas realidades distintas, não raro sucede que o elemento culpa se dilui na ilicitude assumindo a culpa o aspecto subjectivo da ilicitude.

IV – Não deve considerar-se que ocorra o pressuposto culpa quando os serviços da câmara (polícia municipal) não conseguiram levar a efeito a notificação pessoal à interessada de um mandado de demolição da barraca referida, em virtude de a mesma não ter sido encontrada no local indicado como o da sua residência (e em que a pessoa ali encontrada afirmou desconhecer o seu paradeiro) e de na respectiva junta de freguesia, através do recenseamento, haver constatado que a residência ali constante era precisamente aquela".

(Ac. STA, de 01.06.1999, BMJ, 488, p. 397).

6. *"Ao contrário do que acontece com a demolição, o Presidente da Câmara não tem um poder discricionário para decidir do embargo ou não de obra, previsto no art. 57º do DL nº 445/91, de 20 de Novembro.*

Tal poder é um poder vinculado pelo que o Presidente da Câmara tem o poder-dever de ordenar o embargo e impedir a continuação das obras, não podendo aguardar o licenciamento ou não para se pronunciar sobre o embargo".

(Ac. STA, de 06.05.1998, CJA, nº 19, p. 37).

7. *"I – Os prejuízos decorrentes da demolição de uma construção sem prévio licenciamento e sem que o seu proprietário tenha apresentado, no prazo que lhe fora concedido (mais de um ano), o projecto com vista à legalização não são de difícil reparação.*

II – Os danos patrimoniais, e não decorrendo da demolição a cessação de qualquer actividade ou habitação do proprietário, são facilmente quantificáveis, pois correspondem aos custos da demolição e futura reconstrução.

III – É previsível para um homem médio a demolição de uma construção sujeita a licenciamento, mas que foi levada a cabo sem licença e sem que o seu autor apresentasse, no prazo que lhe foi concedido – mais de um ano –, o respectivo projecto de legalização. Daí que os prejuízos materiais e o sofrimento com tal demolição não sejam causados (em termos de causalidade adequada) pela demolição, mas sim pela conduta negligente do proprietário".

(Ac. STA, 02.04.1998, BMJ, 476, p. 512).

O art. 100º do RJUE[9], por sua vez, configura como crime de desobediência, o desrespeito pelos actos administrativos que determinem qualquer das medidas de tutela da legalidade urbanística. E como crime de falsificação de documentos as falsas declarações ou informações prestadas (nº 2).

As obras executadas sem a competente licença ou em violação dos condicionamentos impostos estão, portanto, sujeitas a serem embargadas (art. 102º, do RJUE), e, em consequência, demolidas e com reposição do terreno nas condições em que se encontrava antes do início das obras ou trabalhos (art. 106º, do RJUE).

Em caso de incumprimento da medida ordenada, incorre o responsável, como vimos, no crime de desobediência, e ainda, fica sujeito à execução coerciva da medida, podendo o presidente da câmara ordenar, para efeito de demolição e reposição, a posse administrativa do imóvel onde está a ser realizada a obra (art. 107º, do RJUE).

[9] Artigo 100º **(Responsabilidade criminal)**, do RJUE:
1 – O desrespeito dos actos administrativos que determinem qualquer das medidas de tutela da legalidade urbanística previstas no presente diploma constitui crime de desobediência, nos termos do artigo 348º do Código Penal.
2 – As falsas declarações ou informações prestadas pelos responsáveis referidos nas alíneas *e*) e *f*) do nº 1 do artigo 98º nos termos de responsabilidade ou no livro de obra integram o crime de falsificação de documentos, nos termos do artigo 256º do Código Penal.

Explicam João Pereira Reis e Margarida Loureiro ("Regime Jurídico da Urbanização e da Edificação Anotado", Almedina, 2002, p. 244) "os requisitos previstos na lei para a tomada de posse administrativa são os seguintes:

a) prática de acto administrativo expresso que determine a transferência da posse a favor do município, acto esse que, para além de fixar o período de tempo a que alude o nº 7 do art. 107º, deverá obedecer a todas as formalidades e requisitos previstos no CPA (nomeadamente a audiência prévia dos interessados);

b) notificação do acto, por carta registada com aviso de recepção, ao dono da obra e aos demais titulares de direitos reais sobre o imóvel, bem como, em nosso entender, ao titular do alvará apesar da lei não fazer menção expressa a este interessado;

c) elaboração do auto de posse administrativa de onde conste:

- a identificação do acto administrativo supra referido;
- a descrição do estado em que se encontra o terreno, a obra e as demais construções existentes no prédio do mencionado acto;
- identificação de todos os equipamentos que se encontrem no local".

Jurisprudência:

I – Para que ocorra a responsabilidade extracontratual das autarquias locais por actos ilícitos e culposos dos seus orgãos ou agentes, no exercício das suas funções e por causa delas, é necessária a verificação cumulativa dos seguintes pressupostos: facto ilícito, culpa, dano e nexo de causalidade adequada entre o facto e o dano.

II – Perante uma barraca implantada num terreno municipal, a título precário, que a interessada não habitava havia quatro anos e que se encontrava parcialmente destruída, e, tendo em vista os poderes que assistem às câmaras em matéria urbanística (cfr., v.g., artigo 165º do Regulamento Geral das Edificações Urbanas) e relativamente às construções degradadas (cfr., v.g., os artigos 51º, nº 2, da Lei das Autarquias Locais e 10º, §1º, do Regulamento Geral das Edificações Urbanas), a sua ordem de demolição encontra-se legalmente fundada.

III – Embora a ilicitude e culpa sejam em si mesmas realidades distintas, não raro sucede que o elemento culpa se dilui na ilicitude assumindo a culpa o aspecto subjectivo da ilicitude.

IV – Não deve considerar-se que ocorra o pressuposto culpa quando os serviços da câmara (polícia municipal) não conseguiram levar a efeito a notificação pessoal à interessada de um mandado de demolição da barraca referida, em virtude de a mesma não ter *sido encontrada no local indicado como o da sua residência (e em que a pessoal ali encontrada afirmou desconhecer o seu paradeiro) e de na respectiva junta de freguesia, através do recenseamento, haver constatado que a residência ali constante era precisamente aquela.*

(Ac. STA, de 01.06.1999, BMJ, 488, p. 397)

ARTIGO 73º
Interdição de utilização

A ASAE é competente para determinar a interdição temporária do funcionamento dos empreendimentos turísticos, na sua totalidade ou em parte, quando a falta de cumprimento das disposições legais aplicáveis puser em causa a segurança dos utilizadores ou a saúde pública, sem prejuízo das competências atribuídas por lei a outras entidades.

Nota:

O preceito corresponde, com as devidas adaptações, ao art. 67º, do Decreto-Lei nº 167/97, de 04.07 (empreendimentos turísticos), ao art. 67º, do Decreto-Lei nº 54/ /2002, de 11.03 (turismo no espaço rural) e ao art. 63º, do Decreto-Lei nº 47/99, de 16.02 (turismo da natureza).

ARTIGO 74º
Sistema informático

1 – A tramitação dos procedimentos previstos no presente decreto-lei é realizada informaticamente com recurso a sistema informático articulado com o sistema previsto no artigo 8º-A do regime jurídico da urbanização e edificação, nos termos a definir por portaria dos membros do Governo responsáveis pelas áreas da administração local e do turismo.

2 – Para o efeito previsto no número anterior, o Turismo de Portugal, I. P., tem acesso a toda a informação relativa a empreendimentos turísticos constante do sistema informático previsto no regime jurídico da urbanização e edificação.

3 – Enquanto não se encontrarem em funcionamento os sistemas informáticos referidos no nº 1, a tramitação dos procedimentos estabelecidos no presente decreto -lei pode ser realizada em papel.

Nota:

A regulamentação do funcionamento do sistema informático foi realizada pela Portaria nº 1119/2010, de 29.10.

CAPÍTULO XI
DISPOSIÇÕES FINAIS E TRANSITÓRIAS

ARTIGO 75º
Empreendimentos turísticos, empreendimentos de turismo no espaço rural, casas de natureza e estabelecimentos de hospedagem existentes

1 – O presente decreto-lei aplica-se aos empreendimentos turísticos existentes à data da sua entrada em vigor, sem prejuízo do disposto nos números seguintes.

2 – Os empreendimentos turísticos, os empreendimentos de turismo no espaço rural e as casas de natureza existentes devem reconverter-se nas tipologias e categorias estabelecidas no presente decreto-lei, e nos diplomas complementares emitidos ao abrigo do mesmo, até 31 de Dezembro de 2010.

3 – A reconversão da classificação prevista no número anterior é atribuída pelo Turismo de Portugal, I. P., ou pelas câmaras municipais, conforme os casos, após realização de auditoria de classificação, a pedido do interessado, podendo ser dispensados os requisitos exigidos para a atribuição da classificação, sempre que determinem a realização de obras que se revelem materialmente impossíveis ou que comprometam a rendibilidade do empreendimento, como tal reconhecidas pela entidade competente para a aprovação da classificação.

4 – Caso os empreendimentos referidos no nº 2 não possam manter ou obter a qualificação como empreendimento turístico, nos termos do presente decreto-lei, são reconvertidos em modalidades de alojamento local.

5 – As moradias turísticas existentes à data da entrada em vigor do presente decreto-lei, licenciadas como tal ao abrigo de lei anterior a essa data, convertem-se automaticamente em moradias de alojamento local, sem prejuízo do disposto no número seguinte.

6 – Caso as moradias turísticas façam parte integrante de conjuntos turísticos (resorts) podem converter-se em edifícios autónomos integrantes do conjunto, desde que se verifiquem os pressupostos previstos nas alíneas a) a c) do nº 7 do artigo 15º

7 – Os estabelecimentos de hospedagem licenciados pelas câmaras municipais ao abrigo dos respectivos regulamentos convertem-se automaticamente em estabelecimentos de alojamento local.

8 – O Turismo de Portugal, I. P., deve inscrever no RNET os empreendimentos turísticos reconvertidos nos termos do nº 2.

9 – Os títulos válidos de abertura dos empreendimentos turísticos, dos empreendimentos de turismo no espaço rural e das casas de natureza existentes à data de entrada em vigor do Decreto-Lei nº 167/97, de 4 de Julho, do Decreto-Lei nº 54/2002, de 11 de Março, e do Decreto-Lei nº 47/99, de 16 de Fevereiro, respectivamente, mantêm-se válidos, só sendo substituídos pelo alvará de autorização de utilização para fins turísticos na sequência de obras de ampliação, reconstrução ou alteração.

10 – No caso dos empreendimentos turísticos convertidos em estabelecimentos de alojamento local, os títulos de abertura existentes à data da entrada em vigor do presente decreto-lei mantêm-se válidos, só sendo substituídos por alvará de autorização de utilização para fins habitacionais na sequência de obras de ampliação, reconstrução ou alteração, ou em qualquer outro momento a pedido do interessado.

11 – Os empreendimentos turísticos em propriedade plural existentes à data da entrada em vigor do presente decreto-lei mantêm o regime de exploração turística previsto na legislação vigente aquando do respectivo licenciamento, salvo se, por decisão unânime de todos os seus proprietários, se optar pelo regime de exploração turística previsto no presente decreto-lei.

Nota:

A lei mantém o seu carácter prospectivo (nº1), com excepção do nº 2, que concede dois anos para a respectiva reconversão (nº 2), sob pena de reconversão para alojamento local (nº 4).

Sobre ilícito contra-ordenacional: *v.* art. 67º, nº 1, al. *h*).

Preceito alterado pelo Decreto-Lei nº 228/2009, de 14 de Setembro.

ARTIGO 76º

Processos pendentes

1 – Os processos pendentes regem-se pelas disposições constantes no presente decreto-lei, salvo o disposto no número seguinte.

2 – As entidades promotoras ou exploradoras dos empreendimentos turísticos em propriedade plural cujos processos se encontram pendentes à data da entrada em vigor do presente decreto-lei podem optar por aplicar o regime constante dos capítulos VII e VIII do presente decreto-lei ou o regime de exploração aplicável à data do início do procedimento.

3 – Para os efeitos previstos no presente artigo, consideram-se pendentes os processos relativos a operações de loteamento, pedidos de informação prévia e pedidos de licenciamento de operações urbanísticas e pedidos de classificação definitiva que tenham por objecto a instalação de empreendimentos turísticos, de empreendimentos de turismo no espaço rural e de casas de natureza.

Nota:

Aos processos pendentes (definidos no nº 3) aplica-se a presente lei (nº 1), com excepção dos empreendimentos turísticos em propriedade plural cujos processos se encontram pendentes à data da entrada em vigor do presente Decreto-Lei podem que detêm o direito de opção (nº 2).

ARTIGO 77º
Norma revogatória

1 – É revogado o Decreto-Lei nº 167/97, de 4 de Julho, com as alterações introduzidas pelo Decreto-Lei nº 55/2002, de 11 de Março, e pelo Decreto-Lei nº 217/2006, de 31 de Outubro, bem como o Decreto-Lei nº 54/2002, de 11 de Março.

2 – Com a entrada em vigor das portarias previstas no presente decreto-lei são revogados:

a) O Decreto-Lei nº 192/82, de 19 de Maio;

b) O Decreto-Lei nº 47/99, de 16 de Fevereiro, com as alterações introduzidas pelo Decreto--Lei nº 56/2002, de 11 de Março, com excepção das disposições referentes à animação ambiental constantes dos nºs 2 e 3 do artigo 2º e dos artigos 8º, 9º e 12º;

c) O Decreto Regulamentar nº 33/97, de 25 de Setembro, com as alterações introduzidas pelo Decreto Regulamentar nº 14/2002, de 12 de Março;

d) O Decreto Regulamentar nº 34/97, de 25 de Setembro, com as alterações introduzidas pelo Decreto Regulamentar nº 14/99, de 14 de Agosto, e pelo Decreto Regulamentar nº 6/ /2000, de 27 de Abril;

e) O Decreto Regulamentar nº 36/97, de 25 de Setembro, com as alterações introduzidas pelo Decreto Regulamentar nº 16/99, de 18 de Agosto;

f) O Decreto Regulamentar nº 22/98, de 21 de Setembro, com as alterações introduzidas pelo Decreto Regulamentar nº 1/2002, de 3 de Janeiro;

g) O Decreto Regulamentar nº 20/99, de 13 de Setembro, com as alterações introduzidas pelo Decreto Regulamentar nº 22/2002, de 2 de Abril;

h) O Decreto Regulamentar nº 2/99, de 17 de Fevereiro;

i) O Decreto Regulamentar nº 13/2002, de 12 de Março, com as alterações introduzidas pelo Decreto Regulamentar nº 5/2007, de 14 de Fevereiro;

j) A Portaria nº 1063/97, de 21 de Outubro;

l) A Portaria nº 1068/97, de 23 de Outubro;

m) A Portaria nº 1071/97, de 23 de Outubro;

n) A Portaria nº 930/98, de 24 de Outubro;

o) Portaria nº 1229/2001, de 25 de Outubro.

Nota:

Com a entrada em vigor do presente diploma são revogados os regimes jurídicos referentes à:

– instalação e funcionamento dos empreendimentos turísticos (aprovado pelo Decreto-Lei nº 167/97, de 4 de Julho, com as respectivas alterações);

– instalação e funcionamento do turismo no espaço rural (aprovado pelo Decreto-Lei nº 54/2002, de 11 de Março).

Com a entrada em vigor das portarias previstas no presente diploma são revogados os regimes jurídicos referentes ao/à:

– instalação e funcionamento dos parques de campismo rurais (aprovado pelo Decreto-Lei nº 192/82, de 19 de Maio);

– instalação e funcionamento do turismo de natureza (aprovado pelo Decreto-Lei nº 47/99, de 16 de Fevereiro, com as respectivas alterações, *com excepção das disposições referentes à animação ambiental constantes dos nºs 2 e 3 do artigo 2º e dos artigos 8º, 9º e 12º*;

– instalação e funcionamento dos parques de campismo públicos (aprovado pelo Decreto Regulamentar nº 33/97, de 25 de Setembro, com as respectivas alterações);

– instalação e funcionamento dos meios complementares de alojamento turístico (aprovado pelo Decreto Regulamentar nº 34/97, de 25 de Setembro, com as respectivas alterações);

– instalação e funcionamento dos estabelecimentos hoteleiros (aprovado pelo Decreto Regulamentar nº 36/97, de 25 de Setembro, com as respectivas alterações);

– declaração de interesse para o turismo (aprovada pelo Decreto Regulamentar nº 22/98, de 21 de Setembro, com as respectivas alterações);

– instalação e funcionamento dos conjuntos turísticos (aprovado pelo Decreto Regulamentar nº 20/99, de 13 de Setembro);

– requisitos mínimos das instalações e do funcionamento das casas de natureza (aprovado pelo Decreto Regulamentar nº 2/99, de 17 de Fevereiro);

– regulamento do turismo da natureza (aprovado pelo Decreto Regulamentar nº 13/ /2002, de 12 de Março, com as respectivas alterações);

– medidas de segurança contra riscos de incêndio (aprovado pela Portaria nº 1063/97, de 21 de Outubro);

– sinalização dos empreendimentos turísticos, estabelecimentos de restauração e bebidas e turismo no espaço rural, quanto aos serviços prestados (aprovada pela Portaria nº 1068/97, de 23 de Outubro);

– registo dos empreendimentos turísticos e do estabelecimentos de restauração e bebidas classificados como típicos (aprovado pela Portaria nº 1071/97, de 23 de Outubro);

– modelo de alvará de licença de utilização turística e modelo de alvará de licença de utilização para serviços de restauração e de bebidas (aprovado pela Portaria nº 930/98, de 24 de Outubro);

– taxas cobradas pela Direcção-Geral do Turismo pelas vistorias requeridas (aprovado pela Portaria nº 1229/2001, de 25 de Outubro).

ARTIGO 78º
Regiões Autónomas

O regime previsto no presente decreto-lei é aplicável às Regiões Autónomas dos Açores e da Madeira, sem prejuízo das adaptações decorrentes da estrutura própria da administração regional autónoma.

ARTIGO 79º
Entrada em vigor

O presente decreto-lei entra em vigor 30 dias após a data da sua publicação.

Actividades de Animação Ambiental no Âmbito do Turismo de Natureza

ARTIGO 2º, NºS 2 E 3 E ARTIGOS 8º, 9º E 12º DO DECRETO-LEI Nº 47/99, DE 16 DE FEVEREIRO[10]

ARTIGO 2º
(Âmbito)

(...) "2 – Integram-se ainda no turismo de natureza as actividades de animação ambiental nas modalidades de:

a) Animação;

b) Interpretação ambiental;

c) Desporto de natureza.

3 – Os requisitos das instalações, classificação e do funcionamento das casas de natureza previstas na alínea b) do nº 1, bem como as actividades de animação ambiental previstas no número anterior, são definidos através de decreto regulamentar[11].

ARTIGO 8º
(Animação ambiental)

Para efeitos do presente diploma, entende-se por animação ambiental a que é desenvolvida tendo como suporte o conjunto de actividades, serviços e instalações para promover a ocupação dos tempos livres dos turistas e visitantes através do conhecimento e da fruição dos valores naturais e culturais próprios da área protegida.

ARTIGO 9º
(Modalidades)

1 – Considera-se animação o conjunto de actividades que se traduzam na ocupação dos tempos livres dos turistas e visitantes, permitindo a diversificação da oferta turística através da

[10] Com as alterações introduzidas pelo Decreto-Lei nº 56/2002, de 11 de Março.

[11] O preceito reporta-se ao Decreto Regulamentar nº 2/99, de 17 de Fevereiro, a revogar logo que publicada a respectiva portaria inerente ao Decreto-Lei nº 39/2008, de 07.05.

integração dessas actividades e outros recursos das áreas protegidas, contribuindo para a divulgação da gastronomia, do artesanato, dos produtos e tradições da região onde se inserem, desenvolvendo-se com o apoio das infra-estruturas e dos serviços existentes no âmbito do turismo de natureza.

2 – Interpretação ambiental é toda a actividade que permite ao visitante o conhecimento global do património que caracteriza a área protegida, através da conservação no local, das formações geológicas, da flora, fauna e respectivos habitats, bem como de aspectos ligados aos usos e costumes das populações com recurso às instalações, sistemas e equipamentos do turismo de natureza.

3 – Consideram-se actividades de desporto de natureza todas as que sejam praticadas em contacto directo com a natureza e que, pelas suas características, possam ser praticadas de forma não nociva para a conservação da natureza.

ARTIGO 12º
(Competência do Instituto da Conservação da Natureza)

Para efeitos do presente diploma, compete ao Instituto da Conservação da Natureza[12]*, sem prejuízo de outras competências atribuídas por lei:*

a) Acompanhar e assegurar a uniformidade do processo de implementação do turismo de natureza;

b) Dar parecer, no âmbito dos pedidos de informação prévia, sobre as iniciativas da instalação das casas de natureza e das actividades de animação ambiental"

[12] Agora Instituto de Conservação da Natureza e da Biodiversidade, I. P..

Instituição da Obrigatoriedade de Existência e Disponibilização do Livro de Reclamações em Todos os Estabelecimentos de Fornecimento de Bens ou Prestação de Serviços

DECRETO-LEI Nº 156/2005, DE 15 DE SETEMBRO[13]

CAPÍTULO I
DO OBJECTO E DO ÂMBITO DE APLICAÇÃO

ARTIGO 1º
Objecto

1 – O presente diploma visa reforçar os procedimentos de defesa dos direitos dos consumidores e utentes no âmbito do fornecimento de bens e prestação de serviços.

2 – O presente decreto-lei institui a obrigatoriedade de existência e disponibilização do livro de reclamações em todos os estabelecimentos de fornecimento de bens ou prestação de serviços, designadamente os constantes do anexo I ao presente decreto-lei e que dele faz parte integrante.

3 – Sem prejuízo do disposto no número anterior, os fornecedores de bens e os prestadores de serviços podem disponibilizar no seu sítio de Internet instrumentos que permitam aos consumidores reclamarem.

ARTIGO 2º
Âmbito

1 – Para efeitos do presente decreto-lei, a referência a «fornecedor de bens ou prestador de serviços» compreende os estabelecimentos referidos no artigo anterior que:

a) Se encontrem instalados com carácter fixo ou permanente, e neles seja exercida, exclusiva ou principalmente, de modo habitual e profissional, a actividade; e

[13] Com a redacção introduzida pelo Decreto-Lei nº 371/2007, de 6 de Novembro e pelo Decreto-Lei nº 118/2009, de 19.05.

b) Tenham contacto com o público, designadamente através de serviços de atendimento ao público destinado à oferta de produtos e serviços ou de manutenção das relações de clientela.
2 – O anexo a que se refere o artigo anterior pode ser objecto de aditamentos.
3 – O regime previsto neste diploma não se aplica aos serviços e organismos da Administração Pública a que se refere o artigo 38º do Decreto-Lei nº 135/99, de 22 de Abril.
4 – O livro de reclamações pode ser utilizado por qualquer utente nas situações e nos termos previstos no presente diploma.
5 – Exceptuam-se do disposto no nº 3 os serviços e organismos da Administração Pública encarregues da prestação dos serviços de abastecimento público de água, de saneamento de águas residuais e de gestão de resíduos urbanos que passam a estar sujeitos às obrigações constantes deste decreto-lei.

CAPÍTULO II
DO LIVRO DE RECLAMAÇÃO E DO PROCEDIMENTO

ARTIGO 3º
Obrigações do fornecedor de bens ou prestador de serviços

1 – O fornecedor de bens ou prestador de serviços é obrigado a:
a) Possuir o livro de reclamações nos estabelecimentos a que respeita a actividade;
b) Facultar imediata e gratuitamente ao utente o livro de reclamações sempre que por este tal lhe seja solicitado;
c) Afixar no seu estabelecimento, em local bem visível e com caracteres facilmente legíveis pelo utente, um letreiro com a seguinte informação: «Este estabelecimento dispõe de livro de reclamações»;
d) Manter, por um período mínimo de três anos, um arquivo organizado dos livros de reclamações que tenha encerrado.
2 – O fornecedor de bens ou prestador de serviços não pode, em caso algum, justificar a falta de livro de reclamações no estabelecimento onde o utente o solicita pelo facto de o mesmo se encontrar disponível noutros estabelecimentos, dependências ou sucursais.
3 – Sem prejuízo da regra relativa ao preenchimento da folha de reclamação a que se refere o artigo 4º, o fornecedor de bens ou prestador de serviços ou o funcionário do estabelecimento não pode condicionar a apresentação do livro de reclamações, designadamente à necessidade de identificação do utente.
4 – Quando o livro de reclamações não for imediatamente facultado ao utente, este pode requerer a presença da autoridade policial a fim de remover essa recusa ou de que essa auto-

ridade tome nota da ocorrência e a faça chegar à entidade competente para fiscalizar o sector em causa.

ARTIGO 4º
Formulação da reclamação

1 – A reclamação é formulada através do preenchimento da folha de reclamação.
2 – Na formulação da reclamação, o utente deve:
a) Preencher de forma correcta e completa todos os campos relativos à sua identificação e endereço;
b) Preencher de forma correcta a identificação e o local do fornecedor de bens ou prestador do serviço;
c) Descrever de forma clara e completa os factos que motivam a reclamação.
3 – Para efeitos do disposto na alínea b) do número anterior, o fornecedor de bens ou o prestador de serviços está obrigado a fornecer todos os elementos necessários ao correcto preenchimento dos campos relativos à sua identificação, devendo ainda confirmar que o utente os preencheu correctamente.

ARTIGO 5º
Envio da folha de reclamação e alegações

1 – Após o preenchimento da folha de reclamação, o fornecedor do bem, o prestador de serviços ou o funcionário do estabelecimento tem a obrigação de destacar do livro de reclamações o original que, no prazo de 10 dias úteis, deve ser remetido à entidade de controlo de mercado competente ou à entidade reguladora do sector.
2 – Tratando-se de fornecedor de bens ou prestador de serviços não identificado no anexo I ao presente decreto-lei, observado o disposto no número anterior, o original da folha de reclamação deve ser remetido à entidade de controlo de mercado competente ou à entidade reguladora do sector ou, na ausência de uma e outra, à Autoridade de Segurança Alimentar e Económica.
3 – Para efeitos do disposto nos números anteriores, a remessa do original da folha de reclamação pode ser acompanhada das alegações que o fornecedor de bens ou o prestador de serviço entendam dever prestar, bem como dos esclarecimentos dispensados ao reclamante em virtude da reclamação.
4 – Após o preenchimento da folha de reclamação, o fornecedor do bem, o prestador de serviços ou o funcionário do estabelecimento tem ainda a obrigação de entregar o duplicado da reclamação ao utente, conservando em seu poder o triplicado, que faz parte integrante do livro de reclamações e dele não pode ser retirado.

5 – Sem prejuízo do disposto nos números anteriores, o utente pode também remeter o duplicado da folha de reclamação à entidade de controlo de mercado competente ou à entidade reguladora do sector, de acordo com as instruções constantes da mesma ou, tratando-se de fornecedor de bens ou prestador de serviços não identificado no anexo I ao presente decreto-lei e, não havendo uma e outra destas entidades, à Autoridade de Segurança Alimentar e Económica.

6 – Para efeitos do número anterior, o letreiro a que se refere a alínea c) do nº 1 do artigo 3º deve conter ainda, em caracteres facilmente legíveis pelo utente, a identificação completa e a morada da entidade junto da qual o utente deve apresentar a reclamação.

ARTIGO 6º
Procedimento da entidade de controlo de mercado competente e da entidade reguladora do sector

1 – Para efeitos de aplicação do presente decreto-lei, cabe à entidade de controlo de mercado competente ou à entidade reguladora do sector:

a) Receber as folhas de reclamação e, se for o caso, as respectivas alegações;

b) Instaurar o procedimento adequado se os factos resultantes da reclamação indiciarem a prática de contra-ordenação prevista em norma específica aplicável.

2 – Fora dos casos a que se refere a alínea b) do número anterior, a entidade de controlo de mercado competente ou a entidade reguladora deve notificar o fornecedor de bens ou prestador de serviços para que, no prazo de 10 dias úteis, apresente as alegações que entenda por convenientes.

3 – Quando da folha de reclamação resultar a identificação suficiente do reclamante, a entidade de controlo de mercado competente ou a entidade reguladora do sector podem, através de comunicação escrita, informar aquele sobre o procedimento ou as medidas que tenham sido ou venham a ser adoptadas na sequência da reclamação formulada.

4 – Quando da folha de reclamação resultar uma situação de litígio, a entidade de controlo de mercado competente ou a entidade reguladora do sector deve, através de comunicação escrita e após concluídas todas as diligências necessárias à reposição legal da situação, informar o reclamante sobre o procedimento ou as medidas que tenham sido ou venham a ser adoptadas na sequência da reclamação formulada.

CAPÍTULO III
DA EDIÇÃO E VENDA DO LIVRO DE RECLAMAÇÕES

ARTIGO 7º
Modelo de livro de reclamações

O modelo do livro de reclamações e as regras relativas à sua edição e venda, bem como o modelo de letreiro a que se refere a alínea c) do nº 1 do artigo 3º do presente diploma, são aprovados por portaria conjunta dos membros do Governo responsáveis pelas áreas das finanças e da defesa do consumidor, a emitir no prazo de 90 dias a contar da data da publicação do presente diploma.

Nota:

Sobre o modelo do livro de reclamações *v.* Portaria nº 896/2008, de 18.08 (a qual alterou a Portaria nº 70/2008, de 23.01, que, por sua vez, alterou a Portaria nº 1288/2005, de 15.12).

ARTIGO 8º
Aquisição de novo livro de reclamações

1 – O encerramento, perda ou extravio do livro de reclamações obriga o fornecedor de bens ou o prestador de serviços a adquirir um novo livro.

2 – A perda ou extravio do livro de reclamações obriga o fornecedor de bens ou o prestador de serviços a comunicar imediatamente esse facto à entidade reguladora ou, na falta desta, à entidade de controlo de mercado sectorialmente competente junto da qual adquiriu o livro.

3 – A perda ou extravio do livro de reclamações obriga ainda o fornecedor de bens ou prestador de serviços, durante o período de tempo em que não disponha do livro, a informar o utente sobre a entidade à qual deve recorrer para apresentar a reclamação.

CAPÍTULO IV
DAS CONTRA-ORDENAÇÕES

ARTIGO 9º
Contra-ordenações

1 – Constituem contra-ordenações puníveis com a aplicação das seguintes coimas:

a) De € 250 a € 3500 e de € 3500 a € 30 000, consoante o infractor seja pessoa singular ou pessoa colectiva, a violação do disposto nas alíneas a), b) e c) do nº 1 do artigo 3º, nos nºs 1, 2 e 4 do artigo 5º e no artigo 8º;
b) De € 250 a € 2500 e de € 500 a € 5000, consoante o infractor seja pessoa singular ou pessoa colectiva, a violação do disposto na alínea d) do nº 1 do artigo 3º, no nº 3 do artigo 4º e no nº 6 do artigo 5º
2 – A negligência é punível sendo os limites mínimos e máximos das coimas aplicáveis reduzidos a metade.
3 – Em caso de violação do disposto na alínea b) do nº 1 do artigo 3º, acrescida da ocorrência da situação prevista no nº 4 do mesmo artigo, o montante da coima a aplicar não pode ser inferior a metade do montante máximo da coima prevista.
4 – A violação do disposto nas alíneas a) e b) do nº 1 do artigo 3º dá lugar, para além da aplicação da respectiva coima, à publicidade da condenação por contra-ordenação num jornal de expansão local ou nacional, a expensas do infractor.

ARTIGO 10º
Sanções acessórias
1 – Quando a gravidade da infracção o justifique, podem ainda ser aplicadas as seguintes sanções acessórias, nos termos do regime geral das contra-ordenações:
a) Encerramento temporário das instalações ou estabelecimentos;
b) Interdição do exercício da actividade;
c) Privação do direito a subsídio ou benefício outorgado por entidade ou serviço público.
2 – As sanções referidas no número anterior têm duração máxima de dois anos contados a partir da data da decisão condenatória definitiva.

ARTIGO 11º
Fiscalização e instrução dos processos de contra-ordenação
1 – A fiscalização e a instrução dos processos relativos às contra-ordenações previstas no nº 1 do artigo 9º compete:
a) À Autoridade de Segurança Alimentar e Económica, quando praticadas em estabelecimentos de fornecimento de bens e de prestação de serviços mencionados nas alíneas a), b), c), d), e), f), i), l), m) e t) do nº 1 do anexo I;
b) Ao Instituto do Desporto de Portugal, I. P., quando praticadas em estabelecimentos mencionados na alínea g) do nº 1 do anexo I;

c) À Inspecção-Geral das Actividades Culturais, quando praticadas em estabelecimentos mencionados nas alíneas h) e n) do nº 1 do anexo I;

d) Ao INFARMED – Autoridade Nacional do Medicamento e dos Produtos de Saúde, I. P., quando praticadas em estabelecimentos mencionados na alínea j) do nº 1 do anexo I;

e) Ao Instituto dos Registos e do Notariado, I. P., quando praticadas em estabelecimentos mencionados na alínea o) do nº 1 do anexo I;

f) Ao Instituto da Construção e do Imobiliário, I. P., quando praticadas em estabelecimentos mencionados nas alíneas p), q), r) e s) do nº 1 do anexo I;

g) Ao Instituto da Segurança Social, I. P., quando praticadas em estabelecimentos mencionados na alínea n) do nº 3 do anexo I;

h) Às respectivas entidades reguladoras, quando praticadas em estabelecimentos dos prestadores de serviços mencionados no nº 2 do anexo I;

i) Aos respectivos centros distritais da segurança social, quando praticadas em estabelecimentos mencionados nas alíneas a) a m) do nº 3 do anexo I;

j) Ao Banco de Portugal, quando praticadas nos estabelecimentos mencionados no nº 4 do anexo I;

l) Ao Instituto de Seguros de Portugal, quando praticadas em estabelecimentos mencionados no nº 5 do anexo I;

m) Às respectivas capitanias, quando praticadas em estabelecimentos mencionados no nº 6 do anexo I;

n) À Ordem dos Médicos Veterinários, quando praticadas em estabelecimentos mencionados no nº 7 do anexo I;

o) À Inspecção-Geral da Educação, quando praticadas em estabelecimentos mencionados no nº 8 do anexo I;

p) À Inspecção-Geral do Ministério da Ciência, Tecnologia e Ensino Superior, quando praticadas em estabelecimentos mencionados no nº 9 do anexo I.

2 – A aplicação das coimas e sanções acessórias compete às entidades que, nos termos da lei, são responsáveis pela respectiva aplicação.

3 – Compete à Autoridade de Segurança Alimentar e Económica a fiscalização e a instrução dos processos relativos às contra-ordenações previstas no nº 1 do artigo 9º quando praticadas em estabelecimentos de fornecimento de bens e de prestação de serviços não mencionados no anexo I a este decreto-lei e quando não exista entidade de controlo de mercado competente e entidade reguladora do sector.

4 – A receita das coimas reverte em 60% para o Estado, em 30% para a entidade que instrui o processo contra-ordenacional e em 10% para a entidade que aplica a coima quando esta não coincida com a entidade que faz a instrução.

5 – Coincidindo na mesma entidade a instrução e a aplicação das coimas, a distribuição da receita é de 60% para o Estado e de 40% para a entidade que instrui o processo.

Nota:

Preceito alterado pelo Decreto-Lei nº 118/2009, de 19 de Maio.

CAPÍTULO V
DA INFORMAÇÃO ESTATÍSTICA, DA UNIFORMIZAÇÃO DO REGIME E DA AVALIAÇÃO DO DIPLOMA

ARTIGO 12º
Rede telemática de informação comum

1 – A Direcção-Geral do Consumidor cria uma rede telemática de informação comum (RTIC), destinada ao registo e tratamento das reclamações dos utentes e consumidores constantes do livro de reclamações.

2 – A RTIC visa garantir a comunicação e o intercâmbio de informação estatística em matéria de conflitualidade de consumo decorrente das reclamações e assegura o seu armazenamento e gestão por parte das entidades reguladoras e de controlo de mercado competentes, proporcionando aos reclamantes e reclamados o acesso à informação sobre a sua reclamação, com observância do disposto na Lei nº 67/98, de 26 de Outubro.

3 – As entidades reguladoras e de controlo de mercado competentes estão obrigadas a registar e a tratar directamente as reclamações recebidas através do livro de reclamações na RTIC ou a providenciar ligações entre esta rede e a sua própria rede que permitam a comunicação de dados entre as duas redes, de forma a cumprir os objectivos previstos no número anterior.

4 – A participação da entidade reguladora ou de controlo de mercado competente na RTIC formaliza-se através de protocolo a celebrar com a Direcção-Geral do Consumidor, devendo respeitar os princípios de cooperação e boa gestão.

5 – O consumidor ou utente reclamante bem como o profissional reclamado têm acesso à RTIC para consulta da fase em que se encontra a sua reclamação.

6 – O modo de funcionamento da RTIC, a forma como são registadas as reclamações, bem como o acesso das entidades reguladoras ou de controlo de mercado e dos reclamantes e reclamados à rede, são objecto de portaria do membro do Governo responsável pela área da defesa dos consumidores, a emitir no prazo de 30 dias a contar da data da publicação do presente decreto-lei.

7 – É assegurado à Inspecção-Geral das Actividades em Saúde (IGAS) o acesso à RTIC, de acordo com as competências previstas no seu diploma orgânico, através da subscrição de protocolo a celebrar com a Direcção-Geral do Consumidor.

Nota:

Preceito alterado pelo Decreto-Lei nº 118/2009, de 19 de Maio.

ARTIGO 13º
Outros procedimentos

1 – A formulação da reclamação nos termos previstos no presente decreto-lei não exclui a possibilidade de o utente apresentar reclamações por quaisquer outros meios e não limita o exercício de quaisquer direitos constitucional ou legalmente consagrados.

2 – Sem prejuízo dos procedimentos previstos no presente decreto-lei, as entidades de controlo de mercado competentes e as entidades reguladoras do sector podem estabelecer mecanismos internos, no âmbito das suas competências, que permitam uma resolução mais célere da reclamação e que não diminuam as garantias de defesa das partes.

ARTIGO 14º
Avaliação da execução

No final do primeiro ano a contar da data de entrada em vigor do presente decreto-lei, e bianualmente nos anos subsequentes, a Direcção-Geral do Consumidor elabora um relatório de avaliação sobre a aplicação e execução do mesmo, devendo remetê-lo ao membro do Governo responsável pela área da defesa do consumidor.

ARTIGO 15º
Uniformização de regime e revogação

1 – O regime previsto no presente diploma aplica-se igualmente aos fornecedores de bens, prestadores de serviços e estabelecimentos constantes no anexo II a este diploma, que dele faz parte integrante, sendo revogadas quaisquer outras normas que contrariem o disposto neste decreto-lei.

2 – A fiscalização, a instrução dos processos e a aplicação das coimas e sanções acessórias previstas no presente diploma aos fornecedores de bens, prestadores de serviços e estabelecimentos constantes do anexo II cabem às entidades que, nos termos da legislação específica existente que estabelece a obrigatoriedade do livro de reclamações, são competentes para o efeito.

3 – O disposto no presente artigo não prejudica a manutenção do livro de reclamações do modelo que, à data da entrada em vigor deste diploma, estiver a ser utilizado até ao respectivo encerramento.

CAPÍTULO VI
ENTRADA EM VIGOR

ARTIGO 16º
Entrada em vigor

O presente diploma entra em vigor no dia 1 de Janeiro de 2006.

ANEXO I

Entidades que, nos termos do nº 2 do artigo 1º, passam a estar sujeitas à obrigatoriedade de existência e disponibilização do livro de reclamações

1 – Estabelecimentos de venda ao público e de prestação de serviços:

a) Estabelecimentos de comércio a retalho e conjuntos comerciais, bem como estabelecimentos de comércio por grosso com revenda ao consumidor final;

b) Postos de abastecimento de combustíveis;

c) Lavandarias, estabelecimentos de limpeza a seco e de engomadoria;

d) Salões de cabeleireiro, institutos de beleza ou outros de natureza similar, independentemente da denominação adoptada;

e) Estabelecimentos de tatuagens e colocação de *piercings;*

f) Estabelecimentos de comércio, manutenção e reparação de velocípedes, ciclomotores, motociclos e veículos automóveis novos e usados;

g) Estabelecimentos de manutenção física, independentemente da designação adoptada;

h) Recintos de espectáculos de natureza artística;

i) Parques de estacionamento subterrâneo ou de superfície;

j) Farmácias;

l) Estabelecimentos de aluguer de velocípedes, de motociclos e de veículos automóveis;

m) Estabelecimentos de reparação de bens pessoais e domésticos;

n) Estabelecimentos de aluguer de videogramas;

o) Estabelecimentos notariais privados;

p) Estabelecimentos das empresas de construção civil;

q) Estabelecimentos das empresas de promoção imobiliária;

r) Estabelecimentos das empresas de administração de condomínios;

s) Estabelecimentos das empresas de avaliação imobiliária;

t) Estabelecimentos de centros de estudos e de explicações.

2 – Estabelecimentos dos prestadores de serviços seguintes:

a) Prestadores de serviços públicos essenciais a que se refere a Lei nº 23/96, de 26 de Julho;

b) Prestadores de serviços de transporte rodoviários, ferroviários, marítimos, fluviais, aéreos, de comunicações electrónicas e postais;

c) Prestadores de serviços de abastecimento de água, de saneamento de águas residuais e de gestão de resíduos urbanos, incluindo os serviços e organismos da Administração Pública que actuem neste sector.

3 – Estabelecimentos das instituições particulares de segurança social em relação aos quais existam acordos de cooperação celebrados com os centros distritais de segurança social:

a) Creches;

b) Pré-escolar;

c) Centros de actividade de tempos livres;

d) Lares para crianças e jovens;

e) Lares para idosos;

f) Centros de dia;

g) Apoio domiciliário;

h) Lares para pessoas com deficiências;

i) Centros de actividades ocupacionais para deficientes;

j) Centros comunitários;

l) Cantinas sociais;

m) Casa-abrigos;

n) Estabelecimentos das empresas de ocupação de actividades de tempos livres ou outros de natureza similar independentemente da denominação adoptada.

4 – Instituições de crédito e sociedades financeiras.

5 – Estabelecimentos das empresas de seguros bem como os estabelecimentos de mediadores, corretores de seguros e sociedades gestoras de fundos de pensões.

6 – Marinas.

7 – Clínicas veterinárias.

8 – Estabelecimentos particulares e cooperativos de educação pré-escolar e dos ensinos básico e secundário.

9 – Estabelecimentos do ensino superior particular e cooperativo.

ANEXO II

Entidades que já se encontram sujeitas à obrigatoriedade de existência e disponibilização do livro de reclamações, de acordo com a legislação existente à data da entrada em vigor deste decreto-lei, a que se refere o nº 1 do artigo 15º

1 – Estabelecimentos de venda ao público e de prestação de serviços:

a) Centros de inspecção automóvel;

b) Escolas de condução;

c) Centros de exames de condução;

d) Empresas de mediação imobiliária;

e) Agências funerárias;

f) Postos consulares.

2 – Estabelecimentos de prestação de serviços na área do turismo:

a) Empreendimentos turísticos;

b) Estabelecimentos de restauração e bebidas;

c) Turismo no espaço rural;

d) Agências de viagens e turismo;

e) Salas de jogo do bingo;

f) Turismo da natureza;

g) Empresas de animação turística;

h) Recintos com diversões aquáticas;

i) Campos de férias;

j) Estabelecimentos termais;

l) Marina de Ponta Delgada.

3 – Estabelecimentos das instituições particulares de segurança social:

a) Instituições particulares de solidariedade social;

b) Estabelecimentos de apoio social;

c) Serviços de apoio domiciliário.

4 – Estabelecimentos dos prestadores de serviços na área da saúde:

a) Unidades privadas de saúde com internamento ou sala de recobro;

b) Unidades privadas de saúde com actividade específica, designadamente laboratórios; unidades com fins de diagnóstico, terapêutica e de prevenção de radiações ionizantes, ultra-sons ou campos magnéticos; unidades privadas de diálise; clínicas e consultórios dentários e unidades de medicina física e de reabilitação;

c) Unidades privadas de prestação de cuidados de saúde na área da toxicodependência;

d) Outros operadores sujeitos à actividade reguladora da Entidade Reguladora da Saúde.

Tramitação Procedimental do Ílicito Contra-Ordenacional

A tramitação procedimental do ílicito contra-ordenacional continua a reger-se pelo Decreto-Lei nº 433/82, de 27.10 (RJCO)[14].

Constitui contra-ordenação "todo o facto ilícito e censurável que preencha um tipo legal no qual se comine uma coima" (art. 1º, do RJCO), aplicando-se eventualmente, ainda uma sanção acessória (art. 21º).

Os prazos de prescrição do procedimento por contra-ordenação vão de um a cinco anos (art. 27º, do RJCO), contados a partir da prática da contra-ordenação.

A prescrição tem por efeito a extinção do procedimento contra-ordenacional. A prescrição é, no entanto, suspensa (art. 27º-A, do RJCO) e interrompida nos termos especiais do art. 28º, do RJCO. Neste último caso, decorre a inutilização do tempo que já correu desde que se iniciou a contagem do respectivo prazo, até que se verifica o facto interruptivo. A partir daqui inicia-se, novamente, a contagem do prazo de prescrição, não se aproveitando o tempo anteriormente decorrido.

Distinta da prescrição do procedimento é a prescrição da coima (art. 29º, do RJCO), cuja contagem é efectuada nos termos do nº 2. Pode ocorrer, portanto que apesar de passível de sanção, a coima não seja aplicada no prazo devido, prescrevendo então. E com a prescrição da coima (sanção principal) prescrevem igualmente as sanções acessórias (art. 31º).

"A prescrição da execução das coimas conta-se a partir do momento em que a decisão condenatória se torna definitiva ou transita em julgado. As decisões administrativas condenatórias tornam-se definitiva se delas não for interposto recurso judicial no prazo de 20 dias a contar do seu conhecimento pelo arguido (art. 59º, nº 3, do RGCO), prazo este que se conta nos termos do art. 60º", explicam SIMAS SANTOS e LOPES DE SOUSA ("Contra-Ordenações – Anotações ao regime geral", Vislis Editores, 2001).

[14] Com as alterações introduzidas pelos Decretos-Leis nºs 356/89, de 17.10, 244/95, de 14.09 e nº 109/ /2001, de 24.12.

Se houvesse que distinguir a coima da multa, sempre se diria, em termos muito simplistas, que a coima, sanção puramente pecuniária, é sempre associada ao ilícito contra-ordenacional, enquanto a multa se prende com o ilícito penal. Ainda, a coima nunca é colocada em alternativa à pena de privação de liberdade, enquanto a multa é aplicada muitas vezes em alternativa àquela medida. Ambas as sanções pecuniárias revertem para o Estado.

Cabe às autoridades administrativas competentes o processamento das contra-ordenações (art. 33º, RJCO), investigando e instruindo o processo para aferir do cometimento ou não do facto ilícito e censurável desde que salvaguardado o direito à impugnação judicial (art. 59º, do RJCO)

Uma das garantias que assistem ao infractor é o direito a ser ouvido e a de apresentar a sua defesa, pronunciando-se sobre os factos que lhe são imputados.

O art. 50º, do RJCO prevê claramente que "Não é permitida a aplicação de uma coima ou de uma sanção acessória sem antes se ter assegurado ao arguido a possibilidade de num prazo razoável, se pronunciar sobre a contra-ordenação que lhe é imputada e sobre a sanção ou sanções em que incorre."

Jurisprudência:

Quando, em cumprimento do disposto no art. 50º do regime geral das contra-ordenações, o orgão instrutor optar, no termo da instrução contra-ordenacional, pela audiência escrita do arguido, mas, na correspondente notificação, não lhe fornecer todos os elementos necessários para que este fique a conhecer a totalidade dos aspectos relevantes para a decisão, nas matérias de facto e de direito, o processo ficará doravante afectado de nulidade, dependente de arguição, pelo interessado/notificado, no prazo de 10 dias após a notificação, perante a própria administração, ou, judicialmente, no acto de impugnação da subsequente decisão/acusação administrativa.

(Assento STJ, nº 1/2003, DR I-A, de 25.01.2003)

Analisada a defesa e instruído o processo, a autoridade administrativa decide em conformidade, condenando ou absolvendo o arguido, indicando cabalmente as provas que serviram para fundamentar a sua convicção (*V.* Ac. de 25.02.1998, CJ., Ano XXIII, 1998, Tomo I, p. 242).

A decisão tomada pela autoridade administrativa é sempre susceptível de impugnação judicial (art. 59º-1, do RJCO).

Se entendermos, conforme tem sido manifestado pela jurisprudência dominante, que o recurso de impugnação se integra ainda na fase administrativa, então será de aplicar o regime previsto no Código do Procedimento Administrativo.

Jurisprudência:

1. *I – O prazo para recorrer da decisão que aplica uma coima não tem natureza judicial, mas administrativa, suspendendo-se aos sábados, domingos e feriados, mas não na Terça-feira de Carnaval, que apenas é dia de tolerância de ponto.*

II – Sendo dia de tolerância de ponto, a Terça-feira de Carnaval só seria relevante, se o prazo terminasse nesse dia; num tal caso, o termo do prazo transferir-se-ia para o 1º dia útil seguinte.

(Ac. RP, de 20.12.2000, CJ, Ano XXV, T. V, p. 239).

2. *I – O recurso de impugnação da decisão que aplicou uma coima integra-se na fase administrativa do processo de contra-ordenação.*

II – Não sendo acto judicial, não lhe é aplicável o disposto no art. 145º, nº 5, do Código de Processo Civil, vigorando, antes, o regime previsto no Código do Procedimento Administrativo".

(Ac. STJ, de 07.01.1998, BMJ, 473, p. 565)

A impugnação judicial da decisão administrativa deverá conter uma sinopse dos pontos que deverão ser novamente apreciados (obriga à formulação de "alegações e conclusões", nos termos legais da parte final do nº 3, do art. 59º, do RJCO). O recurso deve ser motivado, o arguido deve delimitar a matéria, de facto e de direito, que entende deve ser reapreciada.

Se o arguido se limita, nas conclusões apresentadas, a negar a contra-ordenação imputada, não está então a delimitar perante o tribunal a matéria que entende dever ser reapreciada (o *objecto do recurso*), equivalendo como tal à ausência de motivação do mesmo, pois a negação da prática da contra-ordenação, é pura e simplesmente a própria pretensão do arguido, e que levaria à sua absolvição. O recurso que apresenta ausência de motivação é rejeitado.

Jurisprudência:

1. *I – Porque a impugnação judicial das decisões administrativas é, para todos os efeitos, um verdadeiro recurso, sendo o meio específico de impugnar aquelas decisões e sendo destinado a provocar o reexame e novo julgamento da matéria, as respectivas alegações devem conter os fundamentos dessa mesma impugnação, ou seja, o arguido deve apresentar as razões que fundamentam o seu ponto de vista, tendo como ponto de referência a decisão que constitui objecto da impugnação, devendo apontar os vícios de que enferma a decisão impugnada, contrapondo à mesma o entendimento que considera mais correcto sobre o assunto.*

II – Consistindo aquela impugnação num requerimento em que o arguido apresenta factos que, no seu entendimento, justificam a suspensão da sanção acessória de inibição de conduzir, suspensão essa que requer, a final, ao tribunal, não tomando qualquer posição no que concerne à decisão administrativa, nem mesmo se lhe referindo, e não contestando os fundamentos desta, verifica-se falta de alegações, não reunindo tal requerimento os requisitos formais mínimos exigidos pelo art. 59º, nº 3, do

Decreto-Lei nº 433/82, de 27 de Outubro, pelo que, nos termos do artigo 63º, nº 1, do mesmo decreto-lei, o recurso deve ser rejeitado.

(Ac. RE, de 21.03.2000, BMJ, 495, p. 382).

2. *No domínio das contra-ordenações, a ausência de conclusões não deve determinar a rejeição do recurso de impugnação quando, das alegações, forem perceptíveis as questões que o recorrente pretende submeter à apreciação do tribunal.*

(Ac. RL, de 07.12.1999, CJ, Ano XXIV, T. V, p. 150).

3. *São inconstitucionais – por violação do disposto no artigo 32º, nº 1, da Constituição – os artigos 63º, nº 1, e 59º, nº 3, do Regime Geral das Contra-Ordenações quando interpretados no sentido da falta de indicação das razões do pedido nas conclusões da motivação levar à rejeição liminar do recurso interposto pelo arguido, sem que tenha havido prévio convite para proceder a tal indicação.*

(Ac. TC, de 18.05.1999, BMJ, 487, p. 124).

"O juiz rejeitará, por meio de despacho, o recurso feito fora do prazo ou sem respeito pelas exigências de forma" (art. 63º-1, do RJCO).

Explica Beça Pereira ("Regime Geral das Contra-Ordenações e Coimas", Almedina, 4º ed., p. 112), "A decisão de rejeitar o recurso deve ser comunicada à autoridade administrativa, nos termos do art. 70º, nº 4. Neste caso, o processo, uma vez rejeitado o recurso, é arquivado no Tribunal e não devolvido à autoridade administrativa. E se houvesse que devolver o processo, era inútil a comunicação da decisão final imposta no art. 70º, nº 4".

Impugnada a decisão da autoridade administrativa, o juiz decidirá por simples despacho, "quando não considere necessária a audiência de julgamento e o arguido ou o Ministério Público não se oponham" (art. 64º, nºs 1 e 2, do RJCO) ou por sentença, havendo lugar à audiência de discussão e julgamento.

A sentença ou o despacho proferido pelo tribunal de 1ª instância no âmbito da impugnação judicial, é recorrível para o tribunal de 2ª instância (ou tribunal da Relação), nos termos previstos no art. 73º, do RJCO.

O princípio da proibição da *reformatio in pejus* vigora desde a revisão do RJCO pelo Decreto-Lei nº 244/95, de 14.09, que aditou o art. 72º-A, segundo o qual quando o arguido entende impugnar a decisão da autoridade administrativa ou recorrer da decisão judicial, não pode a sanção aplicada para aquele ilícito contra-ordenacional ser modificada em seu prejuízo (nº 1).

O mesmo princípio colhe quando a impugnação seja promovida no exclusivo interesse do arguido (também nº 1).

A razão-de-ser da figura visa impedir que, havendo uma reapreciação do caso, a sanção sofra um agravamento, o que precludiria o direito à livre apreciação.

PORTARIA Nº 327/2008, DE 28 DE ABRIL, RELATIVA AO SISTEMA DE CLASSIFICAÇÃO DOS HOTÉIS, ALDEAMENTOS E APARTAMENTOS TURÍSTICOS.[15]

O Decreto-Lei nº 39/2008, de 7 de Março, que aprovou o novo regime jurídico dos empreendimentos turísticos, veio alterar de forma profunda o quadro legal que regia o processo de instalação, exploração e funcionamento desses empreendimentos.

A alteração legislativa efectuada incidiu sobre as várias fases do processo de instalação dos empreendimentos turísticos, tendo sido particularmente inovadora no que respeita ao processo de classificação.

Não obstante se ter mantido um sistema de classificação obrigatório, este é agora mais flexível e deixa de atender especialmente aos requisitos físicos das instalações para passar a reflectir igualmente a qualidade dos serviços prestados. Assim o determina o artigo 35º do mencionado diploma, ao referir que os estabelecimentos hoteleiros, os aldeamentos e os apartamentos turísticos se classificam nas categorias de 1 a 5 estrelas, atendendo à qualidade do serviço e das instalações, de acordo com os requisitos a definir por portaria conjunta dos membros do Governo responsáveis pelas áreas do turismo e do ordenamento do território.

É na sequência da mencionada disposição legal que se torna agora necessário estabelecer os requisitos específicos da instalação, classificação e funcionamento daqueles empreendimentos turísticos para que, mediante o seu cumprimento, possam ser classificados numa das categorias previstas.

Assim:

Ao abrigo do artigo 35º do Decreto-Lei nº 39/2007, de 7 de Março, manda o Governo, pelo Secretário de Estado do Ordenamento do Território e das Cidades e pelo Secretário de Estado do Turismo, o seguinte:

ARTIGO 1º
Objecto

É aprovado o sistema de classificação dos seguintes tipos de empreendimentos turísticos:

a) Estabelecimentos hoteleiros;

b) Aldeamentos turísticos;

c) Apartamentos turísticos.

[15] O conteúdo desta Portaria consta também da Portaria nº 465/2008, 23.04, publicada, por lapso, na II série http://dre.pt/pdf2sdip/2008/04/080000000/1853718548.pdf.

ARTIGO 2º
Classificação

Os empreendimentos turísticos referidos no artigo anterior são classificados na respectiva tipologia e grupo, nas categorias de 1 a 5 estrelas, de acordo com o estabelecido no Decreto-Lei nº 39/2008, de 7 de Março, e em função do cumprimento dos requisitos previstos na presente portaria.

ARTIGO 3º
Categorias

1 – Os estabelecimentos hoteleiros classificam-se nas categorias de 1 a 5 estrelas, de acordo com os requisitos constantes do anexo I à presente portaria, que dela faz parte integrante.
2 – Os aldeamentos turísticos e os apartamentos turísticos classificam-se nas categorias de 3 a 5 estrelas, de acordo com os requisitos constantes, respectivamente, dos anexos II e III à presente portaria, que dela fazem parte integrante.

ARTIGO 4º
Sistema de classificação

1 – Sem prejuízo do cumprimento do disposto no artigo seguinte, são fixados requisitos mínimos obrigatórios para cada categoria e requisitos opcionais.
2 – Para cada requisito opcional é fixado um determinado número de pontos.
3 – A atribuição de uma categoria pressupõe o cumprimento dos requisitos obrigatórios, bem como a obtenção da pontuação em requisitos opcionais fixada para a mesma.
4 – Após a atribuição da classificação do empreendimento turístico resultante da auditoria realizada nos termos do artigo 36º do Decreto-Lei nº 39/2008, de 7 de Março, podem ser alterados os requisitos opcionais dos empreendimentos, escolhidos para a obtenção da pontuação obrigatória, mediante comunicação ao Turismo de Portugal, I. P.

ARTIGO 5º
Requisitos obrigatórios comuns

Os empreendimentos turísticos previstos no artigo 1º devem possuir os seguintes equipamentos e características:
a) Apresentar adequadas condições de higiene e limpeza, conservação e funcionamento das instalações e equipamentos;

b) Insonorização de toda a maquinaria geradora de ruídos em zonas de clientes, em especial ascensores e sistemas de ar condicionado;
c) Sistema de armazenamento de lixos quando não exista serviço público de recolha;
d) Sistema de iluminação de segurança, de acordo com o disposto na legislação aplicável;
e) Sistema de prevenção de riscos de incêndio de acordo com o disposto em diploma próprio;
f) Água corrente quente e fria;
g) Telefone ligado à rede exterior, quando estiver disponível o respectivo serviço público

ARTIGO 6º
Classificação das pousadas e estabelecimentos hoteleiros instalados em edifícios classificados

1 – As pousadas instaladas em edifícios classificados como monumentos nacionais ou de interesse público devem obter a pontuação exigida para os hotéis de 4 estrelas.
2 – As pousadas instaladas em edifícios classificados de interesse regional ou municipal ou em edifícios que, pela sua antiguidade, valor arquitectónico e histórico, sejam representativos de uma determinada época devem obter a pontuação exigida para os hotéis de 3 estrelas.
3 – Os estabelecimentos hoteleiros instalados em edifícios classificados como monumentos nacionais, de interesse público, de interesse regional ou municipal, ou em edifícios que, pela sua antiguidade, valor arquitectónico e histórico, sejam representativos de uma determinada época poderão ser dispensados dos requisitos mínimos obrigatórios se esses requisitos se revelarem susceptíveis de afectar as características arquitectónicas ou estruturais dos edifícios.

ARTIGO 7º
Áreas

As áreas mínimas estabelecidas na presente portaria não se aplicam aos empreendimentos turísticos que já tenham projecto de arquitectura aprovado à data da sua entrada em vigor.

ARTIGO 8º
Aldeamentos turísticos e conjuntos turísticos (resorts)

Nas situações de atravessamento de aldeamentos e conjuntos turísticos (resorts) por estradas e caminhos municipais, linhas ferroviárias secundárias, linhas de água e faixas de terreno afectas a funções de protecção e conservação de recursos naturais, devem ser garantidas, quer as condições de segurança dos utilizadores do empreendimento, quer a adequada preservação dos recursos em causa.

ARTIGO 9º
Entrada em vigor

A presente portaria entra em vigor no dia seguinte ao da sua publicação.

Em 11 de Abril de 2008. O Secretário de Estado do Ordenamento do Território e das Cidades, *João Manuel Machado Ferrão*. – O Secretário de Estado do Turismo, *Bernardo Luís Amador Trindade*.

ANEXO I
Estabelecimentos hoteleiros

	N.º	Requisitos	Pontos	★	★★	★★★	★★★★	★★★★★
1. Instalações								
Acessos	1	Entrada de serviço distinta da entrada para os utentes	10	Opcional	Opcional	Obrigatório	Obrigatório	Obrigatório
	2	Acesso privativo às unidades de alojamento	10	Opcional	Obrigatório	Obrigatório	Obrigatório	Obrigatório
	3	Elevador quando o edifício tenha mais de 3 pisos, incluindo o rés-do-chão	15	Opcional	Obrigatório	Obrigatório	NA	NA
	4	Elevador quando o edifício tenha mais de 2 pisos, incluindo o rés-do-chão	15	Opcional	Opcional	Opcional	Obrigatório	Obrigatório
Zonas comuns	5	Local identificado de recepção (1) destinado ao check in, check out e informações aos hóspedes, que pode estar inserido em qualquer área de uso comum	—	Obrigatório	Obrigatório	Obrigatório	Obrigatório	Obrigatório
	6	Área ou áreas de uso comum onde possam ser prestados os serviços de refeições, pequenos-almoços ou bar	—	Obrigatório	Obrigatório	Obrigatório	Obrigatório	Obrigatório
	7	Instalações sanitárias	—	Obrigatório	Obrigatório	Obrigatório	Obrigatório	Obrigatório
	8	Área de estar equipada (mesas e sofás ou cadeiras)	10	Opcional	Opcional	Obrigatório	Obrigatório	Obrigatório
	9	Área bruta privativa (2) de estar, equipada, por unidade de alojamento, quando concorra para a área bruta de construção do empreendimento	≥1m² < 2,5m² - 5pts; ≥2,5m² < 5m² -10 pts; ≥ 5m² -15 pts	Opcional	Opcional	Opcional	Opcional	Opcional
	10	Climatização das áreas comuns com sistemas de climatização activos ou passivos que garantam o conforto térmico	10	Opcional	Opcional	Opcional	Obrigatório	Obrigatório
	11	Climatização dos corredores de hóspedes com sistemas de climatização activos ou passivos que garantam o conforto térmico	10	Opcional	Opcional	Opcional	Opcional	Opcional
Zonas de serviço	12	Acesso vertical de serviço aos pisos de alojamento independente do acesso dos clientes	15	Opcional	Opcional	Obrigatório	Obrigatório	Obrigatório
	13	Cozinha, ou copa se apenas forem servidos pequenos-almoços	—	Obrigatório	Obrigatório	Obrigatório	Obrigatório	Obrigatório
	14	Zona de armazenagem	—	Obrigatório	Obrigatório	Obrigatório	Obrigatório	Obrigatório
	15	Área destinada ao pessoal composta pelo menos por instalações sanitárias e zona de vestiário	—	Obrigatório	Obrigatório	Obrigatório	Obrigatório	Obrigatório
Unidades de alojamento (quartos ou apartamentos)	16	Climatização das unidades de alojamento com sistemas de climatização activos ou passivos que garantam o conforto térmico	—	Obrigatório	Obrigatório	Obrigatório	Obrigatório	Obrigatório
	17	50% das unidades de alojamento com sistemas de climatização activos ou passivos que garantam o conforto térmico de intensidade regulável pelo cliente em cada ciclo	10	Opcional	Opcional	Opcional	Opcional	Obrigatório
	18	100% das unidades de alojamento com sistemas de climatização activos ou passivos que garantam o conforto térmico de intensidade regulável pelo cliente em cada ciclo	13	Opcional	Opcional	Opcional	Opcional	Opcional
	19	100% das unidades de alojamento com instalações sanitárias privativas constituídas no mínimo por sanita, lavatório e duche ou banheira	—	Obrigatório	Obrigatório	Obrigatório	Obrigatório	Obrigatório
	20	Varandas ou terraços com área mínima de 4 m² em 50% das unidades de alojamento	5 pts por cada 4 m²/UA, até ao máximo de 15	Opcional	Opcional	Opcional	Opcional	Opcional
	21	Fechaduras electrónicas	5	Opcional	Opcional	Opcional	Opcional	Opcional
	22	Percentagem da área média das unidades de alojamento que excede as áreas mínimas obrigatórias	≥ 10% - 10 pts ≥ 20% - 12 pts ≥ 30% - 15 pts	Opcional	Opcional	Opcional	Opcional	Opcional

	N.º	Requisitos	Pontos	★	★★	★★★	★★★★	★★★★★
1. Instalações								
Áreas (3) dos quartos	23	Área mínima dos quartos individuais	—	9 m²	10,5 m²	12 m²	14,5 m²	17,5 m²
	24	Área mínima dos quartos duplos	—	11,5 m²	13,5 m²	17 m²	19,5 m²	22,5 m²
	25	Suites constituídas por quarto e zona de estar equipada separável com a área mínima de 10 m²	5 pts por cada 2 suites max. 10 pts	Opcional	Opcional	Opcional	Opcional	Obrigatório 2 suites
Áreas (3) dos apartamentos	26	Área mínima com um quarto individual	—	18,5 m²	22 m²	25,5 m²	30 m²	35 m²
	27	Apartamento em estúdio	—	15 m²	19 m²	21 m²	24 m²	27 m²
	28	Área mínima com um quarto duplo	—	19,5 m²	23,5 m²	28 m²	33 m²	38 m²
	29	Área mínima de cada quarto suplementar	—	9 m²	10,5 m²	12 m²	14,5 m²	17,5 m²
Estacionamento	30	Garagem ou parque de estacionamento com capacidade para um número de veículos correspondente a 20% das unidades de alojamento do estabelecimento, situado no hotel ou na sua proximidade	10	Opcional	Opcional	Opcional	Obrigatório	Obrigatório
	31	Local que permita o estacionamento temporário de viaturas para tomada e largada de utentes e bagagens	5	Opcional	Opcional	Opcional	Opcional	Opcional
	32	Garagem privativa do hotel com acesso directo à recepção	15	Opcional	Opcional	Opcional	Opcional	Opcional
	33	Possibilidade de estacionamento para autocarros	5	Opcional	Opcional	Opcional	Opcional	Opcional
2. Equipamento/Mobiliário								
Equipamento do quarto	34	Equipamento básico: equipamento para ocultação da luz exterior, roupeiro ou solução equivalente, cabides, cadeira ou sofá, mesas de cabeceira ou solução de apoio equivalente, luzes de cabeceira, tomada de electricidade	—	Obrigatório	Obrigatório	NA	NA	NA
	35	Equipamento médio: equipamento básico mais local ou equipamento para colocar bagagens, cesto de papéis, espelho de corpo inteiro, cobertor ou edredon adicional	5	Opcional	Opcional	Obrigatório	NA	NA
	36	Equipamento superior: equipamento médio mais interruptor de iluminação geral junto da cama, minibar e zona de estar (4) ou zona de trabalho(5)	5	Opcional	Opcional	Opcional	Obrigatório	Obrigatório
	37	Cofre na unidade de alojamento	5	Opcional	Opcional	Opcional	Opcional	Obrigatório
	38	Zona de estar em 50% das unidades de alojamento (4)	10	Opcional	Opcional	Opcional	Opcional (6)	Opcional(6)
	39	Zona de trabalho em 50% das unidades de alojamento (5)	10	Opcional	Opcional	Opcional	Opcional (6)	Opcional(6)
	40	Colchões com comprimento não inferior a 2m e largura não inferior a 1,10m para camas individuais e 1,80 para camas de casal	5	Opcional	Opcional	Opcional	Opcional	Opcional
	41	Cama suplementar/berço a pedido	3	Opcional	Opcional	Opcional	Opcional	Opcional
	42	Menu de almofadas	2	Opcional	Opcional	Opcional	Opcional	Opcional
	43	Interruptor geral automático	1	Opcional	Opcional	Opcional	Opcional	Opcional
Equipamento das salas de estar e de refeições (quando existam na UA)	44	Mesa de refeições ou adaptável para o efeito, cadeiras e sofá, loiças, vidros e talheres	—	Obrigatório	Obrigatório	Obrigatório	Obrigatório	Obrigatório
Equipamento da cozinha ou kitchenette	45	Frigorífico, micro-ondas e lava-loiça	—	Obrigatório	Obrigatório	Obrigatório	Obrigatório	Obrigatório
	46	Utensílios de cozinha	—	Obrigatório	Obrigatório	Obrigatório	Obrigatório	Obrigatório
	47	Fogão ou placa e exaustor de fumos	8	Opcional	Opcional	Opcional	Opcional	Opcional
Equipamento/Acessórios sanitários	48	Equipamento básico: espelho, toalhas (1 de rosto e 1 de banho por pessoa) e suporte para toalhas	—	Obrigatório	Obrigatório	NA	NA	NA
	49	Equipamento médio: equipamento básico mais iluminação no espelho do lavatório, caixote do lixo, saco de lavandaria e tapete ou toalha de chão	5	Opcional	Opcional	Obrigatório	Obrigatório	NA
	50	Equipamento superior: equipamento médio mais secador de cabelo e roupão	7	Opcional	Opcional	Opcional	Opcional	Obrigatório
	51	Pelo menos 50% das instalações sanitárias com banheira e duche separados	10	Opcional	Opcional	Opcional	Opcional	Opcional
	52	Pelo menos 50% das instalações sanitárias com separação física entre área limpa (lavatório e duche ou banheira) e área suja (sanita e lavatório)	10	Opcional	Opcional	Opcional	Opcional	Opcional
	53	Pelo menos 50% das instalações sanitárias com lavatório adicional	7	Opcional	Opcional	Opcional	Opcional	Opcional
	54	Pelo menos 50% das instalações sanitárias com bidé	5	Opcional	Opcional	Opcional	Opcional	Opcional
	55	Espelho de cosmética	2	Opcional	Opcional	Opcional	Opcional	Opcional
	56	Aquecimento de toalhas	5	Opcional	Opcional	Opcional	Opcional	Opcional
	57	Balança	1	Opcional	Opcional	Opcional	Opcional	Opcional
	58	Amenities básico: sabonete ou gel de banho	—	Obrigatório	Obrigatório	Obrigatório	NA	NA
	59	Amenities médio: amenities básico mais shampô e touca de banho	1	Opcional	Opcional	Opcional	Obrigatório	NA
	60	Amenities superior (escova e pasta de dentes, lâmina e gel de barbear, lima de unhas e algodão de limpeza) a pedido	2	Opcional	Opcional	Opcional	Opcional	Obrigatório

	N.º	Requisitos	Pontos	★	★★	★★★	★★★★	★★★★★
2. Equipamento/Mobiliário								
Sistemas de vídeo e audio	61	TV a cores com controlo remoto na unidade de alojamento	5	Opcional	Opcional	Obrigatório	Obrigatório	Obrigatório
	62	Sistema de som na casa de banho	5	Opcional	Opcional	Opcional	Opcional	Opcional
	63	Música e filmes a pedido com mais de 20 opções	5	Opcional	Opcional	Opcional	Opcional	Opcional
	64	Acesso a mais de 20 canais de TV	5	Opcional	Opcional	Opcional	Opcional	Opcional
Telecomunicações	65	Meios de comunicação com o exterior acessíveis aos hóspedes (pelo menos um meio de voz: telefone ou telemóvel e um meio de escrita: fax ou correio electrónico)	—	Obrigatório	Obrigatório	Obrigatório	Obrigatório	Obrigatório
	66	Telefone no quarto com acesso directo à rede exterior	—	Obrigatório	Obrigatório	Obrigatório	Obrigatório	Obrigatório
	67	Acesso à Internet na zona comum (condicionada à disponibilidade do respectivo serviço público)	5	Opcional	Opcional	Obrigatório	NA	NA
	68	Acesso à internet em banda larga nas zonas comuns (condicionada à disponibilidade do respectivo serviço público)	5	Opcional	Opcional	Opcional	Obrigatório	Obrigatório
	69	Acesso à Internet nas unidades de alojamento (condicionada à disponibilidade do respectivo serviço público)	5	Opcional	Opcional	Opcional	Obrigatório	NA
	70	Acesso à internet em banda larga nas unidades de alojamento (condicionada à disponibilidade do respectivo serviço público)	5	Opcional	Opcional	Opcional	Opcional	Obrigatório
	71	Sistema de registo de mensagens de voz	2	Opcional	Opcional	Opcional	Opcional	Opcional
Equipamentos suplementares	72	Informações sobre o período do pequeno-almoço, a hora do check-out e o período de funcionamento das instalações e equipamentos do hotel	—	Obrigatório	Obrigatório	Obrigatório	NA	NA
	73	Manual do serviço de A a Z na unidade de alojamento	2	Opcional	Opcional	Opcional	Obrigatório	Obrigatório
	74	Amenities escritório: lápis ou caneta, papel e envelopes	1	Opcional	Opcional	Opcional	Opcional	Obrigatório
	75	Amenities conforto: kit de engraxar, calçadeira e kit de costura, a pedido	2	Opcional	Opcional	Opcional	Opcional	Obrigatório
	76	Jornais diários ou informação impressa diária nas zonas comuns	2	Opcional	Opcional	Opcional	Opcional	Opcional
3. Serviço								
Limpeza e arrumação das unidades de alojamento	77	Limpeza e arrumação diária das unidades de alojamento	—	Obrigatório	Obrigatório	Obrigatório	Obrigatório	Obrigatório
	78	Mudança de toalhas pelo menos duas vezes por semana e sempre que mude o cliente	—	Obrigatório	Obrigatório	Obrigatório	Obrigatório	Obrigatório
	79	Mudança diária de toalhas a pedido do cliente	5	Opcional	Opcional	Opcional	Obrigatório	Obrigatório
	80	Mudança de roupa de cama pelo menos uma vez por semana e sempre que mude o cliente	—	Obrigatório	Obrigatório	Obrigatório	NA	NA
	81	Mudança de roupa de cama pelo menos duas vezes por semana e sempre que mude o cliente	5	Opcional	Opcional	Opcional	Obrigatório	Obrigatório
	82	Serviço de verificação dos quartos para a noite (abertura da cama, troca de toalhas, limpeza)	5	Opcional	Opcional	Opcional	Opcional	Obrigatório
Alimentação e bebidas	83	Serviço de bar associado ou não a outra área	7	Opcional	Opcional	Opcional	Opcional	Opcional
	84	Bebidas à disposição do cliente (sem serviço de bar)	—	Obrigatório	Obrigatório	Obrigatório	Obrigatório	Obrigatório
	85	Serviço de refeições 7 dias por semana	8	Opcional	Opcional	Opcional	Opcional	Obrigatório
	86	Equipamento para chá e café nas unidades de alojamento	2	Opcional	Opcional	Opcional	Opcional	Opcional
	87	8 horas de room service de bebidas e refeições ligeiras	4	Opcional	Opcional	Opcional	NA	NA
	88	16 horas de room service de bebidas e refeições ligeiras	8	Opcional	Opcional	Opcional	Obrigatório	NA
	89	24 horas de room service de bebidas e refeições ligeiras	12	Opcional	Opcional	Opcional	Opcional	Obrigatório
Pequeno-almoço	90	Serviço de pequeno almoço	—	Obrigatório	Obrigatório	Obrigatório	NA	NA
	91	Pequeno-almoço buffet ou *à-la-carte*	3	Opcional	Opcional	Opcional	Obrigatório	Obrigatório
	92	Pequeno-almoço *à-la-carte* nas unidades de alojamento	4	Opcional	Opcional	Opcional	Opcional	Obrigatório
Recepção/ Acolhimento	93	Serviço de atendimento permanente (presencial ou automático)	—	Obrigatório	Obrigatório	Obrigatório	Obrigatório	NA
	94	Serviço de recepção presencial 16 horas	2 pts por cada 8 hs opcionais	Opcional	Opcional	Obrigatório	Obrigatório	NA
	95	Serviço de recepção presencial 24 horas	2 pts por cada 8 hs opcionais	Opcional	Opcional	Opcional	Opcional	Obrigatório
	96	Serviço de recepção bilingue (Português/Inglês)	5	Opcional	Obrigatório	Obrigatório	Obrigatório	Obrigatório
	97	Serviço de recepção multilingue (Português, Inglês, e pelo menos mais uma língua estrangeira)	5	Opcional	Opcional	Opcional	Opcional	Opcional
	98	Porteiro (trintanário)	5	Opcional	Opcional	Opcional	Opcional	Obrigatório
	99	Serviço de Valet Parking	5	Opcional	Opcional	Opcional	Opcional	Obrigatório
	100	Serviço de informação e reservas	5	Opcional	Opcional	Opcional	Opcional	Obrigatório
	101	Serviço de aceitação e entrega de mensagens	5	Opcional	Opcional	Obrigatório	Obrigatório	Obrigatório
	102	Serviço de transporte de bagagens	5	Opcional	Opcional	Opcional	Opcional	Obrigatório
	103	Serviço de depósito de bagagens	5	Opcional	Opcional	Obrigatório	Obrigatório	Obrigatório

	N.º	Requisitos	Pontos	★	★★	★★★	★★★★	★★★★★
3. Serviço								
Lavandaria e engomadoria	104	Serviço de lavandaria e engomadoria	5	Opcional	Opcional	Opcional	Obrigatório	NA
	105	Serviço de lavandaria e engomadoria (entregue antes das 9 e pronto no mesmo dia - excepto no fim de semana)	5	Opcional	Opcional	Opcional	Opcional	Obrigatório
Outros	106	Videovigilância em zonas públicas e de circulação	6	Opcional	Opcional	Opcional	Opcional	Opcional
	107	Aceitação de cartões de crédito ou débito	—	Obrigatório	NA	NA	NA	NA
	108	Aceitação de cartões de crédito e débito	2	Opcional	Obrigatório	Obrigatório	Obrigatório	Obrigatório
	109	Serviço de depósito de valores na recepção	—	Obrigatório	Obrigatório	Obrigatório	Obrigatório	Obrigatório
	110	Serviço despertar	2	Opcional	Opcional	Obrigatório	Obrigatório	Obrigatório
	111	Serviço de correio e telefax	2	Opcional	Opcional	Obrigatório	Obrigatório	Obrigatório
	112	Venda de revistas e jornais diários	2	Opcional	Opcional	Opcional	Opcional	Opcional
	113	Serviço de costura	4	Opcional	Opcional	Opcional	Opcional	Opcional
	114	Serviço de engraxar sapatos	4	Opcional	Opcional	Opcional	Opcional	Opcional
	115	Serviço de transporte privativo do estabelecimento	5	Opcional	Opcional	Opcional	Opcional	Opcional
	116	Serviço de babysitter a pedido	4	Opcional	Opcional	Opcional	Opcional	Opcional
4. Lazer								
Equipamentos e instalações	117	Área bruta privativa de equipamentos complementares (health club, spa, squash, etc.) por UA, quando concorra para a área bruta de construção do empreendimento	$\geq 1m^2 < 2,5m^2$ - 5pts; $\geq 2,5m^2 < 5m^2$ -10 pts; $>5m^2$ -15 pts	Opcional	Opcional	Opcional	Opcional	Opcional
	118	Área bruta privativa de equipamentos complementares (equipamentos desportivos, parque infantil, etc.) por UA, quando não concorra para a área bruta de construção do empreendimento	$\geq 1m^2 < 2,5m^2$ - 5pts; $\geq 2,5m^2 <$ 5m2 -10 pts; $\geq 5m^2$ -15 pts	Opcional	Opcional	Opcional	Opcional	Opcional
	119	Área bruta privativa para reuniões por UA, quando concorra para a área bruta de construção do empreendimento	5 pts por cada m^2/UA, até max.de 15 pts	Opcional	Opcional	Opcional	Opcional	Opcional
	120	Business center (com computador, acesso à internet, impressora, etc)	10	Opcional	Opcional	Opcional	Opcional	Opcional
	121	Ginásio (com pelo menos 4 equipamentos diferentes)	10	Opcional	Opcional	Opcional	Opcional	Opcional
	122	Spa (com pelo menos 4 equipamentos)	10	Opcional	Opcional	Opcional	Opcional	Opcional
	123	Squash	10	Opcional	Opcional	Opcional	Opcional	Opcional
	124	Cabeleireiro	10	Opcional	Opcional	Opcional	Opcional	Opcional
	125	Equipamentos exteriores (campo de ténis, campo de volei, puddle, minigolf, driving net, petanque, etc)	5 pts por cada, no máximo de 15 pts	Opcional	Opcional	Opcional	Opcional	Opcional
	126	Piscina exterior	10	Opcional	Opcional	Opcional	Opcional	Opcional
	127	Piscina interior	12	Opcional	Opcional	Opcional	Opcional	Opcional
	128	Piscina aquecida	15	Opcional	Opcional	Opcional	Opcional	Opcional
	129	Golf	15	Opcional	Opcional	Opcional	Opcional	Opcional
Outros	130	Certificação da qualidade dos serviços por norma nacional ou europeia, quando não obrigatória por lei	30	Opcional	Opcional	Opcional	Opcional	Opcional
	131	Clube para crianças do próprio hotel (crianças até aos 3 anos), pelo menos 6 horas por dia	10	Opcional	Opcional	Opcional	Opcional	Opcional
	132	Clube para crianças do próprio hotel (crianças com mais de 3 anos), pelo menos 6 horas por dia	10	Opcional	Opcional	Opcional	Opcional	Opcional
	133	Site informativo do empreendimento, possibilitando a realização de reservas e transacções online	5	Opcional	Opcional	Opcional	Opcional	Opcional
	134	Soluções inovadoras na oferta de espaços, equipamentos e serviços	5	Opcional	Opcional	Opcional	Opcional	Opcional
5. Qualidade ambiental e urbanística								
	135	Aproveitamento/valorização de edificações pré-existentes, com interesse individual ou de conjunto	15	Opcional	Opcional	Opcional	Opcional	Opcional
	136	Coeficiente de localização a aplicar ao empreendimento $\geq 1,5 \leq 2,5$, nos termos do artigo 42º do Código do imposto Municipal sobre Imóveis	10	Opcional	Opcional	Opcional	Opcional	Opcional
	137	Coeficiente de localização a aplicar ao empreendimento $\geq 2,5$, nos termos do artigo 42º do Código do imposto Municipal sobre Imóveis	15	Opcional	Opcional	Opcional	Opcional	Opcional
	138	Área de espaços verdes de utilização comum	5 pts por cada 20 m^2/UA ate limite 15 pts	Opcional	Opcional	Opcional	Opcional	Opcional
	139	Certificação ambiental por norma nacional ou europeia, quando não obrigatória por lei	30	Opcional	Opcional	Opcional	Opcional	Opcional
Total pontos opcionais por categoria				**108**	**138**	**188**	**210**	**218**

Legenda:

NA - Não Aplicável

(1) Quando num mesmo edifício estejam instalados vários hotéis, o local de recepção pode ser comum a todos.

(2) A área bruta privativa é a superfície total, medida pelo perímetro exterior e eixos das paredes separadoras da unidade de alojamento, equipamento, zona funcional ou edifício em causa, não incluindo varandas, terraços, caves ou sotãos privativos.

(3) Area útil nos termos do Regulamento Geral das Edificações Urbanas, aprovado pelo Decreto-Lei n.º 38382, de 7 de Agosto de 1951, na redacção em vigor.

(4) Zona de estar composta por: sofá ou maple, mesa de apoio e iluminação

(5) Zona de trabalho composta por cadeira, mesa de trabalho, iluminação e tomada

(6) Aplicável relativamente à opção não utilizada nos termos do requisito nº 36

ANEXO II
Aldeamentos turísticos

	N.º	Requisitos	Pontos	★★★	★★★★	★★★★★
1. Instalações						
Acessos	1	Elevador quando o edifício tenha mais de 2 pisos, incluindo o rés-do-chão	15	Opcional	Obrigatório	Obrigatório
Zonas comuns	2	Local identificado de recepção destinado ao check in, check out e informações aos hóspedes, que pode ser instalado no próprio aldeamento turístico ou em comum com outro empreendimento turístico	—	Obrigatório	Obrigatório	Obrigatório
	3	Restaurante com zona de bar aberto 7 dias por semana (1)	—	Obrigatório	Obrigatório	Obrigatório
	4	Piscina com anexo próprio para crianças (2)	—	Obrigatório	Obrigatório	Obrigatório
	5	Climatização das áreas comuns com sistemas de climatização activos ou passivos que garantam o conforto térmico	10	Opcional	Opcional	Opcional
Zonas de serviço	6	Zona de armazenagem	—	Obrigatório	Obrigatório	Obrigatório
	7	Área destinada ao pessoal composta pelo menos por vestiário e instalações sanitárias	—	Obrigatório	Obrigatório	Obrigatório
Unidades de alojamento (Apartamentos ou moradias)	8	Climatização das unidades de alojamento com sistemas de climatização activos ou passivos que garantam o conforto térmico	—	Obrigatório	Obrigatório	NA
	9	50% das unidades de alojamento com sistemas de climatização activos ou passivos que garantam o conforto térmico de intensidade regulável pelo cliente em cada ciclo	10	Opcional	Obrigatório	NA
	10	100% das unidades de alojamento com sistemas de climatização activos ou passivos que garantam o conforto térmico de intensidade regulável pelo cliente em cada ciclo	13	Opcional	Opcional	Obrigatório
	11	Varandas ou terraços com área mínima de 4 m^2 em 50% das unidades de alojamento	5 pts por cada 4 m^2/UA, até ao máximo de 15 pts	Opcional	Opcional	Opcional
Áreas (3)	12	Apartamentos em estúdio com duas camas individuais ou uma cama de casal	—	área(1) RGEU	28m^2	31m^2
	13	Área mínima da unidade de alojamento com um quarto duplo	—	área (3) RGEU	40 m^2	50 m^2
	14	Área mínima da unidade de alojamento com mais de um quarto duplo	—	área(3) RGEU	n.º de quartos x 30 m^2	n.º de quartos x 37,5 m^2
	15	Percentagem da área média das unidades de alojamento que excede as áreas mínimas obrigatórias	≥ 10% - 10 pts ≥ 20% - 12 pts ≥ 30% - 15 pts	Opcional	Opcional	Opcional
Casas de banho	16	Uma casa de banho por cada 3 quartos, constituída, no mínimo, por sanita, lavatório e duche ou banheira	—	Obrigatório	NA	NA
	17	Uma casa de banho por cada 2 quartos constituída, no mínimo, por sanita, lavatório e duche ou banheira	10	Opcional	Obrigatório	NA
	18	Casa de banho privativa para cada quarto constituída, no mínimo, por sanita, lavatório e duche ou banheira	12	Opcional	Opcional	Obrigatório
	19	Uma casa de banho adicional apenas com sanita e lavatório	14	Opcional	Opcional	Opcional
Estacionamento	20	Estacionamento privativo com capacidade para um veículo por unidade de alojamento	—	Obrigatório	Obrigatório	Obrigatório
	21	Possibilidades de estacionamento para autocarros	5	Opcional	Opcional	Opcional
2. Mobiliário/Equipamento						
Equipamento do quarto	22	Equipamento básico: equipamento para ocultação da luz exterior, roupeiro ou solução equivalente, cabides, cadeira ou sofá, mesas de cabeceira ou solução de apoio equivalente, luzes de cabeceira e tomada de electricidade	—	Obrigatório	NA	NA
	23	Equipamento médio: equipamento básico mais cesto de papéis, espelho de corpo inteiro e cobertor ou edredon adicional	5	Opcional	Obrigatório	NA
	24	Equipamento superior: equipamento médio mais interruptor de iluminação geral junto da cama, telefone, televisão	5	Opcional	Opcional	Obrigatório
	25	Colchões com comprimento não inferior a 2m e largura não inferior a 1,10m para camas individuais e 1,80m para camas de casal	5	Opcional	Opcional	Opcional
	26	Cama suplementar/berço a pedido	3	Opcional	Opcional	Opcional
Equipamento das salas de estar e de refeições	27	Mesa de refeições ou adaptável para o efeito, cadeiras e sofá, loiças, vidros e talheres	—	Obrigatório	Obrigatório	Obrigatório

	N.º	Requisitos	Pontos	★★★	★★★★	★★★★★
2. Mobiliário/Equipamento						
Equipamento da cozinha ou kitchenette	28	Frigorífico, lava-loiça e armários para víveres, fogão ou placa, exaustor de fumos e utensílios de cozinha	___	Obrigatório	Obrigatório	Obrigatório
	29	Micro-ondas	___	Obrigatório	NA	NA
	30	Forno e micro-ondas	6	Opcional	Obrigatório	Obrigatório
	31	Máquina de lavar loiça	6	Opcional	Opcional	Opcional
	32	Máquina de lavar roupa	6	Opcional	Opcional	Opcional
	33	Varinha mágica, chaleira eléctrica e máquina de café	2	Opcional	Obrigatório	Obrigatório
Equipamento sanitário/Acessórios sanitários	34	Equipamento básico: espelho, toalhas (1 de rosto e 1 de banho por pessoa) e suporte para toalhas	___	Obrigatório	NA	NA
	35	Equipamento médio: equipamento básico mais iluminação no espelho do lavatório, caixote do lixo, e tapete ou toalha de chão	5	Opcional	Obrigatório	Obrigatório
	36	Equipamento superior: equipamento médio mais secador de cabelo e roupão	7	Opcional	Opcional	Opcional
	37	Pelo menos 50% das instalações sanitárias com banheira e duche separados	10	Opcional	Opcional	Opcional
	38	Pelo menos 50% das instalações sanitárias com separação física entre a área limpa (lavatório e duche ou banheira) e área suja (sanita e lavatório)	10	Opcional	Opcional	Opcional
	39	Pelo menos 50% das instalações sanitárias com bidé	5	Opcional	Opcional	Opcional
	40	Pelo menos 50% das instalações sanitárias com lavatório adicional	7	Opcional	Opcional	Opcional
	41	Espelho de cosmética	2	Opcional	Opcional	Opcional
	42	Aquecimento de toalhas	5	Opcional	Opcional	Opcional
	43	Balança	1	Opcional	Opcional	Opcional
	44	Amenities básico: sabonete ou gel de banho a pedido	___	Obrigatório	Obrigatório	Obrigatório
	45	Amenities médio: amenities base mais shampoo, touca de banho e escova e pasta de dentes	1	Opcional	Opcional	Opcional
	46	Amenities luxo: amenities medio mais lâmina e gel de barbear, lima de unhas, algodão de limpeza e pente	2	Opcional	Opcional	Opcional
Depósito de valores	47	Serviço de depósito de valores na recepção	___	Obrigatório	Obrigatório	NA
	48	Cofre na unidade de alojamento	5	Opcional	Opcional	Obrigatório
Sistemas de vídeo e audio	49	TV a cores com controlo remoto na sala	___	Obrigatório	Obrigatório	Obrigatório
	50	Leitor de DVD	6	Opcional	Opcional	Opcional
	51	Sistema de som na sala	6	Opcional	Opcional	Opcional
	52	Acesso a mais de 20 canais de TV	5	Opcional	Opcional	Opcional
Telecomunicações	53	Meios de comunicação com o exterior acessíveis aos hóspedes (pelo menos um meio de voz: telefone ou telemóvel e um meio de escrita: fax ou correio electrónico)	___	Obrigatório	Obrigatório	Obrigatório
	54	Telefone na unidade de alojamento com acesso à rede exterior	___	Obrigatório	Obrigatório	Obrigatório
	55	Acesso à internet nas unidades de alojamento ou nas zonas comuns (condicionada à disponibilidade do respectivo serviço público)	5	Opcional	Obrigatório	NA
	56	Acesso à internet em banda larga nas unidades de alojamento (condicionada à disponibilidade do respectivo serviço público)	5	Opcional	Opcional	Obrigatório
	57	Sistema de registo de mensagens de voz na unidade de alojamento	2	Opcional	Opcional	Opcional
Equipamentos suplementares	58	Manual do serviço de A a Z na unidade de alojamento	___	Obrigatório	Obrigatório	Obrigatório
3. Serviços						
Limpeza e arrumação das unidades de alojamento/mudança de roupas	59	Limpeza e arrumação diária das unidades de alojamento	5	Opcional	Opcional	Obrigatório
	60	Limpeza e arrumação das unidades de alojamento duas vezes por semana e antes de serem ocupadas pelos clientes	_	Obrigatório	Obrigatório	NA
	61	Mudança de toalhas pelo menos duas vezes por semana e sempre que mude o cliente	___	Obrigatório	Obrigatório	Obrigatório
	62	Mudança diária de toalhas a pedido do cliente	5	Opcional	Opcional	Obrigatório
	63	Mudança de roupa de cama pelo menos uma vez por semana e sempre que mude o cliente	___	Obrigatório	Obrigatório	Obrigatório
	64	Mudança de roupa de cama a pedido do cliente	5	Opcional	Opcional	Obrigatório
	65	Serviço de verificação das unidades de alojamento para a noite (abertura da cama, troca de toalhas, limpeza)	5	Opcional	Opcional	Opcional

	N.º	Requisitos	Pontos	★★★	★★★★	★★★★★
3. Serviços						
Alimentação e bebidas	66	8 horas de room service de bebidas e refeições ligeiras	4	Opcional	Opcional	Opcional
	67	16 horas de room service de bebidas e refeições ligeiras	8	Opcional	Opcional	Opcional
	68	24 horas de room service de bebidas e refeições ligeiras	12	Opcional	Opcional	Opcional
Pequeno-almoço	69	Serviço de pequeno almoço	2	Opcional	Opcional	Opcional
	70	Pequeno-almoço buffet ou *à-la-carte*	3	Opcional	Opcional	Opcional
	71	Pequeno-almoço *à-la-carte* nas unidades de alojamento	4	Opcional	Opcional	Opcional
Recepção / Acolhimento	72	Serviço de atendimento permanente (presencial ou automático)	___	Obrigatório	Obrigatório	NA
	73	Serviço de recepção (presencial) 16 horas, próprio ou em comum com outro empreendimento turístico	2 pts por cada 8 hs opcionais	Opcional	Obrigatório	NA
	74	Serviço de recepção (presencial) 24 horas, próprio ou em comum com outro empreendimento turístico	2 pts por cada 8 hs opcionais	Opcional	Opcional	Obrigatório
	75	Serviço de recepção bilingue (Português/Inglês)	___	Obrigatório	Obrigatório	Obrigatório
	76	Serviço de recepção multilingue (Português/Inglês e pelo menos mais uma lingua estrangeira)	5	Opcional	Opcional	Opcional
	77	Serviço de portaria (presencial ou automático)	___	Obrigatório	Obrigatório	Obrigatório
	78	Serviço de informação e reservas	5	Opcional	Opcional	Opcional
	79	Serviço de aceitação e entrega de mensagens	5	Opcional	Opcional	Opcional
	80	Serviço de depósito de bagagens	5	Opcional	Opcional	Opcional
Lavandaria e engomadoria	81	Serviço de lavandaria e engomadoria a pedido	5	Opcional	Obrigatório	Obrigatório
Serviços de segurança e vigilância	82	Vigilância durante a noite (período de 12 horas)	___	Obrigatório	Obrigatório	NA
	83	Vigilância 24 horas por dia	5	Opcional	Opcional	Obrigatório
	84	Videovigilância em zonas públicas e de circulação	6	Opcional	Opcional	Opcional
Outros	85	Aceitação de cartões de crédito	___	Obrigatório	Obrigatório	Obrigatório
	86	Serviço despertar	2	Opcional	Opcional	Opcional
	87	Serviço de correio	2	Opcional	Opcional	Opcional
	88	Serviço de transporte privativo do estabelecimento	5	Opcional	Opcional	Opcional
	89	Serviço de babysitter a pedido	4	Opcional	Opcional	Opcional
4. Lazer						
	90	Área bruta privativa de equipamentos complementares (health club, spa, squash, etc,) por UA, quando concorra para a área bruta de construção do empreendimento	$\geq 1m^2 < 2{,}5m^2$ -5pts; $\geq 2{,}5m^2 < 5m^2$ -10 pts; $\geq 5m^2$ -15 pts	Opcional	Opcional	Opcional
	91	Área bruta privativa de equipamentos complementares (equipamentos desportivos, parque infantil, etc.) por UA, quando não concorra para a área bruta de construção do empreendimento	$\geq 1m^2 < 2{,}5m^2$ -5pts; $\geq 2{,}5m^2 < 5m^2$ -10 pts; $\geq 5m^2$ -15 pts	Opcional	Opcional	Opcional
Equipamentos e instalações	92	Business center (com computador, acesso à internet, impressora, etc)	10	Opcional	Opcional	Opcional
	93	Ginásio (com pelo menos 4 equipamentos diferentes)	10	Opcional	Opcional	Opcional
	94	Spa (com pelo menos 4 equipamentos diferentes)	10	Opcional	Opcional	Opcional
	95	Squash	10	Opcional	Opcional	Opcional
	96	Cabeleireiro	10	Opcional	Opcional	Opcional
	97	Equipamentos exteriores (campo de ténis, campo de volei, puddle, minigolf, driving net, petanque, etc.)	5 pts por cada, no máximo de 15 pts	Opcional	Opcional	Opcional
	98	Piscina comum interior	12	Opcional	Opcional	Opcional
	99	Piscina comum aquecida	15	Opcional	Opcional	Opcional
	100	Golf	15	Opcional	Opcional	Opcional
Outros	101	Certificação da qualidade dos serviços por norma nacional ou europeia, quando não obrigatória por lei	30	Opcional	Opcional	Opcional

	N.º	Requisitos	Pontos	★★★	★★★★	★★★★★
4. Lazer						
	102	Site informativo do empreendimento, possibilitando a realização de reservas e transacções online	5	Opcional	Opcional	Opcional
	103	Soluções inovadoras na oferta de espaços, equipamentos e serviços	5	Opcional	Opcional	Opcional
5. Qualidade ambiental e urbanística						
	104	Relação área total do empreendimento/capacidade (metros quadrados por pessoa), salvo se outra for determinada em Plano Municipal de Ordenamento do Território aplicável	—	100 m²	120 m²	140 m²
	105	Mais 20% relativamente à área total do empreendimento/capacidade (m2 por pessoa) estabelecida	12	Opcional	Opcional	Opcional
	106	Aproveitamento/valorização de edificações pré-existentes, com interesse individual ou de conjunto	15	Opcional	Opcional	Opcional
	107	Coeficiente de localização a aplicar ao empreendimento ≥ 1,5 ≤ 2,5, nos termos do artigo 42º do Código do imposto Municipal sobre Imóveis	10	Opcional	Opcional	Opcional
	108	Coeficiente de localização a aplicar ao empreendimento ≥ 2,5, nos termos do artigo 42º do Código do imposto Municipal sobre Imóveis	15	Opcional	Opcional	Opcional
	109	Área de espaços verdes de utilização comum	5 pts por cada 50 m²/UA até limite 15 pts	Opcional	Opcional	Opcional
	110	Certificação ambiental por norma nacional ou europeia, quando não obrigatória por lei	30	Opcional	Opcional	Opcional
Total pontos opcionais por categoria				**148**	**170**	**177**

Legenda:

NA - Não Aplicável

(1) O restaurante pode ser dispensado pelo Turismo de Portugal quando o aldeamento se situar próximo de centro urbano ou em zona de vilegiatura que disponha de razoável oferta de estabelecimentos de restauração.

(2) A piscina pode ser dispensada quando todas as unidades de alojamento estejam dotadas de piscina privativa. A área mínima das piscinas é calculada segundo a seguinte fórmula A=M+(KxN), sendo A - área; M - valor fixo dependente do número de camas; K - constante dependente do tipo do aldeamento e do número de camas; N - Número de camas do aldeamento:

Nº de camas	Valor de M	Valores de K		
		Categoria 3*	Categoria 4*	Categoria 5*
100 a 500	100	0,2	0,21	0,25
501 a 1000	90	0,19	0,21	0,23
Mais de 1000	80	0,18	0,19	0,21

(3) Área útil nos termos do Regulamento Geral das Edificações Urbanas, aprovado pelo Decreto-Lei n.º 38382, de 7 de Agosto de 1951, na redacção em vigor.

ANEXO III
Apartamentos turísticos

	N.º	Requisitos	Pontos	★★★	★★★★	★★★★★
1. Instalações						
Acessos	1	Elevador quando o edifício tenha mais de 3 pisos, incluindo o rés-do-chão	—	Obrigatório	NA	NA
	2	Elevador quando o edifício tenha mais de 2 pisos, incluindo o rés-do-chão	15	Opcional	Obrigatório	Obrigatório
Zonas comuns	3	Local identificado de recepção destinado ao check in, check out e informações aos hóspedes, que pode ser instalado no próprio empreendimento turístico ou em comum com outro	—	Obrigatório	Obrigatório	Obrigatório
	4	Restaurante com zona de bar aberto 7 dias por semana	10	Opcional	Opcional	Opcional
	5	Climatização das áreas comuns com sistemas de climatização activos ou passivos que garantam o conforto térmico	10	Opcional	Opcional	Opcional
Zonas de serviço	6	Zona de armazenagem	—	Obrigatório	Obrigatório	Obrigatório
	7	Área destinada ao pessoal composta pelo menos por vestiário e instalações sanitárias	—	Obrigatório	Obrigatório	Obrigatório
Unidades de alojamento (Apartamentos)	8	Climatização das unidades de alojamento com sistemas de climatização activos ou passivos que garantam o conforto térmico	—	Obrigatório	Obrigatório	NA
	9	50% das unidades de alojamento com sistemas de climatização activos ou passivos que garantam o conforto térmico de intensidade regulável pelo cliente em cada ciclo	10	Opcional	Obrigatório	NA
	10	100% das unidades de alojamento com sistemas de climatização activos ou passivos que garantam o conforto térmico de intensidade regulável pelo cliente em cada ciclo	13	Opcional	Opcional	Obrigatório

	N.º	Requisitos	Pontos	★★★	★★★★	★★★★★
1. Instalações						
Áreas (1)	11	Varandas ou terraços com a área mínima de 4m² em pelo menos 50% das unidades de alojamento	5 pts por cada 4 m²/UA, até ao máximo de 15 pts	Opcional	Opcional	Opcional
	12	Apartamentos em estúdio com duas camas individuais ou uma cama de casal	—	área(1) RGEU	28m²	31m²
	13	Área mínima da unidade de alojamento com um quarto duplo	—	área (1) RGEU	40 m²	50 m²
	14	Área mínima da unidade de alojamento com mais de um quarto duplo	—	área (1) RGEU	n.º de quartos x 30 m²	n.º de quartos x 37,5 m²
	15	Percentagem da área média das unidades de alojamento que excede as áreas mínimas obrigatórias	≥ 10% - 10 pts ≥ 20% - 12 pts ≥ 30% - 15 pts	Opcional	Opcional	Opcional
Casas de banho	16	Uma casa de banho por cada 3 quartos, constituída, no mínimo, por sanita, lavatório e duche ou banheira	—	Obrigatório	NA	NA
	17	Uma casa de banho por cada 2 quartos constituída, no mínimo, por sanita, lavatório e duche ou banheira	10	Opcional	Obrigatório	NA
	18	Casa de banho privativa para cada quarto constituída, no mínimo, por sanita, lavatório e duche ou banheira	12	Opcional	Opcional	Obrigatório
	19	Uma casa de banho adicional apenas com sanita e lavatório	14	Opcional	Opcional	Opcional
Estacionamento	20	Estacionamento privativo com capacidade para um veículo por unidade de alojamento	—	Obrigatório	Obrigatório	Obrigatório
	21	Possibilidades de estacionamento para autocarros	5	Opcional	Opcional	Opcional
2. Mobiliário/Equipamento						
Equipamento do quarto	22	Equipamento básico: equipamento para ocultação da luz exterior, roupeiro ou solução equivalente, cabides, cadeira ou sofá, mesas de cabeceira ou solução de apoio equivalente, luzes de cabeceira e tomada de electricidade	—	Obrigatório	NA	NA
	23	Equipamento médio: equipamento básico mais cesto de papéis, espelho de corpo inteiro e cobertor ou edredon adicional	5	Opcional	Obrigatório	NA
	24	Equipamento superior: equipamento médio mais interruptor de iluminação geral junto da cama, telefone, televisão	5	Opcional	Opcional	Obrigatório
	25	Colchões com comprimento não inferior a 2m e largura não inferior a 1,10m para camas individuais e 1,80m para camas de casal	5	Opcional	Opcional	Opcional
	26	Cama suplementar/berço a pedido	3	Opcional	Opcional	Opcional
Equipamento das salas de estar e de refeições	27	Mesa de refeições ou adaptável para o efeito, cadeiras e sofás, loiças, vidros e talheres	—	Obrigatório	Obrigatório	Obrigatório
Equipamento da cozinha ou kitchenette	28	Frigorífico, lava-loiça e armários para víveres, fogão ou placa, exaustor de fumos e utensílios de cozinha	—	Obrigatório	Obrigatório	Obrigatório
	29	Micro-ondas	—	Obrigatório	NA	NA
	30	Forno e micro-ondas	6	Opcional	Obrigatório	Obrigatório
	31	Máquina de lavar loiça	6	Opcional	Opcional	Opcional
	32	Máquina de lavar roupa	6	Opcional	Opcional	Opcional
	33	Varinha mágica, chaleira eléctrica e máquina de café	2	Opcional	Obrigatório	Obrigatório
Equipamento sanitário/Acessórios	34	Equipamento básico: espelho, toalhas (1 de rosto e 1 de banho por pessoa) e suporte para toalhas	—	Obrigatório	NA	NA
	35	Equipamento médio: equipamento básico mais iluminação no lavatório, caixote do lixo, tapete ou toalha de chão	5	Opcional	Obrigatório	Obrigatório
	36	Equipamento superior: equipamento médio mais secador de cabelo e roupão	7	Opcional	Opcional	Opcional
	37	Pelo menos 50% das instalações sanitárias com banheira e duche separados	10	Opcional	Opcional	Opcional
	38	Pelo menos 50% das instalações sanitárias com separação física entre a área limpa (lavatório e duche ou banheira) e área suja (sanita e lavatório)	10	Opcional	Opcional	Opcional
	39	Pelo menos 50% das instalações sanitárias com bidé	5	Opcional	Opcional	Opcional
	40	Pelo menos 50% das instalações sanitárias com lavatório adicional	7	Opcional	Opcional	Opcional
	41	Espelho de cosmética	2	Opcional	Opcional	Opcional
	42	Aquecimento de toalhas	5	Opcional	Opcional	Opcional
	43	Balança	1	Opcional	Opcional	Opcional

	N.º	Requisitos	Pontos	★★★	★★★★	★★★★★
2. Mobiliário/Equipamento						
	44	Amenities básico: sabonete ou gel de banho a pedido	___	Obrigatório	Obrigatório	Obrigatório
	45	Amenities médio: amenities base mais shampô, touca de banho e escova e pasta de dentes	1	Opcional	Opcional	Opcional
	46	Amenities luxo: amenities médio mais lâmina e gel de barbear, lima de unhas, algodão de limpeza e pente	2	Opcional	Opcional	Opcional
Depósito de valores	47	Serviço de depósito de valores na recepção	___	Obrigatório	Obrigatório	NA
	48	Cofre na unidade de alojamento	5	Opcional	Opcional	Obrigatório
Sistema de audio e vídeo	49	TV a cores com controlo remoto na sala	___	Obrigatório	Obrigatório	Obrigatório
	50	Leitor de DVD	6	Opcional	Opcional	Opcional
	51	Sistema de som na sala	6	Opcional	Opcional	Opcional
	52	Acesso a mais de 20 canais de TV	5	Opcional	Opcional	Opcional
Telecomunicações	53	Meios de comunicação com o exterior acessíveis aos hóspedes (pelo menos um meio de voz: telefone ou telemóvel e um meio de escrita: fax ou correio electrónico)	___	Obrigatório	Obrigatório	Obrigatório
	54	Telefone na unidade de alojamento com acesso à rede exterior	___	Obrigatório	Obrigatório	Obrigatório
	55	Acesso à internet nas unidades de alojamento ou nas zonas comuns (condicionada à disponibilidade do respectivo serviço público)	5	Opcional	Obrigatório	NA
	56	Acesso à internet em banda larga nas unidades de alojamento (condicionada à disponibilidade do respectivo serviço público)	5	Opcional	Opcional	Obrigatório
	57	Sistema de registo de mensagens de voz na unidade de alojamento	2	Opcional	Opcional	Opcional
Equipamentos suplementares	58	Manual do serviço de A a Z na unidade de alojamento	___	Obrigatório	Obrigatório	Obrigatório
3. Serviços						
Limpeza e arrumação das unidades de alojamento/mudança de roupas	59	Limpeza e arrumação diária das unidades de alojamento	5	Opcional	Opcional	Obrigatório
	60	Limpeza e arrumação das unidades de alojamento duas vezes por semana e antes de serem ocupadas pelos clientes	___	Obrigatório	Obrigatório	NA
	61	Mudança de toalhas pelo menos duas vezes por semana e sempre que mude o cliente	___	Obrigatório	Obrigatório	Obrigatório
	62	Mudança diária de toalhas a pedido do cliente	5	Opcional	Opcional	Obrigatório
	63	Mudança de roupa de cama pelo menos uma vez por semana e sempre que mude o cliente	___	Obrigatório	Obrigatório	Obrigatório
	64	Mudança de roupa de cama a pedido do cliente	5	Opcional	Opcional	Obrigatório
	65	Serviço de verificação das unidades de alojamento para a noite (abertura da cama, troca de toalhas, limpeza)	5	Opcional	Opcional	Opcional
Alimentação e bebidas	66	8 horas de room service de bebidas e refeições ligeiras	4	Opcional	Opcional	Opcional
	67	16 horas de room service de bebidas e refeições ligeiras	8	Opcional	Opcional	Opcional
	68	24 horas de room service de bebidas e refeições ligeiras	12	Opcional	Opcional	Opcional
Pequeno-almoço	69	Serviço de pequeno almoço	2	Opcional	Opcional	Opcional
	70	Pequeno-almoço buffet ou *à-la-carte*	3	Opcional	Opcional	Opcional
	71	Pequeno-almoço *à-la-carte* nas unidades de alojamento	4	Opcional	Opcional	Opcional
Recepção / Acolhimento	72	Serviço de atendimento permanente (presencial ou automático)	___	Obrigatório	Obrigatório	NA
	73	Serviço de recepção (presencial) 16 horas, próprio ou em comum com outro empreendimento turístico	2 pts por cada 8 hs opcionais	Opcional	Obrigatório	NA
	74	Serviço de recepção (presencial) 24 horas, próprio ou em comum com outro empreendimento turístico	2 pts por cada 8 hs opcionais	Opcional	Opcional	Obrigatório
	75	Serviço de recepção bilingue (Português/Inglês)	___	Obrigatório	Obrigatório	Obrigatório
	76	Serviço de recepção multilingue (Português/inglês e pelo menos mais uma lingua estrangeira)	5	Opcional	Opcional	Opcional
	77	Serviço de portaria (presencial ou automático)	___	Obrigatório	Obrigatório	Obrigatório
	78	Serviço de informação e reservas	5	Opcional	Opcional	Opcional
	79	Serviço de aceitação e entrega de mensagens	5	Opcional	Opcional	Opcional
	80	Serviço de depósito de bagagens	5	Opcional	Opcional	Opcional

	N.º	Requisitos	Pontos	★★★	★★★★	★★★★★
3. Serviços						
Lavandaria e engomadoria	81	Serviço de lavandaria e engomadoria a pedido	5	Opcional	Obrigatório	Obrigatório
Serviços de segurança e vigilância	82	Vigilância durante a noite (período de 12 horas)	___	Obrigatório	Obrigatório	NA
	83	Vigilância 24 horas por dia	5	Opcional	Opcional	Obrigatório
	84	Videovigilância em zonas públicas e de circulação	6	Opcional	Opcional	Opcional
Outros	85	Aceitação de cartões de crédito	___	Obrigatório	Obrigatório	Obrigatório
	86	Serviço despertar	2	Opcional	Opcional	Opcional
	87	Serviço de correio	2	Opcional	Opcional	Opcional
	88	Serviço de transporte privativo do estabelecimento	5	Opcional	Opcional	Opcional
	89	Serviço de babysitter a pedido	4	Opcional	Opcional	Opcional
4. Lazer						
Equipamentos e instalações	90	Área bruta privativa de equipamentos complementares (health club, spa, squash, etc,) por UA, quando concorra para a área bruta de construção do empreendimento	≥1m² < 2,5m² -5pts; ≥2,5m² < 5m² -10 pts; ≥5m² -15 pts		Opcional	Opcional
	91	Área bruta privativa de equipamentos complementares (equipamentos desportivos, parque infantil, etc.) por UA, quando não concorra para a área bruta de construção do empreendimento	≥1m² < 2,5m² -5pts; ≥2,5m² < 5m² -10 pts; ≥5m² -15 pts	Opcional	Opcional	Opcional
	92	Business center (com computador, acesso à internet, impressora, etc)	10	Opcional	Opcional	Opcional
	93	Ginásio (com pelo menos 4 equipamentos diferentes)	10	Opcional	Opcional	Opcional
	94	Spa (com pelo menos 4 equipamentos diferentes)	10	Opcional	Opcional	Opcional
	95	Squash	10	Opcional	Opcional	Opcional
	96	Cabeleireiro	10	Opcional	Opcional	Opcional
	97	Equipamentos exteriores (campo de ténis, campo de volei, puddle, minigolf, driving net, petanque, etc)	5 pts por cada, no máximo de 15 pts	Opcional	Opcional	Opcional
	98	Piscina comum exterior	10	Opcional	Opcional	Opcional
	99	Piscina comum interior	12	Opcional	Opcional	Opcional
	100	Piscina comum aquecida	15	Opcional	Opcional	Opcional
	101	Golf	15	Opcional	Opcional	Opcional
Outros	102	Certificação da qualidade dos serviços por norma nacional ou europeia, quando não obrigatória por lei	30	Opcional	Opcional	Opcional
	103	Site informativo do empreendimento, possibilitando a realização de reservas e transacções online	5	Opcional	Opcional	Opcional
	104	Soluções inovadoras na oferta de espaços, equipamentos e serviços	5	Opcional	Opcional	Opcional
5. Qualidade ambiental e urbanística						
	105	Aproveitamento/valorização de edificações pré-existentes, com interesse individual ou de conjunto	15	Opcional	Opcional	Opcional
	106	Coeficiente de localização a aplicar ao empreendimento ≥ 1,5 ≤ 2,5, nos termos do artigo 42º do Código do imposto Municipal sobre Imóveis	10	Opcional	Opcional	Opcional
	107	Coeficiente de localização a aplicar ao empreendimento ≥ 2,5, nos termos do artigo 42º do Código do imposto Municipal sobre Imóveis	15	Opcional	Opcional	Opcional
	108	Área de espaços verdes de utilização comum	5 pts por cada 50 m²/UA até limite 15 pts	Opcional	Opcional	Opcional
	109	Certificação ambiental por norma nacional ou europeia, quando não obrigatória por lei	30	Opcional	Opcional	Opcional
Total pontos opcionais por categoria				**156**	**184**	**200**

Legenda:

NA - Não Aplicável

(1) Área útil nos termos do Regulamento Geral das Edificações Urbanas, aprovado pelo Decreto-Lei n.º 38382, de 7 de Agosto de 1951, na redacção em vigor.

PORTARIA Nº 1288/2005, DE 15 DE DEZEMBRO, AO MODELO DO LIVRO DE RECLAMAÇÕES.[16]

O Decreto-Lei nº 156/2005, de 15 de Setembro, que institui a obrigatoriedade de existência e disponibilização do livro de reclamações a todos os fornecedores de bens e prestadores de serviços mencionados no seu anexo I, prevê no artigo 7º que o modelo do livro de reclamações e as regras relativas à sua edição e venda, bem como o modelo de letreiro que deve ser afixado nos estabelecimentos comerciais, são aprovados por portaria conjunta dos membros do Governo que tutelam as finanças e a defesa do consumidor.

Assim:

Ao abrigo do disposto no artigo 7º do Decreto-Lei nº 156/2005, de 15 de Setembro, manda o Governo, pelos Ministros de Estado e das Finanças e da Economia e da Inovação, o seguinte:

1º
Âmbito

Pela presente portaria procede-se à aprovação do modelo, edição, preço, fornecimento e distribuição do livro de reclamações a ser disponibilizado pelos fornecedores de bens e prestadores de serviços abrangidos pelo Decreto-Lei nº 156/2005, de 15 de Setembro, com a alteração introduzida pelo Decreto-Lei nº 371/2007, de 6 de Novembro, bem como à aprovação do modelo de letreiro a ser afixado nos respectivos estabelecimentos.

2º
Modelos

1 – O modelo do livro de reclamações e o do letreiro constam, respectivamente, dos anexos I e II da presente portaria, que dela fazem parte integrante.

2 – O livro de reclamações tem formato A4 e é constituído por 25 impressos para reclamação, feitos em triplicado e redigidos nas línguas portuguesa e inglesa.

[16] Alterada pela Portaria nº 896/2008, de 18.08.

3 – O duplicado da reclamação permite a sua transformação, após dobragem e colagem, em envelope de mensagem que pode ser endereçado e franqueado.
4 – Sem prejuízo do disposto nos números anteriores, os modelos são objecto de adequado tratamento gráfico, nomeadamente através de inclusão de cores e de holograma da Direcção-Geral do Consumidor e da Imprensa Nacional-Casa da Moeda, S. A.

3º
Edição e venda do livro de reclamações
1 – O livro de reclamações é editado conjuntamente pela Imprensa Nacional-Casa da Moeda, S. A., e pela Direcção-Geral do Consumidor, constituindo modelo exclusivo da Imprensa Nacional-Casa da Moeda, S. A.
2 – O livro de reclamações é vendido pela Imprensa Nacional-Casa da Moeda, S. A.
3 – Sem prejuízo do disposto no número anterior, o livro de reclamações pode ser vendido pelas entidades reguladoras e entidades de controlo de mercado competentes mencionadas no Decreto-Lei nº 156/2005, de 15 de Setembro, com as alterações introduzidas pelo Decreto-Lei nº 371/2007, de 6 de Novembro, bem como pela Direcção-Geral do Consumidor.
4 – Para além das entidades mencionadas no número anterior, o livro de reclamações pode ainda ser vendido pelas associações representativas dos profissionais dos sectores de actividades abrangidos pelo regime constante no Decreto-Lei nº 371/2007, de 6 de Novembro, devendo estas para esse efeito estar autorizadas por despacho do director-geral do Consumidor, a emitir no prazo de 30 dias a contar da data da entrada do requerimento da entidade interessada.

4º
Preço do livro de reclamações
1 – O preço de venda ao público do livro de reclamações é de € 18 por unidade e inclui o letreiro informativo constante do anexo ii.
2 – Quando o livro de reclamações for vendido pela Imprensa Nacional-Casa da Moeda, S. A., às entidades a que se referem os nºs 3 e 4 do nº 3º aplica-se sobre o preço o seguinte desconto:
a) 20% para encomendas até 500 unidades;
b) 30% para encomendas iguais ou superiores a 500 unidades;
c) 40% para encomendas iguais ou superiores a 1000 unidades.
3 – O preço expresso em euros referido no nº 1 deste número, com poder aquisitivo referente ao ano de 2006, será actualizado quando se justifique com efeitos a partir de Março de cada ano, tendo em conta o índice médio de preços ao consumidor no continente, excluindo a habitação, publicado pelo Instituto Nacional de Estatística.

5º
Registos

1 – Está sujeita a registo, a efectuar pelas entidades vendedoras nos termos do nº 3º, a identificação dos fornecedores de bens ou prestadores de serviços a quem são vendidos livros de reclamações com indicação obrigatória das respectivas quantidades.
2 – No que se refere ao estabelecido no nº 4 do nº 3º, a informação constante do registo é facultada sempre que seja solicitada pelas entidades reguladoras ou pelas entidades de controlo de mercado competentes.
3 – A Imprensa Nacional-Casa da Moeda, S. A., comunica mensalmente à Direcção-Geral do Consumidor a lista das numerações de livros entregues às entidades reguladoras, às entidades de controlo de mercado competentes e às entidades autorizadas nos termos do nº 4 do nº 3º da presente portaria a lista das numerações de livros vendidos directamente por si aos estabelecimentos.
4 – A Direcção-Geral do Consumidor apresenta anualmente ao membro do Governo que tutela a defesa do consumidor um relatório elaborado com base na informação disponibilizada pela Imprensa Nacional-Casa da Moeda, S. A.

6º
Livros de reclamações existentes

A Imprensa Nacional-Casa da Moeda, S. A., elabora e disponibiliza uma adenda para efeitos de inclusão nos livros de reclamações do modelo aprovado pela Portaria nº 1288/2005, de 15 de Dezembro, que à data da entrada em vigor da presente portaria se encontrem na posse das entidades editoras e entidades vendedoras mencionadas nos nºs 3 e 4 do nº 3º

7º
Produção, gestão e reposição de livros de reclamações

A Imprensa Nacional-Casa da Moeda, S. A., assegura a produção, a gestão e a reposição de livros de reclamações com base na previsão de consumos fornecida pela Direcção-Geral do Consumidor.

8º
Articulação entre a Direcção-Geral do Consumidor e a Imprensa Nacional-Casa da Moeda, S. A.

No âmbito de aplicação da presente portaria, a Direcção-Geral do Consumidor e a Imprensa Nacional-Casa da Moeda, S. A., devem celebrar um protocolo que estabeleça o quadro de articulação entre ambas as entidades, os respectivos procedimentos e demais condições.

9º
Entrada em vigor

A presente portaria entra em vigor no dia 1 de Janeiro de 2006.

ANEXO I

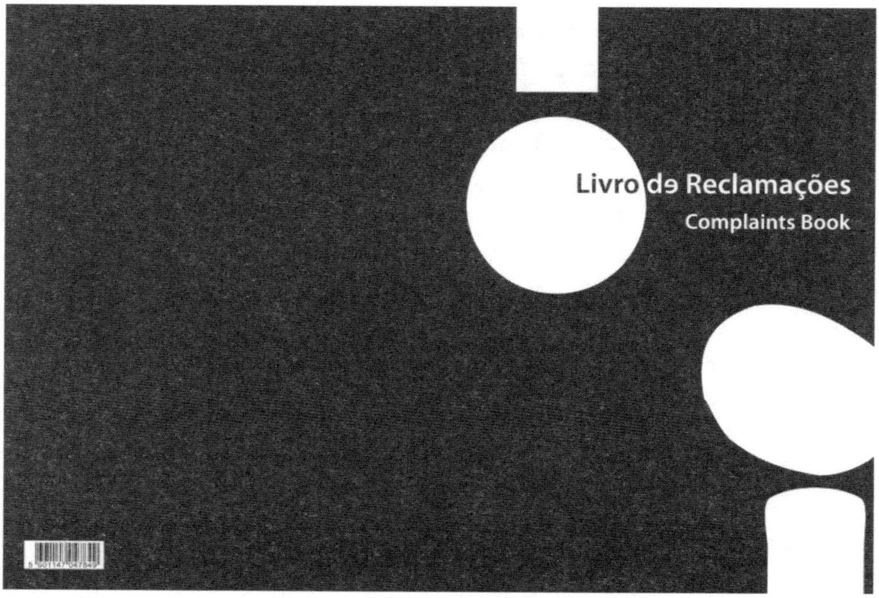

AVISO

NOS TERMOS DA LEGISLAÇÃO EM VIGOR, ESTE LIVRO DE RECLAMAÇÕES DEVE ESTAR SEMPRE DISPONÍVEL NO ESTABELECIMENTO, MESMO QUANDO OS RESPONSÁVEIS SE ENCONTREM AUSENTES, E DEVE SER IMEDIATAMENTE FACULTADO QUANDO SEJA SOLICITADO PELO UTENTE.

(A PREENCHER OBRIGATORIAMENTE PELA ENTIDADE QUE FORNECE ESTE LIVRO)

O presente Livro de Reclamações pertence a

(1) ____________________

____

(2) ____________________

____

Código do CAE Rev. 3 __ __ __ __ __

Foi adquirido em ____ de ____________ de 20 ___.

(3) ____________________

(4) ____________________

(1) Denominação do fornecedor de bens/prestador de serviço.
(2) Morada do estabelecimento.
(3) Entidade que forneceu o Livro.
(4) Assinatura do responsável e carimbo da entidade.

REMETENTE | FROM

DESTINATÁRIO | TO

Edição conjunta Direcção-Geral do Consumidor – Imprensa Nacional-Casa da Moeda, S. A.

FOLHA DE INSTRUÇÕES | INSTRUCTIONS SHEET

Antes de reclamar, leia com atenção

1. A reclamação deve ser redigida com esferográfica. A reclamação deve ser efectuada em LETRAS MAIÚSCULAS (A, B, C... Z), legíveis e de forma concisa e objectiva.
2. Depois de efectuada a reclamação devem ser destacados o original, que, no prazo de dez dias úteis, deve ser enviado pelo fornecedor de bens ou prestador de serviços à entidade reguladora ou à entidade de controlo de mercado competente, sob pena da prática de contra-ordenação, e o duplicado, que deve ser entregue ao reclamante.
3. O duplicado destina-se a ficar na posse do reclamante ou a ser remetido por este à entidade reguladora ou à entidade de controlo de mercado competente. Para saber qual a entidade competente para receber a reclamação deve verificar o letreiro afixado no estabelecimento. A grelha constante nesta folha de instruções é indicativa e poderá sofrer alterações.
4. Nalguns casos pode existir mais de uma entidade competente, pelo que o utente se deve informar (ex. a entidade competente para a electricidade é a ERSE, mas as questões técnicas e de segurança são da competência da DGEG – Direcção-Geral de Energia e Geologia).
5. Caso o reclamante decida remeter a reclamação à entidade competente, deve procurar juntar elementos comprovativos dos factos que motivaram a reclamação (facturas, nomes e moradas de testemunhas, etc.).
6. Os utentes têm o direito de ser atendidos com cortesia e eficiência, mas devem igualmente respeitar as normas usuais de urbanidade no relacionamento com os profissionais.

Prior to filing a complaint, please read these instructions carefully

1. The complaint must be written using a ball-point pen. The complaint must be objective indecorchie, and written in legible CAPITAL LETTERS (A, B, C... Z).
2. After completing the complaint, the original copy must be removed and, within a maximum of ten working days, must be sent by the product supplier/service provider to the competent regulatory authority or market supervisory body, on penalty of committing a countermanding offence, and the duplicate copy must be submitted to the claimant.
3. The duplicate copy is to remain in the claimant's possession. The claimant may then choose to submit it to the competent regulatory authority or market supervisory body. In order to identify the competent authority to which the complaint should be sent, please consult the inscription affixed in the respective establishment. The table specified in this instructions sheet is purely indicative and may undergo alterations.
4. In certain cases, there may be more than one competent authority. The user should therefore seek additional information (e. g. the ERSE is the competent authority for electricity matters, but technical and safety issues are the responsibility of the DGEG – Direcção-Geral de Energia e Geologia).
5. In the event that the claimant decides to submit the complaint to the competent body, he should attempt to assemble evidence for the facts that motivated the complaint (invoices, names and addresses of witnesses, etc.).
6. Customers have the right to be attended with courtesy and efficiency but must also respect usual norms of polite behaviour in their relationships with industry professionals.

GRELHA INDICATIVA E NÃO EXAUSTIVA DE ENTIDADES COMPETENTES

Actividade/Estabelecimento onde é efectuada a reclamação	Entidade competente para recepcionar a reclamação
> Estabelecimentos de comércio a retalho, conjuntos comerciais e estabelecimentos de comércio por grosso com revenda ao consumidor final; postos de abastecimento de combustíveis; lavandarias; estabelecimentos de limpeza a seco e de engomadoria; salões de cabeleireiro, institutos de beleza ou outros de natureza similar; estabelecimentos de tatuagens e colocação de piercings; estabelecimentos de comércio, manutenção e reparação de velocípedes, ciclomotores, motociclos e veículos automóveis novos e usados; parques de estacionamento subterrâneo ou de superfície; agências funerárias; centros de bronzeamento artificial; estabelecimentos de reparação de bens pessoais e domésticos; centros de estudos e de explicações; estabelecimentos de restauração e bebidas; restantes estabelecimentos fixos que disponham de contacto com o público e relativamente aos quais não exista entidade reguladora específica para o efeito; estabelecimentos de manutenção física, independentemente da designação adoptada; recintos de diversões.	ASAE – Autoridade de Segurança Alimentar e Económica.
> Farmácias.	INFARMED – Autoridade Nacional do Medicamento e dos Produtos de Saúde.
> Recintos de espectáculos de natureza artística; estabelecimentos de aluguer de videogramas.	IGAC – Inspecção-Geral das Actividades Culturais.
> Fornecimento de água.	ERSAR – Entidade Reguladora dos Serviços de Águas e Resíduos.
> Fornecimento de gás natural e electricidade.	ERSE – Entidade Reguladora dos Serviços Energéticos.
> Fornecimento de gás butano, propano e outros gases combustíveis.	DGEG – Direcção=Geral de Energia e Geologia.
> Prestação de serviços de comunicações electrónicas e postais.	ICP – Autoridade=Nacional de Comunicações (ICP-ANACOM).
> Transportes rodoviários, ferroviários e fluviais; centros de inspecção automóvel; escolas de condução; centros de exames de condução; estabelecimentos de aluguer de veículos automóveis.	IMTT – Instituto da Mobilidade e dos Transportes Terrestres.
> Transportes aéreos.	INAC – Instituto Nacional de Aviação Civil.
> Estabelecimentos de apoio social; creches; pré-escolar; centros de actividade de tempos livres; lares para crianças e jovens; lares para idosos; centros de dia; apoio domiciliário; lares para pessoas com deficiência; centros de actividades ocupacionais para deficientes; centros comunitários; cantinas sociais; casas-abrigo.	Centros Distritaisda Segurança Social.
> Estabelecimentos das empresas de seguros, de mediadores e de corretores de seguros; estabelecimentos das sociedades gestoras de fundos de pensões.	ISP – Instituto de Seguros de Portugal.
> Instituições de crédito; sociedades financeiras.	BP – Banco de Portugal.
> Estabelecimentos de educação pré-escolar; ensino básico e secundário particular e cooperativo.	Inspecção-Geral da Educação.
> Empresas de mediação imobiliária, de construção civil, de promoção imobiliária, de administração de condomínios e de avaliação imobiliária.	InCI – Instituto da Construção e do Imobiliário.
> Unidades privadas de saúde com internamento ou sala de recobro; estabelecimentos termais.	DGS – Direcção-Geral da Saúde.
> Unidades privadas de saúde sem actividade específica.	ERS – Entidade Reguladora da Saúde.
> Unidades privadas de saúde com actividade específica, designadamente laboratórios; unidades com fins de diagnóstico, terapêutica e de prevenção, radiações ionizantes, ultra-sons ou campos magnéticos; unidades privadas de diálise; clínicas e consultórios dentários; unidades de medicina física e de reabilitação.	ARS – Administração Regional de Saúde.
> Unidades privadas de prestação de cuidados de saúde na área da toxicodependência.	IDT – Instituto da Droga e da Toxicodependência.
> Hotéis; hotéis-apartamentos; pensões; estalagens; motéis; pousadas; aldeamentos turísticos; apartamentos turísticos; moradias turísticas; casas e empreendimentos de turismo no espaço rural; hotéis e parques de campismo rurais; casas da natureza; empresas de animação turística; agências de viagens e turismo.	Turismo de Portugal, I. P.
> Parques de campismo.	CM – Câmara Municipal da área.
> Salas de jogo do bingo.	Turismo de Portugal I. P. – Serviço de Inspecção de Jogos.
> Campos de férias.	IPJ – Instituto Português da Juventude.
> Marinas.	Capitania da área.
> Estabelecimentos notariais privados.	Instituto dos Registos e do Notariado.
> Centros de atendimento médico-veterinário.	Ordem dos Médicos Veterinários.
> Estabelecimentos de ensino superior particular e cooperativo.	Secretaria-Geral do Ministério da Ciência, Tecnologia e Ensino Superior.

INDICATIVE AND NON-EXHAUSTIVE LIST OF COMPETENT AUTHORITIES

Activity in which the complaint is inserted	Competent entity to receive the complaint
> Retail shops and shopping centres, petrol stations, launderettes, dry cleaning and ironing establishments; hairdressing salons, beauty institutes or similar bodies; tattoo and piercing establishments; establishments for the sale, maintenance and repair of new and used bicycles, mopeds, motor-bikes and motor vehicles; underground or surface car-parks; undertakers; solariums; establishments for the repair of personal and domestic goods; study and tutoring centres; Restaurant and bar establishments not classified as luxury or «typical» establishments or declared of interest for tourism; remaining establishments, of a fixed nature, which come into contact with the public and relative to which there is no specific regulatory entity for the purpose; physical fitness establishments, regardless of the designation adopted; water parks for leisure activities.	ASAE – Autoridade de Segurança Alimentar e Económica.
> Pharmacy.	INFARMED – Autoridade Nacional do Medicamento e dos Produtos de Saúde.
> Artistic performance venues; video rental stores.	IGAC – Inspecção-Geral das Actividades Culturais.
> Supply of water.	ERSAR – Entidade Reguladora dos Serviços de Águas e Resíduos.
> Supply of natural gas and electricity.	ERSE – Entidade Reguladora dos Serviços Energéticos.
> Supply of butane and propane gas and other combustible gases.	DGEG – Direcção-Geral de Energia e Geologia.
> Electronic and postal communications.	ICP – Autoridade Nacional de Comunicações (ICP-ANACOM).
> Transport services: railway, road, maritime and river-based; vehicle inspection centres; driving schools; driving examination centres; passenger motor vehicle rental firms.	IMTT – Instituto da Mobilidade e dos Transportes Terrestres.
> Air transport.	INAC – Instituto Nacional de Aviação Civil.
> Social support establishments; kindergarden; nursery school; leisure activity centres; children's and young people's homes; residencial homes for the elderly; day centres; home help; homes for disabled persons; occupational activity centres for disabled persons; community centres; social canteens; shelter houses.	Centros Distritais da Segurança Social.
> Branches of insurance undertakings, together with insurance brokers and agents; pension fund management companies.	ISP – Instituto de Seguros de Portugal.
> Credit institutions; and financial companies.	BP – Banco de Portugal.
> Pre-school educational establishments; Primary and secondary establishments, private and cooperative educational establishments.	Inspecção-Geral da Educação.
> Real-estate brokerage companies; construction companies; real estate companies; condominium administration companies; real estate evaluation companies.	InCI – Instituto da Construção e do Imobiliário.
> Private health units with internment or recovery room; thermal spa establishments.	DGS – Direcção-Geral da Saúde.
> Private health units without specific activities.	ERS – Entidade Reguladora da Saúde.
> Private health units with specific activity, in particular laboratories; units designed for diagnosis, therapy, prevention, ionising radiation, ultrasonic treatment or magnetic fields; private dialysis units; dental clinics and surgeries; physical medicine and rehabilitation units.	ARS – Administração Regional de Saúde.
> Private healthcare units in the area of drug addiction.	IDT – Instituto da Droga e da Toxicodependência.
> Hotels; apartment-hotels; pensions; inns; motels; pousadas; tourism villages; tourism apartments; tourism residences; tourism in rural areas houses and real-estate ventures; tourism entertainment companies; tourism and travel agencies.	Turismo de Portugal, I. P.
> Public and private campsites.	CM – Câmara Municipal da área.
> Bingo halls.	Turismo de Portugal, I. P. – Serviço de Inspecção de Jogos.
> Holiday camps.	IPJ – Instituto Português da Juventude.
> Marinas.	Capitania da área.
> Private notaries.	Instituto dos Registos e do Notariado.
> Veterinary clinics.	Ordem dos Médicos Veterinários.
> Higher educational establishments, private and cooperative educational establishments.	Secretaria-Geral do Ministério da Ciência, Tecnologia e Ensino Superior.

FOLHA DE RECLAMAÇÃO | COMPLAINT FORM

Original* | Original**

ATENÇÃO | ATTENTION:

USE CANETA ESFEROGRÁFICA E ESCREVA COM LETRAS MAIÚSCULAS, LEGÍVEIS E DE FORMA CONCISA E OBJECTIVA | USE A BALL-POINT PEN AND WRITE IN LEGIBLY CAPITAL LETTERS, CONCISLY AND OBJECTIVELY

PARA O CORRECTO PREENCHIMENTO DOS CAMPOS CONSULTAR A CAIXA CONSTANTE NO VERSO DA CAPA DESTE LIVRO | TO CORRECTLY FILL IN THE FIELDS, PLEASE CONSULT THE BOX ON THE INSIDE COVER OF THIS BOOK

1 - IDENTIFICAÇÃO DO FORNECEDOR DO BEM/PRESTADOR DO SERVIÇO CONTRA O QUAL É FEITA A RECLAMAÇÃO | IDENTIFICATION OF THE PRODUCT SUPPLIER/SERVICE PROVIDER AGAINST WHOM THE COMPLAINT IS FILED

a) NOME | NAME

CAE

b) MORADA | ADDRESS

LOCALIDADE | LOCALITY CP -

2 - IDENTIFICAÇÃO DO RECLAMANTE | IDENTIFICATION OF THE COMPLAINANT

a) NOME | NAME

b) E-MAIL

c) MORADA | ADDRESS

LOCALIDADE | LOCALITY CP -

d) NACIONALIDADE | NATIONALITY

e) PASSAPORTE OU BI | IDENTITY CARD f) TEL | TELEPHONE

3 - MOTIVO DA RECLAMAÇÃO | CAUSE OF COMPLAINT *(a descrição dos factos não deve exceder a caixa de texto que se segue | the description of facts must be such as to remain within the following text box)*

Modelo n.º 1888 (Exclusivo da INCM, S. A.)

DATA | DATE HORA | TIME

(ASSINATURA DO RECLAMANTE | SIGNATURE OF THE COMPLAINANT)

* NOS TERMOS DA LEGISLAÇÃO EM VIGOR, DESTINA-SE ESTE ORIGINAL A SER ENVIADO À ENTIDADE COMPETENTE PELO FORNECEDOR DE BENS/PRESTADOR DE SERVIÇOS NO PRAZO DE DEZ DIAS ÚTEIS, SOB PENA DA PRÁTICA DE CONTRA-ORDENAÇÃO PUNÍVEL NOS TERMOS DO DECRETO-LEI N.º 156/2005, DE 15.09 ALTERADO PELO DECRETO-LEI N.º 371/2007, DE 06.11.

** UNDER THE TERMS OF PREVAILING LEGISLATION, THIS ORIGINAL COPY IS TO BE SENT TO THE COMPETENT AUTHORITY BY THE PRODUCT SUPPLIER/SERVICE PROVIDER WITHIN MAXIMUM OF TEN WORKING DAYS, ON PENALTY OF COMMITTING A COUNTERMANDING OFFENCE, PUNISHABLE UNDER THE TERMS OF DECREE-LAW NO. 156/2005, OF 15.09 MODIFIED BY DECREE-LAW NO. 371/2007, OF 06.11.

FOLHA DE RECLAMAÇÃO | COMPLAINT FORM

Duplicado* | Duplicate**

ATENÇÃO | ATTENTION:

USE CANETA ESFEROGRÁFICA E ESCREVA COM LETRAS MAIÚSCULAS, LEGÍVEIS E DE FORMA CONCISA E OBJECTIVA | USE A BALL-POINT PEN AND WRITE IN LEGIBLY CAPITAL LETTERS, CONCISLY AND OBJECTIVELY

PARA O CORRECTO PREENCHIMENTO DOS CAMPOS CONSULTAR A CAIXA CONSTANTE NO VERSO DA CAPA DESTE LIVRO | TO CORRECTLY FILL IN THE FIELDS, PLEASE CONSULT THE BOX ON THE INSIDE COVER OF THIS BOOK

1 - IDENTIFICAÇÃO DO FORNECEDOR DO BEM/PRESTADOR DO SERVIÇO CONTRA O QUAL É FEITA A RECLAMAÇÃO | IDENTIFICATION OF THE PRODUCT SUPPLIER/SERVICE PROVIDER AGAINST WHOM THE COMPLAINT IS FILED

a) NOME | NAME

CAE

b) MORADA | ADDRESS

LOCALIDADE | LOCALITY CP -

2 - IDENTIFICAÇÃO DO RECLAMANTE | IDENTIFICATION OF THE COMPLAINANT

a) NOME | NAME

b) E-MAIL

c) MORADA | ADDRESS

LOCALIDADE | LOCALITY CP -

d) NACIONALIDADE | NATIONALITY

e) PASSAPORTE OU BI | IDENTITY CARD f) TEL | TELEPHONE

3 - MOTIVO DA RECLAMAÇÃO | CAUSE OF COMPLAINT (a descrição dos factos não deve exceder a caixa de texto que se segue | the description of facts must be such as to remain within the following text box)

Modelo n.º 1888 (Exclusivo da INCM, S. A.)

DATA | DATE HORA | TIME

(ASSINATURA DO RECLAMANTE | SIGNATURE OF THE COMPLAINANT)

Destacar pelo picotado, humedecer a superfície de cola e dobrar ao meio.
Cut along the dotted line, moisten the gummed area and fold in half.

* NOS TERMOS DA LEGISLAÇÃO EM VIGOR, DESTINA-SE ESTE DUPLICADO A FICAR NA POSSE DO UTENTE, QUE O PODE REMETER, QUERENDO, À ENTIDADE COMPETENTE. PARA O EFEITO, CONSULTE A FOLHA DE INSTRUÇÕES DESTE LIVRO.

** UNDER THE TERMS OF PREVAILING LEGISLATION, THIS DUPLICATE COPY IS TO REMAIN IN THE CUSTOMER'S POSSESSION, WHO MAY THEN CHOOSE TO SUBMIT IT TO THE COMPETENT AUTHORITY. FOR THIS PURPOSE, PLEASE CONSULT THIS BOOK'S INSTRUCTIONS SHEET.

FOLHA DE RECLAMAÇÃO | COMPLAINT FORM

Triplicado* | Tripled**

ATENÇÃO | ATTENTION:

USE CANETA ESFEROGRÁFICA E ESCREVA COM LETRAS MAIÚSCULAS, LEGÍVEIS E DE FORMA CONCISA E OBJECTIVA | USE A BALL-POINT PEN AND WRITE IN LEGIBLY CAPITAL LETTERS, CONCISLY AND OBJECTIVELY

PARA O CORRECTO PREENCHIMENTO DOS CAMPOS CONSULTAR A CAIXA CONSTANTE NO VERSO DA CAPA DESTE LIVRO | TO CORRECTLY FILL IN THE FIELDS, PLEASE CONSULT THE BOX ON THE INSIDE COVER OF THIS BOOK

1 - **IDENTIFICAÇÃO DO FORNECEDOR DO BEM/PRESTADOR DO SERVIÇO CONTRA O QUAL É FEITA A RECLAMAÇÃO | IDENTIFICATION OF THE PRODUCT SUPPLIER/SERVICE PROVIDER AGAINST WHOM THE COMPLAINT IS FILED**

a) NOME | NAME

CAE

b) MORADA | ADDRESS

LOCALIDADE | LOCALITY CP -

2 - **IDENTIFICAÇÃO DO RECLAMANTE | IDENTIFICATION OF THE COMPLAINANT**

a) NOME | NAME

b) E-MAIL

c) MORADA | ADDRESS

LOCALIDADE | LOCALITY CP -

d) NACIONALIDADE | NATIONALITY

e) PASSAPORTE OU BI | IDENTITY CARD *f)* TEL | TELEPHONE

3 - **MOTIVO DA RECLAMAÇÃO | CAUSE OF COMPLAINT** *(a descrição dos factos não deve exceder a caixa de texto que se segue | the description of facts must be such as to remain within the following text box)*

DATA | DATE HORA | TIME

(ASSINATURA DO RECLAMANTE | SIGNATURE OF THE COMPLAINANT)

* NOS TERMOS DA LEGISLAÇÃO EM VIGOR, ESTE TRIPLICADO FAZ PARTE INTEGRANTE DO LIVRO E NÃO PODE SER RETIRADO

** UNDER THE TERMS OF PREVAILING LEGISLATION, THIS TRIPLICATE COPY FORMS AN INTEGRAL PART OF THE BOOK AND MAY NOT BE REMOVED

ANEXO II

Decreto-Lei nº 555/99, de 16 de Dezembro

REGIME JURÍDICO DA URBANIZAÇÃO E DA EDIFICAÇÃO[17]

CAPÍTULO I
DISPOSIÇÕES PRELIMINARES

ARTIGO 1º
Objecto

O presente diploma estabelece o regime jurídico da urbanização e da edificação.

ARTIGO 2º
Definições

Para efeitos do presente diploma, entende-se por:

a) «Edificação» a actividade ou o resultado da construção, reconstrução, ampliação, alteração ou conservação de um imóvel destinado a utilização humana, bem como de qualquer outra construção que se incorpore no solo com carácter de permanência;

b) «Obras de construção» as obras de criação de novas edificações;

c) «Obras de reconstrução sem preservação das fachadas» as obras de construção subsequentes à demolição total ou parcial de uma edificação existente, das quais resulte a reconstituição da estrutura das fachadas, da cércea e do número de pisos;

d) «Obras de ampliação» as obras de que resulte o aumento da área de pavimento ou de implantação, da cércea ou do volume de uma edificação existente;

e) «Obras de alteração» as obras de que resulte a modificação das características físicas de uma edificação existente ou sua fracção, designadamente a respectiva estrutura resistente, o número de fogos ou divisões interiores, ou a natureza e cor dos materiais de revestimento exterior, sem aumento da área de pavimento ou de implantação ou da cércea;

[17] O RJUE foi aprovado pelo Decreto-Lei nº 555/99, de 16 de Dezembro, alterado pelas Leis nº 13/2000, de 20 de Julho e 30-A/2000, de 20 de Dezembro, pelo Decreto-Lei nº 177/2001, de 4 de Junho, pelas Leis nºs 15/2002, de 22 de Fevereiro, 4-A/2003, de 19 de Fevereiro, pelo Decreto-Lei nº 157/2006, de 8 de Agosto, pela Lei nº 60/2007, de 4 de Setembro, pelos Decretos-Leis nºs 18/2008, de 29 de Janeiro, 116/2008, de 4 de Julho e 26/2010, de 30.03.

f) «Obras de conservação» as obras destinadas a manter uma edificação nas condições existentes à data da sua construção, reconstrução, ampliação ou alteração, designadamente as obras de restauro, reparação ou limpeza;
g) «Obras de demolição» as obras de destruição, total ou parcial, de uma edificação existente;
h) «Obras de urbanização» as obras de criação e remodelação de infra-estruturas destinadas a servir directamente os espaços urbanos ou as edificações, designadamente arruamentos viários e pedonais, redes de esgotos e de abastecimento de água, electricidade, gás e telecomunicações, e ainda espaços verdes e outros espaços de utilização colectiva;
i) «Operações de loteamento» as acções que tenham por objecto ou por efeito a constituição de um ou mais lotes destinados, imediata ou subsequentemente, à edificação urbana e que resulte da divisão de um ou vários prédios ou do seu reparcelamento;
j) «Operações urbanísticas» as operações materiais de urbanização, de edificação, utilização dos edifícios ou do solo desde que, neste último caso, para fins não exclusivamente agrícolas, pecuários, florestais, mineiros ou de abastecimento público de água;
l) «Trabalhos de remodelação dos terrenos» as operações urbanísticas não compreendidas nas alíneas anteriores que impliquem a destruição do revestimento vegetal, a alteração do relevo natural e das camadas de solo arável ou o derrube de árvores de alto porte ou em maciço para fins não exclusivamente agrícolas, pecuários, florestais ou mineiros;
m) «Obras de escassa relevância urbanística» as obras de edificação ou demolição que, pela sua natureza, dimensão ou localização tenham escasso impacte urbanístico;
n) «Obras de reconstrução com preservação das fachadas» as obras de construção subsequentes à demolição de parte de uma edificação existente, preservando as fachadas principais com todos os seus elementos não dissonantes e das quais não resulte edificação com cércea superior à das edificações confinantes mais elevadas;
o) «Zona urbana consolidada» a zona caracterizada por uma densidade de ocupação que permite identificar uma malha ou estrutura urbana já definida, onde existem as infra-estruturas essenciais e onde se encontram definidos os alinhamentos dos planos marginais por edificações em continuidade.

ARTIGO 3º
Regulamentos municipais

1 – No exercício do seu poder regulamentar próprio, os municípios aprovam regulamentos municipais de urbanização e ou de edificação, bem como regulamentos relativos ao lançamento e liquidação das taxas e prestação de caução que, nos termos da lei, sejam devidas pela realização de operações urbanísticas.
2 – Os regulamentos previstos no número anterior devem ter como objectivo a concretização e execução do presente diploma, não podendo contrariar o nele disposto, designadamente

quanto ao procedimento de controlo prévio a que operações urbanísticas estão submetidas, e devem fixar os montantes das taxas a cobrar nos casos de admissão de comunicação prévia e de deferimento tácito, não podendo estes valores exceder os previstos para o licenciamento ou acto expresso.
3 – Os projectos dos regulamentos referidos no nº 1 são submetidos a discussão pública, por prazo não inferior a 30 dias, antes da sua aprovação pelos órgãos municipais.
4 – Os regulamentos referidos no nº 1 são objecto de publicação na 2ª série do Diário da República, sem prejuízo das demais formas de publicidade previstas na lei.

CAPÍTULO II
CONTROLO PRÉVIO
SECÇÃO I
ÂMBITO E COMPETÊNCIA

ARTIGO 4º
Licença, comunicação prévia e autorização de utilização

1 – A realização de operações urbanísticas depende de controlo prévio, que pode revestir as modalidades de licença, comunicação prévia ou autorização de utilização, nos termos e com as excepções constantes da presente secção.
2 – Estão sujeitas a licença administrativa:
a) As operações de loteamento;
b) As obras de urbanização e os trabalhos de remodelação de terrenos em área não abrangida por operação de loteamento;
c) As obras de construção, de alteração ou de ampliação em área não abrangida por operação de loteamento ou por plano de pormenor que contenha os elementos referidos nas alíneas c), d) e f) do nº 1 do artigo 91º do Decreto-Lei nº 380/99, de 22 de Setembro, que estabelece o regime jurídico dos instrumentos de gestão territorial;
d) As obras de reconstrução, ampliação, alteração, conservação ou demolição de imóveis classificados ou em vias de classificação, bem como dos imóveis integrados em conjuntos ou sítios classificados ou em vias de classificação, e as obras de construção, reconstrução, ampliação, alteração exterior ou demolição de imóveis situados em zonas de protecção de imóveis classificados ou em vias de classificação;
e) As obras de reconstrução sem preservação das fachadas;
f) As obras de demolição das edificações que não se encontrem previstas em licença de obras de reconstrução;

g) (Revogada.)

3 – A sujeição a licenciamento dos actos de reparcelamento da propriedade de que resultem parcelas não destinadas imediatamente a urbanização ou edificação depende da vontade dos proprietários.

4 – Estão sujeitas a comunicação prévia as seguintes operações urbanísticas:

a) As obras de reconstrução com preservação das fachadas;

b) As obras de urbanização e os trabalhos de remodelação de terrenos em área abrangida por operação de loteamento;

c) As obras de construção, de alteração ou de ampliação em área abrangida por operação de loteamento ou plano de pormenor que contenha os elementos referidos nas alíneas c), d) e f) do nº 1 do artigo 91º do Decreto-Lei nº 380/99, de 22 de Setembro, que estabelece o regime jurídico dos instrumentos de gestão territorial;

d) As obras de construção, de alteração ou de ampliação em zona urbana consolidada que respeitem os planos municipais e das quais não resulte edificação com cércea superior à altura mais frequente das fachadas da frente edificada do lado do arruamento onde se integra a nova edificação, no troço de rua compreendido entre as duas transversais mais próximas, para um e para outro lado;

e) As obras de construção, reconstrução, ampliação, alteração ou demolição de imóveis nas seguintes áreas sujeitas a servidão administrativa ou restrição de utilidade pública:

i) Zonas de protecção dos perímetros de protecção de águas minerais naturais, definidas nos termos do Decreto-Lei nº 90/90, de 16 de Março;

ii) Zonas de protecção dos perímetros de protecção de captações de águas subterrâneas destinadas ao abastecimento público, definidas nos termos da Lei nº 58/2005, de 29 de Dezembro, e do Decreto-Lei nº 382/99, de 22 de Setembro, com a redacção conferida pelo Decreto-Lei nº 226-A/2007, de 31 de Maio;

iii) Áreas de pesquisa, estudo ou trabalhos de sistemas de drenagem e tratamento de águas residuais urbanas, definidas nos termos do Decreto-Lei nº 34 021, de 11 de Outubro de 1944;

iv) Zonas terrestres de protecção das albufeiras, lagoas ou lagos de águas públicas, definidas nos termos do Decreto-Lei nº 107/2009, de 15 de Maio;

v) Zonas terrestres de protecção dos estuários, definidas nos termos do Decreto-Lei nº 129/2008, de 21 de Julho;

vi) Áreas integradas no domínio hídrico, público ou privado, definidas nos termos das Leis nºs 54/2005, de 15 de Novembro, e 58/2005, de 29 de Novembro;

vii) Áreas classificadas integradas na Rede Natura 2000 e as áreas protegidas classificadas, nos termos definidos no Decreto-Lei nº 142/2008, de 24 de Julho;

viii) Áreas integradas na Reserva Ecológica Nacional, nos termos definidos no Decreto--Lei nº 166/2008, de 22 de Agosto;

ix) Áreas sujeitas a servidão militar, nos termos da Lei nº 2078, de 11 de Julho de 1955, e do Decreto-Lei nº 45 986, de 22 de Outubro de 1964;

f) A edificação de piscinas associadas a edificação principal;

g) As alterações à utilização dos edifícios que envolvam a realização de obras não isentas de controlo prévio ou que careçam da realização de consultas externas;

h) As demais operações urbanísticas que não estejam isentas de controlo prévio, nos termos do presente diploma.

5 – Está sujeita a autorização a utilização dos edifícios ou suas fracções, bem como as alterações da utilização dos mesmos.

ARTIGO 5º
Competência

1 – A concessão da licença prevista no nº 2 do artigo anterior é da competência da câmara municipal, com faculdade de delegação no presidente e de subdelegação deste nos vereadores.

2 – A admissão ou rejeição da comunicação prévia prevista no nº 4 do artigo anterior é da competência do presidente da câmara municipal, podendo ser delegada nos vereadores, com faculdade de subdelegação, ou nos dirigentes dos serviços municipais.

3 – A concessão da autorização prevista no nº 5 do artigo anterior é da competência do presidente da câmara, podendo ser delegada nos vereadores, com faculdade de subdelegação, ou nos dirigentes dos serviços municipais.

4 – A aprovação da informação prévia regulada no presente diploma é da competência da câmara municipal, podendo ser delegada no seu presidente, com faculdade de subdelegação nos vereadores.

ARTIGO 6º
Isenção de controlo prévio

1 – Sem prejuízo do disposto na alínea a) do nº 2 do artigo 4º, estão isentas de controlo prévio:

a) As obras de conservação;

b) As obras de alteração no interior de edifícios ou suas fracções que não impliquem modificações na estrutura de estabilidade, das cérceas, da forma das fachadas e da forma dos telhados ou coberturas;

c) As obras de escassa relevância urbanística;

d) Os destaques referidos nos nºs 4 e 5 do presente artigo.

2 – (Revogado.)

3 – (Revogado.)

4 – Os actos que tenham por efeito o destaque de uma única parcela de prédio com descrição predial que se situe em perímetro urbano estão isentos de licença desde que as duas parcelas resultantes do destaque confrontem com arruamentos públicos.

5 – Nas áreas situadas fora dos perímetros urbanos, os actos a que se refere o número anterior estão isentos de licença quando, cumulativamente, se mostrem cumpridas as seguintes condições:

a) Na parcela destacada só seja construído edifício que se destine exclusivamente a fins habitacionais e que não tenha mais de dois fogos;

b) Na parcela restante se respeite a área mínima fixada no projecto de intervenção em espaço rural em vigor ou, quando aquele não exista, a área de unidade de cultura fixada nos termos da lei geral para a região respectiva.

6 – Nos casos referidos nos n.ºs 4 e 5, não é permitido efectuar na área correspondente ao prédio originário novo destaque nos termos aí referidos por um prazo de 10 anos contados da data do destaque anterior.

7 – O condicionamento da construção bem como o ónus do não fraccionamento previstos nos n.ºs 5 e 6 devem ser inscritos no registo predial sobre as parcelas resultantes do destaque, sem o que não pode ser licenciada ou comunicada qualquer obra de construção nessas parcelas.

8 – O disposto no presente artigo não isenta a realização das operações urbanísticas nele previstas da observância das normas legais e regulamentares aplicáveis, designadamente as constantes de planos municipais ou especiais de ordenamento do território, de servidões ou restrições de utilidade pública, as normas técnicas de construção, as de protecção do património cultural imóvel, e a obrigação de comunicação prévia nos termos do artigo 24.º do Decreto-Lei n.º 73/2009, de 31 de Março, que estabelece o regime jurídico da Reserva Agrícola Nacional.

9 – A certidão emitida pela câmara municipal comprovativa da verificação dos requisitos do destaque constitui documento bastante para efeitos de registo predial da parcela destacada.

10 – Os actos que tenham por efeito o destaque de parcela com descrição predial que se situe em perímetro urbano e fora deste devem observar o disposto nos n.ºs 4 ou 5, consoante a localização da parcela a destacar, ou, se também ela se situar em perímetro urbano e fora deste, consoante a localização da área maior.

ARTIGO 6º-A
Obras de escassa relevância urbanística

1 – São obras de escassa relevância urbanística:

a) As edificações, contíguas ou não, ao edifício principal com altura não superior a 2,2 m ou, em alternativa, à cércea do rés-do-chão do edifício principal com área igual ou inferior a 10 m2 e que não confinem com a via pública;

b) A edificação de muros de vedação até 1,8 m de altura que não confinem com a via pública e de muros de suporte de terras até uma altura de 2 m ou que não alterem significativamente a topografia dos terrenos existentes;

c) A edificação de estufas de jardim com altura inferior a 3 m e área igual ou inferior a 20 m2;

d) As pequenas obras de arranjo e melhoramento da área envolvente das edificações que não afectem área do domínio público;

e) A edificação de equipamento lúdico ou de lazer associado a edificação principal com área inferior à desta última;

f) A demolição das edificações referidas nas alíneas anteriores;

g) A instalação de painéis solares fotovoltaicos ou geradores eólicos associada a edificação principal, para produção de energias renováveis, incluindo de microprodução, que não excedam, no primeiro caso, a área de cobertura da edificação e a cércea desta em 1 m de altura, e no segundo, a cércea da mesma em 4 m e que o equipamento gerador não tenha raio superior a 1,5 m, bem como de colectores solares térmicos para aquecimento de águas sanitárias que não excedam os limites previstos para os painéis solares fotovoltaicos;

h) A substituição dos materiais de revestimento exterior ou de cobertura ou telhado por outros que, conferindo acabamento exterior idêntico ao original, promovam a eficiência energética;

i) Outras obras, como tal qualificadas em regulamento municipal.

2 – Exceptuam-se do disposto no número anterior as obras e instalações em:

a) Imóveis classificados ou em vias de classificação, de interesse nacional ou de interesse público;

b) Imóveis situados em zonas de protecção de imóveis classificados ou em vias de classificação;

c) Imóveis integrados em conjuntos ou sítios classificados ou em vias de classificação.

3 – O regulamento municipal a que se refere a alínea i) do nº 1 pode estabelecer limites além dos previstos nas alíneas a) a c) do mesmo número.

4 – A descrição predial pode ser actualizada mediante declaração de realização de obras de escassa relevância urbanística nos termos do presente diploma.

5 – A instalação de geradores eólicos referida na alínea g) do nº 1 é precedida de notificação à câmara municipal.

6 – A notificação prevista no número anterior destina-se a dar conhecimento à câmara municipal da instalação do equipamento e deve ser instruída com:

a) A localização do equipamento;

b) A cércea e raio do equipamento;

c) O nível de ruído produzido pelo equipamento;

d) Termo de responsabilidade onde o apresentante da notificação declare conhecer e cumprir as normas legais e regulamentares aplicáveis à instalação de geradores eólicos.

ARTIGO 7º

Operações urbanísticas promovidas pela Administração Pública

1 – Estão igualmente isentas de controlo prévio:

a) As operações urbanísticas promovidas pelas autarquias locais e suas associações em área abrangida por plano municipal de ordenamento do território;

b) As operações urbanísticas promovidas pelo Estado relativas a equipamentos ou infra-estruturas destinados à instalação de serviços públicos ou afectos ao uso directo e imediato do público, sem prejuízo do disposto no nº 4;

c) As obras de edificação ou demolição promovidas por institutos públicos ou entidades da Administração Pública que tenham por atribuições específicas a salvaguarda do património cultural ou a promoção e gestão do parque habitacional do Estado e que estejam directamente relacionadas com a prossecução destas atribuições;

d) As obras de edificação ou demolição promovidas por entidades públicas que tenham por atribuições específicas a administração das áreas portuárias ou do domínio público ferroviário ou aeroportuário quando realizadas na respectiva área de jurisdição e directamente relacionadas com a prossecução daquelas atribuições;

e) As obras de edificação ou de demolição e os trabalhos promovidos por entidades concessionárias de obras ou serviços públicos quando se reconduzam à prossecução do objecto da concessão;

f) As operações urbanísticas promovidas por empresas públicas relativamente a parques empresarias e similares, nomeadamente áreas de localização empresarial, zonas industriais e de logística.

2 – A execução das operações urbanísticas previstas no número anterior, com excepção das promovidas pelos municípios, fica sujeita a parecer prévio não vinculativo da câmara municipal, que deve ser emitido no prazo de 20 dias a contar da data da recepção do respectivo pedido.

3 – As operações de loteamento e as obras de urbanização promovidas pelas autarquias locais e suas associações em área não abrangida por plano municipal de ordenamento do território

devem ser previamente autorizadas pela assembleia municipal, depois de submetidas a parecer prévio não vinculativo da comissão de coordenação e desenvolvimento regional (CCDR), a qual deve pronunciar-se no prazo de 20 dias a contar da recepção do respectivo pedido.
4 – As operações de loteamento e as obras de urbanização promovidas pelo Estado devem ser previamente autorizadas pelo ministro da tutela e pelo ministro responsável pelo ordenamento do território, depois de ouvida a câmara municipal, a qual se deve pronunciar no prazo de 20 dias após a recepção do respectivo pedido.
5 – As operações de loteamento e as obras de urbanização promovidas pelas autarquias locais e suas associações ou pelo Estado, em área não abrangida por plano de urbanização ou plano de pormenor, são submetidas a discussão pública, nos termos estabelecidos no artigo 77º do Decreto-Lei nº 380/99, de 22 de Setembro, com as necessárias adaptações, excepto no que se refere aos períodos de anúncio e duração da discussão pública que são, respectivamente, de 8 e de 15 dias.
6 – A realização das operações urbanísticas previstas neste artigo deve observar as normas legais e regulamentares que lhes forem aplicáveis, designadamente as constantes de instrumento de gestão territorial, do regime jurídico de protecção do património cultural, do regime jurídico aplicável à gestão de resíduos de construção e demolição, e as normas técnicas de construção.
7 – À realização das operações urbanísticas previstas neste artigo aplica-se ainda, com as devidas adaptações, o disposto nos artigos 10º, 12º e 78º

SECÇÃO II
FORMAS DE PROCEDIMENTO
SUBSECÇÃO I
DISPOSIÇÕES GERAIS

ARTIGO 8º
Procedimento

1 – O controlo prévio das operações urbanísticas obedece às formas de procedimento previstas na presente secção, devendo ainda ser observadas as condições especiais de licenciamento previstas na secção iii do presente capítulo.
2 – Sem prejuízo das competências do gestor de procedimento, a direcção da instrução do procedimento compete ao presidente da câmara municipal, podendo ser delegada nos vereadores, com faculdade de subdelegação nos dirigentes dos serviços municipais.

3 – Cada procedimento é acompanhado por gestor de procedimento, a quem compete assegurar o normal desenvolvimento da tramitação processual, acompanhando, nomeadamente, a instrução, o cumprimento de prazos, a prestação de informação e os esclarecimentos aos interessados.
4 – O recibo da apresentação de requerimento para licenciamento, informação prévia ou comunicação prévia contém a identificação do gestor do procedimento, bem como a indicação do local, do horário e da forma pelo qual poderá ser contactado.
5 – Em caso de substituição do gestor de procedimento, é notificada ao interessado a identidade do novo gestor, bem como os elementos referidos no número anterior.

ARTIGO 8º-A
Sistema informático

1 – A tramitação dos procedimentos previstos no presente diploma é realizada informaticamente, com recurso a um sistema informático próprio, o qual permite, nomeadamente:
a) A entrega de requerimentos e comunicações;
b) A consulta pelos interessados do estado dos procedimentos;
c) A submissão dos procedimentos a consulta por entidades externas ao município;
d) Disponibilizar informação relativa aos procedimentos de comunicação prévia admitida para efeitos de registo predial e matricial.
2 – O sistema informático previsto neste artigo é objecto de portaria conjunta dos membros do Governo responsáveis pela justiça, pela administração local e pelo ordenamento do território.
3 – A apresentação de requerimentos e outros elementos e a realização de comunicações através de via electrónica devem ser instruídas com assinatura digital qualificada.

ARTIGO 9º
Requerimento e comunicação

1 – Salvo disposição em contrário, os procedimentos previstos no presente diploma iniciam-se através de requerimento ou comunicação apresentados com recurso a meios electrónicos e através do sistema previsto no artigo anterior, dirigidos ao presidente da câmara municipal, dos quais devem constar a identificação do requerente ou comunicante, incluindo o domicílio ou sede, bem como a indicação da qualidade de titular de qualquer direito que lhe confira a faculdade de realizar a operação urbanística.
2 – Do requerimento ou comunicação consta igualmente a indicação do pedido ou objecto em termos claros e precisos, identificando o tipo de operação urbanística a realizar por referência ao disposto no artigo 2º, bem como a respectiva localização.

3 – Quando respeite a mais de um dos tipos de operações urbanísticas referidos no artigo 2º directamente relacionadas, devem ser identificadas todas as operações abrangidas, aplicando-se neste caso a forma de procedimento correspondente a cada tipo de operação, sem prejuízo da tramitação e apreciação conjunta.
4 – O pedido ou comunicação é acompanhado dos elementos instrutórios previstos em portaria aprovada pelos ministros responsáveis pelas obras públicas e pelo ordenamento do território, para além dos documentos especialmente referidos no presente diploma.
5 – (Revogado.)
6 – Com a apresentação de requerimento ou comunicação por via electrónica é emitido recibo entregue por via electrónica.
7 – No requerimento inicial pode o interessado solicitar a indicação das entidades que, nos termos da lei, devam emitir parecer, autorização ou aprovação relativamente ao pedido apresentado, sendo-lhe tal notificado no prazo de 15 dias, salvo rejeição liminar do pedido nos termos do disposto no artigo 11º
8 – O gestor do procedimento regista no processo a junção subsequente de quaisquer novos documentos e a data das consultas a entidades exteriores ao município e da recepção das respectivas respostas, quando for caso disso, bem como a data e o teor das decisões dos órgãos municipais.
9 – A substituição do requerente ou comunicante, do titular do alvará de construção ou do título de registo emitidos pelo Instituto da Construção e do Imobiliário, I. P. (InCI, I. P.), do responsável por qualquer dos projectos apresentados, do director de obra ou do director de fiscalização de obra deve ser comunicada ao gestor do procedimento para que este proceda ao respectivo averbamento no prazo de 15 dias a contar da data da substituição.
10 – Cabe ao gestor do procedimento verificar a adequação das habilitações do titular do alvará de construção ou do título de registo emitidos pelo InCI, I. P., à natureza e à estimativa de custo da operação urbanística.

ARTIGO 10º
Termo de responsabilidade

1 – O requerimento ou comunicação é sempre instruído com declaração dos autores dos projectos, da qual conste que foram observadas na elaboração dos mesmos as normas legais e regulamentares aplicáveis, designadamente as normas técnicas de construção em vigor, e do coordenador dos projectos, que ateste a compatibilidade entre os mesmos.
2 – Das declarações mencionadas no número anterior deve, ainda, constar referência à conformidade do projecto com os planos municipais de ordenamento do território aplicáveis à pretensão, bem como com a licença de loteamento, quando exista.

3 – Sem prejuízo do disposto no número seguinte e em legislação especial, só podem subscrever projectos os técnicos legalmente habilitados que se encontrem inscritos em associação pública de natureza profissional e que façam prova da validade da sua inscrição aquando da apresentação do requerimento inicial.
4 – Os técnicos cuja actividade não esteja abrangida por associação pública podem subscrever os projectos para os quais possuam habilitação adequada, nos termos do disposto no regime da qualificação profissional exigível aos técnicos responsáveis pela elaboração e subscrição de projectos ou em legislação especial relativa a organismo público legalmente reconhecido.
5 – Os autores e coordenador dos projectos devem declarar, nomeadamente nas situações previstas no artigo 60º, quais as normas técnicas ou regulamentares em vigor que não foram observadas na elaboração dos mesmos, fundamentando as razões da sua não observância.
6 – Sempre que forem detectadas irregularidades nos termos de responsabilidade, no que respeita às normas legais e regulamentares aplicáveis e à conformidade do projecto com os planos municipais de ordenamento do território ou licença de loteamento, quando exista, devem as mesmas ser comunicadas à associação pública de natureza profissional onde o técnico está inscrito ou ao organismo público legalmente reconhecido no caso dos técnicos cuja actividade não esteja abrangida por associação pública.

ARTIGO 11º
Saneamento e apreciação liminar

1 – Compete ao presidente da câmara municipal, por sua iniciativa ou por indicação do gestor do procedimento, decidir as questões de ordem formal e processual que possam obstar ao conhecimento de qualquer pedido ou comunicação apresentados no âmbito do presente diploma.
2 – O presidente da câmara municipal profere despacho de aperfeiçoamento do pedido, no prazo de oito dias a contar da respectiva apresentação, sempre que o requerimento ou comunicação não contenham a identificação do requerente ou comunicante, do pedido ou da localização da operação urbanística a realizar, bem como no caso de faltar documento instrutório exigível que seja indispensável ao conhecimento da pretensão e cuja falta não possa ser oficiosamente suprida.
3 – Na hipótese prevista no número anterior, o requerente ou comunicante é notificado para, no prazo de 15 dias, corrigir ou completar o pedido, ficando suspensos os termos ulteriores do procedimento, sob pena de rejeição liminar.
4 – No prazo de 10 dias a contar da apresentação do requerimento ou comunicação, o presidente da câmara municipal pode igualmente proferir despacho de rejeição liminar, oficiosamente ou por indicação do gestor do procedimento, quando da análise dos elementos

instrutórios resultar que o pedido é manifestamente contrário às normas legais ou regulamentares aplicáveis.

5 – Não ocorrendo rejeição liminar ou convite para corrigir ou completar o pedido ou comunicação, no prazo previsto nos nºs 2 e 4, presume-se que o requerimento ou comunicação se encontram correctamente instruídos.

6 – Sem prejuízo do disposto nos números anteriores, o gestor do procedimento deve dar a conhecer ao presidente da câmara municipal, até à decisão final, qualquer questão que prejudique o desenvolvimento normal do procedimento ou impeça a tomada de decisão sobre o objecto do pedido, nomeadamente a ilegitimidade do requerente e a caducidade do direito que se pretende exercer.

7 – Salvo no que respeita às consultas a que se refere o artigo 13º, se a decisão final depender da decisão de uma questão que seja da competência de outro órgão administrativo ou dos tribunais, deve o presidente da câmara municipal suspender o procedimento até que o órgão ou o tribunal competente se pronunciem, notificando o requerente desse acto, sem prejuízo do disposto no nº 2 do artigo 31º do Código do Procedimento Administrativo.

8 – Sem prejuízo do disposto no número anterior, o interessado pode requerer a continuação do procedimento em alternativa à suspensão, ficando a decisão final condicionada, na sua execução, à decisão que vier a ser proferida pelo órgão administrativo ou tribunal competente.

9 – Havendo rejeição do pedido ou comunicação, nos termos do presente artigo, o interessado que apresente novo pedido ou comunicação para o mesmo fim está dispensado de juntar os documentos utilizados anteriormente que se mantenham válidos e adequados.

10 – O presidente da câmara municipal pode delegar nos vereadores, com faculdade de subdelegação ou nos dirigentes dos serviços municipais, as competências referidas nos nºs 1 a 4 e no número seguinte.

11 – Quando se verifique que a operação urbanística a que respeita o pedido ou comunicação não se integra no tipo de procedimento indicado, o requerente ou comunicante é notificado, no prazo de 15 dias a contar da apresentação desse requerimento, para os efeitos seguintes:

a) No caso de o procedimento indicado ser mais simples do que o aplicável, para, em 30 dias, declarar se pretende que o procedimento prossiga na forma legalmente prevista, devendo, em caso afirmativo e no mesmo prazo, juntar os elementos que estiverem em falta, sob pena de rejeição liminar;

b) No caso de o procedimento indicado ser mais exigente do que o aplicável, tomar conhecimento da conversão oficiosa do procedimento para a forma legalmente prevista;

c) No caso de a operação urbanística em causa estar isenta de controlo prévio, tomar conhecimento da extinção do procedimento.

ARTIGO 12º
Publicidade do pedido

O pedido de licenciamento ou a comunicação prévia de operação urbanística devem ser publicitados sob forma de aviso, segundo o modelo aprovado por portaria do membro do Governo responsável pelo ordenamento do território, a colocar no local de execução da operação de forma visível da via pública, no prazo de 10 dias a contar da apresentação do requerimento inicial ou comunicação.

ARTIGO 12º-A
Suspensão do procedimento

Nas áreas a abranger por novas regras urbanísticas constantes de plano municipal ou especial de ordenamento do território ou sua revisão aplica-se o disposto no artigo 117º do Decreto-Lei nº 380/99, de 22 de Setembro, que estabelece o regime jurídico dos instrumentos de gestão territorial.

ARTIGO 13º
Consulta a entidades externas

1 – A consulta às entidades que, nos termos da lei, devam emitir parecer, autorização ou aprovação sobre o pedido é promovida pelo gestor do procedimento e é efectuada em simultâneo, através do sistema informático previsto no artigo 8º-A.
2 – Nos casos previstos no artigo seguinte, o gestor do procedimento comunica o pedido, com a identificação das entidades a consultar, à CCDR.
3 – As entidades exteriores ao município pronunciam-se exclusivamente no âmbito das suas atribuições e competências.
4 – As entidades consultadas devem pronunciar-se no prazo de 20 dias a contar da data de disponibilização do processo.
5 – Considera-se haver concordância daquelas entidades com a pretensão formulada se os respectivos pareceres, autorizações ou aprovações não forem recebidos dentro do prazo fixado no número anterior.
6 – Os pareceres das entidades exteriores ao município só têm carácter vinculativo quando tal resulte da lei, desde que se fundamentem em condicionamentos legais ou regulamentares e sejam recebidos dentro do prazo.
7 – São fixados em diploma próprio os projectos das especialidades e outros estudos e as certificações técnicas que carecem de consulta, de aprovação ou de parecer, interno ou externo, bem como os termos em que têm lugar.

8 – A consulta, certificação, aprovação ou parecer, por entidade interna ou externa aos municípios, dos projectos das especialidades e outros estudos referidos no número anterior não têm lugar quando o respectivo projecto seja acompanhado por termo de responsabilidade subscrito por técnico autor de projecto legalmente habilitado que ateste o cumprimento das normas legais e regulamentares aplicáveis, designadamente as identificadas nos nºs 1 e 2 do artigo 10º

9 – A realização de vistoria, certificação, aprovação ou parecer, pelo município ou por entidade exterior, sobre a conformidade da execução dos projectos das especialidades e outros estudos com o projecto aprovado ou apresentado é dispensada mediante emissão de termo de responsabilidade por técnico legalmente habilitado para esse efeito, de acordo com o respectivo regime legal, que ateste essa conformidade.

10 – O disposto nos nºs 8 e 9 não prejudica a verificação aleatória dos projectos neles referidos e da sua execução.

ARTIGO 13º-A
Parecer, aprovação ou autorização de localização

1 – A consulta de entidades da administração central, directa ou indirecta, do sector empresarial do Estado, bem como de entidades concessionárias que exerçam poderes de autoridade, que se devam pronunciar sobre a operação urbanística em razão da localização, é efectuada através de uma única entidade coordenadora, a CCDR territorialmente competente, a qual emite uma decisão global e vinculativa de toda a administração.

2 – A CCDR identifica, no prazo de cinco dias a contar da recepção dos elementos através do sistema previsto no artigo 8º-A, as entidades que nos termos da lei devam emitir parecer, aprovação ou autorização de localização, promovendo dentro daquele prazo a respectiva consulta, a efectivar em simultâneo e com recurso ao referido sistema informático.

3 – As entidades consultadas devem pronunciar-se no prazo de 20 dias, sem possibilidade de suspensão do procedimento.

4 – O prazo para as entidades consultadas se pronunciarem é de 40 dias, sem possibilidade de suspensão do procedimento, nos casos:

a) De obra relativa a imóvel de interesse nacional ou de interesse público;

b) De operações urbanísticas a realizar em área integrada na Rede Natura 2000, nos termos do nº 3 do artigo 9º do Decreto-Lei nº 140/99, de 24 de Abril, alterado pelo Decreto-Lei nº 49/2005, de 24 de Fevereiro, ou em área integrada na Rede Nacional de Áreas Protegidas, nos termos do nº 7 do artigo 23º do Decreto-Lei nº 142/2008, de 24 de Julho, sempre que a emissão de parecer aí prevista se inclua em algum dos pedidos ou procedimentos previstos neste diploma.

5 – Caso não existam posições divergentes entre as entidades consultadas, a CCDR toma a decisão final no prazo de cinco dias a contar do fim do prazo previsto no número anterior.
6 – Caso existam posições divergentes entre as entidades consultadas, a CCDR promove uma conferência decisória e toma decisão final favorável, favorável condicionada ou desfavorável no prazo de 20 dias.
7 – Na conferência decisória referida no número anterior, as entidades consultadas são representadas por pessoas com poderes para as vincular.
8 – Não sendo possível obter a posição de todas as entidades, por motivo de falta de comparência de algum representante ou por ter sido submetida a apreciação alguma questão nova, os trabalhos da conferência podem ser suspensos por um período máximo de cinco dias.
9 – Quando a CCDR não adopte posição favorável a uma operação urbanística por esta ser desconforme com instrumento de gestão territorial, pode a CCDR, quando a operação se revista de especial relevância regional ou local, por sua iniciativa ou a solicitação do município, respectivamente, propor ao Governo a aprovação em resolução do Conselho de Ministros da alteração, suspensão ou ratificação, total ou parcial, de plano da sua competência relativamente ao qual a desconformidade se verifica.
10 – Quando a decisão seja proferida em conferência decisória, os pareceres emitidos têm natureza não vinculativa, independentemente da sua classificação em legislação especial.
11 – O procedimento de decisão da administração central previsto nos números anteriores é objecto de portaria dos membros do Governo responsáveis pelo ordenamento do território e pela administração local.

ARTIGO 13º-B
Consultas prévias

1 – O interessado na consulta a entidades externas pode solicitar previamente os pareceres, autorizações ou aprovações legalmente exigidos junto das entidades competentes, entregando-os com o requerimento inicial ou com a comunicação prévia, caso em que não há lugar a nova consulta desde que, até à data da apresentação de tal pedido ou comunicação na câmara municipal, não haja decorrido mais de um ano desde a emissão dos pareceres, autorizações ou aprovações emitidos ou desde que, caso tenha sido esgotado este prazo, não se tenham verificado alterações dos pressupostos de facto ou de direito em que os mesmos se basearam.
2 – Para os efeitos do número anterior, caso qualquer das entidades consultadas não se haja pronunciado dentro do prazo, o requerimento inicial ou a comunicação prévia podem ser instruídos com prova da solicitação das consultas e declaração do requerente ou comunicante de que os mesmos não foram emitidos dentro daquele prazo.

3 – Não tendo o interessado promovido todas as consultas necessárias, o gestor do procedimento promove as consultas a que haja lugar ou, quando aplicável, comunica o pedido à CCDR, no prazo de cinco dias a contar da data do requerimento ou da data da entrega dos elementos solicitados nos termos do nº 3 do artigo 11º

4 – No termo do prazo fixado para a promoção das consultas, o interessado pode solicitar a passagem de certidão dessa promoção, a qual será emitida pela câmara municipal ou pela CCDR no prazo de oito dias.

5 – Se a certidão for negativa, o interessado pode promover directamente as consultas que não hajam sido realizadas ou pedir ao tribunal administrativo que intime a câmara municipal ou a CCDR a fazê-lo, nos termos do artigo 112º do presente diploma.

SUBSECÇÃO II
INFORMAÇÃO PRÉVIA

ARTIGO 14º
Pedido de informação prévia

1 – Qualquer interessado pode pedir à câmara municipal, a título prévio, informação sobre a viabilidade de realizar determinada operação urbanística ou conjunto de operações urbanísticas directamente relacionadas, bem como sobre os respectivos condicionamentos legais ou regulamentares, nomeadamente relativos a infra-estruturas, servidões administrativas e restrições de utilidade pública, índices urbanísticos, cérceas, afastamentos e demais condicionantes aplicáveis à pretensão.

2 – Quando o pedido respeite a operação de loteamento, em área não abrangida por plano de pormenor, ou a obra de construção, ampliação ou alteração em área não abrangida por plano de pormenor ou operação de loteamento, o interessado pode requerer que a informação prévia contemple especificamente os seguintes aspectos, em função da informação pretendida e dos elementos apresentados:

a) A volumetria, alinhamento, cércea e implantação da edificação e dos muros de vedação;

b) Condicionantes para um adequado relacionamento formal e funcional com a envolvente;

c) Programa de utilização das edificações, incluindo a área bruta de construção a afectar aos diversos usos e o número de fogos e outras unidades de utilização;

d) Infra-estruturas locais e ligação às infra-estruturas gerais;

e) Estimativa de encargos urbanísticos devidos;

f) Áreas de cedência destinadas à implantação de espaços verdes, equipamentos de utilização colectiva e infra-estruturas viárias.

3 – Quando o interessado não seja o proprietário do prédio, o pedido de informação prévia inclui a identificação daquele bem como dos titulares de qualquer outro direito real sobre o prédio, através de certidão emitida pela conservatória do registo predial.
4 – No caso previsto no número anterior, a câmara municipal deve notificar o proprietário e os demais titulares de qualquer outro direito real sobre o prédio da abertura do procedimento.

ARTIGO 15º
Consultas no âmbito do procedimento de informação prévia

1 – No âmbito do procedimento de informação prévia há lugar a consultas externas, nos termos dos artigos 13º, 13º-A e 13º-B, às entidades cujos pareceres, autorizações ou aprovações condicionem, nos termos da lei, a informação a prestar, sempre que tal consulta deva ser promovida num eventual pedido de licenciamento ou apresentação de comunicação prévia.
2 – A pronúncia das entidades referidas no número anterior não incide sobre avaliação de impacte ambiental.

ARTIGO 16º
Deliberação

1 – A câmara municipal delibera sobre o pedido de informação prévia no prazo de 20 dias ou, no caso previsto no nº 2 do artigo 14º, no prazo de 30 dias contados a partir:
a) Da data da recepção do pedido ou dos elementos solicitados nos termos do nº 3 do artigo 11º; ou
b) Da data da recepção do último dos pareceres, autorizações ou aprovações emitidos pelas entidades exteriores ao município, quando tenha havido lugar a consultas; ou ainda
c) Do termo do prazo para a recepção dos pareceres, autorizações ou aprovações, sempre que alguma das entidades consultadas não se pronuncie até essa data.
2 – Os pareceres, autorizações ou aprovações emitidos pelas entidades exteriores ao município são obrigatoriamente notificados ao requerente juntamente com a informação prévia aprovada pela câmara municipal, dela fazendo parte integrante.
3 – A câmara municipal indica sempre, na informação favorável, o procedimento de controlo prévio a que se encontra sujeita a realização da operação urbanística projectada, de acordo com o disposto na secção i do capítulo ii do presente diploma.
4 – No caso de a informação ser desfavorável, dela deve constar a indicação dos termos em que a mesma, sempre que possível, pode ser revista por forma a serem cumpridas as prescrições urbanísticas aplicáveis, designadamente as constantes de plano municipal de ordenamento do território ou de operação de loteamento.

ARTIGO 17º
Efeitos

1 – A informação prévia favorável vincula as entidades competentes na decisão sobre um eventual pedido de licenciamento ou apresentação de comunicação prévia da operação urbanística a que respeita e, quando proferida nos termos do nº 2 do artigo 14º, tem por efeito a sujeição da operação urbanística em causa, a efectuar nos exactos termos em que foi apreciada, ao regime de comunicação prévia e dispensa a realização de novas consultas externas.
2 – O eventual pedido de licenciamento ou apresentação de comunicação prévia prevista no artigo anterior deve ser efectuado no prazo de um ano após a decisão favorável do pedido de informação prévia e, no caso do previsto na parte final do nº 1, é acompanhado de declaração dos autores e coordenador dos projectos de que a operação urbanística respeita os limites constantes da decisão da informação.
3 – Decorrido o prazo fixado no número anterior, o particular pode requerer ao presidente da câmara a declaração de que se mantêm os pressupostos de facto e de direito que levaram à anterior decisão favorável, devendo o mesmo decidir no prazo de 20 dias e correndo novo prazo de um ano para efectuar a apresentação dos pedidos de licenciamento ou de comunicação prévia se os pressupostos se mantiverem ou se o presidente da câmara municipal não tiver respondido no prazo legalmente previsto.
4 – Não se suspendem os procedimentos de licenciamento ou comunicação prévia requeridos ou apresentados com suporte em informação prévia nas áreas a abranger por novas regras urbanísticas, constantes de plano municipal ou especial de ordenamento do território ou sua revisão, a partir da data fixada para o início da discussão pública e até à data da entrada em vigor daquele instrumento.

SUBSECÇÃO III
LICENÇA

ARTIGO 18º
Âmbito

1 – Obedece ao procedimento regulado na presente subsecção a apreciação dos pedidos relativos às operações urbanísticas previstas no nº 2 do artigo 4º
2 – (Revogado.)

ARTIGO 19º

(Revogado.)

ARTIGO 20º
Apreciação dos projectos de obras de edificação

1 – A apreciação do projecto de arquitectura, no caso de pedido de licenciamento relativo a obras previstas nas alíneas c) a f) do nº 2 do artigo 4º, incide sobre a sua conformidade com planos municipais de ordenamento no território, planos especiais de ordenamento do território, medidas preventivas, área de desenvolvimento urbano prioritário, área de construção prioritária, servidões administrativas, restrições de utilidade pública e quaisquer outras normas legais e regulamentares relativas ao aspecto exterior e a inserção urbana e paisagística das edificações, bem como sobre o uso proposto.

2 – Para os efeitos do número anterior, a apreciação da inserção urbana das edificações é efectuada na perspectiva formal e funcional, tendo em atenção o edificado existente, bem como o espaço público envolvente e as infra-estruturas existentes e previstas.

3 – A câmara municipal delibera sobre o projecto de arquitectura no prazo de 30 dias contado a partir:

a) Da data da recepção do pedido ou dos elementos solicitados nos termos do nº 3 do artigo 11º; ou

b) Da data da recepção do último dos pareceres, autorizações ou aprovações emitidos pelas entidades exteriores ao município, quando tenha havido lugar a consultas; ou ainda

c) Do termo do prazo para a recepção dos pareceres, autorizações ou aprovações, sempre que alguma das entidades consultadas não se pronuncie até essa data.

4 – O interessado deve apresentar os projectos das especialidades e outros estudos necessários à execução da obra no prazo de seis meses a contar da notificação do acto que aprovou o projecto de arquitectura caso não tenha apresentado tais projectos com o requerimento inicial.

5 – O presidente da câmara pode prorrogar o prazo referido no número anterior por uma só vez e por período não superior a três meses, mediante requerimento fundamentado apresentado antes do respectivo termo.

6 – A falta de apresentação dos projectos das especialidades e outros estudos no prazo estabelecido no nº 4 ou naquele que resultar da prorrogação concedida nos termos do número anterior implica a suspensão do processo de licenciamento pelo período máximo de seis meses, findo o qual é declarada a caducidade após audiência prévia do interessado.

7 – (Revogado.)

8 – As declarações de responsabilidade dos autores dos projectos das especialidades e outros estudos que estejam inscritos em associação pública constituem garantia bastante do cumprimento das normas legais e regulamentares aplicáveis aos projectos, excluindo a sua apreciação prévia, salvo quando as declarações sejam formuladas nos termos do nº 5 do artigo 10º

ARTIGO 21º

Apreciação dos projectos de loteamento, de obras de urbanização e trabalhos de remodelação de terrenos

A apreciação dos projectos de loteamento, obras de urbanização e dos trabalhos de remodelação de terrenos pela câmara municipal incide sobre a sua conformidade com planos municipais de ordenamento do território, planos especiais de ordenamento do território, medidas preventivas, área de desenvolvimento urbano prioritário, área de construção prioritária, servidões administrativas, restrições de utilidade pública e quaisquer outras normas legais e regulamentares aplicáveis, bem como sobre o uso e a integração urbana e paisagística.

ARTIGO 22º

Consulta pública

1 – Os municípios podem determinar, através de regulamento municipal, a prévia sujeição a discussão pública o licenciamento de operações de loteamento com significativa relevância urbanística.

2 – A consulta prevista no número anterior tem sempre lugar quando a operação de loteamento exceda algum dos seguintes limites:

a) 4 ha;

b) 100 fogos;

c) 10% da população do aglomerado urbano em que se insere a pretensão.

ARTIGO 23º

Deliberação final

1 – A câmara municipal delibera sobre o pedido de licenciamento:

a) No prazo de 45 dias, no caso de operação de loteamento;

b) No prazo de 30 dias, no caso de obras de urbanização;

c) No prazo de 45 dias, no caso de obras previstas nas alíneas c) a f) do nº 2 do artigo 4º;

d) (Revogada.)

2 – (Revogado.)

3 – Os prazos previstos nas alíneas a) e b) do nº 1 contam-se a partir:

a) Da data da recepção do pedido ou dos elementos solicitados nos termos do nº 3 do artigo 11º;

b) Da data da recepção do último dos pareceres, autorizações ou aprovações emitidos pelas entidades exteriores ao município quando tenha havido lugar a consultas; ou ainda

c) Do termo do prazo para a recepção dos pareceres, autorizações ou aprovações sempre que alguma das entidades consultadas não se pronuncie até essa data.

4 – O prazo previsto na alínea c) do nº 1 conta-se:

a) Da data da apresentação dos projectos das especialidades e outros estudos ou da data da aprovação do projecto de arquitectura se o interessado os tiver apresentado juntamente com o requerimento inicial; ou

b) Quando haja lugar a consulta de entidades externas, a partir da data da recepção do último dos pareceres, autorizações ou aprovações; ou ainda

c) Do termo do prazo para a recepção dos pareceres, autorizações ou aprovações sempre que alguma das entidades consultadas não se pronuncie até essa data.

5 – Quando o pedido de licenciamento de obras de urbanização seja apresentado em simultâneo com o pedido de licenciamento de operação de loteamento, o prazo previsto na alínea b) do nº 1 conta-se a partir da deliberação que aprove o pedido de loteamento.

6 – No caso das obras previstas nas alíneas c) a e) do nº 2 do artigo 4º, a câmara municipal pode, a requerimento do interessado, aprovar uma licença parcial para construção da estrutura, imediatamente após a entrega de todos os projectos das especialidades e outros estudos e desde que se mostrem aprovado o projecto de arquitectura e prestada caução para demolição da estrutura até ao piso de menor cota em caso de indeferimento.

7 – Nos casos referidos no número anterior, o deferimento do pedido de licença parcial dá lugar à emissão de alvará.

ARTIGO 24º

Indeferimento do pedido de licenciamento

1 – O pedido de licenciamento é indeferido quando:

a) Violar plano municipal de ordenamento do território, plano especial de ordenamento do território, medidas preventivas, área de desenvolvimento urbano prioritário, área de construção prioritária, servidão administrativa, restrição de utilidade pública ou quaisquer outras normas legais e regulamentares aplicáveis;

b) Existir declaração de utilidade pública para efeitos de expropriação que abranja o prédio objecto do pedido de licenciamento, salvo se tal declaração tiver por fim a realização da própria operação urbanística;

c) Tiver sido objecto de parecer negativo ou recusa de aprovação ou autorização de qualquer entidade consultada nos termos do presente diploma cuja decisão seja vinculativa para os órgãos municipais.

2 – Quando o pedido de licenciamento tiver por objecto a realização das operações urbanísticas referidas nas alíneas a) a e) do nº 2 do artigo 4º, o indeferimento pode ainda ter lugar com fundamento em:

a) A operação urbanística afectar negativamente o património arqueológico, histórico, cultural ou paisagístico, natural ou edificado;
b) A operação urbanística constituir, comprovadamente, uma sobrecarga incomportável para as infra-estruturas ou serviços gerais existentes ou implicar, para o município, a construção ou manutenção de equipamentos, a realização de trabalhos ou a prestação de serviços por este não previstos, designadamente quanto a arruamentos e redes de abastecimento de água, de energia eléctrica ou de saneamento.
3 – (Revogado.)
4 – Quando o pedido de licenciamento tiver por objecto a realização das obras referidas nas alíneas c) e d) do nº 2 do artigo 4º, pode ainda ser indeferido quando a obra seja susceptível de manifestamente afectar o acesso e a utilização de imóveis classificados de interesse nacional ou interesse público, a estética das povoações, a sua adequada inserção no ambiente urbano ou a beleza das paisagens, designadamente em resultado da desconformidade com as cérceas dominantes, a volumetria das edificações e outras prescrições expressamente previstas em regulamento.
5 – O pedido de licenciamento das obras referidas na alínea c) do nº 2 do artigo 4º deve ser indeferido na ausência de arruamentos ou de infra-estruturas de abastecimento de água e saneamento ou se a obra projectada constituir, comprovadamente, uma sobrecarga incomportável para as infra-estruturas existentes.
6 – (Revogado.)

ARTIGO 25º
Reapreciação do pedido

1 – Quando exista projecto de decisão de indeferimento com os fundamentos referidos na alínea b) do nº 2 e no nº 5 do artigo anterior, pode haver deferimento do pedido desde que o requerente, na audiência prévia, se comprometa a realizar os trabalhos necessários ou a assumir os encargos inerentes à sua execução, bem como os encargos de funcionamento das infra-estruturas por um período mínimo de 10 anos.
2 – (Revogado.)
3 – Em caso de deferimento nos termos do nº 1, o requerente deve, antes da emissão do alvará, celebrar com a câmara municipal contrato relativo ao cumprimento das obrigações assumidas e prestar caução adequada, beneficiando de redução proporcional ou isenção das taxas por realização de infra-estruturas urbanísticas, nos termos a fixar em regulamento municipal.
4 – A prestação da caução referida no número anterior bem como a execução ou manutenção das obras de urbanização que o interessado se compromete a realizar ou a câmara muni-

cipal entenda indispensáveis devem ser mencionadas expressamente como condição do deferimento do pedido.

5 – À prestação da caução referida no nº 3 aplica-se, com as necessárias adaptações, o disposto no artigo 54º

6 – Os encargos a suportar pelo requerente ao abrigo do contrato referido no nº 3 devem ser proporcionais à sobrecarga para as infra-estruturas existentes resultante da operação urbanística.

ARTIGO 26º
Licença

A deliberação final de deferimento do pedido de licenciamento consubstancia a licença para a realização da operação urbanística.

ARTIGO 27º
Alterações à licença

1 – A requerimento do interessado, podem ser alterados os termos e condições da licença.

2 – A alteração da licença de operação de loteamento é precedida de consulta pública quando a mesma esteja prevista em regulamento municipal ou quando sejam ultrapassados alguns dos limites previstos no nº 2 do artigo 22º

3 – Sem prejuízo do disposto no artigo 48º, a alteração da licença de operação de loteamento não pode ser aprovada se ocorrer oposição escrita da maioria dos proprietários dos lotes constantes do alvará, devendo, para o efeito, o gestor de procedimento proceder à sua notificação para pronúncia no prazo de 10 dias.

4 – A alteração à licença obedece ao procedimento estabelecido na presente subsecção, com as especialidades constantes dos números seguintes.

5 – É dispensada a consulta às entidades exteriores ao município desde que o pedido de alteração se conforme com os pressupostos de facto e de direito dos pareceres, autorizações ou aprovações que hajam sido emitidos no procedimento.

6 – No procedimento de alteração são utilizados os documentos constantes do processo que se mantenham válidos e adequados, promovendo a câmara municipal, quando necessário, a actualização dos mesmos.

7 – A alteração da licença dá lugar a aditamento ao alvará, que, no caso de operação de loteamento, deve ser comunicado oficiosamente à conservatória do registo predial competente para efeitos de averbamento, contendo a comunicação os elementos em que se traduz a alteração.

8 – As alterações à licença de loteamento, com ou sem variação do número de lotes, que se traduzam na variação das áreas de implantação ou de construção até 3%, desde que não impliquem aumento do número de fogos, alteração de parâmetros urbanísticos ou utilizações constantes de plano municipal de ordenamento do território, são aprovadas por simples deliberação da câmara municipal, com dispensa de quaisquer outras formalidades, sem prejuízo das demais disposições legais e regulamentares aplicáveis.
9 – Exceptuam-se do disposto nos nºs 3 a 6 as alterações às condições da licença que se refiram ao prazo de conclusão das operações urbanísticas licenciadas ou ao montante da caução para garantia das obras de urbanização, que se regem pelos artigos 53º, 54º e 58º

SUBSECÇÃO IV
AUTORIZAÇÃO

ARTIGO 28º
(Revogado.)

ARTIGO 29º
(Revogado.)

ARTIGO 30º
(Revogado.)

ARTIGO 31º
(Revogado.)

ARTIGO 32º
(Revogado.)

ARTIGO 33º
(Revogado.)

SUBSECÇÃO V
COMUNICAÇÃO PRÉVIA

ARTIGO 34º
Âmbito

Obedece ao procedimento regulado na presente subsecção a realização das operações urbanísticas referidas no nº 4 do artigo 4º

ARTIGO 35º
Comunicação à câmara municipal

1 – A comunicação prévia é dirigida ao presidente da câmara municipal e é acompanhada:

a) Pelos elementos instrutórios fixados pela portaria a que se refere o nº 4 do artigo 9º;

b) De termo de responsabilidade nos termos do artigo 10º; e

c) Das especificações a que se referem os nºs 1 e 4 do artigo 77º, com os efeitos previstos no seu nº 3.

2 – As operações urbanísticas realizadas ao abrigo de comunicação prévia devem observar as normas legais e regulamentares que lhes forem aplicáveis, designadamente as constantes de instrumento de gestão territorial e as normas técnicas de construção.

3 – (Revogado.)

ARTIGO 36º
Rejeição da comunicação prévia

1 – Sem prejuízo do disposto no artigo 11º, no prazo de 20 dias a contar da entrega da comunicação e demais elementos a que se refere o artigo anterior, o presidente da câmara municipal, com faculdade de delegação nos vereadores e de subdelegação nos dirigentes dos serviços municipais, deve rejeitar a comunicação quando verifique que a obra viola as normas legais e regulamentares aplicáveis, designadamente as constantes de plano municipal de ordenamento do território, de alvará de loteamento, as normas técnicas de construção em vigor, ou os termos de informação prévia existente.

2 – O prazo previsto no número anterior é de 60 dias quando haja lugar a consulta a entidades externas.

ARTIGO 36º-A
Acto administrativo

1 – Decorrido o prazo previsto no artigo anterior sem que a comunicação prévia tenha sido rejeitada, é disponibilizada no sistema informático previsto no artigo 8º-A a informação de que a comunicação não foi rejeitada, o que equivale à sua admissão.
2 – Na falta de rejeição da comunicação prévia, o interessado pode dar início às obras, efectuando previamente o pagamento das taxas devidas através de autoliquidação.

SUBSECÇÃO VI
PROCEDIMENTOS ESPECIAIS

ARTIGO 37º
(Revogado.)

ARTIGO 38º
Empreendimentos turísticos

1 – Os empreendimentos turísticos estão sujeitos ao regime jurídico das operações de loteamento nos casos em que se pretenda efectuar a divisão jurídica do terreno em lotes.
2 – Nas situações referidas no número anterior não é aplicável o disposto no artigo 41º, podendo a operação de loteamento realizar-se em áreas em que o uso turístico seja compatível com o disposto nos instrumentos de gestão territorial válidos e eficazes.

ARTIGO 39º
Autorização prévia de localização

Sempre que as obras se situem em área que nos termos de plano de urbanização, plano de pormenor ou licença ou comunicação prévia de loteamento em vigor esteja expressamente afecta ao uso proposto, é dispensada a autorização prévia de localização que, nos termos da lei, devesse ser emitida por parte de órgãos da administração central, sem prejuízo das demais autorizações ou aprovações exigidas por lei relativas a servidões administrativas ou restrições de utilidade pública.

ARTIGO 40º
(Revogado.)

SECÇÃO III
CONDIÇÕES ESPECIAIS DE LICENCIAMENTO OU COMUNICAÇÃO PRÉVIA
SUBSECÇÃO I
OPERAÇÕES DE LOTEAMENTO

ARTIGO 41º
Localização
As operações de loteamento só podem realizar-se em áreas situadas dentro do perímetro urbano e em terrenos já urbanizados ou cuja urbanização se encontre programada em plano municipal de ordenamento do território.

ARTIGO 42º
Parecer da CCDR
1 – O licenciamento de operação de loteamento que se realize em área não abrangida por qualquer plano municipal de ordenamento do território está sujeito a parecer prévio favorável da CCDR ao qual se aplica, com as necessárias adaptações, o disposto nos nºs 4 e 5 do artigo 13º

2 – O parecer da CCDR destina-se a avaliar a operação de loteamento do ponto de vista do ordenamento do território e a verificar a sua articulação com os instrumentos de desenvolvimento territorial previstos na lei.

3 – O parecer da CCDR caduca no prazo de dois anos, salvo se, dentro desse prazo, for licenciada a operação de loteamento ou, uma vez esgotado, não existirem alterações nos pressupostos de facto e de direito em que se fundamentou o parecer.

4 – A apresentação de requerimento nos termos referidos no artigo 112º suspende a contagem do prazo referido no número anterior.

ARTIGO 43º
Áreas para espaços verdes e de utilização colectiva, infra-estruturas e equipamentos
1 – Os projectos de loteamento devem prever áreas destinadas à implantação de espaços verdes e de utilização colectiva, infra-estruturas viárias e equipamentos.

2 – Os parâmetros para o dimensionamento das áreas referidas no número anterior são os que estiverem definidos em plano municipal de ordenamento do território.
3 – Para aferir se o projecto de loteamento respeita os parâmetros a que alude o número anterior, consideram-se quer as parcelas de natureza privada a afectar àqueles fins quer as parcelas a ceder à câmara municipal nos termos do artigo seguinte.
4 – Os espaços verdes e de utilização colectiva, infra-estruturas viárias e equipamentos de natureza privada constituem partes comuns dos lotes resultantes da operação de loteamento e dos edifícios que neles venham a ser construídos e regem-se pelo disposto nos artigos 1420º a 1438º-A do Código Civil.

ARTIGO 44º
Cedências

1 – O proprietário e os demais titulares de direitos reais sobre o prédio a lotear cedem gratuitamente ao município as parcelas para implantação de espaços verdes públicos e equipamentos de utilização colectiva e as infra-estruturas que, de acordo com a lei e a licença ou comunicação prévia, devam integrar o domínio municipal.
2 – Para os efeitos do número anterior, o requerente deve assinalar as áreas de cedência ao município em planta a entregar com o pedido de licenciamento ou comunicação prévia.
3 – As parcelas de terreno cedidas ao município integram-se no domínio municipal com a emissão do alvará ou, nas situações previstas no artigo 34º, através de instrumento notarial próprio a realizar no prazo de 20 dias após a admissão da comunicação prévia, devendo a câmara municipal definir no momento da recepção as parcelas afectas aos domínios público e privado do município.
4 – Se o prédio a lotear já estiver servido pelas infra-estruturas a que se refere a alínea h) do artigo 2º ou não se justificar a localização de qualquer equipamento ou espaço verde públicos no referido prédio ou ainda nos casos referidos no nº 4 do artigo anterior, não há lugar a qualquer cedência para esses fins, ficando, no entanto, o proprietário obrigado ao pagamento de uma compensação ao município, em numerário ou em espécie, nos termos definidos em regulamento municipal.
5 – O proprietário e demais titulares de direitos reais sobre prédio a sujeitar a qualquer operação urbanística que nos termos de regulamento municipal seja considerada como de impacte relevante ficam também sujeitos às cedências e compensações previstas para as operações de loteamento.

ARTIGO 45º
Reversão

1 – O cedente tem o direito de reversão sobre as parcelas cedidas nos termos do artigo anterior sempre que estas sejam afectas a fins diversos daqueles para que hajam sido cedidas.
2 – Ao exercício do direito de reversão previsto no número anterior aplica-se, com as necessárias adaptações, o disposto no Código das Expropriações.
3 – Em alternativa ao exercício do direito referido no nº 1 ou no caso do nº 9, o cedente pode exigir ao município uma indemnização, a determinar nos termos estabelecidos no Código das Expropriações com referência ao fim a que se encontre afecta a parcela, calculada à data em que pudesse haver lugar à reversão.
4 – As parcelas que, nos termos do nº 1, tenham revertido para o cedente ficam sujeitas às mesmas finalidades a que deveriam estar afectas aquando da cedência, salvo quando se trate de parcela a afectar a equipamento de utilização colectiva, devendo nesse caso ser afecta a espaço verde, procedendo-se ainda ao averbamento desse facto no respectivo alvará e integração na admissão da comunicação prévia.
5 – Os direitos referidos nos nºs 1 a 3 podem ser exercidos pelos proprietários de, pelo menos, um terço dos lotes constituídos em consequência da operação de loteamento.
6 – Havendo imóveis construídos na parcela revertida, o tribunal pode ordenar a sua demolição, a requerimento do cedente, nos termos estabelecidos nos artigos 37º e seguintes da Lei nº 15/2002, de 22 de Fevereiro.
7 – O município é responsável pelos prejuízos causados aos proprietários dos imóveis referidos no número anterior, nos termos estabelecidos no Decreto-Lei nº 48 051, de 21 de Novembro de 1967, em matéria de actos ilícitos.
8 – À demolição prevista no nº 6 é aplicável o disposto nos artigos 52º e seguintes do Decreto--Lei nº 794/76, de 5 de Novembro.
9 – O direito de reversão previsto no nº 1 não pode ser exercido quando os fins das parcelas cedidas sejam alterados ao abrigo do disposto no nº 1 do artigo 48º

ARTIGO 46º
Gestão das infra-estruturas e dos espaços verdes e de utilização colectiva

1 – A gestão das infra-estruturas e dos espaços verdes e de utilização colectiva pode ser confiada a moradores ou a grupos de moradores das zonas loteadas e urbanizadas, mediante a celebração com o município de acordos de cooperação ou de contratos de concessão do domínio municipal.
2 – Os acordos de cooperação podem incidir, nomeadamente, sobre os seguintes aspectos:
a) Limpeza e higiene;

b) Conservação de espaços verdes existentes;
c) Manutenção dos equipamentos de recreio e lazer;
d) Vigilância da área, por forma a evitar a sua degradação.
3 – Os contratos de concessão devem ser celebrados sempre que se pretenda realizar investimentos em equipamentos de utilização colectiva ou em instalações fixas e não desmontáveis em espaços verdes ou a manutenção de infra-estruturas.

ARTIGO 47º
Contrato de concessão

1 – Os princípios a que devem subordinar-se os contratos administrativos de concessão do domínio municipal a que se refere o artigo anterior são estabelecidos em diploma próprio, no qual se fixam as regras a observar em matéria de prazo de vigência, conteúdo do direito de uso privativo, obrigações do concessionário e do município em matéria de realização de obras, prestação de serviços e manutenção de infra-estruturas, garantias a prestar e modos e termos do sequestro e rescisão.
2 – A utilização das áreas concedidas nos termos do número anterior e a execução dos contratos respectivos estão sujeitas a fiscalização da câmara municipal, nos termos a estabelecer no diploma aí referido.
3 – Os contratos referidos no número anterior não podem, sob pena de nulidade das cláusulas respectivas, proibir o acesso e utilização do espaço concessionado por parte do público, sem prejuízo das limitações a tais acesso e utilização que sejam admitidas no diploma referido no nº 1.

ARTIGO 48º
Execução de instrumentos de planeamento territorial e outros instrumentos urbanísticos

1 – As condições da licença ou comunicação prévia de operação de loteamento podem ser alteradas por iniciativa da câmara municipal desde que tal alteração se mostre necessária à execução de plano municipal de ordenamento do território, plano especial de ordenamento do território, área de desenvolvimento urbano prioritário, área de construção prioritária ou área de reabilitação urbana.
2 – A deliberação da câmara municipal que determine as alterações referidas no número anterior é devidamente fundamentada e implica a emissão de novo alvará e a publicação e submissão a registo deste, a expensas do município.
3 – A deliberação referida no número anterior é precedida da audiência prévia do titular do alvará ou comunicação e demais interessados, que dispõem do prazo de 30 dias para se pronunciarem sobre o projecto de decisão.

4 – A pessoa colectiva que aprovar os instrumentos referidos no nº 1 que determinem directa ou indirectamente os danos causados ao titular do alvará e demais interessados em virtude do exercício da faculdade prevista no nº 1 é responsável pelos mesmos nos termos estabelecidos no Decreto-Lei nº 48 051, de 21 de Novembro de 1967, em matéria de responsabilidade por actos lícitos.

ARTIGO 48º-A

Alterações à operação de loteamento objecto de comunicação prévia

Sem prejuízo do disposto no artigo anterior, a alteração de operação de loteamento admitida objecto de comunicação prévia só pode ser apresentada se for demonstrada a não oposição da maioria dos proprietários dos lotes constantes da comunicação.

ARTIGO 49º

Negócios jurídicos

1 – Nos títulos de arrematação ou outros documentos judiciais, bem como nos instrumentos relativos a actos ou negócios jurídicos de que resulte, directa ou indirectamente, a constituição de lotes nos termos da alínea i) do artigo 2º, sem prejuízo do disposto nos artigos 6º e 7º, ou a transmissão de lotes legalmente constituídos, devem constar o número do alvará ou da comunicação prévia, a data da sua emissão ou admissão pela câmara municipal, a data de caducidade e a certidão do registo predial.

2 – Não podem ser realizados actos de primeira transmissão de imóveis construídos nos lotes ou de fracções autónomas desses imóveis sem que seja exibida, perante a entidade que celebre a escritura pública ou autentique o documento particular, certidão emitida pela câmara municipal, comprovativa da recepção provisória das obras de urbanização ou certidão, emitida pela câmara municipal, comprovativa de que a caução a que se refere o artigo 54º é suficiente para garantir a boa execução das obras de urbanização.

3 – Caso as obras de urbanização sejam realizadas nos termos dos artigos 84º e 85º, os actos referidos no número anterior podem ser efectuados mediante a exibição de certidão, emitida pela câmara municipal, comprovativa da conclusão de tais obras, devidamente executadas em conformidade com os projectos aprovados.

4 – A exibição das certidões referidas nos nºs 2 e 3 é dispensada sempre que o alvará de loteamento tenha sido emitido ao abrigo dos Decretos-Leis nºs 289/73, de 6 de Junho, e 400/84, de 31 de Dezembro.

ARTIGO 50º
Fraccionamento de prédios rústicos

1 – Ao fraccionamento de prédios rústicos aplica-se o disposto nos Decretos-Leis nºs 384/88, de 25 de Outubro, e 103/90, de 22 de Março.

2 – Os negócios jurídicos de que resulte o fraccionamento ou divisão de prédios rústicos são comunicados pelas partes intervenientes à câmara municipal do local da situação dos prédios, a qual promove a comunicação dos mesmos ao Instituto Geográfico Português.

3 – A comunicação a que se refere o número anterior é efectuada no prazo de 20 dias a contar da celebração do negócio.

ARTIGO 51º
Informação registral

1 – O conservador do registo predial remete mensalmente à CCDR, até ao dia 15 de cada mês, cópia dos elementos respeitantes a operações de loteamento e respectivos anexos cujos registos tenham sido requeridos no mês anterior.

2 – (Revogado.)

ARTIGO 52º
Publicidade à alienação

Na publicidade à alienação de lotes de terreno, de edifícios ou fracções autónomas neles construídos, em construção ou a construir, é obrigatório mencionar o número do alvará de loteamento ou da comunicação prévia e a data da sua emissão ou admissão pela câmara municipal, bem como o respectivo prazo de validade.

SUBSECÇÃO II
OBRAS DE URBANIZAÇÃO

ARTIGO 53º
Condições e prazo de execução

1 – Com a deliberação prevista no artigo 26º ou através de regulamento municipal nas situações previstas no artigo 34º, o órgão competente para o licenciamento das obras de urbanização estabelece:

a) As condições a observar na execução das mesmas, onde se inclui o cumprimento do disposto no regime da gestão de resíduos de construção e demolição nelas produzidos, e o prazo para a sua conclusão;
b) O montante da caução destinada a assegurar a boa e regular execução das obras;
c) As condições gerais do contrato de urbanização a que se refere o artigo 55º, se for caso disso.
2 – Nas situações previstas no artigo 34º, o prazo de execução é o fixado pelo interessado, não podendo, no entanto, ultrapassar os limites fixados mediante regulamento municipal.
3 – O prazo estabelecido nos termos da alínea a) do nº 1 e do nº 2 pode ser prorrogado a requerimento fundamentado do interessado, por uma única vez e por período não superior a metade do prazo inicial, quando não seja possível concluir as obras dentro do prazo para o efeito estabelecido.
4 – Quando a obra se encontre em fase de acabamentos, pode ainda o presidente da câmara municipal, a requerimento fundamentado do interessado, conceder nova prorrogação, mediante o pagamento de um adicional à taxa referida no nº 2 do artigo 116º, de montante a fixar em regulamento municipal.
5 – O prazo referido no nº 2 pode ainda ser prorrogado em consequência de alteração da licença ou comunicação prévia admitida.
6 – A prorrogação do prazo nos termos referidos nos números anteriores não dá lugar à emissão de novo alvará nem à apresentação e admissão de nova comunicação prévia, devendo ser averbada no alvará ou comunicação existentes.
7 – As condições da licença ou comunicação prévia de obras de urbanização podem ser alteradas por iniciativa da câmara municipal, nos termos e com os fundamentos estabelecidos no artigo 48º

ARTIGO 54º
Caução

1 – O requerente ou comunicante presta caução destinada a garantir a boa e regular execução das obras de urbanização.
2 – A caução referida no número anterior é prestada a favor da câmara municipal, mediante garantia bancária autónoma à primeira solicitação, hipoteca sobre bens imóveis propriedade do requerente, depósito em dinheiro ou seguro-caução, devendo constar do próprio título que a mesma está sujeita a actualização nos termos do nº 4 e se mantém válida até à recepção definitiva das obras de urbanização.
3 – O montante da caução é igual ao valor constante dos orçamentos para execução dos projectos das obras a executar, eventualmente corrigido pela câmara municipal com a emissão da licença, a que pode ser acrescido um montante, não superior a 5% daquele valor,

destinado a remunerar encargos de administração caso se mostre necessário aplicar o disposto nos artigos 84º e 85º

4 – O montante da caução deve ser:

a) Reforçado, precedendo deliberação fundamentada da câmara municipal, tendo em atenção a correcção do valor dos trabalhos por aplicação das regras legais e regulamentares relativas a revisões de preços dos contratos de empreitada de obras públicas, quando se mostre insuficiente para garantir a conclusão dos trabalhos, em caso de prorrogação do prazo de conclusão ou em consequência de acentuada subida no custo dos materiais ou de salários;

b) Reduzido, nos mesmos termos, em conformidade com o andamento dos trabalhos a requerimento do interessado, que deve ser decidido no prazo de 15 dias.

5 – O conjunto das reduções efectuadas ao abrigo do disposto na alínea b) do número anterior não pode ultrapassar 90% do montante inicial da caução, sendo o remanescente libertado com a recepção definitiva das obras de urbanização.

6 – O reforço ou a redução da caução, nos termos do nº 4, não dá lugar à emissão de novo alvará ou à apresentação e admissão de nova comunicação.

ARTIGO 55º

Contrato de urbanização

1 – Quando a execução de obras de urbanização envolva, em virtude de disposição legal ou regulamentar ou por força de convenção, mais de um responsável, a realização das mesmas pode ser objecto de contrato de urbanização.

2 – São partes no contrato de urbanização, obrigatoriamente, o município e o proprietário e outros titulares de direitos reais sobre o prédio e, facultativamente, as empresas que prestem serviços públicos, bem como outras entidades envolvidas na operação de loteamento ou na urbanização dela resultante, designadamente interessadas na aquisição dos lotes.

3 – O contrato de urbanização estabelece as obrigações das partes contratantes relativamente à execução das obras de urbanização e as responsabilidades a que ficam sujeitas, bem como o prazo para cumprimento daquelas.

4 – Quando haja lugar à celebração de contrato de urbanização, a ele se fará menção no alvará ou comunicação.

5 – Juntamente com o requerimento inicial, comunicação e a qualquer momento do procedimento até à aprovação das obras de urbanização, o interessado pode apresentar proposta de contrato de urbanização.

ARTIGO 56º
Execução por fases

1 – O interessado pode requerer a execução por fases das obras de urbanização, identificando as obras incluídas em cada fase, o orçamento correspondente e os prazos dentro dos quais se propõe requerer a respectiva licença.
2 – O requerimento referido no número anterior deve ser apresentado com o pedido de licenciamento de loteamento ou, quando as obras de urbanização não se integrem em operação de loteamento, com o pedido de licenciamento das mesmas.
3 – Cada fase deve ter coerência interna e corresponder a uma zona da área a lotear ou a urbanizar que possa funcionar autonomamente.
4 – O requerimento é decidido no prazo de 30 dias a contar da data da sua apresentação.
5 – Admitida a execução por fases, o alvará abrange apenas a primeira fase das obras de urbanização, implicando cada fase subsequente um aditamento ao alvará.
6 – Quando se trate de operação efectuada ao abrigo de comunicação prévia, o interessado identifica na comunicação as fases em que pretende proceder à execução das obras de urbanização, aplicando-se, com as necessárias adaptações, o disposto nos nºs 1, 2 e 3.

SUBSECÇÃO III
OBRAS DE EDIFICAÇÃO

ARTIGO 57º
Condições de execução

1 – A câmara municipal fixa as condições a observar na execução da obra com o deferimento do pedido de licenciamento das obras referidas nas alíneas c) a e) do nº 2 do artigo 4º e através de regulamento municipal para as obras previstas no nº 4 do artigo 4º, devendo salvaguardar o cumprimento do disposto no regime da gestão de resíduos de construção e demolição.
2 – As condições relativas à ocupação da via pública ou à colocação de tapumes e vedações são estabelecidas mediante proposta do requerente, a qual, nas situações previstas no nº 4 do artigo 4º, deve acompanhar a comunicação prévia, não podendo a câmara municipal alterá-las senão com fundamento na violação de normas legais ou regulamentares aplicáveis ou na necessidade de articulação com outras ocupações previstas ou existentes.
3 – No caso previsto no artigo 113º, as condições a observar na execução das obras são aquelas que forem propostas pelo requerente.

4 – A comunicação prévia para obras em área abrangida por operação de loteamento não pode ter lugar antes da recepção provisória das respectivas obras de urbanização ou da prestação de caução a que se refere o artigo 54º
5 – O disposto no artigo 43º é aplicável aos procedimentos de licenciamento ou de comunicação prévia das obras referidas nas alíneas c) a e) do nº 2 do artigo 4º, bem como às previstas nas alíneas a) a e) do nº 4 do artigo 4º, quando respeitem a edifícios contíguos e funcionalmente ligados entre si, que determinem, em termos urbanísticos, impactes semelhantes a uma operação de loteamento, nos termos a definir por regulamento municipal.
6 – O disposto no nº 4 do artigo 44º é aplicável aos procedimentos de licenciamento ou de comunicação prévia das obras referidas nas alíneas c) a e) do nº 2 do artigo 4º, bem como às previstas nas alíneas a) a e) do nº 4 do artigo 4º, quando a operação contemple a criação de áreas de circulação viária e pedonal, espaços verdes e equipamento de uso privativo.
7 – O disposto no número anterior é igualmente aplicável aos procedimentos de comunicação prévia das operações urbanísticas previstas nas alíneas b) e c) do nº 4 do artigo 4º desde que esteja prevista a sua realização em área não abrangida por operação de loteamento.

ARTIGO 58º
Prazo de execução

1 – A câmara municipal fixa, com o deferimento do pedido de licenciamento das obras referidas nas alíneas c) a f) do nº 2 do artigo 4º, o prazo de execução da obra, em conformidade com a programação proposta pelo requerente.
2 – Nas situações previstas no nº 4 do artigo 4º, o prazo de execução é o fixado pelo interessado, não podendo, no entanto, ultrapassar os limites fixados mediante regulamento municipal.
3 – Os prazos referidos nos números anteriores começam a contar da data de emissão do respectivo alvará, da data do pagamento ou do depósito das taxas ou da caução nas situações previstas no artigo 113º ou do pagamento das taxas a que se refere o nº 2 do artigo 36º-A, na hipótese de comunicação prévia.
4 – O prazo para a conclusão da obra pode ser alterado por motivo de interesse público, devidamente fundamentado, no acto de deferimento a que se refere o nº 1 ou, na situação prevista no nº 2, até ao fim do prazo previsto no nº 1 do artigo 36º
5 – Quando não seja possível concluir as obras no prazo previsto, este pode ser prorrogado, a requerimento fundamentado do interessado, por uma única vez e por período não superior a metade do prazo inicial, salvo o disposto nos números seguintes.
6 – Quando a obra se encontre em fase de acabamentos, pode o presidente da câmara municipal, a requerimento fundamentado do interessado, conceder nova prorrogação, mediante

o pagamento de um adicional à taxa referida no nº 1 do artigo 116º, de montante a fixar em regulamento municipal.

7 – O prazo estabelecido nos termos dos números anteriores pode ainda ser prorrogado em consequência da alteração da licença, bem como da apresentação de alteração aos projectos apresentados com a comunicação prévia admitida.

8 – A prorrogação do prazo nos termos referidos nos números anteriores não dá lugar à emissão de novo alvará nem à apresentação e admissão de nova comunicação prévia, devendo apenas ser nestes averbada.

9 – No caso previsto no artigo 113º, o prazo para a conclusão da obra é aquele que for proposto pelo requerente.

ARTIGO 59º
Execução por fases

1 – O requerente pode optar pela execução faseada da obra, devendo para o efeito, em caso de operação urbanística sujeita a licenciamento, identificar no projecto de arquitectura os trabalhos incluídos em cada uma das fases e indicar os prazos, a contar da data de aprovação daquele projecto, em que se propõe requerer a aprovação dos projectos das especialidades e outros estudos relativos a cada uma dessas fases, podendo a câmara municipal fixar diferentes prazos por motivo de interesse público devidamente fundamentado.

2 – Cada fase deve corresponder a uma parte da edificação passível de utilização autónoma.

3 – Nos casos referidos no nº 1, o requerimento referido no nº 4 do artigo 20º deverá identificar a fase da obra a que se reporta.

4 – A falta de apresentação do requerimento referido no número anterior dentro dos prazos previstos no nº 1 implica a caducidade do acto de aprovação do projecto de arquitectura e o arquivamento oficioso do processo.

5 – (Revogado.)

6 – Admitida a execução por fases, o alvará abrange apenas a primeira fase das obras, implicando cada fase subsequente um aditamento ao alvará.

7 – Quando se trate de operação urbanística sujeita a comunicação prévia, o interessado identifica na comunicação as fases em que pretende proceder à execução da obra, aplicando-se, com as necessárias adaptações, o disposto nos nºs 1 e 2.

ARTIGO 60º
Edificações existentes

1 – As edificações construídas ao abrigo do direito anterior e as utilizações respectivas não são afectadas por normas legais e regulamentares supervenientes.

2 – A licença ou admissão de comunicação prévia de obras de reconstrução ou de alteração das edificações não pode ser recusada com fundamento em normas legais ou regulamentares supervenientes à construção originária desde que tais obras não originem ou agravem desconformidade com as normas em vigor ou tenham como resultado a melhoria das condições de segurança e de salubridade da edificação.
3 – Sem prejuízo do disposto nos números anteriores, a lei pode impor condições específicas para o exercício de certas actividades em edificações já afectas a tais actividades ao abrigo do direito anterior, bem como condicionar a execução das obras referidas no número anterior à realização dos trabalhos acessórios que se mostrem necessários para a melhoria das condições de segurança e salubridade da edificação.

ARTIGO 61º
Identificação do director de obra

O titular da licença de construção e apresentante da comunicação prévia ficam obrigados a afixar numa placa em material imperecível no exterior da edificação ou a gravar num dos seus elementos externos a identificação do director de obra.

SUBSECÇÃO IV
UTILIZAÇÃO DE EDIFÍCIOS OU SUAS FRACÇÕES

ARTIGO 62º
Âmbito

1 – A autorização de utilização de edifícios ou suas fracções autónomas destina-se a verificar a conclusão da operação urbanística, no todo ou em parte, e a conformidade da obra com o projecto de arquitectura e arranjos exteriores aprovados e com as condições do licenciamento ou da comunicação prévia.
2 – A autorização, quando não haja lugar à realização de obras ou quando se trate de alteração da utilização ou de autorização de arrendamento para fins não habitacionais de prédios ou fracções não licenciados, nos termos do nº 4 do artigo 5º do Decreto-Lei nº 160/ /2006, de 8 de Agosto, destina-se a verificar a conformidade do uso previsto com as normas legais e regulamentares aplicáveis e a idoneidade do edifício ou sua fracção autónoma para o fim pretendido.

ARTIGO 63º

Instrução do pedido

1 – O pedido de autorização de utilização deve ser instruído com termo de responsabilidade subscrito pelo director de obra ou director de fiscalização de obra, no qual aqueles devem declarar que a obra está concluída e que foi executada de acordo com o projecto de arquitectura e arranjos exteriores aprovados e com as condições da licença ou da comunicação prévia e, se for caso disso, que as alterações efectuadas ao projecto estão em conformidade com as normas legais e regulamentares que lhe são aplicáveis.

2 – O pedido de autorização nos termos previstos no nº 2 do artigo anterior deve ser instruído com termo de responsabilidade subscrito por pessoa habilitada a ser autor de projecto segundo o regime da qualificação profissional dos técnicos responsáveis pela elaboração e subscrição de projectos.

ARTIGO 64º

Concessão da autorização de utilização

1 – A autorização de utilização é concedida no prazo de 10 dias a contar da recepção do requerimento, com base nos termos de responsabilidade referidos no artigo anterior, salvo na situação prevista no número seguinte.

2 – O presidente da câmara municipal, oficiosamente ou a requerimento do gestor do procedimento e no prazo previsto no número anterior, determina a realização de vistoria, a efectuar nos termos do artigo seguinte, quando se verifique alguma das seguintes situações:

a) O pedido de autorização de utilização não estar instruído com os termos de responsabilidade previstos no artigo anterior;

b) Existirem indícios sérios, nomeadamente com base nos elementos constantes do processo ou do livro de obra, a concretizar no despacho que determina a vistoria, de que a obra se encontra em desconformidade com o respectivo projecto ou condições estabelecidas;

c) Tratando-se da autorização prevista no nº 2 do artigo 62º, existam indícios sérios de que o edifício, ou sua fracção autónoma, não é idóneo para o fim pretendido.

3 – Não sendo determinada a realização de vistoria no prazo referido no nº 1, o requerente pode solicitar a emissão do alvará de autorização de utilização, a emitir no prazo de cinco dias, mediante a apresentação do comprovativo do requerimento da mesma nos termos do artigo 63º

ARTIGO 65º
Realização da vistoria

1 – A vistoria realiza-se no prazo de 15 dias a contar da decisão do presidente da câmara referida no nº 2 do artigo anterior, decorrendo sempre que possível em data a acordar com o requerente.

2 – A vistoria é efectuada por uma comissão composta, no mínimo, por três técnicos, a designar pela câmara municipal, dos quais pelo menos dois devem ter habilitação legal para ser autor de projecto, correspondente à obra objecto de vistoria, segundo o regime da qualificação profissional dos técnicos responsáveis pela elaboração e subscrição de projectos.

3 – A data da realização da vistoria é notificada pela câmara municipal ao requerente da autorização de utilização, o qual pode fazer-se acompanhar dos autores dos projectos e do técnico responsável pela direcção técnica da obra, que participam, sem direito a voto, na vistoria.

4 – As conclusões da vistoria são obrigatoriamente seguidas na decisão sobre o pedido de autorização.

5 – No caso da imposição de obras de alteração decorrentes da vistoria, a emissão da autorização requerida depende da verificação da adequada realização dessas obras, mediante nova vistoria a requerer pelo interessado, a qual deve decorrer no prazo de 15 dias a contar do respectivo requerimento.

6 – Não sendo a vistoria realizada nos prazos referidos nos nºs 1 ou 5, o requerente pode solicitar a emissão do título de autorização de utilização, mediante a apresentação do comprovativo do requerimento da mesma nos termos do artigo 63º ou do número anterior, o qual é emitido no prazo de cinco dias e sem a prévia realização de vistoria.

ARTIGO 66º
Propriedade horizontal

1 – No caso de edifícios constituídos em regime de propriedade horizontal, a autorização pode ter por objecto o edifício na sua totalidade ou cada uma das suas fracções autónomas.

2 – A autorização de utilização só pode ser concedida autonomamente para uma ou mais fracções autónomas quando as partes comuns dos edifícios em que se integram estejam também em condições de serem utilizadas.

3 – Caso o interessado não tenha ainda requerido a certificação pela câmara municipal de que o edifício satisfaz os requisitos legais para a sua constituição em regime de propriedade horizontal, tal pedido pode integrar o requerimento de autorização de utilização.

4 – O disposto nos nºs 2 e 3 é aplicável, com as necessárias adaptações, aos edifícios compostos por unidades susceptíveis de utilização independente que não estejam sujeitos ao regime da propriedade horizontal.

SECÇÃO IV
VALIDADE E EFICÁCIA DOS ACTOS DE LICENCIAMENTO, ADMISSÃO DA COMUNICAÇÃO PRÉVIA OU AUTORIZAÇÃO DE UTILIZAÇÃO

SUBSECÇÃO I
VALIDADE

ARTIGO 67º
Requisitos

A validade das licenças, admissão das comunicações prévias ou autorizações de utilização das operações urbanísticas depende da sua conformidade com as normas legais e regulamentares aplicáveis em vigor à data da sua prática, sem prejuízo do disposto no artigo 60º

ARTIGO 68º
Nulidades

São nulos as licenças, as admissões de comunicações prévias, as autorizações de utilização e os pedidos de informação prévia previstos no presente diploma que:

a) Violem o disposto em plano municipal de ordenamento do território, plano especial de ordenamento do território, medidas preventivas ou licença ou comunicação prévia de loteamento em vigor;

b) (Revogada.)

c) Não tenham sido precedidas de consulta das entidades cujos pareceres, autorizações ou aprovações sejam legalmente exigíveis, bem como quando não estejam em conformidade com esses pareceres, autorizações ou aprovações.

ARTIGO 69º
Participação, acção administrativa especial e declaração de nulidade

1 – Os factos geradores das nulidades previstas no artigo anterior e quaisquer outros factos de que possa resultar a invalidade dos actos administrativos previstos no presente diploma devem ser participados, por quem deles tenha conhecimento, ao Ministério Público, para efeitos de propositura da competente acção administrativa especial e respectivos meios processuais acessórios.

2 – Quando tenha por objecto actos de licenciamento, de admissão da comunicação prévia ou autorizações de utilização com fundamento em qualquer das invalidades previstas no artigo anterior, a citação ao titular da licença, comunicação prévia ou autorizações de utili-

zação para contestar a acção referida no nº 1 tem os efeitos previstos no artigo 103º para o embargo, sem prejuízo do disposto no número seguinte.
3 – O tribunal pode, oficiosamente ou a requerimento dos interessados, autorizar o prosseguimento dos trabalhos caso do recurso resultem indícios de ilegalidade da sua interposição ou da sua improcedência, devendo o juiz decidir esta questão, quando a ela houver lugar, no prazo de 10 dias.
4 – A possibilidade de o órgão que emitiu o acto ou deliberação declarar a nulidade caduca no prazo de 10 anos, caducando também o direito de propor a acção prevista no nº 1 se os factos que determinaram a nulidade não forem participados ao Ministério Público nesse prazo, excepto relativamente a monumentos nacionais e respectiva zona de protecção.

ARTIGO 70º
Responsabilidade civil da Administração

1 – O município responde civilmente pelos prejuízos causados em caso de revogação, anulação ou declaração de licenças, comunicações prévias ou autorização de utilização, sempre que a causa da revogação, anulação ou declaração de nulidade resulte de uma conduta ilícita dos titulares dos seus órgãos ou dos seus funcionários e agentes.
2 – Os titulares dos órgãos do município e os seus funcionários e agentes respondem solidariamente com aquele quando tenham dolosamente dado causa à ilegalidade que fundamenta a revogação, anulação ou declaração de nulidade.
3 – Quando a ilegalidade que fundamenta a revogação, anulação ou declaração de nulidade resulte de parecer vinculativo, autorização ou aprovação legalmente exigível, a entidade que o emitiu responde solidariamente com o município, que tem sobre aquela direito de regresso.
4 – O disposto no presente artigo em matéria de responsabilidade solidária não prejudica o direito de regresso que ao caso couber, nos termos gerais de direito.

SUBSECÇÃO II
CADUCIDADE E REVOGAÇÃO DA LICENÇA, ADMISSÃO DA COMUNICAÇÃO PRÉVIA E AUTORIZAÇÃO DE UTILIZAÇÃO

ARTIGO 71º
Caducidade

1 – A licença ou admissão de comunicação prévia para a realização de operação de loteamento caduca se:

a) Não for apresentada a comunicação prévia para a realização das respectivas obras de urbanização no prazo de um ano a contar da notificação do acto de licenciamento ou, na hipótese de comunicação prévia, não for apresentada comunicação prévia para a realização de obras de urbanização no prazo de um ano a contar da admissão daquela; ou se

b) Não for requerido o alvará a que se refere o nº 3 do artigo 76º no prazo de um ano a contar da admissão da comunicação prévia das respectivas obras de urbanização.

2 – A licença ou a admissão de comunicação prévia para a realização de operação de loteamento que não exija a realização de obras de urbanização, bem como a licença para a realização das operações urbanísticas previstas nas alíneas b) a e) do nº 2 e no nº 3 do artigo 4º, caducam se, no prazo de um ano a contar da notificação do acto de licenciamento, não for requerida a emissão do respectivo alvará ou do pagamento das taxas a que se refere o nº 2 do artigo 36º-A, na hipótese de comunicação prévia.

3 – Para além das situações previstas no número anterior, a licença ou a admissão de comunicação prévia para a realização das operações urbanísticas referidas no número anterior, bem como a licença ou a admissão de comunicação prévia para a realização de operação de loteamento que exija a realização de obras de urbanização, caduca ainda:

a) Se as obras não forem iniciadas no prazo de nove meses a contar da data de emissão do alvará ou do pagamento das taxas a que se refere o nº 2 do artigo 36º-A, ou, nos casos previstos no artigo 113º, da data do pagamento das taxas, do seu depósito ou da garantia do seu pagamento;

b) Se as obras estiverem suspensas por período superior a seis meses, salvo se a suspensão decorrer de facto não imputável ao titular da licença ou da admissão de comunicação prévia;

c) Se as obras estiverem abandonadas por período superior a seis meses;

d) Se as obras não forem concluídas no prazo fixado na licença ou comunicação prévia ou suas prorrogações, contado a partir da data de emissão do alvará ou do pagamento das taxas a que se refere o nº 2 do artigo 36º-A;

e) (Revogada.)

4 – Para os efeitos do disposto na alínea c) do número anterior, presumem-se abandonadas as obras ou trabalhos sempre que:

a) Se encontrem suspensos sem motivo justificativo registado no respectivo livro de obra;

b) Decorram na ausência do técnico responsável pela respectiva execução;

c) Se desconheça o paradeiro do titular da respectiva licença ou comunicação prévia sem que este haja indicado à câmara municipal procurador bastante que o represente.

5 – As caducidades previstas no presente artigo são declaradas pela câmara municipal, com audiência prévia do interessado.

6 – Os prazos a que se referem os números anteriores contam-se de acordo com o disposto no artigo 279º do Código Civil.

7 – Tratando-se de licença para a realização de operação de loteamento ou de obras de urbanização, a caducidade pelos motivos previstos nos nºs 3 e 4 não produz efeitos relativamente aos lotes para os quais já haja sido aprovado pedido de licenciamento para obras de edificação ou já tenha sido apresentada comunicação prévia da realização dessas obras.

ARTIGO 72º
Renovação

1 – O titular de licença ou comunicação prévia que haja caducado pode requerer nova licença ou apresentar nova comunicação prévia.
2 – No caso referido no número anterior, serão utilizados no novo processo os elementos que instruíram o processo anterior desde que o novo requerimento seja apresentado no prazo de 18 meses a contar da data da caducidade ou, se este prazo estiver esgotado, não existirem alterações de facto e de direito que justifiquem nova apresentação.
3 – (Revogado.)

ARTIGO 73º
Revogação

1 – Sem prejuízo do que se dispõe no número seguinte, a licença, a admissão de comunicação prévia ou as autorizações de utilização só podem ser revogadas nos termos estabelecidos na lei para os actos constitutivos de direitos.
2 – Nos casos a que se refere o nº 2 do artigo 105º, a licença ou a admissão de comunicação prévia podem ser revogadas pela câmara municipal decorrido o prazo de seis meses a contar do termo do prazo estabelecido de acordo com o nº 1 do mesmo artigo.

SUBSECÇÃO III
TÍTULOS DAS OPERAÇÕES URBANÍSTICAS

ARTIGO 74º
Título da licença, da admissão de comunicação prévia e da autorização de utilização

1 – As operações urbanísticas objecto de licenciamento são tituladas por alvará, cuja emissão é condição de eficácia da licença.
2 – A admissão de comunicação prévia das operações urbanísticas é titulada pelo recibo da sua apresentação acompanhado do comprovativo da admissão nos termos do artigo 36º-A.
3 – A autorização de utilização dos edifícios é titulada por alvará.

ARTIGO 75º
Competência

Compete ao presidente da câmara municipal emitir o alvará para a realização das operações urbanísticas, podendo delegar esta competência nos vereadores, com faculdade de subdelegação, ou nos dirigentes dos serviços municipais.

ARTIGO 76º
Requerimento

1 – O interessado deve, no prazo de um ano a contar da data da notificação do acto de licenciamento ou da autorização de utilização, requerer a emissão do respectivo alvará, apresentando para o efeito os elementos previstos em portaria aprovada pelo membro do Governo responsável pelo ordenamento do território.
2 – Pode ainda o presidente da câmara municipal, a requerimento fundamentado do interessado, conceder prorrogação, por uma única vez, do prazo previsto no número anterior.
3 – No caso de operação de loteamento que exija a realização de obras de urbanização, é emitido um único alvará, que deve ser requerido no prazo de um ano a contar da admissão de comunicação prévia das obras de urbanização.
4 – Sem prejuízo do disposto nos artigos 64º e 65º, o alvará é emitido no prazo de 30 dias a contar da apresentação do requerimento previsto nos números anteriores ou da recepção dos elementos a que se refere o nº 3 do artigo 11º desde que se mostrem pagas as taxas devidas.
5 – O requerimento de emissão de alvará só pode ser indeferido com fundamento na caducidade, suspensão, revogação, anulação ou declaração de nulidade da licença ou da admissão de comunicação prévia ou na falta de pagamento das taxas referidas no número anterior.
6 – O alvará obedece a um modelo tipo a estabelecer por portaria aprovada pelo membro do Governo responsável pelo ordenamento do território.

ARTIGO 77º
Especificações

1 – O alvará de licença de operação de loteamento ou de obras de urbanização deve conter, nos termos da licença, a especificação dos seguintes elementos, consoante forem aplicáveis:
a) Identificação do titular do alvará;
b) Identificação do prédio objecto da operação de loteamento ou das obras de urbanização;
c) Identificação dos actos dos órgãos municipais relativos ao licenciamento da operação de loteamento e das obras de urbanização;

d) Enquadramento da operação urbanística em plano municipal de ordenamento do território em vigor, bem como na respectiva unidade de execução, se a houver;
e) Número de lotes e indicação da área, localização, finalidade, área de implantação, área de construção, número de pisos e número de fogos de cada um dos lotes, com especificação dos fogos destinados a habitações a custos controlados, quando previstos;
f) Cedências obrigatórias, sua finalidade e especificação das parcelas a integrar no domínio municipal;
g) Prazo para a conclusão das obras de urbanização;
h) Montante da caução prestada e identificação do respectivo título.
2 – O alvará a que se refere o número anterior deve conter, em anexo, as plantas representativas dos elementos referidos nas alíneas e) e f).
3 – As especificações do alvará a que se refere o nº 1 vinculam a câmara municipal, o proprietário do prédio, bem como os adquirentes dos lotes.
4 – O alvará de licença para a realização das operações urbanísticas a que se referem as alíneas b) a g) e l) do artigo 2º deve conter, nos termos da licença, os seguintes elementos, consoante sejam aplicáveis:
a) Identificação do titular da licença;
b) Identificação do lote ou do prédio onde se realizam as obras ou trabalhos;
c) Identificação dos actos dos órgãos municipais relativos ao licenciamento das obras ou trabalhos;
d) Enquadramento das obras em operação de loteamento ou plano municipal de ordenamento do território em vigor, no caso das obras previstas nas alíneas b), c) e e) do artigo 2º;
e) Os condicionamentos a que fica sujeita a licença;
f) As cérceas e o número de pisos acima e abaixo da cota de soleira;
g) A área de construção e a volumetria dos edifícios;
h) O uso a que se destinam as edificações;
i) O prazo de validade da licença, o qual corresponde ao prazo para a conclusão das obras ou trabalhos.
5 – O alvará de autorização de utilização relativo à utilização de edifício ou de sua fracção deve conter a especificação dos seguintes elementos:
a) Identificação do titular da autorização;
b) Identificação do edifício ou fracção autónoma;
c) O uso a que se destina o edifício ou fracção autónoma.
6 – O alvará a que se refere o número anterior deve ainda mencionar, quando for caso disso, que o edifício a que respeita preenche os requisitos legais para a constituição da propriedade horizontal.

7 – No caso de substituição do titular de alvará de licença, o substituto deve disso fazer prova junto do presidente da câmara para que este proceda ao respectivo averbamento no prazo de 15 dias a contar da data da substituição.
8 – A titularidade do alvará de autorização de utilização de edifícios ou fracções autónomas é transmitida automaticamente com a propriedade a que respeita.

ARTIGO 78º
Publicidade

1 – O titular do alvará deve promover, no prazo de 10 dias após a emissão do alvará, a afixação no prédio objecto de qualquer operação urbanística de um aviso, visível do exterior, que deve permanecer até à conclusão das obras.
2 – A emissão do alvará de licença de loteamento deve ainda ser publicitada pela câmara municipal, no prazo estabelecido no nº 1, através de:
a) Publicação de aviso em boletim municipal e na página da Internet do município ou, quando estes não existam, através de edital a afixar nos paços do concelho e nas sedes das juntas de freguesia abrangidas;
b) Publicação de aviso num jornal de âmbito local, quando o número de lotes seja inferior a 20, ou num jornal de âmbito nacional, nos restantes casos.
3 – Compete ao membro do Governo responsável pelo ordenamento do território aprovar, por portaria, o modelo do aviso referido no nº 1.
4 – O aviso previsto no número anterior deve mencionar, consoante os casos, as especificações previstas nas alíneas a) a g) do nº 1 e a) a c) e f) a i) do nº 4 do artigo 77º
5 – O disposto nos números anteriores aplica-se, com as necessárias adaptações, às situações objecto de comunicação prévia.

ARTIGO 79º
Cassação

1 – O alvará ou a admissão de comunicação prévia é cassado pelo presidente da câmara municipal quando caduque a licença ou a admissão de comunicação prévia ou quando estas sejam revogadas, anuladas ou declaradas nulas.
2 – A cassação do alvará ou da admissão de comunicação prévia de loteamento é comunicada pelo presidente da câmara municipal à conservatória do registo predial competente, para efeitos de anotação à descrição ou de cancelamento do correspondente registo.
3 – Com a comunicação referida no número anterior, o presidente da câmara municipal dá igualmente conhecimento à conservatória dos lotes que se encontrem na situação referida

no nº 7 do artigo 71º, requerendo a esta o cancelamento parcial do correspondente registo nos termos da alínea g) do nº 2 do artigo 101º do Código do Registo Predial e indicando as descrições a manter.
4 – O alvará cassado é apreendido pela câmara municipal, na sequência de notificação ao respectivo titular.
5 – A admissão da comunicação prévia é cassada através do averbamento da cassação à informação prevista no nº 1 do artigo 36º-A.

CAPÍTULO III
EXECUÇÃO E FISCALIZAÇÃO
SECÇÃO I
INÍCIO DOS TRABALHOS

ARTIGO 80º
Início dos trabalhos

1 – A execução das obras e trabalhos sujeitos a licença nos termos do presente diploma só pode iniciar-se depois de emitido o respectivo alvará, com excepção das situações referidas no artigo seguinte e salvo o disposto no artigo 113º
2 – As obras e os trabalhos sujeitos ao regime de comunicação prévia podem iniciar-se nos termos do nº 2 do artigo 36º-A e após prestada a informação prevista no artigo 80º-A.
3 – As obras e trabalhos referidos no artigo 7º só podem iniciar-se depois de emitidos os pareceres ou autorizações aí referidos ou após o decurso dos prazos fixados para a respectiva emissão.
4 – No prazo de 60 dias a contar do início dos trabalhos relativos às operações urbanísticas referidas nas alíneas c) a e) do nº 2 do artigo 4º deve o promotor da obra apresentar na câmara municipal cópia do projecto de execução de arquitectura e das especialidades e outros estudos.

ARTIGO 80º-A
Informação sobre o início dos trabalhos e o responsável pelos mesmos

1 – Até cinco dias antes do início dos trabalhos, o promotor informa a câmara municipal dessa intenção, comunicando também a identidade da pessoa, singular ou colectiva, encarregada da execução dos mesmos.
2 – A pessoa encarregada da execução dos trabalhos está obrigada à execução exacta dos projectos e ao respeito pelas condições do licenciamento ou comunicação prévia.

ARTIGO 81º
Demolição, escavação e contenção periférica

1 – Quando o procedimento de licenciamento haja sido precedido de informação prévia favorável que vincule a câmara municipal, pode o presidente da câmara municipal, a pedido do interessado, permitir a execução de trabalhos de demolição ou de escavação e contenção periférica até à profundidade do piso de menor cota, logo após o saneamento referido no artigo 11º, desde que seja prestada caução para reposição do terreno nas condições em que se encontrava antes do início dos trabalhos.
2 – Nas obras sujeitas a licença nos termos do presente diploma, a decisão referida no número anterior pode ser proferida em qualquer momento após a aprovação do projecto de arquitectura.
3 – Para os efeitos dos números anteriores, o requerente deve apresentar, consoante os casos, o plano de demolições, o projecto de estabilidade ou o projecto de escavação e contenção periférica até à data da apresentação do pedido referido no mesmo número.
4 – O presidente da câmara decide sobre o pedido previsto no nº 1 no prazo de 15 dias a contar da data da sua apresentação.
5 – É título bastante para a execução dos trabalhos de demolição, escavação ou contenção periférica a notificação do deferimento do respectivo pedido, que o requerente, a partir do início da execução dos trabalhos por ela abrangidos, deverá guardar no local da obra.

ARTIGO 82º
Ligação às redes públicas

1 – Os alvarás a que se referem os nºs 1 e 4 do artigo 77º, a admissão de comunicação prévia do artigo 36º-A, bem como a notificação referida no nº 5 do artigo anterior, constituem título bastante para instruir os pedidos de ligação das redes de água, de saneamento, de gás, de electricidade e de telecomunicações, podendo os requerentes optar, mediante autorização das entidades fornecedoras, pela realização das obras indispensáveis à sua concretização nas condições regulamentares e técnicas definidas por aquelas entidades.
2 – Até à apresentação do alvará de autorização de utilização, as ligações referidas no número anterior são efectuadas pelo prazo fixado no alvará respectivo ou na admissão de comunicação prévia e apenas podem ser prorrogadas pelo período correspondente à prorrogação daquele prazo, salvo nos casos em que aquele alvará não haja sido emitido por razões exclusivamente imputáveis à câmara municipal.
3 – Na situação prevista no artigo 113º, os pedidos de ligação referidos no nº 1 podem ser instruídos com o recibo do pagamento ou do depósito das taxas ou da caução.

4 – Nos casos referidos no nº 4 do artigo 4º, os pedidos de ligação são instruídos com cópia do recibo da apresentação de comunicação prévia e da sua admissão e se for necessária a compatibilização de projectos com as infra-estruturas existentes ou a sua realização no caso de inexistência, estas serão promovidas pela entidade prestadora ou pelo requerente, nos termos da parte final do nº 1.

SECÇÃO II
EXECUÇÃO DOS TRABALHOS

ARTIGO 83º
Alterações durante a execução da obra

1 – Podem ser realizadas em obra alterações ao projecto, mediante comunicação prévia nos termos previstos no artigo 35º, desde que essa comunicação seja efectuada com a antecedência necessária para que as obras estejam concluídas antes da apresentação do requerimento a que se refere o nº 1 do artigo 63º
2 – Podem ser efectuadas sem dependência de comunicação prévia à câmara municipal as alterações em obra que não correspondam a obras que estivessem sujeitas a controlo prévio.
3 – As alterações em obra ao projecto inicialmente aprovado ou apresentado que envolvam a realização de obras de ampliação ou de alterações à implantação das edificações estão sujeitas ao procedimento previsto nos artigos 27º ou 35º, consoante os casos.
4 – Nas situações previstas nos números anteriores, apenas são apresentados os elementos instrutórios que sofreram alterações.

ARTIGO 84º
Execução das obras pela câmara municipal

1 – Sem prejuízo do disposto no presente diploma em matéria de suspensão, caducidade das licenças, autorizações ou admissão de comunicação prévia ou de cassação dos respectivos alvarás, a câmara municipal, para salvaguarda do património cultural, da qualidade do meio urbano e do meio ambiente, da segurança das edificações e do público em geral ou, no caso de obras de urbanização, também para protecção de interesses de terceiros adquirentes de lotes, pode promover a realização das obras por conta do titular do alvará ou do apresentante da comunicação prévia quando, por causa que seja imputável a este último:
a) Não tiverem sido iniciadas no prazo de um ano a contar da data da emissão do alvará ou do prazo previsto no nº 1 do artigo 36º;

b) Permanecerem interrompidas por mais de um ano;
c) Não tiverem sido concluídas no prazo fixado ou suas prorrogações, nos casos em que a câmara municipal tenha declarado a caducidade;
d) Não hajam sido efectuadas as correcções ou alterações que hajam sido intimadas nos termos do artigo 105º
2 – A execução das obras referidas no número anterior e o pagamento das despesas suportadas com as mesmas efectuam-se nos termos dos artigos 107º e 108º
3 – A câmara municipal pode ainda accionar as cauções referidas nos artigos 25º e 54º
4 – Logo que se mostre reembolsada das despesas efectuadas nos termos do presente artigo, a câmara municipal procede ao levantamento do embargo que possa ter sido decretado ou, quando se trate de obras de urbanização, emite oficiosamente alvará, competindo ao presidente da câmara dar conhecimento das respectivas deliberações, quando seja caso disso, à direcção regional do ambiente e do ordenamento do território e ao conservador do registo predial.

ARTIGO 85º
Execução das obras de urbanização por terceiro

1 – Qualquer adquirente dos lotes, de edifícios construídos nos lotes ou de fracções autónomas dos mesmos tem legitimidade para requerer a autorização judicial para promover directamente a execução das obras de urbanização quando, verificando-se as situações previstas no nº 1 do artigo anterior, a câmara municipal não tenha promovido a sua execução.
2 – O requerimento é instruído com os seguintes elementos:
a) Cópia do alvará ou comunicação prévia e da sua admissão;
b) Orçamento, a preços correntes do mercado, relativo à execução das obras de urbanização em conformidade com os projectos aprovados e condições fixadas no licenciamento;
c) Quaisquer outros elementos que o requerente entenda necessários para o conhecimento do pedido.
3 – Antes de decidir, o tribunal notifica a câmara municipal, o titular do alvará ou o apresentante da comunicação prévia para responderem no prazo de 30 dias e ordena a realização das diligências que entenda úteis para o conhecimento do pedido, nomeadamente a inspecção judicial do local.
4 – Se deferir o pedido, o tribunal fixa especificadamente as obras a realizar e o respectivo orçamento e determina que a caução a que se refere o artigo 54º fique à sua ordem a fim de responder pelas despesas com as obras até ao limite do orçamento.
5 – Na falta ou insuficiência da caução, o tribunal determina que os custos sejam suportados pelo município, sem prejuízo do direito de regresso deste sobre o titular do alvará ou o apresentante da comunicação prévia.

6 – O processo a que se referem os números anteriores é urgente e isento de custas.
7 – Da sentença cabe recurso nos termos gerais.
8 – Compete ao tribunal judicial da comarca onde se localiza o prédio no qual se devem realizar as obras de urbanização conhecer dos pedidos previstos no presente artigo.
9 – A câmara municipal emite oficiosamente alvará para execução de obras por terceiro, competindo ao seu presidente dar conhecimento das respectivas deliberações à direcção regional do ambiente e do ordenamento do território e ao conservador do registo predial quando:
a) Tenha havido recepção provisória das obras; ou
b) Seja integralmente reembolsada das despesas efectuadas, caso se verifique a situação prevista no nº 5.

SECÇÃO III
CONCLUSÃO E RECEPÇÃO DOS TRABALHOS

ARTIGO 86º
Limpeza da área e reparação de estragos

1 – Concluída a obra, o dono da mesma é obrigado a proceder ao levantamento do estaleiro, à limpeza da área, de acordo com o regime da gestão de resíduos de construção e demolição nela produzidos, e à reparação de quaisquer estragos ou deteriorações que tenha causado em infra-estruturas públicas.
2 – O cumprimento do disposto no número anterior é condição da emissão do alvará de autorização de utilização ou da recepção provisória das obras de urbanização, salvo quando tenha sido prestada, em prazo a fixar pela câmara municipal, caução para garantia da execução das operações referidas no mesmo número.

ARTIGO 87º
Recepção provisória e definitiva das obras de urbanização

1 – É da competência da câmara municipal deliberar sobre a recepção provisória e definitiva das obras de urbanização após a sua conclusão e o decurso do prazo de garantia, respectivamente, mediante requerimento do interessado.
2 – A recepção é precedida de vistoria, a realizar por uma comissão, da qual fazem parte o interessado ou um seu representante e, pelo menos, dois representantes da câmara municipal.

3 – À recepção provisória e definitiva, bem como às respectivas vistorias, é aplicável, com as necessárias adaptações, o regime aplicável à recepção provisória e definitiva das empreitadas de obras públicas.
4 – Em caso de deficiência das obras de urbanização, como tal assinaladas no auto de vistoria, se o titular das obras de urbanização não reclamar ou vir indeferida a sua reclamação e não proceder à sua correcção no prazo para o efeito fixado, a câmara municipal procede em conformidade com o disposto no artigo 84º
5 – O prazo de garantia das obras de urbanização é de cinco anos.

ARTIGO 88º
Obras inacabadas

1 – Quando as obras já tenham atingido um estado avançado de execução mas a licença ou a admissão de comunicação prévia haja caducado, pode ser requerida a concessão de licença especial para a sua conclusão ou ser apresentada comunicação prévia para o mesmo efeito.
2 – A concessão da licença especial e a apresentação da comunicação prévia referida no número anterior seguem o procedimento previsto nos artigos 27º ou 35º, consoante o caso, aplicando-se o disposto no artigo 60º
3 – Podem ser concedidas as licenças ou admitidas as comunicações previstas no nº 1 ou apresentadas comunicações prévias quando a câmara municipal reconheça o interesse na conclusão da obra e não se mostre aconselhável a demolição da mesma, por razões ambientais, urbanísticas, técnicas ou económicas.
4 – No caso de comunicação prévia, o reconhecimento do interesse na conclusão da obra tem lugar através da não rejeição pela câmara municipal da comunicação, por referência aos fundamentos do número anterior, dentro do prazo fixado no nº 1 do artigo 36º

SECÇÃO IV
UTILIZAÇÃO E CONSERVAÇÃO DO EDIFICADO

ARTIGO 89º
Dever de conservação

1 – As edificações devem ser objecto de obras de conservação pelo menos uma vez em cada período de oito anos, devendo o proprietário, independentemente desse prazo, realizar todas as obras necessárias à manutenção da sua segurança, salubridade e arranjo estético.

2 – Sem prejuízo do disposto no número anterior, a câmara municipal pode a todo o tempo, oficiosamente ou a requerimento de qualquer interessado, determinar a execução de obras de conservação necessárias à correcção de más condições de segurança ou de salubridade ou à melhoria do arranjo estético.
3 – A câmara municipal pode, oficiosamente ou a requerimento de qualquer interessado, ordenar a demolição total ou parcial das construções que ameacem ruína ou ofereçam perigo para a saúde pública e para a segurança das pessoas.
4 – Os actos referidos nos números anteriores são eficazes a partir da sua notificação ao proprietário.

ARTIGO 89º-A
Proibição de deterioração
1 – O proprietário não pode, dolosamente, provocar ou agravar uma situação de falta de segurança ou de salubridade, provocar a deterioração do edifício ou prejudicar o seu arranjo estético.
2 – Presume-se, salvo prova em contrário, existir violação pelo proprietário do disposto no número anterior nas seguintes situações:
a) Quando o edifício, encontrando-se total ou parcialmente devoluto, tenha apenas os vãos do piso superior ou dos pisos superiores desguarnecidos;
b) Quando estejam em falta elementos decorativos, nomeadamente cantarias ou revestimento azulejar relevante, em áreas da edificação que não sejam acessíveis pelos transeuntes, sendo patente que tal falta resulta de actuação humana.
3 – A proibição constante do nº 1 é aplicável, além do proprietário, a qualquer pessoa singular ou colectiva.

ARTIGO 90º
Vistoria prévia
1 – As deliberações referidas nos nºs 2 e 3 do artigo 89º são precedidas de vistoria a realizar por três técnicos a nomear pela câmara municipal, dois dos quais com habilitação legal para ser autor de projecto, correspondentes à obra objecto de vistoria, segundo o regime da qualificação profissional dos técnicos responsáveis pela elaboração e subscrição de projectos.
2 – Do acto que determinar a realização da vistoria e respectivos fundamentos é notificado o proprietário do imóvel, mediante carta registada expedida com, pelo menos, sete dias de antecedência.

3 – Até à véspera da vistoria, o proprietário pode indicar um perito para intervir na realização da vistoria e formular quesitos a que deverão responder os técnicos nomeados.
4 – Da vistoria é imediatamente lavrado auto, do qual constam obrigatoriamente a identificação do imóvel, a descrição do estado do mesmo e as obras preconizadas e, bem assim, as respostas aos quesitos que sejam formuladas pelo proprietário.
5 – O auto referido no número anterior é assinado por todos os técnicos e pelo perito que hajam participado na vistoria e, se algum deles não quiser ou não puder assiná-lo, faz-se menção desse facto.
6 – Quando o proprietário não indique perito até à data referida no número anterior, a vistoria é realizada sem a presença deste, sem prejuízo de, em eventual impugnação administrativa ou contenciosa da deliberação em causa, o proprietário poder alegar factos não constantes do auto de vistoria, quando prove que não foi regularmente notificado nos termos do nº 2.
7 – As formalidades previstas no presente artigo podem ser preteridas quando exista risco iminente de desmoronamento ou grave perigo para a saúde pública, nos termos previstos na lei para o estado de necessidade.

ARTIGO 91º
Obras coercivas
1 – Quando o proprietário não iniciar as obras que lhe sejam determinadas nos termos do artigo 89º ou não as concluir dentro dos prazos que para o efeito lhe forem fixados, pode a câmara municipal tomar posse administrativa do imóvel para lhes dar execução imediata.
2 – À execução coerciva das obras referidas no número anterior aplica-se, com as devidas adaptações, o disposto nos artigos 107º e 108º

ARTIGO 92º
Despejo administrativo
1 – A câmara municipal pode ordenar o despejo sumário dos prédios ou parte de prédios nos quais haja de realizar-se as obras referidas nos nºs 2 e 3 do artigo 89º sempre que tal se mostre necessário à execução das mesmas.
2 – O despejo referido no número anterior pode ser determinado oficiosamente ou, quando o proprietário pretenda proceder às mesmas, a requerimento deste.
3 – A deliberação que ordene o despejo é eficaz a partir da sua notificação aos ocupantes.

4 – O despejo deve executar-se no prazo de 45 dias a contar da sua notificação aos ocupantes, salvo quando houver risco iminente de desmoronamento ou grave perigo para a saúde pública, em que poderá executar-se imediatamente.
5 – Ao despejo de ocupante titular de contrato de arrendamento aplica-se o disposto no Decreto-Lei nº 157/2006, de 8 de Agosto.

SECÇÃO V
FISCALIZAÇÃO
SUBSECÇÃO I
DISPOSIÇÕES GERAIS

ARTIGO 93º
Âmbito

1 – A realização de quaisquer operações urbanísticas está sujeita a fiscalização administrativa, independentemente da sua sujeição a prévio licenciamento, admissão de comunicação prévia, autorização de utilização ou isenção de controlo prévio.
2 – A fiscalização administrativa destina-se a assegurar a conformidade daquelas operações com as disposições legais e regulamentares aplicáveis e a prevenir os perigos que da sua realização possam resultar para a saúde e segurança das pessoas.

ARTIGO 94º
Competência

1 – Sem prejuízo das competências atribuídas por lei a outras entidades, a fiscalização prevista no artigo anterior compete ao presidente da câmara municipal, com a faculdade de delegação em qualquer dos vereadores.
2 – Os actos praticados pelo presidente da câmara municipal no exercício dos poderes de fiscalização previstos no presente diploma e que envolvam um juízo de legalidade de actos praticados pela câmara municipal respectiva ou que suspendam ou ponham termo à sua eficácia podem ser por esta revogados ou suspensos.
3 – No exercício da actividade de fiscalização, o presidente da câmara municipal é auxiliado por funcionários municipais com formação adequada, a quem incumbe preparar e executar as suas decisões.
4 – O presidente da câmara municipal pode ainda solicitar colaboração de quaisquer autoridades administrativas ou policiais.

5 – A câmara municipal pode contratar com empresas privadas habilitadas a efectuar fiscalização de obras a realização das inspecções a que se refere o artigo seguinte, bem como as vistorias referidas no artigo 64º

6 – A celebração dos contratos referidos no número anterior depende da observância das regras constantes de decreto regulamentar de onde constam o âmbito das obrigações a assumir pelas empresas, o respectivo regime da responsabilidade e as garantias a prestar.

ARTIGO 95º
Inspecções

1 – Os funcionários municipais responsáveis pela fiscalização de obras ou as empresas privadas a que se refere o nº 5 do artigo anterior podem realizar inspecções aos locais onde se desenvolvam actividades sujeitas a fiscalização nos termos do presente diploma, sem dependência de prévia notificação.

2 – O disposto no número anterior não dispensa a obtenção de prévio mandado judicial para a entrada no domicílio de qualquer pessoa sem o seu consentimento.

3 – O mandado previsto no número anterior é concedido pelo juiz da comarca respectiva a pedido do presidente da câmara municipal e segue os termos do procedimento cautelar comum.

ARTIGO 96º
Vistorias

1 – Para além dos casos especialmente previstos no presente diploma, o presidente da câmara municipal pode ordenar a realização de vistorias aos imóveis em que estejam a ser executadas operações urbanísticas quando o exercício dos poderes de fiscalização dependa da prova de factos que, pela sua natureza ou especial complexidade, impliquem uma apreciação valorativa de carácter pericial.

2 – As vistorias ordenadas nos termos do número anterior regem-se pelo disposto no artigo 90º e as suas conclusões são obrigatoriamente seguidas na decisão a que respeita.

ARTIGO 97º
Livro de obra

1 – Todos os factos relevantes relativos à execução de obras licenciadas ou objecto de comunicação prévia devem ser registados pelo respectivo director técnico no livro de obra, a conservar no local da sua realização para consulta pelos funcionários municipais responsáveis pela fiscalização de obras.

2 – São obrigatoriamente registados no livro de obra, para além das respectivas datas de início e conclusão, todos os factos que impliquem a sua paragem ou suspensão, bem como todas as alterações feitas ao projecto licenciado ou comunicado.

3 – O modelo e demais registos a inscrever no livro de obra são definidos por portaria conjunta dos membros do Governo responsáveis pelas obras públicas e pelo ordenamento do território, a qual fixa igualmente as características do livro de obra electrónico.

SUBSECÇÃO II
SANÇÕES

ARTIGO 98º
Contra-ordenações

1 – Sem prejuízo da responsabilidade civil, criminal ou disciplinar, são puníveis como contra-ordenação:

a) A realização de quaisquer operações urbanísticas sujeitas a prévio licenciamento sem o respectivo alvará de licenciamento, excepto nos casos previstos nos artigos 81º e 113º;

b) A realização de quaisquer operações urbanísticas em desconformidade com o respectivo projecto ou com as condições do licenciamento ou da admissão da comunicação prévia;

c) A execução de trabalhos em violação do disposto no nº 2 do artigo 80º-A;

d) A ocupação de edifícios ou suas fracções autónomas sem autorização de utilização ou em desacordo com o uso fixado no respectivo alvará ou na admissão de comunicação prévia, salvo se estes não tiverem sido emitidos no prazo legal por razões exclusivamente imputáveis à câmara municipal;

e) As falsas declarações dos autores e coordenador de projectos no termo de responsabilidade relativamente à observância das normas técnicas gerais e específicas de construção, bem como das disposições legais e regulamentares aplicáveis ao projecto;

f) As falsas declarações no termo de responsabilidade do director de obra e do director de fiscalização de obra ou de outros técnicos relativamente:

- *i) À conformidade da execução da obra com o projecto aprovado e com as condições da licença e comunicação prévia admitida;*
- *ii) À conformidade das alterações efectuadas ao projecto com as normas legais e regulamentares aplicáveis;*

g) A subscrição de projecto da autoria de quem, por razões de ordem técnica, legal ou disciplinar, se encontre inibido de o elaborar;

h) O prosseguimento de obras cujo embargo tenha sido legitimamente ordenado;

i) A não afixação ou a afixação de forma não visível do exterior do prédio, durante o decurso do procedimento de licenciamento ou autorização, do aviso que publicita o pedido de licenciamento ou autorização;
j) A não manutenção de forma visível do exterior do prédio, até à conclusão da obra, do aviso que publicita o alvará ou a admissão da comunicação prévia;
l) A falta do livro de obra no local onde se realizam as obras;
m) A falta dos registos do estado de execução das obras no livro de obra;
n) A não remoção dos entulhos e demais detritos resultantes da obra nos termos do artigo 86º;
o) A ausência de requerimento a solicitar à câmara municipal o averbamento de substituição do requerente, do autor de projecto, de director de obra ou director de fiscalização de obra, do titular do alvará de construção ou do título de registo emitido pelo InCI, I. P., bem como do titular de alvará de licença ou apresentante da comunicação prévia;
p) A ausência do número de alvará de loteamento ou a admissão da comunicação prévia nos anúncios ou em quaisquer outras formas de publicidade à alienação dos lotes de terreno, de edifícios ou fracções autónomas nele construídos;
q) A não comunicação à câmara municipal dos negócios jurídicos de que resulte o fraccionamento ou a divisão de prédios rústicos no prazo de 20 dias a contar da data de celebração;
r) A realização de operações urbanísticas sujeitas a comunicação prévia sem que esta haja sido efectuada e admitida;
s) A não conclusão das operações urbanísticas referidas nos nºs 2 e 3 do artigo 89º nos prazos fixados para o efeito;
t) A deterioração dolosa da edificação pelo proprietário ou por terceiro ou a violação grave do dever de conservação.
2 – A contra-ordenação prevista nas alíneas a) e r) do número anterior é punível com coima graduada de € 500 até ao máximo de € 200 000, no caso de pessoa singular, e de € 1500 até € 450 000, no caso de pessoa colectiva.
3 – A contra-ordenação prevista na alínea b) do nº 1 é punível com coima graduada de € 1500 até ao máximo de € 200 000, no caso de pessoa singular, e de € 3000 até € 450 000, no caso de pessoa colectiva.
4 – A contra-ordenação prevista nas alíneas c), d), s) e t) do nº 1 é punível com coima graduada de € 500 até ao máximo de € 100 000, no caso de pessoa singular, e de € 1500 até € 250 000, no caso de pessoa colectiva.
5 – As contra-ordenações previstas nas alíneas e) a h) do nº 1 são puníveis com coima graduada de € 1500 até ao máximo de € 200 000.
6 – As contra-ordenações previstas nas alíneas i) a n) e p) do nº 1 são puníveis com coima graduada de € 250 até ao máximo de € 50 000, no caso de pessoa singular, e de € 1000 até € 100 000, no caso de pessoa colectiva.

7 – A contra-ordenação prevista nas alíneas o) e q) do nº 1 é punível com coima graduada de € 100 até ao máximo de € 2500, no caso de pessoa singular, e de € 500 até € 10 000, no caso de pessoa colectiva.
8 – Quando as contra-ordenações referidas no nº 1 sejam praticadas em relação a operações urbanísticas que hajam sido objecto de comunicação prévia nos termos do presente diploma, os montantes máximos das coimas referidos nos nºs 3 a 5 anteriores são agravados em € 50 000 e os das coimas referidas nos nºs 6 e 7 em € 25 000.
9 – A tentativa e a negligência são puníveis.
10 – A competência para determinar a instauração dos processos de contra-ordenação, para designar o instrutor e para aplicar as coimas pertence ao presidente da câmara municipal, podendo ser delegada em qualquer dos seus membros.
11 – O produto da aplicação das coimas referidas no presente artigo reverte para o município, inclusive quando as mesmas sejam cobradas em juízo.

ARTIGO 99º
Sanções acessórias

1 – As contra-ordenações previstas no nº 1 do artigo anterior podem ainda determinar, quando a gravidade da infracção o justifique, a aplicação das seguintes sanções acessórias:
a) A apreensão dos objectos pertencentes ao agente que tenham sido utilizados como instrumento na prática da infracção;
b) A interdição do exercício no município, até ao máximo de quatro anos, da profissão ou actividade conexas com a infracção praticada;
c) A privação do direito a subsídios outorgados por entidades ou serviços públicos.
2 – As sanções previstas no nº 1, bem como as previstas no artigo anterior, quando aplicadas a industriais de construção civil são comunicadas ao InCI, I. P.
3 – As sanções aplicadas ao abrigo do disposto nas alíneas e), f) e g) do nº 1 do artigo anterior aos autores dos projectos, responsáveis pela direcção técnica da obra ou a quem subscreva o termo de responsabilidade previsto no artigo 63º são comunicadas à respectiva ordem ou associação profissional, quando exista.
4 – A interdição de exercício de actividade prevista na alínea b) do nº 1, quando aplicada a pessoa colectiva, estende-se a outras pessoas colectivas constituídas pelos mesmos sócios.

ARTIGO 100º
Responsabilidade criminal

1 – O desrespeito dos actos administrativos que determinem qualquer das medidas de tutela da legalidade urbanística previstas no presente diploma constitui crime de desobediência, nos termos do artigo 348º do Código Penal.

2 – As falsas declarações ou informações prestadas pelos responsáveis referidos nas alíneas e) e f) do nº 1 do artigo 98º nos termos de responsabilidade ou no livro de obra integram o crime de falsificação de documentos, nos termos do artigo 256º do Código Penal.

ARTIGO 101º
Responsabilidade dos funcionários e agentes da Administração Pública

Os funcionários e agentes da Administração Pública que deixem de participar infracções às entidades fiscalizadoras ou prestem informações falsas ou erradas sobre as infracções à lei e aos regulamentos de que tenham conhecimento no exercício das suas funções incorrem em responsabilidade disciplinar, punível com pena de suspensão a demissão.

ARTIGO 101º-A
Legitimidade para a denúncia

1 – Qualquer pessoa tem legitimidade para comunicar à câmara municipal, ao Ministério Público, às ordens ou associações profissionais, ao InCI, I. P., ou a outras entidades competentes a violação das normas do presente diploma.

2 – Não são admitidas denúncias anónimas.

SUBSECÇÃO III
MEDIDAS DE TUTELA DA LEGALIDADE URBANÍSTICA

ARTIGO 102º
Embargo

1 – Sem prejuízo das competências atribuídas por lei a outras entidades, o presidente da câmara municipal é competente para embargar obras de urbanização, de edificação ou de demolição, bem como quaisquer trabalhos de remodelação de terrenos, quando estejam a ser executadas:

a) Sem a necessária licença ou admissão de comunicação prévia;

b) Em desconformidade com o respectivo projecto ou com as condições do licenciamento ou comunicação prévia admitida, salvo o disposto no artigo 83º; ou

c) Em violação das normas legais e regulamentares aplicáveis.

2 – A notificação é feita ao responsável pela direcção técnica da obra, bem como ao titular do alvará de licença ou apresentante da comunicação prévia e, quando possível, ao proprietário do imóvel no qual estejam a ser executadas as obras ou seu representante, sendo suficiente para obrigar à suspensão dos trabalhos qualquer dessas notificações ou a de quem se encontre a executar a obra no local.

3 – Após o embargo, é de imediato lavrado o respectivo auto, que contém, obrigatória e expressamente, a identificação do funcionário municipal responsável pela fiscalização de obras, das testemunhas e do notificado, a data, a hora e o local da diligência e as razões de facto e de direito que a justificam, o estado da obra e a indicação da ordem de suspensão e proibição de prosseguir a obra e do respectivo prazo, bem como as cominações legais do seu incumprimento.

4 – O auto é redigido em duplicado e assinado pelo funcionário e pelo notificado, ficando o duplicado na posse deste.

5 – No caso de a ordem de embargo incidir apenas sobre parte da obra, o respectivo auto fará expressa menção de que o embargo é parcial e identificará claramente qual é a parte da obra que se encontra embargada.

6 – O auto de embargo é notificado às pessoas identificadas no nº 2.

7 – No caso de as obras estarem a ser executadas por pessoa colectiva, o embargo e o respectivo auto são ainda comunicados para a respectiva sede social ou representação em território nacional.

8 – O embargo, assim como a sua cessação ou caducidade, é objecto de registo na conservatória do registo predial, mediante comunicação do despacho que o determinou, procedendo-se aos necessários averbamentos.

ARTIGO 103º
Efeitos do embargo

1 – O embargo obriga à suspensão imediata, no todo ou em parte, dos trabalhos de execução da obra.

2 – Tratando-se de obras licenciadas ou objecto de comunicação prévia, o embargo determina também a suspensão da eficácia da respectiva licença ou a admissão de comunicação prévia, bem como, no caso de obras de urbanização, da licença ou comunicação prévia de loteamento urbano a que as mesmas respeitam.

3 – É interdito o fornecimento de energia eléctrica, gás e água às obras embargadas, devendo para o efeito ser notificado o acto que o ordenou às entidades responsáveis pelos referidos fornecimentos.

4 – O embargo, ainda que parcial, suspende o prazo que estiver fixado para a execução das obras no respectivo alvará de licença e estabelecido para a admissão de comunicação prévia.

ARTIGO 104º
Caducidade do embargo

1 – A ordem de embargo caduca logo que for proferida uma decisão que defina a situação jurídica da obra com carácter definitivo ou no termo do prazo que tiver sido fixado para o efeito.
2 – Na falta de fixação de prazo para o efeito, a ordem de embargo caduca se não for proferida uma decisão definitiva no prazo de seis meses, prorrogável uma única vez por igual período.

ARTIGO 105º
Trabalhos de correcção ou alteração

1 – Nas situações previstas nas alíneas b) e c) do nº 1 do artigo 102º, o presidente da câmara municipal pode ainda, quando for caso disso, ordenar a realização de trabalhos de correcção ou alteração da obra, fixando um prazo para o efeito, tendo em conta a natureza e o grau de complexidade dos mesmos.
2 – Decorrido o prazo referido no número anterior sem que aqueles trabalhos se encontrem integralmente realizados, a obra permanece embargada até ser proferida uma decisão que defina a sua situação jurídica com carácter definitivo.
3 – Tratando-se de obras de urbanização ou de outras obras indispensáveis para assegurar a protecção de interesses de terceiros ou o correcto ordenamento urbano, a câmara municipal pode promover a realização dos trabalhos de correcção ou alteração por conta do titular da licença ou do apresentante da comunicação prévia, nos termos dos artigos 107º e 108º
4 – A ordem de realização de trabalhos de correcção ou alteração suspende o prazo que estiver fixado no respectivo alvará de licença ou estabelecido na comunicação prévia pelo período estabelecido nos termos do nº 1.
5 – O prazo referido no nº 1 interrompe-se com a apresentação de pedido de alteração à licença ou comunicação prévia, nos termos, respectivamente, dos artigos 27º e 35º

ARTIGO 106º
Demolição da obra e reposição do terreno

1 – O presidente da câmara municipal pode igualmente, quando for caso disso, ordenar a demolição total ou parcial da obra ou a reposição do terreno nas condições em que se encontrava antes da data de início das obras ou trabalhos, fixando um prazo para o efeito.

2 – A demolição pode ser evitada se a obra for susceptível de ser licenciada ou objecto de comunicação prévia ou se for possível assegurar a sua conformidade com as disposições legais e regulamentares que lhe são aplicáveis mediante a realização de trabalhos de correcção ou de alteração.

3 – A ordem de demolição ou de reposição a que se refere o nº 1 é antecedida de audição do interessado, que dispõe de 15 dias a contar da data da sua notificação para se pronunciar sobre o conteúdo da mesma.

4 – Decorrido o prazo referido no nº 1 sem que a ordem de demolição da obra ou de reposição do terreno se mostre cumprida, o presidente da câmara municipal determina a demolição da obra ou a reposição do terreno por conta do infractor.

ARTIGO 107º

Posse administrativa e execução coerciva

1 – Sem prejuízo da responsabilidade criminal, em caso de incumprimento de qualquer das medidas de tutela da legalidade urbanística previstas nos artigos anteriores, o presidente da câmara pode determinar a posse administrativa do imóvel onde está a ser realizada a obra por forma a permitir a execução coerciva de tais medidas.

2 – O acto administrativo que tiver determinado a posse administrativa é notificado ao dono da obra e aos demais titulares de direitos reais sobre o imóvel por carta registada com aviso de recepção.

3 – A posse administrativa é realizada pelos funcionários municipais responsáveis pela fiscalização de obras, mediante a elaboração de um auto onde, para além de se identificar o acto referido no número anterior, é especificado o estado em que se encontra o terreno, a obra e as demais construções existentes no local, bem como os equipamentos que ali se encontrarem.

4 – Tratando-se da execução coerciva de uma ordem de embargo, os funcionários municipais responsáveis pela fiscalização de obras procedem à selagem do estaleiro da obra e dos respectivos equipamentos.

5 – Em casos devidamente justificados, o presidente da câmara pode autorizar a transferência ou a retirada dos equipamentos do local de realização da obra, por sua iniciativa ou a requerimento do dono da obra ou do seu empreiteiro.

6 – O dono da obra ou o seu empreiteiro devem ser notificados sempre que os equipamentos sejam depositados noutro local.

7 – A posse administrativa do terreno e dos equipamentos mantém-se pelo período neces-

sário à execução coerciva da respectiva medida de tutela da legalidade urbanística, caducando no termo do prazo fixado para a mesma.
8 – Tratando-se de execução coerciva de uma ordem de demolição ou de trabalhos de correcção ou alteração de obras, estas devem ser executadas no mesmo prazo que havia sido concedido para o efeito ao seu destinatário, contando-se aquele prazo a partir da data de início da posse administrativa.
9 – (Revogado.)

ARTIGO 108º
Despesas realizadas com a execução coerciva
1 – As quantias relativas às despesas realizadas nos termos do artigo anterior, incluindo quaisquer indemnizações ou sanções pecuniárias que a administração tenha de suportar para o efeito, são de conta do infractor.
2 – Quando aquelas quantias não forem pagas voluntariamente no prazo de 20 dias a contar da notificação para o efeito, são cobradas judicialmente em processo de execução fiscal, servindo de título executivo certidão, passada pelos serviços competentes, comprovativa das despesas efectuadas, podendo ainda a câmara aceitar, para extinção da dívida, dação em cumprimento ou em função do cumprimento nos termos da lei.
3 – O crédito referido no nº 1 goza de privilégio imobiliário sobre o lote ou terrenos onde se situa a edificação, graduado a seguir aos créditos referidos na alínea b) do artigo 748º do Código Civil.

ARTIGO 108º-A
Intervenção da CCDR
O presidente da CCDR territorialmente competente pode determinar o embargo, a introdução de alterações, a demolição do edificado ou a reposição do terreno em quaisquer operações urbanísticas desconformes com o disposto em plano municipal ou plano especial de ordenamento do território sempre que não se mostre assegurada pelo município a adopção das referidas medidas de tutela da legalidade urbanísticas, aplicando-se, com as necessárias adaptações o disposto nos artigos 94º a 96º e 102º a 108º

ARTIGO 109º
Cessação da utilização
1 – Sem prejuízo do disposto nos nºs 1 e 2 do artigo 2º do Decreto-Lei nº 281/99, de 26 de Julho, o presidente da câmara municipal é competente para ordenar e fixar prazo para a

cessação da utilização de edifícios ou de suas fracções autónomas quando sejam ocupados sem a necessária autorização de utilização ou quando estejam a ser afectos a fim diverso do previsto no respectivo alvará.

2 – Quando os ocupantes dos edifícios ou suas fracções não cessem a utilização indevida no prazo fixado, pode a câmara municipal determinar o despejo administrativo, aplicando-se, com as devidas adaptações, o disposto no artigo 92º

3 – O despejo determinado nos termos do número anterior deve ser sobrestado quando, tratando-se de edifício ou sua fracção que estejam a ser utilizados para habitação, o ocupante mostre, por atestado médico, que a execução do mesmo põe em risco de vida, por razão de doença aguda, a pessoa que se encontre no local.

4 – Na situação referida no número anterior, o despejo não pode prosseguir enquanto a câmara municipal não providencie pelo realojamento da pessoa em questão, a expensas do responsável pela utilização indevida, nos termos do artigo anterior.

CAPÍTULO IV
GARANTIAS DOS PARTICULARES

ARTIGO 110º
Direito à informação

1 – Qualquer interessado tem o direito de ser informado pela respectiva câmara municipal:

a) Sobre os instrumentos de desenvolvimento e planeamento territorial em vigor para determinada área do município, bem como das demais condições gerais a que devem obedecer as operações urbanísticas a que se refere o presente diploma;

b) Sobre o estado e andamento dos processos que lhes digam directamente respeito, com especificação dos actos já praticados e do respectivo conteúdo, e daqueles que ainda devam sê-lo, bem como dos prazos aplicáveis a estes últimos.

2 – As informações previstas no número anterior devem ser prestadas independentemente de despacho e no prazo de 15 dias.

3 – Os interessados têm o direito de consultar os processos que lhes digam directamente respeito, nomeadamente por via electrónica, e de obter as certidões ou reproduções autenticadas dos documentos que os integram, mediante o pagamento das importâncias que forem devidas.

4 – O acesso aos processos e passagem de certidões deve ser requerido por escrito, salvo consulta por via electrónica, e é facultado independentemente de despacho e no prazo de 10 dias a contar da data da apresentação do respectivo requerimento.

5 – A câmara municipal fixa, no mínimo, um dia por semana para que os serviços municipais competentes estejam especificadamente à disposição dos cidadãos para a apresentação de eventuais pedidos de esclarecimento ou de informação ou reclamações.

6 – Os direitos referidos nos nºs 1 e 3 são extensivos a quaisquer pessoas que provem ter interesse legítimo no conhecimento dos elementos que pretendem e ainda, para defesa de interesses difusos definidos na lei, quaisquer cidadãos no gozo dos seus direitos civis e políticos e as associações e fundações defensoras de tais interesses.

ARTIGO 111º

Silêncio da Administração

Decorridos os prazos fixados para a prática de qualquer acto especialmente regulado no presente diploma sem que o mesmo se mostre praticado, observa-se o seguinte:

a) Tratando-se de acto que devesse ser praticado por qualquer órgão municipal no âmbito do procedimento de licenciamento, o interessado pode recorrer ao processo regulado no artigo 112º;

b) (Revogada.)

c) Tratando-se de qualquer outro acto, considera-se tacitamente deferida a pretensão, com as consequências gerais.

ARTIGO 112º

Intimação judicial para a prática de acto legalmente devido

1 – No caso previsto na alínea a) do artigo 111º, pode o interessado pedir ao tribunal administrativo de círculo da área da sede da autoridade requerida a intimação da autoridade competente para proceder à prática do acto que se mostre devido.

2 – O requerimento de intimação deve ser apresentado em duplicado e instruído com cópia do requerimento para a prática do acto devido.

3 – A secretaria, logo que registe a entrada do requerimento, expede por via postal notificação à autoridade requerida, acompanhada do duplicado, para responder no prazo de 14 dias.

4 – Junta a resposta ou decorrido o respectivo prazo, o processo vai com vista ao Ministério Público, por dois dias, e seguidamente é concluso ao juiz, para decidir no prazo de cinco dias.

5 – Se não houver fundamento de rejeição, o requerimento só será indeferido quando a autoridade requerida faça prova da prática do acto devido até ao termo do prazo fixado para a resposta.

6 – Na decisão, o juiz estabelece prazo não superior a 30 dias para que a autoridade requerida pratique o acto devido e fixa sanção pecuniária compulsória, nos termos previstos no Código de Processo nos Tribunais Administrativos.

7 – Ao pedido de intimação é aplicável o disposto no Código de Processo nos Tribunais Administrativos quanto aos processos urgentes.
8 – O recurso da decisão tem efeito meramente devolutivo.
9 – Decorrido o prazo fixado pelo tribunal sem que se mostre praticado o acto devido, o interessado pode prevalecer-se do disposto no artigo 113º, com excepção do disposto no número seguinte.
10 – Na situação prevista no número anterior, tratando-se de aprovação do projecto de arquitectura, o interessado pode juntar os projectos das especialidades e outros estudos ou, caso já o tenha feito no requerimento inicial, inicia-se a contagem do prazo previsto na alínea c) do nº 1 do artigo 23º

ARTIGO 113º
Deferimento tácito
1 – Nas situações referidas no nº 9 do artigo anterior, o interessado pode iniciar e prosseguir a execução dos trabalhos de acordo com o requerimento apresentado nos termos do nº 4 do artigo 9º ou dar de imediato utilização à obra.
2 – O início dos trabalhos ou da utilização depende do prévio pagamento das taxas que se mostrem devidas nos termos do presente diploma.
3 – Quando a câmara municipal se recuse a liquidar ou a receber as taxas devidas, o interessado pode proceder ao depósito do respectivo montante em instituição de crédito à ordem da câmara municipal, ou, quando não esteja efectuada a liquidação, provar que se encontra garantido o seu pagamento mediante caução, por qualquer meio em direito admitido, por montante calculado nos termos do regulamento referido no artigo 3º
4 – Para os efeitos previstos no número anterior, devem ser afixados nos serviços de tesouraria da câmara municipal o número e a instituição bancária em que a mesma tenha conta e onde seja possível efectuar o depósito, bem como a indicação do regulamento municipal no qual se encontram previstas as taxas a que se refere o nº 2.
5 – Caso a câmara municipal não efectue a liquidação da taxa devida nem dê cumprimento ao disposto no número anterior, o interessado pode iniciar os trabalhos ou dar de imediato utilização à obra, dando desse facto conhecimento à câmara municipal e requerendo ao tribunal administrativo de círculo da área da sede da autarquia que intime esta a emitir o alvará de licença ou autorização de utilização.
6 – Ao pedido de intimação referido no número anterior aplica-se o disposto no nº 7 do artigo anterior.
7 – A certidão da sentença transitada em julgado que haja intimado à emissão do alvará de licença ou autorização de utilização substitui, para todos os efeitos legais, o alvará não emitido.

8 – Nas situações referidas no presente artigo, a obra não pode ser embargada por qualquer autoridade administrativa com fundamento na falta de licença.

ARTIGO 114º
Impugnação administrativa

1 – Os pareceres expressos que sejam emitidos por órgãos da administração central no âmbito dos procedimentos regulados no presente diploma podem ser objecto de impugnação administrativa autónoma.
2 – A impugnação administrativa de quaisquer actos praticados ou pareceres emitidos nos termos do presente diploma deve ser decidida no prazo de 30 dias, findo o qual se considera deferida.

ARTIGO 115º
Acção administrativa especial

1 – A acção administrativa especial dos actos previstos no artigo 106º tem efeito suspensivo.
2 – Com a citação da petição de recurso, a autoridade administrativa tem o dever de impedir, com urgência, o início ou a prossecução da execução do acto recorrido.
3 – A todo o tempo e até à decisão em 1ª instância, o juiz pode conceder o efeito meramente devolutivo à acção, oficiosamente ou a requerimento do recorrido ou do Ministério Público, caso do mesmo resultem indícios da ilegalidade da sua interposição ou da sua improcedência.
4 – Da decisão referida no número anterior cabe recurso com efeito meramente devolutivo, que sobe imediatamente, em separado.

CAPÍTULO V
TAXAS INERENTES ÀS OPERAÇÕES URBANÍSTICAS

ARTIGO 116º
Taxa pela realização, manutenção e reforço de infra-estruturas urbanísticas

1 – A emissão dos alvarás de licença e autorização de utilização e a admissão de comunicação prévia previstas no presente diploma estão sujeitas ao pagamento das taxas a que se refere a alínea b) do artigo 6º da Lei nº 53-E/2006, de 29 de Dezembro.
2 – A emissão do alvará de licença e a admissão de comunicação prévia de loteamento estão sujeitas ao pagamento das taxas a que se refere a alínea a) do artigo 6º da Lei nº 53-E/2006, de 29 de Dezembro.

3 – A emissão do alvará de licença e a admissão de comunicação prévia de obras de construção ou ampliação em área não abrangida por operação de loteamento ou alvará de obras de urbanização estão igualmente sujeitas ao pagamento da taxa referida no número anterior.
4 – A emissão do alvará de licença parcial a que se refere o nº 6 do artigo 23º está também sujeita ao pagamento da taxa referida no nº 1, não havendo lugar à liquidação da mesma aquando da emissão do alvará definitivo.
5 – Os projectos de regulamento municipal da taxa pela realização, manutenção e reforço de infra-estruturas urbanísticas devem ser acompanhados da fundamentação do cálculo das taxas previstas, tendo em conta, designadamente, os seguintes elementos:
a) Programa plurianual de investimentos municipais na execução, manutenção e reforço das infra-estruturas gerais, que pode ser definido por áreas geográficas diferenciadas;
b) Diferenciação das taxas aplicáveis em função dos usos e tipologias das edificações e, eventualmente, da respectiva localização e correspondentes infra-estruturas locais.
6 – (Revogado.)

ARTIGO 117º
Liquidação das taxas

1 – O presidente da câmara municipal, com o deferimento do pedido de licenciamento, procede à liquidação das taxas, em conformidade com o regulamento aprovado pela assembleia municipal.
2 – O pagamento das taxas referidas nos nºs 2 a 4 do artigo anterior pode, por deliberação da câmara municipal, com faculdade de delegação no presidente e de subdelegação deste nos vereadores ou nos dirigentes dos serviços municipais, ser fraccionado até ao termo do prazo de execução fixado no alvará desde que seja prestada caução nos termos do artigo 54º
3 – Da liquidação das taxas cabe reclamação graciosa ou impugnação judicial, nos termos e com os efeitos previstos no Código de Procedimento e do Processo Tributário.
4 – A exigência, pela câmara municipal ou por qualquer dos seus membros, de mais-valias não previstas na lei ou de quaisquer contrapartidas, compensações ou donativos confere ao titular da licença ou comunicação prévia para a realização de operação urbanística, quando dê cumprimento àquelas exigências, o direito a reaver as quantias indevidamente pagas ou, nos casos em que as contrapartidas, compensações ou donativos sejam realizados em espécie, o direito à respectiva devolução e à indemnização a que houver lugar.
5 – Nos casos de autoliquidação previstos no presente diploma, as câmaras municipais devem obrigatoriamente disponibilizar os regulamentos e demais elementos necessários à sua efectivação, podendo os requerentes usar do expediente previsto no nº 3 do artigo 113º

CAPÍTULO VI
DISPOSIÇÕES FINAIS E TRANSITÓRIAS

ARTIGO 118º
Conflitos decorrentes da aplicação dos regulamentos municipais

1 – Para a resolução de conflitos na aplicação dos regulamentos municipais previstos no artigo 3º podem os interessados requerer a intervenção de uma comissão arbitral.
2 – Sem prejuízo do disposto no nº 5, a comissão arbitral é constituída por um representante da câmara municipal, um representante do interessado e um técnico, designado por cooptação, especialista na matéria sobre que incide o litígio, o qual preside.
3 – Na falta de acordo, o técnico é designado pelo presidente do tribunal administrativo de círculo competente na circunscrição administrativa do município.
4 – À constituição e funcionamento das comissões arbitrais aplica-se o disposto na lei sobre a arbitragem voluntária.
5 – As associações públicas de natureza profissional e as associações empresariais do sector da construção civil podem promover a criação de centros de arbitragem institucionalizada para a realização de arbitragens no âmbito das matérias previstas neste artigo, nos termos da lei.

ARTIGO 119º
Relação dos instrumentos de gestão territorial, das servidões e restrições de utilidade pública e de outros instrumentos relevantes

1 – As câmaras municipais devem manter actualizada a relação dos instrumentos de gestão territorial e as servidões administrativas e restrições de utilidade pública especialmente aplicáveis na área do município, nomeadamente:
a) Os referentes a plano regional de ordenamento do território, planos especiais de ordenamento do território, planos municipais e intermunicipais de ordenamento do território, medidas preventivas, áreas de desenvolvimento urbano prioritário, áreas de construção prioritária, áreas críticas de recuperação e reconversão urbanística e alvarás de loteamento em vigor;
b) Zonas de protecção de imóveis classificados ou em vias de classificação, reservas arqueológicas de protecção e zonas especiais de protecção de parque arqueológico a que se refere a Lei nº 107/2001, de 8 de Setembro, e o Decreto-Lei nº 309/2009, de 23 de Outubro;
c) (Revogada.)
d) Zonas de protecção a edifícios e outras construções de interesse público a que se referem os Decretos-Leis nºs 40 388, de 21 de Novembro de 1955, e 309/2009, de 23 de Outubro;

e) Imóveis ou elementos naturais classificados como de interesse municipal a que se refere a Lei nº 107/2001, de 8 de Setembro, e o Decreto-Lei nº 309/2009, de 23 de Outubro;
f) Zonas terrestres de protecção das albufeiras, lagoas ou lagos de águas públicas a que se refere o Decreto-Lei nº 107/2009, de 15 de Maio;
g) Zonas terrestres de protecção dos estuários a que se refere o Decreto-Lei nº 129/2008, de 21 de Julho;
h) Áreas integradas no domínio hídrico público ou privado a que se referem as Leis nºs 54/ /2005, de 15 de Novembro, e 58/2005, de 29 de Dezembro;
i) Áreas classificadas a que se refere o Decreto-Lei nº 142/2008, de 24 de Julho;
j) Áreas integradas na Reserva Agrícola Nacional a que se refere o Decreto-Lei nº 73/2009, de 31 de Março;
l) Áreas integradas na Reserva Ecológica Nacional a que se refere o Decreto-Lei nº 166/ /2008, de 22 de Agosto;
m) Zonas de protecção estabelecidas pelo Decreto-Lei nº 173/2006, de 24 de Agosto.
2 – As câmaras municipais mantêm igualmente actualizada a relação dos regulamentos municipais referidos no artigo 3º, dos programas de acção territorial em execução, bem como das unidades de execução delimitadas.
3 – A informação referida nos números anteriores deve ser disponibilizada no sítio da Internet do município.

ARTIGO 120º
Dever de informação
1 – As câmaras municipais e as comissões de coordenação e desenvolvimento regional têm o dever de informação mútua sobre processos relativos a operações urbanísticas, o qual deve ser cumprido mediante comunicação a enviar no prazo de 20 dias a contar da data de recepção do respectivo pedido.
2 – Não sendo prestada a informação prevista no número anterior, as entidades que a tiverem solicitado podem recorrer ao processo de intimação regulado nos artigos 104º e seguintes da Lei nº 15/2002, de 22 de Fevereiro.

ARTIGO 121º
Regime das notificações e comunicações
As notificações e comunicações referidas neste diploma e dirigidas aos requerentes devem ser efectuadas através de correio electrónico ou de outro meio de transmissão electrónica de dados, salvo quando esta não for possível ou se mostrar inadequada.

ARTIGO 122º
Legislação subsidiária

A tudo o que não esteja especialmente previsto no presente diploma aplica-se subsidiariamente o Código do Procedimento Administrativo.

ARTIGO 123º
Relação das disposições legais referentes à construção

Até à codificação das normas técnicas de construção, compete aos membros do Governo responsáveis pelas obras públicas e pelo ordenamento do território promover a publicação da relação das disposições legais e regulamentares a observar pelos técnicos responsáveis dos projectos de obras e sua execução, devendo essa relação constar dos sítios na Internet dos ministérios em causa.

ARTIGO 124º
Depósito legal dos projectos

O Governo regulamentará, no prazo de seis meses a contar da data de entrada em vigor do presente diploma, o regime do depósito legal dos projectos de urbanização e edificação.

ARTIGO 125º
Alvarás anteriores

As alterações aos alvarás emitidos ao abrigo da legislação agora revogada e dos Decretos-Leis nºs 166/70, de 15 de Abril, 46 673, de 29 de Novembro de 1965, 289/73, de 6 de Junho, e 400/84, de 31 de Dezembro, regem-se pelo disposto no presente diploma.

ARTIGO 126º
Elementos estatísticos

1 – A câmara municipal envia mensalmente para o Instituto Nacional de Estatística os elementos estatísticos identificados em portaria dos membros do Governo responsáveis pela administração local e pelo ordenamento do território.

2 – Os suportes a utilizar na prestação da informação referida no número anterior serão fixados pelo Instituto Nacional de Estatística, após auscultação das entidades envolvidas.

ARTIGO 127º
Regiões Autónomas

O regime previsto neste diploma é aplicável às Regiões Autónomas, sem prejuízo do diploma legal que procede às necessárias adaptações.

ARTIGO 128º

(Revogado.)

ARTIGO 129º
Revogações

São revogados:

a) O Decreto-Lei nº 445/91, de 20 de Novembro;

b) O Decreto-Lei nº 448/91, de 29 de Novembro;

c) O Decreto-Lei nº 83/94, de 14 de Março;

d) O Decreto-Lei nº 92/95, de 9 de Maio;

e) Os artigos 9º, 10º e 165º a 168º do Regulamento Geral das Edificações Urbanas, aprovado pelo Decreto-Lei nº 38 382, de 7 de Agosto de 1951.

ARTIGO 130º
Entrada em vigor

O presente diploma entra em vigor 180 dias após a data da sua publicação.

Regime Jurídico de Instalação e do Funcionamento dos Estabelecimentos de Restauração e de Bebidas

DECRETO-LEI Nº 48/2011, DE 1 DE ABRIL

O Programa do XVIII Governo Constitucional estabelece como prioridade a continuação das reformas de modernização do Estado, com o objectivo de simplificar a vida aos cidadãos e às empresas. A iniciativa «Licenciamento zero» visa dar cumprimento a esta prioridade e é um compromisso do Programa SIMPLEX de 2010 e uma das medidas emblemáticas da «Agenda Digital 2015».

Ao longo de quatro anos, o Programa SIMPLEX demonstrou que é possível melhorar a capacidade de resposta da Administração Pública, satisfazendo as necessidades dos cidadãos e das empresas de forma mais célere, eficaz e com menos custos, sem com isso desproteger outros valores, como a segurança dos negócios ou a protecção dos consumidores.

Entre muitas medidas que reduziram custos de contexto para as empresas, destacam-se: i) a agilização do processo de constituição de sociedades comerciais, designadamente através dos serviços «Empresa na hora» e «Empresa online»; ii) a simplificação do regime de exercício da actividade industrial (REAI), compreendendo o sistema de informação que permite saber antecipadamente custos e prazos para o exercício de uma actividade, enviar o pedido de forma electrónica e acompanhar o procedimento; iii) a concentração do cumprimento das obrigações de informação num ponto único, através da «Informação empresarial simplificada (IES)»; ou iv) a desmaterialização do registo da propriedade industrial. Por sua vez, serviços como a «Casa pronta» – que, segundo o relatório Doing Business 2011, do Banco Mundial, permitiu a Portugal tornar-se o país do mundo onde é mais rápido registar a propriedade de um bem imóvel –, o «Nascer cidadão», a «Segurança social directa», o «NetEmprego» ou o «eAgenda», entre outros, permitiram facilitar aos cidadãos o exercício de direitos e o cumprimento de obrigações.

Algumas das iniciativas do Programa SIMPLEX resultaram, aliás, da contribuição de cidadãos, através de comentários à consulta pública, propostas enviadas para a caixa de sugestões, ideias de funcionários públicos que concorreram ao prémio Ideia.Simplex ou opiniões registadas em estudos de avaliação, consubstanciando no seu conjunto um processo de co-produção deste Programa.

É neste contexto que se insere a iniciativa «Licenciamento zero», destinada a reduzir encargos administrativos sobre os cidadãos e as empresas, por via da eliminação de licenças, autorizações, vistorias e condicionamentos prévios para actividades específicas, substituindo-os por acções sistemáticas de fiscalização a posteriori e mecanismos de responsabilização efectiva dos promotores.

Com a iniciativa «Licenciamento zero» visa-se também desmaterializar procedimentos administrativos e modernizar a forma de relacionamento da Administração com os cidadãos e empresas, concretizando desse modo as obrigações decorrentes da Directiva nº 2006/123/CE, do Parlamento Europeu e do Conselho, de 12 de Dezembro, relativa aos serviços no mercado interno, que foi transposta para a ordem jurídica interna pelo Decreto-Lei nº 92/2010, de 26 de Julho.

Por um lado, contribui-se para a adaptação do regime jurídico das actividades de prestação de serviços aos princípios e regras previstos na directiva e, por outro, concretiza-se o princípio do balcão único electrónico, de forma que seja possível num só ponto cumprir todos os actos e formalidades necessários para aceder e exercer uma actividade de serviços, incluindo a disponibilização de meios de pagamento electrónico. Esse balcão vai estar disponível em três línguas e acessível a todas as autoridades administrativas competentes.

Para dar cumprimento a estes objectivos, o presente decreto-lei cria, em primeiro lugar, um regime simplificado para a instalação e a modificação de estabelecimentos de restauração ou de bebidas, de comércio de bens, de prestação de serviços ou de armazenagem. Assim, é substituída a permissão administrativa destes estabelecimentos por uma mera comunicação prévia, num balcão único electrónico, da informação necessária à verificação do cumprimento dos requisitos legais. A informação registada é partilhada por todas as autoridades com interesse relevante no seu conhecimento, nomeadamente para efeitos de fiscalização ou de cadastro.

Em segundo lugar, simplificam-se ou eliminam-se licenciamentos habitualmente conexos com aquele tipo de actividades económicas e fundamentais ao seu exercício – concentrando eventuais obrigações de mera comunicação prévia no mesmo balcão electrónico – tais como os relativos a: 1) utilização privativa do domínio público municipal para determinados fins (nomeadamente, a instalação de um toldo, de um expositor ou de outro suporte informativo, a colocação de uma floreira ou de um contentor para resíduos); 2) horário de funcionamento, suas alterações e respectivo mapa; e 3) afixação e inscrição de mensagens publicitárias de natureza comercial, em determinados casos relacionados com a actividade do estabelecimento, sem prejuízo das regras sobre ocupação do domínio público.

A utilização privativa do espaço público é regulamentada por critérios a fixar pelos municípios, que visam assegurar a conveniente utilização pelos cidadãos e empresas daquele espaço, no âmbito da sua actividade comercial ou de prestação de serviços. É ainda reforçada a fiscalização da utilização privativa destes bens dominiais, nomeadamente através do poder concedido aos municípios para remover, destruir ou por qualquer forma inutilizar os elementos que ocupem o domínio público ilicitamente, a expensas do infractor.

Em terceiro lugar, o presente decreto-lei elimina o regime de licenciamento de exercício de outras actividades económicas, para as quais não se mostra necessário um regime de controlo prévio, tais como a venda de bilhetes para espectáculos públicos em estabelecimentos comerciais e o exercício da actividade de realização de leilões em lugares públicos.

Finalmente, em todos os regimes acima mencionados, aumenta-se a responsabilização dos agentes económicos, reforçando-se para o efeito a fiscalização e agravando-se o regime sancionatório. Elevam-se os montantes das coimas e prevê-se a aplicação de sanções acessórias que podem ser de interdição do exercício da actividade ou de encerramento do estabelecimento por um período até dois anos.

Foram ouvidas as seguintes entidades: a Associação da Hotelaria, Restauração e Similares de Portugal (AHRESP), a Associação dos Profissionais e Empresas de Mediação Imobiliária de Portugal (APEMIP), a Associação Industrial Portuguesa – Câmara de Comércio e Indústria (AIP-CCI), a Associação Nacional de Municípios Portugueses (ANMP), a Associação Portuguesa de Bancos (APB), a Associação Portuguesa de Casinos, a Associação Portuguesa de Hotelaria, Restauração e Turismo (APHORT), a Câmara de Comércio e Indústria Luso-Chinesa, a Câmara de Comércio e Indústria Luso-Espanhola, a Câmara de Comércio e Indústria Luso-Mexicana, a Câmara de Comércio e Indústria Portugal-Angola, a Câmara Municipal de Lisboa, a Câmara Municipal do Porto, a Comissão Nacional de Protecção de Dados (CNPD), a Confederação do Turismo Português (CTP), a Confederação Empresarial de Portugal (CIP), a Confederação Portuguesa da Construção e do Imobiliário (CPCI), a COTEC Portugal – Associação Empresarial para a Inovação, a DECO – Associação Portuguesa para a Defesa do Consumidor e a União Geral de Trabalhadores (UGT).

Foi promovida a audição das seguintes entidades: a Associação das Micro, Pequenas e Médias Empresas (PME Portugal), a Associação Empresarial de Portugal, Câmara de Comércio e Indústria (AEP), a Associação Nacional de Freguesias (ANAFRE), a Associação Nacional de Jovens Empresários (ANJE), a Associação Portuguesa de Empresas de Distribuição (APED), a Associação Portuguesa de Mulheres Empresárias (APME), a Associação Portuguesa de Seguradores (APS), a Câmara de Comércio Americana, a Câmara de Comércio e Indústria Árabe-Portuguesa, a Câmara de Comércio e Indústria Luso-Alemã, a Câmara de Comércio e Indústria Luso-Brasileira, a Câmara de Comércio e Indústria Luso-Britânica, a Câmara de Comércio e Indústria Luso-Francesa, a Câmara de Comércio e Indústria Luso-Japonesa, a Câmara de Comércio e Indústria Luso-Marroquina, a Câmara de Comércio e Indústria Portugal-Holanda, a Câmara de Comércio Italiana em Portugal, a Câmara de Comércio Luso-Sueca, a Câmara de Comércio Portugal-Moçambique, a Câmara de Comércio, Indústria e Turismo Portugal Cabo Verde, a Confederação do Comércio e Serviços de Portugal (CCP), a Confederação dos Agricultores de Portugal (CAP) e a Confederação-Geral dos Trabalhadores Portugueses-Intersindical Nacional (CGTP-IN).

Assim:

No uso das autorizações legislativas concedidas pela Lei nº 49/2010, de 12 de Novembro, e pelo artigo 147º da Lei nº 55-A/2010, de 31 de Dezembro, e nos termos da alínea b) do nº 1 do artigo 198º da Constituição, o Governo decreta o seguinte:

CAPÍTULO I
DISPOSIÇÕES INICIAIS

ARTIGO 1º
Objecto

1 – O presente decreto-lei simplifica o regime de exercício de diversas actividades económicas no âmbito da iniciativa «Licenciamento zero», destinada a reduzir encargos administrativos sobre os cidadãos e as empresas, mediante a eliminação de licenças, autorizações, validações, autenticações, certificações, actos emitidos na sequência de comunicações prévias com prazo, registos e outros actos permissivos, substituindo-os por um reforço da fiscalização sobre essas actividades.

2 – Para o efeito do número anterior são adoptadas as seguintes medidas:

a) É aprovado o novo regime de instalação e de modificação de estabelecimentos de restauração ou de bebidas, de comércio de bens, de prestação de serviços ou de armazenagem, baseado numa mera comunicação prévia efectuada num balcão único electrónico;
b) É simplificado o regime da ocupação do espaço público, substituindo-se o licenciamento por uma mera comunicação prévia para determinados fins habitualmente conexos com estabelecimentos de restauração ou de bebidas, de comércio de bens, de prestação de serviços ou de armazenagem;
c) É simplificado o regime da afixação e da inscrição de mensagens publicitárias de natureza comercial, designadamente mediante a eliminação do licenciamento da afixação e da inscrição de mensagens publicitárias de natureza comercial em determinadas situações;
d) É eliminado o licenciamento da actividade das agências de venda de bilhetes para espectáculos públicos;
e) É eliminado o licenciamento do exercício da actividade de realização de leilões, sem prejuízo da legislação especial que regula determinados leilões;
f) É proibida a sujeição do horário de funcionamento e do respectivo mapa a licenciamento, a autorização, a autenticação, a validação, a certificação, a actos emitidos na sequência de comunicações prévias com prazo, a registo ou a qualquer outro acto permissivo;
g) É simplificado o procedimento de inscrição no cadastro dos estabelecimentos comerciais, passando a consistir numa comunicação efectuada num balcão único electrónico.
3 – O presente decreto-lei visa ainda adequar o regime de acesso e de exercício de actividades económicas com o Decreto-Lei nº 92/2010, de 26 de Junho, que transpôs a Directiva nº 2006/123/CE, do Parlamento Europeu e do Conselho, de 12 de Dezembro, relativa aos serviços no mercado interno, a qual estabelece os princípios e as regras necessários para simplificar o livre acesso e exercício das actividades de serviços.

ARTIGO 2º
Âmbito

1 – O regime de mera comunicação prévia da instalação e da modificação de estabelecimentos de restauração ou de bebidas, de comércio de bens, de prestação de serviços ou de armazenagem, estabelecido pelo presente decreto-lei, aplica-se aos estabelecimentos ou secções acessórias de restauração ou de bebidas, de comércio de bens, de prestação de serviços ou de armazenagem destinados à prática das actividades elencadas nas listas A, B e C do anexo i do presente decreto-lei, do qual faz parte integrante.
2 – Ficam sujeitos, exclusivamente, ao regime de instalação e modificação previsto no número anterior:

a) Os estabelecimentos de comércio a retalho que disponham de secções acessórias destinadas à realização de operações industriais, correspondentes às CAE (classificação portuguesa das actividades económicas) elencadas na lista D do anexo i do presente decreto-lei, do qual faz parte integrante, e enquadradas no tipo 3 do Decreto-Lei nº 209/2008, de 29 de Outubro (REAI);
b) Os estabelecimentos de restauração ou de bebidas que disponham de secções acessórias destinadas ao fabrico próprio de pastelaria, panificação, gelados e actividades industriais similares, ou que vendam produtos alimentares a que correspondam as CAE elencadas na lista E do anexo i do presente decreto-lei, do qual faz parte integrante, e que se enquadrem no tipo 3 do REAI ou que, enquadradas no tipo 2 do REAI, disponham de uma potência eléctrica contratada igual ou inferior a 50 kVA.
3 – O regime de inscrição no cadastro comercial, definido pelo presente decreto-lei, aplica-se:
a) Aos estabelecimentos comerciais onde seja exercida, exclusiva ou principalmente, uma ou mais actividades de comércio elencadas na lista F do anexo I do presente decreto-lei, do qual faz parte integrante; e
b) Aos agentes económicos elencados na lista G do anexo I do presente decreto-lei, do qual faz parte integrante, em tudo o que não dependa da existência de um estabelecimento, salvo se a actividade for exercida ao abrigo do direito de livre prestação de serviços, nos termos do nº 3 do artigo 4º do Decreto-Lei nº 92/2010, de 26 de Julho.
4 – Para os efeitos referidos no presente artigo e outros decorrentes do presente decreto-lei, os conceitos relativos a actividades e estabelecimentos de restauração ou de bebidas, de comércio e de prestação de serviços são definidos no anexo II do presente decreto-lei, do qual faz parte integrante.
5 – O regime simplificado de ocupação do espaço público e dos procedimentos especiais de realização de operações urbanísticas, estabelecido pelo presente decreto-lei, aplica-se aos estabelecimentos onde se realize qualquer actividade económica, ainda que o respectivo regime de instalação e de modificação não seja o previsto no nº 1.
6 – O disposto no presente decreto-lei não prejudica o regime especial do licenciamento das actividades de distribuição, venda e aplicação de produtos fitofarmacêuticos.
7 – Excepcionam-se do regime previsto nos nºs 1 a 3 os estabelecimentos de comércio a retalho e os conjuntos comerciais abrangidos pelo Decreto-Lei nº 21/2009, de 19 de Janeiro, os estabelecimentos e as cantinas, os refeitórios e os bares de entidades públicas, de empresas, de estabelecimentos de ensino e de associações sem fins lucrativos destinados a fornecer serviços de alimentação e de bebidas exclusivamente ao respectivo pessoal, alunos e associados, devendo este condicionamento ser devidamente publicitado.
8 – Excepcionam-se do regime previsto no nº 2 as secções acessórias onde sejam realizadas operações industriais que utilizem matéria-prima de origem animal não transformada,

cujos produtos não se destinem exclusivamente à venda ao consumidor final no próprio estabelecimento.

ARTIGO 3º
Balcão do empreendedor

1 – É criado um balcão único electrónico, designado «Balcão do empreendedor», acessível através do Portal da Empresa, nos termos a definir por portaria dos membros do Governo responsáveis pelas áreas da modernização administrativa, das autarquias locais e da economia.
2 – O «Balcão do empreendedor» está igualmente acessível nas Lojas da Empresa e nos municípios que o pretendam disponibilizar, bem como em outros balcões públicos ou privados, nos termos a definir por protocolo com a Agência para a Modernização Administrativa, I. P. (AMA, I. P.)

CAPÍTULO II
INSTALAÇÃO, MODIFICAÇÃO E ENCERRAMENTO DE ESTABELECIMENTOS
SECÇÃO I
REGIMES APLICÁVEIS

ARTIGO 4º
Regime geral

1 – A instalação de um estabelecimento abrangido pelos nºs 1 e 2 do artigo 2º está sujeita ao regime de mera comunicação prévia dirigida ao presidente da câmara municipal respectiva e ao director-geral das Actividades Económicas, obrigatoriamente efectuada pelo titular da exploração ou por quem o represente no «Balcão do empreendedor».
2 – A mera comunicação prévia consiste numa declaração que permite ao interessado proceder imediatamente à abertura do estabelecimento, à exploração do armazém ou ao início de actividade, consoante os casos, após pagamento das taxas devidas.
3 – Sem prejuízo de outros elementos, identificados em portaria dos membros do Governo responsáveis pelas áreas da modernização administrativa, das autarquias locais e da economia, a mera comunicação prévia referida nos números anteriores contém os seguintes dados:
a) A identificação do titular da exploração do estabelecimento, com menção do nome ou firma e do número de identificação fiscal;
b) O endereço da sede da pessoa colectiva ou do empresário em nome individual;
c) O endereço do estabelecimento ou armazém e o respectivo nome ou insígnia;

d) A CAE das actividades que são desenvolvidas no estabelecimento, bem como outra informação relevante para a caracterização dessas actividades, designadamente a área de venda e de armazenagem do estabelecimento ou armazém, as secções acessórias existentes, o número de pessoas ao serviço, o tipo de localização e o método de venda;
e) A data de abertura ao público do estabelecimento ou de início de exploração do armazém;
f) A declaração do titular da exploração do estabelecimento de que tomou conhecimento das obrigações decorrentes da legislação identificada no anexo iii do presente decreto-lei, do qual faz parte integrante, e de que as respeita integralmente.
4 – O titular da exploração do estabelecimento é obrigado a manter actualizados todos os dados comunicados, devendo proceder a essa actualização no prazo máximo de 60 dias após a ocorrência de qualquer alteração, sem prejuízo do disposto no número seguinte.
5 – Está igualmente sujeita ao regime da mera comunicação prévia no «Balcão do empreendedor» a modificação de um estabelecimento, abrangido pelos nºs 1 e 2 do artigo 2º, decorrente da alteração do ramo de actividade de restauração ou de bebidas, de comércio de bens ou de prestação de serviços, aplicando-se, com as devidas adaptações, o disposto nos nºs 2 e 3.
6 – O encerramento do estabelecimento abrangido pelos nºs 1 e 2 do artigo 2º deve ser comunicado no «Balcão do empreendedor» no prazo máximo de 60 dias após a sua ocorrência.
7 – Para os efeitos referidos no presente decreto-lei entende-se por:
a) «Instalação», a acção desenvolvida tendo em vista a abertura de um estabelecimento, com o objectivo de nele ser exercida uma actividade de restauração ou de bebidas, de comércio de bens ou de prestação de serviços, ou o funcionamento de um armazém;
b) «Modificação», a alteração do ramo de actividade de restauração ou de bebidas, de comércio de bens ou de prestação de serviços, a ampliação ou redução da área de venda ou de armazenagem, a mudança de nome ou de insígnia, ou a alteração da entidade titular da exploração;
c) «Encerramento», a cessação do exercício de actividade de restauração ou de bebidas, de comércio de bens ou de prestação de serviços num estabelecimento ou o fecho de um armazém.

ARTIGO 5º
Dispensa de requisitos

1 – A instalação ou modificação de um estabelecimento abrangido pelos nºs 1 a 3 do artigo 2º fica sujeita ao regime de comunicação prévia com prazo, a efectuar pelo interessado no «Balcão do empreendedor», quando depender de dispensa prévia de requisitos legais ou regulamentares aplicáveis às instalações, aos equipamentos e ao funcionamento das actividades económicas a exercer no estabelecimento.

2 – A comunicação prévia com prazo consiste numa declaração que permite ao interessado proceder à abertura do estabelecimento, à exploração do armazém ou ao início de actividade, consoante os casos, quando a autoridade administrativa emita despacho de deferimento ou quando esta não se pronuncie após o decurso do prazo de 20 dias, contado a partir do momento do pagamento das taxas devidas.

3 – A apreciação da comunicação prevista nos números anteriores é da competência do presidente da câmara municipal territorialmente competente na área de localização do estabelecimento, podendo ser delegada:

a) Nos vereadores, com faculdade de subdelegação; ou

b) Nos dirigentes dos serviços municipais.

4 – O presidente da câmara pode proceder à consulta de outras entidades, designadamente a Direcção-Geral das Actividades Económicas (DGAE), sem que essa consulta suspenda o prazo da comunicação prévia.

5 – A dispensa pode ser deferida desde que não se trate de condicionamentos legais ou regulamentares imperativos relativos à segurança contra incêndios, à saúde pública ou a operações de gestão de resíduos, nem de requisitos imperativos de higiene dos géneros alimentícios expressamente previstos nos Regulamentos (CE) n.ºs 852/2004 e 853/2004, do Parlamento Europeu e do Conselho, de 29 de Abril.

6 – Constituem nomeadamente fundamento de deferimento da dispensa de requisitos:

a) O contributo para a requalificação ou revitalização da área circundante do edifício ou fracção autónoma onde se instala o estabelecimento;

b) O contributo para a conservação do edifício ou fracção autónoma onde se instala o estabelecimento;

c) Estar em curso ou a ser iniciado procedimento conducente à elaboração, revisão, rectificação, alteração ou suspensão de instrumento de gestão territorial que não seja impeditivo do funcionamento, por prazo determinado, do estabelecimento;

d) A estrita observância dos requisitos exigidos para as instalações e equipamentos afectar significativamente a rendibilidade ou as características arquitectónicas ou estruturais dos edifícios que estejam classificados como de interesse nacional, público ou municipal ou que possuam valor histórico, arquitectónico, artístico ou cultural;

e) O facto de o estabelecimento estar integrado em conjunto comercial que já cumpra esses requisitos e isso aproveite ao estabelecimento.

7 – As decisões do presidente da câmara municipal, emitidas ao abrigo do disposto no presente artigo, devem ser divulgadas no «Balcão do empreendedor».

ARTIGO 6º
Regime da prestação de serviços de restauração ou de bebidas com carácter não sedentário

1 – Fica sujeita a comunicação prévia com prazo a prestação de serviços de restauração ou de bebidas com carácter não sedentário, a realizar, nomeadamente:

a) Em unidades móveis ou amovíveis localizadas em feiras ou em espaços públicos autorizados para o exercício da venda ambulante;

b) Em unidades móveis ou amovíveis localizadas em espaços públicos ou privados de acesso público;

c) Em instalações fixas nas quais ocorram menos de 10 eventos anuais.

2 – A comunicação prévia com prazo consiste numa declaração que permite ao interessado proceder à prestação de serviços de restauração ou de bebidas com carácter não sedentário, quando o presidente da câmara municipal territorialmente competente emita despacho de deferimento ou quando este não se pronuncie após o decurso do prazo de 20 dias ou, no caso da alínea b) do número anterior, de cinco dias, contados a partir do momento do pagamento das taxas devidas.

3 – A comunicação prevista no número anterior é efectuada no «Balcão do empreendedor», sendo a sua apreciação da competência do presidente da câmara municipal territorialmente competente na área do local de exercício da actividade, podendo ser delegada:

a) Nos vereadores, com faculdade de subdelegação; ou

b) Nos dirigentes dos serviços municipais.

SECÇÃO II
REGIMES CONEXOS
SUBSECÇÃO I
OPERAÇÕES URBANÍSTICAS

ARTIGO 7º
Regime geral

1 – Sem prejuízo do disposto nesta subsecção, sempre que a instalação ou modificação de um estabelecimento abrangido pelos nºs 1 e 2 do artigo 2º envolva a realização de obras sujeitas a controlo prévio, antes de efectuar a mera comunicação prévia prevista nos nºs 1 e 2 do artigo 4º ou a comunicação prévia com prazo referida nos nºs 1 e 2 do artigo 5º, deve o interessado dar cumprimento ao regime jurídico da urbanização e edificação (RJUE), aprovado pelo

Decreto-Lei nº 555/99, de 16 de Dezembro, alterado pelo Decreto-Lei nº 26/2010, de 30 de Março, e pela Lei nº 28/2010, de 2 de Setembro.

2 – No caso de se tratar de estabelecimento de restauração ou de bebidas que disponha de espaços ou salas destinados a dança ou onde habitualmente se dance ou que disponha de recinto de diversão provisório, deve ainda o interessado dar cumprimento ao regime previsto no Decreto-Lei nº 309/2002, de 16 de Dezembro, alterado pelo Decreto-Lei nº 268/2009, de 29 de Setembro, antes de efectuar a mera comunicação prévia prevista nos nºs 1 e 2 do artigo 4º

ARTIGO 8º

Regime das operações urbanísticas sujeitas a comunicação prévia

1 – Sem prejuízo do disposto no número seguinte, quando o interessado na instalação de um estabelecimento necessitar de realizar operações urbanísticas sujeitas a comunicação prévia, nos termos do nº 4 do artigo 4º do RJUE, pode enviar o pedido e os documentos necessários para o efeito através do «Balcão do empreendedor», nos termos a definir por portaria dos membros do Governo responsáveis pelas áreas da modernização administrativa, das autarquias locais, da economia, do ambiente e do ordenamento do território.

2 – Aplica-se o regime da mera comunicação prévia às operações urbanísticas referidas no número anterior nas situações identificadas em portaria dos membros do Governo responsáveis pelas áreas da modernização administrativa, das autarquias locais, da economia, do ambiente e do ordenamento do território.

3 – A mera comunicação prévia referida no número anterior consiste numa declaração que permite ao interessado proceder imediatamente à realização da operação urbanística, após o pagamento das taxas devidas.

ARTIGO 9º

Regime da utilização de edifício ou de fracção autónoma destinadas à instalação de um estabelecimento

1 – A utilização de um edifício ou de suas fracções para efeitos de instalação de um estabelecimento e as respectivas alterações de uso podem ser solicitadas ao município no «Balcão do empreendedor».

2 – O disposto nos números anteriores não prejudica a possibilidade de os municípios identificarem áreas geográficas onde seja possível alterar a utilização de um edifício ou de suas fracções por mera comunicação prévia no «Balcão do empreendedor».

3 – A mera comunicação prévia referida no número anterior consiste numa declaração que permite ao interessado proceder imediatamente à alteração de utilização de um edifício ou fracção autónoma, após o pagamento das taxas devidas.

SUBSECÇÃO II
OCUPAÇÃO DO ESPAÇO PÚBLICO

ARTIGO 10º
Finalidades admissíveis

1 – O interessado na exploração de um estabelecimento deve usar o «Balcão do empreendedor» para declarar que pretende ocupar o espaço público, entendido como a área de acesso livre e de uso colectivo afecta ao domínio público das autarquias locais, para algum ou alguns dos seguintes fins:

a) Instalação de toldo e respectiva sanefa;

b) Instalação de esplanada aberta;

c) Instalação de estrado e guarda-ventos;

d) Instalação de vitrina e expositor;

e) Instalação de suporte publicitário, nos casos em que é dispensado o licenciamento da afixação ou da inscrição de mensagens publicitárias de natureza comercial;

f) Instalação de arcas e máquinas de gelados;

g) Instalação de brinquedos mecânicos e equipamentos similares;

h) Instalação de floreira;

i) Instalação de contentor para resíduos.

2 – O interessado na exploração de um estabelecimento deve igualmente usar o «Balcão do empreendedor» para comunicar a cessação da ocupação do espaço público para os fins anteriormente declarados.

3 – No caso da cessação da ocupação do espaço público resultar do encerramento do estabelecimento, dispensa-se a comunicação referida no número anterior, bastando para esse efeito a mencionada no nº 6 do artigo 4º

4 – A ocupação do espaço público para fins distintos dos mencionados no nº 1 segue o regime geral de ocupação do domínio público das autarquias locais.

5 – Para garantir maior certeza jurídica na ocupação do espaço público, os tipos de mobiliário urbano que mais frequentemente são instalados, projectados ou apoiados no espaço público são definidos no anexo ii do presente decreto-lei, do qual faz parte integrante.

ARTIGO 11º
Critérios de ocupação do espaço público

1 – Para os efeitos referidos no artigo anterior, compete aos municípios a definição dos critérios a que deve estar sujeita a ocupação do espaço público para salvaguarda da segurança, do ambiente e do equilíbrio urbano.

2 – Os critérios referidos no número anterior devem procurar garantir que a ocupação do espaço público respeite as seguintes regras:

a) Não provocar obstrução de perspectivas panorâmicas ou afectar a estética ou o ambiente dos lugares ou da paisagem;

b) Não prejudicar a beleza ou o enquadramento de monumentos nacionais, de edifícios de interesse público ou outros susceptíveis de ser classificados pelas entidades públicas;

c) Não causar prejuízos a terceiros;

d) Não afectar a segurança das pessoas ou das coisas, nomeadamente na circulação rodoviária ou ferroviária;

e) Não apresentar disposições, formatos ou cores que possam confundir-se com os da sinalização de tráfego;

f) Não prejudicar a circulação dos peões, designadamente dos cidadãos portadores de deficiência.

3 – O disposto no presente artigo não impede o município de proibir a ocupação do espaço público, para algum ou alguns dos fins previstos no artigo anterior, em toda a área do município ou apenas em parte dela.

4 – No caso de o município não definir os critérios a que deve estar sujeita a ocupação do espaço público nem a proibir nos termos do número anterior, aplicam-se subsidiariamente os critérios referidos no anexo iv do presente decreto-lei, do qual faz parte integrante.

5 – Sempre que exista interesse relevante, podem ser definidos critérios adicionais por outras entidades com jurisdição sobre a área do espaço público a ocupar, nomeadamente:

a) O Instituto de Gestão do Património Arquitectónico e Arqueológico, I. P.;

b) A Estradas de Portugal, S. A.;

c) O Instituto da Mobilidade e dos Transportes Terrestres, I. P.;

d) O Turismo de Portugal, I. P.;

e) O Instituto da Conservação da Natureza e da Biodiversidade, I. P.;

f) A Autoridade Nacional de Segurança Rodoviária.

6 – Os critérios adicionais que vierem a ser definidos, nos termos do número anterior, devem ser imediatamente comunicados à Direcção-Geral das Autarquias Locais, bem como aos municípios, para efeitos da sua incorporação nos respectivos regulamentos municipais.

7 – Os critérios elaborados nos termos dos números anteriores apenas produzem efeitos depois de estarem disponíveis para consulta no «Balcão do empreendedor».

ARTIGO 12º

Regimes aplicáveis à ocupação do espaço público

1 – Sem prejuízo dos critérios definidos pelo município nos termos do artigo anterior, aplica-se o regime da mera comunicação prévia à declaração referida no nº 1 do artigo 10º se as características e localização do mobiliário urbano respeitarem os seguintes limites:

a) No caso dos toldos e das respectivas sanefas, das floreiras, das vitrinas, dos expositores, das arcas e máquinas de gelados, dos brinquedos mecânicos e dos contentores para resíduos, quando a sua instalação for efectuada junto à fachada do estabelecimento;
b) No caso das esplanadas abertas, quando a sua instalação for efectuada em área contígua à fachada do estabelecimento e a ocupação transversal da esplanada não exceder a largura da fachada do respectivo estabelecimento;
c) No caso dos guarda-ventos, quando a sua instalação for efectuada junto das esplanadas, perpendicularmente ao plano marginal da fachada e o seu avanço não ultrapassar o da esplanada;
d) No caso dos estrados, quando a sua instalação for efectuada como apoio a uma esplanada e não exceder a sua dimensão;
e) No caso dos suportes publicitários:
i) Quando a sua instalação for efectuada na área contígua à fachada do estabelecimento e não exceder a largura da mesma; ou
ii) Quando a mensagem publicitária for afixada ou inscrita na fachada ou em mobiliário urbano referido nas alíneas anteriores.
2 – A mera comunicação prévia referida no número anterior consiste numa declaração que permite ao interessado proceder imediatamente à ocupação do espaço público, após o pagamento das taxas devidas.
3 – Sem prejuízo de outros elementos identificados em portaria dos membros do Governo responsáveis pelas áreas da modernização administrativa, das autarquias locais e da economia, a mera comunicação prévia referida nos números anteriores contém:
a) Os dados referidos nas alíneas a) a c) do nº 3 do artigo 4º;
b) A indicação do fim pretendido com a ocupação do espaço público;
c) A identificação das características e da localização do mobiliário urbano a colocar;
d) A declaração do titular da exploração de que respeita integralmente as obrigações legais e regulamentares sobre a ocupação do espaço público.
4 – Aplica-se o regime da comunicação prévia com prazo à declaração prevista no nº 1 do artigo 10º, no caso de as características e a localização do mobiliário urbano não respeitarem os limites referidos no nº 1.
5 – A comunicação prévia com prazo referida no número anterior consiste numa declaração que permite ao interessado proceder à ocupação do espaço público, quando o presidente da câmara municipal territorialmente competente emita despacho de deferimento ou quando este não se pronuncie após o decurso do prazo de 20 dias, contado a partir do momento do pagamento das taxas devidas.
6 – A comunicação prevista no número anterior é efectuada no «Balcão do empreendedor», sendo a sua apreciação da competência do presidente da câmara municipal, podendo ser delegada:

a) Nos vereadores, com faculdade de subdelegação; ou

b) Nos dirigentes dos serviços municipais.

7 – O titular da exploração do estabelecimento é obrigado a manter actualizados todos os dados comunicados, devendo proceder a essa actualização no prazo máximo de 60 dias após a ocorrência de qualquer modificação, salvo se esses dados já tiverem sido comunicados por força do disposto no nº 4 do artigo 4º

8 – Sem prejuízo da observância dos critérios definidos nos termos do artigo anterior, a mera comunicação prévia ou o deferimento da comunicação prévia com prazo, efectuadas nos termos do artigo 10º, dispensam a prática de quaisquer outros actos permissivos relativamente à ocupação do espaço público, designadamente a necessidade de proceder a licenciamento ou à celebração de contrato de concessão.

9 – O disposto no número anterior não impede o município de ordenar a remoção do mobiliário urbano que ocupar o espaço público quando, por razões de interesse público devidamente fundamentadas, tal se afigure necessário.

ARTIGO 13º
Domínio público hídrico, ferroviário e rodoviário

O disposto na presente subsecção não prejudica o regime legal aplicável ao domínio público hídrico, nomeadamente o domínio público hídrico pertencente aos municípios e freguesias estabelecido nas Leis nºs 54/2005, de 15 de Novembro, e 58/2005, de 29 de Dezembro, bem como o regime legal aplicável ao domínio público ferroviário, estabelecido no Decreto-Lei nº 276/2003, de 4 de Novembro, e o regime legal aplicável ao domínio público rodoviário, constante dos Decretos-Leis nºs 13/71, de 23 de Janeiro, e 13/94, de 15 de Janeiro.

SUBSECÇÃO III
CADASTRO COMERCIAL

ARTIGO 14º
Regime de inscrição no cadastro comercial

1 – Os titulares da exploração dos estabelecimentos referidos na alínea a) do nº 3 do artigo 2º e os agentes económicos mencionados na alínea b) do mesmo artigo estão obrigados a proceder à comunicação electrónica dos dados necessários à inscrição no cadastro comercial dos seguintes factos:

a) A instalação do estabelecimento comercial;

b) A modificação do estabelecimento comercial;
c) O encerramento do estabelecimento comercial.
2 – A comunicação referida no número anterior deve ser efectuada pelo titular da exploração do estabelecimento até 60 dias após a ocorrência do facto sujeito a inscrição.
3 – O cumprimento da obrigação prevista no nº 1 é efectuado no «Balcão do empreendedor» referido no artigo 3º, devendo para esse efeito ser submetidos os dados mencionados nas alíneas a) a e) do nº 3 do artigo 4º e ainda a identificação do facto a inscrever.
4 – A inscrição no cadastro comercial não dispensa o cumprimento das obrigações legais e regulamentares aplicáveis ao estabelecimento e constantes do anexo iii do presente decreto-lei, do qual faz parte integrante.
5 – O cumprimento das obrigações previstas no artigo 4º pelos titulares da exploração dos estabelecimentos referidos nos nºs 1 e 2 do artigo 2º dispensa o fornecimento de mais informação para efeitos de cadastro comercial.
6 – A obrigação prevista nos números anteriores pode ser dispensada se a informação necessária à inscrição dos factos mencionados no nº 1 puder ser obtida por outra via, em termos a definir por portaria dos membros do Governo responsáveis pelas áreas da modernização administrativa e da economia.

SUBSECÇÃO IV
PROCEDIMENTOS, TÍTULOS E OUTROS PEDIDOS, COMUNICAÇÕES, NOTIFICAÇÕES E REGISTOS

ARTIGO 15º
Procedimentos das comunicações prévias com prazo

1 – As comunicações prévias com prazo previstas nos nºs 1 e 2 do artigo 5º, nos nºs 1 e 2 do artigo 6º e nos nºs 4 e 5 do artigo 12º só se consideram entregues quando estiverem acompanhadas de todos os elementos considerados obrigatórios e identificados em portaria dos membros do Governo responsáveis pelas áreas da modernização administrativa, das autarquias locais e da economia e se mostrarem pagas as taxas devidas.
2 – A autoridade administrativa competente analisa a comunicação prévia com prazo e a sua conformidade com as disposições legais e regulamentares em vigor, comunicando ao requerente, através do «Balcão do empreendedor»:
a) O despacho de deferimento;
b) O despacho de indeferimento, o qual contém a identificação das desconformidades do pedido com as disposições legais e regulamentares aplicáveis e cujo cumprimento não é dispensado.

ARTIGO 16º
Títulos

O comprovativo electrónico de entrega no «Balcão do empreendedor» das meras comunicações prévias, das comunicações prévias com prazo e das demais comunicações previstas no presente decreto-lei, acompanhado do comprovativo do pagamento das quantias eventualmente devidas, são prova suficiente do cumprimento dessas obrigações para todos os efeitos.

ARTIGO 17º
Outros pedidos, comunicações, notificações e registos

Os titulares da exploração de estabelecimentos abrangidos pelos nºs 1 a 3 do artigo 2º efectuam igualmente no «Balcão do empreendedor» outros actos e formalidades conexos com o exercício da actividade, nos termos definidos por portaria dos membros do Governo responsáveis pelas áreas da modernização administrativa, das autarquias locais, da economia e pela área que integra a obrigação em causa.

SECÇÃO III
TAXAS

ARTIGO 18º
Divulgação das taxas no «Balcão do empreendedor»

1 – As taxas devidas pelo procedimento ou a fórmula do seu cálculo são determinadas por cada município e divulgadas pelos mesmos no «Balcão do empreendedor».
2 – Quando esteja em causa a utilização do espaço público, as taxas referidas no número anterior podem ser devidas pela utilização durante um determinado período de tempo.
3 – A falta de introdução por um município da informação referida nos números anteriores determina que não seja devida qualquer taxa.
4 – A liquidação do valor das taxas é efectuada automaticamente no «Balcão do empreendedor», salvo nos seguintes casos em que os elementos necessários à realização do pagamento por via electrónica podem ser disponibilizados pelo município nesse balcão, no prazo de cinco dias após a comunicação ou o pedido:
a) Taxas devidas pelos procedimentos respeitantes a operações urbanísticas;
b) Taxas devidas pela ocupação do espaço público cuja forma de determinação não resulta automaticamente do «Balcão do empreendedor».

ARTIGO 19º
Pagamento de taxas

As taxas devidas no âmbito do regime previsto no presente capítulo devem poder ser pagas por via electrónica junto dos destinatários, designadamente dos municípios.

SECÇÃO IV
VERIFICAÇÃO DA INFORMAÇÃO E PROTECÇÃO DE DADOS

ARTIGO 20º
Verificação da informação

1 – A informação relativa à CAE e os dados das pessoas colectivas é confirmada através de ligação ao Sistema de Informação da Classificação Portuguesa de Actividades Económicas (SICAE) e às bases de dados do Instituto dos Registos e do Notariado, I. P. (IRN, I. P.), em termos a definir por protocolo a celebrar entre o IRN, I. P., o Instituto das Tecnologias de Informação na Justiça, I. P. (ITIJ, I. P.), a AMA, I. P., e a DGAE.
2 – A informação relativa à CAE e aos dados das pessoas singulares é confirmada através de ligação à base de dados da Direcção-Geral dos Impostos (DGCI) nos termos da legislação em vigor, definidos por protocolo a celebrar entre a DGCI, a Direcção-Geral de Informática e Apoio aos Serviços Tributários e Aduaneiros (DGITA), a AMA, I. P., e a DGAE.
3 – Antes da celebração dos protocolos referidos nos números anteriores o seu conteúdo deve ser comunicado à Comissão Nacional de Protecção de Dados (CNPD).

ARTIGO 21º
Entidade competente para a organização e manutenção dos registos sectoriais de comércio e serviços

1 – A DGAE organiza e mantém actualizada a informação relativa aos estabelecimentos de restauração ou de bebidas, de comércio de bens ou de prestação de serviços e de armazenagem, bem como a respeitante às actividades e distribuidores grossistas.
2 – A informação referida no número anterior tem como objectivos:
a) Identificar e caracterizar o universo de estabelecimentos de restauração ou de bebidas, com vista à constituição de uma base de informação que permita a realização de estudos sobre o sector e o acompanhamento da sua evolução;
b) Identificar e caracterizar a oferta comercial, em estabelecimento comercial e através de outras modalidades de venda, com vista à constituição de uma base de informação que

permita a realização de estudos sobre o sector comercial e o acompanhamento da sua evolução;

c) Facilitar o controlo de actividades exercidas em estabelecimentos de comércio por grosso e a retalho de produtos não alimentares e de prestação de serviços que podem envolver riscos para a saúde e a segurança das pessoas;

d) Servir de base ao controlo oficial em matéria de segurança alimentar nos sectores da restauração ou de bebidas e do comércio, nos termos do artigo 6º do Regulamento (CE) nº 852/2004, do Parlamento Europeu e do Conselho, de 29 de Abril.

3 – Sem prejuízo da divulgação periódica de informação estatística pela DGAE e da protecção dos dados pessoais nos termos do respectivo regime legal, a informação constante dos registos sectoriais de comércio e serviços é pública, devendo ser promovida a sua reutilização.

ARTIGO 22º
Dados pessoais

1 – Compete à DGAE, nos termos do artigo anterior, e às demais entidades responsáveis pelo tratamento da informação que consta das comunicações previstas no presente capítulo, a protecção dos dados pessoais constantes da mesma nos termos da Lei nº 67/98, de 26 de Outubro

2 – Sem prejuízo do disposto no número anterior, os dados pessoais constantes das comunicações realizadas nos termos deste decreto-lei são disponibilizados às seguintes entidades:

a) Município onde se localiza o estabelecimento ou o armazém;

b) Entidades com competência para fiscalizar ou verificar o cumprimento das obrigações legais e regulamentares;

c) DGAE;

d) IRN, I. P.;

e) AMA, I. P.

3 – O titular da informação que consta da mera comunicação prévia tem o direito de, a todo o tempo, verificar os seus dados pessoais e solicitar a sua rectificação quando os mesmos estejam incompletos ou inexactos.

ARTIGO 23º
Segurança da informação

A DGAE e demais entidades responsáveis pelo tratamento dos dados mencionados no presente capítulo adoptam as medidas técnicas e organizativas adequadas para os proteger contra a destruição acidental ou ilícita, a perda acidental, a alteração, a difusão ou o acesso não autorizados, nos termos da lei de protecção de dados pessoais.

ARTIGO 24º
Conservação dos dados

1 – Os dados constantes das comunicações reguladas no presente decreto-lei são conservados enquanto se mantiver o exercício da actividade, sem prejuízo do disposto no número seguinte.
2 – Após a cessação da actividade, os dados são conservados durante o prazo previsto nos regulamentos arquivísticos das respectivas entidades competentes.

SECÇÃO V
FISCALIZAÇÃO E REGIME SANCIONATÓRIO

ARTIGO 25º
Fiscalização

A fiscalização do cumprimento das regras estabelecidas no presente capítulo compete à Autoridade de Segurança Alimentar e Económica (ASAE), sem prejuízo das competências próprias dos municípios, no âmbito do RJUE e da tutela do espaço público, e das competências das demais entidades nos termos da lei.

ARTIGO 26º
Ocupação ilícita do espaço público

1 – Os municípios podem, notificado o infractor, remover ou por qualquer forma inutilizar os elementos que ocupem o espaço público em violação das disposições no presente capítulo.
2 – Os municípios, notificado o infractor, são igualmente competentes para embargar ou demolir obras quando contrariem o disposto no presente capítulo.

ARTIGO 27º
Custos da remoção

Os encargos com a remoção de elementos que ocupem o espaço público, ainda que efectuada por serviços públicos, são suportados pela entidade responsável pela ocupação ilícita.

ARTIGO 28º
Regime sancionatório

1 – Sem prejuízo da punição pela prática de crime de falsas declarações e do disposto noutras disposições legais, constituem contra-ordenação:

a) A emissão de uma declaração a atestar o cumprimento das obrigações legais e regulamentares, ao abrigo do disposto na alínea f) do nº 3 do artigo 4º ou da alínea d) do nº 3 do artigo 12º, que não corresponda à verdade, punível com coima de € 500 a € 3500, tratando-se de uma pessoa singular, ou de € 1500 a € 25 000, no caso de se tratar de uma pessoa colectiva;

b) A não realização das comunicações prévias previstas nos nºs 1 e 5 do artigo 4º, no nº 1 do artigo 5º, no nº 1 do artigo 6º, no nº 1 do artigo 10º, punível com coima de € 350 a € 2500, tratando-se de uma pessoa singular, ou de € 1000 a € 7500, no caso de se tratar de uma pessoa colectiva;

c) A falta, não suprida em 10 dias após notificação electrónica, de algum elemento essencial das meras comunicações prévias previstas nos nºs 1 e 5 do artigo 4º, no nº 1 do artigo 5º e no nº 1 do artigo 10º, punível com coima de € 200 a € 1000, tratando-se de uma pessoa singular, ou de € 500 a € 2500, no caso de se tratar de uma pessoa colectiva;

d) A não actualização dos dados e a falta da comunicação de encerramento do estabelecimento previstas nos nºs 4 e 6 do artigo 4º e no nº 7 do artigo 12º, punível com coima de € 150 a € 750, tratando-se de uma pessoa singular, ou de € 400 a € 2000, no caso de se tratar de uma pessoa colectiva;

e) O cumprimento fora do prazo do disposto nos nºs 1 e 4 a 6 do artigo 4º e no nº 7 do artigo 12º e a violação do disposto no nº 1 do artigo 14º, punível com coima de € 50 a € 250, tratando-se de uma pessoa singular, ou de € 200 a € 1000, no caso de se tratar de uma pessoa colectiva;

f) O cumprimento do disposto no nº 1 do artigo 14º fora do prazo referido no nº 2 do mesmo artigo, punível com coima de € 30 a € 100, tratando-se de uma pessoa singular, ou de € 100 a € 500, no caso de se tratar de uma pessoa colectiva.

2 – A negligência é sempre punível nos termos gerais.

3 – Sem prejuízo do disposto no número seguinte, a instrução dos processos compete à ASAE e a competência para aplicar as respectivas coimas cabe à Comissão de Aplicação de Coimas em Matéria Económica e de Publicidade (CACMEP).

4 – É apenas da competência dos municípios a instrução dos processos referidos nas alíneas a), b), c), d) e e) do nº 1, na sequência das seguintes infracções:

a) Emissão de uma declaração a atestar o cumprimento das obrigações legais e regulamentares, ao abrigo do disposto na alínea d) do nº 3 do artigo 12º, que não corresponda à verdade;

b) Não realização das comunicações prévias previstas no nº 1 do artigo 10º;

c) Falta de algum elemento essencial da mera comunicação prévia prevista no nº 1 do artigo 10º;

d) Violação do disposto no nº 7 do artigo 12º;

e) Cumprimento fora do prazo do disposto no nº 7 do artigo 12º

ARTIGO 29º

Produto das coimas

1 – O produto das coimas apreendido nos processos de contra-ordenação reverte:

a) 60% para o Estado ou para as regiões autónomas, consoante o local de ocorrência da acção que consubstancia a infracção;

b) 30% para a autoridade administrativa que faz a instrução do processo;

c) 10% para a CACMEP.

2 – O produto das coimas apreendido nos processos de contra-ordenação que sejam da responsabilidade das autoridades administrativas municipais reverte na totalidade para os municípios respectivos.

ARTIGO 30º

Sanções acessórias

1 – Em função da gravidade da infracção e da culpa do agente, simultaneamente com a coima, podem ser aplicadas as sanções acessórias de encerramento de estabelecimento e de interdição do exercício de actividade, com os seguintes pressupostos de aplicação:

a) A interdição do exercício de actividade apenas pode ser decretada se o agente praticar a contra-ordenação com flagrante e grave abuso da função que exerce ou com manifesta e grave violação dos deveres que lhe são inerentes;

b) O encerramento do estabelecimento apenas pode ser decretado quando a contra-ordenação tenha sido praticada por causa do funcionamento do estabelecimento.

2 – A duração da interdição do exercício de actividade e do encerramento do estabelecimento não pode exceder o período de dois anos.

CAPÍTULO III
ALTERAÇÕES LEGISLATIVAS

ARTIGO 31º
Alteração à Lei nº 97/88, de 17 de Agosto

Os artigos 1º, 2º e 4º da Lei nº 97/88, de 17 de Agosto, alterada pela Lei nº 23/ /2000, de 23 de Agosto, passam a ter a seguinte redacção:

«**ARTIGO 1º**

[...]

1 – A afixação ou inscrição de mensagens publicitárias de natureza comercial obedece às regras gerais sobre publicidade e depende do licenciamento prévio das autoridades competentes, salvo o disposto no nº 3.

2 – ...

3 – Sem prejuízo das regras sobre a utilização do espaço público e do regime jurídico da conservação da natureza e biodiversidade, a afixação e a inscrição de mensagens publicitárias de natureza comercial não estão sujeitas a licenciamento, a autorização, a autenticação, a validação, a certificação, a actos emitidos na sequência de comunicações prévias com prazo, a registo ou a qualquer outro acto permissivo, nem a mera comunicação prévia nos seguintes casos:

a) Quando as mensagens publicitárias de natureza comercial são afixadas ou inscritas em bens de que são proprietárias ou legítimas possuidoras ou detentoras entidades privadas e não são visíveis ou audíveis a partir do espaço público;

b) Quando as mensagens publicitárias de natureza comercial são afixadas ou inscritas em bens de que são proprietárias ou legítimas possuidoras ou detentoras entidades privadas e a mensagem publicita os sinais distintivos do comércio do estabelecimento ou do respectivo titular da exploração ou está relacionada com bens ou serviços comercializados no prédio em que se situam, ainda que sejam visíveis ou audíveis a partir do espaço público;

c) Quando as mensagens publicitárias de natureza comercial ocupam o espaço público contíguo à fachada do estabelecimento e publicitam os sinais distintivos do comércio do estabelecimento ou do respectivo titular da exploração ou estão relacionadas com bens ou serviços comercializados no estabelecimento.

4 – No caso dos bens imóveis, a afixação ou a inscrição de mensagens publicitárias no próprio bem consideram-se abrangidas pelo disposto na alínea b) do número anterior.

5 – Compete aos municípios, para salvaguarda do equilíbrio urbano e ambiental, a definição dos critérios que devem ser observados na afixação e inscrição de mensagens publicitárias não sujeitas a licenciamento nos termos das alíneas b) e c) do nº 3.

6 – No caso de o município não definir os critérios nos termos do número anterior, aplicam-se subsidiariamente os critérios referidos no anexo iv do presente decreto-lei, do qual faz parte integrante.
7 – Os critérios definidos nos termos do nº 5 apenas produzem efeitos após a sua divulgação no 'Balcão do empreendedor', acessível pelo Portal da Empresa, sem prejuízo da sua publicação nos sítios da Internet dos respectivos municípios.

ARTIGO 2º

[...]
1 – ...
2 – A deliberação da câmara municipal deve ser precedida de parecer das entidades com jurisdição sobre os locais onde a publicidade for afixada, nomeadamente:
a) O Instituto de Gestão do Património Arquitectónico e Arqueológico, I. P.;
b) A Estradas de Portugal, S. A.;
c) O Instituto da Mobilidade e dos Transportes Terrestres, I. P.;
d) O Turismo de Portugal, I. P.;
e) O Instituto da Conservação da Natureza e da Biodiversidade, I. P.;
f) A Autoridade Nacional de Segurança Rodoviária.
3 – ...

ARTIGO 4º

[...]
1 – Os critérios a estabelecer no licenciamento da publicidade comercial e na afixação e inscrição de mensagens publicitárias não sujeitas a licenciamento nos termos das alíneas b) e c) do nº 3 do artigo 1º, assim como o exercício das actividades de propaganda, devem prosseguir os seguintes objectivos:
a) ...
b) ...
c) ...
d) ...
e) ...
f) ...
2 – ...
3 – É proibido, em qualquer caso, a realização de inscrições ou pinturas murais em monumentos nacionais, edifícios religiosos, sedes de órgão de soberania, de regiões autónomas ou de autarquias locais, tal como em sinais de trânsito, placas de sinalização rodoviária, interior de quaisquer repartições ou edifícios públicos e centros históricos como tal declarados ao abrigo da competente regulamentação urbanística.

4 – É proibida a afixação e a inscrição de mensagens publicitárias em qualquer bem sem o consentimento dos proprietários, possuidores ou detentores dos mesmos.»

ARTIGO 32º
Aditamento à Lei nº 97/88, de 17 de Agosto
São aditados à Lei nº 97/88, de 17 de Agosto, alterada pela Lei nº 23/2000, de 23 de Agosto, os artigos 3º-A e 10º-A, com a seguinte redacção:

«ARTIGO 3º-A
Critérios elaborados por outras entidades
Sempre que entendam haver interesse relevante, as entidades com jurisdição sobre os locais onde a publicidade é afixada ou inscrita podem definir critérios, os quais são comunicados à Direcção-Geral das Autarquias Locais e aos municípios, com o fim de serem incorporados nos respectivos regulamentos.

ARTIGO 10º-A
Sanções acessórias
1 – Em função da gravidade da infracção e da culpa do agente, simultaneamente com a coima podem ser aplicadas as sanções acessórias de encerramento de estabelecimento e de interdição do exercício de actividade, com os seguintes pressupostos de aplicação:
a) A interdição do exercício de actividade apenas pode ser decretada se o agente praticar a contra-ordenação com flagrante e grave abuso da função que exerce ou com manifesta e grave violação dos deveres que lhe são inerentes;
b) O encerramento do estabelecimento apenas pode ser decretado quando a contra-ordenação tenha sido praticada por causa do funcionamento do estabelecimento.
2 – A duração da interdição do exercício de actividade e do encerramento do estabelecimento não pode exceder o período de dois anos.»

ARTIGO 33º
Alteração ao Decreto-Lei nº 48/96, de 15 de Maio
Os artigos 4º e 5º do Decreto-Lei nº 48/96, de 15 de Maio, alterado pelos Decretos-Leis nºs 126/96, de 10 de Agosto, e 111/2010, de 15 de Outubro, passam a ter a seguinte redacção:

«ARTIGO 4º
1 – …

2 – Após a entrada em vigor do presente diploma, e até que se verifique o disposto no número anterior, devem os titulares dos estabelecimentos comerciais adaptar os respectivos períodos de abertura aos previstos no artigo 1º ou manter o período de abertura que vinha sendo praticado com base no regulamento municipal existente para o efeito, comunicando esse facto à câmara municipal da área em que se situa o estabelecimento.
3 – ...

ARTIGO 5º
1 – (Revogado.)
2 – Constitui contra-ordenação punível com coima:
a) De € 150 a € 450, para pessoas singulares, e de € 450 a € 1500, para pessoas colectivas, a falta de mera comunicação prévia do horário de funcionamento, bem como das suas alterações e a falta da afixação do mapa de horário de funcionamento, em violação do disposto nos nºs 1 e 2 do artigo 4º-A;
b) De € 250 a € 3740, para pessoas singulares, e de € 2500 a € 25 000, para pessoas colectivas, o funcionamento fora do horário estabelecido.
3 – (Revogado pelo Decreto-Lei nº 111/2010, de 15 de Outubro.)
4 – ...
5 – ...
6 – ...»

ARTIGO 34º
Aditamento ao Decreto-Lei nº 48/96, de 15 de Maio

É aditado ao Decreto-Lei nº 48/96, de 15 de Maio, o artigo 4º-A, com a seguinte redacção:

«ARTIGO 4º-A
1 – O titular da exploração do estabelecimento, ou quem o represente, deve proceder à mera comunicação prévia, no 'Balcão do empreendedor', do horário de funcionamento, bem como das suas alterações.
2 – Cada estabelecimento deve afixar o mapa de horário de funcionamento em local bem visível do exterior.
3 – O horário de funcionamento de cada estabelecimento, as suas alterações e o mapa referido no número anterior não estão sujeitos a licenciamento, a autorização, a autenticação, a validação, a certificação, a actos emitidos na sequência de comunicações prévias com prazo, a registo ou a qualquer outro acto permissivo.»

ARTIGO 35º
Alteração ao Decreto-Lei nº 310/2002, de 18 de Dezembro

Os artigos 1º, 35º, 36º e 47º do Decreto-Lei nº 310/2002, de 18 de Dezembro, passam a ter a seguinte redacção:

«ARTIGO 1º
[...]

O presente diploma regula o regime jurídico do exercício e da fiscalização das seguintes actividades:

a) ...
b) ...
c) ...
d) ...
e) ...
f) ...
g) ...
h) ...
i) (Revogada.)

ARTIGO 35º
Princípio geral

1 – A venda de bilhetes para espectáculos ou divertimentos públicos em agências ou postos de venda não está sujeita a licenciamento, a autorização, a autenticação, a validação, a certificação, a actos emitidos na sequência de comunicações prévias com prazo, a registo ou a qualquer outro acto permissivo, nem a mera comunicação prévia.

2 – (Revogado.)

ARTIGO 36º
[...]

1 – A venda de bilhetes para espectáculos ou divertimentos públicos em agências ou postos de venda deve ser efectuada em estabelecimento privativo, com boas condições de apresentação e de higiene e ao qual o público tenha acesso, ou em secções de estabelecimentos de qualquer ramo de comércio que satisfaçam aqueles requisitos.

2 – ...

3 – É obrigatória a afixação nas agências ou postos de venda, em lugar bem visível, das tabelas de preços de cada casa ou recinto cujos bilhetes comercializem.

ARTIGO 47º

[...]

1 – Constituem contra-ordenações:

a) ...

b) ...

c) ...

d) ...

e) ...

f) ...

g) ...

h) ...

i) ...

j) (Revogada.)

k) A venda de bilhetes por preço superior ao permitido ou fora dos locais permitidos, bem como a violação do disposto nas alíneas c) e d) do artigo 38º, punidas com coima de € 60 a € 250;

l) ...

m) (Revogada.)

n) ...

2 – ...

3 – ...

4 – ...»

ARTIGO 36º

Alteração à organização sistemática ao Decreto-Lei nº 310/2002, de 18 de Dezembro

É alterada a epígrafe do capítulo VIII, que contém os artigos 35º a 38º, que passa a designar--se «Regime do exercício da actividade de exploração de máquinas de diversão».

CAPÍTULO VI

DISPOSIÇÕES FINAIS E TRANSITÓRIAS

Artigo 37º

Identificação clara das obrigações

1 – As obrigações resultantes da legislação referida no anexo iii do presente decreto-lei, do qual faz parte integrante, devem ser identificadas de forma clara e com recurso a linguagem simples no «Balcão do empreendedor».

2 – Se as obrigações publicitadas no «Balcão do empreendedor» deixarem de estar actualizadas ou se mostrarem incompletas devem ser prontamente actualizadas ou completadas.
3 – O cumprimento do disposto nos números anteriores deve contar com a participação da DGAE, dos municípios e das entidades fiscalizadoras, designadamente da ASAE.

ARTIGO 38º
Aplicação às regiões autónomas

Os actos e os procedimentos necessários à execução do presente decreto-lei nas Regiões Autónomas dos Açores e da Madeira competem às entidades das respectivas administrações regionais com atribuições e competências nas matérias em causa.

ARTIGO 39º
Norma transitória

1 – Os registos efectuados ao abrigo dos Decretos-Leis nºs 462/99, de 5 de Novembro, 234/2007, de 19 de Junho, e 259/2007, de 17 de Julho, mantêm-se válidos até à verificação de qualquer dos factos referidos nos nºs 4, 5 e 6 do artigo 4º e 1 do artigo 14º
2 – Os titulares da exploração de estabelecimentos de prestação de serviços cujo funcionamento pode envolver riscos para a saúde e para a segurança das pessoas, identificados na lista B do anexo i do presente decreto-lei, do qual faz parte integrante, em funcionamento à data de produção de efeitos do presente decreto-lei, e que não tenham efectuado o registo ao abrigo do regime previsto no Decreto-Lei nº 259/2007, de 17 de Julho, dispõem de um prazo de um ano para efectuar a mera comunicação prévia prevista no nº 1 do artigo 4º do presente decreto-lei.
3 – A verificação de um dos factos referidos nos nºs 4, 5 e 6º do artigo 4º e no nº 1 do artigo 14º determina que seja dado cumprimento ao estipulado no presente decreto-lei.

ARTIGO 40º
Requisitos dos estabelecimentos de restauração ou de bebidas

Os requisitos específicos relativos a instalações, funcionamento e regime de classificação de estabelecimentos de restauração ou de bebidas são definidos por portaria conjunta dos membros do Governo responsáveis pelas áreas do turismo e da modernização administrativa, aplicando-se o disposto no artigo 25º

ARTIGO 41º
Norma revogatória

São revogados:

a) A alínea d) do nº 2 do artigo 1º do Decreto-Lei nº 122/79, de 8 de Maio;
b) O Decreto-Lei nº 339/85, de 21 de Agosto;
c) O nº 1 do artigo 5º e o artigo 8º do Decreto-Lei nº 48/96, de 15 de Maio;
d) O Decreto-Lei nº 462/99, de 5 de Novembro;
e) A Portaria nº 1024-A/99, de 19 de Novembro;
f) O nº 2 do artigo 3º do Decreto-Lei nº 309/2002, de 16 de Dezembro;
g) A alínea i) do artigo 1º, o nº 2 do artigo 35º, os artigos 37º e 41º e as alíneas j) e m) do artigo 47º do Decreto-Lei nº 310/2002, de 18 de Dezembro;
h) A Portaria nº 144/2003, de 14 de Fevereiro;
i) O Decreto-Lei nº 234/2007, de 19 de Junho;
j) Os artigos 1º a 12º e 14º e 15º do Decreto-Lei nº 259/2007, de 17 de Julho;
l) A portaria nº 573/2007, de 17 de Julho (2ª série);
m) A Portaria nº 789/2007, de 23 de Julho;
n) A Portaria nº 790/2007, de 23 de Julho;
o) A Portaria nº 791/2007, de 23 de Julho;
p) O Decreto Regulamentar nº 20/2008, de 27 de Novembro.

ARTIGO 42º
Produção de efeitos

1 – Tendo em conta a necessidade de proceder à adaptação e ao desenvolvimento de sistemas informáticos e de dar execução ao disposto no artigo 37º, as disposições do presente decreto-lei que pressuponham a existência do «Balcão do empreendedor» aplicam-se aos estabelecimentos e actividades referidas nos nºs 1 a 3 e 5 do artigo 2º e no artigo 6º, de forma faseada e em termos a fixar por portaria dos membros do Governo responsáveis pelas áreas da modernização administrativa, das autarquias locais e da economia.

2 – A aplicação das disposições do presente decreto-lei que pressupõem a existência do «Balcão do empreendedor» a todos os estabelecimentos e actividades referidas nos nºs 1 a 3 e 5 do artigo 2º e no artigo 6º deve ocorrer até ao termo do prazo de um ano, a contar da data da sua entrada em vigor.

3 – Enquanto o presente decreto-lei não se aplicar a determinado estabelecimento ou actividade em virtude do disposto nos números anteriores, aplicam-se a esse estabelecimento ou actividade as disposições revogadas e alteradas pelo presente decreto-lei.

4 – Antes da data de entrada em vigor do presente decreto-lei, as entidades com competência para o efeito podem aprovar os critérios referidos nos nºs 1 e 5 do artigo 11º e nos artigos 31º e 32º, na parte em que alteram o nº 1 do artigo 4º e aditam o artigo 3º-A à Lei nº 97/88, de 17 de Agosto, desde que os mesmos apenas produzam efeitos a partir daquela data.

ARTIGO 43º
Republicação

É republicado no anexo v do presente decreto-lei, do qual faz parte integrante, o Decreto-Lei nº 48/96, de 15 de Maio, com a redacção actual.

ARTIGO 44º
Entrada em vigor

O presente decreto-lei entra em vigor no 1º dia útil do mês seguinte ao da sua publicação.

Visto e aprovado em Conselho de Ministros de 27 de Janeiro de 2011. – *José Sócrates Carvalho Pinto de Sousa – João Titterington Gomes Cravinho – Fernando Teixeira dos Santos – Manuel Pedro Cunha da Silva Pereira – Augusto Ernesto Santos Silva – Rui Carlos Pereira – José Manuel Santos de Magalhães – José António Fonseca Vieira da Silva – António Manuel Soares Serrano – António Augusto da Ascenção Mendonça – Dulce dos Prazeres Fidalgo Álvaro Pássaro – Maria Helena dos Santos André – Ana Maria Teodoro Jorge – Maria Isabel Girão de Melo Veiga Vilar – José Mariano Rebelo Pires Gago – Maria Gabriela da Silveira Ferreira Canavilhas – Jorge Lacão Costa.*

Promulgado em 2 de Março de 2011.

Publique-se.

O Presidente da República, ANÍBAL CAVACO SILVA.

Referendado em 7 de Março de 2011.

O Primeiro-Ministro, *José Sócrates Carvalho Pinto de Sousa.*

ANEXO I

(a que refere o artigo 2º)

Listas de CAE (Rev. 3)

Lista A

Estabelecimentos de comércio

(a que se refere o nº 1 do artigo 2º)

Comércio por grosso – Secção G, divisão 46, subclasses

46311 Comércio por grosso de fruta e de produtos hortícolas, excepto batata.

46312 Comércio por grosso de batata.

46320 Comércio por grosso de carne e produtos à base de carne que não exijam condições de temperatura controlada nos termos da alínea c) do nº 2 do artigo 4º do Regulamento (CE) nº 853/2004, do Parlamento Europeu e do Conselho, de 29 de Abril.

46331 Comércio por grosso de leite, seus derivados e ovos que não exijam condições de temperatura controlada nos termos da alínea c) do nº 2 do artigo 4º do Regulamento (CE) nº 853/2004, do Parlamento Europeu e do Conselho, de 29 de Abril.

46332 Comércio por grosso de azeite, óleos e gorduras alimentares que não exijam condições de temperatura controlada nos termos da alínea c) do nº 2 do artigo 4º do Regulamento (CE) nº 853/2004, do Parlamento Europeu e do Conselho, de 29 de Abril.

46341 Comércio por grosso de bebidas alcoólicas.

46342 Comércio por grosso de bebidas não alcoólicas.

46361 Comércio por grosso de açúcar.

46362 Comércio por grosso de chocolate e de produtos de confeitaria.

46370 Comércio por grosso de café, chá, cacau e especiarias.

46381 Comércio por grosso de peixe, crustáceos e moluscos que não exijam condições de temperatura controlada nos termos da alínea c) do nº 2 do artigo 4º do Regulamento (CE) nº 853/2004, do Parlamento Europeu e do Conselho, de 29 de Abril.

46382 Comércio por grosso de outros produtos alimentares, n. e. que não exijam condições de temperatura controlada nos termos da alínea c) do nº 2 do artigo 4º do Regulamento (CE) nº 853/2004, do Parlamento Europeu e do Conselho, de 29 de Abril.

46390 Comércio por grosso não especializado de produtos alimentares, de bebidas e tabaco.

46732 Comércio por grosso de tintas e vernizes para a construção (CAE parcial).

46750 Comércio por grosso de produtos químicos.

46762 Comércio por grosso de outros bens intermédios, n. e.

Comércio a retalho – Secção G, divisão 47, subclasses

47111 Comércio a retalho em supermercados e hipermercados.

47112 Comércio a retalho em outros estabelecimentos não especializados, com predominância de produtos alimentares, bebidas ou tabaco.

47191 Comércio a retalho não especializado, sem predominância de produtos alimentares, bebidas ou tabaco, em grandes armazéns e similares.

47192 Comércio a retalho em outros estabelecimentos não especializados, sem predominância de produtos alimentares, bebidas ou tabaco.

47210 Comércio a retalho de frutas e produtos hortícolas, em estabelecimentos especializados.

47220 Comércio a retalho de carne e produtos à base de carne, em estabelecimentos especializados.

47230 Comércio a retalho de peixe, crustáceos e moluscos, em estabelecimentos especializados.

47240 Comércio a retalho de pão, de produtos de pastelaria e de confeitaria, em estabelecimentos especializados.

47250 Comércio a retalho de bebidas, em estabelecimentos especializados.

47291 Comércio a retalho de leite e de derivados, em estabelecimentos especializados.

47292 Comércio a retalho de produtos alimentares, naturais e dietéticos, em estabelecimentos especializados.

47293 Outro comércio a retalho de produtos alimentares, em estabelecimentos especializados, n. e.

47522 Comércio a retalho de tintas, vernizes e produtos similares, em estabelecimentos especializados.

47761 Comércio a retalho de fertilizantes fitossanitários para plantas e flores, em estabelecimentos especializados (CAE parcial).

47762 Comércio a retalho de animais de companhia e respectivos alimentos, em estabelecimentos especializados.

47784 Comércio a retalho de artigos de drogaria (CAE parcial).

Lista B

Estabelecimentos de prestação de serviços

(a que se refere o nº 1 do artigo 2º)

Estabelecimentos de prestação de serviços cujo funcionamento pode envolver riscos para a saúde e para a segurança das pessoas

45200 Oficinas de manutenção e reparação de veículos automóveis.

45402 Oficinas de manutenção e reparação de motociclos e de ciclomotores.

96010 Lavandarias e tinturarias.

96021 Salões de cabeleireiro.

96022 Institutos de beleza.

96040 Centros de bronzeamento artificial.

96091 Colocação de piercings e tatuagens.

Estabelecimentos de restauração ou de bebidas

5610 Restaurantes (inclui actividades de restauração em meios móveis).

5630 Estabelecimentos de bebidas.

Lista C

Armazéns

(a que se refere o nº 1 do artigo 2º)

52101 Armazenagem frigorífica de géneros alimentícios que não exijam condições de temperatura controlada nos termos da alínea c) do nº 2 do artigo 4º do Regulamento (CE) nº 853/2004, do Parlamento Europeu e do Conselho, de 29 de Abril.

52102 Armazenagem não frigorífica de géneros alimentícios (CAE parcial).

Lista D

Operações industriais realizadas em estabelecimentos comerciais especializados ou em secções acessórias de estabelecimentos comerciais

[a que se refere a alínea a) do nº 2 do artigo 2º]

Secção C, divisão 10, subclasses

10130 Fabricação de produtos à base de carne.

10201 Preparação de produtos da pesca e da aquicultura.

10203 Conservação de produtos da pesca.

10320 Fabricação de sumos de frutos e de produtos hortícolas.

10520 Fabricação de gelados e sorvetes.

10711 Panificação.

10712 Pastelaria.

10720 Fabricação de bolachas, biscoitos, tostas e pastelaria de conservação.

10393 Fabricação de doces, compotas, geleias e marmeladas.

10395 Preparação e conservação de frutos e de produtos hortícolas por outros processos.

Secção D, divisão 35, subclasses

35302 Produção de gelo.

Lista E

Estabelecimentos de restauração ou de bebidas que disponham de instalações destinadas ao fabrico próprio de pastelaria, panificação, gelados e actividades industriais similares ou que vendam produtos alimentares a que corresponda alguma das CAE previstas na divisão 10 da secção C, na secção D e na secção I do anexo I do Decreto-Lei nº 209/2008, de 29 de Outubro.

[a que se refere a alínea b) do nº 2 do artigo 2º]

Secção C, divisão 10, subclasses

10130 Fabricação de produtos à base de carne.

10201 Preparação de produtos da pesca e da aquicultura.

10202 Congelação de produtos da pesca e da aquicultura.

10203 Conservação de produtos da pesca e da aquicultura em azeite e outros óleos vegetais e outros molhos.

10204 Salga, secagem e outras actividades de transformação de produtos da pesca e aquicultura.

10310 Preparação e conservação de batatas.

10320 Fabricação de sumos de frutos e de produtos hortícolas.

10391 Congelação de frutos e de produtos hortícolas.

10392 Secagem e desidratação de frutos e de produtos hortícolas.

10393 Fabricação de doces, compotas, geleias e marmelada.

10394 Descasque e transformação de frutos de casca rija comestíveis.
10395 Preparação e conservação de frutos e de produtos hortícolas por outros processos.
10411 Produção de óleos e gorduras animais brutos.
10412 Produção de azeite.
10413 Produção de óleos vegetais brutos (excepto azeite).
10414 Refinação de azeite, óleos e gorduras.
10420 Fabricação de margarinas e de gorduras alimentares similares.
10510 Indústrias do leite e derivados.
10520 Fabricação de gelados e sorvetes.
10611 Moagem de cereais.
10612 Descasque, branqueamento e outros tratamentos do arroz.
10613 Transformação de cereais e leguminosas, n. e.
10620 Fabricação de amidos, féculas e produtos afins.
10711 Panificação.
10712 Pastelaria.
10720 Fabricação de bolachas, biscoitos, tostas e pastelaria de conservação.
10730 Fabricação de massas alimentícias, cuscuz e similares.
10810 Indústria do açúcar.
10821 Fabricação de cacau e de chocolate.
10822 Fabricação de produtos de confeitaria.
10830 Indústria do café e do chá.
10840 Fabricação de condimentos e temperos.
10850 Fabricação de refeições e pratos pré-cozinhados.
10860 Fabricação de alimentos homogeneizados e dietéticos.
10891 Fabricação de fermentos, leveduras e adjuvantes para panificação e pastelaria.
10892 Fabricação de caldos, sopas e sobremesas.
10893 Fabricação de outros produtos alimentares diversos, n. e.

Secção D, divisão 35, subclasses

35302 Produção de gelo

Secção I, divisão 56, subclasses

56210 Fornecimento de refeições para eventos (apenas quando o local de preparação das refeições não é o local onde decorrem os eventos).

56290 Outras actividades de serviço de refeições (apenas actividade de preparação de refeições para fornecimento e consumo em local distinto do local de preparação).

Lista F

Estabelecimentos de comércio
[a que se refere a alínea a) do nº 3 do artigo 2º]

Comércio de veículos automóveis, motociclos, suas peças e acessórios – Secção G, divisão 45, subclasses

45110 Comércio de veículos automóveis ligeiros.

45190 Comércio de outros veículos automóveis.

45310 Comércio por grosso de peças e acessórios para veículos automóveis.

45320 Comércio a retalho de peças e acessórios para veículos automóveis.

45401 Comércio por grosso e a retalho de motociclos, de suas peças e acessórios.

Comércio por grosso – Secção G, divisão 46, subclasses

46211 Comércio por grosso de alimentos para animais.

46212 Comércio por grosso de tabaco em bruto.

46213 Comércio por grosso de cortiça em bruto.

46214 Comércio por grosso de cereais, sementes, leguminosas, oleaginosas e outras matérias-primas agrícolas.

46220 Comércio por grosso de flores e plantas.

46230 Comércio por grosso de animais vivos.

46240 Comércio por grosso de peles e couro.

46320 Comércio por grosso de carne e produtos à base de carne que exijam condições de temperatura controlada nos termos da alínea c) do nº 2 do artigo 4º do Regulamento (CE) nº 853/2004, do Parlamento Europeu e do Conselho, de 29 de Abril.

46331 Comércio por grosso de leite, seus derivados e ovos que exijam condições de temperatura controlada nos termos da alínea c) do nº 2 do artigo 4º do Regulamento (CE) nº 853/2004, do Parlamento Europeu e do Conselho, de 29 de Abril.

46332 Comércio por grosso de gorduras alimentares que exijam condições de temperatura controlada nos termos da alínea c) do nº 2 do artigo 4º do Regulamento (CE) nº 853/2004, do Parlamento Europeu e do Conselho, de 29 de Abril.

46350 Comércio por grosso de tabaco.

46381 Comércio por grosso de peixe, crustáceos e moluscos que exijam condições de temperatura controlada nos termos da alínea c) do nº 2 do artigo 4º do Regulamento (CE) nº 853/2004, do Parlamento Europeu e do Conselho, de 29 de Abril.

46382 Comércio por grosso de outros produtos alimentares, n. e. que exijam condições de temperatura controlada nos termos da alínea c) do nº 2 do artigo 4º do Regulamento (CE) nº 853/2004, do Parlamento Europeu e do Conselho, de 29 de Abril.

46410 Comércio por grosso de têxteis.

46421 Comércio por grosso de vestuário e de acessórios.

46422 Comércio por grosso de calçado.

46430 Comércio por grosso de electrodomésticos, aparelhos de rádio e de televisão.

46441 Comércio por grosso de louças em cerâmica e em vidro.

46442 Comércio por grosso de produtos de limpeza.

46450 Comércio por grosso de perfumes e de produtos de higiene.

46460 Comércio por grosso de produtos farmacêuticos.

46470 Comércio por grosso de móveis para uso doméstico, carpetes, tapetes e artigos de iluminação.

46480 Comércio por grosso de relógios e de artigos de ourivesaria e joalharia.

46491 Comércio por grosso de artigos de papelaria.

46492 Comércio por grosso de livros, revistas e jornais.

46493 Comércio por grosso de brinquedos, jogos e artigos de desporto.

46494 Outro comércio por grosso de bens de consumo, n. e.

46510 Comércio por grosso de computadores, equipamentos periféricos e programas informáticos.

46520 Comércio por grosso de equipamentos electrónicos, de telecomunicações e suas partes.

46610 Comércio por grosso de máquinas e equipamentos agrícolas.

46620 Comércio por grosso de máquinas-ferramentas.

46630 Comércio por grosso de máquinas para a indústria extractiva, construção e engenharia civil.

46640 Comércio por grosso de máquinas para a indústria têxtil, máquinas de costura e de tricotar.

46650 Comércio por grosso de mobiliário de escritório.

46660 Comércio por grosso de outras máquinas e material de escritório.

46690 Comércio por grosso de outras máquinas e equipamentos.

46711 Comércio por grosso de produtos petrolíferos.

46712 Comércio por grosso de combustíveis sólidos, líquidos e gasosos, não derivados do petróleo.

46720 Comércio por grosso de minérios e de metais.

46731 Comércio por grosso de madeira em bruto e de produtos derivados.

46732 Comércio por grosso de materiais de construção (excepto madeira) e equipamento sanitário (com exclusão de tintas e vernizes iteradas na lista A do presente anexo).

46740 Comércio por grosso de ferragens, ferramentas manuais e artigos para canalizações e aquecimento.

46761 Comércio por grosso de fibras têxteis naturais, artificiais e sintéticas.

46771 Comércio por grosso de sucatas e de desperdícios metálicos.

46772 Comércio por grosso de desperdícios têxteis, de cartão e papéis velhos.

46773 Comércio por grosso de desperdícios de materiais, n. e.

46900 Comércio por grosso não especializado.

Comércio a retalho – Secção G, divisão 47, subclasses

47260 Comércio a retalho de tabaco, em estabelecimentos especializados.

47300 Comércio a retalho de combustível para veículos a motor, em estabelecimentos especializados.

47410 Comércio a retalho de computadores, unidades periféricas e programas informáticos, em estabelecimentos especializados.

47420 Comércio a retalho de equipamento de telecomunicações, em estabelecimentos especializados.

47430 Comércio a retalho de equipamento audiovisual, em estabelecimentos especializados.

47510 Comércio a retalho de têxteis, em estabelecimentos especializados,

47521 Comércio a retalho de ferragens e de vidro plano, em estabelecimentos especializados.

47523 Comércio a retalho de material de bricolage, equipamento sanitário, ladrilhos e materiais similares, em estabelecimentos especializados.

47530 Comércio a retalho de carpetes, tapetes, cortinados e revestimentos para paredes e pavimentos, em estabelecimentos especializados.

47540 Comércio a retalho de electrodomésticos, em estabelecimentos especializados.

47591 Comércio a retalho de mobiliário e artigos de iluminação, em estabelecimentos especializados.

47592 Comércio a retalho de louças, cutelaria e de outros artigos similares para uso doméstico, em estabelecimentos especializados.

47593 Comércio a retalho de outros artigos para o lar, n. e., em estabelecimentos especializados.

47610 Comércio a retalho de livros, em estabelecimentos especializados.

47620 Comércio a retalho de jornais, revistas e artigos de papelaria, em estabelecimentos especializados.

47630 Comércio a retalho de discos, CD, DVD, cassetes e similares, em estabelecimentos especializados.

47640 Comércio a retalho de artigos de desporto, de campismo e lazer, em estabelecimentos especializados.

47650 Comércio a retalho de jogos e brinquedos, em estabelecimentos especializados.

47711 Comércio a retalho de vestuário para adultos, em estabelecimentos especializados.

47712 Comércio a retalho de vestuário para bebés e crianças, em estabelecimentos especializados.

47721 Comércio a retalho de calçado, em estabelecimentos especializados.

47722 Comércio a retalho de marroquinaria e artigos de viagem, em estabelecimentos especializados.

47730 Comércio a retalho de produtos farmacêuticos, em estabelecimentos especializados.

47740 Comércio a retalho de produtos médicos e ortopédicos, em estabelecimentos especializados.

47750 Comércio a retalho de produtos cosméticos e de higiene, em estabelecimentos especializados.

47761 Comércio a retalho de flores, plantas e sementes em estabelecimentos especializados (com exclusão dos estabelecimentos de fertilizantes fitossanitários para flores e plantas integrados na lista A do presente anexo).

47770 Comércio a retalho de relógios e de artigos de ourivesaria e joalharia, em estabelecimentos especializados.

47781 Comércio a retalho de máquinas e de outro material de escritório, em estabelecimentos especializados.

47782 Comércio a retalho de material óptico, fotográfico, cinematográfico e de instrumentos de precisão, em estabelecimentos especializados.

47783 Comércio a retalho de combustíveis para uso doméstico, em estabelecimentos especializados.

47784 Comércio a retalho de outros produtos novos, em estabelecimentos especializados, n. e. (com exclusão dos estabelecimentos de artigos de drogaria iterados na lista A do presente anexo).

47790 Comércio a retalho de artigos em segunda mão, em estabelecimentos especializados.

Lista G

Actividades de comércio sem estabelecimento

[a que se refere a alínea b) do nº 3 do artigo 2º]

Distribuidores grossistas enquadrados no Grupo 463 com excepção da CAE 46350 Comércio por grosso de tabaco

47810 Comércio a retalho em bancas de mercados municipais, de produtos alimentares e de bebidas (CAE parcial).

47820 Comércio a retalho em bancas de mercados municipais de têxteis, vestuário, calçado, malas e similares (CAE parcial).

47890 Comércio a retalho em bancas de mercados municipais, de outros produtos (CAE parcial).

47910 Comércio a retalho por correspondência ou via Internet.

47990 Comércio a retalho por outros métodos, não efectuado em estabelecimentos, bancas, feiras ou unidades móveis de venda.

ANEXO II

(a que se referem os nºs 4 do artigo 2º e 5 do artigo 10º)

Definições

1 – Restauração e bebidas, comércio e prestação de serviços:

a) «Actividade de comércio por grosso», a actividade de venda ou revenda em quantidade a outros comerciantes, retalhistas ou grossistas, a industriais, a utilizadores institucionais e profissionais ou a intermediários de bens novos ou usados, sem transformação, tal como foram adquiridos, ou após a realização de algumas operações associadas ao comércio por grosso, como sejam a escolha, a classificação em lotes, o acondicionamento e o engarrafamento;

b) «Actividade de comércio a retalho», a actividade de revenda ao consumidor final, incluindo profissionais e institucionais, de bens novos ou usados, tal como são adquiridos, ou após a realização de algumas operações associadas ao comércio a retalho, como a escolha, a classificação e o acondicionamento, desenvolvida em estabelecimentos e fora dos estabelecimentos, em feiras, mercados municipais, de modo ambulante, à distância, ao domicílio e através de máquinas automáticas;

c) «Estabelecimento», a instalação, de carácter fixo e permanente, onde é exercida, exclusiva ou principalmente, de modo habitual e profissional, uma ou mais actividades económicas;

d) «Estabelecimentos de bebidas», os estabelecimentos destinados a prestar, mediante remuneração, serviços de bebidas e cafetaria no próprio estabelecimento ou fora dele;

e) «Estabelecimento comercial», a instalação, de carácter fixo e permanente, onde é exercida, exclusiva ou principalmente, de modo habitual e profissional, uma ou mais actividades de comércio, por grosso ou a retalho, incluídas na secção G da Classificação Portuguesa das Actividades Económicas (CAE);

f) «Estabelecimentos de restauração», os estabelecimentos destinados a prestar, mediante remuneração, serviços de alimentação e de bebidas no próprio estabelecimento ou fora dele, incluindo outros locais de prestação daqueles serviços através da actividade de catering e a oferta de serviços de banquetes ou outras, desde que habitualmente efectuados, entendendo-se como tal a execução de pelo menos 10 eventos anuais;

g) «Grossista», a pessoa singular ou colectiva que exerce, de modo habitual e profissional, a actividade de comércio por grosso;

h) «Prestação de serviços de restauração ou de bebidas com carácter não sedentário», a prestação, mediante remuneração, de serviços de alimentação ou de bebidas em unidades móveis ou amovíveis (tais como tendas de mercado e veículos para venda ambulante) ou em instalações fixas onde se realizem menos de 10 eventos anuais;

i) «Retalhista», a pessoa singular ou colectiva que exerce, de modo habitual e profissional, a actividade de comércio a retalho;

j) «Venda automática», o método de venda a retalho sem a presença física simultânea do fornecedor e do consumidor, que consiste na colocação de um bem à disposição do consumidor para que este o adquira mediante a utilização de qualquer tipo de mecanismo e pagamento antecipado do seu custo;

l) «Venda à distância», o método de venda a retalho sem a presença física simultânea do fornecedor e do consumidor, em que a oferta ao consumidor e a celebração do contrato são efectuadas através de uma ou mais técnicas de comunicação à distância, nomeadamente Internet, telefone, correio;

m) «Venda ao domicílio», o método de venda a retalho, em que o contrato é proposto, pelo vendedor ou seus representantes, e concluído no domicílio do consumidor ou:

i) No seu local de trabalho;

ii) Em reuniões em que a oferta de bens é promovida através de demonstração realizada perante um grupo de pessoas reunidas no domicílio de uma delas, a pedido do fornecedor ou seu representante, sem que tenha havido prévio pedido expresso por parte do consumidor;

iii) Durante deslocações organizadas pelo fornecedor ou seu representante;

iv) No local indicado pelo fornecedor, ao qual o consumidor se desloque, por sua conta e risco, na sequência de uma comunicação comercial feita pelo fornecedor ou pelos seus representantes.

2 – Mobiliário urbano (as coisas instaladas, projectadas ou apoiadas no espaço público, destinadas a uso público, que prestam um serviço colectivo ou que complementam uma actividade, ainda que de modo sazonal ou precário):

a) «Anúncio electrónico», o sistema computorizado de emissão de mensagens e imagens, com possibilidade de ligação a circuitos de TV e vídeo e similares;

b) «Anúncio iluminado», o suporte publicitário sobre o qual se faça incidir intencionalmente uma fonte de luz;

c) «Anúncio luminoso», o suporte publicitário que emita luz própria;

d) «Bandeirola», o suporte rígido que permaneça oscilante, afixado em poste ou estrutura idêntica;

e) «Chapa», o suporte não luminoso aplicado ou pintado em paramento visível e liso, cuja maior dimensão não excede 0,60 m e a máxima saliência não excede 0,05 m;

f) «Esplanada aberta», a instalação no espaço público de mesas, cadeiras, guarda-ventos, guarda-sóis, estrados, floreiras, tapetes, aquecedores verticais e outro mobiliário urbano, sem qualquer tipo de protecção fixa ao solo, destinada a apoiar estabelecimentos de restauração ou de bebidas e similares ou empreendimentos turísticos;

g) «Expositor», a estrutura própria para apresentação de produtos comercializados no interior do estabelecimento comercial, instalada no espaço público;

h) «Floreira», o vaso ou receptáculo para plantas destinado ao embelezamento, marcação ou protecção do espaço público;

i) «Guarda-vento», a armação que protege do vento o espaço ocupado por uma esplanada;

j) «Letras soltas ou símbolos», a mensagem publicitária não luminosa, directamente aplicada nas fachadas dos edifícios, nas montras, nas portas ou janelas;

l) «Pendão», o suporte não rígido que permaneça oscilante, afixado em poste ou estrutura idêntica;

m) «Placa», o suporte não luminoso aplicado em paramento visível, com ou sem emolduramento, cuja maior dimensão não excede 1,50 m;

n) «Publicidade sonora», a actividade publicitária que utiliza o som como elemento de divulgação da mensagem publicitária;

o) «Sanefa», o elemento vertical de protecção contra agentes climatéricos, feito de lona ou material similar, colocado transversalmente na parte inferior dos toldos, no qual pode estar inserida uma mensagem publicitária;

p) «Suporte publicitário», o meio utilizado para a transmissão de uma mensagem publicitária;

q) «Tabuleta», o suporte não luminoso, afixado perpendicularmente às fachadas dos edifícios, que permite a afixação de mensagens publicitárias em ambas as faces;

r) «Toldo», o elemento de protecção contra agentes climatéricos, feito de lona ou material similar, rebatível, aplicável em qualquer tipo de vãos, como montras, janelas ou portas de estabelecimentos comerciais, no qual pode estar inserida uma mensagem publicitária;

s) «Vitrina», o mostrador envidraçado ou transparente, embutido ou saliente, colocado na fachada dos estabelecimentos comerciais, onde se expõem objectos e produtos ou se afixam informações.

ANEXO III

[a que se refere a alínea f) do nº 3 do artigo 4º]

Requisitos que devem observar as instalações e equipamentos dos estabelecimentos comerciais, de prestação de serviços e armazéns para o seu funcionamento

1 – Requisitos a observar em todos os estabelecimentos:

a) Regulamento Geral de Higiene e Segurança do Trabalho nos Estabelecimentos Comerciais, de Escritórios e Serviços – Decreto-Lei nº 243/86, de 20 de Agosto;

b) Regime jurídico da segurança contra incêndios – Decreto-Lei nº 220/2008, de 12 de Novembro;

c) Regulamento Geral do Ruído em Edifícios – Decreto-Lei nº 9/2007, de 17 de Janeiro, alterado pelo Decreto-Lei nº 278/2007, de 1 de Agosto;

d) Regime jurídico da conservação da natureza e da biodiversidade:

Decreto-Lei nº 142/2008, de 24 de Julho;

Decreto-Lei nº 140/99, de 24 de Abril, alterado pelo Decreto-Lei nº 49/2005, de 24 de Fevereiro;

e) Regime Geral da Gestão de Resíduos – Decreto-Lei nº 178/2006, de 5 de Setembro, alterado pelos Decretos-Leis nºs 64/2008, de 8 de Abril, e 173/2008, de 26 de Agosto, pela Lei nº 64-A/2008, de 31 de Dezembro, e pelos Decretos-Leis nºs 183/2009, de 10 de Agosto, e 92/2010, de 26 de Julho.

2 – Requisitos a observar em estabelecimentos de restauração ou de bebidas – portaria a que alude o artigo 40º do presente decreto-lei.

3 – Requisitos a observar em estabelecimentos de comércio de produtos alimentares:

a) Higiene dos géneros alimentícios e comercialização de determinados produtos de origem animal destinados ao consumo humano:

Regulamento (CE) nº 178/2002, do Parlamento Europeu e do Conselho, de 28 de Janeiro;

Regulamento (CE) nº 852/2004, do Parlamento Europeu e do Conselho, de 29 de Abril;

Regulamento (CE) nº 853/2004, do Parlamento Europeu e do Conselho, de 29 de Abril;

Decreto-Lei nº 111/2006, de 9 de Junho;

Decreto-Lei nº 113/2006, de 12 de Junho, alterado pelo Decreto-Lei nº 223/2008, de 18 de Novembro;

b) Estabelecimentos de comércio por grosso ou de armazenagem de géneros alimentícios de origem animal abrangidos pelo disposto na alínea b) do nº 3 do artigo 6º do Regulamento (CE) nº 852/2004, do Parlamento Europeu e do Conselho, de 29 de Abril, e pelos artigos 1º e 4º do Regulamento (CE) nº 853/2004, do Parlamento Europeu e do Conselho, de 29 de Abril – Decreto-Lei nº 370/99, de 18 de Setembro;

c) Regulamento das condições higiénicas e técnicas a observar na distribuição e venda de carnes e seus produtos – Decreto-Lei nº 147/2006, de 31 de Julho, alterado pelo Decreto-Lei nº 207/2008, de 23 de Outubro;

d) Estabelecimentos de comércio de pão e outros produtos similares – Decreto-Lei nº 286/86, de 6 de Setembro, alterado pelo Decreto-Lei nº 275/87, de 4 de Julho;

e) Qualidade da água destinada ao consumo humano – Decreto-Lei nº 306/2007, de 27 de Agosto, alterado pelo Decreto-Lei nº 92/2010, de 26 de Julho.

4 – Requisitos a observar em estabelecimentos de comércio de produtos não alimentares, sujeitos a legislação específica:

a) Estabelecimentos de comércio por grosso e a retalho de alimentos para animais abrangidos pelo Regulamento (CE) nº 183/2005, do Parlamento Europeu e do Conselho, de 12 de Janeiro – Decreto-Lei nº 370/99, de 18 de Setembro, alterado pelos Decretos-Leis nºs 9/2002, de 24 de Janeiro, e 259/2007, de 17 de Julho.

5 – Requisitos a observar em estabelecimentos de prestação de serviços especializados:

a) Estabelecimentos de serviços de bronzeamento artificial:

Decreto-Lei nº 205/2005, de 28 de Novembro;

Portaria nº 1301/2005, de 20 de Dezembro.

6 – Outros requisitos específicos:

a) Medidas de prevenção da poluição atmosférica:

Decreto-Lei nº 78/2004, de 3 de Abril, alterado pelo Decreto-Lei nº 126/2006, de 3 de Julho;

Decreto-Lei nº 242/2001, de 31 de Agosto, alterado pelos Decretos-Leis nºs 181/2006, de 6 de Setembro, e 98/2010, de 11 de Agosto;

b) Estabelecimentos onde estejam presentes substâncias perigosas – Decreto-Lei nº 254/2007, de 12 de Julho;

c) Acessibilidade aos edifícios e estabelecimentos que recebem público – Decreto-Lei nº 163/2006, de 8 de Agosto.

7 – Outras disposições legais e regulamentares publicitadas no «Balcão do empreendedor».

ANEXO IV

(a que referem os nºs 4 do artigo 11º e 6 do artigo 1º da Lei nº 97/88, de 17 de Agosto)

Critérios subsidiários a observar na ocupação do espaço público e na afixação, inscrição e difusão de mensagens publicitárias de natureza comercial

CAPÍTULO I
DISPOSIÇÕES GERAIS

ARTIGO 1º
Objecto

O presente anexo estabelece os critérios subsidiários a que está sujeita a ocupação do espaço público e a afixação, inscrição e difusão de mensagens publicitárias de natureza comercial não sujeitas a licenciamento, nos termos previstos no nº 3 do artigo 1º da Lei nº 97/88, de 17 de Agosto.

ARTIGO 2º
Princípios gerais de ocupação do espaço público

Sem prejuízo das regras contidas no nº 2 do artigo 11º do presente decreto-lei, a ocupação do espaço público não pode prejudicar:

a) A saúde e o bem-estar de pessoas, designadamente por ultrapassar níveis de ruído acima dos admissíveis por lei;

b) O acesso a edifícios, jardins e praças;

c) A circulação rodoviária e pedonal, designadamente de pessoas com mobilidade reduzida;

d) A qualidade das áreas verdes, designadamente por contribuir para a sua degradação ou por dificultar a sua conservação;

e) A eficácia da iluminação pública;

f) A eficácia da sinalização de trânsito;

g) A utilização de outro mobiliário urbano;

h) A acção dos concessionários que operam à superfície ou no subsolo;

i) O acesso ou a visibilidade de imóveis classificados ou em vias de classificação ou onde funcionem hospitais, estabelecimentos de saúde, de ensino ou outros serviços públicos, locais de culto, cemitérios, elementos de estatuária e arte pública, fontes, fontanários e chafarizes;

j) Os direitos de terceiros.

ARTIGO 3º
Princípios gerais de inscrição e afixação de publicidade

1 – Salvo se a mensagem publicitária se circunscrever à identificação da actividade exercida no imóvel ou daquele que a exerce, não é permitida a fixação ou inscrição de mensagens publicitárias em edifícios ou monumentos de interesse histórico, cultural, arquitectónico ou paisagístico, designadamente:

a) Os imóveis classificados ou em vias de classificação, nomeadamente os de interesse público, nacional ou municipal;

b) Os imóveis contemplados com prémios de arquitectura.

2 – A afixação ou inscrição de mensagens publicitárias não é permitida sempre que possa causar danos irreparáveis nos materiais de revestimento exterior dos edifícios e que os suportes utilizados prejudiquem o ambiente, afectem a estética ou a salubridade dos lugares ou causem danos a terceiros, nomeadamente quando se trate de:

a) Faixas de pano, plástico, papel ou outro material semelhante;

b) Pintura e colagem ou afixação de cartazes nas fachadas dos edifícios ou em qualquer outro mobiliário urbano;

c) Suportes que excedam a frente do estabelecimento.

3 – A publicidade sonora deve respeitar os limites impostos pela legislação aplicável a actividades ruidosas.

4 – A afixação ou a inscrição de mensagens publicitárias não pode prejudicar a segurança de pessoas e bens, designadamente:

a) Afectar a iluminação pública;

b) Prejudicar a visibilidade de placas toponímicas, semáforos e sinais de trânsito;

c) Afectar a circulação de peões, especialmente dos cidadãos com mobilidade reduzida.

ARTIGO 4º
Deveres dos titulares dos suportes publicitários

Constituem deveres do titular do suporte publicitário:

a) Cumprir as condições gerais e específicas a que a afixação e a inscrição de mensagens publicitárias estão sujeitas;

b) Conservar o suporte, bem como a mensagem, em boas condições de conservação e segurança;

c) Eliminar quaisquer danos em bens públicos resultantes da afixação ou inscrição da mensagem publicitária.

CAPÍTULO II
CONDIÇÕES DE INSTALAÇÃO DE MOBILIÁRIO URBANO

ARTIGO 5º
Condições de instalação e manutenção de um toldo e da respectiva sanefa

1 – A instalação de um toldo e da respectiva sanefa deve respeitar as seguintes condições:

a) Em passeio de largura superior a 2 m, deixar livre um espaço igual ou superior a 0,80 m em relação ao limite externo do passeio;

b) Em passeio de largura inferior a 2 m, deixar livre um espaço igual ou superior a 0,40 m em relação ao limite externo do passeio;

c) Observar uma distância do solo igual ou superior a 2,50 m, mas nunca acima do nível do tecto do estabelecimento comercial a que pertença;

d) Não exceder um avanço superior a 3 m;

e) Não exceder os limites laterais das instalações pertencentes ao respectivo estabelecimento;

f) O limite inferior de uma sanefa deve observar uma distância do solo igual ou superior a 2,50 m;

g) Não se sobrepor a cunhais, pilastras, cornijas, emolduramentos de vãos de portas e janelas e outros elementos com interesse arquitectónico ou decorativo.

2 – O toldo e a respectiva sanefa não podem ser utilizados para pendurar ou afixar qualquer tipo de objectos.

3 – O titular do estabelecimento é responsável pelo bom estado de conservação e limpeza do toldo e da respectiva sanefa.

ARTIGO 6º
Condições de instalação e manutenção de uma esplanada aberta

1 – Na instalação de uma esplanada aberta devem respeitar-se as seguintes condições:

a) Ser contígua à fachada do respectivo estabelecimento;

b) A ocupação transversal não pode exceder a largura da fachada do respectivo estabelecimento;

c) Deixar um espaço igual ou superior a 0,90 m em toda a largura do vão de porta, para garantir o acesso livre e directo à entrada do estabelecimento;

d) Não alterar a superfície do passeio onde é instalada, sem prejuízo do disposto no artigo 8º;

e) Não ocupar mais de 50% da largura do passeio onde é instalada;

f) Garantir um corredor para peões de largura igual ou superior a 2 m contados:

i) A partir do limite externo do passeio, em passeio sem caldeiras;

ii) A partir do limite interior ou balanço do respectivo elemento mais próximo da fachada do estabelecimento, em passeios com caldeiras ou outros elementos ou tipos de equipamento urbano.

2 – Os proprietários, os concessionários ou os exploradores de estabelecimentos são responsáveis pelo estado de limpeza dos passeios e das esplanadas abertas na parte ocupada e na faixa contígua de 3 m.

ARTIGO 7º

Restrições de instalação de uma esplanada aberta

1 – O mobiliário urbano utilizado como componente de uma esplanada aberta deve cumprir os seguintes requisitos:

a) Ser instalado exclusivamente na área comunicada de ocupação da esplanada;

b) Ser próprio para uso no exterior e de uma cor adequada ao ambiente urbano em que a esplanada está inserida;

c) Os guarda-sóis serem instalados exclusivamente durante o período de funcionamento da esplanada e suportados por uma base que garanta a segurança dos utentes;

d) Os aquecedores verticais serem próprios para uso no exterior e respeitarem as condições de segurança.

2 – Nos passeios com paragens de veículos de transportes colectivos de passageiros não é permitida a instalação de esplanada aberta numa zona de 5 m para cada lado da paragem.

ARTIGO 8º

Condições de instalação de estrados

1 – É permitida a instalação de estrados como apoio a uma esplanada, quando o desnível do pavimento ocupado pela esplanada for superior a 5% de inclinação.

2 – Os estrados devem ser amovíveis e construídos, preferencialmente, em módulos de madeira.

3 – Os estrados devem garantir a acessibilidade de pessoas com mobilidade reduzida, nos termos do Decreto-Lei nº 163/2006, de 8 de Agosto.

4 – Os estrados não podem exceder a cota máxima da soleira da porta do estabelecimento respectivo ou 0,25 m de altura face ao pavimento.

5 – Sem prejuízo da observância das regras estipuladas no nº 2 do artigo 11º do presente decreto-lei e do artigo 2º do presente anexo, na instalação de estrados são salvaguardadas as condições de segurança da circulação pedonal, sobretudo a acessibilidade dos cidadãos com mobilidade reduzida, nos termos da legislação em vigor.

ARTIGO 9º

Condições de instalação de um guarda-vento

1 – O guarda-vento deve ser amovível e instalado exclusivamente durante o horário de funcionamento do respectivo estabelecimento.

2 – A instalação de um guarda-vento deve ser feita nas seguintes condições:

a) Junto de esplanadas, perpendicularmente ao plano marginal da fachada;

b) Não ocultar referências de interesse público, nem prejudicar a segurança, salubridade e boa visibilidade local ou as árvores porventura existentes;

c) Não exceder 2 m de altura contados a partir do solo;

d) Sem exceder 3,50 m de avanço, nunca podendo exceder o avanço da esplanada junto da qual está instalado;

e) Garantir no mínimo 0,05 m de distância do seu plano inferior ao pavimento, desde que não tenha ressaltos superiores a 0,02 m;

f) Utilizar vidros inquebráveis, lisos e transparentes, que não excedam as seguintes dimensões:

i) Altura: 1,35 m;

ii) Largura: 1 m;

g) A parte opaca do guarda-vento, quando exista, não pode exceder 0,60 m contados a partir do solo.

3 – Na instalação de um guarda-vento deve ainda respeitar-se uma distância igual ou superior a:

a) 0,80 m entre o guarda-vento e outros estabelecimentos, montras e acessos;

b) 2 m entre o guarda-vento e outro mobiliário urbano.

ARTIGO 10º

Condições de instalação de uma vitrina

Na instalação de uma vitrina devem respeitar-se as seguintes condições:

a) Não se sobrepor a cunhais, pilastras, cornijas, emolduramentos de vãos de portas e janelas ou a outros elementos com interesse arquitectónico e decorativo;

b) A altura da vitrina em relação ao solo deve ser igual ou superior a 1,40 m;

c) Não exceder 0,15 m de balanço em relação ao plano da fachada do edifício.

ARTIGO 11º

Condições de instalação de um expositor

1 – Por cada estabelecimento é permitido apenas um expositor, instalado exclusivamente durante o seu horário de funcionamento.

2 – O expositor apenas pode ser instalado em passeios com largura igual ou superior a 2 m, devendo respeitar as seguintes condições de instalação:

a) Ser contíguo ao respectivo estabelecimento;

b) Reservar um corredor de circulação de peões igual ou superior a 1,50 m entre o limite exterior do passeio e o prédio;

c) Não prejudicar o acesso aos edifícios contíguos;

d) Não exceder 1,50 m de altura a partir do solo;

e) Reservar uma altura mínima de 0,20 m contados a partir do plano inferior do expositor ao solo ou 0,40 m quando se trate de um expositor de produtos alimentares.

ARTIGO 12º

Condições de instalação de uma arca ou máquina de gelados

1 – Na instalação de uma arca ou máquina de gelados devem respeitar-se as seguintes condições de instalação:

a) Ser contígua à fachada do estabelecimento, preferencialmente junto à sua entrada;
b) Não exceder 1 m de avanço, contado a partir do plano da fachada do edifício;
c) Deixar livre um corredor no passeio com uma largura não inferior a 1,50 m.

ARTIGO 13º

Condições de instalação de um brinquedo mecânico e equipamento similar

1 – Por cada estabelecimento é permitido apenas um brinquedo mecânico e equipamento similar, servindo exclusivamente como apoio ao estabelecimento.

2 – A instalação de um brinquedo mecânico ou de um equipamento similar deve ainda respeitar as seguintes condições:

a) Ser contígua à fachada do estabelecimento, preferencialmente junto à sua entrada;
b) Não exceder 1 m de avanço, contado a partir do plano da fachada do edifício;
c) Deixar livre um corredor no passeio com uma largura não inferior a 1,50 m.

ARTIGO 14º

Condições de instalação e manutenção de uma floreira

1 – A floreira deve ser instalada junto à fachada do respectivo estabelecimento.

2 – As plantas utilizadas nas floreiras não podem ter espinhos ou bagas venenosas.

3 – O titular do estabelecimento a que a floreira pertença deve proceder à sua limpeza, rega e substituição das plantas, sempre que necessário.

ARTIGO 15º

Condições de instalação e manutenção de um contentor para resíduos

1 – O contentor para resíduos deve ser instalado contiguamente ao respectivo estabelecimento, servindo exclusivamente para seu apoio.

2 – Sempre que o contentor para resíduos se encontre cheio deve ser imediatamente limpo ou substituído.

3 – A instalação de um contentor para resíduos no espaço público não pode causar qualquer perigo para a higiene e limpeza do espaço.

4 – O contentor para resíduos deve estar sempre em bom estado de conservação, nomeadamente no que respeita a pintura, higiene e limpeza.

CAPÍTULO III
CONDIÇÕES DE INSTALAÇÃO DE SUPORTES PUBLICITÁRIOS E DE AFIXAÇÃO, INSCRIÇÃO E DIFUSÃO DE MENSAGENS PUBLICITÁRIAS

SECÇÃO I
REGRAS GERAIS

ARTIGO 16º
Condições de instalação de um suporte publicitário

1 – A instalação de um suporte publicitário deve respeitar as seguintes condições:

a) Em passeio de largura superior a 1,20 m, deixar livre um espaço igual ou superior a 0,80 m em relação ao limite externo do passeio;

b) Em passeio de largura inferior a 1,20 m, deixar livre um espaço igual ou superior a 0,40 m em relação ao limite externo do passeio.

2 – Em passeios com largura igual ou inferior a 1 m não é permitida a afixação ou inscrição de mensagens publicitárias.

ARTIGO 17º
Condições de afixação ou inscrição de mensagens publicitárias de natureza comercial em mobiliário urbano

1 – É permitida a afixação ou inscrição de mensagens publicitárias de natureza comercial em mobiliário urbano.

2 – A afixação ou inscrição de mensagens publicitárias de natureza comercial numa esplanada deve limitar-se ao nome comercial do estabelecimento, a mensagem comercial relacionada com bens ou serviços comercializados no estabelecimento ou ao logótipo da marca comercial, desde que afixados ou inscritos nas costas das cadeiras e nas abas pendentes dos guarda-sóis, com as dimensões máximas de 0,20 m x 0,10 m por cada nome ou logótipo.

ARTIGO 18º
Condições e restrições de difusão de mensagens publicitárias sonoras

1 – É permitida a difusão de mensagens publicitárias sonoras de natureza comercial que possam ser ouvidas dentro dos respectivos estabelecimentos ou na via pública, cujo objectivo imediato seja atrair ou reter a atenção do público.

2 – A difusão sonora de mensagens publicitárias de natureza comercial apenas pode ocorrer:

a) No período compreendido entre as 9 e as 20 horas;

b) A uma distância mínima de 300 m de edifícios escolares, durante o seu horário de funcionamento, de hospitais, cemitérios e locais de culto.

SECÇÃO II
REGRAS ESPECIAIS

ARTIGO 19º
Condições e restrições de aplicação de chapas, placas e tabuletas

1 – Em cada edifício, as chapas, placas ou tabuletas devem apresentar dimensão, cores, materiais e alinhamentos adequados à estética do edifício.

2 – A instalação das chapas deve fazer-se a uma distância do solo igual ou superior ao nível do piso do 1º andar dos edifícios.

3 – A instalação de uma placa deve respeitar as seguintes condições:

a) Não se sobrepor a gradeamentos ou zonas vazadas em varandas;

b) Não ocultar elementos decorativos ou outros com interesse na composição arquitectónica das fachadas.

4 – As placas só podem ser instaladas ao nível do rés-do-chão dos edifícios.

5 – Não é permitida a instalação de mais de uma placa por cada fracção autónoma ou fogo, não se considerando para o efeito as placas de proibição de afixação de publicidade.

6 – A instalação de uma tabuleta deve respeitar as seguintes condições:

a) O limite inferior da tabuleta deve ficar a uma distância do solo igual ou superior a 2,60 m;

b) Não exceder o balanço de 1,50 m em relação ao plano marginal do edifício, excepto no caso de ruas sem passeios, em que o balanço não excede 0,20 m;

c) Deixar uma distância igual ou superior a 3 m entre tabuletas.

ARTIGO 20º
Condições de instalação de bandeirolas

1 – As bandeirolas não podem ser afixadas em áreas de protecção das localidades.

2 – As bandeirolas devem permanecer oscilantes, só podendo ser colocadas em posição perpendicular à via mais próxima e afixadas do lado interior do poste.

3 – A dimensão máxima das bandeirolas deve ser de 0,60 m de comprimento e 1 m de altura.

4 – A distância entre a fachada do edifício mais próximo e a parte mais saliente da bandeirola deve ser igual ou superior a 2 m.

5 – A distância entre a parte inferior da bandeirola e o solo deve ser igual ou superior a 3 m.

6 – A distância entre bandeirolas afixadas ao longo das vias deve ser igual ou superior a 50 m.

ARTIGO 21º
Condições de aplicação de letras soltas ou símbolos

A aplicação de letras soltas ou símbolos deve respeitar as seguintes condições:

a) Não exceder 0,50 m de altura e 0,15 m de saliência;

b) Não ocultar elementos decorativos ou outros com interesse na composição arquitectónica das fachadas, sendo aplicados directamente sobre o paramento das paredes;

c) Ter em atenção a forma e a escala, de modo a respeitar a integridade estética dos próprios edifícios.

ARTIGO 22º

Condições de instalação de anúncios luminosos, iluminados, electrónicos e semelhantes

1 – Os anúncios luminosos, iluminados, electrónicos e semelhantes devem ser colocados sobre as saliências das fachadas e respeitar as seguintes condições:

a) O balanço total não pode exceder 2 m;

b) A distância entre o solo e a parte inferior do anúncio não pode ser menor do que 2,60 m nem superior a 4 m;

c) Caso o balanço não exceda 0,15 m, a distância entre a parte inferior do anúncio e o solo não pode ser menor do que 2 m nem superior a 4 m.

2 – As estruturas dos anúncios luminosos, iluminados, sistemas electrónicos ou semelhantes instalados nas fachadas de edifícios e em espaço público devem ficar, tanto quanto possível, encobertas e ser pintadas com a cor que lhes dê o menor destaque.

ANEXO V

(a que refere o artigo 43º)

Republicação do Decreto-Lei nº 48/96, de 15 de Maio

ARTIGO 1º

1 – Sem prejuízo do regime especial em vigor para actividades não especificadas no presente diploma, os estabelecimentos de venda ao público e de prestação de serviços, incluindo os localizados em centros comerciais, podem estar abertos entre as 6 e as 24 horas de todos os dias da semana.

2 – Os cafés, cervejarias, casas de chá, restaurantes, snack-bars e self-services poderão estar abertos até às 2 horas de todos os dias da semana.

3 – As lojas de conveniência poderão estar abertas até às 2 horas de todos os dias da semana.

4 – Os clubes, cabarets, boîtes, dancings, casas de fado e estabelecimentos análogos poderão estar abertos até às 4 horas de todos os dias da semana.

5 – São exceptuados dos limites fixados nos nºs 1 e 2 os estabelecimentos situados em estações e terminais rodoviários, ferroviários, aéreos ou marítimos, bem como em postos abastecedores de combustível de funcionamento permanente.

6 – (Revogado pelo Decreto-Lei nº 111/2010, de 15 de Outubro.)

7 – (Revogado pelo Decreto-Lei nº 111/2010, de 15 de Outubro.)

ARTIGO 2º

A duração semanal e diária do trabalho estabelecida na lei, em instrumento de regulamentação colectiva de trabalho ou no contrato individual de trabalho será observada, sem prejuízo do período de abertura dos estabelecimentos.

ARTIGO 3º

As câmaras municipais, ouvidos os sindicatos, as associações patronais, as associações de consumidores e a junta de freguesia onde o estabelecimento se situe, podem:

a) Restringir os limites fixados no artigo 1º, a vigorar em todas as épocas do ano ou apenas em épocas determinadas, em casos devidamente justificados e que se prendam com razões de segurança ou de protecção da qualidade de vida dos cidadãos;

b) Alargar os limites fixados no artigo 1º, a vigorar em todas as épocas do ano ou apenas em épocas determinadas, em localidades em que os interesses de certas actividades profissionais, nomeadamente ligadas ao turismo, o justifiquem.

ARTIGO 4º

1 – No prazo máximo de 120 dias a contar da data de entrada em vigor do presente diploma, deverão os órgãos autárquicos municipais elaborar ou rever os regulamentos municipais sobre horários de funcionamento dos estabelecimentos comerciais, de acordo com os critérios estabelecidos no artigo 1º

2 – Após a entrada em vigor do presente diploma, e até que se verifique o disposto no número anterior, devem os titulares dos estabelecimentos comerciais adaptar os respectivos períodos de abertura aos previstos no artigo 1º ou manter o período de abertura que vinha sendo praticado com base no regulamento municipal existente para o efeito, comunicando esse facto à câmara municipal da área em que se situa o estabelecimento.

3 – O disposto no número anterior não prejudica a competência dos órgãos autárquicos municipais para, nos termos do disposto no artigo 3º, restringirem ou alargarem os limites fixados no artigo 1º

ARTIGO 4º-A

1 – O titular da exploração do estabelecimento, ou quem o represente, deve proceder à mera comunicação prévia, no «Balcão do empreendedor», do horário de funcionamento, bem como das suas alterações.

2 – Cada estabelecimento deve afixar o mapa de horário de funcionamento em local bem visível do exterior.

3 – O horário de funcionamento de cada estabelecimento, as suas alterações e o mapa referido no número anterior não estão sujeitos a licenciamento, a autorização, a autenticação, a validação, a certificação, a actos emitidos na sequência de comunicações prévias com prazo, a registo ou a qualquer outro acto permissivo.

ARTIGO 5º

1 – (Revogado.)

2 – Constitui contra-ordenação punível com coima:

a) De € 150 a € 450, para pessoas singulares, e de € 450 a € 1500, para pessoas colectivas, a falta de mera comunicação prévia do horário de funcionamento, bem como das suas alterações e a falta da afixação do mapa de horário de funcionamento, em violação do disposto nos nºs 1 e 2 do artigo 4º-A;

b) De € 250 a € 3740, para pessoas singulares, e de € 2500 a € 25 000, para pessoas colectivas, o funcionamento fora do horário estabelecido.

3 – (Revogado pelo Decreto-Lei nº 111/2010, de 15 de Outubro.)

4 – A fiscalização do cumprimento do disposto no presente decreto-lei, a instrução dos processos de contra-ordenação, bem como a aplicação das coimas e de sanções acessórias, competem ao presidente da câmara municipal da área em que se situa o estabelecimento.

5 – O produto das coimas reverte para a câmara municipal da área em que se situa o estabelecimento.

6 – Em caso de reincidência e quando a culpa do agente e a gravidade da infracção o justifique, para além das coimas previstas no nº 2, pode ser aplicada a sanção acessória de encerramento do estabelecimento durante um período não inferior a três meses e não superior a dois anos.

ARTIGO 6º

O conceito relativo ao estabelecimento designado como loja de conveniência, no âmbito do nº 3 do artigo 1º, será definido, para todos os efeitos legais, por portaria do Ministro da Economia.

ARTIGO 7º

É revogado o Decreto-Lei nº 417/83, de 25 de Novembro, com as alterações introduzidas pelos Decretos-Leis nºs 72/94, de 3 de Março, e 86/95, de 28 de Abril.

ARTIGO 8º

(Revogado.)

PORTARIA Nº 215/2011, DE 31 DE MAIO, RELATIVA AOS REQUISITOS ESPECÍFICOS RELATIVOS À INSTALAÇÃO, FUNCIONAMENTO E REGIME DE CLASSIFICAÇÃO APLICÁVEIS AOS ESTABELECIMENTOS DE RESTAURAÇÃO OU DE BEBIDAS, INCLUINDO OS INTEGRADOS EM EMPREENDIMENTOS DE RESTAURAÇÃO OU DE BEBIDAS INSTALADOS EM ESTABELECIMENTOS COMERCIAIS OU OUTRO

O Programa do XVIII Governo Constitucional estabelece como prioridade a continuação das reformas de modernização do Estado, com o objectivo de simplificar a vida aos cidadãos e às empresas. A iniciativa «Licenciamento zero» visa dar cumprimento a esta prioridade e é um compromisso do Programa SIMPLEX de 2010 e uma das medidas emblemáticas da «Agenda Digital 2015».

O Programa SIMPLEX demonstrou que é possível melhorar a capacidade de resposta da Administração Pública, satisfazendo as necessidades dos cidadãos e das empresas de forma mais célere, eficaz e com menos custos, sem com isso desproteger outros valores, como a segurança dos negócios ou a protecção dos consumidores.

É neste contexto que se insere a iniciativa «Licenciamento zero», aprovada pelo Decreto-Lei nº 48/2011, de 1 de Abril, destinada a reduzir encargos administrativos, vistorias e condicionamentos prévios para actividades específicas, substituindo-os por acções sistemáticas de fiscalização a posteriori e mecanismos de responsabilização efectiva dos promotores.

O referido decreto-lei remeteu para portaria conjunta dos membros do Governo responsáveis pelas áreas do turismo e da modernização administrativa a definição dos requisitos específicos relativos a instalações, funcionamento e regime de classificação de estabelecimentos de restauração ou de bebidas. É essa regulamentação que agora se aprova pela presente portaria.

Assim:

Ao abrigo do artigo 40º do Decreto-Lei nº 48/2011, de 1 de Abril:

Manda o Governo, pelos Secretários de Estado da Modernização Administrativa e do Turismo, o seguinte:

ARTIGO 1º
Âmbito

1 – A presente portaria estabelece os requisitos específicos relativos a instalações, funcionamento e regime de classificação aplicáveis aos estabelecimentos de restauração ou de bebidas, incluindo aos integrados em empreendimentos turísticos e às secções acessórias de restauração ou de bebidas instaladas em estabelecimentos comerciais com outra actividade principal.
2 – Os requisitos exigidos para cada tipo de estabelecimento podem ser dispensados observando-se, para o efeito, o disposto nos artigos 5º e 15º do Decreto-Lei nº 48/2011, de 1 de Abril.

ARTIGO 2º
Tipologia dos estabelecimentos

1 – São estabelecimentos de bebidas os estabelecimentos destinados a prestar, mediante remuneração, serviços de bebidas e cafetaria no próprio estabelecimento ou fora dele.
2 – São estabelecimentos de restauração os estabelecimentos destinados a prestar, mediante remuneração, serviços de alimentação e de bebidas no próprio estabelecimento ou fora dele, incluindo outros locais de prestação daqueles serviços através da actividade de catering e a oferta de serviços de banquetes ou outras, desde que habitualmente efectuados, entendendo-se como tal a execução de, pelo menos, 10 eventos anuais.
3 – Só os estabelecimentos de restauração ou as unidades e instalações providas de zonas de fabrico podem confeccionar alimentos.

ARTIGO 3º
Requisitos específicos dos estabelecimentos

1 – Os requisitos específicos dos estabelecimentos de restauração ou de bebidas aplicam-se às instalações e ao funcionamento do estabelecimento.
2 – Os requisitos específicos relativos às instalações abrangem:
a) Infra-estruturas;
b) Área de serviço;
c) Zonas integradas;
d) Cozinhas, copas e zonas de fabrico;
e) Vestiários e instalações sanitárias destinadas ao uso pessoal;
f) Área destinada aos clientes;
g) Instalações sanitárias destinadas aos clientes.
3 – Os requisitos específicos relativos ao funcionamento do estabelecimento abrangem:
a) Designação e tipologia dos estabelecimentos;

b) Regras de acesso aos estabelecimentos;
c) Capacidade do estabelecimento;
d) Informações a disponibilizar ao público;
e) Lista de preços;
f) Regras de higiene e segurança alimentar.

4 – Sem prejuízo do disposto nos números anteriores, a entidade titular da exploração dos estabelecimentos de restauração ou de bebidas deve:
a) Manter em permanente bom estado de conservação e de higiene as instalações, equipamentos, mobiliário e utensílios do estabelecimento;
b) Cumprir e fazer cumprir as normas legais e regulamentares aplicáveis ao manuseamento, preparação, acondicionamento e venda de produtos alimentares;
c) Cumprir e fazer cumprir as demais regras legais e regulamentares aplicáveis à actividade;
d) Facultar às autoridades fiscalizadoras competentes o acesso ao estabelecimento e o exame de documentos, livros e registos directamente relacionados com a respectiva actividade.

ARTIGO 4º
Infra-estruturas

1 – Os estabelecimentos de restauração ou de bebidas devem possuir infra-estruturas básicas de fornecimento de água, gás, electricidade e rede de esgotos com as respectivas ligações às redes gerais.

2 – Sempre que não exista rede pública de abastecimento de água, os estabelecimentos de restauração ou de bebidas devem dispor de reservatórios de água próprios com capacidade suficiente para satisfazer as necessidades correntes dos serviços que prestam.

3 – Para efeitos do número anterior, a captação e a reserva de água devem possuir adequadas condições de protecção sanitária e o sistema ser dotado dos processos de tratamento requeridos para potabilização da água ou para a manutenção dessa potabilização, de acordo com as normas de qualidade da água para consumo humano definidas na legislação aplicável, devendo para o efeito ser efectuadas análises físico-químicas e microbiológicas por entidade devidamente credenciada, de acordo com o disposto no Decreto-Lei nº 306/2007, de 27 de Agosto, com as alterações introduzidas pelo Decreto-Lei nº 92/2010, de 26 de Julho.

ARTIGO 5º
Área de serviço

1 – A área de serviço compreende as zonas de recepção e armazenagem de géneros alimentícios, cozinha, copa e zona de fabrico, bem como os vestiários e instalações sanitárias destinadas ao uso do pessoal.

2 – A área de serviço é de acesso reservado ao pessoal do estabelecimento, sendo estritamente proibida a entrada e permanência de animais vivos nas zonas que a integram.
3 – A área de serviço deve estar completamente separada da área destinada ao público e instalada de forma a evitar-se a propagação de fumos e cheiros.
4 – Os fornecimentos devem fazer-se pela entrada de serviço e, quando esta não exista, devem efectuar-se fora dos períodos em que o estabelecimento esteja aberto ao público ou, não sendo possível, nos períodos de menor frequência.
5 – Os estabelecimentos de restauração ou de bebidas devem adoptar métodos ou equipamentos que permitam assegurar a separação dos resíduos de forma a promover a sua valorização por fluxos e fileiras.
6 – As zonas integrantes da área de serviço devem obrigatoriamente observar os requisitos gerais e específicos aplicáveis às instalações do sector alimentar nos termos previstos na legislação em vigor.

ARTIGO 6º
Zonas integradas

1 – Nos estabelecimentos de restauração ou de bebidas as zonas que compõem a área de serviço podem estar integradas, desde que o circuito adoptado e equipamentos utilizados garantam o fim específico a que se destina cada zona, não seja posta em causa a higiene e segurança alimentar e se evite a propagação de fumos e cheiros.
2 – Nas salas de refeição dos estabelecimentos de restauração podem existir zonas destinadas à confecção de alimentos, desde que o tipo de equipamentos utilizados e a qualidade da solução adoptada não ponha em causa a segurança e a higiene alimentar.
3 – Os estabelecimentos de bebidas podem servir produtos confeccionados, pré-confeccionados ou pré-preparados que necessitem apenas de aquecimento ou conclusão de confecção desde que disponham de equipamentos adequados a esse efeito, tais como microondas, forno, chapa, fritadeira, tostadeira, máquina de sumos ou equiparados.

ARTIGO 7º
Cozinhas, copas e zonas de fabrico

1 – A «zona de cozinha» corresponde à zona destinada à preparação e confecção de alimentos, podendo também destinar-se ao respectivo empratamento e distribuição.
2 – A «copa limpa» corresponde à zona destinada ao empratamento e distribuição do serviço, podendo também dar apoio na preparação de alimentos, e a «copa suja» corresponde à zona destinada à lavagem de louças e de utensílios.

3 – A «zona de fabrico» corresponde ao local destinado à preparação, confecção e embalagem de produtos de pastelaria, padaria ou de gelados.
4 – Os estabelecimentos de bebidas que não disponham de zona de fabrico apenas podem operar com produtos confeccionados ou pré-confeccionados, acabados ou que possam ser acabados no estabelecimento, através de equipamentos adequados, designadamente o previsto no nº 3 do artigo anterior.
5 – As cozinhas, as copas e as zonas de fabrico devem estar equipadas com lavatórios e torneiras com sistema de accionamento não manual destinadas à higienização das mãos, podendo existir apenas uma torneira com aquele sistema na cuba de lavagem da copa suja, quando se trate de zonas contíguas ou integradas.
6 – As prateleiras, mesas, balcões e bancadas das cozinhas e zonas de fabrico devem ser de material liso, resistente, lavável e impermeável, e os talheres e todos os utensílios para a preparação dos alimentos devem ser de fácil lavagem e ser mantidos em bom estado de higiene e conservação.
7 – Nas cozinhas deve, preferencialmente, existir uma zona de preparação distinta da zona da confecção.
8 – A cozinha deve ser próxima das copas, devendo ambas ser instaladas de forma a permitir uma comunicação rápida com as salas de refeição e com trajectos diferenciados para sujos e limpos, sempre que possível.
9 – Na copa suja deve existir, pelo menos, uma cuba de lavagem equipada com água quente e fria e máquina de lavar a louça.

ARTIGO 8º
Vestiários e instalações sanitárias destinadas ao uso do pessoal

1 – Na área de serviço devem existir armários ou locais reservados para guarda de roupa e bens pessoais dos trabalhadores.
2 – Os estabelecimentos de restauração ou de bebidas devem dispor de instalações sanitárias destinadas ao uso do pessoal, separadas das zonas de manuseamento de alimentos, dotadas de lavatórios com sistema de accionamento de água não manual e, sempre que possível, com sanitários separados por sexos.
3 – A existência de instalações sanitárias destinadas ao uso do pessoal não é obrigatória:
a) Nos estabelecimentos integrados em área comercial, empreendimento turístico ou habitacional que disponha de instalações reservadas, equipadas e adequadas ao uso do pessoal do estabelecimento;
b) Nos estabelecimentos com área total igual ou inferior a 100 m2, desde que as instalações sanitárias destinadas ao público observem os requisitos exigidos para as instalações do pessoal, previstos no número anterior.

ARTIGO 9º

Área destinada aos clientes

A área destinada aos clientes do estabelecimento corresponde ao espaço reservado ao público que compreende as salas de refeição, zona de acolhimento e de recepção, bar, balcão, bengaleiro, instalações sanitárias e, quando existentes, as esplanadas e as salas ou espaços destinados a dança e ou espectáculo.

ARTIGO 10º

Instalações sanitárias destinadas a clientes

1 – As instalações sanitárias destinadas aos clientes devem encontrar-se no interior do estabelecimento, separadas das salas de refeição e das zonas de manuseamento de alimentos.

2 – As instalações sanitárias destinadas aos clientes devem dispor dos equipamentos e utensílios necessários à sua cómoda e eficiente utilização e ser mantidas em permanente bom estado de higiene e conservação.

3 – As instalações sanitárias não podem ter acesso directo com as zonas de serviço, salas de refeição ou salas destinadas ao serviço de bebidas, devendo ser instaladas de forma a garantir o seu necessário isolamento do exterior.

4 – Nos estabelecimentos com capacidade igual ou superior a 25 lugares, as instalações sanitárias são obrigatoriamente separadas por sexo e devem dispor de retretes em cabines individualizadas.

5 – A existência de instalações sanitárias destinadas aos clientes não é exigível:

a) Aos estabelecimentos integrados em área comercial ou empreendimento turístico que disponha de instalações sanitárias comuns que preencham os requisitos previstos nos nºs 1 e 2;

b) Aos estabelecimentos que confeccionem refeições para consumo exclusivo fora do estabelecimento.

ARTIGO 11º

Designação e tipologia dos estabelecimentos

1 – Os estabelecimentos de restauração ou de bebidas podem usar qualquer designação consagrada nacional ou internacionalmente pelos usos da actividade que exerçam, em função do serviço ou serviços que prestem.

2 – Em toda a publicidade, correspondência, merchandising e documentação do estabelecimento não podem ser sugeridas designações, características, tipologia ou classificação que este não possua, sendo obrigatória a referência ao nome e tipo de estabelecimento.

ARTIGO 12º
Regras de acesso aos estabelecimentos

1 – É livre o acesso aos estabelecimentos de restauração ou de bebidas, salvo o disposto nos números seguintes.

2 – Pode ser recusado o acesso ou permanência nos estabelecimentos a quem perturbe o seu funcionamento normal, designadamente por se recusar a cumprir as normas de funcionamento impostas por disposições legais ou privativas do estabelecimento, desde que essas restrições sejam devidamente publicitadas.

3 – Desde que devidamente publicitado, os estabelecimentos de restauração ou de bebidas podem:

a) Ser afectos, total ou parcialmente, à utilização exclusiva por associados, beneficiários ou clientes das entidades proprietária ou exploradora;

b) Ser objecto de reserva temporária de parte ou da totalidade dos estabelecimentos.

4 – Não é permitida a entrada de animais, salvo quando se tratar de cães de assistência e desde que cumpridas as obrigações legais por parte dos portadores destes animais.

5 – As entidades exploradoras dos estabelecimentos de restauração ou de bebidas não podem permitir o acesso a um número de clientes superior ao da respectiva capacidade.

ARTIGO 13º
Capacidade do estabelecimento

O número máximo de lugares dos estabelecimentos é calculado em função da área destinada ao serviço dos clientes, deduzida da área correspondente aos corredores de circulação obrigatórios, nos termos seguintes:

a) Nos estabelecimentos com lugares sentados, 0,75 m2 por lugar;

b) Nos estabelecimentos com lugares de pé, 0,50 m2 por lugar;

c) Não se considera área destinada aos clientes, para efeitos exclusivos do disposto nas alíneas anteriores, as zonas de recepção, incluindo sala de espera;

d) Nos estabelecimentos que disponham de salas ou espaços destinados a dança, estas não podem exceder 90% da área destinada aos clientes.

ARTIGO 14º
Informações

1 – A entidade titular da exploração deve afixar, em local destacado, junto à entrada do estabelecimento de restauração ou de bebidas as seguintes indicações:

a) O nome, a entidade exploradora, o tipo e a capacidade máxima do estabelecimento;

b) Qualquer restrição de acesso ou permanência no estabelecimento decorrente de imposição legal ou normas de funcionamento do próprio estabelecimento, designadamente relativas à admissão de menores e fumadores;
c) A restrição à admissão de animais, exceptuando os cães de assistência;
d) O símbolo internacional de acessibilidades, quando aplicável;
e) A lista de produtos disponíveis no estabelecimento e respectivos preços;
f) O tipo de serviço prestado, designadamente, serviço de mesa, self-service ou misto;
g) A exigência de consumo ou despesa mínima obrigatória, quando existente, nos estabelecimentos com salas ou espaços destinados a dança ou espectáculo;
h) A existência de livro de reclamações nos termos da legislação específica aplicável.
2 – O disposto no número anterior não prejudica o cumprimento de normas específicas que obriguem a informação a ser visível do exterior.
3 – A informação referida na alínea g) do nº 1 é obrigatoriamente visível do exterior do estabelecimento.
4 – Em local bem visível do estabelecimento deve ser afixada informação esclarecendo os utentes que os produtos alimentares não embalados, uma vez escolhidos e entregues se consideram comprados, não sendo permitidas trocas ou devoluções.
5 – Sem prejuízo do disposto nos números anteriores, podem ser afixadas nos estabelecimentos outras informações consideradas relevantes para o público em geral, designadamente línguas faladas, existência de sistema de climatização, especialidades da casa, classificação ou distinções atribuídas ao estabelecimento.

ARTIGO 15º
Lista de preços

1 – Nos estabelecimentos de restauração ou de bebidas deve existir ao dispor dos clientes uma lista de preços, obrigatoriamente redigida em português, com as indicações seguintes:
a) Composição e preço do couvert quando existente;
b) Todos os pratos, produtos alimentares e bebidas que o estabelecimento forneça e respectivos preços.
2 – Para efeitos do disposto na alínea a) do número anterior, entende-se por couvert o conjunto de alimentos ou aperitivos identificados na lista de produtos como couvert, fornecidos antes da refeição, só podendo ser cobrado quando consumido ou inutilizado pelo cliente.
3 – Nas zonas turísticas, designadamente nos centros históricos das cidades, marinas e apoios de praia, a lista de preços deve ser redigida também em língua inglesa ou noutra língua oficial da União Europeia.

4 – Quando o estabelecimento dispuser de equipamento adequado para o efeito, a lista referida no nº 1 deve ser redigida em braille de modo a facilitar informação a clientes cegos e amblíopes.

ARTIGO 16º
Regras de higiene e segurança alimentar

A comercialização de produtos alimentares em estabelecimentos está sujeita ao cumprimento do disposto nos Decretos-Leis nºs 111/2006, de 9 de Junho, 113/2006, de 12 de Junho, alterado pelo Decreto-Lei nº 223/2008, de 18 de Novembro, 306/2007, de 27 de Agosto, alterado pelo Decreto-Lei nº 92/2010, de 26 de Julho, e nos Regulamentos (CE) nºs 852/ /2004 e 853/2004, do Parlamento Europeu e do Conselho, de 29 de Abril, relativos à higiene dos géneros alimentícios, sem prejuízo do cumprimento de outra legislação específica aplicável.

ARTIGO 17º
Classificação dos estabelecimentos

A adopção de uma classificação com vista à diferenciação dos estabelecimentos de restauração ou de bebidas é voluntária e da responsabilidade exclusiva das associações e agentes do sector turístico.

ARTIGO 18º
Fiscalização

A fiscalização do cumprimento do disposto na presente portaria é efectuada nos termos das disposições conjugadas dos artigos 40º, 25º e 28º do Decreto-Lei n. 48/2011, de 1 de Abril.

ARTIGO 19º
Disposições transitórias

Os estabelecimentos em funcionamento que, à data da entrada em vigor do Decreto Regulamentar nº 20/2008, de 27 de Novembro, estavam classificados como restaurantes típicos ou estabelecimentos de luxo e que mantiveram as respectivas classificações, podem, querendo, mantê-las até ao ano 2013, findo o qual deixam de poder ostentar e ou publicitar a classificação atribuída ao abrigo do regime anterior.

ARTIGO 20º
Norma revogatória

São revogadas:

a) A Portaria nº 329/75, de 28 de Maio;

b) A Portaria nº 262/2000, de 13 de Maio.

ARTIGO 21º
Entrada em vigor

A presente portaria entra em vigor no dia seguinte ao da sua publicação.

Em 23 de Maio de 2011. A Secretária de Estado da Modernização Administrativa, *Maria Manuel Leitão Marques*. – O Secretário de Estado do Turismo, *Bernardo Luís Amador Trindade*.

Normas para a Protecção dos Cidadãos da Exposição Involuntária ao Fumo do Tabaco e Medidas de Redução da Procura Relacionadas com a Dependência e a Cessação do seu Consumo

LEI Nº 37/2007, DE 14 DE AGOSTO

A Assembleia da República decreta, nos termos da alínea *c*) do artigo 161º da Constituição, o seguinte:

CAPÍTULO I
DISPOSIÇÕES GERAIS

ARTIGO 1º
Objecto

A presente lei dá execução ao disposto na Convenção Quadro da Organização Mundial de Saúde para o Controlo do Tabaco, aprovada pelo Decreto nº 25-A/2005, de 8 de Novembro, estabelecendo normas tendentes à prevenção do tabagismo, em particular no que se refere à protecção da exposição involuntária ao fumo do tabaco, à regulamentação da composição dos produtos do tabaco, à regulamentação das informações a prestar sobre estes produtos, à embalagem e etiquetagem, à sensibilização e educação para a saúde, à proibição da publicidade a favor do tabaco, promoção e patrocínio, às medidas de redução da procura relacionadas com a dependência e a cessação do consumo, à venda a menores e através de meios automáticos, de modo a contribuir para a diminuição dos riscos ou efeitos negativos que o uso do tabaco acarreta para a saúde dos indivíduos.

ARTIGO 2º
Definições

Para efeitos da presente lei e demais legislação sobre a prevenção do tabagismo, entende-se por:

a) *«Advertência complementar» qualquer das advertências referidas no anexo II da presente lei;*

b) *«Advertência geral» o aviso relativo aos prejuízos para a saúde decorrentes do uso do tabaco, a apor na face mais visível das embalagens de tabaco;*

c) *«Alcatrão ou condensado» o condensado de fumo bruto anidro e isento de nicotina;*

d) *«Áreas de trabalho em permanência» os locais onde os trabalhadores tenham de permanecer mais de 30% do respectivo tempo diário de trabalho;*

e) *«Embalagem de tabaco» qualquer forma de embalagem individual e qualquer embalagem exterior utilizada na venda a retalho de produtos do tabaco, com excepção das sobreembalagens transparentes;*

f) *«Ingrediente» qualquer substância ou componente, que não as folhas e outras partes naturais ou não transformadas da planta do tabaco, utilizado no fabrico ou na preparação de um produto do tabaco e presente no produto final, ainda que em forma alterada, incluindo o papel, o filtro, as tintas e os adesivos;*

g) *«Local de trabalho» todo o lugar onde o trabalhador se encontra e em que esteja, directa ou indirectamente, sujeito ao controlo do empregador;*

h) *«Local de venda de tabaco» qualquer local onde sejam colocados à venda produtos do tabaco;*

i) *«Nicotina» os alcalóides nicotínicos;*

j) *«Produto do tabaco» qualquer produto destinado a ser fumado, inalado, chupado ou mascado, desde que seja, ainda que parcialmente, constituído por tabaco, geneticamente modificado ou não;*

l) *«Produtos do tabaco para uso oral» os produtos que se destinam a uso oral constituídos total ou parcialmente por tabaco sob a forma de pó ou de partículas finas ou qualquer combinação destas formas, nomeadamente os que se apresentam em doses individuais ou pacotes porosos ou sob forma que evoque um género alimentício, com excepção dos produtos para fumar ou mascar;*

m) *«Publicidade ao tabaco» qualquer forma de comunicação feita por entidades de natureza pública ou privada, no âmbito de uma actividade comercial, industrial, artesanal ou liberal, com o objectivo directo ou indirecto de promover um produto do tabaco ou o seu consumo;*

n) *«Recinto fechado» todo o espaço limitado por paredes, muros ou outras superfícies e dotado de uma cobertura;*

o) *«Serviço da sociedade da informação» qualquer serviço prestado à distância, por via electrónica, mediante pedido individual de um destinatário de serviços e contra pagamento de um preço, entendendo-se, nesta conformidade, por:*

«À distância» um serviço prestado sem que as partes estejam física e simultaneamente presentes;

«Por via electrónica» um serviço enviado desde a origem e recebido no destino através de instrumentos electrónicos de processamento (incluindo a compressão digital) e de armazenamento de dados, que é inteiramente transmitido, encaminhado e recebido por cabo, rádio, meios ópticos ou outros meios electromagnéticos;

«Mediante pedido individual de um destinatário de serviços» um serviço fornecido por transmissão de dados, mediante pedido individual;

p) «Suporte publicitário» o veículo utilizado para a transmissão da mensagem publicitária;

q) «Tabaco» as folhas, parte das folhas e nervuras das plantas Nicotiana tabacum L. e Nicotiana rustica L., quer sejam comercializadas sob a forma de cigarro, cigarrilha ou charutos quer picadas para cachimbo ou para a feitura manual de cigarros, seja com a forma de rolo, barra, lâmina, cubo ou placa ou reduzidas a pó ou a grãos;

r) «Televenda de produtos do tabaco» a difusão de ofertas directas ao público, realizada por canais televisivos, com vista ao fornecimento de cigarros ou outros produtos derivados do tabaco, mediante remuneração;

s) «Uso de tabaco» o acto de fumar, inalar, chupar ou mascar um produto à base de tabaco, bem como o acto de fumar, mascar ou inalar os produtos referidos nos nºs 8 e 9 do artigo 81º do Decreto-Lei nº 566/99, de 22 de Dezembro.

CAPÍTULO II
LIMITAÇÕES AO CONSUMO DE TABACO

ARTIGO 3º
Princípio geral

O disposto no presente capítulo visa estabelecer limitações ao consumo de tabaco em recintos fechados destinados a utilização colectiva de forma a garantir a protecção da exposição involuntária ao fumo do tabaco.

ARTIGO 4º
Proibição de fumar em determinados locais

1 – É proibido fumar:

(...)

b) Nos locais de trabalho;

(...)

j) Nas salas e recintos de espectáculos e noutros locais destinados à difusão das artes e do espectáculo, incluindo as antecâmaras, acessos e áreas contíguas;

l) Nos recintos de diversão e recintos destinados a espectáculos de natureza não artística;
(...)
o) Nos conjuntos e grandes superfícies comerciais e nos estabelecimentos comerciais de venda ao público;
p) Nos estabelecimentos hoteleiros e outros empreendimentos turísticos onde sejam prestados serviços de alojamento;
q) Nos estabelecimentos de restauração ou de bebidas, incluindo os que possuam salas ou espaços destinados a dança;
r) Nas cantinas, nos refeitórios e nos bares de entidades públicas e privadas destinados exclusivamente ao respectivo pessoal;
(...)
ab) Em qualquer outro lugar onde, por determinação da gerência ou de outra legislação aplicável, designadamente em matéria de prevenção de riscos ocupacionais, se proíba fumar.

ARTIGO 5º
Excepções

(...)
2 – Sem prejuízo do disposto no artigo anterior, podem ser criadas nos estabelecimentos prisionais unidades de alojamento, em celas ou camaratas, para reclusos fumadores desde que satisfaçam os requisitos das alíneas a), b) e c) do nº 5, sendo ainda admitido fumar nas áreas ao ar livre.
3 – Nos locais mencionados nas alíneas a), b), c), d), e), h), i), j), l), m), n), o), p), q), r) e t) do nº 1 do artigo anterior, bem como nos locais mencionados na alínea g) do nº 1 do artigo anterior que integrem o sistema de ensino superior, é admitido fumar nas áreas ao ar livre.
4 – Nos locais mencionados na alínea s) do nº 1 do artigo anterior é admitido fumar nas áreas ao ar livre, com excepção das zonas onde se realize o abastecimento de veículos.
5 – Nos locais mencionados nas alíneas a), b), e), j), l), n), o), p) e t) do nº 1 do artigo anterior, bem como nos locais mencionados na alínea g) do nº 1 do referido artigo que integrem o sistema de ensino superior e nos locais mencionados na alínea h) do nº 1 do mesmo artigo que não sejam frequentados por menores de 18 anos, pode ser permitido fumar em áreas expressamente previstas para o efeito desde que obedeçam aos requisitos seguintes:
a) Estejam devidamente sinalizadas, com afixação de dísticos em locais visíveis, nos termos do disposto no artigo 6º;
b) Sejam separadas fisicamente das restantes instalações, ou disponham de dispositivo de ventilação, ou qualquer outro, desde que autónomo, que evite que o fumo se espalhe às áreas contíguas;

c) Seja garantida a ventilação directa para o exterior através de sistema de extracção de ar que proteja dos efeitos do fumo os trabalhadores e os clientes não fumadores.

6 – Nos locais mencionados na alínea q) do nº 1 do artigo anterior com área destinada ao público inferior a 100 m2, o proprietário pode optar por estabelecer a permissão de fumar desde que obedeça aos requisitos mencionados nas alíneas a), b) e c) do número anterior.

7 – Nos locais mencionados na alínea q) do nº 1 do artigo anterior com área destinada ao público igual ou superior a 100 m2 podem ser criadas áreas para fumadores, até um máximo de 30% do total respectivo, ou espaço fisicamente separado não superior a 40% do total respectivo, desde que obedeçam aos requisitos mencionados nas alíneas a), b) e c) do nº 5, não abranjam as áreas destinadas exclusivamente ao pessoal nem as áreas onde os trabalhadores tenham de trabalhar em permanência.

8 – Nos locais mencionados na alínea p) do nº 1 do artigo anterior podem ser reservados andares, unidades de alojamento ou quartos para fumadores, até um máximo de 40% do total respectivo, ocupando áreas contíguas ou a totalidade de um ou mais andares, desde que obedeçam aos requisitos mencionados nas alíneas a), b) e c) do nº 5.

(...)

10 – Sem prejuízo do disposto no nº 6, a opção pela permissão de fumar deve, sempre que possível, proporcionar a existência de espaços separados para fumadores e não fumadores.

11 – A definição das áreas para fumadores cabe às entidades responsáveis pelos estabelecimentos em causa, devendo ser consultados os respectivos serviços de segurança, higiene e saúde no trabalho e as comissões de segurança, higiene e saúde no trabalho, ou, na sua falta, os representantes dos trabalhadores para a segurança, higiene e saúde no trabalho.

ARTIGO 6º
Sinalização

1 – A interdição ou o condicionamento de fumar no interior dos locais referidos nos artigos 4º e 5º devem ser assinalados pelas respectivas entidades competentes, mediante a afixação de dísticos com fundo vermelho, conformes ao modelo A constante do anexo I da presente lei e que dela faz parte integrante, sendo o traço, incluindo a legenda e a cruz, a branco e com as dimensões mínimas de 160 mm x 55 mm.

2 – As áreas onde é permitido fumar são identificadas mediante afixação de dísticos com fundo azul e com as restantes características indicadas no número anterior, conformes ao modelo B constante do anexo I.

3 – Aos dísticos referenciados nos números anteriores deve apor-se, na parte inferior do modelo, uma legenda identificando a presente lei.

4 – O dístico referido no nº 1 deve ainda conter o montante da coima máxima aplicável aos fumadores que violem a proibição de fumar.
5 – Nos casos previstos nos nºs 6, 7 e 8 do artigo anterior, os dísticos devem ser afixados de forma a serem visíveis a partir do exterior dos estabelecimentos.

ARTIGO 7º
Responsabilidade

1 – O cumprimento do disposto nos artigos 4º a 6º deve ser assegurado pelas entidades públicas ou privadas que tenham a seu cargo os locais a que se refere a presente lei.
2 – Sempre que se verifiquem infracções ao disposto nos artigos 4º a 6º, as entidades referidas no número anterior devem determinar aos fumadores que se abstenham de fumar e, caso estes não cumpram, chamar as autoridades administrativas ou policiais, as quais devem lavrar o respectivo auto de notícia.
3 – Todos os utentes dos locais referidos no nº 1 têm o direito de exigir o cumprimento do disposto nos artigos 4º a 6º, podendo apresentar queixa por escrito, circunstanciada, usando para o efeito, nomeadamente, o livro de reclamações disponível no estabelecimento em causa.

CAPÍTULO III
COMPOSIÇÃO E MEDIÇÃO DAS SUBSTÂNCIAS CONTIDAS NOS CIGARROS COMERCIALIZADOS

(...)

CAPÍTULO IV
ROTULAGEM E EMBALAGEM DOS MAÇOS DE CIGARROS

(...)

CAPÍTULO V
VENDA DE PRODUTOS DO TABACO

ARTIGO 15º
Proibição de venda de produtos do tabaco

1 – É proibida a venda de produtos do tabaco:

a) Nos locais a que se referem as alíneas a), d), e), f), g), h) e r) do nº 1 do artigo 4º e nas instalações referidas na alínea m) do mesmo artigo;

b) Através de máquinas de venda automática, sempre que estas não reúnam cumulativamente os seguintes requisitos:

i) Estejam munidas de um dispositivo electrónico ou outro sistema bloqueador que impeça o seu acesso a menores de 18 anos;

ii) Estejam localizadas no interior do estabelecimento comercial, de forma a serem visualizadas pelo responsável do estabelecimento, não podendo ser colocadas nas respectivas zonas de acesso, escadas ou zonas similares e nos corredores de centros comerciais e grandes superfícies comerciais;

c) A menores com idade inferior a 18 anos, a comprovar, quando necessário, por qualquer documento identificativo com fotografia;

d) Através de meios de televenda.

2 – A proibição referida na alínea c) do número anterior deve constar de aviso impresso em caracteres facilmente legíveis, sobre fundo contrastante, e afixado de forma visível nos locais de venda dos produtos do tabaco.

3 – É proibida a comercialização de embalagens promocionais ou a preço reduzido.

4 – Por portaria conjunta dos Ministros das Finanças e da Saúde, poderá ser proibida a venda de produtos do tabaco a preço inferior a um preço mínimo de referência.

CAPÍTULO VI
PUBLICIDADE, PROMOÇÃO E PATROCÍNIO DE TABACO E DE PRODUTOS DO TABACO

ARTIGO 16º
Publicidade e promoção

1 – São proibidas todas as formas de publicidade e promoção ao tabaco e aos produtos do tabaco, incluindo a publicidade oculta, dissimulada e subliminar, através de suportes publi-

citários nacionais ou com sede em Portugal, incluindo os serviços da sociedade de informação, salvo o disposto nos nºs 3, 4 e 7.
2 – É proibida a publicidade ao tabaco, ou ao seu uso, em máquinas de venda automática.
3 – O disposto no nº 1 não é aplicável à informação comercial circunscrita às indicações de preço, marca e origem exibida exclusivamente no interior dos estabelecimentos que vendam produtos do tabaco, desde que esta não seja visível no exterior dos estabelecimentos, designadamente nas respectivas montras.
4 – A publicidade na imprensa e noutros meios de comunicação impressos só é permitida em publicações destinadas exclusivamente aos profissionais do comércio do tabaco ou em publicações impressas e editadas em países terceiros, desde que não se destinem principalmente ao mercado comunitário.
5 – É proibida a distribuição gratuita ou a venda promocional de produtos do tabaco ou de quaisquer bens de consumo, que visem, ou tenham por efeito directo ou indirecto, a promoção desses produtos do tabaco.
6 – É proibida a distribuição de brindes, atribuição de prémios ou a realização de concursos, ainda que exclusivamente destinados a fumadores, por parte de empresas directa ou indirectamente relacionadas com o fabrico, a distribuição ou a venda de produtos do tabaco.
7 – É apenas admitida a promoção de produtos do tabaco quando esta se destine exclusivamente aos profissionais do comércio do tabaco e seja realizada fora do âmbito da actividade de venda ao público.
8 – É proibida a introdução de cupões ou outros elementos estranhos nas embalagens e sobre embalagens de produtos do tabaco, ou entre estas e aquelas, para além do próprio produto do tabaco e respectiva rotulagem.
9 – É proibida a promoção de vendas e a introdução no consumo de embalagens miniatura de marcas já comercializadas ou a comercializar.

(...)

CAPÍTULO VIII
REGIME SANCIONATÓRIO

ARTIGO 25º
Contra-ordenações

1 – Constituem contra-ordenações as infracções ao disposto nos artigos 4º a 6º, no nº 2 do artigo 7º e nos artigos 8º a 19º, as quais são punidas com as seguintes coimas:
a) De € 50 a € 750, para o fumador que fume nos locais previstos nas alíneas a) a bb) do

nº 1 e no nº 2 do artigo 4º ou fora das áreas ao ar livre ou das áreas para fumadores previstas nos nºs 1 a 9 do artigo 5º;

b) De € 50 a € 1000, para os proprietários dos estabelecimentos privados, pessoas colectivas, sociedades ainda que irregularmente constituídas, ou associações sem personalidade jurídica, bem como para os órgãos directivos ou dirigentes máximos dos organismos, estabelecimentos ou serviços da Administração Pública que violem o disposto no nº 2 do artigo 7º;

c) De € 2500 a € 10 000, para entidades referidas na alínea anterior que violem o disposto nos nºs 1 a 9 do artigo 5º e no artigo 6º;

d) De € 10 000 a € 30 000, para as infracções aos nºs 6, 7 e 8 do artigo 9º e aos nºs 1 e 2 do artigo 10º, sendo o valor reduzido para € 1500 e € 3000, respectivamente, se o infractor for pessoa singular;

e) De € 30 000 a € 250 000, para as infracções ao artigo 8º, ao nº 3 do artigo 9º e aos artigos 11º, 12º, 13º, 14º, 15º, 16º, 17º, 18º e 19º, sendo o valor reduzido para € 2000 e € 3750, respectivamente, se o infractor for pessoa singular.

2 – A negligência é punível, sendo os limites mínimos e máximos das coimas aplicáveis reduzidos a metade.

3 – Nos casos previstos na alínea e) do nº 1, a tentativa é punível, sendo os limites mínimos e máximos das coimas aplicáveis reduzidos a metade.

4 – Quando a infracção implicar forma de publicidade oculta ou dissimulada, é aplicável a punição prevista nas normas gerais sobre a actividade publicitária.

5 – Às contra-ordenações previstas na presente lei e em tudo quanto nela se não encontre especialmente regulado são aplicáveis as disposições do Decreto-Lei nº 433/82, de 27 de Outubro, com as alterações introduzidas pelos Decretos-Leis nºs 356/89, de 17 de Outubro, 244/95, de 14 de Setembro, e 323/2001, de 17 de Dezembro, e pela Lei nº 109/2001, de 24 de Dezembro.

ARTIGO 26º

Sanções acessórias

1 – No caso das contra-ordenações previstas nas alíneas c), d) e e) do nº 1 do artigo anterior, podem ainda ser aplicadas as sanções acessórias previstas nas alíneas a) a g) do nº 1 do artigo 21º do Decreto-Lei nº 433/82, de 27 de Outubro, na redacção que lhe foi dada pelos Decretos-Leis nºs 356/89, de 17 de Outubro, e 244/95, de 14 de Setembro.

2 – O incumprimento do disposto nos nºs 1 a 3 do artigo 15º determina a aplicação da sanção acessória de interdição de venda de qualquer produto do tabaco.

ARTIGO 27º

Responsabilidade solidária

1 – Pelo pagamento das coimas em que sejam condenados os agentes das infracções ao disposto nos nºs 6, 7 e 8 do artigo 9º, nos nºs 1 e 2 do artigo 10º, no artigo 11º e no artigo 13º são solidariamente responsáveis o fabricante e o importador de produtos do tabaco.

2 – Pelo pagamento das coimas em que sejam condenados os agentes das infracções ao disposto na alínea b) do nº 1 do artigo 15º e no nº 2 do artigo 16º são solidariamente responsáveis o proprietário da máquina de venda automática de tabaco e aquele que tenha a direcção efectiva do espaço em que o equipamento se encontra instalado.

3 – Pelo pagamento das coimas em que sejam condenados os agentes das infracções ao disposto no artigo 17º são solidariamente responsáveis o fabricante ou importador e o proprietário dos locais onde estes produtos sejam disponibilizados, de forma onerosa ou gratuita.

4 – Pelo pagamento das coimas em que sejam condenados os agentes das infracções ao disposto na alínea d) do nº 1 do artigo 15º, nos nºs 1, 6 e 8 do artigo 16º e no nº 1 do artigo 19º são solidariamente responsáveis o promotor da venda ou da campanha, a agência de publicidade e as entidades proprietárias do suporte publicitário utilizado.

5 – Pelo pagamento das coimas em que sejam condenados os agentes das infracções ao disposto nos nºs 1 e 2 do artigo 18º são solidariamente responsáveis a entidade patrocinadora e a entidade patrocinada.

6 – As entidades proprietárias do suporte publicitário utilizado, o comerciante ou o promotor da venda eximem-se da responsabilidade referida no nº 4 caso demonstrem não ter tido prévio conhecimento da mensagem publicitária difundida.

ARTIGO 28º

Fiscalização e tramitação processual

1 – Sem prejuízo das competências atribuídas pelo artigo 7º às autoridades administrativas e policiais, a fiscalização do disposto na presente lei compete à Autoridade de Segurança Alimentar e Económica, à excepção da fiscalização do preceituado na alínea d) do nº 1 do artigo 15º, no nº 1 do artigo 16º, no nº 1 do artigo 18º e no artigo 19º, que compete à Direcção-Geral do Consumidor.

2 – A instrução dos processos de contra-ordenação compete à Autoridade de Segurança Alimentar e Económica ou à Direcção-Geral do Consumidor, no âmbito das respectivas atribuições, e a quem devem ser enviados os autos levantados por outras entidades.

3 – A aplicação das coimas e sanções acessórias compete à Comissão de Aplicação de Coimas em Matéria Económica e de Publicidade, que delas dá conhecimento à Direcção-Geral da Saúde.

4 – O produto das coimas é distribuído da seguinte forma:

a) 60% para o Estado;

b) 30% para a entidade que instruiu o processo;

c) 10% para a Comissão de Aplicação de Coimas em Matéria Económica e de Publicidade.

(...)

Utilidade Turística

Regime Jurídico da Utilidade Turística[18-19]

DECRETO-LEI Nº 423/83, DE 5 DE DEZEMBRO

Define utilidade turística e estabelece os princípios e requisitos necessários para a sua concessão. Revoga, além de outras disposições, as Leis nº 2073 e 2081, respectivamente de 23 de Dezembro de 1954 e 4 de Junho de 1956.

O instituto de utilidade turística tem-se revelado, sem dúvida, um dos instrumentos mais eficazes para o desenvolvimento do sector, em particular no que respeita a equipamento hoteleiro e similar, a que foi inicialmente dirigido.

Contudo, decorridos cerca de 30 anos da sua vigência, não surpreende que não corresponda já às necessidades efectivas do mesmo sector, naturalmente diversas das existentes na fase de arranque do turismo em Portugal. E daí o Governo se haver proposto à sua revisão, a que procede agora, ao abrigo de autorização legislativa oportunamente concedida pela Assembleia da República.

Com efeito, face ao condicionalismo actual, duas críticas fundamentais são apontadas ao sistema: o âmbito de aplicação demasiado restrito – posto não abranger determinados empreendimentos ora considerados de interesse prioritário, tais como conjuntos turísticos, equipamento de animação, instalações termais e casas afectas a turismo de habitação –, por um lado; e, por outro, a extrema rigidez dos prazos de certos benefícios fiscais, de facto menos consentânea com a nova realidade turística e a própria evolução do sistema tributário.

De igual modo é agora a ocasião oportuna de fazer estender os benefícios a investimentos no campo da remodelação, beneficiação, reequipamento e ampliação, iniciativas muitas vezes mais úteis e merecedoras de estímulo que as dirigidas a empreendimentos novos.

[18] Segundo a redacção introduzida pelo Decreto-Lei nº 485/88, de 30.12, que alterou os artigos 16º, 22º, 24º, 25º, 26º e 27º e que revogou o artigo 19º; e pelo Decreto-Lei nº 38/94, de 08.02, que alterou os artigos 3º, 16º e 25º e revogou os artigos 4º, nº 1, al. *e*) e 23º.

[19] As epígrafes dos artigos não constam do texto oficial.

Estes foram, pois, os principais elementos considerados no quadro das alterações introduzidas pelo presente diploma, aproveitado-se ainda para definir de forma mais precisa os princípios e requisitos de atribuição da utilidade turística – instituto que, não será de mais repeti-lo, se tem revelado como um dos mais eficazes factores da política praticada no sector.

ARTIGO 1º
Âmbito de aplicação

A utilidade turística consiste na qualificação atribuída aos empreendimentos de carácter turístico que satisfaçam os princípios e requisitos definidos no presente diploma e suas disposições regulamentares.

Nota:

O regime da utilidade turística exige uma urgente actualização, atendendo à alteração de regime dos empreendimentos turísticos realizada pelo Decreto-Lei nº 39/2008, de 7 de Março, bem como face à reforma da tributação do património realizada pelo Decreto-Lei nº 287/2003, de 12.11.

Por outro lado, o regime legal não apresenta qualquer definição da figura. No entanto, apelando à conjugação de vários preceitos, podemos propor que a utilidade turística seja entendida como uma qualificação atribuída a certos estabelecimentos de restauração, certos empreendimentos de turismo no espaço rural, turismo de habitação, equipamentos de animação, culturais e desportivos e instalações termais, permitindo-lhes aceder a um conjunto de benefícios fiscais, à constituição de servidões (conforme disposto no art. 29º), e proceder a expropriações (segundo o previsto no art. 28º), em nome da finalidade que prosseguem, recebendo ainda tratamento prioritário na concessão de financiamentos.

ARTIGO 2º
Atribuição da Utilidade Turística

1 – A utilidade turística é atribuída por despacho do membro do Governo com tutela sobre o sector do turismo, sob proposta do director-geral do Turismo, instruída com parecer da Comissão de Utilidade Turística.

2 – Os despachos de atribuição, confirmação e revogação da utilidade turística serão obrigatoriamente publicados no Diário da República, só produzindo efeitos a partir da data da sua publicação.

Nota:

Conforme já manifestamos, o diploma sofre de uma incoerência sistemática quanto ao procedimento de atribuição e de revogação da utilidade turística ["A utilidade turística – a urgência de uma actualização", RPDC, nº 46, p. 198]. O procedimento de atribuição da utilidade turística começa no final do articulado do diploma (arts. 32º e 33º), continua no início do articulado (art. 2º) e finda no antepenúltimo artigo do mesmo (art. 34º).

Os preceitos dedicados aos efeitos da revogação da utilidade turística (arts. 14º e 15º), estão situados antes dos preceitos dedicados aos efeitos da atribuição da mesma (arts. 16º e ss.).

Perante a reestruturação da Administração Central do Estado, realizada pelo Decreto-Lei nº 141/2007, de 27.04, as competências do director-geral do Turismo e da Comissão de Utilidade Turística previstas no nº 1, do art. 1º, são agora assumidas, respectivamente, pelo presidente do I.T.P, I.P. e pelo conselho directivo do I.T.P., I.P. (respectivamente, arts. 8º, nº 2, al. *i*) e art. 24º, nº 2, do diploma citado).

ARTIGO 3º
Objecto da utilidade turística

1 – A utilidade turística só poderá ser atribuída aos seguintes empreendimentos:

a) Estabelecimentos hoteleiros, à excepção das pensões que não sejam albergarias;

b) Estabelecimentos similares dos hoteleiros classificados como restaurantes;

c) Conjuntos turísticos;

d) Equipamentos de animação, culturais e desportivos, que não constituam ou integrem conjuntos turísticos;

e) Instalações termais;

f) Casas afectas ao turismo de habitação.

2 – Os empreendimentos turísticos referidos nas alíneas d) e e) do número anterior poderão beneficiar da utilidade turística, se forem consi-derados de interesse para o turismo pela Direcção-Geral de Turismo.

3 – Dos empreendimentos referidos na alínea e) do nº 1 são excluídas as instalações destinadas à exploração comercial de águas minerais ou similares.

4 – A utilidade turística abrange a totalidade dos elementos componentes ou integrantes dos empreendimentos, sem prejuízo do estabelecido no nº 3.

Nota:

A nomenclatura do art. 3º, nº 1, não está conforme o novo regime dos empreendimentos turísticos realizado pelo Decreto-Lei nº 39/2008, de 7 de Março. Assim, mantêm-

-se os *estabelecimentos hoteleiros* (art. 11º, nº 2, do diploma citado), deixando de fazer sentido a menção às pensões, dado que deixaram de possuir existência jurídica. Na al. *b*), refere-se "estabelecimentos similares dos hoteleiros classificados como restaurantes", que hoje correspondem aos *estabelecimentos de restauração*, de acordo com o Decreto-Lei nº 48/2011, de 01.04, na linha, aliás, do revogado Decreto-Lei nº 168/97, de 04.07. Os *conjuntos turísticos*, enquanto estrutura turística, mantém-se como empreendimentos aptos, agora com a denominação de *resorts* (art. 15º, do Decreto-Lei 39/2008, de 7 de Março). Relativamente às estruturas previstas na al. *d*), aparentemente, continuam a existir. As *instalações termais* (al. *e*)), regem-se pelo Decreto-Lei nº 142/2004, de 11.06. A menção "casas afectas ao turismo de habitação" referida na al. *f*), pode induzir em erro o intérprete, face à distinção operada pelo Decreto-Lei 39/2008, de 7 de Março, entre turismo no espaço rural (art. 4º, nº 1, al. *f*)) e turismo de habitação (art. 4º, nº 1, al. *e*)), que são agora categorias autónomas. Somos, portanto, obrigados a recuar no tempo e relembrar o Decreto-Lei nº 169/97, de 04.07. Assim, esta alínea deve ser interpretada por forma a acolher a alteração introduzida no regime de utilidade turística pelo Decreto-Lei nº 38/94, de 08.02, que veio incluir o turismo rural e o agro-turismo como empreendimentos aptos, desde que de qualidade excepcional. Com o alargamento do conceito de turismo no espaço rural ao turismo de aldeia e aos hotéis-rurais, entendemos que também estas novas categorias deveriam ser contempladas, se, naturalmente, de qualidade excepcional. Só sendo de excluir, na vigência do Decreto-Lei nº 54/2002, de 11.03, os parques de campismo rurais e as casas de campo. Não faria sentido restringir a qualificação de utilidade turística às ditas formas clássicas de turismo no espaço rural, excluindo o turismo de aldeia, considerado como um produto de elevado valor patrimonial. Também não seria atendível excluir os hotéis-rurais, quando os hotéis (não rurais), beneficiam expressamente do regime, e sendo, eventualmente, os primeiros os que maior interesse possuem em receber esta qualificação. Com o Decreto-Lei nº 39/2008, de 07.03, mantém-se empreendimentos aptos o turismo de habitação (art. 17º), as casas de campo, o turismo de aldeia, o agro-turismo e os hotéis-rurais (art. 18º, nºs 3 e 5).

ARTIGO 4º
Pressupostos de apreciação

1 – A utilidade turística será apreciada tendo em conta os seguintes pressupostos:

a) A localização e o tipo de empreendimento;

b) O tipo e o nível verificado ou presumido, das instalações e serviços do empreendimento;

c) O interesse do empreendimento no âmbito das infra-estruturas turísticas da região;

d) A sua contribuição para o desenvolvimento regional;

e) Revogado;

f) A adequação do empreendimento à política de turismo definida pelos orgãos estaduais competentes.

2 - Por portaria do membro do Governo da tutela, poderão ainda ser definidos outros pressupostos a ter em conta na apreciação de utilidade turísitca.

Nota:

Nos termos do novo regime aprovado pelo Decreto-Lei nº 38/94, de 08.02, o preenchimento dos pressupostos de apreciação é dispensado nos casos aí apresentados. Esclarece o preâmbulo do diploma, que "o simples facto de se tratar de empreendimentos dessa categoria deve constituir presunção suficiente de verificação desses pressupostos". Dispõe então o art. 2º do diploma:

"A atribuição da utilidade turística não depende da observância do disposto nos arts. 4º e 32º do Decreto-Lei nº 423/83, de 05.12, devendo ser requerida à DGT pela empresa proprietária ou concessionária da exploração de empreendimentos turísticos de categoria superior.

2 - Consideram-se de categoria superior os seguintes empreendimentos:

a) Hotéis de 5 ou 4 estrelas;

b) Estalagens de 5 estrelas;

c) Hotéis-apartamentos de 4 estrelas;

d) Aldeamentos turísticos de luxo;

e) Casas afectas a exploração em regime de turismo de habitação, incluindo o turismo rural e agro-turismo, desde que consideradas de qualidade excepcional pelo membro do Governo da tutela, ouvida a DGT.

3 - A categoria dos empreendimentos é aferida no momento da aprovação do projecto, no caso de utilidade a título prévio, ou no caso da atribuição da classificação provisória, no caso de utilidade turística a título definitivo".

Com a entrada em vigor do Decreto-Lei nº 39/2008, de 07.03, as estalagens deixaram de constituir empreendimentos turísticos. Sobre a interpretação do Decreto-Lei nº 38/94, de 08.02, *v.* nota ao preceito anterior.

ARTIGO 5º
Empreendimentos contemplados

1 - A utilidade turística só pode ser atribuída a:

a) Empreendimentos novos;

b) Empreendimentos já existentes que sejam objecto de remodelação, beneficiação ou de reequipamento totais ou parciais;
c) Empreendimentos já existentes que aumentem a sua capacidade em, pelo menos, 50%.
2 – Para efeitos do estabelecido na alínea b) do número anterior, só serão consideradas as obras ou melhoramentos realizados nos empreendimentos que visem valorizar ou aumentar a respectiva categoria e a qualidade dos serviços prestados e tenham sido previamente aprovados pela Direcção-Geral do Turismo.
3 – A utilidade turística pode ser atribuída por mais de uma vez ao mesmo empreendimento, desde que, decorrido o respectivo prazo, ele venha a preencher de novo os requisitos exigidos para a sua atribuição.

Nota:

A qualificação de utilidade turística só pode ser atribuída a empreendimentos novos (al. *a*), do nº 1, do preceito). No caso de empreendimentos já existentes, só nos casos aí consignados de melhoramento qualitativo (al. *b*) do nº 1 e nº 2) ou quantitativo (al. *c*), do nº 1).

Jurisprudência:

(...) III – Existindo um acto administrativo firme a ordenar a demolição de um piso do estabelecimento hoteleiro, significa que o respectivo projecto não foi aprovado e, não o tendo sido, nos termos do nº 1 do art. 9º do Decreto-Lei nº 423/83, de 05 de Dezembro, não lhe poderia ter sido, como não foi, atribuída a utilidade turística.

Ac. STA, de 09.11.99, BMJ, 491, p. 208.

ARTIGO 6º

Ampliações realizadas no empreendimento

1 – A utilidade turística atribuída a qualquer empreendimento abrangerá, durante o seu prazo de validade, todas as suas ampliações sem necessidade de qualquer despacho, desde que os respectivos projectos tenham sido aprovados pela Direcção-Geral do Turismo e pelas demais entidades oficiais competentes.
2 – As ampliações a que se refere o número anterior não alteram os prazos fixados aquando da atribuição da utilidade turística para o início e termo dos seus efeitos.
3 – A entidade proprietária ou exploradora do empreendimento é obrigada a comunicar à Comissão de Utilidade Turística a aprovação do projecto da ampliação, bem como a sua entrada em funcionamento.

Nota:

Conforme já indicado, com a entrada em vigor do Decreto-Lei nº 141/2007, de 27.04, as competências da Direcção-Geral do Turismo e da Comissão de Utilidade Turística previstas no preceito (nos nº 1 e 3), são agora assumidas pelo conselho directivo do I.T.P. I.P. (respectivamente, arts. 8º, nº 2, al. f) e art. 24º, nº 2, do diploma citado).

ARTIGO 7º

Atribuição a título prévio ou a título definitivo

1 – A utilidade turística poderá ser atribuída a título prévio ou definitivo.

2 – Será a título prévio, quando for atribuída antes da entrada em funcionamento dos empreendimentos novos e nos casos previstos nas alíneas b) e c) do nº 1 do artigo 5º.

3 – Será a título definitivo, quando for atribuída a empreendimentos já em funcionamento ou quando resultar da confirmação da utilidade turística concedida a título prévio.

4 – A utilidade turística a título prévio terá sempre um carácter precário, ficando os seus efeitos subordinados à condição resolutiva da sua confirmação.

Nota:

A utilidade turística pode ser atribuída a título prévio ou definitivo (nº 1).

Será a *título prévio*, se atribuída antes da entrada em funcionamento dos empreendimentos novos ou já existentes, sujeitos às obras previstas no nº 1, do art. 5º (*v.* ainda art. 10º).

A atribuição a título prévio como atribuição de carácter precário, produz, no entanto, efeitos plenos, na condição resolutiva de ser pedida a respectiva confirmação (nº 4, conjugado com o art. 14º, nº 2, al. *e*)).

A condição subordina a eficácia da utilidade turística ao evento futuro e incerto da sua confirmação. Incerto porque cabendo ao interessado um prazo confirmatório de 6 meses para o acto (art. 12º), está na sua auto-disponibilidade exercê-lo.

O evento condicionante é um evento negativo ou omissivo, se o interessado não confirmar a utilidade turística, então serão destruídos retroactivamente parte dos respectivos efeitos.

Sobre o conceito de condição, *v.* MENEZES CORDEIRO, "Tratado de Direito Civil Português", I, Parte Geral, Tomo I, 1999, Coimbra, Almedina, p. 443, MOTA PINTO, "Teoria Geral do Direito Civil", 1993, 3ª ed., Coimbra, Coimbra Editora., p. 559 e MANUEL DE ANDRADE, "Teoria Geral da Relação Jurídica", vol. II, 1987, 7ª reimpressão, Coimbra, Almedina, p. 366.

ARTIGO 8º
Subordinação a condicionamentos ou requisitos

A atribuição da utilidade turística a título prévio ou definitivo, pode ser subordinada ao cumprimentos de determinados condicionamentos ou requisitos, a fixar no respectivo despacho.

ARTIGO 9º
Licenciamento prévio dos projectos

1 – A utilidade turística só pode ser atribuída a empreendimentos cujos projectos tenham sido aprovados pelos serviços oficiais, centrais ou locais, competentes.
2 – No caso de se tratar de empreendimentos cujo projecto não esteja sujeito à aprovação inicial da Direcção-Geral do Turismo, o pedido só será apreciado depois de os serviços daquela Direcção-Geral o aprovarem.

Nota:

V. anotação ao artigo 2º.

ARTIGO 10º
Atribuição da utilidade turística a título prévio

1 – A atribuição da utilidade turística a título prévio pode ser requerida com base no anteprojecto aprovado do empreendimento.
2 – No caso previsto no número anterior, a utilidade turística atribuída ficará sempre condicionada à aprovação do respectivo projecto.
3 – É aplicável neste caso o disposto no nº 2 do artigo anterior.

ARTIGO 11º
Prazo de validade da utilidade turística

1 – A utilidade turística valerá pelo prazo e nos termos fixados no respectivo despacho de atribuição.
2 – O prazo de validade de utilidade turística atribuído a título prévio não poderá exceder o máximo de três anos e deverá ser fixado tendo em conta o período considerado normal para a execução do empreendimento e a sua entrada em funcionamento.
3 – O prazo previsto no número anterior poderá ser prorrogado por igual período a requerimento fundamentado do interessado, apresentado até 90 dias do termo do prazo inicial.

4 – Se a utilidade turística tiver sido atribuída a título prévio, com base no anteprojecto do empreendimento, o prazo fixado só terá início a partir da data da aprovação do respectivo projecto.
5 – Para efeitos do estabelecido no número anterior, o interessado deverá apresentar na Comissão de Utilidade Turística um exemplar do projecto aprovado, no prazo máximo de um mês contado da data da sua aprovação, salvo se esta tiver sido realizada pelos serviços da Direcção-Geral do Turismo.

Nota:

V. anotação ao artigo 2º.

A utilidade turística não é uma qualificação definitiva. A sua validade é definida no respectivo despacho de atribuição (nº 1), que no caso da utilidade turística prévia não poderá exceder os três anos (nº 2), embora prorrogável (nº 3).

Questiona-se a natureza do prazo previsto no nº 2. Alguma jurisprudência entende-o como prazo de caducidade (que MARIA FERNANDA MAÇAS subscreve, *v.* "A caducidade por incumprimento e a natureza dos prazos na atribuição da utilidade turística", CJA, nº 48, p. 3).

Jurisprudência:

I – O acto final do procedimento administrativo que não satisfaz a pretensão formulada pelo interessado, mesmo que tenha natureza declarativa, não pode deixar de considerar-se lesivo, para efeitos de admissibilidade de impugnação contenciosa.

II – Um acto que declara a caducidade de um direito ou de uma situação jurídica, embora tenha natureza de acto declarativo, vem criar uma situação de maior «certeza» sobre a existência dos pressupostos de caducidade, que é corolário da força da autoridade pública de quem o praticou que, só por si, pode ser considerada potencialmente lesiva para o particular interessado.

III – Os prazos fixados no art. 11º, nºs 2 e 3, do DL nº 423/83, de 5/12, têm a natureza de prazos de caducidade.

IV – Os actos cujos efeitos tenham caducado podem ser objecto de revogação com eficácia retroactiva, relativamente a efeitos ainda subsistentes e, por isso, não é contraditória a possibilidade de revogação prevista na alínea d) do nº 2 do art. 14º do DL nº 423/83, com aquela natureza dos prazos referidos.

V – No contexto do DL nº 423/83, o decurso do prazo fixado no despacho de atribuição da utilidade turística a título prévio não implica impossibilidade definitiva de os interessados beneficiarem de tal estatuto, pois prevê-se a possibilidade de confirmação, que pode ser pedida mesmo para além do termo do prazo de validade daquela atribuição, como se depreende da conjugação do disposto nos arts. 11º, nº 2 e 12º.

VI – Sendo um pedido de confirmação da atribuição da utilidade turística atribuída a título prévio formulado tempestivamente, antes do decurso do prazo de caducidade, é ilegal, por violação do precei-

tuado nos arts. 12º do DL nº 423/83, e 9º do CPA, o acto em que se decidiu não apreciar tal pedido, com o fundamento incorrecto de a caducidade a tal obstar.

Ac. STA, de 28.03.2001, CJA, nº 27, p. 70.

ARTIGO 12º
Confirmação da utilidade turística

1 – A confirmação da utilidade turística atribuída a título prévio deve ser requerida no prazo de seis meses, contado das seguintes datas:

a) Da abertura ao público dos empreendimentos,

b) Da reabertura ao público dos empreendimentos, quando tenham encerrado por motivo de obras ou melhoramentos realizados;

c) Do termo das obras, nos restantes casos.

2 – Para efeitos do estabelecido no número anterior, a data de abertura ou reabertura ao público é aquela em que o empreendimento foi autorizado a funcionar pela entidade competente.

3 – Para efeitos da atribuição da utilidade turística a título definitivo resultante da confirmação requerida nos termos do nº 1 deste artigo, a Comissão de Utilidade Turística verificará se foram cumpridos os prazos e demais condicionamentos fixados legalmente e no despacho de atribuição a título prévio, bem como à qualidade dos serviços prestados.

Nota:

A confirmação deve ser requerida no prazo de seis meses, após a:

– abertura ao público (nº 1, al. *a*)),

– reabertura, hipótese que ocorre quando o empreendimento se viu obrigado a encerrar devido às obras (al. *b*)),

– termo das obras, quando o empreendimento não chega a encerrar por tal motivo (al. *c*)).

A contagem desse prazo tem início quando o empreendimento possui alvará de licença ou autorização (ou documento válido, tratando-se de empreendimento turístico tutelado pelo Decreto-Lei nº 39/2008, de 07.03), facto que nem sempre ocorre em simultâneo com a abertura do empreendimento (abertura de facto).

V. anotação ao artigo 2º.

ARTIGO 13º
Atribuição a título definitivo

1 – A atribuição da utilidade turística a título definitivo, fora dos casos previstos no artigo anterior, só pode ser validamente requerida dentro do prazo de seis meses, contado da data da abertura ao público do empreendimento.

2 – É aplicável neste caso o disposto no nº 2 do artigo anterior.

ARTIGO 14º

Revogação da utilidade turística

1 – A utilidade turística pode ser revogada nos seguintes casos:

a) Se não forem cumpridos os requisitos ou condicionamentos fixados no despacho de atribuição;

b) Se forem realizadas alterações no empreendimento que não tenham sido submetidas à apreciação prévia da Comissão de Utilidade Turística, independentemente de terem sido ou não aprovadas pelas entidades competentes;

c) Se o empreendimento for explorado em termos diferentes daqueles que foram apresentados à Comissão de Utilidade Turística, salvo parecer favorável desta aos novos moldes de exploração;

d) Se o empreendimento for desclassificado;

e) Se as instalações do empreendimento apresentarem um deficiente estado de conservação;

f) Se forem constatadas reiteradas deficiências dos serviços prestados no empreendimento.

2 – No caso da utilidade turística atribuída a título prévio, esta poderá ser revogada também nos seguintes casos:

a) Se o empreendimento for realizado em termos diferentes do projecto que serviu de base à atribuição;

b) Se o interessado deixar caducar a aprovação do anteprojecto do empreendimento ou não conseguir obter a aprovação do respectivo projecto;

c) Se não comunicar a aprovação do projecto do empreendimento, quando for caso disso;

d) Se no prazo de validade fixado, ou no da sua prorrogação, o empreendimento não for aberto ao público ou não forem realizadas as obras ou melhoramentos que determinaram a atribuição;

e) Se não for requerida a sua confirmação no prazo legalmente estabelecido.

3 – A revogação da utilidade turística poderá ser proposta pelo director-geral do Turismo, acompanhada de parecer fundamentado da Comissão de Utilidade Turística.

Nota:

V. anotação ao artigo 2º.

Dispõe o art. 2º, nºs 4 a 7, do Decreto-Lei nº 38/94, de 08.02, que:

"4 – Para efeitos do nº 2 do art. 12º do EBF, aprovado pelo Decreto-Lei nº 215/89, de 01.07, a desclassificação do empreendimento é condição resolutiva da utilidade turística concedida ao abrigo do nº 1.

5 – Consideram-se desclassificados os empreendimentos a que venha a ser atribuída classificação inferior à prevista no projecto ou àquela de quem haja beneficiado provisória ou definitivamente.

6 – A Comissão de Utilidade Turística deve informar as repartições de finanças e os governos civis competentes e a Direcção-Geral dos Espectáculos e das Artes do facto previsto no nº 4.

7 – A utilidade turística abrange a totalidade dos elementos componentes ou integrantes dos empreendimentos turísticos, sem prejuízo do disposto no nº 3".

V. nº 3 do art. 5º.

ARTIGO 15º

Efeitos da atribuição da utilidade turística

1 – Os efeitos da atribuição da utilidade turística cessam a partir da data da publicação do respectivo despacho de revogação, o qual deverá ser comunicado à repartição de finanças competente e aos demais serviços interessados.

2 – A revogação, que só produz efeitos para o futuro, determina, no entanto, a caducidade das expropriações e a extinção das servidões, efectuadas ou constituídas ao abrigo do regime da utilidade turística, bem como à liquidação e cobrança da sisa e do imposto de mais-valias que, porventura, sejam devidos pelos actos praticados, devendo, para o efeito, ser o contribuinte notificado pelo chefe de repartição de finanças para efectuar o pagamento da sisa ou apresentar a declaração modelo nº 3 do imposto de mais-valias, conforme o caso, no prazo de 30 dias, sob pena de levantamento de auto de notícia.

Nota:

O despacho de revogação só produz efeito após publicação em Diário da República, devendo o conselho directivo do I.T.P., I.P. proceder às comunicações necessárias (repartição de finanças competente e demais serviços, *v.g.*, câmaras municipais), de acordo com a conjugação do nº 1 do preceito com o art. 34º, nº 1, al. *g*)).

A revogação produz três níveis de efeitos, de acordo com o nº 2:

– *efeito prospectivo* (*ex nunc*), a qualificação turística é retirada, podendo, no entanto, ser novamente atribuída, desde que o empreendimento volte a preencher os necessários requisitos;

– *efeito imediato*, caducando as expropriações e extinguindo-se as servidões constituídas. Relativamente às expropriações, dispõe o art. 5º, nº 1, do Código das Expropriações, que assiste ao expropriado direito de reversão se os bens expropriados não forem aplicados ao fim que determinou a expropriação ou se tiver cessado a aplicação a esse fim. O direito de reversão tem lugar no caso específico de revogação da utilidade turística, atendendo aos casos aí enunciados (não afectação do bem expropriado aos fins da expropriação ou alteração do fim expropriativo). O direito de reversão "é um direito concedido por lei aos particulares expropriados de poderem recuperar a propriedade dos respectivos bens, quando lhes tenha sido dada outra utilidade ou destino que não o previsto na declaração de utilidade pública ou ainda se tiver cessado a aplicação a estes fins" (art. 74º, do Código das Expropriações). O expropriado pode renunciar ao direito de reversão, por renúncia expressa (art. 5º, nº 4, al. *c*), do Código das Expropriações). Pela Lei nº 56/2008, de 04.09., que procedeu à quarta alteração do Código das Expropriações, aprovado pela Lei nº 168/99, de 18 de Setembro, aditou-se o art. 76º-A, que enuncia no nº 1: "Autorizada a reversão, pode a entidade expropriante, ou quem ulteriormente haja adquirido o domínio do prédio, consoante o caso, e o interessado acordar quanto aos termos, condições e montante indemnizatório da reversão".

– *efeito retroactivo (ex tunc)*, extinguindo-se certos benefícios fiscais concedidos, sendo estes o imposto de sisa e o imposto de mais-valias. Também aqui a lei se encontra desactualizada. O imposto de sisa é agora denominado imposto municipal sobre transmissão onerosa de imóveis (IMTOI), nos termos do Decreto-Lei nº 287/2003, de 12.11 e o imposto de mais valias titula-se imposto sobre incrementos patrimoniais (desde a Lei nº 30-F/2000, de 19.11, que alterou o CIRC) . A recuperação por parte do Estado dos benefícios fiscais concedidos terá que ser articulada com o regime prescricional previsto na Lei Geral Tributária, aprovada pelo Decreto-Lei nº 398/98, de 17.12..

"O prazo prescricional é contado a partir do termo do ano em que se verificou o facto tributário (nº 1). A relação jurídica constitui-se com o facto (jurídico) tributário, e este nasce, por sua vez, da vinculação do sujeito ao cumprimento da prestação tributária (à sua qualidade de sujeito passivo), a partir do momento em que o imposto é, portanto, exigível. Havendo aplicação do benefício fiscal, a situação de sujeição tributária criada é suspensa, mas pode ser reactivada em qualquer momento com a extinção daquele (art. 12º, nº 1, do Estatuto dos Benefícios Fiscais). Concluindo, então, o prazo prescricional deverá ser contado a partir do momento em que haverá exigibilidade de pagamento do imposto (suspensa, em virtude da aplicação do benefício fiscal) e não a partir da extinção do benefício fiscal".

Jurisprudência:

I – O conhecimento de caducidade da declaração de utilidade pública, por via da acção, é da competência dos tribunais administrativos.

II – Cabe aos tribunais conhecer da excepção de caducidade arguida no processo de expropriação.

Ac. STJ, de 28.01.2003, CJ, Ano XXVIII, T. I, p. 60.

I – É condição do direito de reversão que o bem relativamente ao qual se pretende exercer aquele direito tenha entrado no património do expropriante por via de expropriação por utilidade pública.

II – Se o bem relativamente ao qual se pretende exercer aquele direito de reversão entrou no património do ente público, não em virtude de processo de expropriação, mas através de contrato de compra e venda de direito privado, não há lugar a reversão, mesmo que aquele contrato tenha sido celebrado por opção das partes, já depois de iniciado o processo de expropriação da área em que o prédio se situava.
Ac. TPleno, de 20.11.2001, CJA, nº 31, p. 57.

(...) IV – Cessam os efeitos da expropriação por utilidade pública quando cessar a sua causa, o fim de utilidade turística, sendo assim tal cessação ao mesmo tempo constitutiva do direito de reversão.
Ac. STA, de 23.06.1998, BMJ, 478, p. 122.

ARTIGO 16º
Benefícios fiscais

1 – As empresas proprietárias e ou exploradoras dos empreendimentos aos, quais tenha sido atribuída a utilidade turística gozarão, relativamente à propriedade e exploração dos mesmos, dos benefícios fiscais a seguir indicados, nos termos estabelecidos no presente diploma:
a) Isenção ou redução das taxas de contribuição predial relativamente aos rendimentos provenientes dos mesmos empreendimentos;
b) Isenção ou redução das taxas devidas, por licenças, aos governos civis e à Direcção-Geral dos Espectáculos;
c) Diminuição para metade dos prazos estabelecidos para as reintegrações e amortizações.
2 – O prazo de duração da isenção prevista no nº 1 deste artigo não poderá ultrapassar sete anos, contados da data da abertura ou reabertura ao público do empreendimento, sem prejuízo do estabelecido no artigo seguinte.
3 – As reduções previstas no nº 1 deste artigo poderão ir até 50% das respectivas taxas e o prazo da sua duração será no máximo de sete anos, salvo o disposto no artigo seguinte.
4 – Para os efeitos da alínea b) do nº 1, o despacho de atribuição da utilidade turística definirá, sob proposta da Comissão de Utilidade Turística, a medida e o prazo dos benefícios a conceder.
5 – Na definição dos benefícios atender-se-á, para além dos pressupostos previstos no artigo 4º, aos montantes de investimento e de capital próprio e à rentabilidade do empreendimento.

Nota:

Entende-se por benefícios fiscais "as medidas de carácter excepcional instituídas para tutela de interesses públicos extrafiscais relevantes que sejam superiores aos da própria tributação que impedem." (art. 2º, nº 1, do EBF, aprovado pelo Decreto-Lei nº 215/89, de 01.07)

Nenhum preceito demonstra tão gritantemente a desactualização do regime de utilidade turística. *V.g.*, a al. *a*) refere "contribuição predial", que passou a denominar-se contribuição autárquica e que hoje se titula "imposto municipal sobre imóveis" (IMI), após a alteração da tributação do património, aprovada pelo Decreto-Lei nº 287/2003, de 12.11.

ARTIGO 17º

Condições de atribuição de benefícios fiscais para a utilidade turística prévia

As empresas proprietárias e ou exploradoras dos empreendimentos a quem tenha sido atribuída a utilidade turística a título prévio beneficiarão também das isenções ou reduções previstas no nº 1 do artigo anterior desde a data da atribuição, se for observado o prazo fixado para a abertura ou reabertura ao público do empreendimento ou para o termo das obras.

ARTIGO 18º

Imposto de mais-valias e imposto do selo

As empresas a que se referem os artigos 16º e 17º deste diploma ficam ainda isentas do imposto de mais-valias e do imposto do selo devidos pelos aumentos de capital realizados por incorporação de reservas e ou por emissões de acções.

ARTIGO 19º

Revogado

ARTIGO 20º

Imposto de sisa e imposto sobre sucessões e doações

1 – São isentas de sisa e de imposto sobre sucessões e doações, sendo o imposto do selo reduzido a um quinto, as aquisições de prédios ou de fracções autónomas com destino à instalação de empreendimentos qualificados de utilidade turística, ainda que tal qualificação seja atribuída a título prévio, desde que esta se mantenha válida e seja observado o prazo fixado para a abertura ao público do empreendimento.

2 – A isenção e a redução estabelecidas no número anterior verificar-se-ão também na transmissão a favor da empresa exploradora, no caso de a proprietária ser uma sociedade de locação financeira e a transmissão se operar ao abrigo e nos termos do contrato de locação financeira que determinou a aquisição do empreendimento pela sociedade transmitente.

ARTIGO 21º

Prédios ou fracções autónomas subtraídos à exploração unitária

1 – Os benefícios fiscais resultantes da atribuição da utilidade turística cessam automaticamente, independentemente da sua revogação, relativamente a todo e qualquer elemento componente ou integrante do empreendimento, incluindo os prédios e fracções autónomas a que se refere o nº 1 do artigo 20º que sejam subtraídos à sua exploração unitária.

2 – Sempre que se verifique algum dos casos previstos no número anterior, a empresa exploradora do empreendimento é obrigada a participá-lo à Direcção-Geral do Turismo e à repartição de finanças competente, no prazo de oito dias, contado da data em que o mesmo lhe foi comunicado, sob pena de ser solidariamente responsável pelo pagamento dos impostos devidos pelo proprietário.

3 – No caso de o proprietário do elemento subtraído à exploração unitária do empreendimento ter gozado dos benefícios previstos no nº 1 do artigo 20º, esse facto implicará a liquidação da sisa e do imposto do selo que seriam devidos pela aquisição, observando-se o disposto na parte final do nº 2 do artigo 15º.

Nota:

V. anotação ao artigo 2º.

ARTIGO 22º

Isenção predial

1 – As empresas proprietárias e as explorações dos empreendimentos, referidos nas alíneas a) e c) do nº 1 do artigo 3º. gozarão da isenção prevista na alínea a) do nº 1 do artigo 16º pelo prazo de sete anos, contado da sua abertura ao público, e da redução a 50% das taxas nos 7 anos seguintes.

2 – No caso de ter sido atribuída àqueles empreendimentos a utilidade turística a título prévio, as empresas gozarão também das isenções previstas na alínea a) e b) do nº 1 do artigo 16º, nos termos fixados no artigo 17º.

ARTIGO 23º

Revogado.

ARTIGO 24º
Isenções de imposto e de taxas

1 – As empresas proprietárias e as exploradoras dos estabelecimentos novos, referidos na alínea b) do nº 1 do artigo 3º, gozarão das isenções previstas nas alíneas a) e b) do nº 1 do artigo 16º pelo prazo de três anos, contado da sua abertura ao público, e do benefício previsto na alínea c) do mesmo número nos três anos seguintes.
2 – É aplicável, neste caso, o disposto no nº 2 do artigo 22º.

ARTIGO 25º
Isenções de imposto e de taxas

As empresas proprietárias e as exploradoras dos empreendimentos novos, referidos na alínea d) do nº 1 do artigo 3º, gozarão das isenções previstas nas alíneas a) e b) do nº 1 do artigo 16º pelo prazo de três anos, contado da sua abertura ao público, e da redução a 50% das taxas dos mesmos impostos e taxas e do benefício previsto na alínea c) do mesmo número nos dois anos seguintes.

ARTIGO 26º
Isenções de imposto e de taxas

Os proprietários das casas afectas ao turismo de habitação gozarão das isenções previstas nas alíneas a) e b) do nº 1 do artigo 16º pelo prazo de três anos, contado do termo das respectivas obras.

ARTIGO 27º
Limite dos benefícios

Nos casos previstos nas alíneas b) e c) do nº 1 do artigo 5º, os benefícios a atribuir às respectivas empresas proprietárias e às exploradoras nunca poderão ser superiores aos fixados no caso dos empreendimentos novos.

ARTIGO 28º
Expropriação por utilidade pública

1 – E admitida a expropriação por utilidade pública, nos termos da legislação aplicável, dos bens imóveis e direito a eles relativos necessários à construção, ampliação ou beneficiação de empreendimentos a que tenha sido atribuída a utilidade turística a título prévio ou à amplia-

ção, adaptação ou renovação de empreendimentos existentes com a utilidade turística atribuída a título definitivo.

2 – O requerimento para declaração de utilidade pública deverá ser instruído, para além dos demais documentos legalmente exigidos, com a parecer favorável dos serviços de turismo.

Nota:

Ensinava MARCELO CAETANO ("Manual de Direito Administrativo", vol. II, Almedina, 10ª ed., p. 1024) que utilidade turística é o "acto administrativo pelo qual se reconhece que determinados bens são necessários à realização de um fim de utilidade pública mais importante do que o destino a que estão afectados".

Jurisprudência:

1. *I – O valor corrente e real de um terreno deve ser determinado em função da sua afectação possível numa utilização económica natural sendo tal afectação aquela que efectivamente tem, ou aquela que pode ter, não como mera possibilidade abstracta mas concreta, em face das condições e circunstâncias existentes à data da declaração por utilidade pública.*

II – Só quando os terrenos expropriados envolvam uma muito próxima ou efectiva potencialidade edificativa é que se impõe, constitucionalmente, que na determinação do valor do terreno expropriado se considere o ius aedificandi *entre os factores de valorização.*

III – A aplicação do critério por método do «rendimento fundiário» tem carácter supletivo ou seja, só deverá ser tida em consideração caso se demonstre não ter sido possível, no caso concreto, fazer a aplicação do critério fiscal referenciado no nº 1 do art. 27º do Cód. das Exp.

IV – É redutor e ilegal um critério que se funde apenas no valor que é possível obter com a actividade agrícola, fazendo parte dos factos necessários para a decisão, a determinação do valor corrente do mercado (critério fiscal) quanto a solos para outros fins.

(Ac. RE, de 18.05.2006, CJ, Ano XXXI, T. III, p. 244.

2. *I – Incumbe ao recorrente que alega erro nos pressupostos de facto demonstrar a desconformidade entre a realidade e a ideia que sobre ela a Administração formou para decidir o que decidiu.*

II – O interesse público causal da expropriação não tem necessariamente de ser prosseguido por entidades públicas, podendo ser beneficiários da expropriação por utilidade pública entidades de direito privado que prossigam interesses considerados como interesses públicos (art. 11º/2, do CE91, aprovado pelo DL 438/91, de 9 de Novembro). É o que sucede com os empreendimentos declarados de utilidade turística (art. 28º do DL 423/83, de 5 de Dezembro).

III – A expropriação tem de ser necessária não apenas no aspecto objectivo (o mínimo de sacrifício) mas também nos aspecto modal (o mínimo de imposição). O recurso dos poderes expropriativos tem de revelar-se necessário de per si, só podendo ter lugar depois de esgotada a possibilidade de aquisição pela via do direito privado (art. 2º do CE91).

IV – Cumpre este requisito o requerente da expropriação, proprietário da fracção arrendada, que dirige ao arrendatário expropriado uma proposta de indemnização pela extinção do direito de arrendamento, elaborada nos termos do nº 3 do art. 2º do CE91, não obstante estar pendente acção nos tribunais judiciais tendente a obter a desocupação temporária do local arrendado para a realização de obras diversas daquelas que servem de pressuposto à declaração de utilidade pública.

Ac. STA, de 18.06.2001, AASTA, Ano IV, nº 2, Jan.-Março, p. 115.

3. *I – O* «jus aedificando» *não se apresenta à luz da CRP como parte integrante do direito fundamental de propriedade, devendo antes configurar-se como concessão jurídico-pública resultante dos planos urbanísticos ou do que a lei disser.*

II – As restrições ao direito de construir não confrontam o art. 62º, nº 1, da CRP, estando em conformidade com o art. 1305º do Código Civil.

III – Nas chamadas «expropriações de sacrifício» e nas situações decorrentes de disposições dos planos urbanísticos que provoquem danos na esfera jurídica dos particulares, lesando as suas posições subjectivas, poderá colocar-se a questão de responsabilidade civil da Administração, por actos lícitos, nos termos do art. 9º do DL 48.051 de 27.11.67.

IV – Não tem relevância invalidante a não realização da audiência a que se reportam os arts. 100º e segs. do CPA se o acto foi praticado no exercício de poderes vinculados e o tribunal, no exercício dos seus poderes de cognição puder afirmar que o acto não poderia ter outro conteúdo decisório, se tais formalidades tivessem sido cumpridas.

Ac. STA, de 01.02.2001, AASTA, Ano IV, nº 2, Jan.-Março, 2001, p. 126.

4. *I – A expropriação é um modo de resolver o conflito entre o interesse privado e o interesse público, relativamente a um bem, que se resolve pela prevalência do último em relação ao primeiro, relativamente a um bem, sub-rogando-se o crédito indemnizatório legalmente ao bem no património do expropriado, sendo aquele transferido ulteriormente para o património do expropriante, onde fica permanentemente afecto à satisfação do interesse público.*

II – A expropriação, por natureza, representa sempre a violação do princípio da igualdade, porquanto representa um sacrifício especial do expropriado perante os encargos públicos, de tal modo que a perda patrimonial que lhe foi imposta deve ser equitativamente repartida entre todos os cidadãos.

III – Assim sendo, é o princípio da igualdade que exige que a indemnização seja um elemento integrante do conceito de expropriação, a tal ponto da lei exigir que essa indemnização seja justa (arts. 1º e 22º do CE, aprovado pelo DL nº 438/91, de 09 de Novembro.

IV – A indemnização, para ser justa, deve respeitar precisamente o princípio da igualdade de encargos, tanto na relação interna como na relação externa da expropriação.

V – O princípio da proporcionalidade impõe que a expropriação se contenha dentro dos limites imprescindíveis à realização do fim de utilidade pública. (...)

Ac. STA, de 18.01.2001, AASTA, Ano IV, nº 2, Jan.-Março, p. 109.

O Código das Expropriações, aprovado pela Lei nº 168/99, de 18.09, permite que "Os bens imóveis e direitos a eles inerentes podem ser expropriados por causa de utilidade pública, compreendida nas atribuições, fins ou objecto da entidade expropriante, mediante o pagamento contemporâneo de uma justa indemnização" (art. 1º).

Sendo a expropriação, segundo MARCELO CAETANDO *(ibidem)* a "relação jurídica pela qual o Estado, considerando a conveniência de utilizar determinados bens imóveis em fim específico de utilidade pública, extingue os direitos subjectivos constituídos sobre eles e determina a sua transferência definitiva para o património da pessoa a cujo cargo esteja a prossecução desse fim, cabendo a esta pagar ao titular dos direitos extintos uma indemnização compensatória".

O art. 62º, nº 2, da CRP, prevê a possibilidade da declaração expropriativa "com base na lei e mediante o pagamento de justa indemnização".

Jurisprudência:

1. *(...) II – O interesse público causal da expropriação não tem necessariamente de ser prosseguido por entidades públicas, podendo ser beneficiários da expropriação por utilidade pública entidade de direito privado que prossigam interesses considerados por lei, ou sob sua habilitação, coincidentes com interesses públicos (art. 11º/2 do CE91, aprovado pelo DL 438/91, de 9 de Novembro). É o que sucede com os empreendimentos declarados de utilidade turística (art. 28º do Dl 423/83, de 5 de Dezembro).*

III – A expropriação tem de ser necessária não apenas no aspecto objectivo: (o mínimo de sacrifício) mas também no aspecto modal: (o mínimo de imposição). O recurso aos poderes expropriativos tem de revelar-se necessário de per si, só podendo ter lugar depois de esgotada a possibilidade de aquisição pela via do direito privado (art. 2º do CE91).

IV – Cumpre este requisito o requerente da expropriação, proprietário da fracção arrendada, que dirige ao arrendatário expropriado uma proposta de indemnização pela extinção do direito de arrendamento, elaborada nos termos do nº 3 do art. 2º do CE91, não obstante estar pendente acção nos tribunais judiciais tendente a obter a desocupação temporária do local arrendado para a realização de obras diversas daquelas que servem de pressuposto à declaração de utilidade pública.

Ac. STA, de 18.01.2001, AASTA, Ano IV, nº 2, Jan.-Março, p. 115

2. *I – A indemnização a atribuir ao expropriado deve corresponder, tendencialmente, ao valor do mercado do bem, que, contudo, não é confundível com o peso que possa estabelecer-se num contrato de compra e venda que o tenha por objecto.*

II – Não deve ser avaliado como acto para construção o solo que, situado fora do aglomerado urbano, à data da declaração de utilidade pública da expropriação, estava destinado à exploração agrícola de vinho de qualidade e não tinha qualquer aptidão construtiva a curto prazo.

III – A Relação, se a entidade expropriante apenas tiver apelado da sentença do tribunal da comarca, não pode fixar por via do provimento do recurso, uma indemnização inferior à do acordão arbitral.

Ac. RC, de 11.05.1999, BMJ, nº 487, p. 371.

ARTIGO 29º
Constituição de servidões

1 – Poderá ser declarada de utilidade pública, nos termos da legislação aplicável, a constituição de servidões sobre prédios vizinhos daqueles onde está ou será implantado o empreendimento, desde que tais servidões se mostrem estritamente indispensáveis à adequada exploração de empreendimentos a que tenha atribuída, prévia ou definitivamente, a utilidade turística.

2 – O requerimento para declaração de utilidade pública deverá ser instruído, para além dos demais documentos legalmente exigidos, com os seguintes elementos:

a) Documento comprovativo de que o respectivo empreendimento beneficia de utilidade turística;

b) Memória justificativa da necessidade das servidões pretendidas, acompanhada, se necessário, das representações gráficas ou fotográficas adequadas;

c) Parecer da Direcção-Geral do Turismo relativamente à indispensabilidade de tais servidões à adequada exploração do respectivo empreendimento;

d) Documento passado pela Direcção-Geral do Turismo, no caso de haver obras a executar relacionadas com a servidão pretendida, de que o projecto ou anteprojecto dessas obras se encontra legalmente aprovado e de que tais obras interessam ao empreendimento.

Nota:

Além da realização de expropriações, poderá ser declarada de utilidade turística a constituição de servidões "sobre prédios vizinhos daqueles onde está ou será implantado o empreendimento". As servidões são permitidas quando "se mostrem estritamente indispensáveis à adequada exploração de empreendimentos a que tenha sido atribuída, prévia ou definitivamente, a utilidade turística" (nº 1, do preceito em anotação).

O Código Civil define as servidões (prediais) como o "encargo imposto num prédio em proveito exclusivo de outro prédio pertencente a dono diferente; diz-se serviente o prédio sujeito à servidão e dominante o que dela beneficia" (art. 1543º). As servidões mais oportunas no caso da utilidade turística são as de vistas (art. 1362º, do CC), e de passagem (art. 1150º, CC).

São quatro as *notas* destacadas no conceito legal, segundo Pires de Lima e Antunes Varela (*op. cit.*, p. 613):

"*a*) a servidão é um *encargo*;

b) o encargo recai sobre *um prédio*;

c) e *aproveita* exclusivamente *a outro prédio*;

d) devendo os prédios *pertencer a donos diferentes*."

Jurisprudência:

I – Constituída servidão de vistas através de janelas é possível manter-se a mesma no caso de demolição e reconstrução do imóvel onde se encontra constituída.

II – As janelas terão, porém, de manter a mesma localização e conservar idênticas dimensões.

III – É ao autor titular da servidão que quer ver reconhecida que incumbe o ónus da prova que as novas janelas, no imóvel reconstruído, mantêm a localização e as dimensões das anteriores.

Ac. RC, de 29.02.2000, BMJ, 494, p. 406.

ARTIGO 30º
Caducidade para efeitos de expropriação ou de constituição de servidões

A declaração de utilidade pública para efeitos de expropriação ou de constituição de servidões, fundamentada na utilidade turística atribuída a título prévio, caduca no caso de não se verificar a respectiva confirmação.

ARTIGO 31º
Substituição da empresa proprietária ou exploradora

1 – No caso de se verificar a substituição da empresa proprietária ou exploradora do empreendimento a quem tinha sido atribuída a utilidade turística, deve a mesma ser comunicada à Direcção-Geral do Turismo, no prazo de dois meses, a contar da verificação de tal facto, sob pena de o novo titular não poder prevalecer-se dos efeitos da atribuição da utilidade turística.

2 – A comunicação deve ser acompanhada dos documentos comprovativos da alteração verificada.

3 – A Direcção-Geral do Turismo deverá comunicar tais alterações à repartição de finanças competente e demais serviços interessados.

ARTIGO 32º

Legitimidade para requerer a atribuição de utilidade turística

1 – A atribuição da utilidade turística poderá ser requerida pela empresa proprietária do empreendimento e ou pela empresa exploradora.

2 – O requerimento será apresentado na Direcção-Geral do Turismo e será instruído com os elementos que forem fixados por despacho do membro do Governo com tutela sobre o turismo.

3 – A Comissão de Utilidade Turística poderá sempre solicitar aos interessados quaisquer outros elementos que considere necessários para a correcta apreciação do pedido e fundamentação do seu parecer.

Nota:

V. nota ao art. 1º e ao art. 4º.

ARTIGO 33º

Comissão de Utilidade Turística

1 – É criada na Direcção-Geral do Turismo a Comissão de Utilidade Turística, constituída por três elementos designados pelo membro do Governo com tutela sobre o turismo.

2 – A comissão funcionará na dependência directa do director-geral e será apoiada pelos serviços da Direcção-Geral.

3 – A participação na comissão referida no nº 1 é acumulável com quaisquer outras funções públicas.

Nota:

V. anotação ao artigo 2º.

ARTIGO 34º

Competências da Comissão de Utilidade Turística

1 – Compete à Comissão de Utilidade Turística:

a) Organizar os processos relativos à utilidade turística e apresentá-los ao director-geral do Turismo para despacho;

b) Dar parecer sobre as questões suscitadas nos processos relativos à utilidade turística;

c) Propor a instituição de pressupostos específicos a ter em conta na apreciação da atribuição da utilidade turística aos diversos empreendimentos;

d) Propor o estabelecimento de condicionamentos ou requisitos genéricos a observar nos empreendimentos a que for atribuída a utilidade turística, designadamente quanto ao seu funcionamento;

e) Propor os elementos que devem instruir os pedidos de atribuição da utilidade turística;

f) Verificar e fazer verificar o cumprimento dos prazos e, bem assim, dos condicionamentos ou requisitos fixados nos despachos de atribuição da utilidade turística;

g) Fazer publicar, a expensas dos interessados, os despachos relativos à utilidade turística, bem como realizar as comunicações a ele respeitantes, nos termos estabelecidos no presente diploma;

h) Enviar aos serviços de registo competentes os elementos respeitantes à atribuição ou revogação da utilidade turística;

1) Notificar a empresa proprietária ou exploradora do empreendimento das obras a realizar para colmatar as faltas verificadas.

2 – No exercício da competência que lhe é atribuída nos termos do número anterior, a Comissão de Utilidade Turística poderá solicitar aos serviços de inspecção da Direcção-Geral do Turismo a realização de inspecções ou vistorias aos empreendimentos que julgue necessárias.

Nota:

V. anotação ao art. 1º.

ARTIGO 35º
Disposições transitórias

O disposto no presente diploma sobre os benefícios fiscais emergentes da atribuição da utilidade turística não é aplicável aos empreendimentos declarados de utilidade turística definitiva ao abrigo da legislação anterior, que continuarão a regular-se por ela.

ARTIGO 36º
Legislação revogada

São revogados a Lei nº 2073, de 23 de Dezembro de 1954, a Lei nº 2081, de 4 de Junho de 1956, o artigo 24º do Decreto-Lei nº 588/70, de 27 de Novembro, o artigo 16º do Decreto Regulamentar nº 38/80, de 19 de Agosto, e o artigo 38º do Decreto-Lei nº 74/71, de 17 de Março, sem prejuízo do disposto no artigo anterior.

Regime Jurídico do Direito Real de Habitação Periódica

DECRETO-LEI Nº 275/93, DE 05 DE AGOSTO[20-21]

CAPÍTULO I
DO DIREITO REAL DE HABITAÇÃO PERIÓDICA
SECÇÃO I
DISPOSIÇÕES GERAIS

ARTIGO 1º
Direito real de habitação periódica
Sobre as unidades de alojamento integradas em hotéis-apartamentos, aldeamentos turísticos e apartamentos turísticos podem constituir-se direitos reais de habitação periódica limitados a um período certo de tempo de cada ano.

Nota:
O regime de direito real de habitação periódica (*time-sharing*) em vigor, foi, pela primeira vez, alterado pelo Decreto-Lei nº 180/99, de 22.05, tendo em vista a transposição da Directiva 94/47/CE, de 26.10, relativa à protecção dos adquirentes quanto a certos aspectos dos contratos de aquisição de um direito de utilização a tempo parcial de bens imóveis. Aparentemente, esse intuito transpositivo não foi totalmente eficaz, pelo que na segunda alteração do regime, realizada pelo Decreto-Lei nº 22/2002, de 31.01, se lê no respectivo preâmbulo que "a Comissão Europeia considera não ter sido transposta na íntegra aquela directiva comunitária para a legislação nacional", razão de nova alteração. Mais tarde, este é alterado pelo Decreto-Lei nº 37/2011, de 10.03.

O direito é conferido apenas aos empreendimentos turísticos legalmente previstos: hotéis-apartamentos, pertencentes aos estabelecimentos hoteleiros, aldeamentos turís-

[20] Segundo a redacção introduzida pelo Decreto-Lei nº 180/99, de 22.05, que alterou os artigos 1º a 24º, 28º, 30º, 31º, 43º, 45º a 49º, 52º, 53º, 54º a 57º e 60º; e pelo Decreto-Lei nº 22/2002 de 31.01. que alterou os arts. 4º, 11º, 15º, 16º, 17º, 46º, 47º, 48º, 54º e 60º e pelo Decreto-Lei nº 76-A/2006, de 29.03, que alterou o art. 48º e pelo Decreto-Lei nº 37/2011, de 10.03.
[21] Optou-se por retirar o preâmbulo do Decreto-Lei nº 275/93, de 05.08, face às incompatibilidades de regime, que o Decreto-Lei nº 180/99 originou.

ticos e apartamentos turísticos conforme a tipologia prevista no Decreto-Lei nº 39/2008, de 07.03. Os conjuntos turísticos deixaram de ser contemplados para efeito de constituição de direito real de habitação turística, pensa-se que, por dificuldade de gestão. Constata-se, assim, que a lei quis respeitar os empreendimentos de maior dimensão para preservar a exploração em regime turístico de, pelo menos, 30% das unidades de alojamento (art. 4º, nº 1, al. *b*)). Esse limite de afectação visa assegurar a manutenção a tempo inteiro do empreendimento turístico, atenuando os efeitos de uma exploração sazonal (o art. 3º, nº 5, estabelece um período de tempo de sete dias seguidos por ano por cada unidade de alojamento para realização de reparações, conservação, limpeza e outros fins).

O direito real de habitação periódica constitui um direito real de gozo, embora "um direito real menor" (Oliveira Ascensão, "Direito Civil. Reais", 5ª ed., Coimbra Ed., 2000, p. 514).

Os direitos reais são direitos absolutos e de exclusão que afectam a generalidade das pessoas (efeito *erga omnes*), vinculadas à sua não perturbação (a chamada obrigação passiva universal). Característicos deste princípio são os princípios da prevalência ou preferência, que consiste na faculdade atribuída ao direito de se sobrepor a todos os outros direitos incompatíveis posteriormente constituídos e da sequela ou persecução, que confere ao particular o direito de perseguir e reivindicar a coisa, onde quer que esta se encontre.

Os direitos reais de gozo conferem ao respectivo titular um poder de utilização, total ou parcial, de um bem cuja titularidade não lhe pertence, são considerados *iure in re aliena* (direitos sobre coisa alheia). Dentro da previsão civil, encontram-se os seguintes direitos reais de gozo: usufruto (art. 1439º, do CC), uso e habitação (art. 1484º, do CC), direito de superfície (art. 1523º, do CC) e servidões prediais (art. 1543º, do CC).

O direito de uso e habitação, previsto no nº 1, do art. 1484º, do Código Civil define-se como "a faculdade de (alguém) se servir de certa coisa alheia e haver os respectivos frutos, na medida das necessidades, quer do titular, quer da sua família". Quando este direito se refere a casas de morada, chama-se direito de habitação (nº 2).

O direito de habitação aproxima-se do direito real de habitação periódica, quando permite o gozo de uma coisa (habitação no caso de direito de habitação; unidade de alojamento, no caso de direito real de habitação periódica) que não pertence ao titular do direito, mas a outrem (proprietário da casa de morada, no direito de habitação; proprietário do empreendimento turístico, no caso do direito real de habitação periódica).

Há, no entanto, divergências assinaláveis, conforme explica Isabel Pereira Mendes ("Direito Real de Habitação Periódica", Coimbra, Almedina, 1993, p. 21):

"1º – O direito de habitação regulado pelo Código Civil proporciona o gozo permanente e contínuo da coisa (art. 1484º do C. Civil), enquanto o direito de habitação periódica só proporciona o gozo da coisa durante um certo período fixo do ano.

2º – O direito de habitação regulado pelo Código Civil extingue-se por morte do morador-usuário (arts. 1485º e 1476º, nº 1, al. a), enquanto o direito real de habitação periódica é transmissível por via hereditária (...).

O direito de habitação regulado pelo Código Civil é um direito «*intuitu personae*» (arts. 1484º, 1486º e 1487º), mas o direito real de habitação periódica não tem essa característica", exemplificando a Autora com a transmissibilidade e oneração do direito (art. 12º, nº 1), bem como com a cedência do seu uso (art. 21º, nº 1, al. *d*)).

Quanto aos encargos com a conservação e administração da coisa, e ao pagamento das contribuições e impostos devidos e outros que no regime do direito de habitação são suportados pelo usuário (arts. 1472º, 1474º e 1490º, todos do CC), no direito real de habitação periódica, correm por conta do proprietário/explorador do empreendimento, mediante o pagamento por parte do titular do direito de um valor que se destina a cobrir esses encargos, a denominada prestação periódica (art. 22º do regime do direito real de habitação periódica).

Jurisprudência:

I – O direito de habitação periódica é um direito real menor, oponível «erga omnes», susceptível de transmissão hereditária, facilmente negociável, com isenção de sisa, cujo regime não carece de ser complementado por convenções ou cláusulas de natureza negocial e é titulado por um certificado predial, transmissível ou onerável por simples endosso ou averbamento.

II – Para haver erro essencial era necessário que a vendedora soubesse ou não devesse ignorar que a outra parte considerava factor essencial que as semanas adquiridas em DRHP respeitassem a um apartamento de um aparthotel turístico classificado de 5 estrelas.

III – Para haver dolo exigem-se os seguintes requisitos: – que o declarante esteja em erro; que o erro tenha sido causado pelo declaratário; que o declaratário haja recorrido a qualquer artifício, sugestão ou embuste.

IV – As Rés usaram artifício (através de publicidade enganosa) – expediente e omissão – para enganarem e manterem no engano os Autores de que as semanas que haviam adquirido em DRHP respeitavam a um apartamento de um aparthotel turístico classificado de 5 estrelas.

V – A confirmação tácita da anulabilidade de um negócio pressupõe, por parte do confirmante, o conhecimento do vício que o fundamenta e do direito de anulação, agindo com «animus confirmandi».

Ac. RL, de 08.02.2001, CJ, Ano XXVI, T. I, p. 117.

ARTIGO 2º
Outros direitos reais

1 – O proprietário das unidades de alojamento sujeitas ao regime de direitos reais de habitação periódica não pode constituir outros direitos reais sobre as mesmas.

2 – O disposto no número anterior não impede que, quando necessário, a constituição do direito real de habitação periódica seja precedida da sujeição do edifício, grupo de edifícios ou conjunto imobiliário ao regime da propriedade horizontal.

Nota:

Mantém-se o princípio de exclusividade de oneração por direito real de habitação periódica, que está também contemplado no art. 15º, nº 1, al. *b*) e no art. 19º, nº 3, al. *b*).

ARTIGO 3º
Duração

1 – O direito real de habitação periódica é, na falta de indicação em contrário, perpétuo, podendo ser-lhe fixado um limite de duração, não inferior a um ano a contar:
a) Da data da sua constituição; ou
b) Da data da respectiva abertura ao público, quando o empreendimento estiver ainda em construção.
2 – O direito real de habitação periódica é limitado a um período de tempo determinado ou determinável em cada ano.
3 – Sem prejuízo do disposto no número anterior, os períodos de tempo devem ter todos a mesma duração.
4 – O último período de tempo de cada ano pode terminar no ano civil subsequente ao do seu início.
5 – O proprietário das unidades de alojamento previstas no artigo 1º deve reservar, para reparações, conservação, limpeza e outros fins comuns ao empreendimento, um período de tempo de sete dias seguidos por ano para cada unidade de alojamento.

Nota:

Em princípio, o direito real é perpétuo, podendo, contudo, ser limitado a um ano de duração (nº 1).

O tempo de partilha do direito real de habitação periódica varia entre o mínimo de 7 dias seguidos e o máximo de 30 (nº 2), de duração igual (nº 3).

ARTIGO 4º
Condições de exploração do empreendimento no regime de direito real de habitação periódica

1 – A exploração de um empreendimento no regime do direito real de habitação periódica requer que:

a) As unidades de alojamento, além de serem independentes, sejam distintas e isoladas entre si, com saída própria para uma parte comum do empreendimento ou para a via pública;
b) Sobre pelo menos 30% das unidades de alojamento afectas à exploração turística, não sejam constituídos direitos reais de habitação periódica ou direitos de habitação turística, mantendo-se a exploração turística integrada da totalidade do empreendimento;
c) O empreendimento turístico onde se situem as unidades de alojamento sujeitas ao regime de direitos reais de habitação periódica deve abranger a totalidade de um ou mais imóveis, excepto no caso dos hotéis-apartamentos e dos apartamentos turísticos, em que apenas têm de ocupar a maioria das unidades de alojamento de ou mais edifícios, no mínimo de 10, que formem um conjunto urbanístico coerente;
d) As unidades de alojamento dos hotéis-apartamentos e dos apartamentos turísticos devem ser contíguas e funcionalmente independentes;
e) As unidades de alojamento referidas na alínea c) devem ter um único proprietário e, quando o prédio estiver submetido ao regime da propriedade horizontal, o respectivo título constitutivo deve garantir a utilização das instalações e equipamentos de uso comum por parte dos titulares de direitos reais de habitação periódica;
f) O proprietário das unidades de alojamento referidas na alínea c) pode ser um estabelecimento individual de responsabilidade limitada, uma cooperativa ou uma sociedade comercial;
g) Quando exista cessão de exploração do empreendimento turístico, haja um único cessionário que preencha os requisitos previstos na alínea anterior.
2 – A percentagem prevista na alínea b) do número anterior pode ser alterada por decisão dos membros do Governo responsáveis pelas áreas do ordenamento do território e do turismo, sob proposta do director-geral do Turismo, quando, cumulativamente, estiverem reunidos os seguintes requisitos:
a) As entidades exploradoras garantirem contratualmente a manutenção da exploração turística de todas as unidades de alojamento afectas a essa exploração, das instalações e equipamentos de uso comum e das instalações e equipamentos de exploração turística durante o período de duração dos respectivos contratos;
b) A construção dos empreendimentos turísticos onde forem constituídos direitos reais de habitação periódica contribuir de forma decisiva para o desenvolvimento e modernização do sector na região em que se localizam, através do aumento da competitividade e do reordenamento e diversificação da oferta e, nas regiões menos desenvolvidas turisticamente, através da criação de oferta turística viável que permita potenciar o desenvolvimento económico regional;
c) A construção dos empreendimentos turísticos onde forem constituídos direitos reais de habitação periódica produzir um impacte significativo, ao nível regional, na criação de emprego ou na requalificação do sector;

d) Os empreendimentos turísticos onde forem constituídos direitos reais de habitação periódica tiverem uma classificação de 5 estrelas.

3 – As entidades referidas nas alíneas f) e g) o nº 1 devem ter uma situação líquida correspondente a 25% do activo total líquido.

4 – Se a execução do empreendimento estiver prevista por fases, o disposto na alínea b) do nº 1 aplica-se a cada uma das fases.

5 – As unidades de alojamento dos empreendimentos turísticos previstos no artigo 1º não se consideram retiradas da exploração de serviços de alojamento turístico pelo facto de se encontrarem sujeitas ao regime do direito real de habitação periódica.

Nota:

Perante a reestruturação da Administração Central do Estado, realizada pelo Decreto-Lei nº 141/2007, de 27.04, as competências do director-geral do Turismo são agora assumidas pelo presidente do I.T.P., I.P. (art. 8º, nº 2, al. *i*), do diploma citado).

SECÇÃO II
CONSTITUIÇÃO

ARTIGO 5º
Declaração de comunicação prévia

1 – A constituição de direitos reais de habitação periódica está sujeita a comunicação prévia com prazo, conforme definida pela alínea a) do nº 2 do artigo 8º do Decreto-Lei nº 92/2010, de 26 de Julho, ao Turismo de Portugal, I. P.

2 – O proprietário das unidades de alojamento a submeter ao regime de direitos reais de habitação periódica deve apresentar, por via informática, ao Turismo de Portugal, I. P., nos termos previstos no artigo 62º, a declaração de comunicação prévia com prazo acompanhada dos seguintes elementos:

a) A identificação do ou dos proprietários do empreendimento turístico;

b) A identificação do proprietário das unidades de alojamento sujeitas ao regime de direitos reais de habitação periódica;

c) A identificação do empreendimento, com menção do número da descrição do prédio ou prédios no registo predial e indicação da sua localização;

d) Classificação provisória atribuída ao empreendimento turístico, se este ainda não estiver em funcionamento, ou a classificação definitiva, se já tiverem decorrido dois meses sobre a sua abertura ao público;

e) A escritura de constituição da propriedade horizontal que garanta a utilização das instalações e equipamentos de uso comum por parte dos titulares de direitos reais de habitação periódica, nos termos previstos na alínea e) do nº 1 do artigo anterior;

f) No caso de o empreendimento se encontrar ainda em construção, a licença de construção emitida pela câmara municipal competente;

g) A indicação dos ónus ou encargos existentes;

h) A data prevista para a abertura ao público do empreendimento;

i) A descrição e designação das unidades de alojamento sobre as quais se pretende constituir direitos reais de habitação periódica, com observância, quanto à primeira, do disposto nos nºs 2 e 3 do artigo 83º do Código do Registo Predial;

j) O número de unidades de alojamento referidas na alínea anterior e a percentagem que representam do total do empreendimento turístico;

l) A enumeração das instalações e equipamentos de uso comum e de exploração turística, bem como dos equipamentos de animação, desportivos e de recreio do empreendimento;

m) O número total dos direitos reais de habitação periódica a constituir e o limite de duração dos mesmos;

n) O valor relativo de cada direito real de habitação periódica, de acordo com uma unidade padrão;

o) O critério de fixação e actualização da prestação periódica devida pelos titulares e a percentagem desta que se destina a remunerar a gestão;

p) O início e o termo de cada período de tempo dos direitos;

q) Os poderes dos respectivos titulares, designadamente sobre as partes do empreendimento que sejam de uso comum;

r) Os deveres dos titulares, designadamente os relacionados com o exercício do seu direito, e com o tempo, o lugar e a forma de pagamento da prestação periódica;

s) Os poderes e deveres do proprietário do empreendimento, nomeadamente em matéria de equipamento e mobiliário das unidades de alojamento e a sua substituição, de reparações ordinárias e extraordinárias, de conservação e limpeza e os demais serviços disponibilizados;

t) A capacidade máxima de cada uma das unidades de alojamento.

3 – Se for detectada a falta ou desconformidade de algum dos elementos ou documentos referidos no número anterior, o Turismo de Portugal, I. P., dispõe de um prazo de 10 dias a contar da apresentação da comunicação prévia para solicitar ao proprietário que, no prazo de 10 dias, envie os elementos ou documentos em falta, ficando suspenso o prazo a que se refere o nº 5 até que o processo se encontre devidamente instruído.

4 – O processo só se encontra devidamente instruído na data da recepção do último dos elementos em falta.

5 – Caso o Turismo de Portugal, I. P., não se pronuncie no prazo de 30 dias a contar da apresentação da comunicação prévia, o proprietário das unidades pode promover a constituição dos direitos reais de habitação periódica nos termos e nas condições constantes da declaração de comunicação prévia.

Nota:

Com a alteração de 2011, basta a comunicação ao Turismo de Portugal, I.P. para que se procede à constituição do título (nº 1).

Cabe ao promotor turístico proceder à demonstração instrutória do indicado no nº 2.

ARTIGO 6º
Constituição do direito real de habitação periódica

1 – Salvo o disposto em lei especial, o direito real de habitação periódica é constituído por escritura pública ou por documento particular autenticado.

2 – O acto de constituição de direito real de habitação periódica é instruído com cópia da certidão referida no nº 3 do artigo anterior, devendo nele ser mencionado que o conteúdo daquela certidão faz parte integrante do título.

Nota:

O direito real de habitação turística é constituído por escritura pública ou por documento particular autenticado (nº 1), e é transmitido e onerado por mera declaração das partes no certificado predial (art. 12º, nº 1).

Há que "distinguir dois planos: o da instituição do regime de exploração de um empreendimento turístico mediante a constituição de direitos reais de habitação periódica e da correspondente situação jurídica do proprietário, e o dos direitos parcelares de habitação periódica adquiridos pelos utentes. Naquele, a questão deve ser vista, sobretudo, em função da constituição do direito. Nestes, interessa principalmente analisar a sua aquisição, transmissão e perda". (Carvalho Fernandes, "Lições de Direitos Reais", 3ª ed., 2001, *Quid Iuris*, p. 463).

ARTIGO 7º
Modificação do título de constituição do direito real de habitação periódica

1 – Salvo o disposto em lei especial, o título de constituição do direito real de habitação periódica pode ser modificado por escritura pública ou por documento particular autenticado, havendo acordo dos titulares de direitos reais de habitação periódica cuja posição seja afectada.

2 – A aprovação da modificação pode ser judicialmente suprida, em caso de recusa injustificada.
3 – À modificação do título de constituição do direito real de habitação periódica é aplicável, com as necessárias adaptações, o disposto nos artigos anteriores.

Nota:
A modificação do contrato de constituição é realizada por escritura pública, havendo acordo (nº 1), havendo recusa injustificada a modificação pode ser judicialmente suprida (nº 2).

ARTIGO 8º
Registo
1 – O título de constituição do direito real de habitação periódica está sujeito a inscrição no registo predial.
2 – Só pode ser objecto de direito real de habitação periódica o edifício, grupo de edifícios ou conjunto imobiliário objecto de uma única descrição no registo predial.
3 – Se a execução do empreendimento turístico tiver sido prevista por fases, o registo de constituição dos direitos reais de habitação periódica respeitantes a cada fase será feito por averbamento à respectiva descrição.

ARTIGO 9º
Formulário normalizado de informação pré-contratual
1 – Antes de o consumidor ficar vinculado pelo contrato ou por contrato-promessa, o proprietário ou o vendedor de direitos reais de habitação periódica deve entregar de forma gratuita, em papel ou através de suporte duradouro facilmente acessível ao consumidor, informações exactas que, de uma forma clara, precisa e compreensível, descrevam o empreendimento turístico, bem como os direitos e as obrigações decorrentes do contrato.
2 – As informações mencionadas no número anterior constam de formulário normalizado de informação pré-contratual e incluem designada e obrigatoriamente os seguintes elementos:
a) A identidade, o domicílio e a indicação exacta da qualidade jurídica do vendedor no momento da celebração do contrato, bem como a identidade e o domicílio do proprietário das unidades de alojamento sujeitas ao regime de direito real de habitação periódica;
b) A identificação do empreendimento turístico, com menção do número da descrição do prédio ou prédios no registo predial e indicação da sua localização, com referência ao tipo e à classificação do mesmo e código de acesso à certidão permanente do registo predial;

c) A natureza exacta e especificação do conteúdo do direito objecto do contrato;
d) A indicação exacta do período durante o qual o direito pode ser exercido, incluindo a data a partir do qual pode ser exercido;
e) Quando o bem imóvel se encontre em construção, a indicação do prazo limite para a conclusão do imóvel com indicação da data em que o mesmo está disponível para utilização, incluindo as instalações e equipamentos de uso comum;
f) O preço a pagar pela aquisição do direito real de habitação periódica, incluindo descrição exacta dos custos adicionais obrigatórios decorrentes do contrato;
g) A descrição dos encargos periódicos, contribuições especiais ou taxas eventualmente existentes, bem como os critérios de fixação e actualização dos mesmos;
h) A descrição dos serviços colocados à disposição do titular de direitos reais de habitação periódica, com descrição dos fornecimentos incluídos no preço da unidade de alojamento e os fornecimentos não incluídos no preço que devem ser pagos pelo adquirente;
i) A descrição das instalações e equipamentos de uso comum e de exploração turística dos empreendimentos a que o titular de direitos reais de habitação periódica tem direito, com clara especificação daqueles que não se encontram incluídos no preço, impondo pagamento acrescido;
j) A indicação dos montantes a pagar por serviços colocados à disposição do consumidor não incluídos no preço da aquisição do direito;
l) A informação relativa à existência de sistemas de troca com indicação dos respectivos custos;
m) A existência de códigos de conduta aplicáveis com indicação do local onde os mesmos podem ser consultados;
n) As informações sobre o modo e os prazos do exercício do direito de resolução do contrato, com a indicação da pessoa a quem deve ser comunicada essa resolução;
o) A informação relativa à proibição de quaisquer pagamentos antecipados antes de decorrido o prazo de resolução;
p) A informação de que o contrato pode, nos termos do direito internacional privado e em caso de litígio, ser regido por lei diferente da do Estado membro onde o consumidor reside ou tem o seu domicílio habitual.
3 – O formulário normalizado de informação pré-contratual deve conter ainda informação detalhada sobre:
a) Os direitos adquiridos, com especificação das condições do seu exercício e clara indicação de eventuais restrições à possibilidade de ocupação do alojamento;
b) Os bens, com descrição exacta e pormenorizada do imóvel ou imóveis, incluindo a sua localização e descrição dos móveis e utensílios que constituem a unidade de alojamento;
c) O número da licença de construção e o nome e endereço completo das autoridades competentes e as garantias relativas à conclusão do imóvel e, quando isso não acontecer, as for-

mas de reembolso dos pagamentos já efectuados, bem como as modalidades de pagamento dessas garantias caso se trate de imóvel em construção;
d) A forma de resolução do contrato e respectivos efeitos na esfera do titular, incluindo especificação dos custos a repercutir no titular e consequências em caso de contratos acessórios, incluindo contratos de crédito associados;
e) Os procedimentos relacionados com a manutenção e reparação no imóvel, incluindo a indicação da forma de exploração e ou administração do empreendimento turístico e os mecanismos existentes com vista à participação do adquirente na tomada de decisões no âmbito da administração do empreendimento;
f) A possibilidade ou impossibilidade de revenda do direito ou direitos adquiridos;
g) A indicação da língua ou línguas utilizadas entre o titular do direito e o proprietário ou administrador do empreendimento no âmbito do contrato, incluindo as questões relacionadas com a indicação dos custos, com o tratamento dos pedidos de informação ou apresentação de reclamações;
h) A indicação da possibilidade ou impossibilidade de recurso a mecanismos extrajudiciais de resolução de conflitos.
4 – As alterações às informações previstas no número anterior devem ser comunicadas ao adquirente antes da celebração do contrato, devendo nesse caso o contrato fazer referência expressa a essas alterações.
5 – As alterações previstas no número anterior apenas podem resultar de circunstâncias alheias à vontade do vendedor, salvo acordo expresso das partes.
6 – As informações a que se referem os nºs 2 e 3 devem ser redigidas na língua ou numa das línguas do Estado membro de residência ou da nacionalidade do consumidor à escolha deste, desde que se trate de uma das línguas oficiais da Comunidade.
7 – O modelo de formulário normalizado de informação pré-contratual é aprovado por despacho conjunto dos membros do Governo responsáveis pelas áreas do turismo, defesa do consumidor e justiça.

Nota:

O documento informativo designa-se agora formulário normalizado de informação pré-contratual, o qual não se confunde com o documento complementar, previsto no art. 13º. Este formulário não é um mero panfleto publicitário visando o incitamento ao consumo.

O nº 2 indica as informações (claras e precisas) que deve conter, obrigando a um respeito cauteloso do princípio da veracidade. A sua entrega gratuita ao consumidor permite cumprir a função de promoção do direito, pretendendo, contudo ir mais além. Os arts. 43º e 44º explicitam em que moldes se pode realizar a publicidade e comercialização dos títulos.

Para mais desenvolvimentos, *v.* Rui Moreira Chaves, "Código da Publicidade Anotado", Coimbra, Almedina, 2ª ed., 2005, Mário Ferreira, "Da protecção penal do consumo – O problema da (des)criminalização no incitamento ao consumo", Coimbra, Almedina, 1996, p. 95; Nogueira Serens, "Direitos do consumidor e publicidade enganosa" e Michael Will, "A mensagem publicitária – obstáculos à formação do contratos", ambos *in* Comunicação e Defesa do Consumidor, Instituto Jurídico da Comunicação, Faculdade de Direito, Universidade de Coimbra, 1996, respectivamente, pp. 199, 229-259.

SECÇÃO III
DO CERTIFICADO PREDIAL

ARTIGO 10º
Certificado predial

1 – Relativamente a cada direito real de habitação periódica é emitido pela conservatória do registo predial competente um certificado predial que titule o direito e legitime a transmissão ou oneração deste, que é entregue ao titular do direito real registado juntamente com o código de acesso à certidão permanente do registo predial.
2 – O certificado predial só pode ser emitido a favor do proprietário das unidades de alojamento sujeitas ao regime de direitos reais de habitação periódica e depois de efectuado o registo definitivo do título de constituição do direito real de habitação periódica.
3 – Só pode ser emitida uma segunda via do certificado predial em caso de destruição ou extravio, alegado em requerimento do titular.
4 – A emissão da segunda via do certificado predial só pode ter lugar depois de decorridos 30 dias sobre a data do respectivo pedido e é sempre anotada à descrição.

Nota:
Além do certificado predial, é agora entregue ao titular o código de acesso à certidão permanente do registo predial (nº 1).

ARTIGO 11º
Requisitos

1 – Do certificado predial devem constar:
a) A data em que foi realizado o acto de constituição do direito real de habitação periódica;

b) *Os elementos do título de constituição do direito real de habitação periódica referidos nas alíneas a) a c) do nº 2 do artigo 5º;*
c) *A identificação do titular do direito;*
d) *A identificação da unidade de alojamento e o tipo e classificação do empreendimento turístico;*
e) *A capacidade máxima da unidade de alojamento;*
f) *A indicação exacta do período durante o qual o direito objecto do contrato pode ser exercido e a duração do regime instituído;*
g) *A indicação dos ónus ou encargos existentes.*
2 – O certificado predial deve mencionar a seguir aos elementos previstos no número anterior a existência de um documento complementar que contenha os seguintes elementos:
a) *A menção das informações previstas nos nºs 2 e 3 do artigo 9º que deve ter total correspondência com o formulário normalizado de informação;*
b) *(Revogada.)*
c) *O valor relativo do direito, de acordo com o disposto na alínea n) do nº 2 do artigo 5º;*
d) *A indicação de que a aquisição do direito real de habitação periódica não acarreta quaisquer despesas, encargos ou obrigações para além dos estipulados no contrato;*
e) *(Revogada.)*
f) *(Revogada.)*
g) *(Revogada.)*
h) *(Revogada.)*
i) *A declaração do proprietário do empreendimento turístico que ateste que este foi ou será construído de acordo com o regime jurídico da instalação e do funcionamento dos empreendimentos turísticos, aprovado pelo Decreto-Lei nº 167/97, de 4 de Julho, e que obedece aos requisitos das instalações, classificação e funcionamento previstos nos regulamentos a que se refere o nº 3 do artigo 1º daquele diploma;*
j) *A identificação da entidade responsável pela exploração e administração do empreendimento;*
l) *(Revogada.)*
m) *A indicação das garantias prestadas para cumprir o disposto nos artigos 15º e 31º*
3 – Os elementos previstos no número anterior fazem parte integrante do contrato e completam os elementos previstos no nº 1, devendo o adquirente declarar por escrito ter recebido aquele documento e compreendido o seu teor.
4 – O certificado predial e o documento complementar devem estar redigidos de forma clara e precisa, com caracteres facilmente legíveis, em português, devendo ser entregue pelo vendedor ao adquirente uma tradução, na língua ou numa das línguas do Estado membro de residência ou da nacionalidade do consumidor à escolha deste, desde que se trate de uma das lín-

guas oficiais da Comunidade, acompanhada de uma tradução do contrato na língua do Estado em que se situe o imóvel.
5 – No espaço do certificado predial imediatamente anterior ao destinado a assinaturas deve constar:
a) A menção relativa à existência do direito de resolução sem necessidade de indicação do motivo e sem quaisquer encargos, no prazo de 14 dias seguidos a contar da data da entrega do certificado predial;
b) A menção sobre a proibição de quaisquer pagamentos antecipados directa ou indirectamente relacionados com o negócio jurídico a celebrar.
6 – No espaço previsto no número anterior, o adquirente deve ainda declarar ter recebido a tradução do certificado e do documento complementar, que constitui parte integrante do contrato para todos os efeitos legais.
7 – O certificado predial deve incluir o formulário de resolução do contrato.
8 – O modelo do certificado predial e o formulário de resolução do contrato são aprovados pelo despacho conjunto a que se refere o nº 7 do artigo 9º

Nota:
O Decreto-Lei nº 167/97, de 4 de Julho foi revogado pelo Decreto-Lei nº 39/2008, de 07 de Março.

SECÇÃO IV
DA TRANSMISSÃO E ONERAÇÃO DE DIREITOS REAIS DE HABITAÇÃO PERIÓDICA

ARTIGO 12º
Oneração e transmissão de direitos reais de habitação periódica

1 – A oneração ou a transmissão por acto entre vivos de direitos reais de habitação periódica faz-se mediante declaração das partes no certificado predial, com reconhecimento presencial das assinaturas do constituinte do ónus ou do alienante, respectivamente, e está sujeita a registo nos termos gerais.
2 – Se a transmissão for a título oneroso, deve ser indicado o valor.
3 – A transmissão por morte está sujeita a inscrição no certificado predial, devendo a assinatura do sucessor ser reconhecida presencialmente, após exibição ao notário de documento comprovativo da respectiva qualidade.
4 – A transmissão de direitos reais de habitação periódica implica a cessão dos direitos e obrigações do respectivo titular em face do proprietário do empreendimento ou do cessionário da

exploração, sem necessidade de concordância deste, considerando-se não escritas quaisquer cláusulas em contrário.

ARTIGO 13º
Documento complementar

1 – Nas transmissões de direitos reais de habitação periódica o vendedor deve entregar ao adquirente o documento complementar, bem como o formulário de resolução do contrato previsto no artigo 11º

2 – Sem prejuízo do disposto no nº 3 do artigo 9º, sempre que haja alguma alteração ao conteúdo do documento complementar ou se verifique a perda ou extravio dele, pode o titular do direito real de habitação periódica exigir do proprietário das unidades de alojamento objecto desse direito um novo documento.

3 – A violação do disposto no nº 1 gera a nulidade do negócio jurídico celebrado, depois de ultrapassados os prazos previstos no nº 3 do artigo 16º

4 – Recai sobre o vendedor o ónus de provar o cumprimento da obrigação prevista no nº 1

Nota:

O documento complementar reveste máxima importância no que concerne ao direito resolutório (arts. 16º e 19º).

ARTIGO 13º-A
Dever especial de informação

1 – Antes da assinatura do contrato, o vendedor está obrigado a informar o adquirente de que dispõe de um prazo de 14 dias seguidos para resolver o contrato e que se encontra vedado o pagamento de quaisquer quantias.

2 – Incumbe ao vendedor a prova do cumprimento da obrigação prevista no número anterior.

ARTIGO 14º
Sinal ou antecipação do pagamento

1 – Antes do termo do prazo para o exercício do direito de resolução previsto no nº 1 do artigo 16º é proibido efectuar pagamentos seja a que título for ou receber qualquer quantia como forma de pagamento, ou com qualquer outro objectivo directa ou indirectamente relacionado com o negócio jurídico a celebrar.

2 – São igualmente proibidos os pagamentos de qualquer quantia a título de sinal, de garantia ou de reserva ou a prestação de qualquer outra contrapartida antes do termo do prazo a que se refere o número anterior.

Nota:

O preceito proíbe a antecipação do pagamento, a sinalização do contrato, a garantia ou reserva e a prestação de qualquer contrapartida. O regime do sinal tem uma finalidade que, na maioria dos casos, vai além da mera antecipação do pagamento, as partes apostam uma cláu sula penal (moldada pela própria lei civil), que penalizará naturalmente o incumpridor.

Questiona-se se o regime do direito real de habitação periódica admite a figura da execução específica, prevista no art. 830º, nº 1, do Código Civil, segundo o qual:

"Se alguém se tiver obrigado a celebrar certo contrato e não cumprir a promessa, pode a outra parte, na falta de convenção em contrário, obter sentença que produza os efeitos da declaração negocial do faltoso, sempre que a isso não se oponha a natureza da obrigação assumida".

O Ac. RL de 24.04.97, CJ, Ano XXII, T. II, p. 120 entendeu que:

I – Ao contrato-promessa de compra e venda de direito real de habitação periódica não é aplicável o art. 410º, nº 3 do C. Civil (reconhecimento presencial de assinaturas).

II – É possível a execução específica de contrato-promessa de compra e venda de direito real de habitação.

III – Este tipo de contrato nada tem a ver o regime legal das vendas ao domicílio, por correspondência ou forçadas.

ARTIGO 15º
Caução

1 – O proprietário das unidades de alojamento sujeitas ao regime de direitos reais de habitação periódica ou o cessionário da exploração devem prestar caução que garanta:

a) A possibilidade do início do gozo do direito pelo adquirente na data prevista no contrato;

b) A expurgação de hipotecas ou outros ónus oponíveis ao adquirente do direito;

c) A devolução da totalidade das quantias entregues pelo adquirente por conta da aquisição desse direito, actualizada de acordo com o índice anual dos preços do consumidor, no caso de o empreendimento turístico não abrir ao público;

d) A devolução da totalidade das quantias entregues pelo adquirente até ao termo do prazo previsto nos nºs 3 e 4 do artigo seguinte.

2 – A caução é prestada a favor do adquirente por seguro, garantia bancária, depósito bancário, títulos de dívida pública ou qualquer outra forma de garantia admitida no direito interno dos Estados-Membros da União Europeia, e o seu valor mínimo é equivalente ao que houver sido entregue por aquele.

3 – Nas transmissões subsequentes de direitos reais de habitação periódica, transfere-se para o adquirente a caução que garante o cumprimento das obrigações previstas nas alíneas a) e b) do nº 1 e ainda no caso da alínea c) do nº 1 se o empreendimento turístico ainda não estiver aberto ao público.

ARTIGO 16º

Direito de resolução

1 – O adquirente do direito real de habitação periódica tem o direito de resolver o contrato de aquisição sem indicar o motivo e sem quaisquer encargos, no prazo de 14 dias seguidos a contar:

a) Da data da celebração do contrato de transmissão do direito real de habitação periódica;

b) Da data em que lhe é entregue o contrato de transmissão do direito real de habitação periódica, ou da data da entrega do formulário de resolução consoante a que for posterior, e caso esta data seja também posterior à data prevista na alínea anterior.

2 – A declaração de resolução deve ser comunicada ao vendedor em papel ou noutro suporte duradouro, enviada até ao termo do prazo previsto no número anterior.

3 – O direito de resolução a que se refere o nº 1 caduca:

a) No prazo de um ano e 14 dias seguidos a contar da data mencionada no nº 1 se o vendedor não preencher e fornecer ao adquirente o formulário de resolução do contrato;

b) No prazo de 94 dias seguidos a contar do momento da assinatura por ambas as partes do contrato, se o mesmo não contiver os elementos referidos no documento complementar previsto no nº 2 do artigo 11º.

4 – Se, nos prazos previstos no número anterior, o vendedor fornecer os elementos em falta, o adquirente passa a dispor, a contar desse momento, da possibilidade de resolver o contrato nos termos previstos no nº 1.

5 – Se, associado ao contrato de aquisição do direito real de habitação periódica, for celebrado um contrato de adesão a sistemas de troca, o prazo para resolução é o mesmo para ambos os contratos, contado nos termos dos números anteriores.

6 – Se o preço do bem imóvel, sujeito ao regime de direitos reais de habitação periódica, for total ou parcialmente coberto por um crédito concedido pelo vendedor, ou por terceiro com base num acordo entre este e o vendedor, e o adquirente exercer o direito de resolução previsto nos números anteriores, o contrato de crédito é resolvido, sem direito a indemnização ou pagamento de quaisquer encargos

7 – Resolvido o contrato, o vendedor deve restituir ao adquirente todas as quantias recebidas até à data da resolução do mesmo.

8 – Resolvido o contrato de aquisição de direito real de habitação periódica todos os contratos acessórios a este são automaticamente resolvidos sem direito a indemnização ou pagamento de quaisquer encargos.
9 – Por contrato acessório entende-se um contrato por força do qual o consumidor adquire serviços relacionados com um contrato de utilização periódica de bens ou com um contrato de aquisição de um produto de férias de longa duração, sendo esses serviços prestados por um profissional ou por um terceiro com base num acordo entre este último e o profissional.

Nota:

O direito de resolução previsto no preceito, pelas suas características, é habitualmente denominado *direito ao arrependimento*. Este direito a exercer (unicamente) pelo adquirente, não carece de motivação, sendo ainda livre de encargos. Podendo ser exercido independentemente da qualidade da contraparte (promotor turístico ou outro particular).

Forma-se após a informação integral e cabal ao consumidor constante do documento complementar.

Incumbe ao alienante a devolução de todas as quantias recebidas até à data da resolução do contrato (nº 7), sem prejuízo da proibição do art. 14º.

Na eventualidade de recurso a crédito e caso este tenha sido concedido pelo vendedor ou através de acordo entre este e o mutuário (relação triangular), o contrato de crédito é resolvido (nº 6).

O consumidor (termo agora adoptado em detrimento da expressão "adquirente") dispõe do prazo de 14 dias seguidos para resolver o contrato. Quanto à contagem, varia consoante o momento do conhecimento pleno do direito resolutivo, sendo estes:

– a data da celebração do contrato de transmissão do direito real de habitação periódica (nº 3, al. *a*));

– a data em que é entregue o contrato de transmissão do direito real de habitação periódica (nº 3, al. *a*), 1ª parte);

– a data da entrega do formulário de resolução, consoante a que for posterior, e caso esta data seja também posterior à data prevista na alínea anterior (nº 3, al. *b*), 2ª parte).

Logo que o vendedor forneça os elementos em falta, o adquirente dispõe do prazo geral de 14 dias (nº 4).

Quanto ao formalismo, a declaração resolutiva deve ser comunicada ao vendedor em papel ou noutro suporte duradouro, enviada até ao termo do prazo previsto no nº 1 (nº 2).

Apresenta-se, pela primeira vez, um prazo de caducidade do direito resolutivo, sendo de:

– um ano e 14 dias seguidos a contar da data da celebração do contrato de transmissão do direito real de habitação periódica (nº 3, al. *a*));

– 94 dias seguidos a contar do momento da assinatura por ambas as partes do contrato, se o mesmo não contiver os elementos referidos no documento complementar previsto no nº 2 do art. 11º (nº 3, al. b)).

Os nºs 8 e 9 cuidam agora dos contratos acessórios, os quais são igualmente automaticamente resolvidos sem direito a indemnização ou pagamento de quaisquer encargos.

ARTIGO 17º
Contratos-promessa de transmissão de direitos reais de habitação periódica

1 – Os contratos-promessa de transmissão de direitos reais de habitação periódica vinculam ambas as partes e devem ser reduzidos a escrito.
2 – O vendedor deve entregar ao adquirente uma tradução do contrato-promessa de transmissão de direitos reais de habitação periódica, na ou numa das línguas do Estado membro de residência do adquirente ou na ou numa das línguas do Estado membro de que este é nacional, à escolha do adquirente, desde que se trate de uma das línguas oficiais da Comunidade, acompanhada de uma tradução do contrato na língua do Estado em que se situe o imóvel.
3 – A informação de que o adquirente pode resolver o contrato, sem indicar o motivo e sem quaisquer encargos, no prazo de 14 dias seguidos a contar da data da celebração desse contrato, deve constar do contrato-promessa de transmissão de direitos reais de habitação periódica e estar situada imediatamente antes do campo destinado às assinaturas.
4 – (Revogado.)
5 – É nula a convenção que faça depender a celebração do contrato prometido da alienação de direitos reais de habitação periódica sobre as restantes unidades de alojamento.

Nota:

Estes contratos vinculam as partes à celebração do contrato-promessa e devem ser reduzidos a escrito (art. 17º, nº 1).

O nº 2 cuida da tradução do contrato numa das línguas do Estado membro de residência do adquirente ou na ou numa das línguas do Estado membro de que este é nacional.

A indicação do direito resolutivo deve constar do contrato e os termos em que pode ser exercido. No local que imediatamente antecede a aposição das assinaturas das partes, "deve constar a menção de que o adquirente (e só este) pode resolver o contrato" (nº 3).

O nº 4 foi revogado, o qual contemplava uma norma de tutela da posição do adquirente, *proibindo a realização de pagamentos ou de qualquer objecto directa ou indirectamente relacionado com o negócio jurídico a celebrar*, tendo o legislador optado por inserir em norma própria (art. 13º-A) tal indicação.

Os contratos-promessa são definidos como a "convenção pela qual alguém se obriga a celebrar certo contrato" (art. 410º, nº 1, do Código Civil).

Continua a questionar-se se o contrato-promessa de transmissão do direito real de habitação periódica é sujeitável ao regime geral, previsto no art. 410º, nº 3, do Código Civil, relativo ao reconhecimento presencial da assinatura do promitente ou promitentes e a certificação, pelo notário, da existência da licença respectiva de utilização ou de construção (contudo, acrescenta a lei, o contraente que promete transmitir ou construir o direito só pode invocar a omissão destes requisitos quando a mesma tenha sido culposamente causada pela outra parte).

Jurisprudência:

1. *Entre a obrigação do proprietário de celebrar o contrato prometido de constituição de direito real de habitação periódica e a obrigação do adquirente de pagamento de taxa de utilização pelo uso antecipado do apartamento em causa, não existe correspectividade pelo que o incumprimento da primeira obrigação não permite o incumprimento da segunda.*

2. *A resolução do contrato-promessa e a aplicação das consequências previstas no art. 442º, nº 2, do CC, só podem ocorrer em caso de incumprimento definitivo do contrato-promessa.*

Ac. RL, de 16.11.2006, CJ, Ano XXXI, T. V, p. 85

2. *I – Faz parte integrante do contrato-promessa de compra e venda de direito real de habitação periódica a estipulação acordada e aceite, em documento da mesma data, pela qual o promitente-vendedor garantia que os direitos eram um investimento seguro e se comprometia a revendê-los no prazo de três meses pelo valor das respectivas aquisições.*

II – Não tendo o promitente-vendedor cumprido a obrigação de revenda dos direitos, constitui-se no dever de indemnizar pelo valor da aquisição.

Ac. STJ, de 28.01.2003, ASTJ, Ano XXVIII, T. I, p. 58

3. *Os regimes especiais de resolução do contrato-promessa e venda de direito real de habitação periódica (...) não afectam a aplicação àquele contrato-promessa do regime geral, previsto no Código Civil, relativo a resolução dos contratos.*

Ac. RC, de 05.05.98, BMJ, 477, p. 565

4. *O direito real de habitação periódica escapa à previsão do art. 410º, nº 3, do Código Civil, não sendo necessário no contrato-promessa respeitante a tal direito o reconhecimento presencial das assinaturas e a certificação elo notário da existência de licença de utilização ou construção.*

Ac. RL, de 06.05.1997, BMJ, 467, p. 639.

ARTIGO 18º

Requisitos dos contratos-promessa de transmissão de direitos reais de habitação periódica

1 – Os contratos-promessa de alienação de direitos reais de habitação periódica em que o promitente-vendedor intervenha no exercício do comércio devem conter os seguintes elementos:

a) A identidade e o domicílio do proprietário das unidades de alojamento sujeitas ao regime dos direitos reais de habitação periódica, com indicação exacta da qualidade jurídica do vendedor no momento da celebração do contrato;

b) A identificação do promitente-adquirente;

c) Os elementos constantes das alíneas c) a h), o) e q) a t) do nº 2 do artigo 5º;

d) Os elementos constantes das alíneas a) e c) a f) do nº 1 do artigo 11º;

e) Indicação expressa, aposta imediatamente antes da assinatura das partes, de que o promitente-adquirente do direito real de habitação periódica pode resolver o contrato, sem indicar o motivo e sem quaisquer encargos, no prazo de 14 dias seguidos a contar da data de assinatura deste, enviada até ao termo daquele prazo.

2 – É obrigatória a entrega ao promitente-adquirente do documento complementar previsto no nº 2 do artigo 11º e no artigo 13º, observando-se, com as devidas adaptações, o disposto nos nºs 3 a 5 do artigo 11º e nos nºs 1 e 2 do artigo 13º

Nota:

O nº 1, trata dos elementos documentais que devem ser apresentados.

Novamente se reforça a obrigatoriedade de entrega do documento complementar, o qual permitirá o livre exercício da vontade de contratar.

ARTIGO 19º

Direito de resolução e caução

1 – Nos contratos-promessa o promitente-adquirente goza do direito de resolução após a sua assinatura, nos termos do disposto no artigo 16º, contando-se o respectivo prazo da data de assinatura do contrato-promessa.

2 – Se na pendência do prazo previsto no número anterior for celebrada a escritura pública de constituição do direito real de habitação periódica, o prazo para o adquirente do direito real de habitação periódica resolver o respectivo contrato de aquisição, previsto no nº 1 do artigo 16º, conta-se a partir da data da assinatura do contrato-promessa.

3 – O promitente-vendedor, quando seja proprietário do empreendimento ou cessionário da sua exploração, deve prestar caução nos contratos-promessa que garanta:

a) A possibilidade do início do gozo do direito pelo adquirente na data prevista no contrato-promessa;
b) A expurgação de hipotecas ou outros ónus oponíveis ao adquirente do direito;
c) A devolução da totalidade das quantias entregues pelo adquirente por conta da aquisição desse direito, actualizada de acordo com o índice anual dos preços do consumidor, no caso de o empreendimento turístico não abrir ao público;
d) A devolução da totalidade das quantias entregues pelo adquirente até ao termo do prazo previsto nos nºs 3 a 5 do artigo 16º.
4 – É aplicável à caução a que se refere o número anterior o disposto no nº 2 do artigo 15º, observando-se ainda, com as necessárias adaptações, o disposto no nº 3 do mesmo preceito.

Nota:

V. nota ao art. 16º.

ARTIGO 20º
Irrenunciabilidade e nulidade

1 – Os direitos conferidos nesta secção ao adquirente e ao promitente-adquirente do direito real de habitação periódica são irrenunciáveis, sendo nula toda a convenção que, de alguma forma, os exclua ou limite.
2 – É igualmente nula a convenção que, de alguma forma, exclua ou limite as responsabilidades conferidas nesta secção ao vendedor.

Nota:

Novamente aqui manifesta a lei o seu *pendor tutoral* (a lei protege o adquirente de si próprio), todos os direitos legalmente conferidos nesta secção são irrenunciáveis e toda a convenção que os exclua ou limite, é nula (nº 1, do preceito). Para o suprimento das lacunas geradas por essa amputação, é aplicável, supletivamente, o regime civil ou procede-se à redução do negócio jurídico. É igualmente nula a convenção que limite as responsabilidades do alienante (nº 2).

ARTIGO 21º
Conteúdo e exercício do direito real de habitação periódica

1 – O titular do direito real de habitação periódica tem as seguintes faculdades:
a) Habitar a unidade de alojamento pelo período a que respeita o seu direito;

b) Usar as instalações e equipamentos de uso comum do empreendimento e beneficiar dos serviços prestados pelo titular do empreendimento;
c) Exigir, em caso de impossibilidade de utilização da unidade de alojamento objecto do contrato devido a situações de força maior ou caso fortuito motivado por circunstâncias anormais e imprevisíveis alheias àquele que as invoca, cujas consequências não poderiam ter sido evitadas apesar de todas as diligências feitas, que o proprietário ou o cessionário lhe faculte alojamento alternativo num empreendimento sujeito ao regime de direitos reais de habitação periódica, de categoria idêntica ou superior, num local próximo do empreendimento objecto do contrato;
d) Ceder o exercício das faculdades referidas nas alíneas anteriores.
2 – No exercício do seu direito, o titular deve agir como o faria um bom pai de família, estando-lhe especialmente vedadas a utilização da unidade de alojamento e das partes do empreendimento de uso comum para fins diversos daqueles a que se destinam e a prática de actos proibidos pelo título constitutivo ou pelas normas reguladoras do funcionamento do empreendimento.
3 – A cedência a que se refere a alínea d) do nº 1 deve ser comunicada por escrito à entidade responsável pela gestão do empreendimento até ao início do período de exercício do direito, sob pena de opor a tal cedência.

ARTIGO 22º
Prestação periódica

1 – O titular do direito real de habitação periódica é obrigado a pagar anualmente ao proprietário das unidades de alojamento sujeitas ao regime dos direitos reais de habitação periódica a prestação pecuniária indicada no título de constituição.
2 – A prestação periódica destina-se exclusivamente a compensar o proprietário das unidades de alojamento sujeitas ao regime dos direitos reais de habitação periódica das despesas com os serviços de utilização e exploração turística a que as mesmas estão sujeitas, contribuições e impostos e quaisquer outras previstas no título de constituição e a remunerá-lo pela sua gestão, não podendo ser-lhe dada diferente utilização.
3 – O valor da prestação periódica pode variar consoante a época do ano a que se reporta o direito real de habitação periódica, mas deve ser proporcional à fruição do empreendimento pelo titular do direito.
4 – A percentagem da prestação periódica destinada a remunerar a gestão não pode ultrapassar 20% do valor total.

ARTIGO 23º

Falta de pagamento da prestação periódica ou de indemnização

1 – O crédito por prestações ou indemnizações devidas pelo titular do direito real de habitação periódica e respectivos juros moratórios goza do privilégio creditório imobiliário sobre este direito, graduável após os mencionados nos artigos 746º e 748º do Código Civil e os previstos em legislação especial em vigor nesta data.

2 – Sem prejuízo do disposto no número anterior, é atribuída força executiva, nos termos e para os efeitos do disposto na alínea d) do artigo 46º do Código de Processo Civil, no que se refere às prestações ou indemnizações em dívida pelo titular de direito real de habitação periódica e respectivos juros moratórios:

a) Ao contrato de transmissão do direito real de habitação periódica;

b) À certidão do registo predial;

c) À acta da assembleia a que se refere o artigo seguinte;

d) À acta da assembleia geral de titulares que tiver deliberado, por maioria dos votos dos presentes, o valor da prestação periódica devida por cada titular.

3 – Na falta de pagamento da prestação periódica até dois meses antes do início do período de exercício do correspondente direito, o proprietário das unidades de alojamento sujeitas ao regime do direito real de habitação periódica pode opor-se a esse exercício.

4 – No caso previsto no número anterior, o proprietário pode afectar a unidade de alojamento à exploração turística durante o período correspondente a esse direito, caso em que se considera integralmente liquidada a prestação periódica devida nos termos do nº 1 do artigo anterior.

ARTIGO 24º

Alteração da prestação periódica

1 – Independentemente do critério de fixação da prestação periódica estabelecido no título de constituição, aquela pode ser alterada, por proposta da entidade encarregada da auditoria das contas do empreendimento inserida no respectivo parecer, sempre que se revele excessiva ou insuficiente relativamente às despesas e à retribuição a que se destina e desde que a alteração seja aprovada por maioria dos votos dos titulares presentes em assembleia convocada para o efeito.

2 – À alteração da prestação periódica aplica-se o disposto no nº 2 do artigo 7º.

SECÇÃO VI
DA ADMINISTRAÇÃO E CONSERVAÇÃO DO EMPREENDIMENTO

ARTIGO 25º
Princípios gerais

1 – A administração e conservação das unidades de alojamento sujeitas ao regime do direito real de habitação periódica, do seu equipamento e recheio e das instalações e equipamento de uso comum do empreendimento incumbem ao respectivo proprietário.
2 – O proprietário pode ceder a exploração do empreendimento, transferindo-se para o cessionário os poderes e deveres a ela ligados, sem prejuízo da responsabilidade subsidiária do proprietário, perante os titulares dos direitos reais de habitação periódica, pela boa administração e conservação do empreendimento.
3 – A cessão de exploração deve ser notificada à Direcção-Geral do Turismo e aos titulares dos direitos de habitação periódica, sob pena de ineficácia.

Nota:
Perante a reestruturação da Administração Central do Estado, realizada pelo Decreto-Lei nº 141/2007, de 27.04, as competências da Direcção-Geral do Turismo são agora assumidas pelo conselho directivo do I.T.P., I.P. (art. 8º, nº 2, al. *i*), do diploma citado).

ARTIGO 26º
Conservação e limpeza das unidades de alojamento

1 – As unidades de alojamento sujeitas ao regime do direito real de habitação periódica, bem como os respectivos equipamento e mobiliário, devem ser mantidos pela entidade responsável em estado de conservação e limpeza compatível com os fins a que se destinam e com a classificação do empreendimento.
2 – Sem prejuízo do normal exercício do seu direito, o titular deve permitir o acesso à respectiva unidade de alojamento para o cumprimento das obrigações previstas no número anterior.

ARTIGO 27º
Reparações

1 – As reparações indispensáveis ao exercício normal do direito que não possam ser efectuadas sem o sacrifício temporário daquele direito devem realizar-se em momento e condições que minimizem esse sacrifício, sem prejuízo do direito de indemnização dos titulares.

2 – As reparações decorrentes de deteriorações imputáveis ao titular do direito ou àquele a quem ele ceder o uso que não resultem do exercício normal desse direito são igualmente efectuadas pela entidade responsável pela exploração do empreendimento, a expensas do titular.

ARTIGO 28º
Inovações

O proprietário das unidades de alojamento sujeitas ao regime de direitos reais de habitação periódica só pode realizar obras que constituam inovações nas unidades de alojamento, ainda que por sua conta, com o consentimento dos titulares, a prestar em assembleia geral.

ARTIGO 29º
Encargos

Os titulares de direitos reais de habitação periódica não podem ser responsabilizados pelo pagamento das contribuições, taxas, impostos e quaisquer outros encargos anuais que incidam sobre a propriedade nem pelo cumprimento das respectivas obrigações acessórias.

ARTIGO 30º
Fundo de reserva

1 – Uma percentagem não inferior a 4% do valor da prestação periódica paga pelos titulares dos direitos reais de habitação periódica deve ser afectada à constituição de um fundo de reserva destinado exclusivamente à realização de obras de reparação e conservação das instalações e equipamentos de uso comum e das respectivas unidades de alojamento, seu mobiliário e equipamento.
2 – Devem reverter ainda para o fundo previsto no número anterior os saldos das prestações periódicas que constem das contas anuais do empreendimento.
3 – As quantias que integram o fundo de reserva devem ser depositadas em conta bancária própria.
4 – A entidade proprietária ou exploradora do empreendimento deve apresentar à Direcção-Geral do Turismo documento comprovativo de que o fundo de reserva se encontra constituído.

Nota:

V. nota ao art. 25º.

ARTIGO 31º
Caução de boa administração

1 – O proprietário das unidades de alojamento sujeitas ao regime dos direitos reais de habitação periódica ou, tendo havido cessão da exploração, o cessionário devem prestar caução de boa administração e conservação do empreendimento a favor dos titulares de direitos reais de habitação periódica.

2 – A caução pode ser prestada por seguro, garantia bancária, depósito bancário ou títulos de dívida pública, ou qualquer outra forma de garantia admitida no direito interno dos Estados membros da União Europeia, devendo o respectivo título ser depositado no Turismo de Portugal, I. P., sem prejuízo do reconhecimento de garantia equivalente nos termos da alínea a) do nº 1 do artigo 11º e do artigo 13º do Decreto-Lei nº 92/2010, de 26 de Julho.

3 – O montante mínimo da garantia corresponde ao valor anual do conjunto das prestações periódicas a cargo de todos os titulares dos direitos transmitidos.

4 – A garantia só pode ser accionada por deliberação dos titulares dos direitos, desde que essa deliberação tenha sido tomada pela maioria dos votos correspondentes aos direitos transmitidos.

5 – A garantia deve ser actualizada sempre que o seja a prestação periódica.

Nota:

V. nota ao art. 25º

ARTIGO 32º
Prestação de contas

1 – A entidade responsável pela administração do empreendimento deve organizar anualmente as contas respeitantes à utilização das prestações periódicas pagas pelos titulares dos direitos e das dotações do fundo de reserva, elaborar um relatório de gestão e submeter ambos à apreciação da empresa de auditoria ou do revisor oficial de contas a eleger nos termos da alínea d) do nº 2 do artigo 34º.

2 – O relatório de gestão e as contas a que se refere o número anterior serão enviados a cada titular de direitos, juntamente com a convocatória da assembleia geral ordinária, acompanhados do parecer da auditoria.

3 – Os titulares dos direitos reais de habitação periódica ou os seus representantes têm o direito de consultar os elementos justificativos das contas e do relatório de gestão apresentados na assembleia geral.

4 – Não tendo havido a eleição prevista na alínea d) do nº 2 do artigo 34º, deve a entidade responsável pelo funcionamento do empreendimento solicitar à Câmara dos Revisores Ofi-

ciais de Contas a designação de um revisor, o qual exercerá as suas funções enquanto não for substituído por empresa ou revisor eleitos pela assembleia geral.

ARTIGO 33º
Programa de administração

1 – A entidade responsável pela administração do empreendimento deve elaborar um programa de administração e conservação da parte sujeita ao regime de direito real de habitação periódica para o ano seguinte.

2 – O programa deve ser enviado a cada titular de direitos reais de habitação periódica conjuntamente com a convocatória da assembleia geral ordinária.

ARTIGO 34º
Assembleia geral de titulares de direitos reais de habitação periódica

1 – A assembleia geral de titulares de direitos reais de habitação periódica integra todos os titulares daqueles direitos.

2 – Compete à assembleia geral:

a) Eleger o presidente de entre os seus membros, sendo o proprietário do empreendimento inelegível para o cargo;

b) Pronunciar-se sobre o relatório de gestão e as contas respeitantes à utilização das prestações periódicas e das dotações do fundo de reserva;

c) Apreciar o programa de administração e conservação do empreendimento no regime de direito real de habitação periódica para o ano seguinte;

d) Eleger o revisor oficial de contas ou a empresa de auditoria que apreciará o relatório de gestão e as contas do empreendimento;

e) Aprovar a alteração da prestação periódica nos termos do artigo 24º;

f) Deliberar sobre qualquer assunto do interesse dos titulares de direitos de habitação periódica.

3 – A assembleia geral é convocada pela entidade responsável pela administração do empreendimento, salvo o disposto no nº 5.

4 – A assembleia geral deve ser convocada por carta registada, ou por envio de e-mail com recibo de leitura para o endereço electrónico do titular do direito e publicação da convocatória no sítio da empresa na Internet, pelo menos 30 dias antes da data prevista para a reunião, no 1º trimestre de cada ano, para os efeitos, pelo menos, das matérias referidas nas alíneas b) a d) e f) do nº 2.

5 – A assembleia geral deve ser convocada pelo presidente sob proposta de titulares de direitos reais de habitação periódica que representem 5 % dos votos correspondentes aos direitos transmitidos.
6 – A assembleia geral delibera qualquer que seja o número de titulares dos direitos presentes ou representados, salvo o disposto no número seguinte.
7 – A assembleia geral convocada nos termos do nº 5 requer a presença de titulares de direitos que representem, pelo menos, um terço dos votos correspondentes aos direitos reais de habitação periódica constituídos.
8 – O presidente da assembleia geral é eleito por dois anos, renováveis.

Jurisprudência:

1. *I – A acta da assembleia de proprietários de empreendimentos turísticos não possui força executiva mesmo que dela constem os eventuais montantes das dívidas dos proprietários.*

II – A lei só permite a aplicação do regime que regula a propriedade horizontal previsto no CC e legislação complementar às relações entre os proprietários das várias fracções imobiliárias dos empreendimentos ou às relações de direito substantivo.

III – Só existindo título constitutivo da composição do aldeamento turístico é que as relações entre os proprietários das fracções imobiliárias nele integradas podem ser equiparadas às relações entre condóminos na propriedade horizontal.

Ac. RE, de 20.03.2003, CJ, Ano XXVIII, T. II, p. 236.

2. *A acta da Assembleia Geral de proprietários de fracções imobiliárias de empreendimentos turísticos não é um título executivo para cobrança da quota parte da responsabilidade desses proprietários nas despesas de conservação, fruição e funcionamento das instalações e equipamentos comuns.*

Ac. RE, de 12.10.2000, CJ, Ano XXV, T. IV, p. 264.

3. *A acta da reunião da Assembleia de condóminos que tiver deliberado o montante de contribuições a pagar pelos condóminos não constitui, obviamente, um acto administrativo, a despeito de poder der título executivo. Será título executivo, contanto que esteja assinada pelos condóminos que nela participaram e que deixaram de pagar as referidas contribuições.*

Ac. RP, de 20.05.96, CJ, T. III, p. 201.

ARTIGO 35º
Participação na assembleia

1 – Os titulares de direitos reais de habitação periódica podem deliberar em assembleia geral e votar por escrito.

2 – Ninguém poderá representar mais de um décimo dos votos correspondentes aos direitos constituídos, salvo se forem detidos por um único titular.
3 – O proprietário do empreendimento, mesmo quando não seja titular de direitos reais de habitação periódica, ou, tendo havido cessão de exploração, o cessionário devem comparecer na assembleia geral a fim de prestar as informações solicitadas.
4 – Cada titular de um direito real de habitação periódica tem o número de votos correspondentes ao valor do direito, nos termos estabelecidos no título constitutivo.
5 – O proprietário do empreendimento que seja titular de direitos reais de habitação periódica não dispõe dos votos correspondentes às unidades de alojamento cuja construção não esteja terminada.
6 – O proprietário do empreendimento ou o cessionário da exploração não podem ser representantes dos titulares dos direitos reais de habitação periódica nem votar a alteração da prestação periódica a que se refere a alínea e) do nº 2 do artigo anterior.
7 – As deliberações são tomadas por maioria simples, salvo o disposto no nº 1 do artigo 37º.

SECÇÃO VII
DESTITUIÇÃO E SUBSTITUIÇÃO NA ADMINISTRAÇÃO DO EMPREENDIMENTO

ARTIGO 36º
Destituição na administração do empreendimento

1 – Se o proprietário do empreendimento ou o cessionário da exploração deixarem de cumprir a obrigação de administração ou houver cumprimento negligente da mesma, podem os titulares deliberar a sua destituição da administração do empreendimento, sem prejuízo da responsabilidade daqueles.
2 – Considera-se haver incumprimento da obrigação de administrar designadamente nos seguintes casos:
a) Se não for convocada a assembleia geral de titulares nos termos previstos no nº 4 do artigo 34º;
b) Se a assembleia de titulares não aprovar o relatório de gestão do exercício anterior;
c) Se a entidade responsável pela administração do empreendimento não organizar nem apresentar os documentos referidos nos artigos 32º e 33º;
d) Se o proprietário do empreendimento ou o cessionário da exploração não comparecerem na assembleia geral de titulares;
e) Se não for constituído o fundo de reserva previsto no artigo 30º;
f) Se não for constituída ou se caducar a garantia prevista no artigo 31º;
g) Se o empreendimento for desclassificado.

ARTIGO 37º
Processo

1 – O processo de destituição inicia-se em assembleia geral especialmente convocada para o efeito, devendo a deliberação ser tomada por maioria de dois terços dos votos correspondentes aos direitos reais de habitação periódica transmitidos, e só produzindo efeitos depois de decisão do tribunal arbitral, a constituir nos termos dos números seguintes, ou da nomeação judicial prevista no artigo 40º.
2 – O tribunal arbitral é composto por três árbitros, sendo um designado pelos titulares dos direitos reais de habitação periódica, outro pelo proprietário e pelo cessionário da exploração, se o houver, e o terceiro pelos árbitros assim designados.
3 – O tribunal arbitral deve, quando tal se justifique, fixar um prazo à entidade administradora para cumprimento das obrigações em falta.
4 – Decorrido o prazo referido no número anterior, se a entidade em causa não tiver cumprido as obrigações impostas pelo tribunal arbitral, este deliberará, de imediato, a destituição daquela e a consequente substituição por uma outra que administrará todo o empreendimento.

ARTIGO 38º
Efeitos da substituição

Destituído da administração o proprietário do empreendimento ou o cessionário da exploração, o pagamento das prestações periódicas deixa de lhes ser devolvido e será realizado à nova entidade administradora.

ARTIGO 39º
Direitos e deveres da entidade administradora nomeada

1 – Compete à entidade administradora nomeada exercer todos os direitos e cumprir todos os deveres inerentes à administração e conservação do empreendimento, sendo-lhe aplicáveis, com as necessárias adaptações, as regras estabelecidas na secção VI.
2 – A administração deve exercer-se também no que respeita aos direitos reais de habitação periódica alienados posteriormente pelo proprietário.

ARTIGO 40º
Nomeação judicial de administrador

1 – Tomada a deliberação prevista no nº 1 do artigo 36º, se, decorrido o prazo de 60 dias, não se encontrar constituído o tribunal arbitral referido no artigo 37º, podem os titulares dos direitos reais de habitação periódica requerer ao tribunal da comarca da situação dos bens a nomeação de um administrador judicial.

2 – A acção para nomeação do administrador judicial deve ser proposta contra o proprietário do empreendimento e o cessionário da exploração, se existir, seguindo-se, com as necessárias adaptações, o processo previsto para a nomeação de administrador na propriedade horizontal.

3 – É aplicável ao administrador judicial, com as necessárias adaptações, o disposto nos artigos 38º e 39º.

ARTIGO 41º

Cessação do regime de substituição na administração do empreendimento

O regime de substituição na administração do empreendimento cessa mediante deliberação por maioria dos votos correspondentes aos direitos reais de habitação periódica transmitidos, retomando o proprietário ou o cessionário da exploração do empreendimento as funções respectivas logo que preste a caução prevista no artigo 31º.

SECÇÃO VIII

DA RENÚNCIA AO DIREITO REAL DE HABITAÇÃO PERIÓDICA

ARTIGO 42º

Renúncia

1 – O titular do direito real de habitação periódica pode a ele renunciar mediante declaração de renúncia no certificado predial, com reconhecimento presencial da assinatura.

2 – A declaração de renúncia carece de ser notificada ao proprietário do empreendimento e à Direcção-Geral do Turismo, devendo ainda ser registada nos termos gerais.

3 – A declaração a que se refere o número anterior produz efeitos seis meses após as notificações nele previstas.

Nota:

V. nota ao art. 25º.

SECÇÃO IX
PUBLICIDADE, COMERCIALIZAÇÃO E FORMAS DE REFERÊNCIA

ARTIGO 43º
Publicidade e comercialização

1 – Toda a publicidade ou promoção respeitante à venda ou comercialização de direitos reais de habitação periódica deve identificar de modo inequívoco a forma e o local onde é possível obter o formulário normalizado de informação pré-contratual a que se refere o artigo 9º

2 – A publicidade respeitante à venda ou comercialização de direitos reais de habitação periódica não pode apresentar a aquisição desses direitos como forma de investimento financeiro.

3 – Os direitos reais de habitação periódica não podem ser publicitados ou promovidos sem que tenham sido sujeitos ao processo de comunicação prévia com prazo, nos termos previstos no artigo 5º

4 – Caso um contrato de utilização periódica de bens, de aquisição de um produto de férias de longa duração, de revenda ou de troca seja proposto pessoalmente a um consumidor numa promoção ou num evento de vendas, o profissional deve mencionar claramente no convite a finalidade comercial e a natureza do evento.

5 – A actividade de promoção e comercialização dos direitos reais de habitação periódica só pode desenvolver-se em instalações do proprietário, do cessionário da exploração do empreendimento turístico ou ainda do mediador.

6 – O disposto no presente artigo é aplicável à publicidade veiculada com o objectivo de promover a troca ou revenda dos direitos previsto no presente diploma.

Nota:

V. nota ao art. 25º.

ARTIGO 44º
Proibição de utilização de certos termos

Na publicidade ou promoção dos direitos reais de habitação periódica, bem como nos contratos e documentos a estes respeitantes, não podem usar-se, em relação aos titulares desses direitos, a palavra «proprietário» ou quaisquer outras expressões susceptíveis de criar nos adquirentes desses direitos a ideia de que serão comproprietários do empreendimento.

CAPÍTULO II
DOS DIREITOS DE HABITAÇÃO TURÍSTICA

ARTIGO 45º
Regime dos direitos de habitação turística

1 – Ficam sujeitos às disposições do presente capítulo:

a) Os direitos de habitação em empreendimentos turísticos por períodos de tempo limitados em cada ano e que não constituam direitos reais de habitação periódica;

b) Os contratos pelos quais, directa ou indirectamente, mediante um pagamento antecipado completado ou não por prestações periódicas, se prometa ou se transmitam direitos de habitação turística.

2 – Os direitos de habitação turística a que se refere o número anterior incluem, nomeadamente, os direitos obrigacionais constituídos ao abrigo de:

a) Contratos de utilização periódica de bens, entendendo-se estes como os contratos de duração superior a um ano, mediante os quais o consumidor adquire, a título oneroso, o direito de utilizar um ou mais alojamentos, por mais do que um período de ocupação, que não configure um direito real de habitação periódica;

b) Contratos de aquisição de produtos de férias de longa duração, entendendo-se estes como os contratos de duração superior a um ano, mediante os quais o consumidor adquire, a título oneroso, o direito a beneficiar de descontos ou outras vantagens a nível de alojamento, por si só ou em combinação com serviços de viagens ou outros, nomeadamente contratos referentes a cartões e clubes de férias, cartões turísticos ou outros de natureza semelhante.

3 – Não estão sujeitos às disposições do presente capítulo, designadamente:

a) As reservas múltiplas de alojamento;

b) Os contratos comuns de arrendamento;

c) Os sistemas de fidelidade comuns que proporcionam descontos em alojamento em empreendimentos turísticos.

Nota:

Este direito pode ser constituído em (todos) os empreendimentos turísticos e em casas e empreendimentos de turismo no espaço rural (nº 1), sendo um direito meramente obrigacional.

ARTIGO 46º
Requisitos

1 – Sem prejuízo do disposto nos números seguintes, os direitos de habitação turística só podem constituir-se desde que os empreendimentos se encontrem em funcionamento e se veri-

fiquem, com as necessárias adaptações, as condições previstas no artigo 4º, estando a exploração nesse regime sujeita a comunicação prévia ao Turismo de Portugal, I. P.

2 – O disposto no número anterior não prejudica a instalação dos empreendimentos por fases.

3 – Excepcionalmente, por decisão dos membros do Governo responsáveis pelas áreas do ordenamento do território e do turismo, sob proposta do presidente do conselho directivo do Turismo de Portugal, I. P., podem constituir-se direitos de habitação turística sobre empreendimentos turísticos e casas e empreendimentos de turismo no espaço rural ainda em construção quando, cumulativamente, estiverem reunidos os seguintes requisitos:

a) As entidades exploradoras garantirem contratualmente a manutenção da exploração turística de todas as unidades de alojamento afectas a essa exploração, das instalações e equipamentos de uso comum e das instalações e equipamentos de exploração turística durante o período de duração dos respectivos contratos;

b) A construção dos empreendimentos turísticos onde forem constituídos direitos de habitação turística contribuírem de forma decisiva para o desenvolvimento e modernização do sector na região em que se localizam, através do aumento da competitividade e do reordenamento e diversificação da oferta e, nas regiões menos desenvolvidas turisticamente, através da criação de oferta turística viável que permita potenciar o desenvolvimento económico regional;

c) A construção dos empreendimentos turísticos onde forem constituídos direitos de habitação turística produzir um impacte significativo, ao nível regional, na criação de emprego ou na requalificação do sector;

d) Os empreendimentos turísticos onde forem constituídos direitos de habitação turística tiverem uma classificação de cinco estrelas;

e) For prestada uma caução nos termos e para os efeitos previstos no artigo 15º

4 – Quando uma mesma entidade ou grupo empresarial for simultaneamente proprietário e explorador de um hotel da mesma categoria ou de categoria superior ao empreendimento turístico onde se integram as unidades de alojamento sujeitas ao regime dos direitos de habitação turística e os dois empreendimentos se integrem no mesmo conjunto urbanístico, os quartos do hotel podem ser contabilizados para o efeito da percentagem prevista na alínea b) do nº 1 do artigo 4º, aplicável aos direitos de habitação turística, por força do disposto no nº 1.

5 – A comunicação prévia deve ser enviada, por via informática, ao Turismo de Portugal, I. P., nos termos previstos no artigo 62º, e instruída com os seguintes elementos:

a) Documento que contenha, com as necessárias adaptações, os elementos previstos no nº 2 do artigo 5º;

b) Cópia da licença de utilização turística do empreendimento turístico;

c) Se o requerente não for o proprietário do empreendimento turístico, o documento que o legitime a constituir direitos de habitação turística.

6 – As unidades de alojamento dos empreendimentos previstos no nº 1 do artigo anterior não se consideram retiradas da exploração de serviços de alojamento turístico pelo facto de se encontrarem sujeitas ao regime do direito de habitação turística.

7 – Ao processo de comunicação prévia da exploração no regime de direito de habitação turística aplica-se o disposto nos nºs 3 a 5 do artigo 5º com as devidas adaptações.

Nota:

V. nota ao art. 25º.

ARTIGO 47º
Duração

Os direitos de habitação turística são, na falta de indicação em contrário, perpétuos, podendo ser fixado um limite de duração não inferior a um ano, a contar da data da sua constituição ou da data da abertura ao público do empreendimento turístico quando o empreendimento estiver ainda em construção.

ARTIGO 47º-A
Formulário normalizado de informação pré-contratual

1 – Em tempo útil, antes de o consumidor ficar vinculado pelo contrato ou proposta, o proprietário ou o vendedor de direitos de habitação turística deve entregar de forma gratuita, em papel ou através de suporte duradouro facilmente acessível ao consumidor, informações exactas que, de uma forma clara, precisa e compreensível, descrevam o empreendimento turístico, bem como os direitos e obrigações decorrentes do contrato.

2 – As informações mencionadas no número anterior constam de formulário normalizado de informação pré-contratual e incluem designada e obrigatoriamente os seguintes elementos:

a) A identidade, o domicílio, a indicação exacta da qualidade jurídica do vendedor no momento da celebração do contrato, bem como a identidade e o domicílio do proprietário das unidades de alojamento;

b) A identificação do empreendimento turístico, com menção do número da descrição do prédio ou prédios no registo predial e indicação da sua localização, com referência ao tipo e classificação do mesmo;

c) A natureza exacta e especificação do conteúdo do direito objecto do contrato;

d) A indicação exacta do período durante o qual o direito pode ser exercido, incluindo a data a partir da qual pode ser exercido;

e) O preço a pagar pela aquisição do direito ou direitos, incluindo descrição exacta dos custos adicionais obrigatórios decorrentes do contrato;

f) A descrição dos encargos periódicos, incluindo calendarização dos mesmos, contribuições especiais ou taxas locais eventualmente existentes decorrentes do exercício do direito, bem como os critérios de fixação e actualização dos mesmos;

g) A descrição dos serviços colocados à disposição do titular do direito ou direitos, com distinção dos custos incluídos e não incluídos no preço a pagar;

h) A existência de códigos de conduta aplicáveis com indicação do local onde os mesmos podem ser consultados;

i) As informações sobre o modo e os prazos do exercício do direito de resolução do contrato, com a indicação da pessoa a quem deve ser comunicada a resolução;

j) A informação relativa à proibição de quaisquer pagamentos antecipados antes de decorrido o prazo de resolução;

l) A informação de que o contrato pode, nos termos do direito internacional privado e em caso de litígio, ser regido por lei diferente da do Estado membro onde o consumidor reside ou tem o seu domicílio habitual.

3 – O formulário normalizado de informação pré-contratual deve conter ainda informação detalhada sobre:

a) Os direitos adquiridos, com especificação clara e adequada das condições do seu exercício, com descrição exacta e pormenorizada do imóvel ou imóveis, incluindo a sua localização e descrição dos móveis e utensílios que constituem a unidade de alojamento;

b) As restrições eventualmente existentes quanto à possibilidade de o consumidor utilizar os direitos;

c) A forma de resolução do contrato e respectivos efeitos na esfera do titular, incluindo especificação dos custos a repercutir no titular e consequências em caso de contratos acessórios, incluindo contratos de crédito associados;

d) A indicação da língua ou línguas utilizadas entre o titular do direito e o proprietário ou administrador do empreendimento no âmbito do contrato, incluindo as questões relacionadas com a indicação dos custos, com o tratamento dos pedidos de informação ou apresentação de reclamações;

e) A indicação da possibilidade ou impossibilidade de recurso a mecanismos extrajudiciais de resolução de conflitos.

4 – As alterações às informações previstas no número anterior devem ser comunicadas ao adquirente antes da celebração do contrato, devendo nesse caso o contrato fazer referência expressa a essas alterações.

5 – As informações previstas no nº 3 não podem ser alteradas, salvo acordo expresso das partes em contrário ou, se as alterações resultarem de circunstâncias inusitadas, imprevisíveis e independentes da vontade do profissional, e as suas consequências não pudessem ter sido evitadas mesmo com toda a diligência devida.

6 – As informações a que se referem os nºs 2 e 3 devem ser redigidas na língua ou numa das línguas do Estado membro de residência ou da nacionalidade do consumidor à escolha deste desde que se trate de uma das línguas oficiais da Comunidade.

7 – O modelo de documento informativo normalizado é aprovado pelo despacho conjunto a que se refere o nº 7 do artigo 9º

ARTIGO 48º

Contrato de transmissão de direitos de habitação turística

1 – O contrato de transmissão de direitos de habitação turística é celebrado por escrito e deve ser entregue pelo vendedor ao adquirente em papel ou através de suporte duradouro.

2 – O vendedor deve entregar ao adquirente um contrato de transmissão de direitos de habitação turística redigido na língua do Estado em que se situe o imóvel e uma tradução do contrato, à escolha do adquirente:

a) Na ou numa das línguas do Estado membro de residência do adquirente; ou

b) Na ou numa das línguas do Estado membro de que este é nacional, desde que se trate de uma das línguas oficiais da Comunidade.

3 – Na área do contrato ou contrato-promessa de transmissão de direitos de habitação turística imediatamente anterior à destinada a assinaturas deve constar:

a) A menção relativa ao exercício do direito de resolução, sem necessidade de indicação do motivo e sem quaisquer encargos, no prazo de 14 dias seguidos a contar da data da celebração do contrato ou do contrato-promessa ou da entrega do mesmo;

b) A menção sobre a proibição de quaisquer pagamentos antecipados directa ou indirectamente relacionados com o negócio jurídico a celebrar.

4 – No espaço previsto no número anterior, o adquirente deve ainda declarar ter recebido a tradução do contrato, que constitui parte integrante do mesmo para todos os efeitos legais.

5 – Os contratos a que se refere o nº 1, ou os respectivos contratos-promessa, devem mencionar, quando o vendedor ou o promitente-vendedor intervenham no exercício do comércio, sob pena de anulabilidade:

a) Os elementos a que se referem as alíneas c), d), g) e p) a t) do nº 2 do artigo 5º;

b) Os elementos a que se referem as alíneas c) e d) do nº 2 do artigo 11º, com as necessárias adaptações;

c) A indicação das garantias prestadas para cumprir o disposto no artigo 52º;

d) *A indicação explícita de que o direito a que se refere o contrato não constitui um direito real;*
e) *(Revogada.)*
f) *Se o vendedor não for o proprietário das casas ou empreendimentos previstos no artigo 45º ou alguém que actue devidamente mandatado para o representar nos termos previstos no número seguinte, deve ainda juntar a autorização prevista nos números seguintes;*
g) *A menção das informações previstas nos nºs 2 e 3 do artigo 47º-A, que deve ter total correspondência com o formulário normalizado de informação.*
6 – A comercialização de direitos de habitação turística por quem não seja proprietário dos empreendimentos turísticos previstos no artigo 45º, ou por quem actue devidamente mandatado para o efeito por mediação, agenciamento, cessão ou outras formas afins, depende de comunicação prévia ao Turismo de Portugal, I. P.
7 – A comunicação prévia referida no número anterior depende da observância pelos requerentes dos seguintes requisitos:
a) *(Revogada.)*
b) *Garantir o gozo pleno dos direitos de habitação turística objecto do contrato de transmissão durante o seu período de duração;*
c) *Comprovação da sua idoneidade comercial.*
8 – Para efeitos do disposto na alínea c) do número anterior, não são consideradas comercialmente idóneas as pessoas relativamente às quais se verifique:
a) *A proibição legal do exercício do comércio;*
b) *A inibição do exercício do comércio por ter sido declarada a sua falência ou insolvência enquanto não for levantada a inibição e decretada a sua reabilitação;*
c) *Terem sido titulares, gerentes ou administradores de um estabelecimento individual de responsabilidade limitada, de uma cooperativa ou de uma sociedade comercial, punida com três ou mais coimas, desde que lhe tenha sido aplicada a sanção de interdição do exercício da actividade.*
9 – Para efeitos do disposto no nº 6, e sem prejuízo do disposto na alínea d) do artigo 5º do Decreto-Lei nº 92/2010, de 26 de Julho, o vendedor deve apresentar no Turismo de Portugal, I. P., uma comunicação prévia acompanhada dos seguintes elementos:
a) *Certidão do acto constitutivo do estabelecimento individual de responsabilidade limitada, da cooperativa ou da sociedade comercial, ou cópia de documento de identificação, se for pessoa singular sem aquele estabelecimento constituído;*
b) *Certidão do registo comercial definitivo do estabelecimento individual de responsabilidade limitada, da cooperativa ou da sociedade comercial, se for pessoa colectiva ou singular com aquele estabelecimento constituído;*
c) *Certidão que ateste que a empresa não é devedora ao Estado de quaisquer contribuições, impostos ou outras importâncias ou que o pagamento das mesmas está formalmente assegurado;*

d) Certidão que ateste que a empresa tem a situação regularizada com a segurança social;
e) Cópia dos contratos celebrados entre o vendedor e o ou os proprietários das unidades de alojamento sujeitas ao regime dos direitos de habitação turística, que garantam o gozo pleno dos direitos objecto do contrato ou contrato-promessa de transmissão desses direitos, pelo período de duração neles previstos.
10 – Quando os elementos a que se referem as alíneas a) a d) do número anterior se encontrem disponíveis na Internet, a respectiva apresentação pode ser substituída pela indicação dos endereços electrónicos onde aquela informação pode ser consultada e respectivos códigos de acesso e, se for caso disso, pela entrega de declaração a autorizar essa consulta.
11 – O processo de comunicação prévia obedece ao disposto nos nºs 3 a 5 do artigo 5º, com as devidas adaptações.

Nota:
V. nota ao art. 25º.

ARTIGO 49º
Direito de resolução

1 – Nos contratos de aquisição de direitos de habitação turística ou nos respectivos contratos-promessa, o adquirente ou o promitente-adquirente tem a faculdade de resolver o contrato, sem indicar o motivo e sem quaisquer encargos, no prazo de 14 dias seguidos e nos termos do nº 2 do artigo 16º
2 – É aplicável ao direito de resolução dos contratos de aquisição de direitos de habitação turística ou dos respectivos contratos-promessa, com as necessárias adaptações, o disposto nos nºs 3 a 9 do artigo 16º

ARTIGO 50º
Administração e conservação

1 – A administração e conservação das unidades de alojamento e das instalações e serviços de uso comum do empreendimento competem ao proprietário ou ao cessionário da exploração, aplicando-se, com as devidas adaptações, o disposto nos artigos 25º a 30º
2 – No 1º trimestre de cada ano será convocada pela entidade responsável pela administração do empreendimento uma assembleia geral dos titulares dos direitos de habitação turística com vista à prestação de informações e à deliberação sobre qualquer assunto do interesse daqueles titulares.

3 – É aplicável, com as necessárias adaptações, o disposto na alínea b) do nº 2 e nos nºs 4 e 6 do artigo 34º e nos artigos 36º a 41º

ARTIGO 50º-A

Pagamento escalonado

1 – Nos contratos de aquisição de direitos de habitação turística a que se refere a alínea b) do nº 2 do artigo 45º o pagamento do preço pelo titular ao proprietário ou ao cessionário da exploração do empreendimento é feito de acordo com um calendário de pagamentos escalonados.

2 – Os pagamentos, incluindo eventuais quotas de membros, são divididos em prestações anuais, todas do mesmo valor.

3 – É proibido qualquer pagamento do preço que não esteja de acordo com o calendário de pagamentos escalonados.

4 – O vendedor deve enviar um pedido de pagamento por escrito, em papel ou noutro suporte duradouro, pelo menos 14 dias seguidos antes da data de vencimento de cada prestação.

5 – A partir do pagamento da segunda prestação, o titular tem o direito de resolver o contrato sem sofrer qualquer sanção, desde que informe o profissional no prazo de 14 dias seguidos a contar da recepção do pedido de pagamento de cada prestação.

6 – A partir da segunda anuidade, o vendedor e o titular podem acordar na sua actualização de acordo com o índice médio de preços ao consumidor no continente, publicado pelo Instituto Nacional de Estatística.

7 – O exercício do direito a que se refere o nº 5 não prejudica a aplicação das regras gerais do direito em matéria de cumprimento e incumprimento das obrigações.

ARTIGO 51º

Prestação periódica

1 – O contrato de aquisição de direito de habitação turística pode estabelecer uma prestação periódica a pagar pelo titular ao proprietário ou ao cessionário da exploração do empreendimento.

2 – O valor da prestação periódica pode ser actualizado nos termos previstos no contrato.

3 – Não pode convencionar-se o pagamento antecipado das prestações periódicas respeitantes a anos subsequentes.

4 – É aplicável, com as necessárias adaptações, o disposto no nº 2 do artigo 23º

ARTIGO 52º
Cauções

1 – O proprietário das unidades de alojamento sujeitas ao regime de direitos de habitação turística, ou o vendedor, nos casos previstos na alínea f) do nº 3 do artigo 48º, deve prestar a favor do adquirente ou do promitente-adquirente de direitos de habitação turística caução pelo montante das quantias recebidas por este a qualquer título, para os efeitos e nos termos do artigo 15º.

2 – O proprietário das unidades de alojamento sujeitas ao regime de direitos de habitação turística ou, tendo havido cessão de exploração, o cessionário devem ainda prestar caução de boa administração, a favor dos titulares de direitos de habitação turística, nos termos e para os efeitos do disposto no artigo 31º, com as necessárias adaptações.

3 – Se na casa ou empreendimento existirem titulares de direitos não obrigados ao pagamento de prestações periódicas, a caução de boa administração deve ser fixada anualmente pela entidade encarregada da auditoria das contas, em valor não inferior ao montante de despesas previsto para cada exercício.

4 – A caução prevista nos números anteriores só pode ser accionada por deliberação da maioria dos titulares dos direitos de habitação turística constituídos.

ARTIGO 53º
Extensão do regime

1 – Aos direitos de habitação turística é aplicado, com as necessárias adaptações, o disposto nos artigos 13º-A, 14º, 20º, 43º e 44º

2 – Aos contratos de troca, bem como aos contratos de revenda dos direitos previstos no presente diploma aplica-se, com as necessárias adaptações, o disposto no presente diploma, em especial o previsto nos artigos 9º, 13º, 13º-A, 14º, 16º e 47º-A.

3 – Sem prejuízo do mencionado no número anterior, aos contratos de revenda é aplicável o disposto no Decreto-Lei nº 211/2004, de 20 de Agosto, que regula o exercício das actividades de mediação imobiliária e de angariação imobiliária em tudo o que não contrarie o presente diploma.

4 – Os formulários normalizados de informação pré-contratual respectivos são aprovados pelo despacho conjunto a que se refere o nº 7 do artigo 9º

5 – Por contrato de troca entende-se o contrato por força do qual o consumidor adere, a título oneroso, a um sistema de troca que lhe permite ter acesso a um alojamento de pernoita ou a outros serviços, em troca de conceder a terceiros acesso temporário aos benefícios inerentes aos direitos decorrentes do seu contrato de utilização periódica de bens.

6 – Por contrato de revenda entende-se o contrato por força do qual o profissional, a título oneroso, presta assistência ao consumidor na venda ou na compra de um produto de utilização periódica de bens ou de um produto de férias de longa duração.

ARTIGO 53º-A
Direitos de habitação turística em bens móveis

1 – As normas sobre comercialização, venda e revenda de produtos, publicidade e informações obrigatórias ao consumidor, previstas no presente capítulo, são aplicáveis, com as necessárias adaptações, aos contratos de duração superior a um ano, através dos quais se concedam direitos de habitação em alojamentos de pernoita inseridos em bens móveis.

2 – Sem prejuízo do disposto no número anterior, a exploração de direitos de habitação turística em bens móveis é prestada livremente, não estando sujeita a comunicação prévia nem se aplicando as regras relativas à caução e ao fundo de reserva.

CAPÍTULO III
DAS INFRACÇÕES E SUA SANÇÃO

ARTIGO 54º
Contra-ordenações

1 – Constituem contra-ordenações puníveis com coima de € 9975,94 a € 99 759,40:

a) A comercialização de direito real de habitação periódica não validamente constituído;

b) A infracção ao disposto no nº 1 do artigo 4º;

c) A infracção ao disposto no nº 2 do artigo 12º, no artigo 14º e no nº 1 do artigo 17º;

d) A não prestação das cauções previstas no artigo 15º e no nº 3 do artigo 19º;

e) A não devolução atempada das quantias entregues pelo adquirente ou promitente-adquirente de direitos reais de habitação periódica ou de direitos de habitação turística, em caso do exercício do direito de resolução dos respectivos contratos;

f) A violação dos direitos garantidos pelo disposto nas alíneas a) e c) do nº 1 do artigo 21º;

g) O incumprimento do disposto no artigo 30º;

h) A não prestação da caução prevista no artigo 31º;

i) A realização de publicidade ou promoção do direito real de habitação periódica ou de direito de habitação turística em infracção ao disposto nos artigos 43º e 44º;

j) A comercialização de direitos de habitação turística em infracção ao disposto nos nºs 1 e 4 do artigo 46º;

l) A infracção do disposto nos nºs 5 e 6 do artigo 48º;
m) A não prestação das cauções previstas no artigo 52º;
n) O incumprimento do disposto no nº 5 do artigo 60º
2 – Constituem contra-ordenações puníveis com coima de € 4987,98 a € 49 879,79:
a) A infracção ao disposto no nº 3 do artigo 4º;
b) A infracção ao disposto nos nºs 1, 2 e 3 do artigo 9º;
c) A infracção ao disposto no nº 2 do artigo 11º;
d) O incumprimento das obrigações previstas nos nºs 3 a 6 do artigo 11º, no artigo 13º e no nº 2 do artigo 18º;
e) A falta de conservação e limpeza das unidades de alojamento objecto do direito, em infracção ao disposto no artigo 26º;
f) O incumprimento do disposto nos nºs 1 a 3 do artigo 32º, no artigo 33º e nos nºs 1 e 4 do artigo 34º;
g) A infracção ao disposto no nº 1 do artigo 48º, quando o vendedor tenha intervindo no exercício do comércio;
h) A infracção ao disposto no nº 2 do artigo 48º;
i) A violação dos direitos garantidos pelos nºs 1, 7 e 8 do artigo 16º e pelo artigo 49º;
j) A infracção ao disposto no nº 2 do artigo 50º;
l) A infracção ao disposto nos nºs 1 a 4 do artigo 50º-A.
3 – A negligência e a tentativa são puníveis.

ARTIGO 55º
Sanções acessórias
1 – Conjuntamente com as coimas previstas, podem ser aplicadas, de acordo com a natureza, a gravidade ou a frequência das contra-ordenações, as seguintes sanções acessórias, nos termos da lei geral:
a) Apreensão de todo o material utilizado, no caso da alínea i) do nº 1 do artigo anterior;
b) Interdição, por dois anos, do exercício da actividade, salvo no caso da alínea d) do nº 2 do artigo anterior.
2 – Da aplicação de qualquer sanção será sempre dada publicidade, a expensas do infractor, mediante:
a) A afixação de cópia da decisão, pelo período de 30 dias, no próprio empreendimento, em lugar e por forma bem visível;
b) A sua publicação em jornal de difusão nacional, regional ou local, de acordo com o lugar, a importância e os efeitos da infracção.

ARTIGO 56º
Concurso de contra-ordenações

Se um facto violar simultaneamente o disposto no Código da Publicidade, aprovado pelo Decreto-Lei nº 330/90, de 23 de Outubro, e alterado pelo Decreto-Lei nº 74/93, de 10 de Março, e pelo Decreto-Lei nº 275/98, de 9 de Setembro, e os artigos 43º e 44º do presente diploma, deve ser punido pela violação destes.

ARTIGO 57º
Responsabilidade

Os titulares, gerentes e administradores ou directores do estabelecimento individual de responsabilidade limitada, da cooperativa ou da sociedade comercial, proprietárias ou cessionárias, são subsidiariamente responsáveis pelo pagamento das coimas aplicadas àquelas.

ARTIGO 58º
Competência

1 – Compete à Autoridade de Segurança Alimentar e Económica a organização e instrução dos processos relativos às contra-ordenações previstas no presente diploma.
2 – É da competência da Comissão de Aplicação de Coimas em Matéria Económica e de Publicidade a aplicação das coimas e sanções acessórias previstas no presente diploma.

Nota:

Compete à ASAE a fiscalização do sector (conforme arts, 3º, nº 2, al. *t*) do Decreto-Lei nº 274/2007, de 30.07 e 66º do Decreto-Lei nº 39/2008, de 07.03.), excepto no que concerne a publicidade, cuja competência pertence à Direcção-Geral do Consumidor.

Incumbe igualmente à ASAE proceder à investigação e instrução de processos por contra-ordenação cuja competência lhe esteja legalmente atribuída (al. *z*).

Quanto à competência sancionatória é partilhada, nos termos do art. 70º, do Decreto-Lei nº 39/2008, de 07.03, pela Comissão de Aplicação de Coimas em Matéria Económica e de Publicidade (CACMEP) e pelas câmaras municipais.

ARTIGO 59º
Destino das coimas

O produto das coimas reverte em:
a) 60% para os cofres do Estado;

b) 30% para a Autoridade de Segurança Alimentar e Económica;

c) 10% para a Comissão de Aplicação de Coimas em Matéria Económica e de Publicidade.

ARTIGO 60º

Aplicação no tempo e no espaço

1 – O presente diploma aplica-se aos direitos reais de habitação periódica constituídos, ficando ressalvados os efeitos já produzidos pelos factos que este se destina a regular.

2 – Aos direitos reais de habitação periódica que tenham sido objecto de contratos-promessa de transmissão e não se encontrem constituídos ao tempo da entrada em vigor do presente diploma aplicam-se, quanto à escritura pública, ao registo e à emissão de certificados prediais, as disposições dos artigos 4º, 5º e 7º a 9º do Decreto-Lei nº 130/89, de 18 de Abril.

3 – Nas transmissões de direitos reais de habitação periódica titulados por certificados prediais emitidos ou a emitir ao abrigo do Decreto-Lei nº 130/89, de 18 de Abril, em que, nos termos do presente diploma, caiba ao adquirente a faculdade de resolver o contrato, deve este declarar por escrito, no momento da transmissão, que tomou conhecimento daquela faculdade.

4 – O título de constituição dos direitos reais de habitação periódica deve ser modificado, no prazo de um ano, sempre que o mesmo não se conforme, no tocante ao conteúdo dos direitos, com o que se dispõe no presente diploma.

5 – O proprietário ou cessionário da exploração do empreendimento turístico deve reforçar, no prazo de um ano, a caução de boa administração, até ao montante mínimo previsto no artigo 31º

6 – O presente diploma aplica-se aos direitos obrigacionais de habitação turística, constituídos ao abrigo do disposto no Decreto-Lei nº 130/89, de 18 de Abril, salvo o disposto no nº 1 do artigo 47º

7 – Sempre que a lei aplicável ao contrato seja a lei de um Estado membro da União Europeia é considerada como não escrita toda e qualquer cláusula contratual através da qual o consumidor renuncie aos direitos previstos no presente diploma.

8 – Se a lei aplicável for a lei de um país terceiro ao da União Europeia, o consumidor não pode ser privado da protecção conferida pelo disposto neste decreto-lei quando:

a) O bem imóvel se encontre situado no território de um Estado membro;

b) Nos restantes casos, o vendedor exercer a sua actividade de comércio no território de um Estado membro ou dirigir por qualquer meio essa actividade para o território de um Estado membro.

ARTIGO 60º-A
Informação ao consumidor e resolução extrajudicial de litígios

1 – As entidades responsáveis pela aplicação do presente diploma devem promover acções destinadas a informar os consumidores sobre os direitos que para eles resultam da sua aplicação.
2 – As entidades a que se refere o número anterior devem promover o recurso aos mecanismos de resolução extrajudicial de conflitos para a resolução de litígios entre profissionais e consumidores, na acepção da Lei nº 24/96, de 31 de Julho, resultantes da aplicação do presente diploma.
3 – As entidades referidas no nº 1 devem incentivar os profissionais e os titulares de códigos de conduta a informarem os consumidores sobre a existência destes códigos.

ARTIGO 61º
Isenção de sisa

A transmissão do direito real de habitação periódica é isenta do imposto municipal de sisa.

Nota:

O imposto municipal de sisa é agora denominado imposto municipal sobre transmissão onerosa de imóveis, nos termos do Decreto-Lei nº 287/2003, de 12.11.

ARTIGO 61º-A
Tramitação desmaterializada

A tramitação dos procedimentos de comunicação prévia previstos nos artigos 5º, 46º e 48º é realizada por via informática através de formulário disponível no balcão único electrónico a que se refere o artigo 6º do Decreto-Lei nº 92/2010, de 26 de Julho, acessível através do Portal da Empresa, do Portal do Cidadão e do sítio da Internet do Turismo de Portugal, I. P.

ARTIGO 61º-B
Cooperação administrativa

As autoridades competentes nos termos do presente diploma participam na cooperação administrativa através do Sistema de Informação do Mercado Interno (IMI) no âmbito dos procedimentos relativos a exploradores deste tipo de estabelecimentos com actividade noutro Estado membro, incluindo no âmbito da fiscalização e aplicação de sanções, nos termos do capítulo VI do Decreto-Lei nº 92/2010, de 26 de Julho.

ARTIGO 62º
Norma revogatória

Sem prejuízo do disposto no artigo 60º, é revogado o Decreto-Lei nº 130/89, de 18 de Abril.

Regime Jurídico das Agências de Viagens e Turismo

DECRETO-LEI Nº 61/2011, DE 6 DE MAIO

A Directiva nº 2006/123/CE, do Parlamento Europeu e do Conselho, de 12 de Dezembro de 2006, relativa aos serviços no mercado interno, que estabeleceu os princípios e os critérios que devem ser observados pelos regimes de acesso e de exercício de actividades de serviços na União Europeia, foi transposta para a ordem jurídica interna pelo Decreto-Lei nº 92/2010, de 26 de Julho.

Menos burocracia, procedimentos mais rápidos e desmaterializados, o deferimento tácito, o acesso mais fácil ao exercício da actividade e uma maior responsabilização dos agentes económicos pela actividade que desenvolvem tornam o mercado de serviços mais competitivo, contribuindo para o crescimento económico e para a criação de emprego. Complementarmente, são intensificados os instrumentos de fiscalização e garante-se aos consumidores uma maior transparência e mais informação.

Deste modo, torna-se agora necessário adaptar o regime jurídico de actividade das agências de viagens e turismo, no sentido de proporcionar às empresas e aos empresários um ambiente mais favorável à realização de negócios.

A evolução do mercado motivada, designadamente, pelos novos comportamentos dos consumidores, pela utilização generalizada da Internet como instrumento de acesso ao serviço final e por uma concorrência globalizada exige que as empresas se adeqúem e acompanhem este movimento de mudança.

Assim, o presente decreto-lei introduz, em primeiro lugar, uma simplificação no acesso e exercício da actividade das agências de viagens e turismo ao abolir o licenciamento como requisito de acesso, substituindo-o por uma mera comunicação prévia que, acompanhada do comprovativo da prestação das garantias exigidas, permite o início imediato da actividade, sem necessidade de autorização por parte de organismos da Administração Pública.

A mera comunicação prévia é obrigatoriamente efectuada pelo empresário ou por quem o represente, por via electrónica, através do novo registo nacional das agências de viagens e turismo (RNAVT).

Trata-se de um importante passo no sentido da simplificação e desmaterialização de procedimentos e da redução de custos de contexto, através de uma medida que concretiza o Programa SIMPLEX – Programa de Simplificação Administrativa e Legislativa.

O registo nacional das agências de viagens e turismo (RNAVT), agora criado, é organizado pelo Turismo de Portugal, I. P., e contém a relação actualizada dos agentes a operar no mercado, permitindo uma melhor monitorização e acompanhamento da evolução do sector e uma melhor fiscalização por parte das entidades públicas competentes.

Trata-se, por outro lado, de um instrumento de comunicação por via electrónica, que contribui, por um lado, para a desmaterialização de procedimentos no âmbito da interacção com os empresários do sector, e permite, por outro, a disponibilização permanente ao consumidor de informação credível sobre a realidade da oferta turística neste sector de actividade.

O RNAVT integra o registo nacional de turismo (RNT), expressamente consagrado na Lei de Bases do Turismo, e que configura uma plataforma mais alargada, agregadora de toda a oferta turística nacional.

Em segundo lugar, o decreto-lei viabiliza o acesso à actividade a pessoas singulares, elimina a exigência de um capital social mínimo para as pessoas colectivas e suprime ainda a exigência de um estabelecimento para o exercício da actividade em território nacional, o que se traduz em mais um passo relevante no sentido da simplificação e redução de custos de contexto no acesso à actividade.

O presente decreto-lei reforça também as garantias dos consumidores, quer criando o fundo de garantia de viagens e turismo (FGVT), que responde solidariamente pelo pagamento da totalidade dos créditos dos consumidores resultantes do incumprimento, total ou parcial, dos serviços contratados às agências de viagens e turismo, quer reforçando a fiscalização, atribuindo, nomeadamente, à Autoridade de Segurança Alimentar e Económica a competência para a aplicação de medidas cautelares.

A forma de pagamento dos créditos aos consumidores através do fundo diferencia-se do regime estabelecido pelo Decreto-Lei nº 263/2007, de 20 de Julho, em que a caução prestada pela agência de viagens e turismo respondia apenas pelo incumprimento dos serviços contratados a esta agência.

Ao estabelecer a responsabilidade solidária do fundo, o presente decreto-lei reforça as garantias de efectivo ressarcimento dos consumidores pelo incumprimento de serviços contratados a agências de viagens e turismo.

Sem prejuízo do disposto na Convenção de Montreal, de 28 de Maio de 1999, sobre transporte aéreo internacional, e da Convenção de Berna, de 1961, sobre transporte ferroviário, no regime ora proposto, o fundo responde solidariamente, de forma ilimitada, pelo incumprimento contratual das agências de viagens e turismo, dando mais garantias aos consumidores quanto ao reembolso dos montantes entregues e das despesas realizadas.

Por último, o presente decreto-lei reconhece, como título válido para o accionamento deste fundo, as decisões do provedor do cliente da Associação Portuguesa das Agências de Viagens e Turismo (APAVT), desde que registado no sistema de registo voluntário de procedimentos de resolução extrajudicial de conflitos de consumo, instituído pelo Decreto-Lei nº 146/99, de 4 de Maio.

Foram ouvidas a Associação Portuguesa das Agências de Viagens e Turismo (APAVT), a Associação Portuguesa de Hotelaria, Restauração e Turismo (APHORT), a Associação Portuguesa de Empresas de Congresso, Animação Turística e Eventos (APECATE), a Associação de Industriais de Hotelaria e Restauração do Centro (HR Centro) e a Comissão Nacional de Protecção de Dados.

Foi promovida a audição do Conselho Nacional do Consumo, da Confederação do Turismo Português (CTP), da Associação dos Hotéis e Empreendimentos Turísticos do Algarve (AHETA), da Associação dos Industriais Hoteleiros e Similares do Algarve (AIHSA) e da Associação dos Industriais de Aluguer de Veículos Automóveis sem Condutor (ARAC).

Assim:

Nos termos da alínea a) do nº 1 do artigo 198º da Constituição, o Governo decreta o seguinte:

CAPÍTULO I
DISPOSIÇÕES GERAIS

ARTIGO 1º
Objecto

1 – O presente decreto-lei estabelece o regime de acesso e de exercício da actividade das agências de viagens e turismo.

2 – O presente decreto-lei procede ainda à adaptação do presente regime jurídico ao Decreto-Lei nº 92/2010, de 26 de Julho, que transpôs para a ordem jurídica interna a Directiva nº 2006/123/CE, do Parlamento Europeu e do Conselho, de 12 de Dezembro de 2006, relativa aos serviços no mercado interno, que estabelece os princípios e as regras necessárias para simplificar o acesso e exercício das actividades de serviços.

3 – São agências de viagens e turismo as pessoas singulares ou colectivas cuja actividade consiste no exercício das actividades referidas no nº 1 do artigo 3º

Nota:

O Decreto-Lei nº 198/93, de 27 de Maio foi revogado pelo Decreto-Lei nº 209/97, de 13 de Agosto, rectificado pela Declaração de Rectificação nº 21-D/97, de 29.11 e pelos Decretos-Leis nºs 12/99, de 14.04, 76-A/2006, de 29 de Março e nº 263/2007, de 20.07.

Por sua vez, o Decreto-Lei nº 209/97, de 13 de Agosto é agora revogado pelo Decreto-Lei nº 61/2011, de 6 de Maio, o qual pretende "menos burocracia, procedimentos mais rápidos e desmaterializados, o deferimento tácito, o acesso mais fácil ao exercício da actividade e uma maior responsabilização dos agentes económicos pela actividade que desenvolvem tornam o mercado de serviços mais competitivo, contribuindo para o crescimento económico e para a criação de emprego. Complementarmente, são identificados os instrumentos de fiscalização e garante-se aos consumidores uma maior transparência e mais informação".

O regime actual surge em consequência da transposição da Directiva nº 2006/123/CE, do Parlamento Europeu e do Conselho, de 12 de Dezembro de 2006, relativa aos serviços no mercado interno pelo Decreto-Lei nº 92/2010, de 26.07.

Permite-se agora que constituam agências de viagens e turismo as pessoas singulares, independentemente da forma que adoptem (relembre-se que no regime anterior as mesmas só eram admitidas sob a forma de estabelecimento individual de responsabilidade limitada), nos termos do disposto no nº 3.

ARTIGO 2º
Tipos de agências de viagens e turismo

1 – As agências de viagens e turismo podem ser agências vendedoras e ou agências organizadoras.

2 – São agências vendedoras as empresas que vendem ou propõem para venda viagens organizadas tal como definidas no nº 2 do artigo 15º, elaboradas por agências organizadoras.

3 – São agências organizadoras, também designadas operadores turísticos, as empresas que elaboram viagens organizadas tal como definidas no nº 2 do artigo 15º e as vendem ou propõem para venda directamente ou através de uma agência vendedora.

Nota:

O preceito corresponde ao art. 1º, do Decreto-Lei nº 209/97, de 13 de Agosto.

Constituem agências de viagens as agências vendedoras e/ou as agências organizadoras (nº 1).

As primeiras, vendem; as segundas, organizam.

Pela primeira vez é clarificado o conceito de operador turístico (ou agências organizadoras), constituindo-se por empresas que elaboram viagens organizadas e as vendem ou propõe para venda directamente ou através de uma agência vendedora (nº 1).

ARTIGO 3º
Actividades das agências de viagens e turismo

1 – As agências de viagens e turismo desenvolvem, a título principal, as seguintes actividades próprias:

a) A organização e venda de viagens turísticas;

b) A representação de outras agências de viagens e turismo, nacionais ou estrangeiras, ou de operadores turísticos nacionais ou estrangeiros, bem como a intermediação na venda dos respectivos produtos;

c) A reserva de serviços em empreendimentos turísticos;

d) A venda de bilhetes e reserva de lugares em qualquer meio de transporte;

e) A recepção, transferência e assistência a turistas.

2 – As agências de viagens e turismo desenvolvem, a título acessório, as seguintes actividades:

a) A obtenção de certificados colectivos de identidade, vistos ou outros documentos necessários à realização de uma viagem;

b) A organização de congressos e de eventos semelhantes;

c) A reserva e a venda de bilhetes para espectáculos e outras manifestações públicas;

d) A realização de operações cambiais para uso exclusivo dos clientes, de acordo com as normas reguladoras da actividade cambial;

e) A intermediação na celebração de contratos de aluguer de veículos de passageiros sem condutor;

f) A comercialização de seguros de viagem e de bagagem em conjugação e no âmbito de outros serviços por si prestados;

g) A venda de guias turísticos e de publicações semelhantes;

h) O transporte turístico efectuado no âmbito de uma viagem turística, nos termos definidos no artigo 15º;

i) A prestação de serviços ligados ao acolhimento turístico, nomeadamente a organização de visitas a museus, monumentos históricos e outros locais de relevante interesse turístico.

3 – Encontra-se excluída do disposto no nº 1 a comercialização de serviços que não constituam viagens organizadas, feita através de meios telemáticos ou da Internet, por empreendimen-

tos turísticos, empresas transportadoras, estabelecimentos, iniciativas ou projectos declarados de interesse para o turismo e entidades que prossigam atribuições públicas de promoção de Portugal ou das suas regiões enquanto destino turístico.

Nota:

O preceito corresponde ao art. 2º, do Decreto-Lei nº 209/97, de 13 de Agosto.

No nº 1, indicam-se as actividades que *naturalmente* fazem parte da actividade da agência (ditas actividades principais) e, no nº 2, as designadas actividades acessórias, as quais, de alguma forma, complementam as principais.

O nº 3, apresenta, *ex novo*, uma norma de exclusão da actividade de agência sempre que a comercialização de serviços que não constituam viagens organizadas seja realizada através de meios telemáticos ou via Internet.

ARTIGO 4º
Exclusividade

1 – Só as agências de viagens e turismo inscritas no registo nacional das agências de viagens e turismo (RNAVT) ou que operem nos termos do artigo 10º podem exercer em território nacional as actividades previstas no nº 1 do artigo 3º, sem prejuízo do disposto nos números seguintes.

2 – Não estão abrangidos pelo exclusivo reservado às agências de viagens e turismo:

a) A comercialização directa dos seus serviços pelos empreendimentos turísticos, pelos agentes de animação turística e pelas empresas transportadoras;

b) O transporte de clientes pelos empreendimentos turísticos e agentes de animação turística, com meios de transporte próprios;

c) A venda de serviços de empresas transportadoras feita pelos seus agentes ou por outras empresas transportadoras com as quais tenham serviços combinados.

3 – Entende-se por meios de transporte próprios aqueles que são propriedade da empresa, bem como aqueles em que a empresa utilizadora seja a locatária.

Nota:

O preceito corresponde ao art. 3º, do Decreto-Lei nº 209/97, de 13 de Agosto.

ARTIGO 5º
Denominação, nome dos estabelecimentos e menções em actos externos

1 – Somente as agências de viagens e turismo inscritas no RNAVT ou que operem nos termos do artigo 10º podem usar a denominação de «agente de viagens» ou «agência de viagens».

2 – As agências de viagens e turismo não podem utilizar nomes de estabelecimentos iguais ou semelhantes às de outros já existentes, salvo se comprovarem estar devidamente autorizadas para o efeito pelas respectivas detentoras originais e sem prejuízo dos direitos resultantes da propriedade industrial.
3 – Todas as agências de viagens e turismo devem exibir, de forma visível, a respectiva denominação.
4 – Em todos os contratos, correspondência, publicações, publicidade e, de um modo geral, em toda a sua actividade comercial as agências de viagens e turismo devem indicar a denominação e, caso exista, o número de registo, bem como a localização da sua sede, sem prejuízo das referências obrigatórias nos termos do Código das Sociedades Comerciais, aprovado pelo Decreto-Lei nº 262/86, de 2 de Setembro.

Nota:
O preceito corresponde ao art. 4º, do Decreto-Lei nº 209/97, de 13 de Agosto.

CAPÍTULO II
REQUISITOS DE ACESSO À ACTIVIDADE DAS AGÊNCIAS DE VIAGENS E TURISMO

SECÇÃO I
REGIME GERAL

ARTIGO 6º
Requisitos de acesso à actividade

1 – Sem prejuízo do disposto no artigo 10º, o acesso e o exercício da actividade das agências de viagens e turismo dependem de inscrição no RNAVT por mera comunicação prévia, tal como definida na alínea b) do nº 2 do artigo 8º do Decreto-Lei nº 92/2010, de 26 de Julho, e dependem ainda do cumprimento dos seguintes requisitos:
a) Subscrição do fundo de garantia de viagens e turismo (FGVT), nos termos do artigo 32º;
b) Contratação de um seguro de responsabilidade civil, nos termos do artigo 35º
2 – Nos termos da alínea a) do nº 1 do artigo 11º do Decreto-Lei nº 92/2010, de 26 de Julho, não pode haver duplicação entre as condições exigíveis para o cumprimento dos procedimentos previstos no presente decreto-lei e os requisitos e os controlos equivalentes, ou comparáveis quanto à finalidade, a que o requerente já tenha sido submetido em território nacional ou noutro Estado membro da União Europeia ou do espaço económico europeu.

Nota:

O preceito corresponde ao art. 5º, do Decreto-Lei nº 209/97, de 13 de Agosto.

Conforme decorre do preâmbulo da nova lei, introduz-se uma "simplificação no acesso e exercício da actividade das agências de viagens e turismo ao abolir o licenciamento como requisito de acesso, substituindo-o por uma mera comunicação prévia que, acompanhada do comprovativo da prestação das garantias exigidas, permite o início imediato da actividade, sem necessidade de autorização por parte de organismos da Administração Pública."

O procedimento por *mera comunicação* obriga, no entanto, ao preenchimento dos requisitos previstos no nº 1:

– subscrição do fundo de garantia de viagens e turismo (FGVT), nos termos do artigo 32º (al. *a*)),

A Portaria nº 224/2011, de 03.06 aprovou o Regulamento do Fundo de Garantia de Viagens e Turismo,

– contratação de um seguro de responsabilidade civil, nos termos do art. 35º (al. *b*)).

Conforme resulta do preâmbulo. "O presente decreto-lei reforça também as garantias dos consumidores, quer criando o fundo de garantia de viagens e turismo (FGVT), que responde solidariamente pelo pagamento da totalidade dos créditos dos consumidores resultantes do incumprimento, total ou parcial, dos serviços contratados às agências de viagens e turismo, quer reforçando a fiscalização, atribuindo, nomeadamente, à Autoridade de Segurança Alimentar e Económica a competência para a aplicação de medidas cautelares."

ARTIGO 7º
Mera comunicação prévia

1 – A mera comunicação prévia é efectuada por formulário electrónico disponível no RNAVT, que identifica:

a) O requerente;

b) Os titulares da empresa e os seus administradores ou gerentes, quando se trate de pessoa colectiva;

c) A localização dos estabelecimentos.

2 – A mera comunicação prévia é instruída com os seguintes elementos:

a) Código de acesso à certidão permanente de registo comercial;

b) Indicação do nome adoptado para a agência de viagens e turismo e de marcas que pretenda utilizar, acompanhados de cópia simples do registo da marca;

c) Cópia simples da apólice do seguro de responsabilidade civil obrigatório nos termos do artigo 35º e comprovativo do pagamento do respectivo prémio ou fracção inicial;
d) Cópia simples do documento comprovativo da subscrição do FGVT, nos termos do artigo 32º, ou da prestação de garantia equivalente noutro Estado membro da União Europeia ou do espaço económico europeu.
e) Comprovativo do pagamento da taxa a que se refere o nº 4 do artigo 8º
3 – Quando os elementos a que se referem as alíneas a) a c) do número anterior se encontrem disponíveis na Internet, a respectiva apresentação pode ser substituída por uma declaração do interessado a indicar o endereço do sítio onde aqueles documentos podem ser consultados e a autorizar, se for caso disso, a sua consulta.
4 – Com a recepção da mera comunicação prévia por via electrónica é automaticamente enviado um recibo de recepção ao remetente e designado, pelo Turismo de Portugal, I. P., um gestor de processo a quem compete acompanhar a sua instrução, o cumprimento dos prazos e prestar informações e esclarecimentos ao requerente.
5 – Caso o requerente não tenha procedido ao pagamento da quantia a que se refere o nº 4 do artigo 8º previamente à mera comunicação prévia, o Turismo de Portugal, I. P., notifica-o, no prazo de cinco dias, para proceder ao pagamento daquela quantia.
6 – Uma vez regularmente efectuada a mera comunicação prévia, o requerente pode iniciar a actividade, desde que se encontre paga a taxa a que se refere o nº 4 do artigo 8º

Nota:

O preceito corresponde ao art. 6º, do Decreto-Lei nº 209/97, de 13 de Agosto.

O capítulo II, trata dos requisitos de acesso à actividade das agência de viagens e turismo.

O art. 6º, nº 1, cuida da instrução do pedido de mera comunicação prévia.

Aboliu-se a exigência de um capital social mínimo para as pessoas colectivas e suprimiu-se a exigência de um estabelecimento para o exercício da actividade em território nacional.

ARTIGO 8º
Registo nacional das agências de viagens e turismo

1 – O Turismo de Portugal, I. P., organiza e mantém actualizado o RNAVT, que contém informação actualizada sobre as agências de viagens e turismo estabelecidas em território nacional e se integra no registo nacional de turismo (RNT), que disponibiliza informação actualizada sobre a oferta turística nacional, e fica disponível e acessível ao público no Portal do Turismo de Portugal, I. P., no balcão único electrónico dos serviços e nos Portais da Empresa e do Cidadão.

2 – O RNAVT contém:

a) A identificação do titular da empresa;

b) Quanto às pessoas colectivas, a identificação da firma ou a denominação social, a sede e o número de pessoa colectiva e a conservatória do registo comercial em que a sociedade se encontra matriculada, ou dados equivalentes do Estado membro da União Europeia ou do espaço económico europeu onde se localize o estabelecimento principal;

c) A localização e contactos dos estabelecimentos;

d) O nome comercial;

e) As marcas próprias da agência;

f) O montante das garantias prestadas pela agência de viagens.

3 – Devem ser comunicadas ao Turismo de Portugal, I. P., através do RNAVT, no prazo de 60 dias após a respectiva verificação:

a) A abertura ou mudança de localização de estabelecimentos ou de quaisquer formas de representação;

b) A transmissão da propriedade;

c) A cessão de exploração de estabelecimento;

d) O encerramento do estabelecimento;

e) A alteração de qualquer outro elemento integrante do registo.

4 – Pela inscrição de cada agência de viagens e turismo é devida ao Turismo de Portugal, I. P., uma taxa no valor de € 1500, actualizado automaticamente a 1 de Março de cada ano com base na variação do índice médio de preços no consumidor no continente relativo ao ano anterior, excluindo a habitação, e publicado pelo Instituto Nacional de Estatística.

Nota:

Preceito *ex novo*.

A mera comunicação prévia é obrigatoriamente efectuada pelo empresário ou por quem o represente, por via electrónica, através do novo registo nacional das agências de viagens e turismo (RNAVT).

O RNAVT é organizado pelo Turismo e Portugal, I.P. (nº 1).

Pela inscrição é devida ao Turismo de Portugal, I.P., uma taxa no valor de € 1500, actualizado anualmente (nº 4).

ARTIGO 9º
Informação pública no RNAVT

O Turismo de Portugal, I. P., publicita, através do RNAVT, as situações de irregularidade verificadas no exercício da actividade das agências de viagens e turismo durante o período em que se verifiquem, nomeadamente as seguintes:

a) Dissolução ou insolvência;
b) Cessação da actividade por um período superior a 90 dias sem justificação atendível;
c) Incumprimento da obrigação anual de entrega ao Turismo de Portugal, I. P., do comprovativo de que as garantias exigidas se encontram em vigor;
d) Não reposição de valores do FGVT da responsabilidade da agência nos termos previstos no nº 3 do artigo 34º;
e) Verificação de irregularidades graves na gestão da empresa ou incumprimento grave perante fornecedores ou consumidores, de modo a pôr em risco os interesses destes ou as condições normais de funcionamento do mercado das agências de viagens e turismo.

Nota:
Ex novo institui-se um regime de publicitação de irregularidades ocorridas no exercício da actividade das agências de viagens e turismo, nomeadamente a dissolução ou insolvência da mesma (al. *a*)), a cessação da actividade por um período superior a 90 dias sem justificação atendível (al. *b*)); o incumprimento da obrigação anual de entrega do comprovativo das garantias exigidas (al. *c*)), a não reposição de valores do FGVT, o qual responde solidariamente (al. *d*)) e a verificação de irregularidades graves no que concerne à gestão da empresa ou incumprimento grave perante fornecedores ou consumidores (al. *e*)).

SECÇÃO II
Regimes especiais

ARTIGO 10º
Empresas estabelecidas na União Europeia

1 – As agências de viagens e turismo legalmente estabelecidas noutro Estado membro da União Europeia ou do espaço económico europeu para a prática da actividade podem exercê-la livremente em território nacional.
2 – Sem prejuízo do disposto no número anterior, as entidades aí referidas que pretendam exercer em Portugal actividades de agência de viagens e turismo devem apresentar previamente ao Turismo de Portugal, I. P., a documentação, em forma simples, comprovativa da contratação de garantias equivalentes às prestadas pelas empresas estabelecidas em Portugal, previstas nos artigos 31º, 32º, 35º e 36º
3 – As entidades que operem nos termos dos números anteriores ficam sujeitas às demais condições de exercício da actividade que lhes sejam aplicáveis, nomeadamente às constantes dos nºs 3 e 4 do artigo 5º e dos artigos 14º a 31º

Nota:

O preceito corresponde ao art. 8º, do Decreto-Lei nº 209/97, de 13 de Agosto.

ARTIGO 11º
Instituições de economia social

1 – As associações, misericórdias, instituições privadas de solidariedade social, institutos públicos, cooperativas e outras entidades sem fins lucrativos podem organizar viagens estando isentas de inscrição no RNAVT, desde que se verifiquem os seguintes requisitos cumulativos:

a) A organização de viagens não tenha fim lucrativo;

b) As viagens organizadas sejam vendidas única e exclusivamente aos seus membros ou associados e não ao público em geral;

c) As viagens se realizem de forma ocasional ou esporádica;

d) Não sejam utilizados meios publicitários para a sua promoção dirigidos ao público em geral.

2 – Para efeitos do disposto na alínea c) do número anterior, entende-se que as viagens se realizam de forma ocasional e esporádica quando não ultrapassem o número de cinco por ano.

3 – As entidades referidas no nº 1 devem contratar um seguro de responsabilidade civil que cubra os riscos decorrentes das viagens a realizar.

ARTIGO 12º
Exercício de actividades de animação turística

1 – O exercício de actividades de animação turística por parte de agências de viagens e turismo depende da prestação das garantias exigidas pelo Decreto-Lei nº 108/2009, de 15 de Maio, do cumprimento dos requisitos exigidos para cada tipo de actividade, e de inscrição no registo nacional dos agentes de animação turística (RNAAT) nos termos previstos no referido decreto-lei, sem prejuízo do disposto nos números seguintes.

2 – O pedido de inscrição no RNAAT por agências de viagens e turismo é instruído com os documentos identificados nas alíneas d) a g) do nº 3 do artigo 11º do Decreto-Lei nº 108//2009, de 15 de Maio.

3 – As agências de viagens e turismo ficam isentas do pagamento da taxa devida pela inscrição no RNAAT.

Nota:

Preceito *ex novo*.

Permite-se que a agência igualmente exerça actividades de animação turística, contanto que preste as garantias exigidas pelo Decreto-Lei nº 108/2009, de 15 de Maio (nº 1).

Isenta-se de pagamento de taxa devida pela inscrição no RNAVT, atendendo a que tal pagamento já ocorreu aquando do registo no RNAVT (art. 8º, nº 4).

CAPÍTULO III
EXERCÍCIO DA ACTIVIDADE DAS AGÊNCIAS DE VIAGENS E TURISMO
SECÇÃO I
PRINCÍPIOS GERAIS

ARTIGO 13º
Transportador público rodoviário

1 – Na realização de viagens turísticas e na recepção, transferência e assistência de turistas, as agências de viagens podem utilizar os meios de transporte que lhes pertençam ou de que sejam locatárias, devendo, quando se tratar de veículos automóveis com lotação superior a nove lugares, cumprir os requisitos de acesso à profissão de transportador público rodoviário interno ou internacional de passageiros, nos termos da legislação que lhes seja aplicável, sem prejuízo do disposto nos números seguintes.
2 – Para efeitos de comprovação da capacidade financeira exigida para o acesso à profissão de transportador público rodoviário, internacional e interno de passageiros, regulado pelo Decreto-Lei nº 3/2001, de 10 de Janeiro, alterado pelo Decreto-Lei nº 90/2002, de 11 de Abril, o valor do capital social é, no caso das agências de viagens e turismo, de € 100 000.
3 – Para efeitos de comprovação da capacidade profissional exigida para o acesso à profissão de transportador público rodoviário, internacional e interno de passageiros, aplica-se às agências de viagens e turismo que exerçam a actividade prevista na alínea h) do nº 2 do artigo 3º, com as necessárias adaptações, o disposto na alínea b) do nº 1 do artigo 7º do Decreto-Lei nº 3/2001, de 10 de Janeiro, alterado pelo Decreto-Lei nº 90/2002, de 11 de Abril.
4 – As agências de viagens e turismo que acedam à profissão de transportador público rodoviário, interno ou internacional de passageiros, podem efectuar todo o tipo de transporte ocasional com veículos automóveis pesados de passageiros.
5 – As agências de viagens e turismo previstas no nº 1 podem alugar os meios de transporte a outras agências.

Nota:

Preceito *ex novo*.

Para aceder ao exercício de transporte público rodoviário de lotação superior a 9 lugares, nos termos do Decreto-Lei nº 3/2001, de 10 de Janeiro, alterado pelo Decreto-

-Lei nº 90/2002, de 11 de Abril, o valor do capital social é de € 100 000 (nºs 1 a 3). O Decreto-Lei nº 3/2001, de 10 de Janeiro aplica-se aos transportes rodoviários de passageiros, efectuados por meio de veículos automóveis construídos ou adaptados para o transporte de mais de nove pessoas, incluindo o condutor.

O nº 4, do preceito, confere o direito de alugar os meios de transportes a outras agências.

Relativamente à modalidade de aluguer de veículos de passageiros sem condutor, o Decreto-Lei nº 354/86, de 23.10 , alterado pelo Decreto-Lei nº 373/90, de 27.11 e pelo Decreto-Lei nº 44/92, de 31 de Março, foi revogado.

O Conselho de Ministros em 28 de Abril de 2011 aprovou o regime do acesso e exercício da actividade de aluguer de veículos de passageiros sem condutor, designada por *rent-a-car*, simplificando-o, de acordo com a Directiva da UE sobre serviços (Directiva 2006/123/CE, ou Directiva da Liberalização dos Serviços, que ficou conhecida por "Directiva *Bolkestein*"). Esta medida visa reduzir o número mínimo de veículos necessários para o acesso à actividade de 25 para sete veículos ligeiros, permitindo que novas pequenas empresas prestem este tipo de serviços; eliminando a necessidade de autorização para o exercício desta actividade, que é substituída por comunicação prévia; eliminando obstáculos ao acesso à actividade; mantendo o sistema de inscrição dos veículos num registo informático permanentemente actualizado; e introduzindo normas para proteger os consumidores.

Assim, em primeiro lugar, reduz-se o número mínimo de veículos necessários para o acesso à actividade. Passa-se dos anteriores 25 para sete veículos ligeiros, permitindo-se que novas pequenas empresas prestem este tipo de serviços.

Em segundo lugar, elimina-se a necessidade de autorização para o exercício desta actividade, que é substituída por uma simples comunicação prévia, podendo o Instituto da Mobilidade e dos Transportes Terrestres, I. P., opor-se no prazo de 10 dias úteis, se não estiverem preenchidos os requisitos para o acesso à actividade de aluguer de veículos de passageiros sem condutor. Terminado esse prazo, a empresa pode iniciar a actividade.

Em terceiro lugar, aprovam-se medidas para eliminar obstáculos ao acesso à actividade de *rent-a-car*. Por um lado, procede-se à revogação da exigência de estabelecimento principal em Portugal, por outro, elimina-se a necessidade de autorização para abertura de agências e, finalmente, podem passar a exercer esta actividade de serviços as pessoas singulares a título individual.

Em quarto lugar, mantém-se o sistema de inscrição dos veículos num registo informático permanentemente actualizado, que permite um melhor acompanhamento deste sector.

Por último, introduzem-se normas para proteger os consumidores. A título de exemplo, quando se verifique a indisponibilidade do veículo contratado, a empresa de *rent-a-*

-car deve assegurar a prestação de serviço equivalente ao contratado ou disponibilizar um veículo de gama superior, sem qualquer custo adicional para o locatário.

O Instituto de Mobilidade e dos Transportes Terrestes (que sucedeu à Direcção-Geral de Transportes Terrestes), foi aprovado pelo Decreto-Lei nº 147/2007, de 27.04.

ARTIGO 14º
Livro de reclamações

1 – As agências de viagens e turismo devem dispor de livro de reclamações nos termos e nas condições estabelecidas no Decreto-Lei nº 156/2005, de 15 de Setembro, alterado pelo Decreto-Lei nº 371/2007, de 6 de Novembro, pelo Decreto-Lei nº 118/2009, de 19 de Maio, e pelo Decreto-Lei nº 317/2009, de 30 de Outubro.
2 – O original da folha de reclamação deve ser enviado pelo responsável da agência de viagens e turismo ao Turismo de Portugal, I. P.

Nota:

O preceito corresponde ao art. 16º, do Decreto-Lei nº 209/97, de 13 de Agosto.

O Decreto-Lei nº 274/2007, de 30.07 clarificou que cabe à ASAE o recebimento do original da reclamação (art. 3º, nº 2, al. *t*), do diploma citado).

SECÇÃO II
VIAGENS

ARTIGO 15º
Noção e espécies

1 – As viagens turísticas são aquelas em que sejam combinados pelo menos dois dos serviços seguintes:
a) Transporte;
b) Alojamento;
c) Serviços turísticos não subsidiários do transporte e do alojamento.
2 – São viagens organizadas as viagens turísticas que, combinando previamente pelo menos dois dos serviços seguintes, sejam vendidas ou propostas para venda a um preço com tudo incluído, quando excedam vinte e quatro horas ou incluam uma dormida:
a) Transporte;
b) Alojamento;

c) Serviços turísticos não subsidiários do transporte e do alojamento, nomeadamente os relacionados com eventos desportivos, religiosos e culturais, desde que representem uma parte significativa da viagem.

3 – As viagens por medida são as preparadas a pedido do cliente para satisfação das solicitações por este definidas.

4 – Não são havidas como viagens turísticas aquelas em que a agência se limita a intervir como mera intermediária em vendas ou reservas de serviços avulsos solicitados pelo cliente.

5 – A eventual facturação separada dos diversos elementos de uma viagem organizada não prejudica a sua qualificação legal nem a aplicação do respectivo regime.

Nota:

O preceito corresponde ao art. 17º, do Decreto-Lei nº 209/97, de 13 de Agosto.

As viagens turísticas englobam as viagens organizadas (nº 2) e as viagens por medida (nº 3).

A primeira, recebe a protecção dos artigos 16º a 28º). A segunda, é acolhida pelos artigos 16º e 17º.

Entende-se por viagem organizada a que:

– combine previamente pelos menos dois dos serviços de transporte, alojamento ou serviços turísticos não subsidiários, nomeadamente os relacionados com eventos desportivos, religiosos e culturais, desde que representem uma parte significativa da viagem (nº 2, als. *a*) a *c*));

– seja vendida ou proposta para venda a um preço tudo incluído;

– exceda vinte e quatro horas ou inclua uma dormida.

As viagens organizadas são usualmente conhecidas por «pacote turísticos» ou viagem «tudo incluído», cabendo à agência as tarefas de planeamento e organização de um conjunto de prestações que apresenta ao cliente e que este adquire através de determinado preço. A agência é a "arquitecta da viagem" (RODIÉRE, citado por MIGUEL MIRANDA, "O contrato de viagem organizada", Coimbra, Almedina, 2000, p. 36, nota 26).

As viagens por medida são preparadas a pedido do cliente para satisfação das solicitações por este definidas (nº 3).

A mera intermediação em vendas ou reservas de serviços avulsos solicitados pelo cliente não são havidas como viagens turísticas (nº 4).

O nº 4 preceitua que continua a ser aplicável o presente regime havendo eventual facturação separada dos diversos elementos que compõe a viagem (nº 5).

ARTIGO 16º
Obrigação de informação prévia

1 – Antes da venda de uma viagem, a agência deve informar, por escrito ou por qualquer outra forma adequada, os clientes que se desloquem ao estrangeiro sobre a necessidade de:
a) Documento de identificação civil;
b) Passaportes;
c) Vistos e prazos legais para a respectiva obtenção;
d) Formalidades sanitárias;
e) Caso a viagem se realize no território de Estados membros da União Europeia ou do espaço económico europeu, a documentação exigida para a obtenção de assistência médica ou hospitalar em caso de acidente ou doença.
2 – Quando seja obrigatório contrato escrito, a agência deve, ainda, informar o cliente de todas as cláusulas a incluir no mesmo.
3 – Considera-se forma adequada de informação ao cliente a entrega do programa de viagem que inclua os elementos referidos nos números anteriores.
4 – Qualquer descrição de uma viagem bem como o respectivo preço e as restantes condições do contrato não devem conter elementos enganadores nem induzir o consumidor em erro.

Nota:

O preceito corresponde ao art. 18º, do Decreto-Lei nº 209/97, de 13 de Agosto.

A Directiva 90/314/CEE do Conselho de 13 de Junho de 1990 tratava o adquirente por consumidor, definido como a *pessoa que adquire ou se compromete a adquirir a viagem organizada ou qualquer pessoa em nome da qual o contratante principal de compromete a adquirir a viagem organizada ou qualquer pessoa a quem o contratante principal ou um dos outros beneficiários cede a viagem organizada.*

A Directiva 2006/123/CE do Parlamento e do Conselho de 12 de Dezembro de 2006 mantém a expressão "consumidores".

O regime jurídico nacional oscila entre o termo cliente (art. 16º, nº 1) e consumidor (art. 31º, nº 1), não facultando as respectivas definições nesta matéria.

A obrigação de informação prévia aplicável às viagens turísticas, visa dotar o cliente do essencial núcleo informativo para uma viagem ao estrangeiro, como sendo:

– o documento de identificação civil (nº 1, al. *a*)), podendo ser o cartão de cidadão ou outro, contanto possua a fotografia e a assinatura do titular;

– passaportes, considerados como documentos de viagem (nº 1, al. *b*));

– vistos e prazos legais para a respectiva obtenção, sendo este sempre o adequado à finalidade da viagem (nº 1, al. *c*)). Na lei nacional, o visto para o gozo de férias é considerado visto de curta duração, nos termos da Lei nº 23/2007, de 04 de Julho, art. 51º;

– formalidades sanitárias (nº 1, al. *d*));

– documento exigida para a obtenção de assistência médica ou hospitalar em caso de acidente ou doença, no caso de a viagem se realizar no território da UE ou no EEE (nº 1, al. *e*)).

O nº 2, reforça o dever de informação, havendo contrato escrito.

O cliente é informado por escrito ou por qualquer outra forma adequada (considerada como tal, "a entrega do programa de viagem que inclua os elementos referidos nos nºs 1 e 2, nos termos do nº 3) da informação necessária para a realização da viagem.

O nº 4, proíbe a inclusão de elementos enganadores, atento o princípio da boa fé.

Jurisprudência:

Foi publicitado pela agência de viagens, no contexto do contrato de viagem organizada, como de «ambiente internacional» e de elevada categoria um determinado hotel, em que os funcionários não sabiam falar inglês, e em que os quartos não possuíam televisão, e tendo mais de 3 andares, não está dotado de elevador, devendo os clientes transportar as suas próprias bagagens.

Caso apresentado por MIGUEL MIRANDA, *op. cit.*, p. 210.

Imagine-se que o cliente contrata com a agência de viagens a sua participação numa viagem organizada, com alojamento numa villa próxima de praia, com vista para o mar e isolada do movimento citadino, transmitindo, a agência, a ideia de que se trata de um local propício ao descanso. Quando chega ao local, o cliente verifica que o hotel, onde era suposto alojar-se, não está disponível, arranjando-lhe a agência um local alternativo, num hotel no centro a cidade, onde não dispões das mesmas condições de conforto e prazer.

Caso apresentado por MIGUEL MIRANDA, *op. cit.*, p. 128.

I – Os danos não patrimoniais em sede de responsabilidade contratual também são ressarcíveis.

II – reveste gravidade merecedora da tutela do direito o dano não patrimonial consistente em horas de ansiedade, frustração e desconforto, vividas num aeroporto intermédio, resultantes de falta de conexão de voos do consequente encurtamento de um dia num programa turístico de oito dias para visita a Nova Iorque, com pêra de um cruzeiro de duas horas e almoço, com vistas da cidade, programado para o primeiro dia, substituído por 45 minutos no último dia e sem almoço.

III – A circunstância de essas ocorrências negativas acontecerem exactamente num contrato que se estabelece para obter o efeito inverso, não pode ser indiferente ao direito.

IV – No entanto, num caso desses, em que a responsabilidade é pela mera culpa e o dano é transitório, a indemnização a fixar equitativamente, não pode ser comparada à indemnização a atribuir por ofensa à integridade física ou à honra, por perda de pessoa querida, e outros casos em que o dano e de especial expressão e duradouro.

Ac. RP, de 05.02.2001, CJ, Ano XXVI, T. I. p. 205.

ARTIGO 17º
Obrigações acessórias

1 – As agências devem entregar aos clientes todos os documentos necessários para a obtenção do serviço vendido.

2 – Aquando da venda de qualquer serviço, as agências devem entregar aos clientes documentação que mencione o objecto e características do serviço, data da prestação, preço e pagamentos já efectuados, excepto quando tais elementos figurem nos documentos referidos no número anterior e não tenham sofrido alteração.

Nota:

O preceito corresponde ao art. 19º, do Decreto-Lei nº 209/97, de 13 de Agosto.

A preocupação pela entrega da documentação necessária, para além da informação prevista no art. 16º, é manifesta no presente preceito (nº 1).

O nº 2 indica a documentação que deve ser entregue ao cliente.

V. alguma **jurisprudência** apresentada por Miguel Miranda, "O contrato de viagem organizada", Almedina, 2000:

– "Numa viagem de grupo à Áustria, efectuada através de transporte ferroviário, num posto fronteiriço, havia necessidade de proceder à mudança de comboio. Dois turistas deveriam ser contactados por um guia da agência, que lhes iria entregar os passaportes, que eles não levaram consigo por os terem, previamente, confiado à agência com vista a proceder à obtenção dos vistos. Deu-se o desencontro entre os referidos turistas e o guia, o que impediu que aqueles continuassem a viagem sem passaportes, tendo-lhes sido vedada a entrada na Áustria, impossibilitando-os de acompanhar o grupo em que seguiam. O impasse poderia ter sido ultrapassado se os turistas possuíssem os seus bilhetes de identidade, que, todavia, não levaram consigo para a viagem" (a p. 206);

– "A agência de viagens emitiu um título de transporte aéreo, antes de obtida a confirmação por parte da respectiva companhia" (a p. 208);

– "A agência de viagens comete um erro de cálculo na hora de chegada do avião ao local de destino, marcando o *transfer* para um horário muito posterior à chegada, o que implica uma espera desnecessária do cliente no aeroporto" (a p. 212);

– "Para acompanhamento dos viajantes numa deslocação a uma zona perigosa, determinada agência de viagens não indicou qualquer guia turístico.

Do grupo desses viajantes, determinado turista, por iniciativa própria, decide praticar mergulho, sem que tal actividade esteja abrangida pelos serviços oferecidos pela agência, e sofre um dano por deficiência do material" (a p. 213).

SECÇÃO III
VIAGENS ORGANIZADAS

ARTIGO 18º
Programas de viagem

1 – As agências que anunciarem a realização de viagens organizadas devem dispor de programas para entregar a quem os solicite.

2 – Os programas de viagem devem informar, de forma clara, precisa e com caracteres legíveis, sobre os elementos referidos nas alíneas a) a l) do nº 1 do artigo 20º e ainda sobre:

a) A exigência de documento de identificação civil, passaportes, vistos e formalidades sanitárias para a viagem e estada;

b) Quaisquer outras características especiais da viagem.

Nota:

O preceito corresponde ao art. 20º, do Decreto-Lei nº 209/97, de 13 de Agosto.

A Secção III (que envolve os arts. 18º a 28º) é dedicada exclusivamente às viagens organizadas.

O nº 2, do preceito, indica o teor do conteúdo do programa de viagem, que percorre todas as menções estipuladas no art. 20º, com excepção das alíneas *m*) a *o*), obrigando ainda à apresentação de documento de identificação civil, passaportes, vistos e formalidades sanitárias para a viagem e estada (nº 2, al. *a*)) e à indicação de quaisquer outras características especiais da viagem (nº 2, al. *b*)).

Miguel Miranda (*op. cit.*, p. 206), indica uma decisão do *Cour d`Appel* de *Douai,* de 02 de Maio de 1985 que condenou a agência de viagens a indemnizar o cliente por falta de cumprimento do dever de informação que sobre aquela incidia.

"Tudo aconteceu numa viagem de grupo à Ásia, efectuada através de transporte ferroviário. Num posto fronteiriço, havia necessidade de proceder à mudança de comboio. Dos turistas deveriam ser contactados por um guia da agência, que lhes iria entregar os passaportes, que eles não levaram consigo por os terem, previamente, confiado à agência com vista a proceder à obtenção dos vistos. Deu-se o desencontro entre os referidos turistas e o guia, o que impediu que aqueles continuassem a viagem sem passaportes, tendo-lhes sido vedada a entrada na Áustria, impossibilitando-os de acompanhar o grupo em que seguiam.

O impasse poderia ter sido ultrapassado de os turistas possuíssem os seus bilhetes de identidade, que, todavia, não levaram consigo para a viagem".

ARTIGO 19º
Carácter vinculativo do programa

A agência fica vinculada ao cumprimento pontual do programa, salvo se:

a) Estando prevista no próprio programa a possibilidade de alteração das condições, tal alteração tenha sido expressamente comunicada ao cliente antes da celebração do contrato, cabendo o ónus da prova desta comunicação à agência de viagens;

b) Existir acordo das partes em contrário, cabendo o ónus da prova deste acordo à agência de viagens.

Nota:

O preceito corresponde ao art. 21º, do Decreto-Lei nº 209/97, de 13 de Agosto.

Reforça-se a ideia da vinculação pontual da agência ao cumprimento do contrato, salvo as cláusulas de exclusão de responsabilidade previstas nas als. *a*) e *b*)).

ARTIGO 20º
Contrato

1 – Os contratos de venda de viagens organizadas devem conter, de forma clara, precisa e com caracteres legíveis, as seguintes menções:

a) Nome, endereço e, caso exista, número do registo da agência vendedora e da agência organizadora da viagem;

b) Identificação das entidades que garantem a responsabilidade da agência, bem como indicação do número da apólice de seguro de responsabilidade civil obrigatório, nos termos do disposto no artigo 35º;

c) Preço da viagem organizada, termos e prazos em que é legalmente admitida a sua alteração e impostos ou taxas devidos em função da viagem, que não estejam incluídos no preço;

d) Montante ou percentagem do preço a pagar, a título de princípio de pagamento, data de liquidação do remanescente e consequências da falta de pagamento;

e) Origem, itinerário e destino da viagem, períodos e datas de estada;

f) Número mínimo de participantes de que dependa a realização da viagem e data limite para a notificação do cancelamento ao cliente, caso não se tenha atingido aquele número;

g) Meios, categorias e características de transporte utilizados, datas, locais de partida e regresso e, quando possível, as horas;

h) Grupo e classificação do alojamento utilizado, de acordo com a regulamentação do Estado de acolhimento, sua localização, bem como o nível de conforto e demais características principais, número e regime ou plano de refeições fornecidas;

i) Montantes máximos exigíveis à agência, nos termos do artigo 30º;

j) Termos a observar pelo cliente em caso de reclamação pelo não cumprimento pontual dos serviços acordados, incluindo, caso se apliquem, prazos e trâmites para accionamento do FGVT;

l) Visitas, excursões ou outros serviços incluídos no preço;

m) Serviços facultativamente pagos pelo cliente;

n) Todas as exigências específicas que o cliente possa comunicar à agência, e que esta aceite;

o) Assistência devida a clientes nos termos previstos no artigo 28º

2 – Sem prejuízo do disposto no número seguinte e do regime relativo ao comércio electrónico, constante dos artigos 24º e seguintes do Decreto-Lei nº 7/2004, de 7 de Janeiro, considera-se celebrado o contrato com a entrega ao cliente do documento de reserva e do programa, desde que se tenha verificado o pagamento, ainda que parcial, da viagem, devendo a viagem ser identificada através da designação que constar do programa.

3 – Sempre que o cliente o solicite ou a agência o determine, o contrato consta de documento autónomo, devendo a agência entregar ao cliente cópia integral do mesmo, assinado por ambas as partes.

4 – O contrato deve conter a indicação de que o grupo e a classificação do alojamento utilizado são determinados pela legislação do Estado de acolhimento.

5 – O contrato deve ser acompanhado de cópia, em papel ou noutro suporte duradouro facilmente acessível pelo cliente, da ou das apólices de seguro vendidas pela agência de viagens no quadro desse contrato, nos termos da alínea f) do nº 2 do artigo 3º

Nota:

O preceito actual condensa os arts. 20º e 22º do Decreto-Lei nº 209/97, de 13 de Agosto.

O nº 1, indica o teor do conteúdo do programa de viagem, em nome do dever de informação ao cliente.

Das menções estipuladas são de destacar a indicação da responsabilidade da agência, bem como indicação do número da apólice de seguro de responsabilidade civil obrigatório (segundo o art. 35º), al. *b*); preço da viagem organizada, termos e prazos em que é legalmente admitida a sua alteração e impostos ou taxas devidos (segundo o art. 23º), al. *c*); montante ou percentagem do preço a pagar, a título de princípio de pagamento, data de liquidação do remanescente e consequências da falta de pagamento, al. *d*); origem, itinerário e destino da viagem, períodos e datas de estada, al. *e*); meios, categorias e características de transportes utilizados, datas, locais de partida e regresso e, quando possível, as horas (a preocupação pelo tipo de transporte e respectiva empresa, ganhou especial relevância depois do 11 de Setembro, sendo usual a expressão *terrorist friendly* para dissuadir a procura de determinados destinos turísticos), al. *g*)); grupo e classificação do alojamento utilizado, de acordo com a regulamentação do Estado de acolhimento (atente-se na inexistência de uma sinalização internacional relativa à classificação, sendo que o que colhe é o referente ao destino turístico, ideia reforçada no art. 20º, nº 4), bem como o nível de conforto e demais características principais, número e regime ou plano de refeições fornecidas (esta matéria constitui um dos principais litígios no contrato de viagem organizada), al. *h*)); termos a observar pelo cliente em caso de reclamação pelo não cumprimento pontual dos serviços acordados, incluindo, caso de apliquem, prazos e trâmites para accionamento do FGVT (al. *f*)); visitas, excursões ou outros serviços incluídos no preço (de relevar a obrigatoriedade de acompanhamento de guias profissionais), al. *l*); serviços facultativamente pagos pelo cliente (aqueles que exorbitam o programa contratual), al. *m*); todas as exigências específicas que o cliente possa comunicar à agência, e que esta aceite (constituindo-se, desta forma, um contrato atípico, com particularidades do contrato por medida), al. *n*); assistência devida a clientes nos termos previstos no art. 28º (o dever de assistência continua a carecer de determinação).

O contrato considera-se concluído com a entrega do documento de reserva e do programa, mesmo por forma electrónica, desde que haja pagamento, ainda que parcial da viagem (nº 2).

Relativamente aos contratos autónomos, serão apenas exigíveis sempre que o cliente o solicite ou a agência o determine (nº 3).

Inovadoramente exige-se que o contrato seja acompanhado das apólices de seguro (nº 5).

Jurisprudência:

"*Em determinado aldeamento turístico onde, entre outras características, se fazia referência a um acesso privado à praia, omitiu-se, que tal acesso era cruzado por uma linha férrea, sem guarda, onde passavam, diariamente, vários comboios. Um casal, instalado nesse aldeamento, permitia que o seu filho menor se deslocasse sozinho do hotel para a praia e vice-versa. Numa dessas deslocações a criança acabaria por ser atropelada por um comboio*".

Caso adaptado de "O contrato de viagem organizada, *op. cit.*, p. 207.

ARTIGO 21º
Informação sobre a viagem

Antes do início de qualquer viagem organizada, a agência deve prestar ao cliente, em tempo útil, por escrito ou por outra forma adequada, as seguintes informações:

a) Os horários e os locais de escalas e correspondências, bem como a indicação do lugar atribuído ao cliente, quando possível;

b) O nome, endereço e número de telefone da representação local da agência ou, não existindo uma tal representação local, o nome, endereço e número de telefone das entidades locais que possam assistir o cliente em caso de dificuldade;
c) Quando as representações e organismos previstos na alínea anterior não existirem, o cliente deve em todos os casos dispor de um número telefónico de urgência ou de qualquer outra informação que lhe permita estabelecer contacto com a agência;
d) No caso de viagens e estadas de menores no território nacional ou no estrangeiro, o modo de contactar directamente com esses menores ou com o responsável local pela sua estada;
e) A possibilidade de celebração de um contrato de seguro que cubra as despesas resultantes da rescisão pelo cliente e de um contrato de assistência que cubra as despesas de repatriamento em caso de acidente ou de doença;
f) Sem prejuízo do disposto na alínea anterior, no caso de a viagem se realizar no território de Estados membros da União Europeia ou do espaço económico europeu, a documentação de que o cliente se deve munir para beneficiar de assistência médica e hospitalar em caso de acidente ou doença;
g) O modo de proceder no caso específico de doença ou acidente;
h) A ocorrência de catástrofes naturais, epidemias, revoluções e situações análogas que se verifiquem no local de destino da viagem e de que a agência tenha conhecimento ou que lhe tenham sido comunicadas;
i) A possibilidade de rescisão do contrato nos termos previstos no artigo 26º

Nota:
O preceito corresponde ao art. 23º, do Decreto-Lei nº 209/97, de 13 de Agosto.

De máxima importância a informação específica sobre eventual necessidade de contactar a agência em caso de doença, acidente, outros, dando cumprimento ao art. 28º, relativo ao dever de assistência.

Desta informação pré-contratual são de relevar as seguintes menções:

– os horários e os locais de escalas e correspondências, bem como o lugar atribuído ao cliente, quando possível (al. *a*));

– o nome, endereço e número de telefone da representação local da agência ou, perante a inexistência desta, das entidades locais que possam assistir o cliente (al. *b*)), ainda, se igualmente estas não existirem, do número telefónico de SOS (al. *c*));

– no caso de viagens e estadas de menores no território nacional ou no estrangeiro, o modo de contactar directamente com os menores ou com o responsável pelos mesmos (al. *d*));

– a possibilidade de celebração de um contrato de seguro que cubra as despesas resultantes da rescisão pelo cliente e de um contrato de assistência que cubra as despesas de repatriamento em caso de acidente ou de doença (tratam-se de seguros por conta do cliente, que visam cobrir os seguros constituídos ao abrigo do próprio contrato de viagem organizada), al. *e*));

– a indicação da assistência médica e hospitalar em caso de acidente ou doença, tratando-se de cidadão comunitário a viajar na UE ou no EEE (al. *f*));

– a forma de proceder no caso específico de doença ou acidente (al. g));

– a indicação de ocorrências de catástrofes naturais (os *Act of God* não são previsíveis, pelo que nenhuma responsabilidade pode ser imputada à agência, a não ser que se trate de situações recorrentes como as monções na Índia), epidemias, revoluções e situações análogas (al. *h*));

– a possibilidade de rescisão nos termo do art. 26º (al. *i*)).

ARTIGO 22º
Cessão da posição contratual

1 – O cliente pode ceder a sua posição, fazendo-se substituir por outra pessoa que preencha todas as condições requeridas para a viagem organizada, desde que informe a agência, por forma escrita, até sete dias seguidos antes da data prevista para a partida e que tal cessão seja possível nos termos dos regulamentos de transportes aplicáveis à situação.

2 – Quando se trate de cruzeiros e de viagens aéreas de longo curso, o prazo previsto no número anterior é alargado para 15 dias seguidos.

3 – O cedente e o cessionário são solidariamente responsáveis pelo pagamento do preço e pelos encargos adicionais originados pela cessão.

4 – A cessão vincula também os terceiros prestadores de serviços, devendo a agência comunicar-lhes tal facto no prazo de 48 horas.

5 – Caso não seja possível a cessão da posição contratual prevista no nº 1 por força dos regulamentos de transportes aplicáveis, deve tal informação ser prestada, por escrito, ao cliente, no momento da reserva.

Nota:

O preceito corresponde ao art. 24º, do Decreto-Lei nº 209/97, de 13 de Agosto.

ARTIGO 23º
Alteração do preço nas viagens organizadas

1 – Nas viagens organizadas o preço não é susceptível de revisão, excepto o disposto no número seguinte.

2 – A agência só pode alterar o preço até 20 dias seguidos antes da data prevista para a partida e se, cumulativamente:
a) O contrato o previr expressamente e determinar as regras precisas de cálculo da alteração;
b) A alteração resultar unicamente de variações no custo dos transportes ou do combustível, dos direitos, impostos ou taxas cobráveis ou de flutuações cambiais.
3 – Nos 20 dias seguidos que precedem a data de partida prevista, o preço fixado no contrato não pode ser aumentado.
4 – A alteração do preço não permitida pelo nº 1 confere ao cliente o direito de rescindir o contrato nos termos dos nºs 2 e 3 do artigo 24º
5 – O cliente não é obrigado ao pagamento de acréscimos de preço determinados nos 20 dias seguidos que precedem a data prevista para a partida.

Nota:

O preceito corresponde ao art. 26º, do Decreto-Lei nº 209/97, de 13 de Agosto.

O nº 1, do preceito, é imperativo: "o preço não é susceptível de revisão".

O nº 2, apresenta os casos cumulativos de excepção apontados nas als. *a*) e *b*), contanto que a alteração do preço ocorra até 20 dias seguidos antes da data prevista para a partida.

A alteração do preço imputável à agência confere ao cliente o direito de rescindir o contrato nos termos do art. 24º, nºs 2 e 3.

O cliente não é obrigado ao pagamento de acréscimos de preço determinados nos 20 dias seguidos que precedem a data prevista para a partida (nº 5).

O Decreto-Lei nº 173/2007, de 08.05, estabelece que a obrigação de indicação das tarifas do transporte aéreo deve ser cumprida bem como certos requisitos a que deve obedecer a mensagem publicitária a este serviço (art. 2º).

ARTIGO 24º
Impossibilidade de cumprimento

1 – A agência deve notificar imediatamente o cliente quando, por factos que não lhe sejam imputáveis, não puder cumprir alguma das obrigações resultantes do contrato.
2 – Se a impossibilidade respeitar a alguma obrigação essencial, o cliente pode rescindir o contrato sem qualquer penalização ou aceitar por escrito uma alteração ao contrato e eventual variação de preço.
3 – O cliente deve comunicar à agência a sua decisão no prazo de sete dias seguidos após a recepção da notificação prevista no nº 1.

Nota:

O preceito corresponde ao art. 27º, do Decreto-Lei nº 209/97, de 13 de Agosto.

O nº 1, cuida da impossibilidade de cumprimento por parte da agência, por factos não imputáveis à agência. Decorre dessa impossibilidade uma obrigação de informação ao cliente.

Tratando-se de alguma obrigação essencial (*v.g.*, assegurar o alojamento ao cliente) assiste ao cliente o direito de:

– aceitar a modificação contratual, e eventual alteração ou rescindir o mesmo sem qualquer penalização (nº 2).

O nº 3 impõe ao cliente um prazo de sete dias seguidos após a recepção da notificação.

No caso de incumprimento durante a execução contratual, o regime aplicável consta do art. 27º.

Sobre a figura da resolução, *v.* MÁRIO JÚLIO ALMEIDA COSTA ("Direito das Obrigações", Coimbra, Almedina, 7ª ed., 1998, p. 268) que a define como 2º acto de um dos contraentes dirigido à dissolução do vínculo contratual, em plena vigência deste, e que tende a colocar as partes na situação que teriam se o contrato não se houvesse celebrado".

ARTIGO 25º
Rescisão ou cancelamento não imputável ao cliente

Se o cliente rescindir o contrato ao abrigo do disposto nos artigos 23º ou 24º ou se, por facto não imputável ao cliente, a agência cancelar a viagem organizada antes da data da partida, tem aquele direito, sem prejuízo da responsabilidade civil da agência, a:

a) Ser imediatamente reembolsado de todas as quantias pagas;

b) Em alternativa, optar por participar numa outra viagem organizada, devendo o cliente ser reembolsado da eventual diferença de preço.

Nota:

O preceito corresponde ao art. 28º, do Decreto-Lei nº 209/97, de 13 de Agosto.

Havendo alteração do preço nas viagens organizadas ou impossibilidade de cumprimento por parte das agências, ou se, por facto não imputável ao cliente, a agência cancelar a viagem organizada antes da data da partida, tem direito a:

a) Ser imediatamente reembolsado de todas as quantias pagas; ou,

b) Optar por participar numa outra viagem organizada, devendo o cliente ser reembolsado havendo uma eventual diferença de preço.

Este regime não afasta o da responsabilidade civil, sempre presente nos contratos e invocável pela parte que sofre pelo incumprimento.

ARTIGO 26º
Direito de rescisão pelo cliente

O cliente pode rescindir o contrato a todo o tempo, devendo a agência reembolsá-lo do montante antecipadamente pago, deduzindo os encargos a que, comprovadamente, o início do cumprimento do contrato e a rescisão tenham dado lugar e uma parte do preço do serviço não superior a 15%.

Nota:

O preceito corresponde ao art. 29º, do Decreto-Lei nº 209/97, de 13 de Agosto.

O preceito indica que o cliente pode sempre rescindir o contrato a todo o tempo, ou melhor, quanto a nós, denunciá-lo, com a penalização prevista na lei (dedução dos encargos suportados e uma percentagem não superior a 15% relativa ao preço do serviço).

ARTIGO 27º
Incumprimento

1 – Quando, após a partida, não seja fornecida uma parte significativa dos serviços previstos no contrato, a agência deve assegurar, sem aumento de preço para o cliente, a prestação de serviços equivalentes aos contratados.

2 – Quando se mostre impossível a continuação da viagem ou as condições para a continuação não sejam justificadamente aceites pelo cliente, a agência deve fornecer, sem aumento de preço, um meio de transporte equivalente que possibilite o regresso ao local de partida ou a outro local acordado.

3 – Nas situações previstas nos números anteriores, o cliente tem direito à restituição da diferença entre o preço das prestações previstas e o das efectivamente fornecidas, bem como a ser indemnizado nos termos gerais.

4 – Qualquer deficiência na execução do contrato relativamente às prestações fornecidas por terceiros prestadores de serviços deve ser comunicada à agência por escrito ou de outra forma adequada, no prazo máximo de 30 dias seguidos após o termo da viagem ou no prazo previsto no contrato, se superior.

5 – Caso se verifique alguma deficiência na execução do contrato relativamente a serviços de alojamento e transporte, o cliente deve, sempre que possível, contactar a agência de viagens, através dos meios previstos nas alíneas b) e c) do artigo 21º, para que esta possa assegurar, em tempo útil, a prestação de serviços equivalentes aos contratados.

6 – Quando não seja possível contactar a agência de viagens nos termos previstos no número anterior ou quando esta não assegure, em tempo útil, a prestação de serviços equivalentes aos contratados, o cliente pode contratar com terceiros serviços de alojamento e transporte não incluídos no contrato, a expensas da agência de viagens.

Nota:

O preceito corresponde ao art. 30º, do Decreto-Lei nº 209/97, de 13 de Agosto.

Na nossa opinião, o legislador não optou pela sistematização mais adequada. Os serviços inerentes ao alojamento e transporte deveriam pertencer a preceito autónomo.

Estando já o contrato em execução, e não tendo sido fornecida uma parte significativa dos serviços previstos no contrato, deve ser assegurado, sem aumento de preço para o cliente, a prestação de serviços equivalentes aos contratos (nº 1), assistindo-lhe o direito de reaver a diferença entre o preço das prestações previstas e as efectivamente fornecidas, sem prejuízo do direito à indemnização nos termos civis (nº 3).

O nº 4 trata do dever de informação devido ao cliente, perante a deficiência dos serviços prestados, para que a agência possa assegurar em tempo útil, a prestação de serviços equivalentes aos contratados.

Na impossibilidade de continuação da viagem ou caso o cliente não as aceite, justificadamente, este tem direito a regressar ao local de partida ou a outro local acordado, através de meio de transporte a fornecer pela agência, sem aumento de preço (nº 2), assistindo-lhe o direito de reaver a diferença entre o preço das prestações previstas e as efectivamente fornecidas, sem prejuízo do direito à indemnização nos termos civis (nº 3).

No caso específico de incumprimento quanto aos serviços de alojamento e transporte, o cliente deve, sempre que possível, contactar a agência de viagens, de acordo com a informação transmitida pelo artigo 21º, als. *b*) e *c*), para a prestação de serviços equivalentes, em tempo útil (nº 5). A lei actual manteve como conceito indeterminado, "o tempo útil", o qual só poderá ser determinado casuisticamente.

Mantém-se a possibilidade de o cliente contratar com terceiros os serviços deficientemente cumpridos, a expensas da agência de viagens (nº 6).

ARTIGO 28º
Assistência a clientes

1 – Quando, por razões que não lhe forem imputáveis, o cliente não possa terminar a viagem organizada, a agência é obrigada a dar-lhe assistência até ao ponto de partida ou de chegada.

2 – Em caso de reclamação dos clientes, cabe à agência ou ao seu representante local provar ter actuado diligentemente no sentido de encontrar a solução adequada.

Nota:

O preceito corresponde ao art. 31º, do Decreto-Lei nº 209/97, de 13 de Agosto.

Continua por esclarecer em que consiste o dever de assistência imputável à agência.

Jurisprudência:

I – As empresas organizadoras de viagens de turismo têm o dever de prestar assistência aos seus clientes e de minorar os incómodos sofridos pelos mesmos, que sejam ocasionados pelo atraso do seu embarque aéreo, ainda que tal contratempo não seja da sua responsabilidade.

II – As agências de viagens subcontratadas por aquelas empresas organizadoras de viagens de turismo têm a obrigação de assegurar a realidade da existência dessa viagem, não lhes cabendo nenhum dever de prestar assistência a qualquer percalço que entretanto venha a ocorrer no decurso dessa viagem.

Ac. RP, de 25.02.2002, CJ, Ano XXVII, T. I, p. 216.

CAPÍTULO IV
DA RESPONSABILIDADE DAS AGÊNCIAS DE VIAGEM PERANTE OS SEUS CLIENTES

ARTIGO 29º
Princípios gerais

1 – As agências são responsáveis perante os seus clientes pelo pontual cumprimento das obrigações resultantes da venda de viagens turísticas, sem prejuízo do disposto nos números seguintes.

2 – Quando se tratar de viagens organizadas, as agências são responsáveis perante os seus clientes, ainda que os serviços devam ser executados por terceiros e sem prejuízo do direito de regresso.

3 – No caso de viagens organizadas, as agências organizadoras respondem solidariamente com as agências vendedoras.

4 – Tratando-se de viagens organizadas, a agência não pode ser responsabilizada quando:

a) O cancelamento se basear no facto de o número de participantes na viagem organizada ser inferior ao mínimo exigido e o cliente for informado por escrito do cancelamento no prazo previsto no programa;

b) O incumprimento não resultar de excesso de reservas e for devido a situações de força maior ou caso fortuito, motivado por circunstâncias anormais e imprevisíveis, alheias àquele que as invoca, cujas consequências não pudessem ter sido evitadas;

c) For demonstrado que o incumprimento se deve à conduta do próprio cliente ou à actuação de um terceiro, alheio ao fornecimento das prestações devidas pelo contrato, que a agência não pudesse prever;
d) Legalmente não puder ser accionado o direito de regresso relativamente a terceiros prestadores dos serviços previstos no contrato, nos termos da legislação aplicável;
e) O prestador de serviços de alojamento não puder ser responsabilizado pela deterioração, destruição ou subtracção de bagagens ou outros artigos.
5 – No caso das restantes viagens turísticas, as agências respondem pela correcta emissão dos títulos de alojamento e de transporte e ainda pela escolha culposa dos prestadores de serviços, caso estes não tenham sido sugeridos pelo cliente.
6 – Quando as agências intervierem como meras intermediárias em vendas ou reservas de serviços avulsos solicitados pelo cliente, apenas são responsáveis pela correcta emissão dos títulos de alojamento e de transporte.
7 – Consideram-se clientes, para efeitos do disposto no presente artigo, todos os beneficiários da prestação de serviços, ainda que não tenham sido partes no contrato.

Nota:

O preceito corresponde ao art. 39º, do Decreto-Lei nº 209/97, de 13 de Agosto.

Repete-se, a título de princípio geral, que as agências são responsáveis perante os seus clientes pelo pontual cumprimento das obrigações resultantes da venda de viagens turísticas (nº 1), ainda que os serviços sejam executados por terceiros e sem prejuízo do direito de regresso (nº 3).

Mantém-se a responsabilidade *in elegendo* (quanto à escolha dos respectivos parceiros negocias) e *in vigilando* (no que concerne ao modo como aqueles executam a prestação).

Nas viagens organizadas, as agências organizadoras respondem solidariamente com as agências vendedoras (nº 3).

O nº 4 apresenta várias causas e circunstâncias que determinam a exclusão de responsabilidade por parte da agência.

No foro das viagens por medida e no caso de viagens turísticas que não enquadrem a viagem organizada, as agências respondem apenas pela correcta emissão dos títulos de alojamento e de transporte ainda pela escolha culposa dos prestadores de serviços, caso estes não tenham sido sugeridos pelo cliente (nº 5).

Quando intervém apenas como meras intermediárias em vendas ou reservas de serviços avulsos solicitados pelo cliente, são responsáveis somente pela correcta emissão dos títulos de alojamento e de transporte (nº 6).

O nº 7 amplia a noção de cliente, considerando-os "todos os beneficiários da prestação de serviços, ainda que não tenham sido partes no contrato.

Jurisprudência:

"O casal Duchiron, um casal de turistas franceses, participavam numa viagem organizada, por uma reputada agência de viagens francesa – «La compagnie des wagons-lits", de duração de dois meses, percorrendo os principais locais de turismo do continente americano.

Na escala, efectuada na cidade do Monte Corcovado, o táxi acabaria por se despenhar uma queda de catorze metros, devido ao mau funcionamento dos travões tendo os dois turistas perdido a vida. Efectuado o inquérito, apurou-se que o motorista era insolvente e não possuía seguro automóvel. A agência de viagens foi condenada a pagar uma indemnização pelos danos sofridos pelos turistas, com base na deficiente escolha do motorista do táxi. A agência deveria ter-se informado que, no Brasil, não havia um seguro obrigatório para cobrir os ricos sofridos pelos passageiro, pelo que a ela incumbia assegurar-se, previamente, que o motorista, com quem contratasse, possuía tal seguro. Não o tendo feito, era responsável pelos danos resultantes da própria emissão".

Caso apresentado por Miguel Miranda, *op. cit.*, p. 212.

ARTIGO 30º
Limites

1 – A responsabilidade da agência tem como limite o montante máximo exigível às entidades prestadoras dos serviços, nos termos da Convenção de Montreal, de 28 de Maio de 1999, sobre transporte aéreo internacional, e da Convenção de Berna, de 1961, sobre transporte ferroviário.

2 – No que concerne aos transportes marítimos, a responsabilidade das agências de viagens, relativamente aos seus clientes, pela prestação de serviços de transporte, ou alojamento, quando for caso disso, por empresas de transportes marítimos, no caso de danos resultantes de dolo ou negligência destas, tem como limites os seguintes montantes:

a) € 441 436, em caso de morte ou danos corporais;

b) € 7881, em caso de perda total ou parcial de bagagem ou da sua danificação;

c) € 31 424, em caso de perda de veículo automóvel, incluindo a bagagem nele contida;

d) € 10 375, em caso de perda de bagagem, acompanhada ou não, contida em veículo automóvel;

e) € 1097, por danos na bagagem, em resultado da danificação do veículo automóvel.

3 – Quando exista, a responsabilidade das agências de viagens e turismo pela deterioração, destruição e subtracção de bagagens ou outros artigos, em estabelecimentos de alojamento turístico, enquanto o cliente aí se encontrar alojado, tem como limites:

a) € 1397, globalmente;

b) € 449 por artigo;

c) O valor declarado pelo cliente, quanto aos artigos depositados à guarda do estabelecimento de alojamento turístico.

4 – As agências têm direito de regresso sobre os fornecedores de bens e serviços relativamente às quantias pagas no cumprimento da obrigação de indemnizar prevista nos números anteriores.

5 – A responsabilidade da agência por danos não corporais pode ser contratualmente limitada ao valor correspondente a cinco vezes o preço do serviço vendido.

Nota:

O preceito corresponde ao art. 40º, do Decreto-Lei nº 209/97, de 13 de Agosto.

CAPÍTULO V
DAS GARANTIAS DOS CONSUMIDORES

ARTIGO 31º
Fundo de garantia de viagens e turismo

1 – É criado o fundo de garantia de viagens e turismo (FGVT), constituído pelos valores a que se refere o nº 1 do artigo seguinte, dotado de autonomia administrativa e financeira, que responde solidariamente pelo pagamento dos créditos de consumidores decorrentes do incumprimento de serviços contratados às agências de viagens e turismo.

2 – Os valores que integram o FGVT respondem solidariamente pelos créditos dos consumidores relativamente a serviços contratados a agências de viagens e turismo, e satisfazem:

a) O reembolso dos montantes entregues pelos clientes;

b) O reembolso das despesas suplementares suportadas pelos clientes em consequência da não prestação dos serviços ou da sua prestação defeituosa.

3 – Ficam excluídos do âmbito do FGVT o pagamento dos créditos dos consumidores relativos à compra isolada de bilhetes de avião, quando a não concretização da viagem não seja imputável às agências de viagens e turismo envolvidas.

4 – A gestão do FGVT cabe ao Estado, representado pelo Turismo de Portugal, I. P., com o apoio, não remunerado, de um conselho geral que integra representantes das agências de viagens e turismo e dos consumidores, em termos a regulamentar por portaria do membro do Governo responsável pela área do turismo.

5 – A gestão do FGVT pode ser atribuída pelo Turismo de Portugal, I. P., ouvido o conselho geral do FGVT, a uma sociedade financeira, com respeito pelas normas aplicáveis à contratação pública.

Nota:

Matéria consagrada *ex novo*.

ARTIGO 32º

Financiamento do FGVT

1 – O financiamento do FGVT é assegurado pelas agências de viagens e turismo, que contribuem com os seguintes montantes:

a) € 6000, as agências vendedoras;

b) € 10 000, as agências organizadoras e as que sejam simultaneamente vendedoras e organizadoras.

2 – Os montantes referidos no número anterior são prestados de forma progressiva, mediante pagamento:

a) De uma contribuição inicial, a prestar no momento da inscrição da agência no RNAVT, no valor de € 2500 para as agências vendedoras e de € 5000 para as agências organizadoras ou vendedoras e organizadoras;

b) De contribuições posteriores anuais, de valor equivalente a 0,1% do volume de negócios da agência no ano imediatamente anterior.

3 – O pagamento das prestações anuais inicia-se no ano seguinte ao do pagamento da contribuição inicial e mantém-se até que a soma de todas as contribuições perfaça o valor total devido, previsto no nº 1.

4 – O valor da contribuição anual é entregue ao Turismo de Portugal, I. P., até ao dia 31 de Agosto, devendo em simultâneo a agência facultar o acesso à informação empresarial simplificada (IES) que tenha apresentado para efeitos fiscais, para comprovação do respectivo volume de negócios no ano de referência.

5 – Sem prejuízo do disposto no nº 3, as agências de viagens e turismo são notificadas pelo Turismo de Portugal, I. P., para retomarem o pagamento da contribuição anual prevista na alínea b) do nº 2, sempre que o FGVT atinja um valor inferior a € 1 000 000, mantendo-se a obrigação da contribuição anual até que o FGVT atinja o valor mínimo de € 4 000 000.

Nota:

Matéria consagrada *ex novo*.

ARTIGO 33º
Accionamento do FGVT

1 – Os consumidores interessados em obter a satisfação de créditos resultantes do incumprimento de contratos celebrados com agências de viagens e turismo podem accionar o FGVT, devendo requerê-lo ao Turismo de Portugal, I. P., apresentando:

a) Sentença judicial ou decisão arbitral transitada em julgado, da qual conste o montante da dívida exigível, certa e líquida;

b) Decisão do provedor do cliente da Associação Portuguesa das Agências de Viagens e Turismo (APAVT), da qual conste o montante da dívida exigível, certa e líquida, desde que aquele esteja registado no sistema de registo voluntário de procedimentos de resolução extrajudicial de conflitos de consumo instituído pelo Decreto-Lei nº 146/99, de 4 de Maio;

c) Requerimento solicitando a intervenção da comissão arbitral a que se refere o artigo seguinte, instruído com documentos comprovativos dos factos alegados.

2 – O Turismo de Portugal, I. P., notifica as agências de viagens e turismo responsáveis para proceder ao pagamento da quantia devida no prazo de 20 dias, antes de accionar o FGVT.

3 – Quando haja lugar a pagamento por parte do FGVT, a agência ou agências de viagens e turismo responsáveis devem repor o montante utilizado, no prazo máximo de 60 dias a contar da data do pagamento pelo FGVT.

4 – O requerimento a que se refere a alínea c) do nº 1 é apresentado no prazo de 30 dias após o termo da viagem ou no prazo previsto no contrato, quando superior.

Nota:

O preceito corresponde ao art. 48º, do Decreto-Lei nº 209/97, de 13 de Agosto.

ARTIGO 34º
Comissão arbitral

1 – O requerimento previsto na alínea c) do nº 1 do artigo anterior é apreciado por uma comissão de resolução de conflitos, designada comissão arbitral, convocada pelo presidente do Turismo de Portugal, I. P., no prazo de 10 dias após a entrega do pedido.

2 – A comissão referida no número anterior é constituída por:

a) Um representante do Turismo de Portugal, I. P., que preside;

b) Um representante da Direcção-Geral do Consumidor;

c) Um representante da Associação Portuguesa das Agências de Viagens e Turismo;

d) Um representante de associação de defesa do consumidor a designar pelo requerente.

3 – A comissão arbitral delibera no prazo máximo de 20 dias após a sua convocação, sendo a deliberação tomada por maioria dos membros presentes, tendo o presidente voto de qualidade.

Nota:
O preceito corresponde ao art. 48º, do Decreto-Lei nº 209/97, de 13 de Agosto.

ARTIGO 35º
Seguro de responsabilidade civil

1 – As agências devem celebrar um seguro de responsabilidade civil que cubra os riscos decorrentes da sua actividade garantindo o ressarcimento dos danos patrimoniais e não patrimoniais causados a clientes ou a terceiros por acções ou omissões da agência ou dos seus representantes.

2 – O seguro de responsabilidade civil deve ainda cobrir como risco acessório:

a) O repatriamento dos clientes e a sua assistência nos termos do artigo 28º;

b) A assistência médica e medicamentos necessários em caso de acidente ou doença ocorridos durante a viagem, incluindo aqueles que se revelem necessários após a conclusão da viagem.

3 – O montante mínimo coberto pelo seguro é de € 75 000.

4 – A apólice uniforme do seguro, celebrada sob a lei portuguesa, é aprovada pelo Instituto de Seguros de Portugal.

Nota:
O preceito corresponde ao art. 50º, do Decreto-Lei nº 209/97, de 13 de Agosto.

ARTIGO 36º
Exclusão da cobertura do seguro de responsabilidade civil

1 – São excluídos do seguro de responsabilidade civil:

a) Os danos causados aos agentes ou representantes legais das agências quando estes se encontrem ao serviço;

b) Os danos provocados pelo cliente ou por terceiro alheio ao fornecimento das prestações.

2 – Podem ser excluídos do seguro:

a) Os danos causados por acidentes ocorridos com meios de transporte que não pertençam à agência, desde que o transportador tenha o seguro exigido para aquele meio de transporte;

b) As perdas, deteriorações, furtos ou roubos de bagagens ou valores entregues pelo cliente à guarda da agência.

Nota:
O preceito corresponde ao art. 51º, do Decreto-Lei nº 209/97, de 13 de Agosto.

CAPÍTULO VI
DA FISCALIZAÇÃO E SANÇÕES

ARTIGO 37º
Entidade fiscalizadora competente

1 – Sem prejuízo das competências atribuídas a outras entidades, compete à Autoridade de Segurança Alimentar e Económica (ASAE) fiscalizar o cumprimento do disposto no presente decreto-lei bem como proceder à instrução dos respectivos processos de contra-ordenação.

2 – As autoridades administrativas e policiais prestam auxílio aos funcionários da ASAE no exercício das suas funções de fiscalização.

3 – Deve ser facultada aos elementos dos serviços de inspecção toda a informação necessária ao exercício da actividade fiscalizadora.

Nota:

O preceito corresponde ao art. 55º, do Decreto-Lei nº 209/97, de 13 de Agosto.

ARTIGO 38º
Obrigação de participação

1 – Todas as autoridades e seus agentes devem participar à ASAE quaisquer infracções ao presente decreto-lei e respectivas disposições regulamentares.

2 – Quando se tratar de infracção ao disposto no nº 1 do artigo 13º, a participação é feita ao Instituto da Mobilidade e dos Transportes Terrestres, I. P. (IMTT, I. P.).

Nota:

O preceito corresponde ao art. 56º, do Decreto-Lei nº 209/97, de 13 de Agosto.

ARTIGO 39º
Aplicação de medidas cautelares

1 – A ASAE é competente para determinar a suspensão temporária do exercício da actividade e o encerramento temporário do estabelecimento nos seguintes casos:

a) Havendo declaração de insolvência ou estando em curso o processo de declaração de insolvência;

b) Se a agência cessar a actividade por um período superior a 90 dias sem justificação atendível;

c) Se a agência não entregar ao Turismo de Portugal, I. P., o comprovativo de que as garantias exigidas pelo presente decreto-lei se encontram em vigor;
d) Se a agência não proceder à reposição dos valores do FGVT da sua responsabilidade, nos termos do nº 3 do artigo 33º;
e) Quando se verificarem irregularidades graves na gestão da empresa ou incumprimento grave perante os fornecedores ou consumidores susceptíveis de pôr em risco os interesses destes ou as condições normais de funcionamento do mercado.
2 – A aplicação das medidas cautelares, a que se refere o número anterior, deve ser devidamente fundamentada e atender à existência de pressuposto da ocorrência de um prejuízo grave para os consumidores ou para o mercado.

Nota:
Matéria consagrada *ex novo*.

ARTIGO 40º
Contra-ordenações
1 – Constituem contra-ordenações, punidas com coima de € 2500 a € 3740 e de € 15 000 a € 30 000, conforme se trate, respectivamente, de pessoa singular ou colectiva:
a) A infracção ao disposto no nº 1 do artigo 4º;
b) A prestação de serviços ao abrigo do disposto no artigo 10º por pessoa singular ou colectiva que não se encontre legalmente estabelecida em Estado membro da União Europeia ou do espaço económico europeu;
c) A infracção ao disposto no nº 2 do artigo 10º;
d) A prestação de serviços antes de efectuada a mera comunicação prévia conforme o nº 1 do artigo 6º;
e) A não prestação das garantias exigidas pelas alíneas b) e c) do nº 1 do artigo 6º
2 – Constituem contra-ordenações, punidas com coima de € 2000 a € 3740 e de € 5000 a € 20 000, conforme se trate, respectivamente, de pessoa singular ou colectiva, os seguintes comportamentos:
a) A infracção ao disposto no nº 3 do artigo 33º;
b) A oferta e reserva de serviços em empreendimentos turísticos sem título válido de abertura, bem como a intermediação na venda dos produtos de agentes de animação turística não registados.
3 – Constituem contra-ordenações, punidas com coima de € 500 a € 3000 e de € 1000 a € 10 000, conforme se trate, respectivamente, de pessoa singular ou colectiva, os seguintes comportamentos:

a) A infracção ao disposto nos nºs 1 e 2 do artigo 5º;

b) O incumprimento das obrigações previstas nos artigos 16º, 17º, 18º, 20º e 21º;

c) O incumprimento das obrigações previstas nos nºs 1 a 3 do artigo 27º e no nº 1 do artigo 28º;

d) A oposição à realização de inspecções e vistorias pelas entidades competentes e a recusa de prestação, a estas entidades, dos elementos solicitados.

4 – Constituem contra-ordenações, punidas com coima de € 250 a € 2500 e de € 500 a € 5000, conforme se trate, respectivamente, de pessoa singular ou colectiva, os seguintes comportamentos:

a) A infracção ao disposto no artigo 11º;

b) A alteração do preço de uma viagem organizada em violação do disposto no artigo 23º

5 – Constituem contra-ordenações, punidas com coima de € 200 a € 1500 e de € 250 a € 2500, conforme se trate, respectivamente, de pessoa singular ou colectiva, os seguintes comportamentos:

a) A infracção ao disposto nos nºs 3 e 4 do artigo 5º;

b) A violação ao disposto no nº 4 do artigo 8º

6 – A infracção ao disposto no artigo 14º constitui contra-ordenação punida nos termos previstos no Decreto-Lei nº 156/2005, de 15 de Setembro, alterado pelo Decreto-Lei nº 371/ /2007, de 6 de Novembro, pelo Decreto-Lei nº 118/2009, de 19 de Maio, e pelo Decreto--Lei nº 317/2009, de 30 de Outubro.

Nota:

O preceito corresponde ao art. 57º, do Decreto-Lei nº 209/97, de 13 de Agosto.

ARTIGO 41º
Tentativa e negligência

A tentativa e a negligência são puníveis, sendo, nesses casos, os limites máximo e mínimo do montante da coima a aplicar reduzidos a metade.

Nota:

O preceito corresponde ao art. 58º, do Decreto-Lei nº 209/97, de 13 de Agosto.

ARTIGO 42º
Sanções acessórias

1 – Quando a gravidade da infracção o justifique, podem ser aplicadas as seguintes sanções acessórias, nos termos do regime geral das contra-ordenações:

a) Interdição do exercício de profissão ou actividades directamente relacionadas com a infracção praticada;

b) Suspensão do exercício da actividade e encerramento dos estabelecimentos, pelo período máximo de dois anos, designadamente quando se trate dos comportamentos referidos na alínea d) do nº 1 e no nº 2 do artigo 40º

2 – A decisão de aplicação de qualquer sanção pode ser publicitada, a expensas do infractor, no site da Comissão de Aplicação de Coimas em Matéria Económica e de Publicidade (CACMEP) e em jornal de difusão nacional, regional ou local, de acordo com a importância e os efeitos da infracção.

Nota:

O preceito corresponde ao art. 59º, do Decreto-Lei nº 209/97, de 13 de Agosto.

ARTIGO 43º

Competência para aplicação das sanções

1 – É da competência da CACMEP a aplicação das sanções previstas no presente decreto-lei.

2 – A aplicação das coimas é comunicada ao Turismo de Portugal, I. P., para efeitos de averbamento ao registo.

Nota:

O preceito corresponde ao art. 60º, do Decreto-Lei nº 209/97, de 13 de Agosto.

ARTIGO 44º

Produto das coimas

O produto das coimas resultantes da infracção ao disposto no presente decreto-lei reverte:

a) Em 60% para o Estado;

b) Em 30% para a ASAE;

c) Em 10% para a CACMEP.

Nota:

O preceito corresponde ao art. 61º, do Decreto-Lei nº 209/97, de 13 de Agosto.

CAPÍTULO VII
DISPOSIÇÕES FINAIS E TRANSITÓRIAS

ARTIGO 45º
Tramitação desmaterializada

A tramitação dos procedimentos e comunicações previstos no presente decreto-lei é realizada por via electrónica através do RNAVT, acessível através do balcão único electrónico a que se refere o artigo 6º do Decreto-Lei nº 92/2010, de 26 de Julho, e ainda disponível no Portal da Empresa, no Portal do Cidadão e no Portal do Turismo de Portugal, I. P.

ARTIGO 46º
Agências de viagens e turismo existentes

1 – As agências de viagens e turismo licenciadas à data da entrada em vigor do presente decreto-lei consideram-se inscritas no RNAVT, sendo-lhes automaticamente atribuído e comunicado o número de inscrição, desde que se mantenham válidas as garantias legais exigidas ao abrigo do Decreto-Lei nº 209/97, de 13 de Agosto, alterado pelo Decreto-Lei nº 12/99, de 11 de Janeiro, pelo Decreto-Lei nº 76-A/2006, de 29 de Março, e pelo Decreto--Lei nº 263/2007, de 20 de Julho.

2 – As agências de viagens e turismo a que se refere o número anterior prestam a contribuição inicial prevista na alínea a) do nº 2 do artigo 32º no prazo de um ano a contar da data da entrada em vigor do presente decreto-lei.

3 – As cauções prestadas pelas agências licenciadas ao abrigo do Decreto-Lei nº 209/97, de 13 de Agosto, com as alterações subsequentes, mantêm-se válidas até ao momento em que seja prestada a contribuição inicial nos termos referidos no número anterior.

4 – As cauções que se mantenham válidas são accionadas nos termos previstos no artigo 33º, com as necessárias adaptações, podendo ser accionadas as cauções prestadas pela agência com quem o cliente contratou directamente ou pela agência que organizou a viagem, sem prejuízo do direito de regresso nos termos legais.

5 – Nos casos previstos na parte final do número anterior, pode ser accionado o FGVT quando a caução não cubra o montante total da dívida, e a agência solidariamente responsável tenha já prestado a sua contribuição inicial para o FGVT.

ARTIGO 47º
Regiões autónomas

1 – Os actos e os procedimentos necessários à execução do presente decreto-lei nas Regiões Autónomas dos Açores e da Madeira competem às entidades das respectivas administrações regionais com atribuições e competências nas matérias em causa.

2 – Nos termos do nº 1 do artigo 17º do Decreto-Lei nº 92/2010, de 26 de Julho, as decisões proferidas, quer pelos organismos da administração central quer pelos serviços competentes das administrações das regiões autónomas no âmbito do presente decreto-lei, são válidas para todo o território nacional.

ARTIGO 48º
Norma revogatória

É revogado o Decreto-Lei nº 209/97, de 13 de Agosto, alterado pelo Decreto-Lei nº 12/99, de 11 de Janeiro, pelo Decreto-Lei nº 76-A/2006, de 29 de Março, e pelo Decreto-Lei nº 263/2007, de 20 de Julho.

ARTIGO 49º
Entrada em vigor

O presente decreto-lei entra em vigor 30 dias após a data da sua publicação.

Visto e aprovado em Conselho de Ministros de 17 de Fevereiro de 2011. – *José Sócrates Carvalho Pinto de Sousa – Luís Filipe Marques Amado – Emanuel Augusto dos Santos – Manuel Pedro Cunha da Silva Pereira – Alberto de Sousa Martins – José António Fonseca Vieira da Silva – António Augusto da Ascenção Mendonça – Dulce dos Prazeres Fidalgo Álvaro Pássaro – Valter Victorino Lemos – Ana Maria Teodoro Jorge – Maria Gabriela da Silveira Ferreira Canavilhas.*

Promulgado em 12 de Abril de 2011.

Publique-se.

O Presidente da República, ANÍBAL CAVACO SILVA.

Referendado em 18 de Abril de 2011.

O Primeiro-Ministro, *José Sócrates Carvalho Pinto de Sousa.*

Regulamento do Fundo de Garantia de Viagens e Turismo

PORTARIA Nº 224/2011, DE 3 DE JUNHO

O Decreto-Lei nº 61/2011, de 6 de Maio, que aprova o novo regime jurídico de acesso e de exercício da actividade das agências de viagens e turismo, cria, no seu artigo 31º, o Fundo de Garantia de Viagens e Turismo.

Este Fundo, dotado de autonomia administrativa e financeira, responde solidariamente pelo pagamento dos créditos de consumidores resultantes do incumprimento, total ou parcial, dos contratos celebrados com agências de viagens e turismo.

O Decreto-Lei nº 209/97, de 13 de Agosto, que o Decreto-Lei nº 61/2011, de 6 de Maio, veio revogar, estabelecia que a caução prestada por uma determinada agência de viagens e turismo só podia ser accionada em situações de incumprimento da responsabilidade dessa agência e que, sem prejuízo da possibilidade de recurso à via judicial, a responsabilidade de cada agência de viagens e turismo pelo pagamento dos créditos dos consumidores resultantes do incumprimento das relações jurídicas constituídas à luz daquele decreto-lei, tinha como limite o montante das cauções prestadas pelas agências vendedora e organizadora da viagem.

O Decreto-Lei nº 61/2011, de 6 de Maio, ao criar um sistema de pagamentos baseado num princípio de solidariedade, em que os montantes disponíveis no Fundo respondem de forma anónima e autónoma pelo pagamento dos créditos dos consumidores, independentemente da agência de viagens com quem tenham contratado, veio reforçar as garantias destes, aumentando consideravelmente o montante financeiro disponível para o seu ressarcimento. Este mecanismo vem reforçar o disposto na Directiva Comunitária nº 90/314/CEE, de 13 de Junho, relativa às viagens, férias e circuitos organizados, que obriga o operador ou agência a possuir meios de garantia suficientes para assegurar, em caso de insolvência ou de falência, o reembolso dos fundos depositados e o repatriamento do consumidor.

O novo decreto-lei estabelece o modo de financiamento do Fundo, o valor e o mecanismo de prestação das contribuições pelas agências de viagens e turismo, bem como as normas de accionamento do Fundo por parte dos consumidores. Estabelece, ainda, que a gestão do Fundo incumbe ao Estado, através do Turismo de Portugal, I. P., coadjuvado por um conselho geral, onde se encontram representados os consumidores e as empresas, numa relação de paridade, remetendo para portaria do membro do Governo responsável pela área do Turismo, a regulamentação do funcionamento e gestão deste Fundo.

Assim:

Ao abrigo do disposto no nº 4 do artigo 31º do Decreto-Lei nº 61/2011, de 6 de Maio, manda o Governo, através do Secretário de Estado do Turismo, com competências delegadas, ao abrigo do despacho nº 10846/2010, publicado no Diário da República, 2.ª série, nº 126, de 1 de Julho de 2010, o seguinte:

ARTIGO 1º
Objecto
É aprovado o Regulamento do Fundo de Garantia de Viagens e Turismo, em anexo à presente portaria, da qual faz parte integrante.

ARTIGO 2º
Entrada em vigor
A presente portaria entra em vigor no dia 6 de Junho de 2011.

O Secretário de Estado do Turismo, *Bernardo Luís Amador Trindade,* em 23 de Maio de 2011.

ANEXO
REGULAMENTO DO FUNDO DE GARANTIA DE VIAGENS E TURISMO

ARTIGO 1º
Objecto

O presente Regulamento estabelece o regime de funcionamento e gestão do Fundo de Garantia de Viagens e Turismo (FGVT).

ARTIGO 2º
Natureza e sede

1 – O FGVT é dotado de personalidade jurídica e de autonomia administrativa, patrimonial e financeira.

2 – O FGVT tem sede em Lisboa, nas instalações do Turismo de Portugal, I. P., que assegura os serviços técnicos e administrativos indispensáveis ao seu funcionamento.

ARTIGO 3º
Objectivo

1 – O FGVT tem por objectivo assegurar o pagamento dos créditos dos consumidores resultantes do incumprimento de serviços contratados a agências de viagens e turismo e satisfaz:

a) O reembolso dos montantes entregues pelos clientes;

b) O reembolso das despesas suplementares suportadas pelos clientes em consequência da não prestação dos serviços ou da sua prestação defeituosa.

2 – Ficam excluídos do âmbito do FGVT o pagamento dos créditos dos consumidores relativos à compra isolada de bilhetes de avião, quando a não concretização da viagem não seja imputável às agências de viagens e turismo envolvidas.

ARTIGO 4º
Solidariedade

O FGVT responde solidariamente pelo pagamento dos créditos dos consumidores decorrentes do incumprimento de serviços contratados a qualquer agência de viagens e turismo que se encontre inscrita no Registo Nacional das Agências de Viagens e Turismo (RNAVT) e que tenha efectuado a contribuição para o FGVT, nos termos previstos no Decreto-Lei nº 61/2011, de 6 de Maio.

ARTIGO 5º
Financiamento

1 – O financiamento do FGVT é assegurado pelas agências de viagens e turismo, que contribuem com os seguintes montantes:

a) € 6000, as agências vendedoras;

b) € 10 000, as agências organizadoras e as que sejam, simultaneamente, vendedoras e organizadoras.

2 – Os montantes referidos no número anterior são prestados de forma progressiva, mediante o pagamento:

a) De uma contribuição inicial, a prestar no momento da inscrição da agência no Registo Nacional das Agências de Viagens e Turismo, no valor de € 2500 para as agências vendedoras e de € 5000 para as agências organizadoras ou vendedoras e organizadoras;

b) De contribuições posteriores anuais, de valor equivalente a 0,1% do volume de negócios da agência no ano imediatamente anterior.

3 – O valor da contribuição anual é entregue ao Turismo de Portugal, I. P., até ao dia 31 de Agosto, devendo, em simultâneo, a agência facultar o acesso à informação empresarial simplificada (IES) que tenha apresentado para efeitos fiscais, para comprovação do volume de negócios no ano de referência.

4 – Caso o pretendam, as agências de viagens e turismo podem prestar a totalidade da contribuição prevista no nº 1 no acto de inscrição no RNAVT.

ARTIGO 6º
Accionamento do FGVT

1 – Os consumidores interessados em obter a satisfação de créditos resultantes do incumprimento de contratos celebrados com agências de viagens e turismo inscritas no RNAVT e que tenham efectuado a contribuição prevista para o FGVT, podem accionar este Fundo através de requerimento dirigido ao Turismo de Portugal, I. P., apresentando, em alternativa:

a) Sentença judicial ou decisão arbitral transitada em julgado, da qual conste o montante da dívida exigível, certa e líquida;

b) Decisão do provedor do cliente da Associação Portuguesa das Agências de Viagens e Turismo (APAVT), da qual conste o montante da dívida exigível, certa e líquida, desde que aquele esteja registado no sistema de registo voluntário de procedimentos de resolução extrajudicial de conflitos de consumo instituído pelo Decreto-Lei nº 146/99, de 4 de Maio;

c) Requerimento solicitando a intervenção da comissão arbitral, instruído com os documentos comprovativos dos factos alegados.

2 – O Turismo de Portugal, I. P., notifica as agências de viagens e turismo responsáveis para procederem ao pagamento da quantia devida no prazo de 20 dias, antes de remeter o requerimento ao conselho geral do FGVT para o seu accionamento.
3 – O requerimento referido na alínea c) do número anterior é apresentado no prazo de 30 dias após o termo da viagem ou no prazo previsto no contrato, quando superior.
4 – O pagamento por parte do FGVT relativamente às situações referidas na alínea c) do nº 1 efectua-se apenas após decisão da comissão arbitral que dê provimento, total ou parcial, ao requerido.

ARTIGO 7º
Sub-rogação legal

1 – Quando haja lugar a pagamento por parte do FGVT, a agência ou agências de viagens e turismo responsáveis devem repor o montante utilizado, no prazo máximo de 60 dias a contar da data do pagamento efectuado pelo FGVT.
2 – No caso de incumprimento do disposto no número anterior, o FGVT fica sub-rogado nos direitos de crédito e respectivas garantias, nomeadamente privilégios creditórios dos consumidores, na medida dos pagamentos efectuados, acrescidos dos juros de mora vincendos.

ARTIGO 8º
Receitas

Para além do disposto no artigo 5º, o FGVT dispõe das seguintes receitas:
a) Rendimentos provenientes de aplicações financeiras;
b) Resultados dos reembolsos efectuados para o Fundo ao abrigo da sub-rogação nos direitos do consumidor prevista no artigo 7º;
c) Liberalidades;
d) Quaisquer outros meios financeiros que venham a ser atribuídos ou consignados por lei, acto ou contrato.

ARTIGO 9º
Reposição

1 – Caso o FVGT atinja um valor inferior a € 1 000 000, a sua recapitalização faz-se por recurso às receitas próprias a que se refere o artigo anterior, só sendo notificadas as agências de viagens e turismo, nos termos e para os efeitos previstos no nº 5 do artigo 32º do Decreto-Lei nº 61/2011, de 6 de Maio, quando aquelas receitas se revelarem insuficientes para atingir o valor de € 4 000 000 referido na mesma norma.

2 – A retoma do pagamento da contribuição anual pelas agências de viagens e turismo nos termos e para os efeitos do número anterior, só é exigível a cada agência até ao limite do valor da contribuição inicial devida pela mesma, de acordo com o disposto na alínea a) do nº 2 do artigo 5º

ARTIGO 10º
Encargos

Constituem encargos do Fundo, a suportar através do recurso aos montantes próprios, os resultantes:

a) Da respectiva manutenção e funcionamento;

b) Do pagamento dos créditos devidos aos consumidores;

c) Do pagamento de encargos com a aquisição de serviços a uma sociedade financeira, conforme previsto no nº 5 do artigo 31º do Decreto-Lei nº 61/2011, de 6 de Maio;

d) Dos custos de aquisição, manutenção e conservação de bens ou serviços que tenha de utilizar;

e) De outros actos legal ou contratualmente previstos ou permitidos.

ARTIGO 11º
Administração e gestão

A gestão do FGVT cabe ao Turismo de Portugal, I. P., através da titularidade da presidência de um conselho geral, não remunerado, com a seguinte composição:

a) Um presidente e um vogal designados pelo conselho directivo do Turismo de Portugal, I. P., e que o representam;

b) Um representante da Direcção-Geral do Consumidor (DGC);

c) Um representante da APAVT;

d) Um representante da Associação Portuguesa para a Defesa do Consumidor (DECO).

ARTIGO 12º
Competências do conselho geral

1 – Compete ao conselho geral praticar todos os actos de administração e gestão, designadamente:

a) Dirigir a actividade do FGVT, assegurando o desenvolvimento das suas atribuições;

b) Elaborar e aprovar, por maioria, o plano anual de actividades, o orçamento anual, bem como as contas e o relatório de actividades do FGVT;

c) Elaborar, até ao dia 30 de Janeiro de cada ano, o plano de gestão técnica e financeira do FGVT, com base nas disponibilidades financeiras deste;
d) Assegurar a autonomia dos fluxos financeiros do FGVT e garantir uma contabilidade específica e diferenciada da contabilidade do Turismo de Portugal, I. P.;
e) Decidir em todas as matérias que envolvam encargos e a assunção de responsabilidades pelo FGVT;
f) Gerir os recursos financeiros do FGVT;
g) Emitir as directrizes adequadas ao bom funcionamento do FGVT;
h) Estabelecer relações com as instituições de crédito e sociedades financeiras, sempre que tal se revele necessário;
i) Promover a recuperação dos créditos em que o FGVT ficar sub-rogado por via da sua satisfação aos consumidores, desenvolvendo todas as diligências judiciais e extrajudiciais adequadas a tal fim;
j) Elaborar relatórios semestrais da actividade desenvolvida que incluam, designadamente, informação sobre o volume dos requerimentos de accionamento do FGVT, o sentido das decisões, o volume e duração das pendências, as diligências realizadas para a recuperação dos créditos;
l) Representar o Fundo em juízo e fora dele, podendo conferir mandato para este efeito;
m) Autorizar as despesas com a aquisição, alienação ou locação de bens e serviços dentro dos limites fixados por lei;
n) Assegurar o pagamento dos montantes decorrentes da aplicação do artigo 3º
2 – O FGVT vincula-se pela assinatura do presidente e de outro membro do conselho geral.
3 – O plano de gestão técnica e financeira deve incluir informação sobre a actividade desenvolvida pelo FGVT, designadamente informação sobre o volume e objecto dos requerimentos de accionamento apresentados, o sentido da decisão, o montante do pagamento efectuado ao consumidor, a identificação das agências de viagens e turismo incumpridoras.
4 – As receitas provenientes da aplicação dos recursos financeiros do FGVT destinam-se à sua recapitalização e ao cumprimento dos objectivos estabelecidos no artigo 3º
5 – As competências previstas neste artigo podem ser delegadas nos termos gerais.

ARTIGO 13º
Fiscal único
O fiscal único é designado pelo conselho geral, de entre revisores oficiais de contas.

ARTIGO 14º

Competências do fiscal único

Compete ao fiscal único:

a) Acompanhar a gestão financeira do FGVT;

b) Emitir parecer sobre o orçamento, o relatório de contas e balanço anuais;

c) Fiscalizar a execução da contabilidade do FGVT e o cumprimento dos normativos aplicáveis, informando o conselho geral de qualquer anomalia detectada;

d) Elaborar o relatório anual sobre a acção fiscalizadora exercida;

e) Solicitar ao conselho geral a realização de reuniões conjuntas dos dois órgãos, quando o considerar conveniente;

f) Pronunciar-se sobre qualquer assunto de interesse para o FGVT que seja submetido à sua apreciação pelo conselho geral;

g) Acompanhar as operações de accionamento do Fundo, a reposição e a recuperação de montantes.

ARTIGO 15º

Gestão do FGVT por sociedades financeiras

O Turismo de Portugal, I. P., pode atribuir a gestão financeira do FGVT a uma sociedade financeira, nos termos previstos no nº 5 do artigo 31º do Decreto-Lei nº 61/2011, de 6 de Maio, mediante parecer prévio vinculativo do conselho geral.

DIRECTIVA 2006/123/CE DO PARLAMENTO EUROPEU E DO CONSELHO, DE 12 DE DEZEMBRO DE 2006 RELATIVA AOS SERVIÇOS NO MERCADO INTERNO

O PARLAMENTO EUROPEU E O CONSELHO DA UNIÃO EUROPEIA,

Tendo em conta o Tratado que institui a Comunidade Europeia, nomeadamente o primeiro e terceiro períodos do nº 2 do artigo 47º e o artigo 55º, Tendo em conta a proposta da Comissão, Tendo em conta o parecer do Comité Económico e Social Europeu , Tendo em conta o parecer do Comité das Regiões,

Deliberando nos termos do artigo 251º do Tratado, Considerando o seguinte:

(1) A Comunidade Europeia pretende estabelecer laços cada vez mais estreitos entre os Estados e os povos europeus e garantir o progresso económico e social. Nos termos do nº 2 do artigo 14º do Tratado, o mercado interno compreende um espaço sem fronteiras internas no qual é assegurada a livre circulação de serviços. Nos termos do artigo 43º do Tratado, é assegurada a liberdade de estabelecimento.

O artigo 49º do Tratado estabelece o direito de prestar serviços na Comunidade. A eliminação dos entraves ao desenvolvimento das actividades de serviços entre Estados-Membros é essencial para reforçar a integração entre os povos europeus e para promover o progresso económico e social equilibrado e duradouro. Para que tais entraves sejam suprimidos, é essencial garantir que o desenvolvimento do sector dos serviços contribua para a concretização da missão definida no artigo 2º do Tratado, ou seja, a promoção, em toda a Comunidade, de um desenvolvimento harmonioso, equilibrado e sustentável das actividades económicas, um elevado nível de emprego e de protecção social, a igualdade entre homens e mulheres, um crescimento sustentável e não inflacionista, um alto grau de competitividade e de convergência dos comportamentos das economias, um elevado nível de protecção e de melhoria da qualidade do ambiente, o aumento do nível e da qualidade de vida, a coesão económica e social e a solidariedade entre os Estados-Membros.

(2) Um mercado de serviços competitivo é essencial para promover o crescimento económico e a criação de emprego na União Europeia. Actualmente, um grande número de entraves no mercado interno impede muitos prestadores, especialmente empresas de pequena e média dimensão (PME), de se expandirem para além das fronteiras nacionais e de beneficiarem plenamente do mercado interno, o que enfraquece a competitividade a nível mundial dos presta-

dores da União Europeia. Um mercado livre que imponha aos Estados-Membros a eliminação das restrições à prestação de serviços transfronteiras, em conjugação com uma maior transparência em matéria de informação dos consumidores, dará aos consumidores europeus uma maior escolha e serviços de melhor qualidade a preços mais baixos.

(3) O relatório da Comissão intitulado «O estado do mercado interno dos serviços» inventariou um grande número de entraves que impedem ou atrasam o desenvolvimento da prestação de serviços entre Estados-Membros, especialmente os prestados por PME, que predominam no domínio dos serviços. O relatório conclui que, uma década após o que deveria ter sido a realização do mercado interno, existe ainda um grande desfasamento entre a visão de uma economia integrada para a União Europeia e a realidade vivida pelos cidadãos e pelos prestadores europeus. Os entraves afectam uma ampla variedade de actividades de serviços em todas as fases da actividade do prestador e apresentam numerosos pontos comuns, designadamente o facto de frequentemente decorrerem das sobrecargas administrativas, da insegurança jurídica relativa às actividades transfronteiras e da falta de confiança mútua entre os Estados-Membros.

(4) Atendendo a que os serviços são os motores do crescimento económico e representam 70% do PIB e dos empregos na maioria dos Estados-Membros, essa fragmentação do mercado interno tem um impacto negativo no conjunto da economia europeia, nomeadamente na competitividade das PME e na circulação de trabalhadores, impedindo os consumidores de terem acesso a uma maior escolha de serviços a preços competitivos. É importante assinalar que o sector dos serviços é essencial em matéria de emprego, sobretudo das mulheres, e que estas, por isso, podem em grande medida aproveitar as novas oportunidades oferecidas pela plena realização do mercado interno dos serviços. O Parlamento Europeu e o Conselho sublinharam que a supressão dos entraves jurídicos à criação de um verdadeiro mercado interno representa uma prioridade para o cumprimento do objectivo fixado pelo Conselho Europeu de Lisboa de 23 e 24 de Março de 2000 de melhorar o nível de emprego e a coesão social e de alcançar um crescimento económico sustentável a fim de tornar a União Europeia na economia baseada no conhecimento, mais dinâmica e mais competitiva do mundo até 2010, com mais e melhores empregos. A eliminação destes entraves, assegurando simultaneamente um modelo social europeu avançado, constitui, portanto, uma condição básica para vencer as dificuldades na aplicação da Estratégia de Lisboa e reactivar a economia europeia, em especial em termos de

emprego e de investimento. É, portanto, importante realizar um mercado interno dos serviços, em que haja um adequado equilíbrio entre a abertura do mercado e a preservação dos serviços públicos e dos direitos sociais e dos consumidores.

(5) Assim, é necessário eliminar os entraves à liberdade de estabelecimento dos prestadores nos Estados-Membros e à livre circulação de serviços entre Estados-Membros e garantir aos destinatários e aos prestadores a segurança jurídica necessária para o exercício efectivo destas duas liberdades fundamentais do Tratado. Dado que os entraves no mercado interno dos serviços afectam tanto os operadores que pretendam estabelecer-se noutros Estados-Membros como aqueles que prestam um serviço noutro Estado-Membro sem aí se estabelecerem, é necessário permitir ao prestador desenvolver as suas actividades de serviços no mercado interno, quer estabelecendo-se num Estado-Membro, quer fazendo uso da livre circulação de serviços. Os prestadores deverão estar em condições de escolher entre estas duas liberdades, em função da sua estratégia de desenvolvimento em cada Estado-Membro.

(6) A supressão destes entraves não se pode fazer apenas através da aplicação directa dos artigos 43º e 49º do Tratado, já que, por um lado, o tratamento numa base casuística através de processos por infracção contra os Estados-Membros em causa seria, designadamente na sequência dos alargamentos, extremamente complicado para as instituições nacionais e comunitárias e, por outro, a supressão de muitos dos entraves requer a coordenação prévia das legislações nacionais, nomeadamente para instaurar uma cooperação administrativa. Como reconheceram o Parlamento Europeu e o Conselho, um instrumento legislativo comunitário permite a criação de um verdadeiro mercado interno dos serviços.

(7) A presente directiva estabelece um quadro jurídico geral aplicável a uma ampla variedade de serviços, tendo simultaneamente em conta as particularidades de cada tipo de actividade ou de profissão e o respectivo sistema de regulação.

Esse quadro baseia-se numa abordagem dinâmica e selectiva que consiste em eliminar, prioritariamente, os entraves que podem ser rapidamente suprimidos e, relativamente aos restantes, em lançar um processo de avaliação, de consulta e de harmonização complementar sobre questões específicas que permitirá, progressivamente e de maneira coordenada, a modernização dos sistemas nacionais de regulamentação das actividades de serviços, indispensável para a realização de um verdadeiro mercado interno dos serviços até 2010. Deverá prever-se uma combinação equilibrada de medidas de harmonização direccionada, de cooperação administrativa, prever a liberdade de prestação de serviços e o incentivo à elaboração de códigos de conduta sobre determinadas questões. Esta coordenação das legislações nacionais deverá assegurar um elevado grau de integração legal comunitária e um elevado nível de protecção dos objectivos de interesse geral, nomeadamente a defesa dos consumidores, indispensável para estabelecer a confiança entre os Estados-Membros. A presente directiva toma ainda em consideração outros objectivos de interesse geral, designadamente a protecção do ambiente, a segurança pública e a saúde pública, bem como a necessidade de respeitar a legislação laboral.

(8) Importa que as disposições da presente directiva relativas à liberdade de estabelecimento e à livre circulação de serviços sejam aplicáveis apenas na medida em que as actividades em causa estejam abertas à concorrência e, por conseguinte, não obriguem os Estados-Membros a liberalizar serviços de interesse económico geral ou a privatizar entidades públicas que prestem tais serviços ou a abolir os monopólios existentes noutras actividades ou em determinados serviços de distribuição.

(9) A presente directiva apenas é aplicável aos requisitos que afectam o acesso a uma actividade de serviços ou o exercício dessa actividade. Por conseguinte, não é aplicável a requisitos como por exemplo o código da estrada, a regulamentação em matéria de gestão de utilização dos solos, o planeamento urbano e o ordenamento do território, as normas em matéria de construção, bem como as sanções administrativas aplicadas devido ao não cumprimento desses requisitos, que não regulamentam ou afectam especificamente actividades de serviços mas que têm de ser cumpridas pelos prestadores no decurso da sua actividade económica, da mesma forma que pelas pessoas que ajam a título privado.

(10) A presente directiva não se refere às disposições que regem o acesso de determinados prestadores ao financiamento público. Essas disposições são, nomeadamente, as que estabelecem as condições em que os prestadores podem beneficiar de fundos públicos, incluindo as condições contratuais específicas, e em particular as normas de qualidade que devem ser respeitadas para receber fundos públicos, para os serviços sociais.

(11) A presente directiva não interfere com as medidas tomadas pelos Estados-Membros, em conformidade com o direito comunitário, relativamente à protecção ou promoção da diversidade cultural e linguística e do pluralismo dos meios de comunicação social, incluindo o respectivo financiamento. A presente directiva não obsta a que os Estados-Membros apliquem as respectivas regras e princípios fundamentais em matéria de liberdade de imprensa e de liberdade de

expressão. A presente directiva não afecta a legislação dos Estados-Membros que proíbe a discriminação em razão da nacionalidade ou por motivos como os definidos no artigo 13º do Tratado.

(12) A presente directiva visa instaurar um quadro normativo que garanta a liberdade de estabelecimento e a livre circulação de serviços entre Estados-Membros, sem contudo harmonizar ou prejudicar o direito penal. Todavia, os Estados-Membros não deverão poder limitar a liberdade de prestação dos serviços recorrendo à aplicação de disposições de direito penal que afectem especificamente o acesso a uma actividade de serviços ou o seu exercício, contornando assim as regras estabelecidas na presente directiva.

(13) É igualmente importante que a presente directiva respeite plenamente as iniciativas comunitárias baseadas no artigo 137º do Tratado com vista à consecução dos objectivos estabelecidos no artigo 136º do Tratado no que respeita à promoção do emprego e melhoria das condições de vida e de trabalho.

(14) A presente directiva não afecta as condições de trabalho e de emprego, designadamente no que toca aos períodos máximos de trabalho e períodos mínimos de descanso, à duração mínima das férias anuais remuneradas, às remunerações mínimas, bem como à saúde, segurança e higiene no trabalho, aplicadas pelos Estados-Membros em conformidade com o direito comunitário, nem afecta as relações entre os parceiros sociais, incluindo o direito de negociar e celebrar convenções colectivas, o direito à greve e à acção colectiva, em conformidade com o direito e as práticas nacionais que respeitem o direito comunitário, nem se aplica aos serviços prestados por agências de trabalho temporário. A presente directiva não prejudica a legislação dos Estados-Membros em matéria de segurança social.

(15) A presente directiva respeita o exercício dos direitos fundamentais aplicáveis nos Estados-Membros tal como reconhecidos na Carta dos Direitos Fundamentais da União Europeia e nas explicações que a acompanham, e concilia-os com as liberdades fundamentais consagradas nos artigos 43º e 49º do Tratado. Estes direitos fundamentais incluem o direito à acção colectiva de acordo com o direito e as práticas nacionais que respeitam o direito comunitário.

(16) A presente directiva só abrange os prestadores estabelecidos num Estado-Membro, não incluindo os aspectos externos. Não abrange as negociações no âmbito de organizações internacionais sobre comércio de serviços, nomeadamente no âmbito do Acordo Geral sobre o Comércio de Serviços (GATS).

(17) A presente directiva só abrange os serviços prestados mediante contrapartida económica. Os serviços de interesse geral não se encontram abrangidos

pela definição do artigo 50º do Tratado e, assim, não são incluídos no âmbito de aplicação da presente directiva. Os serviços de interesse económico geral são serviços prestados mediante contrapartida económica, pelo que se encontram abrangidos pelo âmbito da presente directiva. Contudo, certos serviços de interesse económico geral, como os que podem existir no sector dos transportes, são excluídos do âmbito de aplicação da presente directiva, e alguns outros serviços de interesse económico geral, por exemplo, na área dos serviços postais, são objecto de uma excepção às disposições em matéria de liberdade de prestação de serviços estabelecidas na presente directiva. A presente directiva não diz respeito ao financiamento de serviços de interesse económico geral nem se aplica aos regimes de auxílios concedidos pelos Estados-Membros, em particular nos domínios da assistência social, respeitando as normas comunitárias em matéria de concorrência. A presente directiva não se refere ao seguimento do Livro Branco da Comissão sobre os serviços de interesse geral.

(18) Os serviços financeiros deverão ser excluídos do âmbito de aplicação da presente directiva visto que estas actividades são objecto de legislação comunitária específica que visa realizar, tal como a presente directiva, um verdadeiro mercado interno dos serviços. Consequentemente, esta exclusão deverá dizer respeito a todos os serviços financeiros, como serviços bancários, de crédito, de seguros, incluindo resseguros, de regimes de pensões profissionais ou individuais, de títulos, de fundos de investimento, de pagamento e de consultoria de investimento e, ainda, aos serviços referidos no Anexo I da Directiva 2006/ /48/CE do Parlamento Europeu e do Conselho, de 14 de Junho de 2006, relativa ao acesso à actividade das instituições de crédito e ao seu exercício.

(19) Tendo em conta a aprovação em 2002 de um conjunto de instrumentos legislativos relativos aos serviços e redes de comunicações electrónicas, bem como aos recursos e serviços conexos, que estabeleceu um quadro regulamentar para facilitar o acesso a estas actividades no mercado interno, através, nomeadamente, da supressão da maior parte dos regimes de autorização individual, é necessário excluir as questões regidas por esses instrumentos do âmbito de aplicação da presente directiva.

(20) As exclusões do âmbito de aplicação da presente directiva no que respeita às matérias relativas aos serviços de comunicações electrónicas abrangidos pelas Directivas 2002/19/CE do Parlamento Europeu e do Conselho, de 7 de Março de 2002, relativa ao acesso e interligação de redes de comunicações electrónicas e recursos conexos (directiva acesso), 2002/20/CE do Parlamento

Europeu e do Conselho, de 7 de Março de 2002, relativa à autorização de redes e serviços de comunicações electrónicas (directiva autorização), 2002/21/CE do Parlamento Europeu e do Conselho, de 7 de Março de 2002, L 376/38 PT Jornal Oficial da União Europeia 27.12.2006 relativa a um quadro regulamentar comum para as redes e serviços de comunicações electrónicas (directiva quadro), 2002/22/CE do Parlamento Europeu e do Conselho, de 7 de Março de 2002, relativa ao serviço universal e aos direitos dos utilizadores em matéria de redes e serviços de comunicações electrónicas (directiva serviço universal), e 2002/58/CE do Parlamento Europeu e do Conselho, de 12 de Julho de 2002, relativa ao tratamento de dados pessoais e à protecção da privacidade no sector das comunicações electrónicas (directiva relativa à privacidade e às comunicações electrónicas), deverão ser aplicáveis não só às questões especificamente tratadas nas referidas directivas mas também aos aspectos que esses actos remetem expressamente para a responsabilidade dos Estados-Membros, que terão a faculdade de adoptar certas medidas a nível nacional.

(21) Os serviços de transporte, incluindo os transportes urbanos, os táxis e as ambulâncias, bem como os serviços portuários, deverão ser excluídos do âmbito de aplicação da presente directiva.

(22) A exclusão dos cuidados de saúde do âmbito de aplicação da presente directiva deverá abranger os serviços de prestação de cuidados de saúde e os serviços farmacêuticos prestados por profissionais da saúde a doentes com o objectivo de avaliar, manter ou restabelecer o seu estado de saúde nos casos em que essas actividades estejam reservadas a uma profissão de saúde regulamentada no Estado-Membro em que os serviços são prestados.

(23) A presente directiva não afecta o reembolso dos cuidados de saúde prestados num Estado-Membro diferente do Estado-Membro em que reside o beneficiário desses cuidados. Esta questão foi reiteradamente apreciada pelo Tribunal de Justiça, que reconheceu os direitos dos doentes.

É importante que esta questão seja tratada num outro instrumento legal comunitário a fim de se alcançar maior segurança jurídica e clareza, na medida em que a questão não seja já objecto do Regulamento (CEE) nº 1408/71 do Conselho, de 14 de Junho de 1971, relativo à aplicação dos regimes de segurança social aos trabalhadores assalariados, aos trabalhadores não assalariados e aos membros da sua família que se deslocam no interior da Comunidade).

(24) Os serviços audiovisuais, independentemente do seu modo de transmissão, incluindo em cinemas, deverão igualmente ser excluídos do âmbito de aplicação da presente directiva. Além disso, a directiva não deverá ser aplicável aos

regimes de auxílios concedidos pelos Estados-Membros no sector audiovisual, os quais são abrangidos pelas regras comunitárias em matéria de concorrência.

(25) As actividades de jogo a dinheiro, incluindo as lotarias e apostas, deverão ser excluídas do âmbito de aplicação da presente directiva, tendo em conta a especificidade dessas actividades, que implicam a aplicação pelos Estados-Membros de políticas relacionadas com a ordem pública e a defesa dos consumidores.

(26) A presente directiva não prejudica a aplicação do artigo 45º do Tratado.

(27) A presente directiva não deverá abranger os serviços sociais no sector da habitação, da assistência à infância e os serviços dispensados às famílias e pessoas necessitadas que são prestados pelo Estado a nível nacional, regional ou local por prestadores especialmente mandatados pelo Estado para tal ou por instituições de solidariedade social reconhecidas pelo Estado enquanto tais com o objectivo de assegurar apoio aos que estão temporária ou permanentemente mais necessitados, seja porque auferem um rendimento familiar insuficiente ou porque são total ou parcialmente dependentes, e aos que correm o risco de serem marginalizados. Estes serviços são essenciais para garantir os direitos fundamentais da dignidade e da integridade humanas e são uma manifestação dos princípios da coesão e da solidariedade social, não devendo ser prejudicados pela presente directiva.

(28) A presente directiva não diz respeito ao financiamento dos serviços sociais, nem ao sistema de auxílios a estes associado. Também não afecta os critérios ou as condições impostas pelos Estados-Membros para assegurar que os serviços sociais desempenham efectivamente uma função em prol do interesse público e da coesão social. Além disso, a presente directiva não deverá afectar o princípio do serviço universal nos serviços sociais nos Estados-Membros.

(29) Atendendo a que o Tratado prevê bases jurídicas específicas em matéria de fiscalidade e que já foram aprovados instrumentos comunitários neste domínio, há que excluir o domínio da fiscalidade do âmbito de aplicação da presente directiva.

(30) Existe já um acervo comunitário importante sobre as actividades de serviços. A presente directiva integra este acervo comunitário, completando-o. Foram detectadas incompatibilidades entre a presente directiva e outros instrumentos comunitários, pelo que a directiva prevê a sua resolução, nomeadamente através de excepções. Contudo, importa prever uma regra para quaisquer casos remanescentes e excepcionais em que haja incompatibilidade entre uma disposição da presente directiva e uma de outro instrumento comunitário.

A existência dessa incompatibilidade deverá ser determinada no respeito das regras do Tratado que regem o direito de estabelecimento e a livre circulação de serviços.

(31) A presente directiva é compatível com a Directiva 2005/36/CE do Parlamento Europeu e do Conselho, de 7 de Setembro de 2005, relativa ao reconhecimento das qualificações profissionais, e não a afecta. A presente directiva abrange outras questões diferentes das relativas às qualificações profissionais, como por exemplo o seguro de responsabilidade profissional, as comunicações comerciais, as actividades pluridisciplinares e a simplificação administrativa. No que diz respeito à prestação temporária de serviços transfronteiras, graças a uma excepção às disposições em matéria de liberdade de prestação de serviços prevista na presente directiva, o Título II («Livre prestação de serviços») da Directiva 2005/36/CE não é afectado. Deste modo, nenhuma das medidas aplicáveis ao abrigo da referida directiva no Estado-Membro onde o serviço é prestado é afectada pelas disposições em matéria de liberdade de prestação de serviços.

(32) A presente directiva é coerente com a legislação comunitária em matéria de defesa dos consumidores, como a Directiva 2005/29/CE do Parlamento Europeu e do Conselho, de 11 de Maio de 2005, relativa às práticas comerciais desleais das empresas face aos consumidores no mercado interno («directiva relativa às práticas comerciais desleais»), e o Regulamento (CE) nº 2006/2004 do Parlamento Europeu e do Conselho, de 27 de Outubro de 2004, relativo à cooperação entre as autoridades nacionais responsáveis pela aplicação da legislação de defesa do consumidor («regulamento relativo à cooperação no domínio da defesa do consumidor»).

(33) Os serviços abrangidos pela presente directiva pertencem a um amplo leque de actividades em constante evolução, entre os quais se contam os serviços empresariais, como por exemplo os serviços de consultoria em gestão, de certificação e ensaio, os serviços de gestão e manutenção de escritórios, os serviços no domínio da publicidade, os serviços de recrutamento ou ainda os serviços dos agentes comerciais. Os serviços abrangidos englobam também os serviços fornecidos simultaneamente às empresas e aos consumidores, como os serviços de consultoria jurídica ou fiscal, os serviços relativos à propriedade, como as agências imobiliárias, os serviços de construção, incluindo os serviços de arquitectura, a distribuição, a organização de feiras, o aluguer de automóveis, e as agências de viagem.

São abrangidos ainda os serviços aos consumidores, como os serviços no domínio do turismo, incluindo os guias turísticos, os serviços de lazer, os centros desportivos e os parques de atracções, e, na medida em que não se encontram excluídos do âmbito de aplicação da directiva, os serviços ao domicílio, como o apoio às pessoas idosas. Estas actividades podem referir-se quer a serviços que impliquem uma proximidade entre prestador e destinatário, quer a serviços que impliquem uma deslocação do destinatário ou do prestador, quer a serviços que possam ser fornecidos à distância, inclusive através da Internet.

(34) De acordo com a jurisprudência do Tribunal de Justiça, a identificação de certas actividades, em particular de actividades que são publicamente financiadas ou prestadas por entidades públicas, como pertencentes à categoria «serviços» tem de ser efectuada caso a caso, à luz de todas as suas características, em particular quanto à forma como são prestadas, organizadas e financiadas no Estado-Membro em questão. O Tribunal de Justiça sustentou que a característica essencial da remuneração reside no facto de constituir uma contrapartida pelos serviços em questão e reconheceu que a característica da remuneração não está presente nas actividades que o Estado realize ou que se realizem em nome do Estado sem contrapartida económica no âmbito da sua missão nos domínios social, cultural, educativo e judiciário, tais como o ensino ministrado no âmbito do sistema educativo nacional, ou a gestão de regimes de segurança social que não participem em actividades económicas. O pagamento de taxas pelos destinatários, por exemplo, as propinas ou a inscrição pagas por estudantes como contributo para os encargos de funcionamento de um sistema, não constitui em si uma remuneração, porque o serviço continua a ser financiado por fundos públicos. Essas actividades não estão, por conseguinte, abrangidas pela definição de serviço do artigo 50º. do Tratado, pelo que não se incluem no âmbito de aplicação da presente directiva.

(35) As actividades desportivas amadoras sem fins lucrativos revestem-se de uma considerável importância social. Os seus objectivos são, muitas vezes, exclusivamente sociais ou recreativos. Por conseguinte, podem não constituir actividades económicas na acepção do direito comunitário e deverão ser excluídas do âmbito da presente directiva.

(36) A noção de «prestador» deverá abranger toda e qualquer pessoa singular nacional de um Estado-Membro ou qualquer pessoa colectiva que exerça uma actividade de serviços num Estado-Membro recorrendo quer à liberdade de estabelecimento, quer à livre circulação de serviços. Assim, a noção de prestador não se deverá limitar apenas aos casos em que é prestado um serviço transfronteiras no âmbito da livre circulação de serviços, mas deverá incluir também os casos em que o operador se estabelece num Estado-Membro para aí desenvolver activida-

des de serviços. Além disso, a noção de prestador não deverá abranger o caso das sucursais de sociedades de países terceiros num Estado-Membro porque, nos termos do artigo 48º do Tratado, a liberdade de estabelecimento e livre circulação de serviços beneficiam apenas as sociedades constituídas em conformidade com a legislação de um Estado-Membro e que possuam na Comunidade a sua sede social, a sua administração central ou o seu estabelecimento principal. A noção de «destinatário» deverá abarcar igualmente os nacionais de países terceiros que já beneficiam dos direitos conferidos por actos comunitários como o Regulamento (CEE) nº 1408/71, a Directiva 2003/109/CE do Conselho, de 25 de Novembro de 2003, relativa ao estatuto dos nacionais de países terceiros.

Além disso, os Estados-Membros podem alargar a noção de destinatário a outros nacionais de países terceiros presentes no seu território nacional.

(37) O lugar de estabelecimento de um prestador deverá ser determinado em conformidade com a jurisprudência do Tribunal de Justiça, segundo a qual o conceito de estabelecimento implica o exercício efectivo de uma actividade económica por meio de um estabelecimento fixo por período indeterminado. Este requisito também pode ser satisfeito quando uma sociedade é constituída por um período determinado ou quando arrenda o edifício ou a instalação em que exerce a sua actividade. Também pode ser satisfeita se um Estado-Membro conceder autorizações que digam exclusivamente respeito a serviços específicos e com uma duração limitada. Um estabelecimento não tem de assumir a forma de uma filial, sucursal ou agência, podendo consistir num simples escritório gerido por pessoal da própria empresa, ou por uma pessoa independente, mas mandatada para agir permanentemente em nome da empresa, como o faria uma agência. Segundo esta definição, que exige o exercício efectivo de uma actividade económica no lugar de estabelecimento do prestador, uma simples caixa de correio não constitui um estabelecimento. Sempre que um prestador tiver vários lugares de estabelecimento, importa determinar o lugar de estabelecimento a partir do qual é efectivamente prestado o serviço em causa. Quando for difícil determinar a partir de que lugar ou lugares de estabelecimento é prestado um determinado serviço, deverá considerar-se que esse lugar de estabelecimento é o lugar em que o prestador tem o seu centro de actividades relativamente a esse serviço específico.

(38) A noção de «pessoas colectivas», nos termos do disposto no Tratado em matéria de estabelecimento, deixa aos operadores a liberdade de escolherem a forma jurídica que considerarem mais adequada para o exercício da sua actividade.

Assim, entende-se por «pessoas colectivas», na acepção do Tratado, todas as entidades constituídas ao abrigo da lei de um Estado-Membro, ou à mesma sujeitas, independentemente da sua forma jurídica.

(39) A noção de «regime de autorização» deverá abranger, nomeadamente, os procedimentos administrativos através dos quais são atribuídas autorizações, licenças, aprovações ou concessões, mas também a obriga base de dados, de ser convencionado junto de um organismo ou de obter uma carteira profissional para poder exercer a actividade. A concessão de uma autorização pode resultar não só de uma decisão formal, mas também de uma decisão tácita que resulte, por exemplo, do silêncio da autoridade competente ou do facto de o interessado estar dependente de um aviso de recepção de uma declaração para iniciar a actividade em causa ou para que esta seja considerada lícita.

(40) A noção de «razões imperiosas de interesse geral» a que se referem determinadas disposições da presente directiva foi desenvolvida pela jurisprudência do Tribunal de Justiça relativa aos artigos 43º e 49º do Tratado, e pode continuar a evoluir. Esta noção, na acepção que lhe é dada pela jurisprudência do Tribunal de Justiça, abrange, pelo menos, os seguintes domínios: a ordem pública, a segurança pública e a saúde pública, na acepção dos artigos 46º e 55º do Tratado, a manutenção da ordem na sociedade, os objectivos de política social, a protecção dos destinatários de serviços, a defesa dos consumidores, a protecção dos trabalhadores, incluindo a sua protecção social, o bem-estar dos animais, a preservação do equilíbrio financeiro do sistema de segurança social, a prevenção da fraude, a prevenção da concorrência desleal, a protecção do ambiente e do ambiente urbano, incluindo o planeamento urbano e o ordenamento do território, a protecção dos credores, a salvaguarda da boa administração da justiça, a segurança rodoviária, a protecção da propriedade intelectual, os objectivos da política cultural, incluindo a salvaguarda da liberdade de expressão de diversos elementos, nomeadamente valores sociais, culturais, religiosos e filosóficos da sociedade, a necessidade de assegurar um elevado nível educativo, a manutenção da diversidade da comunicação social e a política de promoção da língua nacional, a conservação do património histórico e artístico nacional e a política veterinária.

(41) O conceito de «ordem pública», tal como interpretado pelo Tribunal de Justiça, abrange a protecção contra uma ameaça genuína e suficientemente grave que afecte um dos interesses fundamentais da sociedade e pode incluir, nomeadamente, questões relacionadas com a dignidade humana, a protecção dos menores e dos adultos vulneráveis e o bem-estar dos animais. Do mesmo modo,

a noção de segurança pública inclui questões relacionadas com a segurança das pessoas.

(42) As disposições relativas aos procedimentos administrativos não deverão visar a harmonização de procedimentos administrativos, mas a supressão dos regimes de autorização, dos procedimentos e das formalidades demasiado onerosos que impedem a liberdade de estabelecimento e a criação de novas empresas de serviços.

(43) Uma das dificuldades fundamentais encontradas, nomeadamente pelas PME, no acesso às actividades de serviços e ao seu exercício reside na complexidade, morosidade e insegurança jurídica dos procedimentos administrativos.

Por esta razão, a exemplo de algumas iniciativas de modernização e de boas práticas administrativas a nível comunitário ou nacional, é necessário estabelecer princípios de simplificação administrativa, nomeadamente através da limitação da obrigação de autorização prévia aos casos em que esta seja indispensável e da introdução do princípio da autorização tácita das autoridades competentes após a expiração de um determinado prazo. Esta acção de modernização, assegurando simultaneamente os requisitos de transparência e de actualização das informações relativas aos operadores, visa eliminar os atrasos, os custos e os efeitos dissuasivos que decorrem, por exemplo, de diligências desnecessárias ou excessivamente complexas e onerosas, da duplicação das operações, da «burocracia» na apresentação de documentos, da arbitrariedade das instâncias competentes, de prazos de resposta indeterminados ou excessivamente longos, da limitação dos prazos de vigência das autorizações concedidas ou de despesas e sanções desproporcionadas. Estas práticas têm efeitos dissuasivos particularmente importantes em relação aos prestadores que pretendam desenvolver as suas actividades em outros Estados-Membros e carecem de uma modernização coordenada num mercado interno alargado a 25 Estados-Membros.

(44) Os Estados-Membros deverão introduzir, se for caso disso, formulários harmonizados a nível comunitário elaborados pela Comissão que serão equiparados aos certificados, atestados ou quaisquer outros documentos relativos ao estabelecimento.

(45) Para analisar a necessidade de simplificação dos procedimentos e das formalidades, os Estado-Membros deverão poder, nomeadamente, ter em conta a sua necessidade, o seu número, a eventual duplicação, o custo, a clareza e a acessibilidade, bem como o prazo e as dificuldades práticas que poderiam ocasionar ao prestador em causa.

(46) A fim de facilitar o acesso às actividades de serviços e o seu exercício no mercado interno, há que estabelecer um objectivo, comum a todos os Estados-Membros, de simplificação administrativa e prever disposições relativas, nomeadamente, ao direito à informação, aos procedimentos por via electrónica e ao enquadramento dos regimes de autorização. Outras medidas tomadas a nível nacional para responder a este objectivo poderiam consistir na redução do número de procedimentos e for realidades aplicáveis às actividades de serviços, e na sua restrição aos que sejam indispensáveis para realizar um objectivo de interesse geral e não sejam redundantes quanto ao conteúdo ou às finalidades.

(47) Num objectivo de simplificação administrativa, não deverão ser impostos requisitos formais de carácter geral, como a apresentação de documentos originais e de cópias autenticadas ou de uma tradução autenticada, excepto se isso se justificar objectivamente por uma razão imperiosa de interesse geral, como a protecção dos trabalhadores, a saúde pública, a protecção do ambiente ou a defesa dos consumidores. Deve ainda garantir-se que, regra geral, uma autorização dê acesso a uma actividade de serviços, ou ao seu exercício, em todo o território nacional, a menos que, por uma razão imperiosa de interesse geral, se justifique objectivamente uma autorização específica para cada estabelecimento, por exemplo no que respeita a cada uma das implantações de grandes superfícies comerciais, ou uma limitação da autorização a uma determinada parte do território nacional.

(48) A fim de reforçar a simplificação de procedimentos administrativos, é conveniente assegurar que cada prestador tenha um interlocutor único através do qual possa cumprir todos os procedimentos e formalidades (a seguir designados «balcões únicos»). O número destes balcões únicos por Estado-Membro pode variar de acordo com as competências regionais ou locais ou de acordo com as actividades em causa. Com efeito, a criação dos referidos balcões únicos não deverá interferir na repartição das atribuições entre autoridades competentes em cada sistema nacional. Quando forem competentes várias autoridades a nível regional ou local, uma delas pode desempenhar o papel de balcão único e de coordenador. Os balcões únicos podem ser constituídos não só por autoridades administrativas, mas também por câmaras de comércio ou por associações profissionais ou ordens profissionais ou por entidades privadas a que um Estado-Membro tenha decidido confiar essa função. Os balcões únicos estão vocacionados para desempenhar um papel importante de assistência ao prestador, quer como autoridade directamente competente para emitir os actos neces-

sários ao acesso a uma actividade de serviço, quer como intermediário entre o prestador e essas autoridades directamente competentes.

(49) A taxa que poderá ser cobrada pelos balcões únicos deverá ser proporcional ao custo dos procedimentos e formalidades a que se refere. Tal não deverá obstar a que os Estados-Membros encarreguem os balcões únicos da cobrança de outras taxas administrativas, como por exemplo as taxas dos organismos de fiscalização.

(50) É necessário que os prestadores de serviços e os destinatários tenham acesso fácil a certos tipos de informação. A forma como a informação é fornecida aos prestadores e aos destinatários deverá ser determinada por cada Estado-Membro no respeito da presente directiva. Em particular, a obrigação que têm os Estados-Membros de assegurar que os prestadores e destinatários possam facilmente aceder às informações relevantes e que o acesso do público às mesmas não tenha entraves pode ser cumprida tornando essas informações acessíveis através de um sítio na Internet. As informações disponibilizadas deverão ser prestadas de maneira clara e inequívoca.

(51) A informação fornecida aos prestadores e destinatários deverá incluir, em especial, informação sobre procedimentos e formalidades, indicações sobre os contactos das autoridades competente, condições de acesso aos registos públicos e às bases de dados, informação sobre vias de recurso disponíveis e indicações sobre os contactos de associações e organizações junto das quais os prestadores e destinatários podem obter assistência prática. A obrigação que têm as autoridades competentes de prestar assistência aos prestadores e destinatários não deverá implicar que essas autoridades tenham de assegurar um aconselhamento jurídico individualizado. No entanto, deverão ser fornecidas informações gerais sobre a forma como os requisitos são geralmente interpretados ou aplicados. Questões como a responsabilidade pela prestação de informações incorrectas ou enganosas deverão ser determinadas pelos Estados-Membros.

(52) A criação de um sistema de procedimentos e de formalidades efectuados por via electrónica num prazo razoavelmente curto constitui uma condição indispensável da simplificação administrativa em matéria de actividades de serviços em benefício dos prestadores, dos destinatários e das autoridades competentes. A consecução dessa obrigação de resultado pode implicar a adaptação das legislações nacionais e de outras regras aplicáveis aos serviços.

Esta obrigação não deverá obstar a que os Estados-Membros providenciem outros meios para realizar esses procedimentos e formalidades, para além dos meios electrónicos.

O facto de esses procedimentos e formalidades deverem poder ser efectuados à distância determina, designadamente, que os Estados-Membros se certifiquem de que podem ser realizados a nível transfronteiras. Esta obrigação de resultado não abrange os procedimentos ou formalidades que, por natureza, são impossíveis de desmaterializar. Além disso, tal não interfere com a legislação dos Estados-Membros sobre a utilização das línguas.

(53) Para efeitos da concessão de licenças para certas actividades de serviços, a autoridade competente poderá ter que entrevistar o requerente a fim de avaliar a sua integridade pessoal e a sua adequação para prestar os serviços em causa. Nessas circunstâncias, o cumprimento de formalidades por via electrónica poderá não ser adequado.

(54) A possibilidade de ter acesso a uma actividade de serviços só deverá depender de uma autorização das autoridades competentes se forem observados os critérios de não discriminação, de necessidade e de proporcionalidade. Isto significa, nomeadamente, que uma autorização só deverá ser admissível quando não seja eficaz um controlo a posteriori dada a impossibilidade de constatar a posteriori os defeitos dos serviços em causa e tendo em devida conta os riscos e perigos decorrentes da ausência de controlo a priori. Estas disposições da directiva não podem justificar regimes de autorização que são proibidos por outros instrumentos comunitários, tais como a Directiva 1999/93/CE do Parlamento Europeu e do Conselho, de 13 de Dezembro de 1999, relativa a um quadro legal comunitário para as assinaturas electrónicas, ou a Directiva 2000/31/CE do Parlamento Europeu e do Conselho, de 8 de Junho de 2000, relativa a certos aspectos legais dos serviços da sociedade de informação, em especial do comércio electrónico, no mercado interno («directiva sobre o comércio electrónico»). Os resultados do processo de avaliação mútua permitirão determinar, a nível comunitário, os tipos de actividades em relação aos quais os regimes de autorização deverão ser suprimidos.

(55) A presente directiva não deverá prejudicar a faculdade de os Estados-Membros revogarem as autorizações nos casos em que deixem de estar preenchidas as condições para a respectiva concessão.

(56) Em conformidade com a jurisprudência do Tribunal de Justiça, a saúde pública, a defesa dos consumidores, a saúde animal e a protecção do ambiente urbano constituem razões imperiosas de interesse geral. Tais razões imperiosas são susceptíveis de justificar a aplicação de regimes de autorização e de outras restrições. Contudo, esses regimes de autorização ou essas restrições não deve-

rão ser discriminatórios com base na nacionalidade. Além disso, os princípios da necessidade e da proporcionalidade deverão ser sempre respeitados.

(57) As disposições da presente directiva em matéria de regimes de autorização deverão aplicar-se nos casos em que o acesso a uma actividade de serviços ou o seu exercício pelos operadores pressupõe uma decisão da autoridade competente. Não abrangem, portanto, as decisões das autoridades competentes de criar entidades públicas ou privadas para a prestação de um determinado serviço, nem a celebração de contratos pelas autoridades competentes para a prestação de determinados serviços, regida pelas regras aplicáveis aos contratos públicos, atendendo a que a presente directiva não se ocupa das regras aplicáveis aos contratos públicos.

(58) A fim de facilitar o acesso às actividades de prestação de serviços e o seu exercício, é importante avaliar e notificar os regimes de autorização e a respectiva justificação. Esta obrigação de notificação refere-se apenas à existência de regimes de autorização e não aos critérios e condições para a concessão de uma autorização.

(59) A autorização deverá, por regra, permitir ao prestador o acesso à actividade de serviços, ou o seu exercício, em todo o território nacional, salvo nos casos em que uma razão imperiosa de interesse geral justifique uma limitação territorial. A protecção do ambiente urbano pode justificar, por exemplo, a exigência de uma autorização para cada instalação física no território nacional. Esta disposição não deverá afectar as competências regionais ou locais para a concessão de autorizações nos Estados-Membros.

A presente directiva, e em particular as disposições relativas aos regimes de autorização e ao âmbito territorial de uma autorização, não deverá interferir na repartição das competências regionais ou locais dos Estados-Membros, incluindo os governos regionais ou locais, e na utilização de línguas oficiais.

(61) A disposição relacionada com a não duplicação de condições para a concessão de autorização não deverá obstar a que os Estados-Membros apliquem as suas próprias condições que se encontram especificadas no regime de autorizações.

Essa disposição apenas deverá exigir que as autoridades competentes, ao verificarem se essas condições se encontram preenchidas por parte do requerente, tenham em conta as condições equivalentes que foram já cumpridas pelo requerente noutro Estado-Membro. Essa disposição não deverá exigir que sejam aplicadas as condições para a concessão de autorização prevista no regime de autorizações de outro Estado-Membro.

(62) Se o número de autorizações disponíveis para uma determinada actividade for limitado devido à escassez dos recursos naturais ou das capacidades técnicas, deverá prever-se um procedimento de selecção entre os vários candidatos potenciais, com o objectivo de desenvolver, através da livre concorrência, a qualidade e as condições de oferta dos serviços à disposição dos utilizadores. Este procedimento deverá respeitar as garantias de transparência e de imparcialidade, e a autorização assim concedida não deverá ter uma duração excessiva, não deverá ser renovada automaticamente nem prever qualquer vantagem para o prestador cuja autorização tenha caducado.

Em especial, a duração da autorização concedida deverá ser fixada de maneira a não restringir ou limitar a livre concorrência para além do necessário para assegurar a amortização dos investimentos e uma remuneração equitativa dos capitais investidos. Esta disposição não deverá impedir os Estados-Membros de limitarem o número de autorizações por razões que não digam respeito aos recursos naturais ou às capacidades técnicas. Essas autorizações deverão, de qualquer forma, continuar a respeitar as outras disposições previstas pela presente directiva em matéria de regime de autorizações.

(63) Salvo outras disposições, na falta de resposta dentro de um prazo determinado, a autorização deverá presumir-se concedida. Poderão, no entanto, ser aprovadas disposições diferentes em relação a determinadas actividades, sempre que tal se justifique objectivamente por razões imperiosas de interesse geral, nomeadamente devido a um interesse legítimo de terceiros. Essas disposições diferentes poderão incluir regras nacionais de acordo com as quais, na falta de resposta da autoridade competente, a autorização se presume indeferida, podendo esse indeferimento ser objecto de recurso contencioso.

(64) Para criar um verdadeiro mercado interno dos serviços, é necessário suprimir as restrições à liberdade de estabelecimento e à livre circulação de serviços que ainda se encontram previstas pelas legislações de alguns Estados-Membros e que são incompatíveis com os artigos 43º e 49º do Tratado. As restrições que devem ser proibidas afectam de modo especial o mercado interno dos serviços e deverão ser desmanteladas de forma sistemática o mais depressa possível.

(65) A liberdade de estabelecimento baseia-se, nomeadamente, no princípio da igualdade de tratamento, que proíbe não só toda e qualquer discriminação em razão da nacionalidade, mas igualmente toda e qualquer discriminação indirecta baseada em outros critérios susceptíveis de conduzir ao mesmo resultado. Assim, o acesso a uma actividade de serviços ou ao seu exercício num Estado-

Membro, tanto a título principal como secundário, não deverá depender de critérios como o lugar de estabelecimento, de residência, de domicílio ou de prestação principal da actividade de serviço. Todavia, esses critérios não deverão incluir requisitos de acordo com os quais o prestador ou um dos seus empregados ou um representante devem estar presentes no decurso do exercício da sua actividade sempre que tal se justifique por uma razão imperiosa de interesse geral.

Além disso, um Estado-Membro não deverá restringir a capacidade jurídica e a capacidade judiciária das empresas constituídas nos termos da lei de outro Estado-Membro e no território do qual têm o seu estabelecimento principal.

Além disso, um Estado-Membro não deverá poder prever qualquer tipo de benefício para os prestadores com ligações específicas a um contexto socioeconómico nacional ou local nem restringir, em função do lugar de estabelecimento do prestador, a liberdade de este último adquirir, explorar ou alienar direitos e bens, ou aceder às diversas formas de crédito e de alojamento, na medida em que essas opções sejam úteis para o acesso à sua actividade ou para o seu exercício efectivo.

(66) O acesso a uma actividade de prestação de serviços ou o exercício da mesma no território de um Estado-Membro não deverá estar sujeito a um critério económico. A proibição das avaliações económicas como condição prévia para a concessão de uma autorização deverá abranger os testes económicos e não outras exigências objectivamente justificadas por razões imperiosas de interesse geral tais como a protecção do ambiente urbano, a política social e a saúde pública. A proibição não deverá afectar o exercício das competências das autoridades responsáveis pela aplicação do direito da concorrência.

(67) No que diz respeito às garantias financeiras ou ao seguro, a proibição de requisitos apenas deverá dizer respeito à obrigação de as garantias financeiras ou o seguro exigidos serem obtidos junto de uma instituição financeira estabelecida no Estado-Membro em causa.

(68) No que diz respeito à inscrição prévia, a proibição de requisitos apenas deverá dizer respeito à obrigação de o prestador estar, antes do estabelecimento, previamente inscrito durante um determinado período num registo existente no Estado-Membro em causa.

(69) A fim de coordenar a modernização das regulamentações nacionais de forma compatível com as exigências do mercado interno, é necessário avaliar determinados requisitos nacionais não discriminatórios que, devido às suas características, sejam susceptíveis de restringir sensivelmente ou mesmo de

impedir o acesso a uma actividade ou o seu exercício ao abrigo da liberdade de estabelecimento. Este processo de avaliação deverá limitar-se à compatibilidade desses requisitos com os critérios já estabelecidos pelo Tribunal de Justiça em matéria de liberdade de estabelecimento.

Não deverá abranger a aplicação do direito comunitário em matéria de concorrência. Caso sejam discriminatórios, não se justifiquem objectivamente por uma razão imperiosa de interesse geral ou sejam desproporcionados, esses requisitos devem ser suprimidos ou alterados.

O resultado desta avaliação será diferente consoante a natureza da actividade e do interesse público em questão.

Tais requisitos poderão, por exemplo, justificar-se plenamente se visarem objectivos de política social.

(70) Para os efeitos da presente directiva, e sem prejuízo do artigo 16º do Tratado, os serviços apenas podem ser considerados serviços de interesse económico geral se forem prestados no cumprimento de uma missão específica de interesse público cujo desempenho tenha sido confiado ao prestador pelo Estado-Membro em questão. Esta missão deverá ser desempenhada através de um ou mais actos, de forma determinada pelo Estado-Membro em questão, e especificar a natureza precisa da referida missão específica.

(71) O processo de avaliação mútua previsto na presente directiva não deverá afectar a liberdade dos Estados-Membros de imporem na sua legislação um elevado nível de protecção do interesse público, nomeadamente no que toca à realização de objectivos de política social. Além disso, é necessário que o processo de avaliação mútua tome plenamente em consideração a especificidade dos serviços de interesse económico geral e das missões que lhes incumbem.

Estas especificidades podem justificar determinadas restrições à liberdade de estabelecimento, nomeadamente quando esteja em causa a protecção da saúde pública e a realização de objectivos de política social e quando cumpram as condições das alíneas a), b) e c) do nº 3 do artigo 15º. No que diz respeito, por exemplo, à obrigação de assumir uma forma jurídica específica para exercer determinadas actividades de serviços no domínio social, o Tribunal de Justiça já reconheceu que pode justificar-se a exigência de que o prestador seja uma instituição sem fins lucrativos.

(72) Os serviços de interesse económico geral desempenham importantes missões relacionadas com a coesão social e territorial. O desempenho dessas missões não deverá ser obstruído como resultado do processo de avaliação previsto na presente directiva. Os requisitos necessários para o desempenho dessas

missões não deverão ser afectados por esse processo, devendo-se simultaneamente evitar restrições injustificadas à liberdade de estabelecimento.

(73) Entre os requisitos que devem ser analisados figuram os regimes nacionais que, por razões diferentes das relativas às qualificações profissionais, restringem a determinados prestadores o acesso a certas actividades. Esses requisitos também impõem ao prestador a sua constituição de acordo com uma forma jurídica específica, nomeadamente sob a forma de pessoa colectiva, de sociedade unipessoal, de entidade sem fins lucrativos ou de sociedade detida exclusivamente por pessoas singulares, e exigências relativas à detenção do capital de uma sociedade, nomeadamente, a obrigação de dispor de um capital mínimo para determinadas actividades ou de uma qualificação específica para deter o capital social ou gerir determinadas sociedades.

A avaliação da compatibilidade das tarifas fixas mínimas e/ou máximas com a liberdade de estabelecimento só abrange as tarifas impostas pelas autoridades competentes especificamente para a prestação de determinados serviços e não, por exemplo, as regras gerais de determinação de preços como as aplicáveis às rendas de casa.

(74) O processo de avaliação mútua significa que, durante o período de transposição, os Estados-Membros deverão fazer uma avaliação (*screening*) da respectiva legislação, examinando a eventual existência dos requisitos acima referidas no seu regime legal. Até ao final do período de transposição, os Estados-Membros deverão elaborar um relatório sobre os resultados da avaliação. Cada relatório será submetido a todos os outros Estados-Membros e partes interessadas. Os Estados-Membros terão seis meses para apresentar observações sobre estes relatórios. O mais tardar um ano após a data de transposição da presente directiva, a Comissão deverá elaborar um relatório de síntese que fará acompanhar, se necessário, de propostas de iniciativas complementares. A Comissão, se necessário, coadjuvará e colaborará com os Estados-Membros na elaboração de um método comum.

(75) O facto de a presente directiva especificar vários requisitos a suprimir ou a avaliar pelos Estados-Membros durante o período de transposição não prejudica nenhuma acção por incumprimento contra um Estado-Membro por não cumprimento das suas obrigações por força dos artigos 43º ou 49º do Tratado.

(76) A presente directiva não se refere à aplicação dos artigos 28º a 30º do Tratado relativos à livre circulação de mercadorias. As restrições proibidas nos termos das disposições em matéria de liberdade de prestação de serviços referem-se aos requisitos aplicáveis ao acesso às actividades de serviços ou ao seu exercício e não aos aplicáveis aos bens propriamente ditos.

(77) Quando um operador se desloca a outro Estado-Membro para exercer uma actividade de serviços, é conveniente distinguir as situações que se referem à liberdade de estabelecimento das relativas à livre circulação de serviços em função do carácter temporário da actividade em causa. Para estabelecer uma distinção entre a liberdade de estabelecimento e a livre circulação de serviços, segundo a jurisprudência do Tribunal de Justiça, o elemento-chave é saber se o operador está ou não estabelecido no Estado-Membro em que presta o serviço em causa. Se o operador estiver estabelecido no Estado-Membro em que presta os seus serviços, deverá ser abrangido pelo âmbito de aplicação da liberdade de estabelecimento. Se, pelo contrário, o operador não estiver estabelecido no Estado-Membro onde o serviço é prestado, as suas actividades deverão ser abrangidas pela livre circulação de serviços. Em conformidade com jurisprudência constante do Tribunal de Justiça, o carácter temporário das actividades em causa deverá ser apreciado não só em função da duração da prestação, mas igualmente em função da sua frequência, da sua periodicidade ou da sua continuidade. O carácter temporário da prestação não deverá excluir a possibilidade de o prestador de serviços se dotar, no Estado-Membro em que o serviço é prestado, de uma determinada infra-estrutura (incluindo um escritório ou um gabinete) na medida em que esta infra-estrutura seja necessária para o cumprimento da prestação em causa.

(78) A fim de assegurar uma aplicação eficaz da livre circulação de serviços e garantir que destinatários e prestadores possam beneficiar e fornecer serviços em toda a Comunidade independentemente das fronteiras, convém clarificar em que medida podem ser impostas as exigências do Estado-Membro em que o serviço é prestado. É necessário garantir que as disposições em matéria de liberdade de prestação de serviços não impeçam o Estado-Membro onde o serviço é prestado de impor, em conformidade com os princípios estabelecidos nas alíneas a) a c) do nº 1 do artigo 16º, exigências específicas cujo respeito seja indispensável para assegurar a manutenção da ordem pública ou da segurança pública ou a protecção da saúde pública ou do ambiente.

(79) O Tribunal de Justiça tem sistematicamente declarado que um Estado-Membro conserva o direito de tomar medidas para impedir os prestadores de se aproveitarem abusivamente dos princípios do mercado interno. Os casos de abuso por um prestador deverão ser determinados caso a caso.

(80) É necessário garantir que os prestadores possam levar consigo equipamento indispensável para a prestação do serviço quando se desloquem para o fornecer em outro Estado-Membro. Em particular, importa evitar casos em que

o serviço não possa ser prestado sem o equipamento ou situações em que os prestadores incorrem em custos adicionais, nomeadamente por terem de alugar ou adquirir equipamento distinto do que habitualmente empregam ou por terem de alterar de maneira substancial a forma como habitualmente exercem a sua actividade.

(81) O conceito de equipamento não se refere aos objectos físicos que sejam fornecidos pelo prestador ao cliente ou se tornem parte de um objecto físico em resultado da actividade de serviço, como materiais de construção ou peças de substituição ou ainda consumidos ou deixados no local da prestação do serviço, como combustíveis, explosivos, fogos-de-artifício, pesticidas, venenos ou medicamentos.

(82) As disposições da presente directiva não deverão obstar à aplicação, por parte de um Estado-Membro, de regras em matéria de condições de emprego. Em conformidade com o Tratado, as regras estabelecidas por disposições legislativas, regulamentares ou administrativas deverão ser justificadas por razões relacionadas com a protecção dos trabalhadores, não ser discriminatórias e ser necessárias e proporcionadas, de acordo com a interpretação do Tribunal de Justiça, e estar em conformidade com outras disposições aplicáveis do direito comunitário.

(83) É necessário assegurar que as disposições em matéria de liberdade de prestação de serviços só possam ser ignoradas nas áreas abrangidas por excepções. Estas excepções são necessárias para ter em conta o grau de integração do mercado interno ou determinados instrumentos comunitários relativos aos serviços que prevêem que um prestador está sujeito à aplicação de uma lei que não seja a do Estado-Membro de estabelecimento. Além disso, a título excepcional, também deverão ser tomadas medidas contra um determinado prestador em certos casos específicos e em função de determinadas condições materiais e processuais estritas. Além disso, toda e qualquer restrição à liberdade de circulação de serviços só poderá ser abrangida por uma excepção se tal for conforme aos direitos fundamentais que façam parte integrante dos princípios gerais do direito inscritos na ordem jurídica comunitária.

(84) A excepção às disposições em matéria de liberdade de prestação de serviços relativa aos serviços postais deverá abranger não só as actividades reservadas ao prestador do serviço universal como os outros serviços postais.

(85) A excepção às disposições em matéria de liberdade de prestação de serviços relacionada com a cobrança judicial de dívidas e a referência a um eventual futuro instrumento de harmonização deverão dizer respeito apenas ao acesso a

actividades e respectivo exercício que consistam especialmente na instauração de processos junto dos tribunais para a cobrança de dívidas.

(86) A presente directiva não deverá afectar as condições de trabalho e de emprego que, por força da Directiva 96/71/CE do Parlamento Europeu e do Conselho, de 16 de Dezembro de 1996, relativa ao destacamento de trabalhadores no âmbito de uma prestação de serviços, são aplicáveis aos trabalhadores destacados no território de outro Estado-Membro para a prestação de um serviço.

Nesses casos, a Directiva 96/71/CE determina que os prestadores devem respeitar as condições de trabalho e de emprego aplicáveis, nos domínios enumerados na directiva, no Estado-Membro onde é prestado o serviço. Esses domínios são os seguintes: períodos máximos de trabalho e períodos mínimos de descanso, duração mínima das férias anuais remuneradas, remunerações mínimas, incluindo as bonificações relativas a horas extraordinárias, condições de disponibilização de trabalhadores, nomeadamente protecção de trabalhadores disponibilizados por empresas de trabalho temporário, saúde, segurança e higiene no trabalho, medidas de protecção aplicáveis às condições de trabalho e emprego das mulheres grávidas e das puérperas, das crianças e dos jovens e igualdade de tratamento entre homens e mulheres, bem como outras disposições em matéria de não discriminação. Estão abrangidas não apenas as condições de trabalho e de emprego previstas na lei, mas também as fixadas por convenções colectivas ou decisões arbitrais que, de direito ou de facto, são objecto de aplicação geral, na acepção da Directiva 96/71/CE. Além disso, a presente directiva não deverá impedir os Estados-Membros de aplicarem condições de trabalho e de emprego noutros domínios diferentes dos enumerados no nº 1 do artigo 3º da Directiva 96/71/CE por razões de ordem pública.

(87) A presente directiva não deverá afectar as condições de trabalho e de emprego nos casos em que o trabalhador contratado para a prestação de um serviço transfronteiras seja recrutado no Estado-Membro em que é prestado o serviço. Além disso, a presente directiva não deverá afectar o direito de o Estado-Membro em que é prestado o serviço determinar a existência de uma relação de emprego e estabelecer a distinção entre trabalhadores não assalariados e trabalhadores assalariados, incluindo os «falsos independentes». Neste contexto, a característica essencial de uma relação de emprego na acepção do artigo 39º do Tratado deverá ser o facto de, durante um determinado período de tempo, uma pessoa prestar serviço a outrem, sob a respectiva direcção, recebendo, em contrapartida, uma remuneração. Qualquer actividade desempenhada por uma pes-

soa fora de uma relação de dependência deve ser qualificada como actividade independente na acepção dos artigos 43º e 49º do Tratado.

(88) As disposições em matéria de liberdade de prestação de serviços não deverão aplicar-se aos casos em que, nos termos do direito comunitário, os Estados-Membros reservem uma actividade a uma profissão específica, como por exemplo as disposições que reservam aos advogados a prestação de aconselhamento jurídico.

(89) A excepção às disposições em matéria de liberdade de prestação de serviços relativamente ao registo de veículos em regime de locação financeira num Estado-Membro que não seja o de utilização resulta da jurisprudência do Tribunal de Justiça, que reconheceu que um Estado-Membro pode sujeitar a esta obrigação os veículos utilizados no seu território, em condições que sejam proporcionadas. Esta exclusão não abrange a locação ocasional ou temporária.

(90) As relações contratuais entre o prestador e o cliente, bem como entre uma entidade patronal e o trabalhador, não deverão estar abrangidas pela presente directiva. A lei aplicável às obrigações contratuais e extracontratuais deverá ser determinada pelo direito internacional privado.

(91) É necessário permitir que os Estados-Membros adoptem, a título excepcional e em casos específicos, medidas de isenção das disposições em matéria de liberdade de prestação de serviços, por razões de segurança dos serviços, em relação a um prestador estabelecido em outro Estado-Membro. Contudo, tal faculdade só poderá ser utilizada quando não exista harmonização comunitária.

(92) As restrições à livre circulação de serviços contrárias à presente directiva podem decorrer não só das medidas tomadas contra os prestadores, mas igualmente dos múltiplos entraves à utilização dos serviços pelos destinatários e, nomeadamente, pelos consumidores. A presente directiva indica a título de exemplo alguns tipos de restrições contra um destinatário que pretenda utilizar um serviço fornecido por um prestador estabelecido noutro Estado-Membro. Isto inclui os casos em que os destinatários de um serviço estão obrigados a obter autorização das suas autoridades competentes, ou a enviar-lhes uma declaração, para receberem um serviço de um prestador estabelecido noutro Estado-Membro. Não estão abrangidos os regimes de autorização geral que também se apliquem à utilização de um serviço prestado por um prestador estabelecido na União Europeia.

(93) O conceito de auxílio financeiro concedido à utilização de um serviço específico não deverá aplicar-se aos regimes de auxílios concedidos pelos Esta-

dos-Membros, em particular no domínio da assistência social e aos sectores audiovisual e cultural, os quais são cobertos pelo direito comunitário em matéria de concorrência, ou ao auxílio financeiro geral não relacionado com a utilização de um serviço particular, como por exemplo as bolsas aos estudantes.

(94) Em conformidade com as disposições do Tratado em matéria de livre circulação de serviços, são proibidas as discriminações em razão da nacionalidade do destinatário ou em razão da residência nacional ou local. Essa discriminação pode assumir a forma de uma obrigação, apenas imposta aos nacionais de outro Estado-Membro, de fornecerem documentos originais, cópias autenticadas, um certificado de nacionalidade ou traduções oficiais dos documentos, a fim de poderem beneficiar de um serviço ou de condições mais favoráveis ao nível dos preços. No entanto, a proibição das exigências discriminatórias não deverá impedir que algumas vantagens, nomeadamente ao nível dos preços, possam ser reservadas a alguns destinatários se forem baseadas em critérios objectivos e legítimos.

(95) O princípio de não discriminação no mercado interno implica que o acesso de um destinatário, nomeadamente de um consumidor, a um serviço oferecido ao público não possa ser negado ou limitado devido à inclusão do critério da nacionalidade ou do lugar de residência do destinatário nas condições gerais postas à disposição do público.

Isto não significa que constitua uma discriminação ilegal a faculdade de prever nestas condições gerais tarifas, preços e condições diferentes para a prestação de um serviço justificadas por factores objectivos, que podem variar de um país para o outro, tais como os custos suplementares que resultem da distância, as características técnicas da prestação, as diferentes condições do mercado, como a oscilação sazonal da oferta, os diferentes períodos de férias nos Estados-Membros, os preços praticados por diferentes concorrentes, ou os riscos suplementares ligados a regulamentações diferentes das do Estado-Membro de estabelecimento.

Isto também não significa que a não prestação de um serviço a um consumidor devido à inexistência dos direitos de propriedade intelectual necessários num determinado território constitua uma discriminação ilícita.

(96) É conveniente prever que um dos meios pelos quais está ao alcance do prestador tornar facilmente acessíveis ao destinatário as informações que é obrigado a facultar pode ser a comunicação do seu endereço electrónico, incluindo o do seu sítio Internet. Além disso, a obrigação de disponibilização de determinadas informações nos documentos de informação dos prestadores que apre-

sentam circunstanciadamente os seus serviços não deverá referir-se às comunicações comerciais de carácter geral, tais como a publicidade, mas sim às brochuras que descrevem pormenorizadamente os serviços propostos, designadamente os documentos que se encontram num sítio Internet.

(97) É necessário prever na presente directiva certas regras que assegurem uma elevada qualidade dos serviços, nomeadamente requisitos em matéria de informação e transparência.

Essas regras deverão ser aplicáveis tanto nos casos de prestação de serviços transfronteiriços entre Estados-Membros como nos casos de serviços prestados num Estado-Membro por um prestador nele estabelecido, sem acarretar encargos desnecessários para as PME. Essas regras não deverão obstar de modo algum a que os Estados-Membros apliquem, em conformidade com a presente directiva e demais legislação comunitária, requisitos de qualidade suplementares ou diferentes.

(98) Qualquer operador que preste serviços que apresentem um risco directo e específico para a saúde e a segurança ou um risco financeiro específico para o destinatário ou para terceiros deverá em princípio estar coberto por um seguro de responsabilidade profissional adequado ou por uma garantia equivalente ou comparável, o que implica nomeadamente que esse operador, regra geral, deverá também estar segurado de modo adequado para o serviço que presta num ou mais Estados-Membros, para além do de estabelecimento.

(99) O seguro ou a garantia deverão ser adequados à natureza e dimensão do risco. Por conseguinte, só deverá ser necessário que o prestador tenha cobertura transfronteiriça no caso de prestar de facto serviços em outros Estados-Membros. Os Estados-Membros não deverão estabelecer regras mais pormenorizadas relativas à cobertura do seguro nem fixar, por exemplo, limiares mínimos para o montante seguro ou limites sobre as exclusões da cobertura do seguro. Os prestadores e as empresas de seguros deverão manter a flexibilidade necessária para negociarem apólices de seguro precisamente orientadas para a natureza e dimensão do risco. Além disso, não é necessário que a obrigação de seguro adequado seja estabelecida por lei. Deverá bastar que a obrigação de seguro faça parte das regras deontológicas estabelecidas pelos órgãos profissionais.

Por fim, não deverá estabelecer-se a obrigação de as empresas de seguros fornecerem cobertura.

(100) É necessário pôr termo às proibições gerais referentes às comunicações comerciais por parte das profissões regulamentadas, sendo que esta supressão não se refere às proibições relativas ao conteúdo de uma comunicação comer-

cial, mas àquelas que, de uma maneira geral e para uma determinada profissão, proíbem uma ou mais formas de comunicação comercial, por exemplo, toda e qualquer publicidade num determinado ou em determinados meios de comunicação social. No que diz respeito ao conteúdo e às modalidades das comunicações comerciais, os profissionais devem ser exortados a elaborar em conformidade com o direito comunitário códigos de conduta a nível comunitário.

(101) No interesse dos destinatários, em especial dos consumidores, é necessário assegurar que seja possível aos prestadores oferecerem serviços pluridisciplinares e que, em relação a este aspecto, as restrições sejam limitadas ao necessário para assegurar a imparcialidade, a independência e a integridade das profissões regulamentadas. Tal não afecta as restrições ou proibições de desempenhar actividades específicas que têm por objectivo assegurar a independência nos casos em que um Estado-Membro atribui a um prestador uma tarefa específica, especialmente na área do desenvolvimento urbano, e também não deverá afectar a aplicação das regras de concorrência.

(102) A fim de melhorar a transparência e favorecer apreciações baseadas em critérios comparáveis quanto à qualidade dos serviços oferecidos e prestados aos destinatários, é importante que as informações sobre o significado dos símbolos da qualidade e outras marcas da qualidade relativas a esses serviços sejam facilmente acessíveis. Esta obrigação de transparência reveste-se de uma importância especial em domínios como o turismo, nomeadamente a hotelaria, em que é muito frequente a utilização de um sistema de classificação. Além disso, convém considerar de que forma a normalização europeia pode ser útil para promover a compatibilidade e a qualidade dos serviços. As normas europeias são elaboradas pelos organismos europeus de normalização, o Comité Europeu de Normalização (CEN), o Comité Europeu de Normalização Electrónica (CENELEC) e o Instituto Europeu de Normas de Telecomunicações (ETSI). Se necessário, a Comissão pode, nos termos da Directiva 98/34/CE do Parlamento Europeu e do Conselho, de 22 de Junho de 1998, relativa a um procedimento de informação no domínio das normas e regulamentações técnicas e das regras relativas aos serviços da sociedade da informação, conferir um mandato para a elaboração de normas europeias específicas.

(103) A fim de resolver eventuais problemas respeitantes ao cumprimento de decisões judiciais, é conveniente prever que os Estados-Membros reconheçam as garantias equivalentes constituídas junto de instituições ou organismos como bancos, prestadores de seguros ou prestadores de outros serviços financeiros estabelecidos em outro Estado-Membro.

(104) O desenvolvimento de uma rede de autoridades dos Estados-Membros para a defesa dos consumidores, que é objecto do Regulamento (CE) nº 2006/ /2004, complementa a cooperação prevista na presente directiva. Com efeito, a aplicação da legislação em matéria de defesa dos consumidores nas situações transfronteiriças, em especial em relação ao desenvolvimento das novas práticas de marketing e de comercialização, bem como a necessidade de suprimir determinados entraves específicos à cooperação neste domínio, requerem um grau mais elevado de cooperação entre Estados-Membros. Em especial, neste domínio, é necessário garantir que os Estados-Membros exijam a cessação de práticas ilegais de operadores no seu território que se destinem a consumidores noutro Estado-Membro.

(105) A cooperação administrativa é essencial para o funcionamento adequado do mercado interno dos serviços. A falta de cooperação entre Estados-Membros acarreta a proliferação de regras aplicáveis aos prestadores ou a duplicação de controlos das actividades transfronteiras, podendo também ser utilizada por comerciantes desonestos para evitar a fiscalização ou contornar as regras nacionais aplicáveis no domínio dos serviços. Consequentemente, é essencial estabelecer obrigações claras e juridicamente vinculativas por forma a que os Estados-Membros cooperem eficazmente.

(106) Para efeitos do capítulo em matéria de cooperação administrativa, o termo «fiscalização» deverá referir-se a actividades como o controlo e o apuramento de factos, a resolução de problemas, a implementação e aplicação de sanções e subsequentes actividades de acompanhamento.

(107) Em circunstâncias normais, a assistência mútua deverá efectuar-se directamente entre as autoridades competentes.

Os pontos de contacto designados pelos Estados-Membros deverão facilitar esse processo apenas no caso de se verificarem dificuldades, como por exemplo no caso de ser necessária assistência para identificar a autoridade competente em causa.

(108) Deverão ser aplicáveis nos domínios abrangidos pela presente directiva certas obrigações da assistência mútua, nomeadamente as que se referem aos casos em que um prestador se estabelece noutro Estado-Membro. As outras obrigações em matéria de assistência mútua apenas deverão ser aplicáveis em casos de prestação transfronteiriça de serviços abrangidos pelas disposições em matéria de liberdade de prestação de serviços. Um novo conjunto de obrigações deverá aplicar-se em todos os casos de prestação transfronteiriça de serviços, nomeadamente nos domínios não abrangidos pela disposição em matéria de

liberdade de prestação de serviços. A prestação transfronteiriça de serviços deverá incluir os casos em que os serviços são prestados à distância e em que o destinatário viaja para o Estado-Membro de estabelecimento do prestador para beneficiar desses serviços.

(109) Sempre que o prestador se deslocar a um Estado-Membro que não seja o Estado-Membro de estabelecimento, é necessário prever a prestação de assistência mútua entre esses dois Estados-Membros que permita ao primeiro proceder a verificações, inspecções e inquéritos a pedido doEstado-Membro de estabelecimento ou efectuá-las, por iniciativa sua, se apenas estiverem em causa verificações de facto.

(110) Os Estados-Membros não deverão poder contornar as regras estabelecidas na presente directiva, nomeadamente em matéria de liberdade de prestação de serviços, realizando verificações, inspecções e inquéritos discriminatórios e desproporcionados.

(111) As disposições da presente directiva relativas ao intercâmbio de informações no que se refere à honorabilidade dos prestadores não deverão obstar a iniciativas no domínio da cooperação policial e judicial em matéria penal, em especial ao intercâmbio de informações entre as autoridades encarregadas da aplicação da lei dos Estados-Membros e aos registos criminais.

(112) A cooperação entre Estados-Membros requer um sistema de informação electrónica operacional, de modo a permitir às autoridades competentes identificar facilmente os seus interlocutores relevantes em outros Estados-Membros e comunicar de forma eficaz.

(113) É necessário prever que os Estados-Membros, em colaboração com a Comissão, incentivem a elaboração pelas partes interessadas de códigos de conduta a nível comunitário que visem, nomeadamente, promover a qualidade dos serviços e que tenham em conta as especificidades de cada profissão. Os códigos de conduta deverão respeitar o direito comunitário, designadamente o direito da concorrência.

Esses códigos de conduta deverão ser compatíveis com as regras deontológicas de carácter vinculativo vigentes nos Estados-Membros.

(114) Os Estados-Membros deverão encorajar a elaboração de códigos de conduta, em especial por ordens profissionais, organizações e associações a nível comunitário. Estes códigos de conduta deverão incluir, de forma adequada à natureza específica de cada profissão, normas aplicáveis às comunicações comerciais relativas às profissões regulamentadas e regras deontológicas das profis-

sões regulamentadas que visem garantir, nomeadamente, a independência, a imparcialidade e o sigilo profissional.

Além disso, as condições do exercício das actividades dos agentes imobiliários deverão estar incluídas nestes códigos de conduta. Os Estados-Membros deverão tomar medidas de acompanhamento para incentivar as ordens, os organismos e as associações profissionais a aplicarem, a nível nacional, os códigos de conduta adoptados a nível comunitário.

(115) Os códigos de conduta a nível comunitário destinam-se a definir normas mínimas de conduta e são complementares das exigências legais dos Estados-Membros. Não obstam a que os Estados-Membros, dentro dos limites da legislação comunitária, adoptem medidas legislativas mais severas ou a que as ordens profissionais nacionais prevejam maior protecção nos seus códigos de conduta nacionais.

(116) Atendendo a que os objectivos da presente directiva, a saber, a eliminação de entraves à liberdade de estabelecimento de prestadores nos Estados-Membros e à livre prestação de serviços entre os Estados-Membros, não podem ser suficientemente realizados pelos Estados-Membros e podem, pois, devido à dimensão da acção, ser melhor alcançados ao nível comunitário, a Comunidade pode tomar medidas em conformidade com o princípio da subsidiariedade consagrado no artigo 5º do Tratado. Em conformidade com o princípio da proporcionalidade consagrado no mesmo artigo, a presente directiva não excede o necessário para atingir aqueles objectivos.

(117) As medidas necessárias à execução da presente directiva deverão ser aprovadas nos termos da Decisão 1999/468/CE do Conselho, de 28 de Junho de 1999, que fixa as regras de exercício das competências de execução atribuídas à Comissão.

(118) Nos termos do ponto 34 do Acordo Interinstitucional «Legislar Melhor», os Estados-Membros são encorajados a elaborarem, para si próprios e no interesse da Comunidade, os seus próprios quadros, que ilustrem, na medida do possível, a concordância entre a directiva e as medidas de transposição, e a publicá-los,

APROVARAM A PRESENTE DIRECTIVA:

CAPÍTULO I
DISPOSIÇÕES GERAIS

ARTIGO 1º
Objecto

1. A presente directiva estabelece disposições gerais que facilitam o exercício da liberdade de estabelecimento dos prestadores de serviços e a livre circulação dos serviços, mantendo simultaneamente um elevado nível de qualidade dos serviços.

2. A presente directiva não tem por objecto a liberalização dos serviços de interesse económico geral reservados a entidades públicas ou privadas, nem a privatização de entidades públicas prestadoras de serviços.

3. A presente directiva não tem por objecto a abolição dos monopólios de prestação de serviços nem os auxílios concedidos pelos Estados-Membros, que são abrangidos pelas regras comunitárias em matéria de concorrência.

A presente directiva não afecta a liberdade de os Estados-Membros definirem, em conformidade com a legislação comunitária, o que entendem por serviços de interesse económico geral, o modo como esses serviços devem ser organizados e financiados, em conformidade com as regras em matéria de auxílios estatais, e as obrigações específicas a que devem estar sujeitos.

4. A presente directiva não afecta as medidas adoptadas a nível comunitário ou a nível nacional, em conformidade com o direito comunitário, com vista a proteger ou promover a diversidade cultural ou linguística ou o pluralismo dos meios de comunicação social.

5. A presente directiva não afecta as regras dos Estados-Membros em matéria de direito penal. Todavia, os Estados-Membros não podem restringir a liberdade de prestação de serviços mediante a aplicação de disposições de direito penal que regulamentem ou afectem especificamente o acesso ou o exercício de uma actividade de prestação de serviços, contornando as regras estabelecidas na presente directiva.

6. A presente directiva não afecta a legislação laboral, ou seja quaisquer disposições legais ou contratuais em matéria de condições de emprego, de condições de trabalho, incluindo a saúde e a segurança no trabalho, e da relação entre o empregador e o trabalhador, que os Estados-Membros aplicam em conformidade com o respectivo direito nacional no respeito do direito comunitário.

A presente directiva também não afecta a legislação de segurança social dos Estados-Membros.

7. A presente directiva não afecta o exercício dos direitos fundamentais, tal como reconhecidos pelos Estados-Membros e pelo direito comunitário e também não prejudica o direito de negociar, celebrar e aplicar convenções colectivas e o direito de acção colectiva, em conformidade com o direito e as práticas nacionais que respeitam o direito comunitário.

ARTIGO 2º
Âmbito de aplicação

1. A presente directiva é aplicável aos serviços fornecidos pelos prestadores estabelecidos num Estado-Membro.

2. A presente directiva não se aplica às seguintes actividades:

a) Serviços de interesse geral sem carácter económico;

b) Serviços financeiros, como serviços bancários, de crédito, de seguros, de resseguros, de regimes de pensões profissionais ou individuais, de títulos, de investimento, de fundos, de pagamento e de consultoria de investimento, incluindo os serviços enumerados no Anexo I da Directiva 2006/48/CE;

c) Serviços e redes de comunicações electrónicas, bem como os recursos e serviços conexos, no que se refere às matérias regidas pelas Directivas 2002/19/CE, 2002/20/CE, 2002//21/CE, 2002/22/CE e 2002/58/CE;

d) Serviços no domínio dos transportes, incluindo os serviços portuários, abrangidos pelo âmbito do Título V do Tratado;

e) Serviços de agências de trabalho temporário;

f) Serviços de cuidados de saúde, prestados ou não no âmbito de uma estrutura de saúde, e independentemente do seu modo de organização e financiamento a nível nacional e do seu carácter público ou privado;

g) Serviços audiovisuais, incluindo serviços cinematográficos, independentemente do seu modo de produção, distribuição e transmissão, e a radiodifusão sonora;

h) Actividades de jogo a dinheiro que impliquem uma aposta com valor monetário em jogos de fortuna ou azar, incluindo lotarias, actividades de jogo em casinos e apostas;

i) Actividades relacionadas com o exercício da autoridade pública, como previsto no artigo 45º do Tratado;

j) Serviços sociais no sector da habitação, da assistência à infância e serviços dispensados às famílias e às pessoas permanente ou temporariamente necessitadas, prestados pelo Estado, por prestadores mandatados pelo Estado ou por instituições de solidariedade social reconhecidas pelo Estado enquanto tais;

k) Serviços de segurança privada;

l) Serviços prestados por notários e oficiais de justiça, nomeados por acto oficial do Governo.

3. A presente directiva não se aplica em matéria de fiscalidade.

ARTIGO 3º
Relação com outras disposições do direito comunitário

1. Sempre que haja conflito entre uma disposição da presente directiva e um outro instru-

mento comunitário que discipline aspectos específicos do acesso e do exercício da actividade de um serviço em domínios ou profissões específicos, as disposições desse instrumento comunitário prevalecem e aplicam-se a esses domínios ou profissões específicos. Neles se incluem os actos seguintes:

a) Directiva 96/71/CE;

b) Regulamento (CEE) nº 1408/71;

c) Directiva 89/552/CEE do Conselho, de 3 de Outubro de 1989, relativa à coordenação de certas disposições legislativas, regulamentares e administrativas dos Estados-Membros relativas ao exercício de actividades de radiodifusão televisiva ([22]);

d) Directiva 2005/36/CE.

2. A presente directiva não diz respeito às regras de direito internacional privado, nomeadamente as regras que regem o direito aplicável às obrigações contratuais e extracontratuais, nomeadamente as que garantem que os consumidores beneficiam da protecção que lhes conferem as disposições em matéria de defesa do consumidor previstas na legislação em vigor no respectivo Estado-Membro.

3. Os Estados-Membros aplicam as disposições da presente directiva no respeito das regras do Tratado que regem o direito de estabelecimento e a livre circulação de serviços.

ARTIGO 4º
Definições

Para efeitos da presente directiva, entende-se por:

1) «Serviço»: qualquer actividade económica não assalariada prestada geralmente mediante remuneração, referida no artigo 50º do Tratado;

2) «Prestador»: qualquer pessoa singular nacional de um Estado-Membro, ou qualquer pessoa colectiva na acepção do artigo 48º do Tratado estabelecida num Estado-Membro, que ofereça ou que preste um serviço;

3) «Destinatário»: qualquer pessoa singular nacional de um Estado-Membro ou que beneficie dos direitos que lhe são conferidos por actos comunitários, ou qualquer pessoa colectiva na acepção do artigo 48º do Tratado estabelecida num Estado-Membro, que utilize ou pretenda utilizar, para fins profissionais ou não, um serviço;

4) «Estado-Membro de estabelecimento»: o Estado-Membro no território do qual o prestador dos serviços em causa tenha o seu estabelecimento;

([22]) JO L 298 de 17.10.1989, p. 23. Directiva com a redacção que lhe foi dada pela Directiva 97/36/CE do Parlamento Europeu e do Conselho (JO L 202 de 30.7.1997, p. 60).

5) «Estabelecimento»: o exercício efectivo pelo prestador de uma actividade económica na acepção do artigo 43º do Tratado, por um período indeterminado e através de uma infra-estrutura estável a partir da qual a prestação de serviços é efectivamente assegurada;

6) «Regime de autorização»: qualquer procedimento que tenha por efeito obrigar um prestador ou um destinatário a efectuar uma diligência junto de uma autoridade competente para obter uma decisão formal ou uma decisão tácita relativa ao acesso a uma actividade de serviço ou ao seu exercício;

7) «Requisito»: qualquer obrigação, proibição, condição ou limite previsto nas disposições legislativas, regulamentares ou administrativas dos Estados-Membros ou que decorra da jurisprudência, das práticas administrativas, das regras das ordens profissionais ou das regras colectivas de associações ou organismos profissionais aprovadas no exercício da sua autonomia jurídica; as normas constantes de convenções colectivas negociadas pelos parceiros sociais não são consideradas requisitos na acepção da presente directiva;

8) «Razões imperiosas de interesse geral»: razões reconhecidas como tal pela jurisprudência do Tribunal de Justiça, nomeadamente pelos seguintes motivos: ordem pública; segurança pública e segurança das pessoas; saúde pública; preservação do equilíbrio financeiro do regime de segurança social; defesa dos consumidores, dos destinatários dos serviços e dos trabalhadores; lealdade das transacções comerciais; combate à fraude; protecção do ambiente e do ambiente urbano; saúde animal; propriedade intelectual; conservação do património histórico e artístico nacional; objectivos de política social e de política cultural;

9) «Autoridade competente»: qualquer órgão ou instância que tenha, num Estado-Membro, um papel de fiscalização ou de regulação das actividades de serviços, nomeadamente as autoridades administrativas, incluindo os tribunais actuando enquanto tais, as ordens profissionais e as associações ou outros organismos profissionais que, no âmbito da sua autonomia jurídica, regulamentam de forma colectiva o acesso às actividades de serviços ou o seu exercício;

10) «Estado-Membro onde o serviço é prestado»: o Estado-Membro onde o serviço é prestado por um prestador estabelecido noutro Estado-Membro;

11) «Profissão regulamentada»: actividade ou conjunto de actividades profissionais na acepção da alínea a) do nº 1 do artigo 3º da Directiva 2005/36/CE;

12) «Comunicação comercial»: qualquer forma de comunicação destinada a promover, directa ou indirectamente, bens, serviços ou a imagem de uma empresa, de uma organização ou de uma pessoa que exerça uma profissão regulamentada ou uma actividade comercial, industrial ou artesanal. Não constituem comunicações comerciais:

a) As informações que permitam o acesso directo à actividade da empresa, da organização ou da pessoa, nomeadamente um nome de domínio ou um endereço de correio electrónico;

b) As comunicações relativas aos bens, aos serviços ou à imagem da empresa, da organização ou da pessoa, elaboradas de forma independente, em especial quando são fornecidas sem contrapartida financeira.

CAPÍTULO II
SIMPLIFICAÇÃO ADMINISTRATIVA

ARTIGO 5º
Simplificação de procedimentos

1. Os Estados-Membros analisam os procedimentos e as formalidades aplicáveis ao acesso a uma actividade de serviços e ao seu exercício. Sempre que os procedimentos e as formalidades analisados ao abrigo do presente número não forem suficientemente simples, os Estados--Membros simplificam-nos.

2. A Comissão pode introduzir, nos termos do nº 2 do artigo 40º, formulários harmonizados a nível comunitário. Esses formulários são equivalentes a certificados, atestados ou outros documentos exigidos a um prestador.

3. Sempre que solicitem a um prestador ou a um destinatário que forneça um certificado, um atestado ou qualquer outro documento que comprove o cumprimento de um requisito, os Estados-Membros aceitam qualquer documento de outro Estado-Membro que tenha uma finalidade equivalente ou que evidencie que o requisito em causa foi satisfeito. Os Estados--Membros só podem exigir que um documento de outro Estado-Membro seja apresentado sob a forma de original, cópia autenticada ou tradução autenticada nos casos previstos por outros instrumentos comunitários ou em caso de excepção justificada por uma razão imperiosa de interesse geral, nomeadamente a ordem pública e a segurança pública.

O primeiro parágrafo não afecta o direito que assiste aos Estados-Membros de exigirem traduções não autenticadas de documentos numa das suas línguas oficiais.

4. O nº 3 não é aplicável aos documentos referidos no nº 2 do artigo 7º e no artigo 50º da Directiva 2005/36/CE, no nº 3 do artigo 45º e nos artigos 46º, 49º e 50º da Directiva 2004/18/CE do Parlamento Europeu e do Conselho, de 31 de Março de 2004, relativa à coordenação dos processos de adjudicação dos contratos de empreitada de obras públicas, dos contratos públicos de fornecimento e dos contratos públicos de serviços ([23])*, no nº 2 do artigo 3º da Directiva 98/5/CE do Parlamento Europeu e do Conselho, de 16 de Fevereiro de*

([23]) JO L 134 de 30.4.2004, p. 114. Directiva com a última redacção que lhe foi dada pelo Regulamento (CE) nº 2083/2005 da Comissão (JO L 333 de 20.12.2005, p. 28).

1998, tendente a facilitar o exercício permanente da profissão de advogado num Estado-membro diferente daquele em que foi adquirida a qualificação profissional (24)*, na Primeira Directiva 68/151/CEE do Conselho, de 9 de Março de 1968, tendente a coordenar as garantias que, para protecção dos interesses dos sócios e de terceiros, são exigidas nos Estados-Membros às sociedades, na acepção do segundo parágrafo do artigo 58º do Tratado, a fim de tornar equivalentes essas garantias em toda a Comunidade* (25)*, e na Décima Primeira Directiva 89/666/CEE do Conselho, de 21 de Dezembro de 1989, relativa à publicidade das sucursais criadas num Estado-Membro por certas formas de sociedades reguladas pelo direito de outro Estado* (26).

ARTIGO 6º
Balcão único

1. Os Estados-Membros devem assegurar que os prestadores possam cumprir todos os procedimentos e formalidades a seguir indicados, através de balcões únicos:

a) Todos os procedimentos e formalidades necessários para o acesso às respectivas actividades de serviços, em especial as declarações, as notificações ou os pedidos necessários para obter autorização das autoridades competentes, incluindo os pedidos de inscrição nos registos, nas listas, nas bases de dados ou nas ordens ou associações profissionais;

b) Os pedidos de autorização necessários para o exercício das respectivas actividades de serviços.

2. A criação de balcões únicos não prejudica a repartição das atribuições e das competências entre as autoridades no âmbito dos sistemas nacionais.

ARTIGO 7º
Direito à informação

1. Os Estados-Membros devem assegurar que os prestadores e destinatários possam facilmente aceder, através dos balcões únicos, às informações seguintes:

a) Requisitos aplicáveis aos prestadores estabelecidos no seu território, em especial os que digam respeito a procedimentos e formalidades a cumprir para aceder às actividades de serviços e ao seu exercício;

(24) JO L 77 de 14.3.1998, p. 36. Directiva com a redacção que lhe foi dada pelo Acto de Adesão de 2003.
(25) JO L 65 de 14.3.1968, p. 8. Directiva com a última redacção que lhe foi dada pela Directiva 2003/58/CE do Parlamento Europeu e do Conselho (JO L 221 de 4.9.2003, p. 13).
(26) JO L 395 de 30.12.1989, p. 36.

b) Endereço e contactos das autoridades competentes que permitam que estas últimas sejam directamente contactadas, incluindo os das autoridades competentes em matéria de exercício das actividades de serviços;
c) Meios e condições de acesso aos registos e bases de dados públicos relativos aos prestadores e aos serviços;
d) Vias de recurso geralmente acessíveis em caso de litígio entre as autoridades competentes e o prestador ou o destinatário, ou entre um prestador e um destinatário, ou entre prestadores;
e) Endereço e contactos das associações ou organizações, distintas das autoridades competentes, junto das quais os prestadores ou destinatários possam obter uma assistência prática.
2. Os Estados-Membros devem assegurar que os prestadores e os destinatários possam beneficiar, a seu pedido, da assistência das autoridades competentes, a qual consiste na prestação de informações sobre a forma como os requisitos referidos na alínea a) do nº 1 são geralmente interpretados e aplicados. Essa assistência inclui, se for caso disso, a entrega de um guia explicativo.
As informações são fornecidas numa linguagem simples e inteligível.
3. Os Estados-Membros devem assegurar que as informações e a assistência mencionadas nos nºs 1 e 2 sejam prestadas de forma clara e inequívoca, sejam facilmente acessíveis à distância e por via electrónica e sejam actualizadas.
4. Os Estados-Membros devem assegurar que os balcões únicos e as autoridades competentes respondam com a maior brevidade possível a qualquer pedido de informação ou assistência previsto nos nºs 1 e 2 e que, em caso de pedido erróneo ou sem fundamento, informem o requerente do facto com a maior brevidade possível.
Os Estados-Membros e a Comissão adoptam medidas de acompanhamento para incentivar os balcões únicos a disponibilizarem as informações referidas no presente artigo noutras línguas comunitárias. A presente disposição não interfere com a legislação dos Estados-Membros em matéria de utilização das línguas.
6. O dever de as autoridades competentes prestarem assistência aos prestadores e destinatários não implica que essas autoridades devam assegurar um aconselhamento jurídico individualizado, mas refere-se apenas à prestação de informações sobre a forma como os requisitos são geralmente interpretados ou aplicados.

ARTIGO 8º
Procedimentos por via electrónica
1. Os Estados-Membros devem assegurar que todos os procedimentos e formalidades relativos ao acesso a uma actividade de serviços e ao seu exercício possam ser facilmente efectuados,

à distância e por via electrónica, através do balcão único correspondente e junto das autoridades competentes relevantes.

2. O nº 1 não se aplica à inspecção das instalações onde o serviço é fornecido, nem aos equipamentos utilizados pelo prestador, nem ao exame físico das capacidades ou da integridade pessoal do prestador ou do seu pessoal responsável.

3. A Comissão aprova, nos termos do nº 2 do artigo 40º, as regras de execução do nº 1 do presente artigo a fim de facilitar a interoperabilidade dos sistemas de informação e a utilização dos procedimentos por via electrónica entre Estados-Membros, tendo em conta as normas comuns desenvolvidas a nível comunitário.

CAPÍTULO III
LIBERDADE DE ESTABELECIMENTO DOS PRESTADORES
SECÇÃO 1
AUTORIZAÇÕES

ARTIGO 9º
Regimes de autorização

1. Os Estados-Membros só podem subordinar a um regime de autorização o acesso a uma actividade de serviços e o seu exercício se forem cumpridas as condições seguintes:

a) O regime de autorização não ser discriminatório em relação ao prestador visado;

b) A necessidade de um regime de autorização ser justificada por uma razão imperiosa de interesse geral;

c) O objectivo pretendido não poder ser atingido através de uma medida menos restritiva, nomeadamente porque um controlo a posteriori significaria uma intervenção demasiado tardia para se poder obter uma real eficácia.

2. No relatório referido no nº 1 do artigo 39º, os Estados-Membros identificam os respectivos regimes de autorização e demonstram a sua compatibilidade com o nº 1 do presente artigo.

3. A presente secção não é aplicável aos aspectos dos regimes de autorização que são regidos, directa ou indirectamente, por outros instrumentos comunitários.

ARTIGO 10º
Condições de concessão da autorização

1. Os regimes de autorização devem basear-se em critérios que obstem a que as autoridades competentes exerçam o seu poder de apreciação de forma arbitrária.

2. Os critérios referidos no nº 1 devem ser:

a) Não discriminatórios;

b) Justificados por uma razão imperiosa de interesse geral;

c) Proporcionados em relação a esse objectivo de interesse geral;

d) Claros e inequívocos;

e) Objectivos;

f) Previamente publicados;

g) Transparentes e acessíveis.

3. Não deve haver duplicação entre as condições de concessão da autorização relativas a um novo estabelecimento e os requisitos e os controlos equivalentes, ou essencialmente comparáveis quanto à finalidade, a que o prestador já foi submetido noutro Estado-Membro ou no mesmo Estado-Membro. Os pontos de contacto referidos no nº 2 do artigo 28º e o prestador assistem a autoridade competente, fornecendo as informações necessárias sobre esses requisitos.

4. A autorização deve permitir ao prestador o acesso à actividade de serviços, ou o seu exercício, em todo o território nacional, nomeadamente através da criação de agências, sucursais, filiais ou escritórios, salvo quando uma autorização específica para cada estabelecimento ou a limitação da autorização a uma determinada parte do território for justificada por uma razão imperiosa de interesse geral.

5. A autorização é concedida logo que, após o exame das condições para obter a autorização, se tiver apurado que essas condições foram cumpridas.

6. Excepto em caso de concessão de uma autorização, qualquer decisão das autoridades competentes, nomeadamente a recusa ou a revogação da autorização, deve ser cabalmente fundamentada e deve ser passível de impugnação junto dos tribunais ou de outras instâncias de recurso.

7. O presente artigo não põe em causa a repartição das competências locais ou regionais das autoridades do Estado-Membro que concedem as autorizações.

ARTIGO 11º

Duração da autorização

1. A autorização concedida ao prestador não deve ter uma duração limitada, excepto quando:

a) For objecto de renovação automática ou estiver apenas sujeita ao cumprimento permanente dos requisitos;

b) O número de autorizações disponíveis for limitado por uma razão imperiosa de interesse geral; ou

c) A duração limitada puder ser justificada por uma razão imperiosa de interesse geral.

2. O nº 1 não diz respeito ao prazo máximo dentro do qual o prestador tem que efectivamente iniciar a sua actividade após obtenção de autorização.
3. Os Estados-Membros devem exigir que o prestador informe o balcão único em questão, previsto no artigo 6º, das seguintes alterações:
a) Criação de filiais cujas actividades se encontram abrangidas pelo âmbito de aplicação do regime de autorização;
b) Qualquer alteração da sua situação que implique que as condições de concessão da autorização deixem de estar preenchidas.
4. O presente artigo não prejudica a possibilidade de os Estados-Membros revogarem as autorizações, nos casos em que deixarem de estar preenchidas as condições para a concessão das mesmas.

ARTIGO 12º
Selecção entre vários candidatos

1. Quando o número de autorizações disponíveis para uma determinada actividade for limitado devido à escassez dos recursos naturais ou das capacidades técnicas utilizáveis, os Estados-Membros devem aplicar um procedimento de selecção entre os potenciais candidatos que dê todas as garantias de imparcialidade e de transparência, nomeadamente, a publicidade adequada do início do procedimento, da sua condução e do seu encerramento.
2. Nos casos referidos no nº 1, a autorização é concedida por um período limitado adequado e não pode ser objecto de renovação automática, nem prever qualquer outra vantagem em benefício do prestador cuja autorização tenha caducado ou das pessoas que com ele tenham vínculos especiais.
3. Sem prejuízo do nº 1 e dos artigos 9º e 10º, os Estados-Membros podem ter em conta, na definição das regras dos procedimentos de selecção, considerações de saúde pública, objectivos de política social, a saúde e segurança dos trabalhadores assalariados e não assalariados, a protecção do ambiente, a preservação do património cultural e outras razões imperiosas de interesse geral, em conformidade com o direito comunitário.

ARTIGO 13º
Procedimentos de autorização

1. Os procedimentos e formalidades de autorização devem ser claros, previamente publicados e de molde a garantir aos requerentes um tratamento objectivo e imparcial do seu pedido.
2. Os procedimentos e formalidades de autorização não devem ser dissuasivos nem complicar ou atrasar indevidamente a prestação do serviço. Devem ser facilmente acessíveis e as des-

pesas que deles decorrerem para os requerentes devem ser razoáveis e proporcionadas aos custos do procedimento de autorização em apreço e não exceder os custos do procedimento.
3. Os procedimentos e formalidades de autorização devem ser de molde a dar aos requerentes uma garantia de que os seus pedidos serão tratados com a maior brevidade possível e, em qualquer caso, num prazo máximo razoável previamente fixado e publicado. O prazo só começa a correr a partir da apresentação da documentação completa. Se a complexidade da questão o justificar, a autoridade competente pode prorrogar o prazo uma única vez, por um período limitado. A prorrogação e a respectiva duração devem ser devidamente justificadas e notificadas ao requerente antes do termo do prazo inicial.
4. Na falta de resposta no prazo previsto ou prorrogado em conformidade com o nº 3, a autorização presume-se concedida. No entanto, para determinadas actividades específicas pode prever-se um regime diferente, se for justificado por razões imperiosas de interesse geral, nomeadamente os interesses legítimos de terceiros.
5. Qualquer pedido de autorização é objecto de aviso de recepção com a maior brevidade possível. O aviso de recepção deve indicar expressamente:
a) O prazo referido no nº 3;
b) As vias de recurso;
c) Sempre que aplicável, a menção de que, na falta de resposta no prazo fixado, a autorização se presume concedida.
6. Em caso de apresentação de pedido incompleto, o requerente deve ser informado o mais rapidamente possível da necessidade de apresentar documentos suplementares e dos eventuais efeitos no prazo referido no nº 3.
7. No caso de um pedido ser indeferido pelo facto de não respeitar as formalidades ou os procedimentos exigidos, o requerente deve ser informado o mais rapidamente possível do indeferimento.

SECÇÃO 2
REQUISITOS PROIBIDOS OU SUJEITOS A AVALIAÇÃO

ARTIGO 14º
Requisitos proibidos

Os Estados-Membros não devem condicionar o acesso a uma actividade de serviços ou o seu exercício no respectivo território ao cumprimento dos requisitos seguintes:
1) Requisitos discriminatórios baseados directa ou indirectamente na nacionalidade ou, tratando-se de sociedades, no local da sede, em especial:

a) Requisitos de nacionalidade do prestador, do seu pessoal, das pessoas que detêm o capital social ou dos membros dos órgãos de gestão e de fiscalização;
b) Requisito de residência do prestador, do seu pessoal, das pessoas que detêm o capital social ou dos membros dos órgãos de gestão e de fiscalização no respectivo território;
2) Proibição de ter um estabelecimento em mais do que um Estado-Membro ou de estar inscrito nos registos ou nas ordens ou associações profissionais de mais do que um Estado--Membro;
3) Restrições à liberdade de o prestador escolher entre um estabelecimento a título principal ou a título secundário, em especial a obrigação de o prestador ter o seu estabelecimento principal no respectivo território, ou restrições à liberdade de escolher entre o estabelecimento sob a forma de agência, sucursal ou filial;
4) Condições de reciprocidade com o Estado-Membro onde o prestador possua já o seu estabelecimento, com excepção das previstas nos instrumentos comunitários em matéria de energia;
5) Aplicação casuística de uma avaliação económica que sujeite a concessão da autorização à comprovação da existência de uma necessidade económica ou de uma procura no mercado, de uma avaliação dos efeitos económicos potenciais ou actuais da actividade ou de uma apreciação da adequação da actividade aos objectivos de programação económica fixados pela autoridade competente; esta proibição não se aplica aos requisitos em matéria de programação, que não sejam de natureza económica mas razões imperiosas de interesse geral;
6) Intervenção directa ou indirecta de operadores concorrentes, nomeadamente em órgãos consultivos, na concessão de autorizações ou na aprovação de outras decisões das autoridades competentes, com excepção das ordens e associações profissionais e das associações ou dos organismos que actuem na qualidade de autoridade competente; esta proibição não se aplica à consulta de organismos, como as câmaras de comércio ou os parceiros sociais, sobre outras questões que não os pedidos de autorização individuais, nem à consulta do público em geral;
7) Obrigação de constituir ou participar numa garantia financeira ou de subscrever um seguro junto de um prestador ou organismo estabelecido no respectivo território. Tal não afecta a possibilidade de os Estados-Membros exigirem um seguro ou garantias financeiras enquanto tais, nem afecta os requisitos relativos à participação em fundos colectivos de compensação, por exemplo para os membros de ordens ou organizações profissionais;
8) Obrigação de ter estado previamente inscrito durante um determinado período nos registos existentes no seu território ou de ter exercido previamente a actividade durante um determinado período no respectivo território.

ARTIGO 15º
Requisitos sujeitos a avaliação

1. Os Estados-Membros devem verificar se os respectivos sistemas jurídicos estabelecem algum dos requisitos referidos no nº 2 e devem assegurar que esses requisitos sejam compatíveis com as condições referidas no nº 3. Os Estados-Membros devem adaptar as respectivas disposições legislativas, regulamentares ou administrativas de forma a torná-las compatíveis com as referidas condições.

2. Os Estados-Membros devem verificar se os respectivos sistemas jurídicos condicionam o acesso a uma actividade de serviços ou o seu exercício ao cumprimento de algum dos seguintes requisitos não discriminatórios:

a) Restrições quantitativas ou territoriais, nomeadamente sob a forma de limites fixados em função da população ou de uma distância geográfica mínima entre prestadores;

b) Obrigação de o prestador se constituir de acordo com uma forma jurídica específica;

c) Requisitos relativos à detenção do capital de uma sociedade;

d) Requisitos, excluindo os referentes a questões abrangidas pela Directiva 2005/36/CE ou os previstos noutros instrumentos comunitários, que restringem a determinados prestadores o acesso à actividade de serviço em causa em razão da natureza específica da actividade;

e) Proibição de dispor de mais do que um estabelecimento no território do mesmo Estado;

f) Requisitos que impõem um número mínimo de empregados;

g) Tarifas obrigatórias mínimas e/ou máximas que o prestador tem que respeitar;

h) Obrigação de o prestador fornecer, juntamente com o seu serviço, outros serviços específicos.

3. Os Estados-Membros devem verificar se os requisitos referidos no nº 2 observam as condições seguintes:

a) Não discriminação: os requisitos não podem ser directa ou indirectamente discriminatórios em razão da nacionalidade ou, tratando-se de sociedades, do local da sede;

b) Necessidade: os requisitos têm que ser justificados por uma razão imperiosa de interesse geral;

c) Proporcionalidade: os requisitos têm que ser adequados para garantir a consecução do objectivo prosseguido, não podendo ir além do necessário para atingir este objectivo e não podendo ser possível obter o mesmo resultado através de outras medidas menos restritivas.

4. Os nºs 1, 2 e 3 apenas se aplicam à legislação no domínio dos serviços de interesse económico geral na medida em que a aplicação desses números não obste ao desempenho, de direito ou de facto, das missões específicas cometidas a esses serviços.

5. No relatório de avaliação mútua previsto no nº 1 do artigo 39º, os Estados-Membros devem indicar:

a) Os requisitos que tencionam manter e as razões pelas quais consideram que esses requisitos observam as condições referidas no nº 3;
b) Os requisitos que foram suprimidos ou simplificados.
6. A partir de 28 de Dezembro de 2006, os Estados-Membros só podem introduzir quaisquer novos requisitos do tipo referido no nº 2, se os mesmos estiverem em conformidade com as condições previstas no nº 3.
7. Os Estados-Membros devem notificar à Comissão quaisquer novas disposições legislativas, regulamentares e administrativas que estabeleçam requisitos previstos no nº 6 e as respectivas razões. A Comissão comunica as disposições em causa aos outros Estados--Membros. A notificação não impede os Estados-Membros de aprovarem as disposições em questão.
No prazo de três meses a contar da recepção da notificação, a Comissão examina a compatibilidade de quaisquer novas disposições com o direito comunitário e, se for caso disso, aprova uma decisão em que solicita ao Estado-Membro em causa que se abstenha de as aprovar ou que as suprima.
A notificação de um projecto de lei nacional nos termos da Directiva 98/34/CE equivale à obrigação de notificação prevista na presente directiva.

CAPÍTULO IV
LIVRE CIRCULAÇÃO DE SERVIÇOS
SECÇÃO 1
LIBERDADE DE PRESTAÇÃO DE SERVIÇOS E EXCEPÇÕES CONEXAS

ARTIGO 16º
Liberdade de prestação de serviços
1. Os Estados-Membros devem respeitar o direito de os prestadores prestarem serviços num Estado-Membro diferente daquele em que se encontram estabelecidos.
O Estado-Membro em que o serviço é prestado deve assegurar o livre acesso e exercício da actividade no sector dos serviços no seu território.
Os Estados-Membros não devem condicionar o acesso ou o exercício de actividades no sector dos serviços no seu território ao cumprimento de qualquer requisito que não respeite os seguintes princípios:
a) Não discriminação: o requisito não pode ser directa ou indirectamente discriminatório em razão da nacionalidade ou, no que respeita às pessoas colectivas, em razão do Estado--Membro em que estão estabelecidas;

b) Necessidade: o requisito tem que ser justificado por razões de ordem pública, de segurança pública, de saúde pública ou de protecção do ambiente;

c) Proporcionalidade: o requisito tem que ser adequado para garantir a consecução do objectivo prosseguido, não podendo ir além do necessário para o atingir.

2. Os Estados-Membros não podem restringir a liberdade de prestar serviços de um prestador estabelecido noutro Estado-Membro através da imposição de algum dos seguintes requisitos:

a) Obrigação de o prestador ter um estabelecimento no respectivo território;

b) Obrigação de o prestador obter uma autorização das respectivas autoridades competentes, incluindo a inscrição num registo ou numa ordem ou associação profissional no respectivo território, excepto nos casos previstos na presente directiva ou noutros instrumentos de direito comunitário;

c) Proibição de o prestador se dotar, no respectivo território, de uma determinada forma ou tipo de infra-estrutura, incluindo um escritório ou um gabinete, necessária ao cumprimento das prestações em causa;

d) Aplicação de um regime contratual específico entre o prestador e o destinatário que impeça ou limite a prestação de serviços por conta própria;

e) Obrigação de o prestador possuir um documento de identidade especificamente destinado ao exercício de uma actividade de serviços emitido pelas respectivas autoridades competentes;

f) Requisitos que afectem a utilização de equipamento e material que façam parte integrante do serviço prestado, salvo se forem necessários para a protecção da saúde e da segurança no trabalho;

g) Restrições à liberdade de prestação de serviços referidas no artigo 19º.

3. O Estado-Membro para onde o prestador se desloca não está impedido de impor requisitos para o exercício de uma actividade de serviços quando esses requisitos sejam justificados por razões de ordem pública, de segurança pública, de saúde pública ou de protecção do ambiente, em conformidade com o nº 1.

O Estado-Membro em questão também não está impedido de aplicar, em conformidade com o direito comunitário, os suas regras em matéria de condições de emprego, incluindo as estabelecidas em convenções colectivas.

4. Até 28 de Dezembro de 2011, a Comissão, após consulta aos Estados-Membros e aos parceiros sociais a nível comunitário, apresenta ao Parlamento Europeu e ao Conselho um relatório sobre a aplicação do presente artigo, no qual deve analisar a necessidade de propor medidas de harmonização no domínio das actividades dos serviços abrangidas pela presente directiva.

ARTIGO 17º

Excepções adicionais à liberdade de prestação de serviços

O artigo 16º não é aplicável:

1) Aos serviços de interesse económico geral prestados noutro Estado-Membro, nomeadamente:

a) No sector postal, aos serviços abrangidos pela Directiva 97/67/CE do Parlamento Europeu e do Conselho, de 15 de Dezembro de 1997, relativa às regras comuns para o desenvolvimento do mercado interno dos serviços postais comunitários e a melhoria da qualidade de serviço (27);

b) No sector da electricidade, aos serviços abrangidos pela Directiva 2003/54/CE do Parlamento Europeu e do Conselho, de 26 de Junho de 2003, que estabelece regras comuns para o mercado interno da electricidade (28);

c) No sector do gás, aos serviços abrangidos pela Directiva 2003/55/CE do Parlamento Europeu e do Conselho, de 26 de Junho de 2003, que estabelece regras comuns para o mercado interno de gás natural (29);

d) Aos serviços de distribuição e abastecimento de água e aos serviços de tratamento de águas residuais;

e) Ao tratamento de resíduos;

2) Às matérias abrangidas pela Directiva 96/71/CE;

3) Às matérias abrangidas pela Directiva 95/46/CE do Parlamento Europeu e do Conselho, de 24 de Outubro de 1995, relativa à protecção das pessoas singulares no que diz respeito ao tratamento de dados pessoais e à livre circulação desses dados (30);

4) Às matérias abrangidas pela Directiva 77/249/CEE do Conselho, de 22 de Março de 1977, tendente a facilitar o exercício efectivo da livre prestação de serviços pelos advogados (31);

5) À actividade de cobrança judicial de dívidas;

6) Às matérias abrangidas pelo Título II da Directiva 2005/36/CE, bem como às disposições dos Estados-Membros onde o serviço é prestado que reservam certas actividades a uma profissão determinada;

(27) JO L 15 de 21.1.1998, p. 14. Directiva com a última redacção que lhe foi dada pelo Regulamento (CE) nº 1882/2003 (JO L 284 de 31.10.2003, p. 1).

(28) JO L 176 de 15.7.2003, p. 37. Directiva com a última redacção que lhe foi dada pela Decisão 2006/653/CE da Comissão (JO L 270 de 2006.9.29, p. 72).

(29) JO L 176 de 15.7.2003, p. 57.

(30) JO L 281 de 23.11.1995, p. 31. Directiva com a última redacção que lhe foi dada pelo Regulamento (CE) nº 1882/2003.

(31) JO L 78 de 26.3.1977, p. 17. Directiva com a última redacção que lhe foi dada pelo Acto de Adesão de 2003.

7) Às matérias abrangidas pelo Regulamento (CEE) nº 1408/71;

8) No que diz respeito às formalidades administrativas relativas à livre circulação de pessoas e à sua residência, às matérias abrangidas pelas disposições da Directiva 2004/38/CE, que estabelecem formalidades administrativas das autoridades competentes do Estado-Membro onde o serviço é prestado que devem ser cumpridas pelos beneficiários;

9) No que diz respeito aos nacionais de países terceiros que se deslocam para outro Estado-Membro no quadro da prestação de um serviço, à faculdade de os Estados-Membros exigirem visto ou autorização de residência a nacionais de países terceiros que não estejam abrangidos pelo regime de reconhecimento mútuo previsto no artigo 21º da Convenção de Aplicação do Acordo de Schengen de 14 de Junho de 1985, relativo à supressão gradual dos controlos nas fronteiras comuns (32)*, ou à faculdade de obrigar nacionais de países terceiros, à data ou após a sua entrada, a se apresentarem às autoridades competentes do Estado-Membro onde o serviço é prestado;*

10) No que diz respeito às transferências de resíduos, às matérias abrangidas pelo Regulamento (CEE) nº 259/93 do Conselho, de 1 de Fevereiro de 1993, relativo à fiscalização e ao controlo das transferências de resíduos no interior, à entrada e à saída da Comunidade (33)*;*

11) Aos direitos de autor e direitos conexos e os direitos abrangidos pela Directiva 87//54/CEE do Conselho, de 16 de Dezembro de 1986, relativa à protecção jurídica das topografias de produtos semicondutores (34)*, e pela Directiva 96/9/CE do Parlamento Europeu e do Conselho, de 11 de Março de 1996, relativa à protecção jurídica das bases de dados* (35)*, bem como aos direitos de propriedade industrial;*

12) Aos actos que, nos termos da lei, carecem da intervenção de um notário;

13) Às matérias abrangidas pela Directiva 2006/43/CE do Parlamento Europeu e do Conselho, de 17 de Maio de 2006, relativa à revisão legal das contas anuais e consolidadas (36)*;*

14) Ao registo dos veículos em regime de locação financeira noutro Estado-Membro;

15) Às disposições relativas às obrigações contratuais e extracontratuais, incluindo a forma dos contratos, determinadas nos termos das disposições de direito internacional privado.

(32) JO L 239 de 22.9.2000, p. 19. Convenção com a última redacção que lhe foi dada pelo Regulamento (CE) nº 1160/2005 do Parlamento Europeu e do Conselho (JO L 191 de 22.7.2005, p. 18).

(33) JO L 30 de 6.2.1993, p. 1. Regulamento com a última redacção que lhe foi dada pelo Regulamento (CE) nº 2557/2001 da Comissão (JO L 349 de 31.12.2001, p. 1).

(34) JO L 24 de 27.1.1987, p. 36.

(35) JO L 77 de 27.3.1996, p. 20.

(36) JO L 157 de 9.6.2006, p. 87.

ARTIGO 18º

Excepções em casos específicos

1. Por derrogação do artigo 16º e apenas a título excepcional, um Estado-Membro pode tomar contra um prestador estabelecido noutro Estado-Membro medidas que digam respeito à segurança dos serviços.

2. As medidas referidas no nº 1 só podem ser adoptadas se forem conformes ao procedimento de assistência mútua previsto no artigo 35º e se forem respeitadas as condições seguintes:

a) As disposições nacionais por força das quais a medida é tomada não devem ter sido objecto de uma harmonização comunitária no domínio da segurança dos serviços;

b) As medidas devem ser mais protectoras para o destinatário do que aquelas que tomaria o Estado-Membro de estabelecimento nos termos das respectivas disposições nacionais;

c) O Estado-Membro de estabelecimento não deve ter tomado medidas ou deve ter tomado medidas insuficientes em comparação com as referidas no nº 2 do artigo 35º;

d) As medidas devem ser proporcionadas.

3. Os nº 1 e 2 não prejudicam as disposições, estabelecidas em instrumentos comunitários, que asseguram a livre prestação de serviços ou permitem excepções a essa liberdade.

SECÇÃO 2

DIREITOS DOS DESTINATÁRIOS DOS SERVIÇOS

ARTIGO 19º

Restrições proibidas

Os Estados-Membros não podem impor ao destinatário requisitos que restrinjam a utilização de um serviço fornecido por um prestador estabelecido noutro Estado-Membro, nomeadamente os seguintes requisitos:

a) Obrigação de obter uma autorização das suas autoridades competentes ou de lhes apresentar uma declaração;

b) Limites discriminatórios no que respeita à concessão de auxílios financeiros pelo facto de o prestador estar estabelecido noutro Estado-Membro ou em razão da situação do lugar em que o serviço deve ser prestado.

ARTIGO 20º
Não discriminação

1. Os Estados-Membros devem assegurar que o destinatário não seja submetido a requisitos discriminatórios em razão da sua nacionalidade ou do seu lugar de residência.
2. Os Estados-Membros devem assegurar que as condições gerais de acesso a um serviço que são postas à disposição do grande público pelo prestador não incluam condições discriminatórias baseadas na nacionalidade ou no lugar de residência do destinatário, sem que tal afecte a possibilidade de se preverem diferenças no que diz respeito às condições de acesso e que sejam directamente justificadas por critérios objectivos.

ARTIGO 21º
Assistência aos destinatários

1. Os Estados-Membros devem assegurar que os destinatários possam obter, nos respectivos Estados-Membros de residência, as seguintes informações:
a) Informações gerais sobre os requisitos aplicáveis nos outros Estados-Membros ao acesso às actividades de serviços e ao seu exercício, em especial os que dizem respeito à defesa dos consumidores;
b) Informações gerais sobre as vias de recurso possíveis em caso de litígio entre um prestador e um destinatário;
c) Contactos de associações ou organizações, incluindo os centros da Rede dos Centros Europeus do Consumidor, que possam prestar assistência prática aos prestadores ou aos destinatários.
Se for caso disso, o aconselhamento prestado pelas autoridades competentes deve incluir um guia explicativo simples. As informações e a assistência devem ser prestadas de forma clara e inequívoca, facilmente acessíveis à distância, incluindo por via electrónica, e ser actualizadas.
2. Os Estados-Membros podem atribuir a responsabilidade pelas tarefas referidas no nº 1 aos balcões únicos ou a qualquer outro organismo, como os centros da Rede dos Centros Europeus do Consumidor, as associações de consumidores ou os Euro Info Centros.
Os Estados-Membros comunicam à Comissão os nomes e contactos dos organismos designados. A Comissão transmite essas informações a todos os Estados-Membros.
3. No cumprimento do disposto nos nºs 1 e 2, o organismo a que o destinatário se dirigiu entra em contacto, se necessário, com o organismo competente do Estado-Membro em causa. Este último deve comunicar, com a maior brevidade possível, ao organismo requerente as informações solicitadas, o qual transmite as informações ao destinatário. Os Estados-Membros asseguram que estes organismos prestem assistência mútua e tomem as medidas necessárias para cooperarem eficazmente entre si. Em colaboração com a Comissão, os Estados-Membros estabelecem as regras práticas necessárias para a aplicação do nº 1.

4. A Comissão aprova, nos termos do nº 2 do artigo 40º, as regras de execução dos nºs 1, 2 e 3 do presente artigo, especificando os aspectos técnicos das trocas de informação entre os organismos dos vários Estados-Membros, nomeadamente a interoperabilidade dos sistemas de informações, tendo em conta normas comuns.

CAPÍTULO V
QUALIDADE DOS SERVIÇOS

ARTIGO 22º
Informações sobre os prestadores e respectivos serviços

1. Os Estados-Membros devem assegurar que os prestadores põem à disposição do destinatário as informações seguintes:

a) Nome, estatuto e forma jurídicos do prestador, endereço geográfico do estabelecimento do prestador e elementos de informação deste para um contacto rápido e uma comunicação directa, se for caso disso, por via electrónica;

b) Caso o prestador esteja inscrito numa conservatória de registo comercial ou num outro registo público semelhante, a identificação dessa conservatória e o número de registo do prestador ou meios equivalentes de o identificar nesse registo;

c) Caso determinada actividade esteja sujeita a um regime de autorização, o endereço e contactos relativos à autoridade competente ou ao balcão único;

d) Se o prestador exercer uma actividade sujeita a IVA, o número de identificação referido no nº 1 do artigo 22º da Sexta Directiva 77/388/CEE do Conselho, de 17 de Maio de 1977, relativa à harmonização das legislações dos Estados-Membros respeitantes aos impostos sobre o volume de negócios – sistema comum do imposto sobre o valor acrescentado: matéria colectável uniforme (37)*;*

e) No que respeita às profissões regulamentadas, qualquer ordem profissional ou entidade similar em que o prestador esteja inscrito, o título profissional e o Estado-Membro em que foi concedido;

f) Cláusulas gerais e condições gerais, se adequado, utilizadas pelo prestador;

g) A existência de cláusulas contratuais, caso o prestador as utilize, relativas à lei aplicável ao contrato e/ou ao tribunal competente;

(37) JO L 145 de 13.6.1977, p. 1. Directiva com a última redacção que lhe foi dada pela Directiva 2006/ /18/CE (JO L 51 de 22.2.2006, p. 12).

h) A existência eventual de uma garantia pós-venda, não imposta por lei;

i) O preço do serviço, sempre que, para um determinado tipo de serviço, exista um preço pré-determinado pelo prestador;

j) As principais características do serviço, no caso de o contexto não as ter já tornado óbvias;

k) Informações sobre o seguro ou as garantias a que se refere o nº 1 do artigo 23º e, em especial, o endereço e contactos da seguradora ou do fiador e a cobertura geográfica.

2. Os Estados-Membros devem assegurar que as informações referidas no nº 1, de acordo com a escolha do prestador:

a) Sejam comunicadas pelo prestador por sua própria iniciativa;

b) O destinatário lhes possa aceder facilmente no lugar da prestação do serviço ou da celebração do contrato;

c) O destinatário lhes possa aceder facilmente por via electrónica através de um endereço comunicado pelo prestador;

d) Figurem em todo e qualquer documento de informação dos prestadores fornecido ao destinatário que descreva de forma pormenorizada os seus serviços.

3. Os Estados-Membros devem assegurar que os prestadores, a pedido do destinatário, comuniquem as seguintes informações suplementares:

a) Sempre que, para um determinado tipo de serviço, o preço não seja pré-determinado pelo prestador, o preço do serviço ou, quando não for possível indicar o preço exacto, o método de cálculo do preço, de forma a que o destinatário o possa verificar, ou um orçamento suficientemente pormenorizado;

b) No que respeita às profissões regulamentadas, uma referência às regras profissionais aplicáveis no Estado-Membro de origem e aos meios lhes aceder;

c) Informações sobre as suas actividades pluridisciplinares e parcerias que se encontram directamente relacionadas com o serviço em causa e sobre as medidas tomadas para evitar conflitos de interesse. Essas informações devem constar de todos os documentos informativos em que o prestador proceda a uma descrição pormenorizada dos seus serviços;

d) Os eventuais códigos de conduta a que o prestador esteja sujeito, bem como o endereço em que esses códigos podem ser consultados por via electrónica, indicando as versões linguísticas disponíveis;

e) Sempre que o prestador se encontre sujeito a um código de conduta ou seja membro de uma associação comercial ou de um organismo profissional que preveja o recurso a meios extrajudiciais para a resolução de litígios, informações a esse respeito. O prestador deve especificar a forma de acesso às informações pormenorizadas sobre as características e as condições para o recurso a esses meios extrajudiciais de resolução de litígios.

4. Os Estados-Membros devem assegurar que as informações que o prestador é obrigado a fornecer em conformidade com o presente capítulo sejam colocadas à disposição ou comunica-

das de maneira clara e inequívoca e em tempo útil antes da celebração do contrato, ou, quando não haja contrato escrito, antes da prestação do serviço.
5. As obrigações de informação estabelecidas no presente capítulo acrescem aos requisitos já previstos no direito comunitário, não impedindo os Estados-Membros de prever requisitos de informação suplementares aplicáveis aos prestadores estabelecidos no respectivo território.
6. A Comissão pode, nos termos do nº 2 do artigo 40º, precisar o conteúdo das obrigações de informação previstas nos nºs 1 e 3 do presente artigo, em função das particularidades de determinadas actividades e precisar as condições de aplicação das disposições do nº 2 do presente artigo.

ARTIGO 23º
Seguro de responsabilidade profissional e garantias equivalentes

1. Os Estados-Membros podem assegurar que os prestadores cujos serviços apresentem um risco directo e específico para a saúde ou a segurança do destinatário ou de terceiros, ou para a segurança financeira do destinatário, subscrevam um seguro de responsabilidade profissional adequado à natureza e dimensão do risco, ou prestem uma garantia ou instrumento equivalente ou essencialmente comparável quanto à finalidade.
2. Quando um prestador se estabelecer no território dos Estados-Membros, estes não podem exigir um seguro de responsabilidade profissional ou uma garantia se o prestador já estiver abrangido, noutro Estado-Membro no qual já esteja estabelecido, por uma garantia equivalente, ou essencialmente comparável quanto à finalidade e à cobertura que garante em termos de risco seguro, de montante seguro ou de tecto para a garantia e possíveis exclusões da cobertura. Se a equivalência for apenas parcial, os Estados-Membros podem exigir uma garantia complementar para cobrir os elementos que ainda não estejam cobertos.
Quando um Estado-Membro exigir a um prestador estabelecido no seu território que subscreva um seguro de responsabilidade profissional ou preste outra garantia, esse Estado-Membro deve aceitar como prova suficiente de cobertura por esse seguro as certidões emitidas por instituições de crédito ou empresas de seguros estabelecidas noutros Estados-Membros.
3. Os nºs 1 e 2 não afectam os regimes de seguro profissional ou outras garantias previstos noutros instrumentos comunitários.
4. Para efeitos da aplicação do nº 1, a Comissão pode, pelo procedimento de regulamentação a que se refere o nº 2 do artigo 40º, estabelecer uma lista dos serviços com as características referidas no nº 1 do presente artigo. A Comissão pode também, nos termos do nº 3 do artigo 40º, adoptar medidas destinadas a alterar elementos não essenciais da presente directiva, completando-a mediante a definição de critérios comuns para definir, para efeitos do seguro

ou das garantias referidas no nº 1 do presente artigo, o que é mais apropriado à natureza e dimensão do risco.
5. Para efeitos do presente artigo, entende-se por:
– «risco directo e específico», um risco suscitado directamente pela prestação do serviço,
– «saúde e segurança», em relação a um destinatário ou a um terceiro, a prevenção de lesão corporal grave ou mortal,
– «segurança financeira», em relação a um destinatário, prevenção de perda substancial em dinheiro ou em valor da propriedade,
– «seguro de responsabilidade profissional», o seguro subscrito por um prestador para cobrir potenciais responsabilidades para com os destinatários e, se for o caso, a terceiros, decorrentes da prestação do serviço.

ARTIGO 24º
Comunicações comerciais das profissões regulamentadas

1. Os Estados-Membros devem suprimir todas as proibições absolutas respeitantes às comunicações comerciais por parte das profissões regulamentadas.
2. Os Estados-Membros devem assegurar que as comunicações comerciais por parte das profissões regulamentadas respeitem as regras profissionais, em conformidade com o direito comunitário, que visam, nomeadamente, a independência, a dignidade e a integridade da profissão, bem como o sigilo profissional, em função da especificidade de cada profissão. As regras profissionais em matéria de comunicações comerciais devem ser não discriminatórias, justificadas por razões imperiosas de interesse geral e proporcionadas.

ARTIGO 25º
Actividades pluridisciplinares

1. Os Estados-Membros devem assegurar que os prestadores não estejam sujeitos a requisitos que os obriguem a exercer exclusivamente uma actividade específica ou que limitem o exercício conjunto ou em parceria de actividades diferentes.
Todavia, podem estar sujeitos a requisitos deste tipo os seguintes prestadores:
a) As profissões regulamentadas, na medida em que tal se justifique, para garantir o respeito das regras deontológicas, que variam em função da especificidade de cada profissão, e seja necessário para assegurar a sua independência e imparcialidade;
b) Os prestadores que forneçam serviços de certificação, acreditação, inspecção técnica, testes ou ensaios, na medida em que tal se justifique, para garantir a sua independência e imparcialidade.

2. Quando as actividades pluridisciplinares entre os prestadores a que se referem as alíneas a) e b) do nº 1 são autorizadas, cabe aos Estados-Membros assegurar o seguinte:

a) Prevenção dos conflitos de interesses e das incompatibilidades entre determinadas actividades;

b) Independência e imparcialidade exigidas por determinadas actividades;

c) Compatibilidade entre os requisitos deontológicos das diferentes actividades, nomeadamente em matéria de sigilo profissional.

3. No relatório previsto no nº 1 do artigo 39º, os Estados-Membros devem indicar quais os prestadores que se encontram sujeitos aos requisitos referidos no nº 1 do presente artigo, o conteúdo desses requisitos e as razões pelas quais consideram que eles se justificam.

ARTIGO 26º

Política da qualidade dos serviços

1. Os Estados-Membros, em colaboração com a Comissão, tomam medidas de acompanhamento para incentivar os prestadores a assegurarem voluntariamente a qualidade da prestação de serviços, nomeadamente através de um dos métodos seguintes:

a) Certificação ou avaliação das suas actividades por entidades independentes ou acreditadas;

b) Definição da sua própria carta da qualidade ou participação nas cartas ou nos símbolos da qualidade elaborados por organismos profissionais a nível comunitário.

2. Os Estados-Membros devem assegurar que os prestadores e os destinatários possam aceder facilmente às informações sobre o significado e os critérios de atribuição de certos símbolos da qualidade e outras marcas de qualidade relativas aos serviços.

3. Os Estados-Membros, em colaboração com a Comissão, tomam medidas de acompanhamento para incentivar as ordens profissionais, bem como as câmaras de comércio, as associações profissionais e de consumidores, nos respectivos territórios, a colaborarem a nível comunitário a fim de promover a qualidade dos serviços, nomeadamente facilitando a avaliação da competência dos prestadores.

4. Os Estados-Membros, em colaboração com a Comissão, tomam medidas de acompanhamento para incentivar o desenvolvimento de avaliações independentes, nomeadamente através das associações de consumidores, relativamente às qualidades e aos defeitos dos serviços, designadamente o desenvolvimento a nível comunitário de ensaios ou testes comparativos e a comunicação dos respectivos resultados.

5. Os Estados-Membros, em colaboração com a Comissão, incentivam o desenvolvimento de normas europeias voluntárias que tenham por objectivo facilitar a compatibilidade entre os serviços fornecidos por prestadores de Estados-Membros diferentes, a informação do destinatário e a qualidade dos serviços.

ARTIGO 27º
Resolução de litígios

1. Os Estados-Membros devem tomar as medidas gerais necessárias para que os prestadores forneçam contactos, especialmente o endereço postal, número de fax ou o endereço de correio electrónico e o número de telefone, de forma a permitir que todos os destinatários, incluindo os que residem noutro Estado-Membro, lhes possam apresentar directamente uma reclamação ou solicitar informações sobre o serviço fornecido. Os prestadores devem indicar o seu endereço legal, caso este não corresponda à morada habitualmente utilizada para a correspondência. Os Estados-Membros tomam as medidas gerais necessárias para que os prestadores respondam às reclamações referidas no primeiro parágrafo com a maior celeridade possível e dêem provas de diligência para encontrar uma solução satisfatória.

2. Os Estados-Membros devem tomar as medidas gerais necessárias para que recaia sobre os prestadores o ónus da prova do cumprimento das obrigações de informação previstas na presente directiva e da exactidão dessa informação.

3. Sempre que seja necessária uma garantia financeira para a execução de uma decisão judicial, os Estados-Membros reconhecem as garantias equivalentes constituídas junto de uma instituição de crédito ou de uma empresa de seguros estabelecida noutro Estado-Membro. Essas instituições de crédito devem ser autorizadas num Estado-Membro em conformidade com a Directiva 2006/48/CE, e essas seguradoras devem ser autorizadas, consoante o caso, em conformidade com a Primeira Directiva 73/239/CEE do Conselho, de 24 de Julho de 1973, relativa à coordenação das disposições legislativas, regulamentares e administrativas respeitantes ao acesso à actividade de seguro directo não vida e ao seu exercício (38)*, e com a Directiva 2002/83/CE do Parlamento Europeu e do Conselho, de 5 de Novembro de 2002, relativa ao seguro de vida* (39)*.*

4. Os Estados-Membros devem tomar as medidas gerais necessárias para que os prestadores sujeitos a um código de conduta, ou membros de uma associação ou organismo profissional, que preveja o recurso a um mecanismo de resolução extrajudicial, informem do facto o destinatário, mencionem o facto em todo e qualquer documento que apresente pormenorizadamente um dos seus serviços e indiquem os meios de aceder a informações minuciosas sobre as características e condições de utilização deste mecanismo.

(38) JO L 228 de 16.8.1973, p. 3. Directiva com a última redacção que lhe foi dada pela Directiva 2005/ /68/CE do Parlamento Europeu e do Conselho (JO L 323 de 9.12.2005, p. 1)

(39) JO L 345 de 19.12.2002, p. 1. Directiva com a última redacção que lhe foi dada pela Directiva 2005/ /68/CE.

CAPÍTULO VI
COOPERAÇÃO ADMINISTRATIVA

ARTIGO 28º
Assistência mútua – obrigações gerais

1. Os Estados-Membros devem prestar-se assistência mútua e tomar medidas para cooperarem eficazmente, a fim de assegurar a fiscalização dos prestadores e dos seus serviços.
2. Para efeitos do presente capítulo, os Estados-Membros designam um ou mais pontos de contacto, devendo comunicar os respectivos endereços aos demais Estados-Membros e à Comissão. A Comissão publica e actualiza regularmente a lista dos pontos de contacto.
3. Os pedidos de informação e os pedidos para efectuar quaisquer verificações, inspecções e inquéritos ao abrigo do presente capítulo devem ser fundamentados, especificando nomeadamente a razão do pedido. As informações que forem trocadas devem ser exclusivamente destinadas aos fins para que foram solicitadas.
4. No caso de receberem um pedido de assistência das autoridades competentes de outro Estado-Membro, os Estados-Membros devem assegurar que os prestadores estabelecidos no seu território comunicam às respectivas autoridades competentes todas as informações necessárias para a fiscalização das suas actividades, em conformidade com o respectivo direito nacional.
5. No caso de existirem dificuldades para satisfazer um pedido de informação ou para efectuar verificações, inspecções e inquéritos, o Estado-Membro avisa rapidamente o Estado-Membro requerente para que se encontre uma solução.
6. Os Estados-Membros fornecem, o mais rapidamente possível e por via electrónica, as informações solicitadas por outros Estados-Membros ou pela Comissão.
7. Os Estados-Membros devem assegurar que os registos em que os prestadores estão inscritos e que podem ser consultados pelas autoridades competentes nos respectivos territórios também possam ser consultados nas mesmas condições pelas autoridades competentes equivalentes dos outros Estados-Membros.
8. Os Estados-Membros comunicam à Comissão informações sobre casos em que outro Estado-Membro não tenha cumprido a sua obrigação de assistência mútua. Sempre que necessário, a Comissão toma as medidas adequadas, incluindo o procedimento previsto no artigo 226º do Tratado, para assegurar que o Estado-Membro em causa cumpre a sua obrigação de assistência mútua. A Comissão informa periodicamente os Estados-Membros sobre o funcionamento das disposições em matéria de assistência mútua.

ARTIGO 29º

Assistência mútua – obrigações gerais do Estado-Membro de estabelecimento

1. No que respeita aos prestadores que desempenham actividades de serviços noutro Estado-Membro, o Estado-Membro de estabelecimento fornece, a pedido de outro, informações sobre os prestadores que estejam estabelecidos no seu território, designadamente a confirmação de que o prestador se encontra estabelecido no seu território e, na medida em que de tal tenha conhecimento, do facto de aí não exercer as suas actividades de forma ilícita.

2. O Estado-Membro de estabelecimento procede às verificações, inspecções e inquéritos solicitados por outro Estado-Membro, informando-o dos resultados e, se for caso disso, das medidas tomadas. Para o efeito, as autoridades competentes intervêm nos limites das competências que lhes são atribuídas no respectivo Estado-Membro. As autoridades competentes podem decidir sobre as medidas mais adequadas a tomar em cada caso específico, a fim de dar resposta ao pedido de outro Estado-Membro.

3. Quando tiverem conhecimento efectivo de qualquer conduta ou de actos concretos de um prestador estabelecido no seu território que presta serviços noutros Estados-Membros e que, em seu entender, sejam susceptíveis de prejudicar gravemente a saúde ou a segurança das pessoas ou o ambiente, o Estado-Membro de estabelecimento informa o mais rapidamente possível todos os outros Estados-Membros e a Comissão.

ARTIGO 30º

Fiscalização pelo Estado-Membro de estabelecimento em caso de deslocação temporária de um prestador para outro Estado-Membro

1. No que respeita aos casos não abrangidos pelo nº 1 do artigo 31º, o Estado-Membro de estabelecimento assegura a fiscalização do cumprimento das suas exigências, em conformidade com as competências de fiscalização previstas no respectivo direito nacional, em particular através de medidas de fiscalização no local de estabelecimento do prestador.

2. O Estado-Membro de estabelecimento não pode abster-se de tomar medidas de fiscalização ou de execução no seu território sob a alegação de que o serviço foi prestado ou causou prejuízos noutro Estado-Membro.

3. Da obrigação prevista no nº 1 não decorre que o Estado-Membro de estabelecimento tenha de proceder a verificações factuais e controlos no território do Estado-Membro em que o serviço é prestado. Esses controlos e verificações devem ser efectuados pelas autoridades do Estado-Membro em que o prestador opera temporariamente, mediante pedido das autoridades do Estado-Membro de estabelecimento, nos termos do artigo 31º.

ARTIGO 31º
Fiscalização pelo Estado-Membro em que o serviço é prestado em caso de deslocação temporária do prestador

1. No que respeita aos requisitos nacionais que podem ser impostos nos termos do artigo 16º ou 17º, o Estado-Membro onde o serviço é prestado tem a responsabilidade de fiscalizar a actividade do prestador no seu território. Em conformidade com o direito comunitário, o Estado-Membro onde o serviço é prestado:

a) Toma todas as medidas necessárias para garantir que o prestador respeita os requisitos em matéria de acesso a essa actividade e respectivo exercício;

b) Procede às verificações, inspecções e inquéritos necessários para fiscalizar o serviço prestado.

2. No que respeita a outros requisitos que não os previstos no nº 1, e em caso de deslocação temporária de um prestador para outro Estado-Membro a fim de aí prestar um serviço sem se estabelecer, as autoridades competentes desse Estado-Membro participam na fiscalização do prestador nos termos dos nºs 3 e 4.

3. A pedido do Estado-Membro de estabelecimento, as autoridades competentes do Estado-Membro em que o serviço é prestado procedem a verificações, inspecções e inquéritos que sejam necessários para assegurar a eficácia da fiscalização do Estado-Membro de estabelecimento. Para o efeito, as autoridades competentes intervêm nos limites das competências que lhes são atribuídas no respectivo Estado-Membro. As autoridades competentes podem decidir sobre as medidas mais adequadas a tomar em cada caso específico, a fim de dar resposta ao pedido do Estado-Membro de estabelecimento.

4. Por sua própria iniciativa, as autoridades competentes do Estado-Membro em que o serviço é prestado podem proceder a verificações, inspecções e inquéritos no local, desde que estes não sejam discriminatórios, não sejam motivados pelo facto de se tratar de um prestador estabelecido noutro Estado-Membro e sejam proporcionados.

ARTIGO 32º
Mecanismo de alerta

1. Sempre que um Estado-Membro tome conhecimento de actos ou circunstâncias específicos graves relacionados com uma actividade de serviços, susceptíveis de prejudicar gravemente a saúde ou a segurança das pessoas ou o ambiente no seu território ou no território de outros Estados-Membros, aquele Estado-Membro informa do facto, com a maior brevidade, o Estado-Membro de estabelecimento, os outros Estados-Membros envolvidos e a Comissão.

2. A Comissão promove e participa na actividade de uma rede europeia das autoridades dos Estados-Membros a fim de aplicar o nº 1.

3. A Comissão aprova e actualiza regularmente, nos termos do nº 2 do artigo 40º, normas pormenorizadas de gestão da rede prevista no nº 2 do presente artigo.

ARTIGO 33º

Informações sobre a honorabilidade dos prestadores

1. Os Estados-Membros comunicam, a pedido de uma autoridade competente de outro Estado-Membro, e em conformidade com a respectiva legislação nacional, as medidas disciplinares ou administrativas ou as sanções penais e as decisões em matéria de insolvência ou falência fraudulentas que tenham sido tomadas pelas respectivas autoridades competentes contra um prestador e que sejam directamente relevantes no que toca à competência ou à fiabilidade profissional do prestador. O Estado-Membro que fornece a informação informa deste facto o prestador.

Os pedidos apresentados nos termos do primeiro parágrafo devem ser devidamente fundamentados, nomeadamente no que diz respeito aos motivos do pedido de informação.

2. As sanções e medidas referidas no nº 1 apenas são comunicadas se tiver sido proferida uma decisão definitiva. No que respeita a outras decisões executórias referidas no nº 1, o Estado-Membro que comunica as informações deve especificar se se trata de uma decisão definitiva ou se foi interposto recurso da decisão e indicar, neste caso, a data provável da decisão do recurso.

Além disso, o Estado-Membro deve especificar quais as disposições nacionais que fundamentam a condenação ou sanção do prestador.

3. Os nºs 1 e 2 devem ser aplicados tendo em conta as regras em matéria de protecção de dados pessoais e os direitos garantidos às pessoas que são objecto de uma condenação ou sanção nos Estados-Membros em causa, incluindo por parte de ordens profissionais. Quaisquer informações desta natureza que sejam públicas devem ser acessíveis aos consumidores.

ARTIGO 34º

Medidas de acompanhamento

1. A Comissão, em colaboração com os Estados-Membros, deve criar um sistema electrónico de intercâmbio de informações entre Estados-Membros, tendo em conta os sistemas de informação existentes.

2. Os Estados-Membros, coadjuvados pela Comissão, tomam medidas de acompanhamento para facilitar o intercâmbio dos funcionários encarregados da concretização da assistência mútua e a formação destes funcionários, nomeadamente a formação linguística e informática.

3. A Comissão avalia a necessidade de criar um programa plurianual para organizar o intercâmbio útil de funcionários e de formação.

ARTIGO 35º
Assistência mútua em caso de excepções específicas

1. Quando um Estado-Membro tencione tomar uma medida nos termos do artigo 18º, é aplicável o procedimento previsto nos nºs 2 a 6 do presente artigo, sem prejuízo de eventuais processos judiciais, incluindo a instrução e os actos praticados no quadro de uma investigação penal.
2. O Estado-Membro referido no nº 1 solicita ao Estado-Membro de estabelecimento que tome medidas contra o prestador, fornecendo todas as informações relevantes sobre o serviço e as circunstâncias em causa.
O Estado-Membro de estabelecimento verifica o mais rapidamente possível se o prestador exerce legalmente as suas actividades e averigua os factos que fundamentam o pedido. Comunica com a maior brevidade ao Estado-Membro requerente as medidas tomadas ou previstas ou, se for caso disso, as razões pelas quais não tomou medidas.
3. Após a comunicação do Estado-Membro de estabelecimento referida no segundo parágrafo do nº 2, o Estado-Membro requerente notifica a Comissão e o Estado-Membro de estabelecimento da sua intenção de tomar medidas, indicando:
a) As razões pelas quais considera que as medidas tomadas ou previstas pelo Estado-Membro de estabelecimento são inadequadas;
b) As razões pelas quais considera que as medidas que tenciona tomar respeitam as condições previstas no artigo 18º
4. As medidas só podem ser tomadas após quinze dias úteis a contar da notificação prevista no nº 3.
5. Sem prejuízo da faculdade de o Estado-Membro requerente tomar as medidas em questão após o prazo fixado no nº 4, a Comissão examina o mais rapidamente possível a compatibilidade das medidas notificadas com o direito comunitário.
Se concluir que a medida é incompatível com o direito comunitário, a Comissão aprova uma decisão através da qual solicita ao Estado-Membro em causa que se abstenha de tomar as medidas previstas ou que ponha termo, com urgência, às medidas já tomadas.
6. Em caso de urgência, o Estado-Membro que tenciona tomar uma medida pode beneficiar de uma derrogação dos nºs 2, 3 e 4.
Neste caso, as medidas devem ser notificadas no mais curto prazo possível à Comissão e ao Estado-Membro de estabelecimento, indicando as razões pelas quais o Estado-Membro considera que existe uma situação de urgência.

ARTIGO 36º
Medidas de execução

A Comissão aprova, nos termos do nº 3 do artigo 40º, as disposições de execução destinadas a alterar elementos não essenciais do presente capítulo, completando-o mediante a fixação dos prazos referidos nos artigos 28º e 35º. A Comissão aprova também, nos termos do nº 2 do artigo 40º, as regras práticas de troca de informação por via electrónica entre os Estados-Membros, nomeadamente as disposições sobre a interoperabilidade dos sistemas de informação.

CAPÍTULO VII
PROGRAMA DE CONVERGÊNCIA

ARTIGO 37º
Códigos de conduta a nível comunitário

1. Os Estados-Membros, em colaboração com a Comissão, tomam medidas de acompanhamento para incentivar a elaboração, a nível comunitário, em especial pelas ordens, organismos e associações profissionais, de códigos de conduta destinados a facilitar a prestação de serviços ou o estabelecimento dos prestadores em outros Estados-Membros, em conformidade com o direito comunitário.
2. Os Estados-Membros devem assegurar que os códigos de conduta referidos no nº 1 sejam acessíveis à distância e por via electrónica.

ARTIGO 38º
Harmonização complementar

A Comissão examina, até 28 de Dezembro de 2010, a possibilidade de apresentar propostas de instrumentos de harmonização sobre as seguintes questões:
a) Acesso à actividade de cobrança judicial de dívidas;
b) Serviços de segurança privada e transporte de fundos e valores.

ARTIGO 39º
Avaliação mútua

1. Até 28 de Dezembro de 2009, os Estados-Membros apresentam à Comissão um relatório que deve incluir as informações previstas nas seguintes disposições:

a) Nº 2 do artigo 9º, relativo aos regimes de autorização;
b) Nº 5 do artigo 15º, relativo aos requisitos sujeitos a avaliação;
c) Nº 3 do artigo 25º, relativo às actividades pluridisciplinares.

2. A Comissão transmite os relatórios previstos no nº 1 aos Estados-Membros, que, no prazo de seis meses a contar da sua recepção, comunicam as suas observações sobre cada um dos relatórios. Nesse mesmo período, a Comissão consulta as partes interessadas sobre os referidos relatórios.

3. A Comissão apresenta os relatórios e as observações dos Estados-Membros ao Comité referido no nº 1 do artigo 40º, que pode igualmente apresentar observações.

4. À luz das observações previstas nos nºs 2 e 3, a Comissão apresenta ao Parlamento Europeu e ao Conselho, até 28 de Dezembro de 2010, um relatório de síntese acompanhado, se necessário, de propostas de iniciativas complementares.

5. Até 28 de Dezembro de 2009, os Estados-Membros apresentam um relatório à Comissão sobre os requisitos nacionais cuja aplicação seja susceptível de se encontrar abrangida pelo âmbito de aplicação do terceiro parágrafo do nº 1 do artigo 16º e do primeiro período do nº 3 do artigo 16º, justificando por que razão consideram que a aplicação desses requisitos preenche os critérios referidos no terceiro parágrafo do nº 1 do artigo 16º e no primeiro período do nº 3 do artigo 16º.

A partir dessa data, os Estados-Membros transmitem à Comissão quaisquer alterações dos seus requisitos, incluindo novos requisitos, tal como acima referidos, juntamente com a respectiva justificação.

A Comissão comunica os requisitos transmitidos aos outros Estados-Membros. Essa comunicação não obsta a que os Estados-Membros aprovem as disposições em questão. A Comissão apresenta anualmente análises e orientações sobre a aplicação dessas disposições no contexto da presente directiva.

ARTIGO 40º
Procedimento do comité

1. A Comissão é assistida por um comité.

2. Sempre que se faça referência ao presente número, são aplicáveis os artigos 5º e 7º da Decisão 1999/468/CE, tendo-se em conta o disposto no seu artigo 8º. O prazo previsto no nº 6 do artigo 5º da Decisão 1999/468/CE é de três meses.

3. Sempre que se faça referência ao presente número, são aplicáveis os nºs 1 a 4 do artigo 5º-A e o artigo 7º da Decisão 1999/468/CE, tendo-se em conta o disposto no seu artigo 8º.

ARTIGO 41º
Cláusula de reexame

Até 28 de Dezembro de 2011, e posteriormente de três em três anos, a Comissão apresenta ao Parlamento Europeu e ao Conselho um relatório global sobre a aplicação da presente directiva.

Nos termos do nº 4 do artigo 16º, o relatório debruça-se, em especial, sobre a aplicação do artigo 16º. Analisa igualmente a necessidade de se tomarem medidas complementares sobre matérias excluídas do âmbito de aplicação da presente directiva. Esse relatório é acompanhado, se for caso disso, de propostas de alteração da presente directiva a fim de realizar integralmente o mercado interno dos serviços.

ARTIGO 42º
Alteração da Directiva 98/27/CE

No Anexo da Directiva 98/27/CE do Parlamento Europeu e do Conselho, de 19 de Maio de 1998, relativa às acções inibitórias em matéria de protecção dos interesses dos consumidores ([40])*, é aditado o ponto seguinte:*

> *«13. Directiva 2006/123/CE do Parlamento Europeu e do Conselho, de 12 de Dezembro de 2006, relativa aos serviços no mercado interno (JO L 376 de 27.12.2006, p. 36).».*

ARTIGO 43º
Protecção dos dados pessoais

A execução e a aplicação da presente directiva e, em especial, as disposições em matéria de fiscalização devem respeitar as regras em matéria de protecção dos dados pessoais previstas nas Directivas 95/46/CE e 2002/58/CE.

([40]) JO L 166 de 11.6.1998, p. 51. Directiva com a última redacção que lhe foi dada pela Directiva 2005/29/CE.

CAPÍTULO VIII
DISPOSIÇÕES FINAIS

ARTIGO 44º
Transposição

1. Os Estados-Membros devem pôr em vigor as disposições legislativas, regulamentares e administrativas necessárias para dar cumprimento ao disposto na presente directiva antes de 28 de Dezembro de 2009.

Os Estados-Membros comunicam de imediato à Comissão o texto dessas disposições.

Quando os Estados-Membros aprovarem as referidas disposições, estas devem incluir uma referência à presente directiva ou ser acompanhadas dessa referência aquando da publicação oficial. As modalidades desta referência serão aprovadas pelos Estados-Membros.

2. Os Estados-Membros devem comunicar à Comissão o texto das principais disposições de direito interno que aprovarem nas matérias reguladas pela presente directiva.

ARTIGO 45º
Entrada em vigor

A presente directiva entra em vigor no dia seguinte ao da sua publicação no Jornal Oficial da União Europeia.

ARTIGO 46º
Destinatários

Os Estados-Membros são os destinatários da presente directiva.

Feito em Estrasburgo, em 12 de Dezembro de 2006.

Estatuto do Provedor do Cliente

PRINCÍPIOS GERAIS

ARTIGO 1º
Funções

O Provedor do Cliente é um órgão independente da APAVT, que tem por função principal a defesa e promoção dos direitos e interesses legítimos dos cidadãos utilizadores de serviços das agências de viagens e turismo (clientes) e a dignificação destes serviços, em Portugal e no estrangeiro, junto do público em geral.

ARTIGO 2º
Autonomia

A actividade do Provedor do Cliente pode ser exercida mediante apresentação de queixa ou por iniciativa própria e é independente dos meios legais previstos na lei.

ARTIGO 3º
Designação

1 – O Provedor do Cliente é designado pela Direcção da APAVT.

2 – A designação recairá em cidadão que goze de comprovada reputação de integridade e independência.

ARTIGO 4º
Duração do Mandato

1 – O Provedor do Cliente é designado por três anos, podendo ser designado uma ou mais vezes, por igual período.

2 – Após o termo do período por que foi designado, o Provedor mantém-se em exercício de funções até à posse do seu sucessor.

3 – A designação do Provedor deve efectuar-se nos 30 dias anteriores ao termo do triénio.

ARTIGO 5º
Independência e Inamovibilidade

O Provedor do Cliente é independente e inamovível, não podendo as suas funções cessar antes do termo do período por que foi eleito, salvo nos casos previstos no presente estatuto.

ARTIGO 6º
Gabinete do Provedor do Cliente

1 – O Provedor do Cliente será coadjuvado no exercício das suas funções por um gabinete que lhe prestará apoio directo pessoal.
2 – O gabinete é composto por um assistente jurídico.

ARTIGO 7º
Impedimentos

O Provedor não pode exercer as suas funções relativamente a questões nas quais:
a. seja parte, por si ou como representante de outra pessoa ou quando nelas tenha algum interesse pessoal;
b. seja parte, por si ou como representante de outra pessoa, o seu cônjuge ou algum parente ou afim, em linha recta ou no segundo grau da linha colateral, ou outra pessoa que viva com o Provedor em economia comum, ou quando alguma destas pessoas tenha nessas questões algum interesse pessoal.

ARTIGO 8º
Incompatibilidades

O cargo de Provedor do Cliente não poderá ser exercido por quem:
a. seja titular directamente ou por interposta pessoa ou entidade jurídica, de participação social ou interesse em agência de viagens e turismo;
b. exerça as funções de gerente, administrador, director ou procurador com poderes de gerência, em qualquer agência de viagens e turismo;
c. exerça cargo noutro órgão social APAVT.

ARTIGO 9º
Dever de Sigilo

O Provedor do Cliente é obrigado a guardar sigilo relativamente aos factos de que tome conhecimento no exercício das suas funções, se tal sigilo se impuser em virtude da natureza desses mesmos factos.

ARTIGO 10º
Vacatura do Cargo

1 – As funções de Provedor do Cliente só cessam antes do termo do triénio nos seguintes casos.

a. morte ou impossibilidade física permanente;

b. condenação com trânsito em julgado, qualquer que seja a natureza do crime;

c. incompatibilidade superveniente;

d. renúncia.

2 – Os motivos de cessação de funções são verificados pela Direcção da APAVT.

3. No caso de vacatura do cargo, a designação do Provedor do Cliente deve ter lugar dentro dos 60 dias imediatos.

ARTIGO 11º
Competências

1 – Ao Provedor do Cliente compete:

a. dirigir recomendações às agências de viagens e turismo com vista à correcção de condutas ilegais ou melhoria dos respectivos serviços;

b. assinalar as deficiências de legislação que verificar, emitindo recomendações para sua interpretação e aplicação por parte das agências de viagens e turismo;

c. emitir pareceres, a solicitação da Direcção da APAVT ou por iniciativa própria sobre quaisquer matérias relacionadas com a sua actividade;

d. promover a divulgação do conteúdo e da significação dos direitos de todos os utilizadores dos serviços das agências de viagens e turismo, bem como da finalidade da instituição do Provedor do Cliente, dos meios de acção de que dispõe e de como a ele se pode fazer apelo;

e. dirimir conflitos entre as agências de viagens e turismo e seus clientes, mediante a elaboração de decisões;

f. dignificar os serviços prestados pelas agências de viagens e turismo.

3 – O Provedor do Cliente pode ainda dirigir pedidos de informação ou esclarecimentos às agências de viagens e turismo e outros organismos sobre quaisquer matérias relacionadas com a sua actividade.

ARTIGO 12º
Relatório de Actividade

O Provedor do Cliente envia anualmente à Direcção da APAVT um relatório da sua actividade, anotando as iniciativas tomadas, as queixas recebidas, as diligências efectuadas e os resultados obtidos.

ARTIGO 13º
Iniciativa

1 – O Provedor do Cliente exerce as suas funções com base em queixas apresentadas pelos cidadãos ou por iniciativa própria, relativamente a factos que por qualquer modo cheguem ao seu conhecimento.
2 – As queixas dirigidas ao Provedor do Cliente dependem de interesse directo de quem as formula, devendo ser feitas no prazo máximo de 20 dias a contar do fim da viagem a que respeitam.

ARTIGO 14º
Apresentação de queixas

1 – As queixas deverão ser apresentadas por escrito, sem formalidades especiais, devendo conter a identificação e morada do queixoso.
2 – Quando as queixas forem apresentadas inadequadamente ou em termos obscuros, será pedida a sua reformulação.

ARTIGO 15º
Apreciação Preliminar

1 – As queixas são objecto de uma apreciação preliminar de modo a avaliar da sua admissibilidade.
2 – São indeferidas liminarmente as queixas manifestamente apresentadas de má fé ou desprovidas de fundamento.

ARTIGO 16º
Instrução

1 – A instrução consiste em pedidos de informação, exames, inquirições, depoimentos ou qualquer outro procedimento razoável e é efectuada por meios informais e expeditos.
2 – As diligências referidas no número anterior são efectuadas pelo Provedor do Cliente e/ou seus colaboradores, conforme por aquele for considerado mais conveniente.
3 – As agências de viagens e turismo têm o dever de prestar todos os esclarecimentos e informações que lhe sejam solicitados pelo Provedor do Cliente.
4 – O Provedor do Cliente pode fixar por escrito um prazo razoável para satisfação de pedido de esclarecimento ou informação que formule.

ARTIGO 17º
Audição Prévia

O Provedor deve sempre ouvir as agências contra quem as queixas sejam dirigidas, permitindo-lhes que prestem todos os esclarecimentos necessários, pela forma que entender mais conveniente, antes de tomar qualquer decisão.

ARTIGO 18º
Irrecorribilidade dos actos do Provedor

Os actos do Provedor são irrecorríveis e só podem ser objecto de reclamação para o próprio Provedor.

ARTIGO 19º
Acatamento de decisões

1 – As decisões do Provedor do Cliente deverão ser tomadas no prazo máximo de 30 dias a contar da apresentação junto dele da respectiva queixa.
2 – Estas decisões são sempre comunicadas por escrito à agência de viagens em causa para que esta corrija a situação irregular.
A agência de viagens dispõe do prazo de 30 dias a contar da notificação da decisão para dar cumprimento à mesma.

Animação Turística

DECRETO-LEI Nº 108/2009, DE 15 DE MAIO

O Decreto-Lei nº 204/2000, de 1 de Setembro, estabeleceu, pela primeira vez, o enquadramento legal das actividades de animação turística. Com quase uma década de existência, revela-se hoje desajustado da realidade.

Tendo em conta o desenvolvimento do sector e o crescente interesse pelas actividades comummente designadas por turismo activo, turismo de aventura e por aquelas que corporizam o novo conceito de «oferta de experiências», reconhecendo-se a importância estratégica da actividade da animação turística, e tendo por base as preocupações de simplificação que têm caracterizado a actividade do XVII Governo Constitucional, considerou-se essencial a revisão do regime jurídico da animação turística.

Assim, dando cumprimento a uma das medidas do Programa SIMPLEX – Programa de Simplificação Administrativa e Legislativa, cumprem-se as orientações fixadas no Programa do Governo no sentido da reapreciação do actual quadro legislativo da actividade turística visando a simplificação e agilização dos procedimentos de licenciamento.

O presente decreto-lei, juntamente com o Decreto-Lei nº 39/2008, de 7 de Março, que estabeleceu o novo regime jurídico da instalação, exploração e funcionamento dos empreendimentos turísticos, redefine o conceito de turismo de natureza e contribui para a dinamização do Programa Nacional de Turismo de Natureza, prevista no Programa do Governo. O reconhecimento de actividades de animação turística como turismo de natureza e a organização dessas actividades na Rede Nacional de Áreas Protegidas passam a estar isentos do pagamento de taxas específicas, anteriormente cobradas por cada área protegida em que as empresas pretendessem actuar.

Acompanha-se, ainda, a legislação comunitária relativa ao sector dos serviços no que respeita à criação de «balcões únicos» e à simplificação e desmaterialização de procedimentos.

Neste sentido, estabelece-se um regime simplificado de acesso à actividade através de um balcão único – o Turismo de Portugal, I. P. – e mediante pagamento de uma taxa única, que isenta os agentes de outros procedimentos e despesas de licenciamento para o exercício das suas actividades próprias, e transfere-se para o Estado o ónus da comunicação de dados e repartição da receita por actos administrativos entre os organismos públicos envolvidos no processo.

Congrega-se num único diploma, o regime de acesso à actividade, independentemente da modalidade de animação turística exercida, e cria-se o Registo Nacional dos Agentes de Animação Turística (RNAAT) – Empresas de Animação Turística e Operadores Marítimo-Turísticos – organizado pelo Turismo de Portugal, I. P., que contém uma relação actualizada dos agentes a operar no mercado, permitindo uma melhor monitorização e acompanhamento da evolução do sector, e uma melhor fiscalização por parte das entidades públicas.

Viabiliza-se o acesso à actividade a pessoas singulares, através da figura do empresário em nome individual, desde que cumpram requisitos exigidos às empresas, designadamente o pagamento da taxa de registo no RNAAT e a contratação de seguros com a cobertura mínima exigida para as empresas do sector. É, por outro lado, eliminada a exigência de capital mínimo para as pessoas colectivas constituídas em sociedades comerciais, facilitando-se o acesso da iniciativa privada à actividade, sem prejuízo da protecção dos interesses e segurança dos utentes dos serviços, designadamente pela exigência da contratação de seguros de acidentes pessoais, de assistência a pessoas e de responsabilidade civil e de capitais mínimos a segurar.

Opta-se pela definição das actividades de animação turística através de uma fórmula aberta, de modo a permitir o enquadramento de novas modalidades de animação turística que constantemente surgem no mercado.

Reforçam-se, por outro lado, as exigências de qualidade, estabelecendo-se requisitos para o exercício da actividade, tendo em vista a qualificação da oferta, a protecção dos recursos naturais e a salvaguarda dos interesses, segurança e satisfação dos turistas, cada vez mais exigentes, consagrando-se, designadamente, a obrigatoriedade de informação clara e transparente sobre as condições, características e preços dos serviços disponibilizados.

Com este novo quadro normativo, pretende-se, por um lado, estimular o investimento privado, facilitando a relação do empresário com a Administração Pública, agilizando procedimentos, eliminando passos dispensáveis e reduzindo encargos administrativos, e por outro, incrementar a qualidade e diversidade da oferta de serviços de animação turística, promovendo o desenvolvimento sustentado do sector e da actividade turística em geral.

Foram ouvidos os órgãos de governo próprio das Regiões Autónomas.

Foi ouvida, a título facultativo, a Associação Portuguesa das Empresas de Congressos, Animação Turística e Eventos (APECATE).

Assim:

Nos termos da alínea a) do nº 1 do artigo 198º da Constituição, o Governo decreta o seguinte:

CAPÍTULO I
DISPOSIÇÕES GERAIS

ARTIGO 1º
Objecto

O presente decreto-lei estabelece as condições de acesso e de exercício da actividade das empresas de animação turística e dos operadores marítimo-turísticos.

ARTIGO 2º
Âmbito de aplicação

1 – Para efeitos do presente decreto-lei, a noção de empresa compreende o empresário em nome individual, o estabelecimento individual de responsabilidade limitada, a cooperativa e a sociedade comercial sob qualquer um dos seus tipos.
2 – Consideram-se excluídas do âmbito de aplicação do presente decreto-lei, as visitas a museus, palácios e monumentos nacionais, e outras actividades de extensão cultural, quando organizadas pelo Instituto dos Museus e da Conservação, I. P., ou pelo Instituto de Gestão do Património Arquitectónico e Arqueológico, I. P., ou pelos respectivos serviços dependentes, considerando-se actividades de divulgação do património cultural nacional.

CAPÍTULO II
ÂMBITO DA ACTIVIDADE DAS EMPRESAS DE ANIMAÇÃO TURÍSTICA

ARTIGO 3º
Actividades próprias e acessórias das empresas de animação turística

1 – São consideradas actividades próprias das empresas de animação turística, a organização e a venda de actividades recreativas, desportivas ou culturais, em meio natural ou em instalações fixas destinadas ao efeito, de carácter lúdico e com interesse turístico para a região em que se desenvolvam.

2 – São actividades acessórias das empresas de animação turística, nomeadamente, a organização de:

a) Campos de férias e similares;

b) Congressos, eventos e similares;

c) Visitas a museus, monumentos históricos e outros locais de relevante interesse turístico, sem prejuízo da legislação aplicável ao exercício da actividade de guia turístico;

d) O aluguer de equipamentos de animação.

ARTIGO 4º

Tipo de actividades

1 – As actividades de animação turística desenvolvidas em áreas classificadas ou outras com valores naturais designam-se por actividades de turismo de natureza, desde que sejam reconhecidas como tal pelo Instituto de Conservação da Natureza e da Biodiversidade, I. P. (ICNB, I. P.), nos termos previstos no capítulo v.

2 – As actividades de animação turística desenvolvidas mediante utilização de embarcações com fins lucrativos designam-se por actividades marítimo-turísticas e integram as seguintes modalidades:

a) Passeios marítimo-turísticos;

b) Aluguer de embarcações com tripulação;

c) Aluguer de embarcações sem tripulação;

d) Serviços efectuados por táxi fluvial ou marítimo;

e) Pesca turística;

f) Serviços de natureza marítimo-turística prestados mediante a utilização de embarcações atracadas ou fundeadas e sem meios de propulsão próprios ou selados;

g) Aluguer ou utilização de motas de água e de pequenas embarcações dispensadas de registo;

h) Outros serviços, designadamente os respeitantes a serviços de reboque de equipamentos de carácter recreativo, tais como bananas, pára-quedas, esqui aquático.

3 – As embarcações, com ou sem propulsão, e demais meios náuticos utilizados na actividade marítimo-turística estão sujeitos aos requisitos e procedimentos técnicos, designadamente em termos de segurança, regulados por diploma próprio.

ARTIGO 5º

Exclusividade e limites para o exercício da actividade

1 – Apenas as entidades registadas como empresas de animação turística podem exercer as actividades previstas no nº 1 do artigo 3º e nos nºs 1 e 2 do artigo anterior, sem prejuízo do disposto nos números seguintes.

2 – Quando pretendam exercer exclusivamente actividades marítimo-turísticas, as empresas devem inscrever-se no Registo Nacional dos Agentes de Animação Turística (RNAAT) como operadores marítimo-turísticos e apenas podem exercer as actividades previstas no nº 2 do artigo anterior.

3 – Podem, ainda, exercer as actividades previstas no nº 1 do artigo 3º e nos nºs 1 e 2 do artigo anterior:

a) As agências de viagens, nos termos previstos no artigo 53º-A do Decreto-Lei nº 209/97, de 13 de Agosto, alterado pelo Decreto-Lei nº 263/2007, de 20 de Julho;

b) As empresas proprietárias ou exploradoras de empreendimentos turísticos quando prevejam no seu objecto social a possibilidade de exercerem, como complementares à sua actividade principal, actividades próprias das empresas de animação turística, mediante comunicação ao Turismo de Portugal, I. P., e desde que cumpram os requisitos específicos da actividade e façam prova de ter contratado os seguros obrigatórios previstos no presente decreto-lei;

c) As associações, fundações, misericórdias, mutualidades, instituições privadas de solidariedade social, institutos públicos, clubes e associações desportivas, associações ambientalistas, associações juvenis e entidades análogas, quando se verifiquem cumulativamente os seguintes requisitos:

i) Prevejam no seu objecto social a possibilidade de exercerem actividades próprias das empresas de animação turística;

ii) A organização das actividades não tenha fim lucrativo;

iii) Se dirija única e exclusivamente aos seus membros ou associados e não ao público em geral;

iv) Não utilizem meios publicitários para a promoção de actividades específicas dirigidos ao público em geral;

v) Obedeçam ao disposto no artigo 26º na realização de transportes.

4 – Sem prejuízo do disposto na alínea b) do número anterior, as empresas proprietárias ou exploradoras de empreendimentos de turismo de natureza, quando prevejam no seu objecto social ou estatutário a possibilidade de exercerem actividades próprias das empresas de animação turística, usufruem automaticamente do reconhecimento destas actividades como turismo de natureza.

5 – As entidades referidas nas alíneas b) e c) do nº 3 devem celebrar um seguro de responsabilidade civil e de acidentes pessoais que cubra os riscos decorrentes das actividades a realizar e um seguro de assistência às pessoas, válido exclusivamente no estrangeiro, quando se justifique, nos termos previstos no capítulo vii.

ARTIGO 6º
Dever de informação

1 – Antes da contratualização da prestação dos seus serviços, as empresas de animação turística e os operadores marítimo-turísticos devem informar os clientes sobre as características específicas das actividades a desenvolver, dificuldades e eventuais riscos inerentes, material necessário quando não seja disponibilizado pela empresa, idade mínima e máxima admitida, serviços disponibilizados e respectivos preços.

2 – Antes do início da actividade, deve ser prestada aos clientes informação completa e clara sobre as regras de utilização de equipamentos, legislação ambiental relevante e comportamentos a adoptar em situação de perigo ou emergência, bem como informação relativa à formação e experiência profissional dos seus colaboradores.

3 – As empresas que desenvolvam actividades reconhecidas como turismo de natureza devem disponibilizar ao público informação sobre a experiência e formação dos seus colaboradores em matéria de ambiente, património natural e conservação da natureza.

ARTIGO 7º
Desempenho ambiental

1 – As actividades de animação turística devem realizar-se de acordo com as disposições legais e regulamentares em matéria de ambiente e, sempre que possível, contribuir para a preservação do ambiente, nomeadamente maximizando a eficiência na utilização dos recursos e minimizando a produção de resíduos, ruído, emissões para a água e para a atmosfera e os impactes no património natural.

2 – As actividades de animação turística realizadas em áreas protegidas devem, nomeadamente, observar os respectivos planos de ordenamento e cartas de desporto da natureza.

ARTIGO 8º
Identificação das empresas de animação turística e dos operadores marítimo-turísticos

1 – As denominações de empresa de animação turística e de operador marítimo-turístico só podem ser usadas por empresas registadas como tal no RNAAT.

2 – Em contratos, correspondência, publicações, anúncios e em toda a actividade externa, as empresas de animação turística e os operadores marítimo-turísticos devem indicar o número de registo, a localização da sua sede social, sem prejuízo de outras referências obrigatórias nos termos do Código Comercial, do Código das Sociedades Comerciais e demais legislação aplicável.

3 – A utilização de marcas por empresas de animação turística e operadores marítimo-turísticos carece de comunicação ao Turismo de Portugal, I. P., nos termos do artigo 10º
4 – A designação «turismo de natureza» e o respectivo logótipo só podem ser usados por empresas reconhecidas como tal nos termos do artigo 20º
5 – O logótipo a que se refere o número anterior é aprovado por portaria conjunta dos membros do Governo responsáveis pelas áreas do ambiente e do turismo.

CAPÍTULO III
REGISTO NACIONAL DOS AGENTES DE ANIMAÇÃO TURÍSTICA

ARTIGO 9º
Elementos do RNAAT

1 – O Turismo de Portugal, I. P., organiza e mantém actualizado um registo nacional dos agentes de animação turística (RNAAT), que integra o registo das empresas de animação turística e dos operadores marítimo-turísticos com título válido para o exercício da actividade, de acesso disponível ao público no seu sítio na Internet.
2 – O registo das empresas de animação turística e dos operadores marítimo-turísticos contém:
a) A identificação da entidade autorizada a exercer actividades de animação turística;
b) A firma ou denominação social, a sede, a localização de todos os estabelecimentos, o objecto social ou estatutário, o número de matrícula e a conservatória do registo comercial em que a sociedade se encontra matriculada;
c) A identificação dos administradores, gerentes e directores;
d) A identificação das actividades de animação que a empresa fique autorizada a exercer;
e) Referência ao reconhecimento da empresa como de turismo de natureza, quando se verifique;
f) As marcas utilizadas pela empresa;
g) Os números das apólices de seguro obrigatório, o respectivo prazo de validade e o montante garantido;
h) As sanções aplicadas;
i) As menções distintivas de qualidade.

ARTIGO 10º
Obrigação de comunicação

1 – Qualquer alteração aos elementos constantes do registo, incluindo a abertura de novos estabelecimentos ou formas de representação locais, o encerramento do estabelecimento ou a cessação da actividade da empresa, deve ser comunicada ao Turismo de Portugal, I. P., no prazo de 30 dias após a respectiva ocorrência.

2 – A comunicação prevista no número anterior destina-se à actualização do RNAAT, podendo dar lugar à alteração dos elementos registados, ao averbamento ao registo ou à sua suspensão ou cancelamento.

3 – O registo de alterações ao programa de actividades desenvolvidas pela empresa depende da prova pelo requerente da alteração, em conformidade, das apólices de seguro contratadas, de forma a garantir que todas as actividades registadas estão cobertas pelos seguros contratados.

4 – A alteração dos elementos do registo deve ser comunicada pelo Turismo de Portugal, I. P., às entidades competentes em razão da matéria a que se reporte a alteração.

CAPÍTULO IV
INSCRIÇÃO NO RNAAT

ARTIGO 11º
Requerimento de inscrição no RNAAT

1 – O exercício da actividade das empresas de animação turística e dos operadores marítimo-turísticos depende de inscrição no RNAAT e da contratação dos seguros previstos no artigo 27º

2 – O requerimento de inscrição no RNAAT é dirigido ao Turismo de Portugal, I. P., através de formulário electrónico disponibilizado no seu sítio da Internet, do qual deve constar:

a) A identificação do requerente;

b) A identificação dos titulares, administradores ou gerentes da empresa;

c) A localização da sede e dos estabelecimentos da empresa;

d) A indicação do nome adoptado para o estabelecimento e de marcas que a empresa pretenda utilizar;

e) As actividades de animação turística que a empresa pretenda exercer, especificando, no caso das actividades marítimo-turísticas, as modalidades a exercer;

f) A indicação de interesse em obter o reconhecimento da actividade de turismo de natureza, quando se verifique.

3 – O requerimento de inscrição no RNAAT deve ser instruído com os seguintes documentos:

a) Cópia simples do acto constitutivo da empresa;

b) Código de acesso à certidão permanente ou, em alternativa, certidão do registo comercial actualizada e em vigor ou a respectiva cópia simples;

c) Declaração do interessado a autorizar a consulta ao sítio da Internet, no qual possa ser consultado o registo das marcas que se pretendam utilizar;
d) Cópia simples das apólices de seguro obrigatórias, com discriminação das actividades cobertas e comprovativo do pagamento do prémio ou fracção inicial;
e) Programa detalhado das actividades a desenvolver, com indicação dos equipamentos a utilizar;
f) Declaração de como os equipamentos e as instalações satisfazem os requisitos legais, acompanhados de cópia simples da licença de utilização, autorização de utilização ou outro documento similar emitido pelas entidades competentes, quando previsto na legislação aplicável;
g) Documentos previstos no nº 1 do artigo 20º, quando se pretenda o reconhecimento de actividades de turismo de natureza.

ARTIGO 12º
Tramitação

1 – Com a apresentação do requerimento de inscrição no RNAAT por via electrónica é enviado, automaticamente, pelo Turismo de Portugal, I. P., um recibo de recepção para o endereço electrónico remetente.
2 – O Turismo de Portugal, I. P., designa um gestor de processo a quem compete assegurar o desenvolvimento da tramitação procedimental do requerimento de inscrição no RNAAT, e que acompanha, nomeadamente, a instrução do processo, o cumprimento dos prazos e a prestação de informação e esclarecimentos ao requerente.
3 – Se for detectada a falta ou desconformidade de algum dos elementos ou documentos referidos no artigo anterior, o Turismo de Portugal, I. P., solicita ao requerente, no prazo de cinco dias a contar da data da recepção do requerimento de inscrição no RNAAT, o envio dos elementos ou documentos em falta, fixando um prazo não inferior a 10 dias, ficando suspensos, durante esse período, os termos ulteriores do processo.
4 – O processo só se encontra devidamente instruído na data da recepção do último dos elementos em falta.

ARTIGO 13º
Consulta ao ICNB, I. P.

1 – Quando o requerente manifeste que pretende obter o reconhecimento das suas actividades como turismo de natureza nos termos previstos no capítulo v, o processo é enviado pelo Turismo de Portugal, I. P., ao ICNB, I. P., devidamente instruído, no prazo de cinco dias contados da recepção do requerimento de registo.

2 – Caso o ICNB, I. P., não se pronuncie sobre o requerimento de reconhecimento de actividade de turismo de natureza no prazo de 20 dias contados da data da recepção do processo, presume-se o respectivo reconhecimento.
3 – O reconhecimento de actividades de turismo de natureza pode ser requerido depois de efectuado o registo como empresa de animação turística no RNAAT sem encargos adicionais, aplicando-se os prazos previstos nos números anteriores.

ARTIGO 14º
Decisão sobre o registo
1 – O Turismo de Portugal, I. P., tem 10 dias, contados da recepção do requerimento devidamente instruído, para notificar o requerente da decisão sobre o requerimento de inscrição no RNAAT, sem prejuízo do disposto no número seguinte.
2 – Havendo lugar à consulta prevista no artigo anterior, o prazo para notificação referido no número anterior começa a contar-se do termo do prazo para resposta do ICNB, I. P.
3 – Com a inscrição no RNAAT, é emitido e enviado ao requerente, preferencialmente por via electrónica, um certificado de registo com os elementos referidos nas alíneas a) a g) do nº 2 do artigo 9º
4 – No prazo de 10 dias a contar da data do registo, o Turismo de Portugal, I. P., comunica ao Instituto Portuário e dos Transportes Marítimos, I. P. (IPTM, I. P.), ou à Direcção-Geral da Autoridade Marítima (DGAM), consoante os casos, e ao Instituto da Água, I. P., o registo de operadores marítimo-turísticos e de empresas de animação turística cujo projecto de actividades inclua o exercício de actividades marítimo-turísticas, e à Direcção-Geral das Pescas e Aquicultura (DGPA), quando o exercício destas actividades inclua a modalidade da pesca turística.

ARTIGO 15º
Indeferimento do requerimento
1 – O requerimento de inscrição no RNAAT é indeferido pelo Turismo de Portugal, I. P., sempre que da análise dos elementos instrutórios resultar que o mesmo é contrário às disposições legais ou regulamentares aplicáveis.
2 – O indeferimento do requerimento é devidamente fundamentado e comunicado ao requerente.
3 – Em caso de indeferimento do requerimento, o interessado pode apresentar novo requerimento, por via electrónica, com dispensa de junção dos documentos enviados anteriormente que se mantenham válidos e adequados, devendo identificá-los expressamente.

ARTIGO 16º
Taxas

1 – Pelo registo das empresas de animação turística no RNAAT é devida uma taxa única no valor de:

a) € 950, para empresas certificadas como microempresas de acordo com o previsto no Decreto-Lei nº 372/2007, de 6 de Novembro;

b) € 1500, para as restantes.

2 – Pelo registo de operadores marítimo-turísticos no RNAAT é devida uma taxa única no valor de € 245.

3 – Os operadores marítimo-turísticos que pretendam registar-se como empresas de animação turística e reúnam os requisitos previstos no presente decreto-lei para o efeito pagam uma taxa de valor correspondente ao diferencial entre o valor pago pelo registo como operadores marítimo-turísticos e o valor da taxa devida pelo registo como empresas de animação turística.

4 – Os valores das taxas referidos nos nºs 1 e 2 são automaticamente actualizados a 1 de Março de cada ano, com base na variação do índice médio de preços no consumidor no continente, relativo ao ano anterior, excluindo a habitação, e publicado pelo Instituto Nacional de Estatística.

5 – O produto das taxas referidas nos números anteriores, reverte em:

a) 20% para o ICNB, I. P.;

b) 20% para o IPTM, I. P.;

c) 20% para a DGAM;

d) 40% para o Turismo de Portugal, I. P.

6 – Com o pagamento das taxas a que se referem os nºs 1 e 2, as empresas de animação turística e os operadores marítimo-turísticos ficam isentos do pagamento de quaisquer outras taxas ou licenças exigidas para o exercício das suas actividades próprias, sem prejuízo da necessidade de pagamento:

a) De licenças individuais de pesca turística quando seja exercida esta modalidade da actividade marítimo-turística;

b) De taxas e licenças referentes à realização de espectáculos de natureza artística;

c) Das taxas, incluindo a prestação de cauções, devidas pela emissão de títulos de utilização de recursos hídricos nos termos do disposto na Lei da Água, aprovada pela Lei nº 58/2005, de 29 de Dezembro, e respectiva legislação complementar e regulamentar.

ARTIGO 17º

Início da actividade

1 – O requerente pode iniciar a sua actividade com a recepção do certificado de registo previsto no nº 3 do artigo 14º, desde que se encontre paga a taxa prevista no artigo anterior.

2 – Uma vez ultrapassados os prazos referidos nos artigos 12º, 13º e 14º sem resposta ao requerente, entende-se o requerimento deferido, podendo aquele iniciar actividade desde que:

a) Se encontrem cumpridos os demais requisitos legais para o exercício da actividade;

b) Tenha sido previamente paga a taxa prevista no artigo anterior;

c) Tenha sido entregue uma declaração prévia de início de actividade ao Turismo de Portugal, I. P., na qual o requerente se responsabiliza pelo cumprimento dos requisitos adequados ao exercício da respectiva actividade.

3 – Verificados os pressupostos referidos no número anterior, o Turismo de Portugal, I. P., procede ao registo da empresa no prazo máximo de 10 dias contados da recepção da declaração prévia de início de actividade.

ARTIGO 18º

Validade e cancelamento do registo

1 – As empresas de animação turística e os operadores marítimo-turísticos apenas podem desenvolver as actividades de animação inscritas ou averbadas no respectivo registo, que se mantém válido enquanto se mantiverem válidos os requisitos estabelecidos no presente decreto-lei.

2 – O registo no RNAAT é cancelado por despacho do presidente do Turismo de Portugal, I. P., sempre que:

a) Deixe de se verificar algum dos requisitos legais para a sua admissão;

b) Não seja entregue, junto do Turismo de Portugal, I. P., comprovativo de que os seguros obrigatórios se mantêm em vigor no prazo de 30 dias contados da data do termo de vigência das respectivas apólices;

c) Se verifique a insolvência ou a extinção da entidade registada;

d) Se verifique a violação reiterada das normas previstas no presente decreto-lei ou das normas de protecção ambiental;

e) Seja expressamente pedido o cancelamento pela empresa registada.

3 – Para efeitos da alínea d) do número anterior, considera-se que a empresa de animação turística ou o operador marítimo-turístico violou de forma reiterada o presente decreto-lei, ou as normas de protecção ambiental, quando, durante o período de dois anos, incorra em pelo menos três contra-ordenações punidas com coima.

4 – A decisão de cancelamento é fundamentada e notificada à empresa visada, salvo no caso previsto na alínea e) do nº 2 em que é dispensada a fundamentação da decisão.

ARTIGO 19º
Sistema de informação

1 – A tramitação dos procedimentos previstos no presente decreto-lei é realizada de forma desmaterializada logo que estejam em funcionamento os respectivos sistemas de informação, os quais, de forma integrada, entre outras funcionalidades, permitem:

a) A entrega de requerimentos de inscrição ou averbamentos ao registo e de documentos;

b) A comunicação de alterações ao registo;

c) A consulta pelos interessados do estado do respectivo processo;

d) O envio e recepção de pareceres;

e) A emissão da decisão.

f) A comunicação com o interessado.

2 – A comunicação com as diferentes entidades com competência no âmbito do presente decreto-lei é realizada de forma desmaterializada, por meio da integração e garantia de interoperacionalidade entre os respectivos sistemas de informação.

3 – É atribuído um número de referência a cada processo no início da tramitação que é mantido em todos os documentos em que se traduzem os actos e formalidades da competência do Turismo de Portugal, I. P., ou da competência de qualquer das entidades intervenientes.

4 – As funcionalidades do sistema de informação incluem a rejeição liminar de operações de cuja execução resultariam vícios ou deficiências de instrução, designadamente recusando o recebimento dos requerimentos que contenham manifestas falhas de instrução do processo.

5 – Os sistemas de informação produzem notificações automáticas para as entidades envolvidas sempre que novos elementos sejam adicionados ao processo.

CAPÍTULO V
TURISMO DE NATUREZA

ARTIGO 20º
Pedido de reconhecimento

1 – As empresas de animação turística, os operadores marítimo-turísticos e as agências de viagens autorizadas a exercer actividades de animação turística nos termos previstos no artigo 53º-A do Decreto-Lei nº 209/97, de 13 de Agosto, alterado pelo Decreto-Lei nº 263/2007, de 20 de Julho, que pretendam obter o reconhecimento das suas actividades como turismo de natureza devem apresentar o respectivo processo instruído com os seguintes elementos:

a) Lista das actividades disponibilizadas pela empresa;

b) Declaração de adesão formal a um código de conduta das empresas de turismo de natureza, a aprovar por portaria conjunta dos membros do Governo responsáveis pelas áreas do ambiente e do turismo;

c) Projecto de conservação da natureza, quando aplicável.

2 – O projecto de conservação de natureza a que se refere a alínea c) do número anterior é opcional para empresas de animação turística ou operadores marítimo-turísticos que sejam certificados como microempresas, de acordo com o previsto no Decreto-Lei nº 372/2007, de 6 de Novembro.

ARTIGO 21º

Critérios de reconhecimento

O reconhecimento da actividade de turismo de natureza a desenvolver pelas empresas referidas no nº 1 do artigo anterior é efectuado pelo ICNB, I. P., de acordo com os seguintes critérios:

a) Actividades disponibilizadas pela empresa e seu impacte no património natural;

b) Adesão ao código de conduta das empresas de turismo de natureza, referido na alínea b) do nº 1 do artigo anterior;

c) Participação da empresa, directamente ou em parceria com entidades públicas ou privadas, num projecto de conservação da natureza, aprovado nos termos do artigo seguinte.

ARTIGO 22º

Projecto de conservação da natureza

1 – O projecto de conservação da natureza referido na alínea c) do artigo anterior é aprovado pelo ICNB, I. P., de acordo com os seguintes critérios:

a) Proporcionalidade entre o projecto proposto e a actividade da empresa;

b) Valores naturais alvo do projecto;

c) Localização das acções a executar;

d) Cronograma de execução;

e) Relevância do projecto para a conservação do património natural;

f) Disponibilização de serviços de visitação e actividades de educação ambiental associados ao projecto.

2 – Quando solicitado pelo ICNB, I. P., a empresa deve entregar informação relativa ao progresso e resultados do projecto de conservação da natureza referido na alínea c) do artigo anterior.

3 – No prazo de três meses a contar da conclusão do projecto de conservação da natureza, a empresa deve entregar uma proposta para um novo projecto, o qual deve ser aprovado pelo ICNB, I. P., nos termos do nº 1, caso a empresa pretenda manter válido o reconhecimento da sua actividade como turismo de natureza.

ARTIGO 23º
Validade do reconhecimento

O reconhecimento da actividade de turismo de natureza pode ser revogado por despacho do presidente do ICNB, I. P., nos seguintes casos:

a) Se deixar de se verificar algum dos requisitos para o reconhecimento, previstos no presente decreto-lei;

b) Incumprimento do código de conduta das empresas de turismo de natureza;

c) Se não forem entregues, no prazo de seis meses, os elementos do projecto de conservação da natureza referidos no nº 2 do artigo anterior.

ARTIGO 24º
Exclusividade em áreas protegidas

1 – Na Rede Nacional de Áreas Protegidas, fora dos perímetros urbanos, só podem ser oferecidas, por empresas que tenham obtido o seu reconhecimento como actividades de turismo de natureza, nos termos previstos no presente decreto-lei ou por empresas proprietárias ou exploradoras de empreendimentos de turismo de natureza, reconhecidos nos termos previstos no artigo 20º do Decreto-Lei nº 39/2008, de 7 de Março, as seguintes actividades de animação turística:

a) Passeios pedestres, expedições fotográficas, percursos interpretativos e actividades de observação de fauna e flora;

b) Actividades de orientação;

c) Actividades de teambuilding;

d) Jogos populares;

e) Montanhismo, escalada, actividades de neve, canyoning, coasteering, e espeleologia;

f) Percursos de obstáculos com recurso a rapel, slide, pontes e similares;

g) Paintball, tiro com arco, besta, zarabatana, carabina de pressão de ar e similares;

h) Balonismo, asa delta sem motor, parapente e similares;

i) Passeios de bicicleta (cicloturismo ou BTT), passeios de segway e em outros veículos não poluentes;

j) Passeios equestres, passeios em atrelagens de tracção animal e similares;

l) Passeios em veículos todo o terreno;
m) Passeios de barco, com ou sem motor;
n) Observação de cetáceos e outros animais marinhos;
o) Vela, remo, canoagem e actividades náuticas similares;
p) Surf, bodyboard, windsurf, kitesurf e actividades similares;
q) Rafting, hidrospeed e actividades similares;
r) Mergulho.
2 – Sem prejuízo da demais legislação aplicável, as entidades referidas na alínea c) do nº 3 do artigo 5º, que pretendam exercer as actividades mencionadas no número anterior na Rede Nacional de Áreas Protegidas devem ainda enviar ao ICNB, I. P., a declaração prevista na alínea b) do nº 1 do artigo 20º, aplicável com as devidas adaptações.

CAPÍTULO VI
INSTALAÇÕES E EQUIPAMENTO

ARTIGO 25º
Instalações, equipamento e material

1 – Quando as empresas de animação turística disponham de instalações fixas, estas devem satisfazer as normas vigentes para cada tipo de actividade e devem encontrar-se licenciadas ou autorizadas nos termos da legislação aplicável e pelas entidades competentes.
2 – A autorização para o exercício da actividade das empresas de animação turística não substitui qualquer acto administrativo de licenciamento ou autorização legalmente previsto para a implementação prática de um estabelecimento, iniciativa, projecto ou actividade, nem constitui prova do respeito pelas normas aplicáveis aos mesmos, nem isenta os respectivos promotores da responsabilidade civil ou criminal que se possa verificar por força de qualquer acto ilícito relacionado com a actividade.

ARTIGO 26º
Utilização de meios de transporte

1 – Na realização de passeios turísticos ou transporte de clientes no âmbito das suas actividades, e quando utilizem veículos automóveis com lotação superior a nove lugares, as empresas de animação turística devem estar licenciadas para a actividade de transportador público rodoviário interno ou internacional de passageiros que nos termos da legislação respectiva lhes sejam aplicáveis.

2 – Os veículos automóveis utilizados no exercício das actividades previstas no número anterior com lotação superior a nove lugares devem ser sujeitos a prévio licenciamento pelo Instituto da Mobilidade e dos Transportes Terrestres, I. P. (IMTT, I. P.), nos termos da legislação específica.
3 – Nos transportes de passeios turísticos ou transporte de clientes em veículos com lotação até nove lugares, o motorista deve ser portador do seu horário de trabalho e de documento que contenha a identificação da empresa, a especificação do evento, iniciativa ou projecto, a data, a hora e o local de partida e de chegada, que exibirá a qualquer entidade competente que o solicite.
4 – No âmbito das suas actividades acessórias, o transporte de clientes em veículos automóveis com lotação até nove lugares pode ser efectuado pelas próprias empresas de animação turística, desde que os veículos utilizados sejam da sua propriedade, ou objecto de locação financeira, aluguer de longa duração ou aluguer operacional de viaturas (renting), se a empresa de animação turística for a locatária, ou ainda quando recorram a entidades habilitadas para o transporte.

CAPÍTULO VII
DAS GARANTIAS

ARTIGO 27º
Seguros obrigatórios

1 – As empresas de animação turística e os operadores marítimo-turísticos estão obrigados a celebrar e a manter válido um seguro de responsabilidade civil e de acidentes pessoais que cubra os riscos decorrentes de todas as actividades exercidas pela empresa, inscritas ou averbadas no registo, e um seguro de assistência às pessoas, válido exclusivamente no estrangeiro, quando se justifique, nos termos previstos nos números seguintes.
2 – O capital mínimo, consoante o contrato de seguro a celebrar, deve ser o seguinte:
a) Seguro de acidentes pessoais garantindo:
i) Pagamento das despesas de tratamentos, incluindo internamento hospitalar, e medicamentos, até ao montante anual de € 3500;
ii) Pagamento de um capital de € 20 000, em caso de morte ou invalidez permanente dos seus clientes, reduzindo-se o capital por morte ao reembolso das despesas de funeral, quando estes tiverem idade inferior a 14 anos;
b) Seguro de assistência às pessoas, válido exclusivamente no estrangeiro, garantindo:
i) Pagamento do repatriamento sanitário e do corpo;

ii) Pagamento de despesas de hospitalização, médicas e farmacêuticas, até ao montante anual de € 3000;

c) Seguro de responsabilidade civil, garantindo € 50 000 por sinistro, e anuidade que garanta os danos causados por sinistros ocorridos durante a vigência da apólice, desde que reclamados até um ano após a cessação do contrato, sem prejuízo do disposto no número seguinte.

3 – No caso dos operadores marítimo-turísticos e das empresas de animação turística que exerçam actividade marítimo-turística, o seguro de responsabilidade civil obrigatório fica ainda sujeito às regras específicas previstas no Regulamento da Actividade Marítimo-Turística, aprovado pelo Decreto-Lei nº 21/2002, de 31 de Janeiro, alterado pelo Decreto-Lei nº 269/2003, de 28 de Outubro.

4 – O contrato de seguro pode incluir uma franquia não oponível ao lesado.

5 – Os montantes mínimos fixados nos nºs 2 e 3 são actualizados anualmente, em função do índice de inflação publicado pelo INE no ano imediatamente anterior, e os montantes decorrentes da actualização divulgados no portal do Turismo de Portugal, I. P.

6 – Nenhuma empresa de animação turística ou operador marítimo-turístico pode iniciar ou exercer a sua actividade sem fazer prova junto do Turismo de Portugal, I. P., de ter celebrado os contratos de seguro previstos nos números anteriores e de que os mesmos se encontram em vigor, devendo constar expressamente das respectivas condições particulares a identificação das actividades cobertas.

7 – Para efeitos de prova de que os seguros se encontram em vigor, as empresas de animação turística e os operadores marítimo-turísticos dispõem de um prazo de 30 dias a contar da data de vencimento dos respectivos prémios de seguro, para entregar no Turismo de Portugal, I. P., o comprovativo do seu pagamento.

ARTIGO 28º

Causas de exclusão

1 – São excluídos do seguro:

a) Os danos causados aos agentes ou representantes legais das empresas de animação turística ou operadores marítimo-turísticos e aos tomadores do seguro;

b) Os danos ao cônjuge, ascendentes, descendentes ou aos adoptados pelas pessoas referidas na alínea anterior, assim como a outros parentes ou afins até ao 3º grau das mesmas pessoas, desde que com elas coabitem ou vivam a seu cargo e não sejam utilizadores do serviço prestado;

c) Os danos provocados pelo lesado ou por terceiro alheio ao fornecimento dos serviços.

2 – Podem ainda ser excluídos do seguro os danos causados por acidentes ocorridos com meios de transporte que não pertençam à empresa de animação turística ou ao operador marítimo-turístico, desde que o transportador tenha o seguro exigido para aquele meio de transporte.

CAPÍTULO VIII
EMPRESAS ESTABELECIDAS FORA DO TERRITÓRIO NACIONAL

ARTIGO 29º
Empresas estabelecidas na União Europeia

1 – As pessoas singulares e colectivas estabelecidas noutro Estado membro da União Europeia podem exercer actividades de animação turística em Portugal, sendo dispensadas as formalidades de registo exigidas pelo presente decreto-lei, desde que, cumulativamente:

a) Tenham cumprido formalidades de registo equivalentes às previstas no presente decreto-lei;

b) Apresentem junto do Turismo de Portugal, I. P., documento comprovativo do licenciamento, da autorização ou do registo efectuado no outro Estado-membro, emitido pela autoridade competente;

c) Apresentem junto do Turismo de Portugal, I. P., documento comprovativo da contratação de seguros que cubram os riscos decorrentes de todas as actividades que pretendam exercer em Portugal e respeitem os capitais mínimos exigidos no presente decreto-lei.

2 – Sem prejuízo do disposto no número anterior, as pessoas singulares e colectivas estabelecidas noutros Estados membros da União Europeia que pretendam exercer actividades de animação turística na Rede Nacional de Áreas Protegidas ficam sujeitas ao disposto no capítulo V, com as devidas adaptações no que se refere ao disposto no nº 2 do artigo 20º

CAPÍTULO IX
REGIME SANCIONATÓRIO

ARTIGO 30º
Competência para a fiscalização

1 – Sem prejuízo das competências próprias das entidades intervenientes nos procedimentos previstos no presente decreto-lei, e das demais entidades competentes em razão da matéria ou área de jurisdição, compete à Autoridade de Segurança Alimentar e Económica (ASAE) fiscalizar a observância do disposto no presente decreto-lei.

2 – As autoridades administrativas em razão da matéria, bem como as autoridades policiais cooperam com os funcionários da ASAE no exercício das funções de fiscalização.

3 – Aos funcionários em serviço de inspecção devem ser facultados os elementos justificadamente solicitados.

ARTIGO 31º
Contra-ordenações

1 – Constituem contra-ordenações:

a) O exercício de actividades de animação turística sem que a empresa se encontre registada para o efeito;

b) A utilização de denominação ou nome ou de elementos informativos ou identificativos com desrespeito pelas regras previstas nos nºs 1 e 2 do artigo 8º;

c) A não comunicação da utilização de marcas, em violação do disposto no nº 3 do artigo 8º;

d) A utilização da designação «Turismo de Natureza» associada à exibição do respectivo logótipo sem o reconhecimento como tal, em violação do disposto no nº 4 do artigo 8º;

e) A não comunicação da alteração dos elementos constantes do registo, em violação do disposto no artigo 10º;

f) O exercício de actividades não reconhecidas como turismo de natureza na Rede Nacional de Áreas Protegidas, fora dos perímetros urbanos, em violação do disposto no artigo 24º;

g) A violação ao disposto no artigo 25º, relativamente às condições de funcionamento das instalações, equipamento e material utilizado;

h) A utilização de veículos automóveis, em violação do disposto no nº 2 do artigo 26º;

i) A falta ou insuficiência do documento descritivo do evento a que se refere o nº 3 do artigo 26º;

j) A não contratação dos seguros obrigatórios previstos no artigo 27º

2 – As contra-ordenações previstas no número anterior são puníveis com coimas de € 300 a € 3740 ou de € 500 a € 15 000, consoante o infractor seja pessoa singular ou pessoa colectiva.

3 – A contra-ordenação prevista na alínea a) do nº 1 não deve ser punida com coima inferior ao valor da taxa devida para início da actividade.

4 – Constitui contra-ordenação ambiental leve, nos termos da Lei nº 50/2006, de 29 de Agosto, a prevista na alínea f) do nº 1.

5 – A tentativa e a negligência são puníveis, sendo os limites mínimos e máximos da coima aplicável reduzidos para metade.

6 – Às contra-ordenações previstas no presente decreto-lei é aplicável o regime geral das contra-ordenações, aprovado pelo Decreto-Lei nº 433/82, de 27 de Outubro, com excepção da contra-ordenação ambiental prevista no nº 4 à qual se aplica a Lei nº 50/2006, de 29 de Agosto.

ARTIGO 32º
Sanções acessórias

Em função da gravidade da infracção e da culpa do agente, e sempre que a gravidade da situação assim o justifique, podem ser aplicadas as seguintes sanções acessórias:

a) Apreensão do material através do qual se praticou a infracção;

b) Suspensão do exercício da actividade e encerramento dos estabelecimentos, iniciativas ou projectos pelo período máximo de dois anos.

ARTIGO 33º
Apreensão cautelar

Sempre que necessário pode ser determinada a apreensão provisória de bens e documentos, nos termos previstos no artigo 42º da Lei nº 50/2006, de 29 de Agosto.

ARTIGO 34º
Instrução dos processos e aplicação das coimas e das sanções acessórias

1 – Compete à ASAE a instrução dos processos decorrentes de infracção ao disposto no presente decreto-lei, salvo os decorrentes de infracção ao disposto no artigo 26º, cuja competência é do presidente do conselho directivo do IMTT, I. P.

2 – Compete ao ICNB, I. P., a instrução e a decisão dos processos de contra-ordenações ambientais previstos no presente decreto-lei.

3 – É da competência da Comissão de Aplicação de Coimas em Matéria Económica e de Publicidade (CACMEP) a aplicação das coimas e sanções acessórias previstas no presente decreto-lei, à excepção das resultantes da infracção ao disposto no artigo 26º, cuja competência é do presidente do conselho directivo do IMTT, I. P.

4 – É da competência do membro do Governo responsável pela área do turismo a cassação do título para o exercício da actividade.

5 – É competente para a aplicação das restantes sanções acessórias a entidade com competência para aplicação das coimas nos termos do nº 3.

6 – A aplicação das coimas e das sanções acessórias é comunicada ao Turismo de Portugal, I. P., para efeitos de averbamento ao registo.

ARTIGO 35º
Produto das coimas

1 – O produto das coimas recebidas por violação do disposto no presente decreto-lei reverte em:

a) 10% para a entidade que levanta o auto de notícia;
b) 20% para a ASAE;
c) 10% para a CACMEP;
d) 60% para o Estado.

2 – Exceptua-se o disposto no número anterior, quando o produto das coimas resultar da infracção ao artigo 26º, o qual é repartido da seguinte forma:
a) 20% para o IMTT, I. P.;
b) 20% para a entidade fiscalizadora;
c) 60% para o Estado.

3 – A repartição do produto das coimas resultantes das contra-ordenações ambientais previstas no nº 4 do artigo 35º da Lei nº 50/2006, de 29 de Agosto, é efectuada nos termos do seu artigo 73º

ARTIGO 36º
Suspensão temporária

A ASAE é competente para determinar a suspensão temporária do funcionamento das empresas de animação turística e dos operadores marítimo-turísticos, na sua totalidade ou em parte, quando a falta de cumprimento das disposições legais aplicáveis puser em causa a segurança dos utilizadores.

CAPÍTULO X
DISPOSIÇÕES FINAIS E TRANSITÓRIAS

ARTIGO 37º
Livro de reclamações

1 – As empresas de animação turística e operadores marítimo-turísticos devem dispor de livro de reclamações nos termos e condições estabelecidas no Decreto-Lei nº 156/2005, de 15 de Setembro, alterado pelo Decreto-Lei nº 371/2007, de 6 de Novembro.

2 – O original da folha de reclamação deve ser enviado pelo responsável da empresa de animação turística ou operador marítimo turístico à ASAE.

3 – A ASAE deve facultar ao Turismo de Portugal, I. P., acesso às reclamações dirigidas às empresas de animação turística e operadores marítimo-turísticos, nos termos de protocolo a celebrar entre os dois organismos.

ARTIGO 38º
Alteração ao Decreto-Lei nº 21/2002, de 31 de Janeiro

Os artigos 1º e 2º do Regulamento da Actividade Marítimo-Turística, aprovado pelo Decreto-Lei nº 21/2002, de 31 de Janeiro, alterado pelo Decreto-Lei nº 269/2003, de 28 de Outubro, passam a ter a seguinte redacção:

«ARTIGO 1º
[...]

O Regulamento da Actividade Marítimo-Turística, abreviadamente designado por RAMT, define as regras aplicáveis às embarcações utilizadas por agentes autorizados a exercer a actividade marítimo-turística.

ARTIGO 2º
[...]

O RAMT é aplicável às embarcações utilizadas pelos operadores marítimo-turísticos e empresas de animação turística que exerçam a actividade marítimo-turística, em todo o território nacional.»

ARTIGO 39º
Monitorização e revisão

No prazo de três anos a contar da data da entrada em vigor do presente decreto-lei, o Turismo de Portugal, I. P., elabora um relatório com indicação dos elementos estatísticos relevantes relativos à tramitação dos procedimentos previstos no presente decreto-lei, incluindo o número de processos iniciados, os prazos médios de decisão do procedimento e de resposta das entidades nele intervenientes, bem como eventuais constrangimentos identificados, designadamente nos sistemas de informação e nas regras aplicáveis, concluindo pela oportunidade ou não da revisão do decreto-lei.

ARTIGO 40º
Regiões Autónomas

O presente decreto-lei é aplicável às Regiões Autónomas dos Açores e da Madeira, sem prejuízo das competências cometidas a serviços ou organismos da administração do Estado serem exercidas pelos correspondentes serviços e organismos das administrações regionais com idênticas atribuições e competências.

ARTIGO 41º
Empresas de animação turística e operadores marítimo-turísticos existentes

1 – As empresas de animação turística licenciadas à data da entrada em vigor do presente decreto-lei consideram-se registadas nos termos neste previstos, convertendo-se automaticamente o respectivo número de licença no número de inscrição da empresa no RNAAT, desde que se mantenham válidas as garantias legais exigidas.

2 – As licenças emitidas para o exercício de actividades de animação ambiental válidas à data da entrada em vigor do presente decreto-lei dispensam o reconhecimento de actividades de turismo de natureza previsto no presente decreto-lei para a Área Protegida para a qual foram emitidas e pelo respectivo prazo, findo o qual, mantendo o seu titular o interesse neste reconhecimento, deve efectuar o respectivo pedido junto do Turismo de Portugal, I. P., nos termos previstos no capítulo v.

3 – As empresas de animação turística licenciadas à data da entrada em vigor do presente decreto-lei podem pedir o reconhecimento das suas actividades como turismo de natureza nos termos previstos no capítulo v ou a inclusão no seu objecto do exercício de actividades marítimo-turísticas, sem encargos adicionais.

4 – Os operadores marítimo-turísticos licenciados como tal à data da entrada em vigor do presente decreto-lei devem pedir o respectivo registo no RNAAT junto do Turismo de Portugal, I. P., no prazo de seis meses contados da publicação do presente decreto-lei, sem encargos adicionais.

ARTIGO 42º
Norma revogatória

São revogados:

a) O Decreto-Lei nº 204/2000, de 1 de Setembro, alterado pelo Decreto-Lei nº 108/2002, de 16 de Abril;

b) Os nºs 2 e 3 do artigo 2º e os artigos 8º, 9º e 12º do Decreto-Lei nº 47/99, de 16 de Fevereiro, alterado pelo Decreto-Lei nº 56/2002, de 11 de Março;

c) Os artigos 3º a 15º, 29º a 32º e os anexos i e ii do Regulamento aprovado pelo Decreto-Lei nº 21/2002 de 31 de Janeiro, alterado pelo Decreto-Lei nº 269/2003, de 28 de Outubro;

d) O Decreto Regulamentar nº 18/99, de 27 de Agosto, com excepção do artigo 6º;

e) O Decreto Regulamentar nº 17/2003, de 10 de Outubro;

f) A Portaria nº 138/2001, de 1 de Março;

g) A Portaria nº 164/2005, de 11 de Fevereiro.

ARTIGO 43º
Entrada em vigor
O presente decreto-lei entra em vigor 30 dias a contar da data da sua publicação.

Visto e aprovado em Conselho de Ministros de 5 de Fevereiro de 2009. – *José Sócrates Carvalho Pinto de Sousa – Carlos Manuel Costa Pina – Henrique Nuno Pires Severiano Teixeira – Alberto Bernardes Costa – Humberto Delgado Ubach Chaves Rosa – António José de Castro Guerra – Mário Lino Soares Correia.*

Promulgado em 5 de Maio de 2009.

Publique-se.

O Presidente da República, ANÍBAL CAVACO SILVA.

Referendado em 7 de Maio de 2009.

O Primeiro-Ministro, *José Sócrates Carvalho Pinto de Sousa.*

Estabelece o Regime de Aprovação e de Circulação na Via Pública dos Comboios Turísticos

DECRETO-LEI Nº 249/2000, DE 13 DE OUTUBRO[41]

A circulação de comboios turísticos, compostos por um veículo tractor e um ou mais reboques destinados ao transporte de passageiros, em pequenos percursos com fins culturais ou de lazer, constituindo uma realidade no nosso país, mostra-se adequada a determinados locais, designadamente onde não existe transporte para pequenos percursos.

Na ausência de um regime jurídico de aprovação e circulação deste tipo de veículos, que pelas suas características técnicas específicas não se enquadram nas normas de direito rodoviário em vigor, a Direcção-Geral de Viação tem vindo a autorizar a circulação dos comboios turísticos ao abrigo do despacho nº 67/95, do director-geral de Viação, de 7 de Agosto.

Após a experiência colhida num período em que foram estabelecidas algumas regras, essencialmente no que respeita à segurança dos veículos, importa definir um quadro regulador completo por forma a estabelecer um regime legal de aprovação e circulação destes veículos, fixando as suas características técnicas, bem como o regime de circulação na via pública de modo a garantir a segurança dos passageiros e do trânsito em geral.

Neste âmbito e tendo em conta a experiência da homologação destes veículos adaptados, exige-se, designadamente, a homologação individual de modelo e a aprovação do conjunto do veículo em inspecção inicial para verificação das boas condições de funcionamento e segurança de acordo com o veículo homologado.

Razões de segurança rodoviária e a necessidade de acautelar a normal fluidez do restante trânsito impõem, também, que se estabeleçam limites máximos de velocidade para estes veículos e que se fixem condições para a sua circulação na via pública.

[41] Segundo a redacção introduzida pelo Decreto-Lei nº 286/2001, de 08.11, que alterou o art. 17º.

Assim, exige-se que os «comboios turísticos», cujo limite máximo de velocidade são os 25 km/hora, circulem em percursos predefinidos, indicados pelo proprietário e aprovados pelas câmaras municipais, verificados os requisitos estabelecidos para as condições de trânsito.

A circulação dos comboios turísticos passa, assim, a estar condicionada à obtenção de autorização especial de circulação a emitir pela Direcção-Geral de Viação mediante a apresentação dos documentos comprovativos da aprovação do conjunto do veículo em inspecção inicial ou técnica, da autorização do percurso, bem como do respectivo certificado de seguro.

No que se refere ao acesso à actividade, uma vez que a exploração comercial dos comboios turísticos abrange uma parcela muito restrita da actividade transportadora, não se justifica que fique submetida às normas de acesso exigidas às empresas que realizam transportes públicos rodoviá-rios de passageiros. Assim, para este segmento de actividade as regras de acesso deverão ser definidas em legislação específica.

Foi ouvida a Associação Nacional de Municípios Portugueses.

Assim:

Nos termos da alínea *a*) do nº 1 do artigo 198º da Constituição, o Governo decreta, para valer como lei geral da República, o seguinte:

CAPÍTULO I
DISPOSIÇÕES GERAIS

ARTIGO 1º
Âmbito

O presente diploma define o regime jurídico de aprovação e de circulação na via pública dos comboios turísticos.

ARTIGO 2º
Definição

Considera-se comboio turístico o conjunto de veículos composto por um tractor e um ou mais reboques destinados ao transporte de passageiros em pequenos percursos, com fins turísticos ou de diversão.

CAPÍTULO II
CARACTERÍSTICAS TÉCNICAS

ARTIGO 3º
Composição

1 – O comboio turístico é composto por um tractor e, no máximo, três reboques destinados ao transporte de passageiros.

2 – Ao veículo tractor só podem ser atrelados reboques até ao limite da sua capacidade máxima de carga rebocável, não podendo, em qualquer caso, o conjunto exceder o comprimento de 18 m.

ARTIGO 4º
Sistema de travagem

1 – O sistema de travagem dos comboios turísticos deve possuir as seguintes características:

a) O tractor e os reboques devem estar equipados com um sistema de travagem de serviço, pneumático ou hidráulico, actuando em todos os eixos, que apresente a necessária eficácia para moderar ou deter o andamento do conjunto sempre que necessário, mesmo em vias de forte inclinação;

b) O tractor e os reboques devem, ainda, possuir um sistema de travagem de estacionamento de actuação mecânica.

2 – Nos reboques não são permitidos dispositivos de travagem por inércia.

ARTIGO 5º
Sistema de engate

Os sistemas de engate do tractor e dos reboques devem ser resistentes e oferecer garantia de não se desligarem acidentalmente.

ARTIGO 6º
Luzes

1 – A iluminação dos comboios turísticos obedece às características exigidas para a iluminação dos automóveis e seus reboques, devendo o veículo tractor ser, ainda, provido de uma luz amarela rotativa, destinada a assinalar a sua marcha lenta, colocada de forma que seja visível da frente e da retaguarda do veículo e a uma altura do solo não inferior a 1500 mm.

2 – Na retaguarda do conjunto deve ser colocado o painel do modelo S2, indicativo de que se trata de um veículo de marcha lenta.

ARTIGO 7º
Equipamentos diversos

1 – O veículo tractor deve estar equipado com dois espelhos retrovisores laterais, um dispositivo sonoro e um velocímetro, com as características regulamentares para idênticos equipamentos integrados nos automóveis ligeiros.
2 – Os reboques devem possuir portas com segurança que, no lado direito do veículo, podem ser substituídas por, no mínimo, duas correntes de eficácia assegurada.
3 – Nos reboques deve existir um dispositivo de alarme que permita aos passageiros indicar ao condutor que deve parar o veículo.
4 – Os comandos dos dispositivos referidos no número anterior devem ser de cor contrastante e estar distribuídos uniformemente em todos os reboques, não podendo situar-se a altura superior a 1200 mm.

Artigo 8º
Lotação

1 – Na determinação da lotação de um comboio turístico deve ser tida em consideração a área útil e a carga máxima fixada para os reboques que o compõem.
2 – A lotação é fixada atribuindo, para cada passageiro, uma largura mínima de banco de 400 mm e o peso de 65 kg até ao limite máximo de carga útil dos reboques.
3 – A lotação fixada nos termos do número anterior não pode ser excedida, não sendo permitido o transporte de passageiros em pé ou no veículo tractor.

ARTIGO 9º
Homologação

1 – Os comboios turísticos são objecto de homologação individual de modelo.
2 – A homologação referida no número anterior deve ser requerida nos serviços regionais da Direcção-Geral de Viação, sendo os pedidos instruídos com os seguintes documentos:
a) Memória descritiva contendo a indicação das características técnicas dos veículos;
b) Catálogos ou fotografias que permitam a identificação completa do conjunto.
3 – Por despacho do director-geral de Viação pode ser solicitada a apresentação de outros documentos considerados necessários.

ARTIGO 10º
Matrícula

1 – Aos comboios turísticos homologados nos termos do nº 1 do artigo anterior é atribuída matrícula pelos serviços regionais da Direcção-Geral de Viação, com número da série geral.
2 – O número de série atribuído deve ser exibido em duas chapas de matrícula, colocadas uma à frente, no veículo tractor, e a outra à retaguarda, no último reboque.

ARTIGO 11º
Inspecções

1 – Os comboios turísticos são submetidos a inspecção inicial para verificação das boas condições de funcionamento e segurança do veículo de acordo com as características homologadas.
2 – A manutenção das boas condições de funcionamento e de segurança de todo o equipamento e das boas condições de segurança dos comboios turísticos será verificada através de inspecções técnicas nos termos a definir por despacho do director-geral de Viação.
3 – Sem prejuízo do disposto nos números anteriores, os comboios turísticos podem ser sujeitos a inspecção nos termos do nº 2 do artigo 116º do Código da Estrada.

CAPÍTULO III
CIRCULAÇÃO DE COMBOIOS TURÍSTICOS

ARTIGO 12º
Velocidade

O comboio turístico não pode exceder a velocidade instantânea de 25 km/hora.

ARTIGO 13º
Condições de trânsito

O trânsito de comboios turísticos na via pública está condicionado à observação das seguintes condições:
a) Não prejudicar as condições de circulação e normal fluidez do restante trânsito;
b) Processar-se apenas em vias urbanas ou municipais, em percursos preestabelecidos que não incluam troços de via que, pela sua largura, traçado ou sinuosidade, possam pôr em perigo a segurança dos passageiros;

c) Não pôr em causa a coordenação de transportes regulares de passageiros, devendo os locais de paragem para tomada e largada de passageiros estar devidamente assinalados de forma a não coincidirem com as paragens dos veículos de transporte público de passageiros;
d) A circulação dos comboios turísticos em trajectos de ligação para abastecimento de combustível, manutenção e parqueamento deve efectuar-se sem passageiros e em períodos de menor intensidade de trânsito de forma a não prejudicar as condições de circulação e a normal fluidez do restante trânsito;
e) O tractor ser conduzido por pessoa habilitada com carta de condução da categoria D;
f) O conjunto de veículos estar coberto por seguro de responsabilidade civil, que não pode ser inferior ao montante mínimo exigido para os veículos de transporte público colectivo de passageiros.

ARTIGO 14º
Autorização de exploração
1 – O itinerário, as paragens, os horários de funcionamento e os preços dos circuitos dos comboios turísticos devem ser propostos pela pessoa candidata à exploração dos comboios turísticos e autorizados pela câmara municipal depois de verificados os requisitos previstos nas alíneas a) a c) do nº 1 do artigo 13º.
2 – A câmara municipal pode recusar a autorização se não se verificarem os requisitos a que se refere o nº 1 ou se o percurso pretendido exceder uma extensão de 7 km.

ARTIGO 15º
Autorização especial de circulação
1 – A circulação na via pública de comboios turísticos depende de autorização especial de circulação, válida por um ano, a emitir pela Direcção-Geral de Viação.
2 – O requerimento que solicite a emissão da autorização referida no número anterior deve ser instruído com os seguintes documentos:
a) Comprovativo da autorização camarária prevista no artigo anterior;
b) Comprovativo da aprovação em inspecção inicial ou técnica;
c) Certificado de seguro.
3 – A Direcção-Geral de Viação deve dar conhecimento à Direcção-Geral do Turismo e à Direcção-Geral de Transportes Terrestres de todas as autorizações especiais de circulação emitidas nos termos do nº 1.

CAPÍTULO IV
FISCALIZAÇÃO E REGIME SANCIONATÓRIO

ARTIGO 16º
Fiscalização

A fiscalização do cumprimento das disposições do presente diploma é efectuada nos termos e pelas entidades referidas no artigo 7º do Decreto-Lei nº 2/98, de 3 de Janeiro.

ARTIGO 17º
Contra-ordenações

1 – As infracções ao disposto no presente diploma constituem contra-ordenações, sancionadas com as seguintes coimas:
a) De € 50 a € 250, aplicada por cada passageiro transportado em infracção ao disposto no nº 3 do artigo 8º;
b) De € 1250 a € 3750, a falta de autorização especial de circulação a que se refere o artigo 15º;
c) De € 500 a € 2500, a circulação de comboio turístico em percurso não autorizado;
d) De € 500 a € 2500, a infracção ao disposto nas alíneas c) e d) do artigo 13º.
2 – A infracção ao disposto no artigo 12º é sancionada nos termos do artigo 27º, nº 3, alínea b), do Código da Estrada.
3 – Nas contra-ordenações previstas no presente diploma a negligência é sempre sancionada.

ARTIGO 18º
Processamento das contra-ordenações

1 – São aplicáveis às contra-ordenações previstas no presente diploma as disposições do Código da Estrada para o processamento das infracções rodoviárias.
2 – A instrução dos processos de contra-ordenação compete à Direcção-Geral de Viação, sendo as sanções aplicadas pelo respectivo director-geral.
3 – A distribuição das receitas provenientes da aplicação das coimas previstas no presente diploma rege-se pelo disposto no artigo 1º do Decreto-Lei nº 369/99, de 18 de Setembro.

CAPÍTULO VI
DISPOSIÇÕES FINAIS

ARTIGO 19º
Acesso à actividade

1 – O acesso à actividade de transportes públicos de passageiros por meio de comboios turísticos será definido por legislação específica.

2 – Até publicação do diploma a que se refere o número anterior, as pessoas que pretendam explorar comercialmente comboios turísticos nas condições previstas pelo presente diploma ficam dispensadas do cumprimento dos requisitos de acesso à actividade estabelecidos pela legislação em vigor para os transportes públicos rodoviários de passageiros.

ARTIGO 20º
Operadores autorizados

Os operadores de comboios turísticos autorizados a circular nos termos do despacho nº 67/95, de 9 de Agosto, devem, no prazo de 60 dias, conformar os seus veículos com o disposto no presente diploma e requerer à Direcção-Geral de Viação a autorização referida no artigo 15º

ARTIGO 21º
Faltas e omissões

Nas faltas e omissões do presente diploma regem subsidiariamente, em matéria de circulação, o Código da Estrada e legislação complementar.

ARTIGO 22º
Entrada em vigor

O presente diploma entra em vigor 90 dias após a sua publicação.

Património Cultural

Bases da Política e do Regime de Protecção e Valorização do Património Cultural

LEI Nº 107/2001, DE 8 DE SETEMBRO[42]

Estabelece as bases da política e do regime de protecção e valorização do património cultural

A Assembleia da República decreta, nos termos da alínea *c*) do artigo 161º da Constituição, para valer como lei geral da República, o seguinte:

TÍTULO I
DOS PRINCÍPIOS BASILARES

ARTIGO 1º
Objecto

1 – A presente lei estabelece as bases da política e do regime de protecção e valorização do património cultural, como realidade da maior relevância para a compreensão, permanência e construção da identidade nacional e para a democratização da cultura.
2 – A política do património cultural integra as acções promovidas pelo Estado, pelas Regiões Autónomas, pelas autarquias locais e pela restante Administração Pública, visando assegurar, no território português, a efectivação do direito à cultura e à fruição cultural e a realização dos demais valores e das tarefas e vinculações impostas, neste domínio, pela Constituição e pelo direito internacional.

[42] Sobre património cultural subaquático, v. Decreto-Lei nº 164/97, de 27.06.

ARTIGO 2º

Conceito e âmbito do património cultural

1 – Para os efeitos da presente lei integram o património cultural todos os bens que, sendo testemunhos com valor de civilização ou de cultura portadores de interesse cultural relevante, devam ser objecto de especial protecção e valorização.

2 – A língua portuguesa, enquanto fundamento da soberania nacional, é um elemento essencial do património cultural português.

3 – O interesse cultural relevante, designadamente histórico, paleontológico, arqueológico, arquitectónico, linguístico, documental, artístico, etnográfico, científico, social, industrial ou técnico, dos bens que integram o património cultural reflectirá valores de memória, antiguidade, autenticidade, originalidade, raridade, singularidade ou exemplaridade.

4 – Integram, igualmente, o património cultural aqueles bens imateriais que constituam parcelas estruturantes da identidade e da memória colectiva portuguesas.

5 – Constituem, ainda, património cultural quaisquer outros bens que como tal sejam considerados por força de convenções internacionais que vinculem o Estado Português, pelo menos para os efeitos nelas previstos.

6 – Integram o património cultural não só o conjunto de bens materiais e imateriais de interesse cultural relevante, mas também, quando for caso disso, os respectivos contextos que, pelo seu valor de testemunho, possuam com aqueles uma relação interpretativa e informativa.

7 – O ensino, a valorização e a defesa da língua portuguesa e das suas variedades regionais no território nacional, bem como a sua difusão internacional, constituem objecto de legislação e políticas próprias.

8 – A cultura tradicional popular ocupa uma posição de relevo na política do Estado e das Regiões Autónomas sobre a protecção e valorização do património cultural e constitui objecto de legislação própria.

Nota:

O regime jurídico de protecção e valorização do património cultural é actualmente regulado pela Lei nº 107/2001, de 08.09 [43], que ainda aguarda a respectiva legislação de desenvolvimento (art. 111º).

O *direito do património cultural* tem por objecto a protecção dos bens culturais, para fruição de todos (art. 7º, nº 1), e ainda, a valorização e enriquecimento do património cultural (art. 11º), fruição essa que deve atender às exigências de funcionalidade, segurança, preservação e conservação (art. 7º, nº 3).

[43] Lei que revogou a Lei nº 13/85, de 06.07.

Entre a tarefa fundamental do Estado e dever dos cidadãos no âmbito da protecção e valorização do património cultural, destaca-se a defesa da qualidade ambiental e paisagística (art. 12º, nº 1, al. *d*)).

Casalta Nabais ("Introdução ao Direito do Património Cultural", Almedina, 2004, p. 29) apresenta algumas noções de património cultural, das quais transcrevemos duas:

– "o conjunto de marcas ou vestígios da actividade humana que uma comunidade considera como essenciais para a sua identidade e a sua memória colectivas e que deseja preservar a fim de as transmitir às gerações vindouras" (*Pierre-Laurent Frier*, «Droit du Patrimoine Culturel», PUF, Paris, 1997, p. 13);

– "os bens que, por motivos religiosos ou profanos, possuem importante valor arqueológico, pré-histórico, histórico, literário, artístico ou científico e que integram uma das categorias enumeradas em anexo à presente Convenção" (art. 2º da Convenção UNIDROIT).

A lei actual define património cultural como "todos os bens que, sendo testemunhos com valor de civilização ou de cultura portadores de *interesse cultural relevante*, devam ser objecto de especial protecção e valorização" (art. 2º, nº 1). Este interesse (*interesse cultural relevante)* é exemplificado no nº 3, do citado preceito.

Os bens culturais dividem-se em móveis e imóveis (dentro do disposto nos nºs 1, 3 e 5 do art. 2º) que representem testemunho material com valor de civilização ou de cultura (art. 14º, nº 1).

ARTIGO 3º
Tarefa fundamental do Estado

1 – Através da salvaguarda e valorização do património cultural, deve o Estado assegurar a transmissão de uma herança nacional cuja continuidade e enriquecimento unirá as gerações num percurso civilizacional singular.

2 – O Estado protege e valoriza o património cultural como instrumento primacial de realização da dignidade da pessoa humana, objecto de direitos fundamentais, meio ao serviço da democratização da cultura e esteio da independência e da identidade nacionais.

3 – O conhecimento, estudo, protecção, valorização e divulgação do património cultural constituem um dever do Estado, das Regiões Autónomas e das autarquias locais.

ARTIGO 4º
Contratualização da administração do património cultural

1 – Nos termos da lei, o Estado, as Regiões Autónomas e as autarquias locais podem celebrar com detentores particulares de bens culturais, outras entidades interessadas na preservação e valorização de bens culturais ou empresas especializadas acordos para efeito da prossecução de interesses públicos na área do património cultural.

2 – Entre outros, os instrumentos referidos no número anterior podem ter por objecto a colaboração recíproca para fins de identificação, reconhecimento, conservação, segurança, restauro, valorização e divulgação de bens culturais, bem como a concessão ou delegação de tarefas, desde que não envolvam a habilitação para a prática de actos administrativos de classificação.

3 – Com as pessoas colectivas de direito público e de direito privado detentoras de acervos de bens culturais de excepcional importância e com as entidades incumbidas da respectiva representação podem o Estado, as Regiões Autónomas ou as autarquias locais acordar fórmulas institucionais de composição mista destinadas a canalizar de modo concertado, planificado e expedito as respectivas relações no domínio da aplicação da presente lei e da sua legislação de desenvolvimento.

4 – O disposto nos números anteriores aplica-se a todas as confissões religiosas e no que diz respeito à Igreja Católica, enquanto entidade detentora de uma notável parte dos bens que integram o património cultural português, com as adaptações e os aditamentos decorrentes do cumprimento pelo Estado do regime dos bens de propriedade da Igreja Católica ou de propriedade do Estado e com afectação permanente ao serviço da Igreja Católica, definido pela Concordata entre a República Portuguesa e a Santa Sé.

ARTIGO 5º
Identidades culturais

1 – No âmbito das suas relações bilaterais ou multilaterais com os países lusófonos, o Estado Português contribui para a preservação e valorização daquele património cultural, sito no território nacional ou fora dele, que testemunhe capítulos da história comum.

2 – O Estado Português contribui, ainda, para a preservação e salvaguarda do património cultural sito fora do espaço lusófono que constitua testemunho de especial importância de civilização e de cultura portuguesas.

3 – A política do património cultural visa, em termos específicos, a conservação e salvaguarda do património cultural de importância europeia e do património cultural de valor universal excepcional, em particular quando se trate de bens culturais que integrem o património cultural português ou que com este apresentem conexões significativas.

ARTIGO 6º
Outros princípios gerais

Para além de outros princípios presentes nesta lei, a política do património cultural obedece aos princípios gerais de:

a) Inventariação, assegurando-se o levantamento sistemático, actualizado e tendencialmente exaustivo dos bens culturais existentes com vista à respectiva identificação;
b) Planeamento, assegurando que os instrumentos e recursos mobilizados e as medidas adaptadas resultam de uma prévia e adequada planificação e programação;
c) Coordenação, articulando e compatibilizando o património cultural com as restantes políticas que se dirigem a idênticos ou conexos interesses públicos e privados, em especial as políticas de ordenamento do território, de ambiente, de educação e formação, de apoio à criação cultural e de turismo;
d) Eficiência, garantindo padrões adequados de cumprimento das imposições vigentes e dos objectivos previstos e estabelecidos;
e) Inspecção e prevenção, impedindo, mediante a instituição de organismos, processos e controlos adequados, a desfiguração, degradação ou perda de elementos integrantes do património cultural;
f) Informação, promovendo a recolha sistemática de dados e facultando o respectivo acesso tanto aos cidadãos e organismos interessados como às competentes organizações internacionais;
g) Equidade, assegurando a justa repartição dos encargos, ónus e benefícios decorrentes da aplicação do regime de protecção e valorização do património cultural;
h) Responsabilidade, garantindo prévia e sistemática ponderação das intervenções e dos actos susceptíveis de afectar a integridade ou circulação lícita de elementos integrantes do património cultural;
i) Cooperação internacional, reconhecendo e dando efectividade aos deveres de colaboração, informação e assistência internacional.

TÍTULO II
DOS DIREITOS, GARANTIAS E DEVERES DOS CIDADÃOS

ARTIGO 7º
Direito à fruição do património cultural

1 – Todos têm direito à fruição dos valores e bens que integram o património cultural, como modo de desenvolvimento da personalidade através da realização cultural.
2 – A fruição por terceiros de bens culturais, cujo suporte constitua objecto de propriedade privada ou outro direito real de gozo, depende de modos de divulgação concertados entre a administração do património cultural e os titulares das coisas.
3 – A fruição pública dos bens culturais deve ser harmonizada com as exigências de funcionalidade, segurança, preservação e conservação destes.

4 – O Estado respeita, também, como modo de fruição cultural o uso litúrgico, devocional, catequético e educativo dos bens culturais afectos a finalidades de utilização religiosa.

ARTIGO 8º
Colaboração entre a Administração Pública e os particulares

As pessoas colectivas de direito público colaborarão com os detentores de bens culturais, por forma que estes possam conjugar os seus interesses e iniciativas com a actuação pública, à luz dos objectivos de protecção e valorização do património cultural, e beneficiem de contrapartidas de apoio técnico e financeiro e de incentivos fiscais.

ARTIGO 9º
Garantias dos administrados

1 – Aos titulares de direitos e interesses legalmente protegidos sobre bens culturais, ou outros valores integrantes do património cultural, lesados por actos jurídicos ou materiais da Administração Pública ou de entidades em que esta delegar tarefas nos termos do artigo 4º e do nº 2 do artigo 26º são reconhecidas as garantias gerais dos administrados, nomeadamente:
a) O direito de promover a impugnação dos actos administrativos e das normas emitidas no desempenho da função administrativa;
b) O direito de propor acções administrativas;
c) O direito de desencadear meios processuais de natureza cautelar, incluindo os previstos na lei de processo civil quando os meios específicos do contencioso administrativo não puderem proporcionar uma tutela provisória adequada;
d) O direito de apresentação de denúncia, queixa ou participação ao Ministério Público e de queixa ao Provedor de Justiça.
2 – É reconhecido, nos termos da lei geral, o direito de participação procedimental e de acção popular para a protecção de bens culturais ou outros valores integrantes do património cultural.
3 – Sem prejuízo da iniciativa processual dos lesados e do exercício da acção popular, compete também ao Ministério Público a defesa dos bens culturais e de outros valores integrantes do património cultural contra lesões violadoras do direito, através, nomeadamente, do exercício dos meios processuais referidos no nº 1 do presente artigo.
4 – O direito de acção popular inclui a utilização de embargo judicial de obra, trabalho ou serviço novo iniciados em qualquer bem cultural contra o disposto na presente lei e nas restantes normas do direito do património cultural, bem como o emprego de quaisquer outros procedimentos cautelares adequados, nos termos da alínea c) do nº 1 do presente artigo.

ARTIGO 10º
Estruturas associativas de defesa do património cultural

1 – Para além dos contributos individuais, a participação dos cidadãos interessados na gestão efectiva do património cultural pela Administração Pública poderá ser assegurada por estruturas associativas, designadamente institutos culturais, associações de defesa do património cultural, e outras organizações de direito associativo.

2 – Para os efeitos da presente lei, entende-se por estruturas associativas de defesa do património cultural as associações sem fins lucrativos dotadas de personalidade jurídica constituídas nos termos da lei geral e em cujos estatutos conste como objectivo a defesa e a valorização do património cultural ou deste e do património natural, conservação da natureza e promoção da qualidade de vida.

3 – As estruturas associativas de defesa do património cultural são de âmbito nacional, regional ou local e de representatividade genérica ou específica, nos termos da lei que as regular.

4 – As estruturas associativas de defesa do património cultural gozam do direito de participação, informação e acção popular, nos termos da presente lei, da lei que as regular e da lei geral.

5 – A Administração Pública e as estruturas associativas de defesa do património cultural colaborarão em planos e acções que respeitem à protecção e à valorização do património cultural.

6 – As administrações central, regional e local poderão ajustar com as estruturas associativas de defesa do património cultural formas de apoio a iniciativas levadas a cabo por estas últimas, em particular no domínio da informação e formação dos cidadãos.

7 – As estruturas associativas de defesa do património cultural gozam dos incentivos e benefícios fiscais atribuídos pela legislação tributária às pessoas colectivas de utilidade pública administrativa.

ARTIGO 11º
Dever de preservação, defesa e valorização do património cultural

1 – Todos têm o dever de preservar o património cultural, não atentando contra a integridade dos bens culturais e não contribuindo para a sua saída do território nacional em termos não permitidos pela lei.

2 – Todos têm o dever de defender e conservar o património cultural, impedindo, no âmbito das faculdades jurídicas próprias, em especial, a destruição, deterioração ou perda de bens culturais.

3 – Todos têm o dever de valorizar o património cultural, sem prejuízo dos seus direitos, agindo, na medida das respectivas capacidades, com o fito da divulgação, acesso à fruição e enriquecimento dos valores culturais que nele se manifestam.

TÍTULO III
DOS OBJECTIVOS

ARTIGO 12º
Finalidades da protecção e valorização do património cultural

1 – Como tarefa fundamental do Estado e dever dos cidadãos, a protecção e a valorização do património cultural visam:

a) Incentivar e assegurar o acesso de todos à fruição cultural;

b) Vivificar a identidade cultural comum da Nação Portuguesa e das comunidades regionais e locais a ela pertencentes e fortalecer a consciência da participação histórica do povo português em realidades culturais de âmbito transnacional;

c) Promover o aumento do bem-estar social e económico e o desenvolvimento regional e local;

d) Defender a qualidade ambiental e paisagística.

2 – Constituem objectivos primários da política de património cultural o conhecimento, a protecção, a valorização e o crescimento dos bens materiais e imateriais de interesse cultural relevante, bem como dos respectivos contextos.

ARTIGO 13º
Componentes específicas da política do património cultural

A política do património cultural deverá integrar especificamente, entre outras, as seguintes componentes:

a) Definição de orientações estratégicas para todas as áreas do património cultural;

b) Definição, através de planos, programas e directrizes, das prioridades de intervenção ao nível da conservação, recuperação, acrescentamento, investigação e divulgação do património cultural;

c) Definição e mobilização dos recursos humanos, técnicos e financeiros necessários à consecução dos objectivos e das prioridades estabelecidas;

d) Definição das relações e aplicação dos instrumentos de cooperação entre os diversos níveis da Administração Pública e desta com os principais detentores de bens culturais e com as populações;

e) Definição dos modelos de articulação da política do património cultural com as demais políticas sectoriais;

f) Definição de modelos de aproveitamento das tecnologias da informação e comunicação;

g) Adopção de medidas de fomento à criação cultural.

TÍTULO IV
DOS BENS CULTURAIS E DAS FORMAS DE PROTECÇÃO

ARTIGO 14º
Bens culturais

1 – Consideram-se bens culturais os bens móveis e imóveis que, de harmonia com o disposto nos nºs 1, 3 e 5 do artigo 2º, representem testemunho material com valor de civilização ou de cultura.
2 – Os princípios e disposições fundamentais da presente lei são extensíveis, na medida do que for compatível com os respectivos regimes jurídicos, aos bens naturais, ambientais, paisagísticos ou paleontológicos.

ARTIGO 15º
Categorias de bens

1 – Os bens imóveis podem pertencer às categorias de monumento, conjunto ou sítio, nos termos em que tais categorias se encontram definidas no direito internacional, e os móveis, entre outras, às categorias indicadas no título VII.
2 – Os bens móveis e imóveis podem ser classificados como de interesse nacional, de interesse público ou de interesse municipal.
3 – Para os bens imóveis classificados como de interesse nacional, sejam eles monumentos, conjuntos ou sítios, adoptar-se-á a designação «monumento nacional» e para os bens móveis classificados como de interesse nacional é criada a designação «tesouro nacional».
4 – Um bem considera-se de interesse nacional quando a respectiva protecção e valorização, no todo ou em parte, represente um valor cultural de significado para a Nação.
5 – Um bem considera-se de interesse público quando a respectiva protecção e valorização represente ainda um valor cultural de importância nacional, mas para o qual o regime de protecção inerente à classificação como de interesse nacional se mostre desproporcionado.
6 – Consideram-se de interesse municipal os bens cuja protecção e valorização, no todo ou em parte, representem um valor cultural de significado predominante para um determinado município.
7 – Os bens culturais imóveis incluídos na lista do património mundial integram, para todos os efeitos e na respectiva categoria, a lista dos bens classificados como de interesse nacional.
8 – A existência das categorias e designações referidas neste artigo não prejudica a eventual relevância de outras, designadamente quando previstas no direito internacional.

Nota:

Os *bens imóveis* são classificados como monumento, conjunto ou sítio (art. 15º, nº 1, 1ª parte) e os *bens móveis* são aqueles que enquadrem as categorias definidas nos arts. 72º e ss. (art. 15º, nº 1, 2ª parte).

Os bens móveis e imóveis podem ser classificados de *interesse nacional*, *interesse público* ou de *interesse municipal* (art. 15º, nº 2).

O bem é classificado de interesse:

– *nacional* "quando a respectiva protecção e valorização, no todo ou em parte, represente um valor cultural de significado para a Nação" (art. 15º, nº 4);

– *público* "quando a respectiva protecção e valorização represente ainda um valor cultural de importância nacional, mas para o qual o regime de protecção inerente à classificação como de interesse nacional se mostre desproporcionado" (art. 15º, nº 5);

– *municipal* nos casos em que "os bens cuja protecção e valorização, no todo ou em parte, representem um valor cultural de significado predominante para um determinado município" (art. 15º, nº 6).

Os bens *imóveis* (sejam monumentos, conjuntos ou sítios) classificados como de interesse nacional tomam o nome de "**monumento nacional**" (art. 15º, nº 3, 1ª parte).

Os bens *móveis* classificados como de interesse nacional tomam o nome de "**tesouro nacional**" (art. 15º, nº 3, 2ª parte).

Os imóveis classificados como monumentos nacionais, de interesse público, de interesse regional ou municipal, e de interesse histórico podem ser afectos à actividade turística. Prerrogativa que tem sido levada a cabo pela ENATUR, através do conceito *pousadas*.

Explica Casalta Nabais, *op. cit.*, p. 65, nota 119: "Um fenómeno que, convém recordá-lo, começou em Espanha, no ano de 1928, em que, por iniciativa do rei Afonso XII, alguns monumentos históricos e culturais foram afectos à utilização turística, assim se tendo dado início à constituição da internacionalmente bem conhecida e afamada rede de Paradores de Turismo, na sua grande maioria instalados em palácios, castelos, conventos, solares, e outras jóias do riquíssimo património arquitectónico espanhol".

Os bens imóveis classificados como de interesse nacional, interesse público ou interesse municipal, ou em vias de classificação, beneficiarão automaticamente de uma *zona geral de protecção* de 50 m, contados a partir dos seus limites externos (art. 43º, nº 1). Os estudos e projectos para as obras de conservação, modificação, reintegração e restauro são elaborados e subscritos por técnicos de qualificação legalmente reconhecida ou sob a sua responsabilidade directa (art. 45º, nº 1) e os municípios e os proprietários devem executar todas as obras e outras intervenções adequadas (art. 46º, nº 1). Os bens podem ainda ser expropriados do seu detentor, por finalidades de interesse público (art. 50º).

O DL 309/2009, de 23.10 aprovou o procedimento de classificação dos bens imóveis de interesse cultural.

ARTIGO 16º
Formas de protecção dos bens culturais

1 – A protecção legal dos bens culturais assenta na classificação e na inventariação.

2 – Cada forma de protecção dá lugar ao correspondente nível de registo, pelo que existirá:

a) O registo patrimonial de classificação;

b) O registo patrimonial de inventário.

3 – A aplicação de medidas cautelares previstas na lei não depende de prévia classificação ou inventariação de um bem cultural.

Nota:

A protecção legal dos bens culturais assenta na classificação e na inventariação (art. 16º, nº 1).

A definição de bens móveis consta do art. 55º.

Sobre património arqueológico, *v.* art. 74º; sobre património arquivístico, *v.* art. 80º; sobre património áudio-visual, *v.* art. 84º; sobre património bibliográfico, *v.* art. 85º; sobre património fonográfico, *v.* art. 89º; e sobre património fotográfico, *v.* art. 90º.

A responsabilidade penal, para além das disposições do Código Penal, encontra-se regulada nos arts. 101º a 103º.

ARTIGO 17º
Critérios genéricos de apreciação

Para a classificação ou a inventariação, em qualquer uma das categorias referidas no artigo 15º, serão tidos em conta algum ou alguns dos seguintes critérios:

a) O carácter matricial do bem;

b) O génio do respectivo criador;

c) O interesse do bem como testemunho simbólico ou religioso;

d) O interesse do bem como testemunho notável de vivências ou factos históricos;

e) O valor estético, técnico ou material intrínseco do bem;

f) A concepção arquitectónica, urbanística e paisagística;

g) A extensão do bem e o que nela se reflecte do ponto de vista da memória colectiva;

h) A importância do bem do ponto de vista da investigação histórica ou científica;

i) As circunstâncias susceptíveis de acarretarem diminuição ou perda da perenidade ou da integridade do bem.

ARTIGO 18º
Classificação

1 – Entende-se por classificação o acto final do procedimento administrativo mediante o qual se determina que certo bem possui um inestimável valor cultural.
2 – Os bens móveis pertencentes a particulares só podem ser classificados como de interesse nacional quando a sua degradação ou o seu extravio constituam perda irreparável para o património cultural.
3 – Dos bens móveis pertencentes a particulares só são passíveis de classificação como de interesse público os que sejam de elevado apreço e cuja exportação definitiva do território nacional possa constituir dano grave para o património cultural.
4 – Só é possível a classificação de bens móveis de interesse municipal com o consentimento dos respectivos proprietários.

ARTIGO 19º
Inventariação

1 – Entende-se por inventariação o levantamento sistemático, actualizado e tendencialmente exaustivo dos bens culturais existentes a nível nacional, com vista à respectiva identificação.
2 – O inventário abrange os bens independentemente da sua propriedade pública ou privada.
3 – O inventário inclui os bens classificados e os que, de acordo com os nºs 1, 3 e 5 do artigo 2º e o nº 1 do artigo 14º, mereçam ser inventariados.
4 – O inventário abrange duas partes: o inventário de bens públicos, referente aos bens de propriedade do Estado ou de outras pessoas colectivas públicas, e o inventário de bens de particulares, referente aos bens de propriedade de pessoas colectivas privadas e de pessoas singulares.
5 – Só a título excepcional, e mediante despacho devidamente justificado do membro do governo central ou regional responsável pela área da cultura, os bens não classificados pertencentes a pessoas colectivas privadas e as pessoas singulares serão incluídos no inventário sem o acordo destas.
6 – Ficarão a constar do inventário independentemente do desfecho do procedimento os bens que se encontrem em vias de classificação.

TÍTULO V
DO REGIME GERAL DE PROTECÇÃO DOS BENS CULTURAIS
CAPÍTULO I
DISPOSIÇÕES GERAIS
SECÇÃO I
DIREITOS E DEVERES ESPECIAIS

ARTIGO 20º
Direitos especiais dos detentores

Os proprietários, possuidores e demais titulares de direitos reais sobre bens que tenham sido classificados ou inventariados gozam, entre outros, dos seguintes direitos específicos:

a) O direito de informação quanto aos actos da administração do património cultural que possam repercutir-se no âmbito da respectiva esfera jurídica;

b) O direito de conhecer as prioridades e as medidas políticas já estabelecidas para a conservação e valorização do património cultural;

c) O direito de se pronunciar sobre a definição da política e de colaborar na gestão do património cultural, pelas formas organizatórias e nos termos procedimentais que a lei definir;

d) O direito a uma indemnização sempre que do acto de classificação resultar uma proibição ou uma restrição grave à utilização habitualmente dada ao bem;

e) O direito de requerer a expropriação, desde que a lei o preveja.

ARTIGO 21º
Deveres especiais dos detentores

1 – Os proprietários, possuidores e demais titulares de direitos reais sobre bens que tenham sido classificados ou inventariados estão especificamente adstritos aos seguintes deveres:

a) Facilitar à administração do património cultural a informação que resulte necessária para execução da presente lei;

b) Conservar, cuidar e proteger devidamente o bem, de forma a assegurar a sua integridade e a evitar a sua perda, destruição ou deterioração;

c) Adequar o destino, o aproveitamento e a utilização do bem à garantia da respectiva conservação.

2 – Sobre os proprietários, possuidores e demais titulares de direitos reais sobre bens que tenham sido classificados incidem ainda os seguintes deveres:

a) Observar o regime legal instituído sobre acesso e visita pública, à qual podem, todavia, eximir-se mediante a comprovação da respectiva incompatibilidade, no caso concreto, com direitos, liberdades e garantias pessoais ou outros valores constitucionais;

b) Executar os trabalhos ou as obras que o serviço competente, após o devido procedimento, considerar necessários para assegurar a salvaguarda do bem.

ARTIGO 22º
Deveres especiais da Administração

1 – O Estado deverá promover a existência e adequada estruturação e funcionamento de um sistema nacional de informação do património cultural, através da implantação, compatibilização e progressiva interoperatividade das diferentes redes de bases de dados.
2 – A legislação de desenvolvimento deverá obrigatoriamente regular a constituição, organização e funcionamento das redes nacionais de arquivos, bibliotecas e museus.
3 – Serão assegurados os direitos e as garantias estabelecidas na Constituição e na lei geral em matéria de protecção de dados pessoais e os imperativos de segurança dos bens, designadamente através do estabelecimento de níveis de acesso e gestão adequados.
4 – A administração do património cultural deverá promover a cooperação entre os seus serviços e instituições, a qual poderá incluir a cedência e troca de bens culturais sempre que se trate de integrar ou completar colecções ou fundos de natureza histórica ou de especial interesse literário, artístico, científico ou técnico.

SECÇÃO II
PROCEDIMENTO ADMINISTRATIVO

ARTIGO 23º
Direito subsidiário

Em tudo quanto não estiver expressamente regulado neste título, são aplicáveis aos procedimentos administrativos previstos na legislação do património cultural os princípios e as disposições do Código do Procedimento Administrativo.

ARTIGO 24º
Prazos gerais para conclusão

1 – Sempre que a natureza e a extensão das tarefas o permitam, deve o procedimento de inventariação ser concluído no prazo máximo de um ano.
2 – O procedimento de classificação deve ser concluído no prazo máximo de um ano.

3 – Sempre que, no âmbito do mesmo procedimento, estejam em causa conjuntos, sítios, colecções, fundos ou realidades equivalentes, pode o instrutor prorrogar os prazos até ao limite dos prazos máximos correspondentes.
4 – É de 18 meses o prazo máximo para a definição de zona especial de protecção.
5 – Transcorridos os prazos referidos nos números anteriores, pode qualquer interessado, no prazo de 60 dias, denunciar a mora, para efeitos de a Administração decidir de forma expressa e em idêntico prazo, sob pena de caducidade do procedimento.

ARTIGO 25º
Início do procedimento

1 – O impulso para a abertura de um procedimento administrativo de classificação ou inventariação pode provir de qualquer pessoa ou organismo, público ou privado, nacional ou estrangeiro.
2 – A iniciativa do procedimento pode pertencer ao Estado, às Regiões Autónomas, às autarquias locais ou a qualquer pessoa singular ou colectiva dotada de legitimidade, nos termos gerais.
3 – Para efeito de notificação do acto que determina a abertura do procedimento, considera-se também interessado o município da área de situação do bem.
4 – Os bens em vias de classificação ficam sujeitos a um regime especial, nos termos da lei.
5 – Um bem considera-se em vias de classificação a partir da notificação ou publicação do acto que determine a abertura do respectivo procedimento, nos termos do nº 1 do presente artigo, no prazo máximo de 60 dias úteis após a entrada do respectivo pedido.

ARTIGO 26º
Instrução do procedimento

1 – A instrução do procedimento compete ao serviço instrutor da entidade competente para a prática do acto final, em conformidade com as leis estatutárias e orgânicas e a demais legislação de desenvolvimento.
2 – As tarefas e funções específicas do procedimento podem ser cometidas a entidades não públicas, desde que excluída a prática de actos ablativos.
3 – Na instrução do procedimento são obrigatoriamente ouvidos os órgãos consultivos competentes, nos termos da lei.

ARTIGO 27º
Audiência dos interessados

1 – Os interessados têm o ónus de carrear para a instrução do procedimento todos os factos e elementos susceptíveis de conduzir a uma justa e rápida decisão e devem ser ouvidos antes de tomada a decisão final, nos termos do Código do Procedimento Administrativo.

2 – Quando o número de interessados for superior a 10 proceder-se-á a consulta pública, nos termos do Código do Procedimento Administrativo.

ARTIGO 28º
Forma dos actos

1 – A classificação de um bem como de interesse nacional reveste a forma de decreto do Governo.

2 – A classificação de um bem como de interesse público reveste a forma de portaria.

3 – A forma dos demais actos a praticar obedecerá ao disposto na legislação aplicável.

4 – Todo o acto final de um procedimento sobre uma determinada forma de protecção deverá ser devidamente fundamentado, identificando com rigor o bem ou as partes componentes da universalidade em questão.

ARTIGO 29º
Notificação, publicação e efeitos da decisão

1 – A decisão final é notificada aos interessados, bem como ao município da área a que o bem pertença, quando não seja deste o serviço instrutor, e ainda às associações que tenham participado na instrução do procedimento.

2 – Toda a decisão final deve ser publicada.

3 – Os efeitos da decisão produzem-se a partir da data da notificação da mesma às pessoas directamente interessadas.

ARTIGO 30º
Procedimento para a revogação

O disposto nesta secção, com as necessárias adaptações, é aplicável aos procedimentos extintivos de actos que tenham instituído alguma forma de protecção.

CAPÍTULO II
PROTECÇÃO DOS BENS CULTURAIS CLASSIFICADOS
SECÇÃO I
BENS MÓVEIS E IMÓVEIS

ARTIGO 31º
Tutela dos bens

1 – Todo o bem classificado como de interesse nacional fica submetido a uma especial tutela do Estado, a qual, nas Regiões Autónomas, deve ser partilhada com os órgãos de governo próprios ou, quando for o caso, com as competentes organizações internacionais, nos termos da lei e do direito internacional.

2 – A classificação de um bem como de interesse nacional consome eventual classificação já existente como de interesse público, de interesse regional, de valor concelhio ou de interesse municipal, devendo os respectivos registos ser cancelados.

3 – O registo patrimonial de classificação abrirá, aos proprietários, possuidores e demais titulares de direitos reais sobre os bens culturais classificados, o acesso aos regimes de apoio, incentivos, financiamentos e estipulação de acordos e outros contratos a que se refere o nº 1 do artigo 60º, reforçados de forma proporcional ao maior peso das limitações.

4 – Os bens classificados como de interesse nacional e municipal ficarão submetidos, com as necessárias adaptações, às limitações referidas nos nºs 2 e 4 do artigo 60º, bem como a todos os outros condicionamentos e restrições para eles estabelecidos na presente lei e na legislação de desenvolvimento.

ARTIGO 32º
Dever de comunicação das situações de perigo

O proprietário ou titular de outro direito real de gozo sobre um bem classificado nos termos do artigo 15º da presente lei, ou em vias de classificação como tal, deve avisar imediatamente o órgão competente da administração central ou regional, os serviços com competência inspectiva, o presidente da câmara municipal ou a autoridade policial logo que saiba de algum perigo que ameace o bem ou que possa afectar o seu interesse como bem cultural.

ARTIGO 33º
Medidas provisórias

1 – Logo que a Administração Pública tenha conhecimento de que algum bem classificado, ou em vias de classificação, corra risco de destruição, perda, extravio ou deterioração, deverá o órgão competente da administração central, regional ou municipal determinar as medidas provisórias ou as medidas técnicas de salvaguarda indispensáveis e adequadas, podendo, em caso de impossibilidade própria, qualquer destes órgãos solicitar a intervenção de outro.

2 – Se as medidas ordenadas importarem para o detentor a obrigação de praticar determinados actos, deverão ser fixados os termos, os prazos e as condições da sua execução, nomeadamente a prestação de apoio financeiro ou técnico.

3 – Além das necessárias medidas políticas e administrativas, fica o Governo obrigado a instituir um fundo destinado a comparticipar nos actos referidos no nº 2 do presente artigo e a acudir a situações de emergência ou de calamidade pública.

ARTIGO 34º
Usucapião

Os bens culturais classificados nos termos do artigo 15º da presente lei, ou em vias de classificação como tal, são insusceptíveis de aquisição por usucapião.

SECÇÃO II
ALIENAÇÕES E DIREITOS DE PREFERÊNCIA

ARTIGO 35º
Transmissão de bens classificados

A lei estabelecerá as limitações incidentes sobre a transmissão de bens classificados ou em vias de classificação pertencentes a pessoas colectivas públicas ou a outras pessoas colectivas tituladas ou subvencionadas pelo Estado ou pelas Regiões Autónomas.

ARTIGO 36º
Dever de comunicação da transmissão

1 – A alienação, a constituição de outro direito real de gozo ou a dação em pagamento de bens classificados nos termos do artigo 15º da presente lei, ou em vias de classificação como tal, depende de prévia comunicação escrita ao serviço competente para a instrução do respectivo procedimento.

2 – A transmissão por herança ou legado de bens classificados nos termos do artigo 15º da presente lei, ou em vias de classificação como tal, deverá ser comunicada pelo cabeça-de-casal ao

serviço competente referido no número anterior, no prazo de três meses contados sobre a data de abertura da sucessão.
3 – O disposto no número anterior é aplicável aos bens situados nas zonas de protecção dos bens classificados nos termos do artigo 15º da presente lei, ou em vias de classificação como tal.

ARTIGO 37º
Direito de preferência

1 – Os comproprietários, o Estado, as Regiões Autónomas e os municípios gozam, pela ordem indicada, do direito de preferência em caso de venda ou dação em pagamento de bens classificados ou em vias de classificação ou dos bens situados na respectiva zona de protecção.
2 – É aplicável ao direito de preferência previsto neste artigo o disposto nos artigos 416º a 418º e 1410º do Código Civil, com as necessárias adaptações.
3 – O disposto no presente artigo não prejudica os direitos de preferência concedidos à Administração Pública pela legislação avulsa.

ARTIGO 38º
Escrituras e registos

1 – O incumprimento do dever de comunicação estabelecido nos artigos anteriores constituirá impedimento à celebração pelos notários das respectivas escrituras, bem como obstáculo a que os conservadores inscrevam os actos em causa nos competentes registos.
2 – Quando efectuadas contra o preceituado pelo artigo 35º e pelo nº 1 do artigo 36º, a alienação, a constituição de outro direito real de gozo ou a dação em pagamento são anuláveis pelos tribunais sob iniciativa do membro da administração central, regional ou municipal competente, dentro de um ano a contar da data do conhecimento.

ARTIGO 39º
Registo predial

1 – Os prédios classificados nos termos do artigo 15º da presente lei, ou em vias de classificação como tal, devem ter esta qualidade inscrita gratuitamente no respectivo registo predial.
2 – O disposto no número anterior aplica-se aos prédios incluídos em conjuntos classificados ou em vias de classificação.

SECÇÃO III
BENS IMÓVEIS
SUBSECÇÃO I
DISPOSIÇÕES COMUNS

ARTIGO 40º
Impacte de grandes projectos e obras

1 – Os órgãos competentes da administração do património cultural têm de ser previamente informados dos planos, programas, obras e projectos, tanto públicos como privados, que possam implicar risco de destruição ou deterioração de bens culturais, ou que de algum modo os possam desvalorizar.
2 – Para os efeitos do número anterior, o Governo, os órgãos de governo próprio das Regiões Autónomas e os órgãos das autarquias locais estabelecerão, no âmbito das competências respectivas, as medidas de protecção e as medidas correctivas que resultem necessárias para a protecção do património cultural.

ARTIGO 41º
Inscrições e afixações

1 – É proibida a execução de inscrições ou pinturas em imóveis classificados nos termos do artigo 15º da presente lei, ou em vias de classificação como tal, bem como a colocação de anúncios, cartazes ou outro tipo de material informativo fora dos locais ali reservados para a exposição de elementos de divulgação das características do bem cultural e das finalidades e realizações a que corresponder o seu uso, sem autorização da entidade responsável pela classificação.
2 – A lei pode condicionar a afixação ou instalação de toldos, de tabuletas, de letreiros, de anúncios ou de cartazes, qualquer que seja a sua natureza e conteúdos, nos centros históricos e outros conjuntos urbanos legalmente reconhecidos, bem como nos locais onde possa prejudicar a perspectiva dos imóveis classificados.

ARTIGO 42º
Efeitos da abertura do procedimento

1 – A notificação do acto que determina a abertura do procedimento de classificação de bens imóveis nos termos do artigo 15º da presente lei opera, além de outros efeitos previstos nesta lei, a suspensão dos procedimentos de concessão de licença ou autorização de operações de loteamento, obras de urbanização, edificação, demolição, movimento de terras ou actos admi-

nistrativos equivalentes, bem como a suspensão dos efeitos das licenças ou autorizações já concedidas, pelo prazo e condições a fixar na lei.
2 – Enquanto outro prazo não for fixado pela legislação de desenvolvimento, o mesmo será de 120 dias para efeito de aplicação do disposto neste artigo.
3 – As operações urbanísticas que se realizem em desconformidade com o disposto no número anterior são ilegais, podendo a administração do património cultural competente ou os municípios ordenar a reconstrução ou demolição, pelo infractor ou à sua custa, nos termos da legislação urbanística, com as devidas adaptações.
4 – A classificação dos bens a que se refere o nº 1 gera a caducidade dos procedimentos, licenças e autorizações suspensos nos termos deste preceito, sem prejuízo de direito a justa indemnização pelos encargos e prejuízos anormais e especiais resultantes da extinção dos direitos previamente constituídos pela Administração.

ARTIGO 43º

Zonas de protecção

1 – Os bens imóveis classificados nos termos do artigo 15º da presente lei, ou em vias de classificação como tal, beneficiarão automaticamente de uma zona geral de protecção de 50 m, contados a partir dos seus limites externos, cujo regime é fixado por lei.
2 – Os bens imóveis classificados nos termos do artigo 15º da presente lei, ou em vias de classificação como tal, devem dispor ainda de uma zona especial de protecção, a fixar por portaria do órgão competente da administração central ou da Região Autónoma quando o bem aí se situar.
3 – Nas zonas especiais de protecção podem incluir-se zonas non aedificandi.
4 – As zonas de protecção são servidões administrativas, nas quais não podem ser concedidas pelo município, nem por outra entidade, licenças para obras de construção e para quaisquer trabalhos que alterem a topografia, os alinhamentos e as cérceas e, em geral, a distribuição de volumes e coberturas ou o revestimento exterior dos edifícios sem prévio parecer favorável da administração do património cultural competente.
5 – Excluem-se do preceituado pelo número anterior as obras de mera alteração no interior de imóveis.

ARTIGO 44º

Defesa da qualidade ambiental e paisagística

1 – A lei definirá outras formas para assegurar que o património cultural imóvel se torne um elemento potenciador da coerência dos monumentos, conjuntos e sítios que o integram, e da qualidade ambiental e paisagística.

2 – Para os efeitos deste artigo, o Estado, as Regiões Autónomas e as autarquias locais promoverão, no âmbito das atribuições respectivas, a adopção de providências tendentes a recuperar e valorizar zonas, centros históricos e outros conjuntos urbanos, aldeias históricas, paisagens, parques, jardins e outros elementos naturais, arquitectónicos ou industriais integrados na paisagem.

3 – Relativamente aos conjuntos e sítios, a legislação de desenvolvimento estabelecerá especialmente:

a) Os critérios exigidos para o seu reconhecimento legal e os benefícios e incentivos daí decorrentes;

b) Os parâmetros a que devem obedecer os planos, os programas e os regulamentos aplicáveis;

c) Os sistemas de incentivo e apoio à gestão integrada e descentralizada;

d) As medidas de avaliação e controlo.

Nota:

O Direito do Património Português como direito integrado no Direito Administrativo, tem afinidades com outros direitos também aí situados, como, por ex., Direito do Ambiente, Direito do Urbanismo, Direito do Turismo.

Em relação ao Direito do Ambiente, destaca-se a qualificação dos *sítios* (dentro dos bens imóveis) que demonstra a interacção entre a obra humana e a evolução da Natureza.

A Convenção para a Salvaguarda do Património Arquitectónico da Europa define os *sítios* como "obras combinadas do homem e da natureza, parcialmente construídas e constituindo espaços suficientemente característicos e homogéneos para serem objecto de uma delimitação topográfica, notáveis pelo seu interesse histórico, arqueológico, artístico, social ou técnico" (art. 1º).

Quanto aos bens ambientais ou naturais, a Lei de Bases do Ambiente, define *paisagem* como a unidade geográfica, ecológica e estética, em que a acção humana é mínima, bem como aquela em que apesar de a acção humana ser determinante, não colide com o equilíbrio biológico, a estabilidade física e a dinâmica ecológica.

Quanto ao Direito do Urbanismo, são de destacar os três vectores principais em que assenta: *a*) direito do ordenamento do território; *b*) direito dos solos; *c*) direito da construção.

Não existe no ordenamento jurídico nacional uma definição de *ambiente*: Questiona-se se, no fundo, não se trata de tudo o que natural ou artificialmente afecta o nosso bem estar como seres vivos, como espécie, e como cidadãos.

A problemática da defesa do ambiente assenta em dois pilares:

i) Direito ao ambiente como direito do homem (integrado na terceira geração dos direitos fundamentais).

1ª geração dos direitos fundamentais – associados aos direitos civis e políticos e às liberdades individuais (ex. liberdade de expressão, liberdade religiosa, direito de propriedade privada, direito de voto);

2ª geração dos direitos fundamentais – direitos sociais (ex. direito ao trabalho, direito à segurança social, direito à saúde e direito à educação);

3ª geração dos direitos fundamentais – direitos pós-sociais (ex. direito ao ambiente, direito à qualidade de vida).

ii) Protecção do ambiente como problema do Estado

Explica Vieira Pereira da Silva (*in* "Verde – Cor de Direito – Lições de Direito do Ambiente", Almedina, 2ª reimp. da edição de 2002, p. 27): "uma coisa são os direitos das pessoas, nas relações jurídicas (públicas e privadas) de ambiente, outra coisa é a consideração das realidades ambientais como bens jurídicos, que implica a existência de deveres objectivos (de actuação e de abstenção), tanto de autoridades legislativas, administrativas e judiciais, como de privados".

O mesmo autor apresenta o "caso do pescador de chalupa", referindo que "foi uma das primeiras sentenças em que a jurisprudência alemã reconheceu a existência de direitos subjectivos no domínio ambiental, considerando que um pescador era afectado nos seus direitos fundamentais pela autorização ilegal concedida a uma fábrica que poluía para as águas do lago, onde ele exercia a sua actividade profissional" (a p. 27, nota 3).

Alguns dos princípios do Direito do Ambiente

A CRP postula determinadas tarefas do Estado, dando azo à chamada Constituição Ambiental, que Vasco Pereira da Silva (*op. cit.*, p. 63) define como: "a consideração de que os princípios e valores ambientais representam bens jurídicos fundamentais, que se projectam na actuação quotidiana de aplicação e de concretização do direito, para além de imporem objectivos e finalidades que não podem ser afastados pelos poderes públicos e que é sua tarefa realizar".

Vejam-se os arts. 9º, al. *a*) e *e*); e 66º (Ambiente e qualidade de vida).

Princípio da prevenção

Explica Maria Alexandra Aragão ("O princípio do poluidor pagador", CE, 1997, p. 70) que este princípio "implica que, na falta de normas de qualidade do ambiente, seja dada uma atenção particular ao controlo das fontes de poluição". *V.g.*, . estudos de impacte ambiental, estabelecimento de valores limites para as emissões poluentes.

Princípio da correcção na fonte (também chamado princípio do produtor-eliminador, princípio da auto-suficiência ou princípio da proximidade)

Actuar a montante, visando detectar (e prevenir na fonte) as causas da poluição e eliminá-las na origem, evitando o chamado «turismo dos resíduos». Impõe-se ao poluidor o custo da operação de despoluição, obrigando-o ao uso de tecnologias e produtos menos poluentes.

Princípio da precaução

Este princípio actua antes do próprio princípio da prevenção. MARIA ALEXANDRA ARAGÃO (*op. cit.*, p. 69) refere a este propósito uma espécie de princípio *in dubio pro ambiente*, mesmo que não haja prova de nexo causal do comportamento e do dano ambiental, deve-se evitar o comportamento.

V.g., antenas de captação usadas pelas operadoras telefónicas e as radiações cancerígenas.

Princípio do poluidor-pagador

Explica VASCO PEREIRA DA SILVA (*op. cit.*, p. 75) que este princípio "decorre da consideração de que os sujeitos económicos, que são beneficiários de uma determinada actividade poluente, devem igualmente ser responsáveis, pela via fiscal, no que respeita à compensação dos prejuízos que resultam para toda a comunidade do exercício dessa actividade" (e dos custos inerentes à despoluição).

Segundo o mesmo Autor, o preço do combustível não traduz uma política amiga do ambiente, pois não induz ao consumo de poluentes menos maléficos (por ex., com menos teor de chumbo).

Princípio da integração

Segundo MARIA ALEXANDRA ARAGÃO (*op. cit.*, p. 73), "é possível a fiscalização da legalidade de uma medida adoptada no âmbito de qualquer outra política comunitária em função da sua conformidade com os princípios de política do ambiente".

Princípio da participação

O princípio preza a participação dos cidadãos na qualidade de sujeitos das relações administrativas ambientais.

- A criação de pessoas colectivas privadas (equiparadas às pessoas singulares) e a sua personalidade jurídica e capacidade judiciária. As ONGA's (organizações não governamentais de defesa do ambiente);
- O direito de acção popular que permite aos cidadãos a defesa, participação e acção popular.

Princípio do desenvolvimento sustentável

Surge através da Declaração de Estocolmo de 1972 e da Carta da Natureza de 1982. Visa alertar para a possibilidade de conciliar a defesa do ambiente com o desenvolvimento, pretendendo dar resposta à colisão entre a tutela de bens ambientais e não ambientais.

Explica Vasco Pereira da Silva (*op. cit.*, p. 73) que o princípio obriga a uma "«fundamentação ecológica» das decisões jurídicas de desenvolvimento económico, estabelecendo a necessidade de ponderar tanto os benefícios de natureza económica como os prejuízos de natureza ecológica de uma determinada medida, afastando por inconstitucionalidade a tomada de decisões insuportavelmente gravosas para o ambiente".

ARTIGO 45º
Projectos, obras e intervenções

1 – Os estudos e projectos para as obras de conservação, modificação, reintegração e restauro em bens classificados, ou em vias de classificação, são obrigatoriamente elaborados e subscritos por técnicos de qualificação legalmente reconhecida ou sob a sua responsabilidade directa.

2 – Os estudos e projectos referidos no número anterior devem integrar ainda um relatório sobre a importância e a avaliação artística ou histórica da intervenção, da responsabilidade de um técnico competente nessa área.

3 – As obras ou intervenções em bens imóveis classificados nos termos do artigo 15º da presente lei, ou em vias de classificação como tal, serão objecto de autorização e acompanhamento do órgão competente para a decisão final do procedimento de classificação, nos termos definidos na lei.

4 – Concluída a intervenção, deverá ser elaborado e remetido à administração do património cultural competente um relatório de onde conste a natureza da obra, as técnicas, as metodologias, os materiais e os tratamentos aplicados, bem como documentação gráfica, fotográfica, digitalizada ou outra sobre o processo seguido.

ARTIGO 46º
Obras de conservação obrigatória

1 – No respeito dos princípios gerais e nos limites da lei, o Estado, as Regiões Autónomas, os municípios e os proprietários ou titulares de outros direitos reais de gozo sobre imóveis classificados nos termos do artigo 15º da presente lei, ou em vias de classificação como tal, devem executar todas as obras ou quaisquer outras intervenções que a administração do património cultural competente considere necessárias para assegurar a sua salvaguarda.

2 – No caso de as obras ou intervenções não terem sido iniciadas ou concluídas dentro do prazo fixado, poderão as entidades previstas no nº 2 do artigo 40º da presente lei promover a sua execução coerciva nos termos previstos na legislação em vigor.

ARTIGO 47º
Embargos e medidas provisórias

1 – O organismo competente da administração do Estado, da administração regional autónoma ou da administração municipal deve determinar o embargo administrativo de quaisquer obras ou trabalhos em bens imóveis classificados como de interesse nacional, de interesse público ou de interesse municipal, ou em vias de classificação como tal, cuja execução decorra ou se apreste a iniciar em desconformidade com a presente lei.
2 – O disposto no número anterior aplica-se também às obras ou trabalhos em zonas de protecção de bens imóveis classificados nos termos do artigo 15º da presente lei, ou em vias de classificação como tal.
3 – A lei determinará as demais medidas provisórias aplicáveis.

ARTIGO 48º
Deslocamento

Nenhum imóvel classificado nos termos do artigo 15º da presente lei, ou em vias de classificação como tal, poderá ser deslocado ou removido, em parte ou na totalidade, do lugar que lhe compete, salvo se, na sequência do procedimento previsto na lei, assim for julgado imprescindível por motivo de força maior ou por manifesto interesse público, em especial no caso de a salvaguarda material do mesmo o exigir imperativamente, devendo então a autoridade competente fornecer todas as garantias necessárias quanto à desmontagem, à remoção e à reconstrução do imóvel em lugar apropriado.

ARTIGO 49º
Demolição

1 – Sem prejuízo do disposto nos artigos anteriores, não podem ser concedidas licenças de demolição total ou parcial de bens imóveis classificados nos termos do artigo 15º da presente lei, ou em vias de classificação como tal, sem prévia e expressa autorização do órgão competente da administração central, regional autónoma ou municipal, conforme os casos.
2 – A autorização de demolição por parte do órgão competente da administração central, regional autónoma ou municipal tem como pressuposto obrigatório a existência de ruína ou

a verificação em concreto da primazia de um bem jurídico superior ao que está presente na tutela dos bens culturais, desde que, em qualquer dos casos, se não mostre viável nem razoável por qualquer outra forma, a salvaguarda ou o deslocamento do bem.
3 – Verificado um ou ambos os pressupostos, devem ser decretadas as medidas adequadas à manutenção de todos os elementos que se possam salvaguardar, autorizando-se apenas as demolições estritamente necessárias.
4 – A autorização de demolição por parte do órgão competente da administração central, regional autónoma ou municipal não deve ser concedida quando a situação de ruína seja causada pelo incumprimento do disposto no presente capítulo, impondo-se aos responsáveis a reposição, nos termos da lei.
5 – São nulos os actos administrativos que infrinjam o disposto nos números anteriores.

ARTIGO 50º
Expropriação

1 – Ouvidos os interessados e os órgãos consultivos competentes, pode a administração do património cultural promover a expropriação dos bens imóveis classificados nos termos do artigo 15º da presente lei, ou em vias de classificação como tal, nos seguintes casos:
a) Quando por responsabilidade do detentor, decorrente de violação grave dos seus deveres gerais, especiais ou contratualizados, se corra risco sério de degradação do bem;
b) Quando por razões jurídicas, técnicas ou científicas devidamente fundamentadas a expropriação se revele a forma mais adequada de assegurar a tutela do bem;
c) Quando a expropriação tiver sido requerida pelo interessado.
2 – Ouvidos os interessados e os órgãos consultivos competentes, podem ainda ser expropriados os bens imóveis situados nas zonas de protecção dos bens classificados nos termos do artigo 15º da presente lei, ou em vias de classificação como tal, quando prejudiquem a boa conservação daqueles bens culturais ou ofendam ou desvirtuem as suas características ou enquadramento.
3 – No âmbito da aplicação dos nºs 1 e 2 do presente artigo, e tratando-se de bens imóveis classificados como de interesse municipal, ou em vias de classificação como tal, enquadrados num instrumento de gestão territorial eficaz, os municípios podem promover a respectiva expropriação, sendo a assembleia municipal competente para a declaração de utilidade desta expropriação, nos termos da lei.

SUBSECÇÃO II
MONUMENTOS, CONJUNTOS E SÍTIOS

ARTIGO 51º
Intervenções

Não poderá realizar-se qualquer intervenção ou obra, no interior ou no exterior de monumentos, conjuntos ou sítios classificados, nem mudança de uso susceptível de o afectar, no todo ou em parte, sem autorização expressa e o acompanhamento do órgão competente da administração central, regional autónoma ou municipal, conforme os casos.

ARTIGO 52º
Contexto

1 – O enquadramento paisagístico dos monumentos será objecto de tutela reforçada.
2 – Nenhumas intervenções relevantes, em especial alterações com incidência no volume, natureza, morfologia ou cromatismo, que tenham de realizar-se nas proximidades de um bem imóvel classificado, ou em vias de classificação, podem alterar a especificidade arquitectónica da zona ou perturbar significativamente a perspectiva ou contemplação do bem.
3 – Exceptuam-se do disposto no número anterior as intervenções que tenham manifestamente em vista qualificar elementos do contexto ou dele retirar elementos espúrios, sem prejuízo do controlo posterior.
4 – A existência de planos de pormenor de salvaguarda ou de planos integrados não desonera do cumprimento do regime definido nos números anteriores.

ARTIGO 53º
Planos

1 – O acto que decrete a classificação de monumentos, conjuntos ou sítios nos termos do artigo 15º da presente lei, ou em vias de classificação como tal, obriga o município, em parceria com os serviços da administração central ou regional autónoma responsáveis pelo património cultural, ao estabelecimento de um plano de pormenor de salvaguarda para a área a proteger.
2 – A administração do património cultural competente pode ainda determinar a elaboração de um plano integrado, salvaguardando a existência de qualquer instrumento de gestão territorial já eficaz, reconduzido a instrumento de política sectorial nos domínios a que deva dizer respeito.

3 – O conteúdo dos planos de pormenor de salvaguarda será definido na legislação de desenvolvimento, o qual deve estabelecer, para além do disposto no regime jurídico dos instrumentos de gestão territorial:
a) A ocupação e usos prioritários;
b) As áreas a reabilitar;
c) Os critérios de intervenção nos elementos construídos e naturais;
d) A cartografia e o recenseamento de todas as partes integrantes do conjunto;
e) As normas específicas para a protecção do património arqueológico existente;
f) As linhas estratégicas de intervenção, nos planos económico, social e de requalificação urbana e paisagística.

ARTIGO 54º
Projectos, obras e intervenções

1 – Até à elaboração de algum dos planos a que se refere o artigo anterior, a concessão de licenças, ou a realização de obras licenciadas, anteriormente à classificação do monumento, conjunto ou sítio dependem de parecer prévio favorável da administração do património cultural competente.
2 – Após a entrada em vigor do plano de pormenor de salvaguarda, podem os municípios licenciar as obras projectadas em conformidade com as disposições daquele, sem prejuízo do dever de comunicar à administração do património cultural competente, no prazo máximo de 15 dias, as licenças concedidas.
3 – Os actos administrativos que infrinjam o disposto nos números anteriores são nulos.

SECÇÃO IV
DOS BENS MÓVEIS

ARTIGO 55º
Bens culturais móveis

1 – Consideram-se bens culturais móveis integrantes do património cultural aqueles que se conformem com o disposto no nº 1 do artigo 14º e constituam obra de autor português ou sejam atribuídos a autor português, hajam sido criados ou produzidos em território nacional, provenham do desmembramento de bens imóveis aí situados, tenham sido encomendados ou distribuídos por entidades nacionais ou hajam sido propriedade sua, representem ou testemunhem vivências ou factos nacionais relevantes a que tenham sido agregados elemen-

tos naturais da realidade cultural portuguesa, se encontrem em território português há mais de 50 anos ou que, por motivo diferente dos referidos, apresentem especial interesse para o estudo e compreensão da civilização e cultura portuguesas.
2 – Consideram-se ainda bens culturais móveis integrantes do património cultural aqueles que, não sendo de origem ou de autoria portuguesa, se encontrem em território nacional e se conformem com o disposto no nº 1 do artigo 14º.
3 – Os bens culturais móveis referidos no número anterior constituem espécies artísticas, etnográficas, científicas e técnicas, bem como espécies arqueológicas, arquivísticas, áudio-visuais, bibliográficas, fotográficas, fonográficas e ainda quaisquer outras que venham a ser consideradas pela legislação de desenvolvimento.

ARTIGO 56º
Classificação de bens culturais de autor vivo
A classificação feita nos termos do artigo 15º da presente lei de bens culturais de autor vivo depende do consentimento do respectivo proprietário, salvo situações excepcionais a definir em legislação de desenvolvimento.

ARTIGO 57º
Dever de comunicação de mudança de lugar
Os proprietários e possuidores de bens móveis classificados nos termos do artigo 15º da presente lei, ou em vias de classificação como tal, devem comunicar previamente ao serviço competente para a classificação a mudança de lugar ou qualquer circunstância que afecte a posse ou a guarda do bem.

ARTIGO 58º
Depósito
1 – Os proprietários e possuidores de bens móveis classificados nos termos do artigo 15º da presente lei, ou em vias de classificação como tal, podem acordar com a Administração Pública a respectiva cedência para depósito.
2 – Em caso de incumprimento, por parte dos detentores, de deveres gerais, especiais ou contratualizados, susceptível de acarretar um risco sério de degradação ou dispersão dos bens, poderá o Governo, os órgãos de governo próprio das Regiões Autónomas e os órgãos municipais competentes nos termos da presente lei ordenar que os mesmos sejam transferidos, a título de depósito, para a guarda de bibliotecas, arquivos ou museus.

ARTIGO 59º
Projectos e intervenções

1 – As intervenções físicas ou estruturantes em bens móveis classificados nos termos do artigo 15º da presente lei, ou em vias de classificação como tal, são obrigatoriamente asseguradas por técnicos de qualificação legalmente reconhecida.

2 – Nos termos da lei, e com as necessárias adaptações, são aplicáveis aos bens móveis classificados, ou em vias classificação, as disposições dos artigos 45º, 46º, 47º e 50º da presente lei.

SECÇÃO V
PARTICULARIZAÇÃO DE REGIMES

ARTIGO 60º
Outras disposições aplicáveis aos bens classificados

1 – O registo patrimonial de classificação abrirá aos proprietários, possuidores e demais titulares de direitos reais sobre os respectivos bens culturais o acesso a regimes de apoio, incentivos, financiamentos e estipulação de contratos e outros acordos, nos termos da presente lei e da legislação de desenvolvimento.

2 – Os bens classificados como de interesse público ficam sujeitos às seguintes restrições e ónus:

a) Dever, da parte do detentor, de comunicar a alienação ou outra forma de transmissão da propriedade ou de outro direito real de gozo, para efeitos de actualização de registo;

b) Sujeição a prévia autorização do desmembramento ou dispersão das partes integrantes do bem ou colecção;

c) Sujeição a prévia autorização do serviço competente de quaisquer intervenções que visem alteração, conservação ou restauro, as quais só poderão ser efectuadas por técnicos especializados, nos termos da legislação de desenvolvimento;

d) Existência de regras próprias sobre a transferência ou cedência de espécies de uma instituição para outra ou entre serviços públicos;

e) Sujeição da exportação a prévia autorização ou licença;

f) Identificação do bem através de sinalética própria, especialmente no caso dos imóveis;

g) Obrigação de existência de um documento para registos e anotações na posse do respectivo detentor.

3 – Relativamente ao regime definido no número anterior, os bens classificados como de interesse municipal poderão conhecer níveis menos intensos de limitações, nos termos a especificar na legislação de desenvolvimento.

4 – No respeito pelos princípios gerais aplicáveis, poderá ainda a lei estabelecer, atenta a situação concreta do bem ou do tipo de bens em questão, um regime diferenciado de limitações, designadamente espaciais.
5 – Aos bens imóveis e móveis classificados como de interesse público são correspondentemente aplicáveis, com as especificações a definir na legislação de desenvolvimento, as disposições do nº 2 do artigo 31º e dos artigos 32º e 40º a 59º da presente lei.
6 – As disposições dos artigos 40º a 60º da presente lei apenas são aplicáveis, com as necessárias adaptações, aos bens imóveis e móveis classificados como de interesse municipal quando assim seja previsto na legislação de desenvolvimento.

CAPÍTULO III
PROTECÇÃO DOS BENS CULTURAIS INVENTARIADOS

ARTIGO 61º
Inventário geral

1 – Os bens inventariados gozam de protecção com vista a evitar o seu perecimento ou degradação, a apoiar a sua conservação e a divulgar a respectiva existência.
2 – O inventário geral do património cultural será assegurado e coordenado pelo Governo sem prejuízo da necessidade de articulação com os inventários já existentes.

ARTIGO 62º
Inventário de bens de particulares

1 – Qualquer pessoa pode, mediante solicitação fundamentada, requerer a inventariação de um bem, colecção ou conjunto de que seja detentor, juntando todos os elementos pertinentes.
2 – A solicitação referida no número anterior deverá ser decidida no prazo de 90 dias.
3 – A inclusão de qualquer bem, colecção ou conjunto no inventário geral confere ao respectivo detentor o direito a um título de identidade, sem prejuízo de outros benefícios a reconhecer por lei, em especial quando as operações de inventariação tiverem sido promovidas a expensas do particular.

ARTIGO 63º
Inventário de bens públicos

1 – Para o efeito da elaboração do inventário dos bens públicos, os representantes das autarquias locais e das demais pessoas colectivas públicas não territoriais devem apresentar à admi-

nistração do património cultural competente instrumentos de descrição de todos os bens pertencentes às entidades que representam, susceptíveis de integrar o património cultural de acordo com os nºs 1, 3 e 5 do artigo 2º e o nº 1 do artigo 14º da presente lei.

2 – Idêntico dever de comunicação é extensível aos bens que venham, por qualquer título, a integrar no futuro o património da pessoa colectiva.

3 – A lei estabelecerá os termos e condições em que se deve processar a apresentação dos instrumentos de descrição por parte dos serviços da administração central do Estado, da administração regional autónoma e de outros organismos públicos.

4 – A lei poderá estabelecer a classificação automática de certos bens públicos, na sequência do cumprimento do disposto nos números anteriores.

CAPÍTULO IV
EXPORTAÇÃO, EXPEDIÇÃO, IMPORTAÇÃO, ADMISSÃO E COMÉRCIO

ARTIGO 64º
Exportação e expedição

1 – A exportação e a expedição temporárias ou definitivas de bens que integrem o património cultural, ainda que não inscritos no registo patrimonial de classificação ou inventariação, devem ser precedidas de comunicação à administração do património cultural competente com a antecedência de 30 dias.

2 – A obrigação referida no número anterior respeitará, em particular, as espécies a que alude o nº 3 do artigo 55º, independentemente da apreciação definitiva do interesse cultural do bem em causa.

3 – A administração do património cultural competente poderá vedar liminarmente a exportação ou a expedição, a título de medida provisória, sem que de tal providência decorra a vinculação do Estado à aquisição da coisa.

4 – As exportações e as expedições que não obedeçam ao disposto no nº 1 do presente artigo e no artigo 65º, nos nºs 1 e 5 do artigo 66º e no artigo 67º são ilícitas.

ARTIGO 65º
Exportação e expedição de bens classificados como de interesse nacional

1 – A saída de território nacional de bens classificados como de interesse nacional, ou em vias de classificação como tal, fora dos casos previstos nos nºs 2 e 3 do presente artigo é interdita.

2 – A exportação e expedição temporárias de bens classificados como de interesse nacional, ou em vias de classificação como tal, apenas pode ser autorizada, por despacho do membro do Governo responsável pela área da cultura, para finalidades culturais ou científicas, bem como de permuta temporária por outros bens de igual interesse para o património cultural.
3 – A exportação e expedição definitivas de bens classificados como de interesse nacional, ou em vias de classificação como tal, pertencentes ao Estado, apenas podem ser autorizadas, a título excepcional, pelo Conselho de Ministros, para efeito de permuta definitiva por outros bens existentes no estrangeiro que se revistam de excepcional interesse para o património cultural português.
4 – As autorizações ou licenças de exportação ou de expedição de bens referidas nos números anteriores especificarão as condições ou cláusulas modais que forem consideradas convenientes.

ARTIGO 66º
Exportação e expedição de outros bens classificados
1 – Dependem de autorização ou licença da administração do património cultural a exportação e a expedição definitivas ou temporárias de bens classificados como de interesse público, ou em vias de classificação como tal.
2 – A autorização ou a licença a que se refere o número anterior podem sujeitar a exportação ou a expedição a condições ou cláusulas modais.
3 – A apresentação do pedido de exportação ou de expedição para venda concede ao Estado o direito de preferência na aquisição.
4 – As leis de desenvolvimento regularão o regime de exportação e expedição dos demais bens classificados, assim como os procedimentos e formalidades aplicáveis.
5 – A exportação e a expedição de bens inventariados pertencentes a entidades públicas depende de autorização da administração do património cultural.
6 – A autorização a que se refere o número anterior sujeitar-se-á a condições especiais a definir por lei.

ARTIGO 67º
Exportação de bens culturais de Estados membros da União Europeia
As formalidades para efeito de exportação de bens pertencentes ao património cultural de Estados membros da União Europeia regem-se pelo disposto no direito comunitário.

ARTIGO 68º
Importação e admissão

1 – É aplicável à importação e à admissão de bens culturais, com as necessárias adaptações, o disposto nos nºs 1 e 2 do artigo 64º.

2 – Às importações e admissões de bens culturais promovidas por particulares que se efectuem em conformidade com a lei serão aplicáveis as seguintes regras:

a) O proprietário gozará do direito ao título de identificação do bem, com equivalência ao estatuto de bem inventariado;

b) Salvo acordo do proprietário, é vedada a classificação como de interesse nacional ou de interesse público do bem nos 10 anos seguintes à importação ou admissão.

3 – A lei regulará os demais procedimentos e condições a que deve obedecer a importação e a admissão, temporária ou definitiva, de bens culturais.

ARTIGO 69º
Regime do comércio e da restituição

1 – Em condições de reciprocidade, consideram-se nulas as transacções realizadas em território português incidentes sobre bens pertencentes ao património cultural de outro Estado e que se encontrem em território nacional em consequência da violação da respectiva lei de protecção.

2 – Os bens a que se refere o número anterior do presente artigo são restituíveis nos termos do direito comunitário ou internacional que vincular o Estado Português.

3 – A restituição de bens pertencentes ao património cultural dos demais Estados membros da União Europeia pode ser limitada às categorias de objectos relacionadas nos actos de direito comunitário derivado.

4 – As acções de restituição correrão pelos tribunais judiciais, nelas cabendo legitimidade activa exclusivamente ao Estado de onde o bem cultural tenha saído ilegalmente e desde que se trate de Estado membro da União Europeia ou de Estado em condições de reciprocidade na ordem interna portuguesa que lhe confira tal direito.

5 – Na acção de restituição, discutir-se-á apenas:

a) Se o bem que é objecto do pedido tem a qualidade de bem cultural nos termos das normas aplicáveis;

b) Se a saída do bem do território do Estado de origem foi ilícita nos termos das normas aplicáveis;

c) Se o possuidor ou detentor adquiriu o bem de boa fé;

d) O montante da indemnização a arbitrar ao possuidor ou detentor de boa fé;

e) Outros aspectos do conflito de interesses cuja discussão na acção de restituição seja consentido pelas normas aplicáveis do direito comunitário ou internacional.

6 – A acção de restituição não procederá quando o bem cultural reclamado constitua elemento do património cultural português.

7 – A legislação de desenvolvimento regulará a compra, venda e comércio de antiguidades e de outros bens culturais móveis.

TÍTULO VI
DO REGIME GERAL DE VALORIZAÇÃO DOS BENS CULTURAIS

Artigo 70º
Componentes do regime de valorização

São componentes do regime geral de valorização dos bens culturais:

a) A conservação preventiva e programada;

b) A pesquisa e a investigação;

c) A protecção e valorização da paisagem e a instituição de novas e adequadas formas de tutela dos bens culturais e naturais, designadamente os centros históricos, conjuntos urbanos e rurais, jardins históricos e sítios;

d) O acesso e a fruição;

e) A formação;

f) A divulgação, sensibilização e animação;

g) O crescimento e o enriquecimento;

h) O apoio à criação cultural;

i) A utilização, o aproveitamento, a rendibilização e a gestão;

j) O apoio a instituições técnicas e científicas.

ARTIGO 71º
Instrumentos

Constituem, entre outros, instrumentos do regime de valorização dos bens culturais:

a) O inventário geral do património cultural;

b) Os instrumentos de gestão territorial;

c) Os parques arqueológicos;

d) Os programas e projectos de apoio à musealização, exposição e depósito temporário de bens e espólios;

e) Os programas de apoio às formas de utilização originária, tradicional ou natural dos bens;
f) Os regimes de acesso, nomeadamente a visita pública e as colecções visitáveis;
g) Os programas e projectos de divulgação, sensibilização e animação;
h) Os programas de formação específica e contratualizada;
i) Os programas de voluntariado;
j) Os programas de apoio à acção educativa;
l) Os programas de aproveitamento turístico;
m) Os planos e programas de aquisição e permuta.

TÍTULO VII
DOS REGIMES ESPECIAIS DE PROTECÇÃO E VALORIZAÇÃO DE BENS CULTURAIS
CAPÍTULO I
DISPOSIÇÕES COMUNS

ARTIGO 72º
Disposições gerais

1 – As normas do presente título aplicam-se aos bens culturais e aos demais elementos integrantes do património cultural previstos nos capítulos seguintes.
2 – Em tudo o que não estiver previsto neste título, aplicam-se os princípios e disposições da presente lei, salvo os que se mostrem incompatíveis com a natureza dos bens.
3 – As leis de desenvolvimento poderão estabelecer formas de protecção, e correspondentes regimes, especialmente aplicáveis aos bens culturais ou a certo tipo de elementos integrantes do património arqueológico, arquivístico, áudio-visual, bibliográfico, fonográfico ou fotográfico ou a novos tipos de bens culturais, nomeadamente os que integrem o património electrónico ou o património industrial.
4 – As disposições respeitantes ao património arquivístico aplicam-se subsidiariamente aos bens culturais e aos demais elementos integrantes do património áudio-visual, bibliográfico, fonográfico e fotográfico, na medida em que se mostrem compatíveis com a natureza dos bens.
5 – Para a classificação ou o inventário do património áudio-visual, bibliográfico, fonográfico e fotográfico valerão também algum ou alguns dos seguintes critérios de apreciação:
a) Proximidade da matriz ou versão originais;
b) Processos utilizados na criação ou produção;
c) Estado de conservação.

6 – Não carece do consentimento exigido pelo artigo 56º desta lei a classificação dos elementos matriciais de bens áudio-visuais ou fonográficos ou, na falta daqueles, de uma das respectivas cópias.

ARTIGO 73º
Acesso à documentação

1 – A lei promove o acesso à documentação integrante do património cultural.
2 – O acesso tem, desde logo, por limites os que decorram dos imperativos de conservação das espécies.
3 – A menos que seja possível apresentar uma cópia de onde hajam sido expurgados elementos lesivos de direitos e valores fundamentais, não será objecto de acesso o documento que os contiver.
4 – As restrições legais da comunicabilidade de documentação integral do património cultural caducam decorridos 100 anos sobre a data de produção do documento, a menos que a lei estabeleça prazos especiais mais reduzidos.

CAPÍTULO II
DO PATRIMÓNIO ARQUEOLÓGICO

ARTIGO 74º
Conceito e âmbito do património arqueológico e paleontológico

1 – Integram o património arqueológico e paleontológico todos os vestígios, bens e outros indícios da evolução do planeta, da vida e dos seres humanos:
a) Cuja preservação e estudo permitam traçar a história da vida e da humanidade e a sua relação com o ambiente;
b) Cuja principal fonte de informação seja constituída por escavações, prospecções, descobertas ou outros métodos de pesquisa relacionados com o ser humano e o ambiente que o rodeia.
2 – O património arqueológico integra depósitos estratificados, estruturas, construções, agrupamentos arquitectónicos, sítios valorizados, bens móveis e monumentos de outra natureza, bem como o respectivo contexto, quer estejam localizados em meio rural ou urbano, no solo, subsolo ou em meio submerso, no mar territorial ou na plataforma continental.
3 – Os bens provenientes da realização de trabalhos arqueológicos constituem património nacional, competindo ao Estado e às Regiões Autónomas proceder ao seu arquivo, conserva-

ção, gestão, valorização e divulgação através dos organismos vocacionados para o efeito, nos termos da lei.
4 – Entende-se por parque arqueológico qualquer monumento, sítio ou conjunto de sítios arqueológicos de interesse nacional, integrado num território envolvente marcado de forma significativa pela intervenção humana passada, território esse que integra e dá significado ao monumento, sítio ou conjunto de sítios, e cujo ordenamento e gestão devam ser determinados pela necessidade de garantir a preservação dos testemunhos arqueológicos aí existentes.
5 – Para os efeitos do disposto no número anterior, entende-se por território envolvente o contexto natural ou artificial que influencia, estática ou dinamicamente, o modo como o monumento, sítio ou conjunto de sítios é percebido.

ARTIGO 75º
Formas e regime de protecção
1 – Aos bens arqueológicos será desde logo aplicável, nos termos da lei, o princípio da conservação pelo registo científico.
2 – Em qualquer lugar onde se presuma a existência de vestígios, bens ou outros indícios arqueológicos, poderá ser estabelecido com carácter preventivo e temporário, pelo órgão da administração do património cultural competente, uma reserva arqueológica de protecção, por forma a garantir-se a execução de trabalhos de emergência, com vista a determinar o seu interesse.
3 – Sempre que o interesse de um parque arqueológico o justifique, o mesmo poderá ser dotado de uma zona especial de protecção, a fixar pelo órgão da administração do património cultural competente, por forma a garantir-se a execução futura de trabalhos arqueológicos no local.
4 – A legislação de desenvolvimento poderá também estabelecer outros tipos de providências limitativas da modificação do uso, da transformação e da remoção de solos ou de qualquer actividade de edificação sobre os mesmos, até que possam ser estudados dentro de prazos máximos os testemunhos que se saiba ou fundamentadamente se presuma ali existirem.
5 – Desde que os bens arqueológicos não estejam classificados, ou em vias de o serem, poderão os particulares interessados promover, total ou parcialmente, a expensas suas, nos termos da lei, os trabalhos arqueológicos de cuja conclusão dependa a cessação das limitações previstas nos nºs 2 e 4 do presente artigo.
6 – Depende de prévia emissão de licença a utilização de detectores de metais e de qualquer outro equipamento de detecção ou processo destinados à investigação arqueológica, nos termos da lei.

7 – Com vista a assegurar o ordenamento e a gestão dos parques arqueológicos, definidos no nº 4 do artigo 74º, a administração do património arqueológico competente deve, nos termos da lei, elaborar um plano especial de ordenamento do território, designado por plano de ordenamento de parque arqueológico.
8 – Os objectivos, o conteúdo material e o conteúdo documental do plano referido no número anterior serão definidos na legislação de desenvolvimento.

ARTIGO 76º
Deveres especiais das entidades públicas

1 – Constituem particulares deveres do Estado, sem prejuízo do disposto nos estatutos das Regiões Autónomas:
a) Criar, manter e actualizar o inventário nacional georreferenciado do património arqueológico imóvel;
b) Articular o cadastro da propriedade com o inventário nacional georreferenciado do património arqueológico;
c) Estabelecer a disciplina e a fiscalização da actividade de arqueólogo.
2 – Constitui particular dever do Estado e das Regiões Autónomas aprovar os planos anuais de trabalhos arqueológicos.
3 – Constituem particulares deveres da Administração Pública competente no domínio do licenciamento e autorização de operações urbanísticas:
a) Certificar-se de que os trabalhos por si autorizados, que envolvam transformação de solos, revolvimento ou remoção de terreno no solo, subsolo ou nos meios subaquáticos, bem como a demolição ou modificação de construções, estão em conformidade com a legislação sobre a salvaguarda do património arqueológico;
b) Dotar-se de meios humanos e técnicos necessários no domínio da arqueologia ou recorrer a eles sempre que necessário.

ARTIGO 77º
Trabalhos arqueológicos

1 – Para efeitos da presente lei, são trabalhos arqueológicos todas as escavações, prospecções e outras investigações que tenham por finalidade a descoberta, o conhecimento, a protecção e a valorização do património arqueológico.
2 – São escavações arqueológicas as remoções de terreno no solo, subsolo ou nos meios subaquáticos que, de acordo com metodologia arqueológica, se realizem com o fim de descobrir, conhecer, proteger e valorizar o património arqueológico.

3 – São prospecções arqueológicas as explorações superficiais sem remoção de terreno que, de acordo com metodologia arqueológica, visem as actividades e objectivos previstos no número anterior.
4 – A realização de trabalhos arqueológicos será obrigatoriamente dirigida por arqueólogos e carece de autorização a conceder pelo organismo competente da administração do património cultural.
5 – Não se consideram trabalhos arqueológicos, para efeitos da presente lei, os achados fortuitos ou ocorridos em consequência de outro tipo de remoções de terra, demolições ou obras de qualquer índole.

ARTIGO 78º
Notificação de achado arqueológico

1 – Quem encontrar, em terreno público ou particular, ou em meio submerso, quaisquer testemunhos arqueológicos fica obrigado a dar conhecimento do achado no prazo de quarenta e oito horas à administração do património cultural competente ou à autoridade policial, que assegurará a guarda desses testemunhos e de imediato informará aquela, a fim de serem tomadas as providências convenientes.
2 – A descoberta fortuita de bens móveis arqueológicos com valor comercial confere ao achador o direito a uma recompensa, nos termos da lei.

ARTIGO 79º
Ordenamento do território e obras

1 – Para além do disposto no artigo 40º, deverá ser tida em conta, na elaboração dos instrumentos de planeamento territorial, o salvamento da informação arqueológica contida no solo e no subsolo dos aglomerados urbanos, nomeadamente através da elaboração de cartas do património arqueológico.
2 – Os serviços da administração do património cultural condicionarão a prossecução de quaisquer obras à adopção pelos respectivos promotores, junto das autoridades competentes, das alterações ao projecto aprovado capazes de garantir a conservação, total ou parcial, das estruturas arqueológicas descobertas no decurso dos trabalhos.
3 – Os promotores das obras ficam obrigados a suportar, por meio das entidades competentes, os custos das operações de arqueologia preventiva e de salvamento tornadas necessárias pela realização dos seus projectos.
4 – No caso de grandes empreendimentos públicos ou privados que envolvam significativa transformação da topografia ou paisagem, bem como do leito ou subsolo de águas interiores

ou territoriais, quaisquer intervenções arqueológicas necessárias deverão ser integralmente financiadas pelo respectivo promotor.

CAPÍTULO III
DO PATRIMÓNIO ARQUIVÍSTICO

ARTIGO 80º
Conceito e âmbito do património arquivístico

1 – Integram o património arquivístico todos os arquivos produzidos por entidades de nacionalidade portuguesa que se revistam de interesse cultural relevante.
2 – Entende-se por arquivo o conjunto orgânico de documentos, independentemente da sua data, forma e suporte material, produzidos ou recebidos por uma pessoa jurídica, singular ou colectiva, ou por um organismo público ou privado, no exercício da sua actividade e conservados a título de prova ou informação.
3 – Integram, igualmente, o património arquivístico conjuntos não orgânicos de documentos de arquivo que se revistam de interesse cultural relevante e nomeadamente quando práticas antigas tenham gerado colecções factícias.
4 – Entende-se por colecção factícia o conjunto de documentos de arquivo reunidos artificialmente em função de qualquer característica comum, nomeadamente o modo de aquisição, o assunto, o suporte, a tipologia documental ou outro qualquer critério dos coleccionadores.

ARTIGO 81º
Categorias de arquivos

1 – Para efeitos do disposto no artigo anterior, devem os arquivos ser distinguidos, com base na respectiva proveniência, em arquivos públicos e arquivos privados.
2 – São arquivos públicos os produzidos por entidades públicas ou por pessoas colectivas de utilidade pública administrativa.
3 – Os arquivos públicos distinguem-se em arquivos de âmbito nacional, regional e municipal.
4 – São arquivos privados os produzidos por entidades privadas.
5 – Os arquivos privados distinguem-se em arquivos de pessoas colectivas de direito privado integradas no sector público e arquivos de pessoas singulares ou colectivas privadas.

ARTIGO 82º
Critérios para a protecção do património arquivístico

Para a classificação ou o inventário do património arquivístico, devem ser tidos em conta algum ou alguns dos seguintes critérios:

a) Natureza pública da entidade produtora;

b) Relevância das actividades desenvolvidas pela entidade produtora num determinado sector;

c) Relevância social ou repercussão pública da entidade produtora;

d) Valor probatório e informativo do arquivo, decorrente, nomeadamente, da sua relevância jurídica, política, económica, social, cultural, religiosa ou científica.

ARTIGO 83º
Formas de protecção do património arquivístico

1 – Devem ser objecto de classificação como de interesse nacional:

a) Os arquivos públicos de âmbito nacional, conservados a título permanente na sequência de um processo de avaliação concluído nos termos da lei;

b) Os arquivos públicos com mais de 100 anos;

c) Os arquivos privados e colecções factícias que, em atenção ao disposto no artigo 82º, se revelem de inestimável interesse cultural.

2 – Devem ser objecto de classificação como de interesse público:

a) Os arquivos públicos de âmbito regional ou municipal, conservados a título permanente na sequência de um processo de avaliação concluído nos termos da lei;

b) Os arquivos privados produzidos por pessoas colectivas de direito privado integradas no sector público, quando conservados a título permanente;

c) Os arquivos privados e colecções factícias que possuam qualquer das características referidas nas alíneas b), c) e d) do artigo 82º e se encontrem, a qualquer título, na posse do Estado;

d) Outros arquivos privados e colecções factícias que, em atenção ao disposto no artigo 82º, se mostrem possuidores de interesse cultural relevante e cujos proprietários nisso consintam.

3 – Devem ser objecto de inventário os arquivos e colecções factícias abrangidos pela previsão do artigo 80º e em relação aos quais se verifique algum dos seguintes pressupostos:

a) Se encontrem a qualquer título na posse ou à guarda do Estado;

b) Venham a ser voluntariamente apresentados pelos respectivos possuidores, se outro não for o motivo invocado para a respectiva inventariação nos termos do regime geral de protecção dos bens culturais.

4 – Cada arquivo inventariado, ou apresentado para inventariação, deverá ser descrito de acordo com as Normas Gerais Internacionais de Descrição Arquivística, providenciando-se para que as respectivas descrições sejam compatibilizadas e validadas pelos serviços nacionais.

CAPÍTULO IV
DO PATRIMÓNIO ÁUDIO-VISUAL

ARTIGO 84º
Património áudio-visual

1 – Integram o património áudio-visual as séries de imagens, fixadas sobre qualquer suporte, bem como as geradas ou reproduzidas por qualquer tipo de aplicação informática ou informatizada, também em suporte virtual, acompanhadas ou não de som, as quais, sendo projectadas, dão uma impressão de movimento e que, tendo sido realizadas para fins de comunicação, distribuição ao público ou de documentação, se revistam de interesse cultural relevante e preencham pelo menos um de entre os seguintes requisitos:

a) Hajam resultado de produções nacionais;

b) Hajam resultado de produções estrangeiras distribuídas, editadas ou teledifundidas comercialmente em Portugal;

c) Integrem, independentemente da nacionalidade da produção, colecções ou espólios conservados em instituições públicas ou que, independentemente da natureza jurídica do detentor, se distingam pela notabilidade.

2 – Integram, nomeadamente, o património áudio-visual as produções cinematográficas, as produções televisivas e as produções videográficas.

3 – Sem prejuízo do regime geral, devem ser objecto de classificação como de interesse nacional:

a) Os elementos matriciais das obras de produção nacional abrangidas pela previsão do nº 1 do presente artigo ou das que para este efeito lhes sejam equiparadas pela legislação de desenvolvimento;

b) Cópias conformes aos elementos matriciais referidos na alínea anterior, quando estes já não existirem;

c) Cópias de obras de produção estrangeira, mas que foram distribuídas em território nacional, integrando novos elementos – escritos ou orais – que os diferenciam dos elementos matriciais, nomeadamente por lhe terem sido agregados, por legendagem ou dobragem em língua portuguesa, elementos naturais da realidade cultural portuguesa.

4 – Devem ser objecto de inventário todas as obras abrangidas pela previsão do nº 1 do presente artigo e as séries de imagens amadoras apresentadas voluntariamente pelos respectivos possuidores que sejam portadoras de interesse cultural relevante.

CAPÍTULO V
DO PATRIMÓNIO BIBLIOGRÁFICO

ARTIGO 85º
Património bibliográfico

1 – Integram o património bibliográfico as espécies, colecções e fundos bibliográficos que se encontrem, a qualquer título, na posse de pessoas colectivas públicas, independentemente da data em que foram produzidos ou reunidos, bem como as colecções e espólios literários.

2 – Devem igualmente integrar o património bibliográfico:

a) As espécies, colecções e fundos bibliográficos de pessoas colectivas de utilidade pública, produzidos ou reunidos há mais de 25 anos, se outro não for o valor invocado para a respectiva inventariação;

b) As colecções e espólios literários pertencentes a pessoas colectivas de utilidade pública, se outro não for o valor invocado para a respectiva inventariação;

c) As espécies, colecções e fundos bibliográficos que se encontrem, a qualquer título, na posse privada, produzidos ou reunidos há mais de 50 anos, bem como as colecções e espólios literários, se outro não for o valor invocado para a respectiva inventariação.

3 – Podem ser objecto de classificação as espécies bibliográficas com especial valor de civilização ou de cultura e, em particular:

a) Os manuscritos notáveis;

b) Os impressos raros;

c) Os manuscritos autógrafos, bem como todos os documentos que registem as técnicas e os hábitos de trabalho de autores e personalidades notáveis das letras, artes e ciência, seja qual for o nível de acabamento do texto ou textos neles contidos;

d) As colecções e espólios de autores e personalidades notáveis das letras, artes e ciência, considerados como universalidades de facto reunidas pelos mesmos ou por terceiros.

ARTIGO 86º
Classificação do património bibliográfico como de interesse nacional

Sem prejuízo do regime geral, devem ser objecto de classificação como de interesse nacional:

a) As espécies bibliográficas que possuam qualquer das características referidas no nº 3 do artigo 85º, se encontrem, a qualquer título, na posse do Estado e como tal venham a ser registadas;
b) As espécies bibliográficas que possuam qualquer das características referidas no nº 3 do artigo 85º, pertencentes a entidades privadas, de que não exista mais que um exemplar em bibliotecas ou colecções bibliográficas de titularidade pública;
c) As colecções e fundos bibliográficos que, independentemente da sua titularidade, tenham sido reunidos há mais de 200 anos e tenham pertencido a instituições ou pessoas notáveis pela respectiva actividade ou obra, na medida em que possam contribuir para o reconhecimento destas.

ARTIGO 87º
Classificação do património bibliográfico como de interesse público

1 – Sem prejuízo do regime geral, devem ser objecto de classificação como de interesse público:
a) As espécies bibliográficas que possuam qualquer das características referidas no nº 3 do artigo 85º e se encontrem, a qualquer título, na posse do Estado;
b) As espécies bibliográficas que possuam qualquer das características referidas no nº 3 do artigo 85º pertencentes a entidades privadas de que não existam, pelo menos, três exemplares em bibliotecas ou colecções bibliográficas de titularidade pública;
c) As colecções e fundos bibliográficos que, independentemente da sua titularidade, tenham sido reunidos há mais de 150 anos e tenham pertencido a instituições ou pessoas notáveis pela respectiva actividade ou obra, na medida em que possam contribuir para o reconhecimento destas.
2 – Para efeitos da alínea b) do número anterior, presume-se a existência de mais de três exemplares para as obras impressas em Portugal depois de 1935, salvo se oriundas de prelos clandestinos.

ARTIGO 88º
Inventariação do património bibliográfico

1 – Devem ser objecto de inventário todas as espécies enunciadas nas alíneas a) e b) do nº 3 do artigo 85º, bem como as referidas nas alíneas c) e d) da mesma disposição, que venham a ser voluntariamente apresentadas pelos respectivos possuidores, se outro não for o motivo invocado para a respectiva inventariação, nos termos do regime geral de protecção de bens culturais.
2 – Cada espécie bibliográfica inventariada, ou apresentada para inventariação, deverá ser descrita de acordo com as Regras Portuguesas de Catalogação, providenciando-se para que as respectivas descrições sejam compatibilizadas e validadas pelos serviços nacionais.

CAPÍTULO VI
DO PATRIMÓNIO FONOGRÁFICO

ARTIGO 89º
Património fonográfico

1 – Integram o património fonográfico as séries de sons, fixadas sobre qualquer suporte, bem como as geradas ou reproduzidas por qualquer tipo de aplicação informática ou informatizada, também em suporte virtual, e que, tendo sido realizadas para fins de comunicação, distribuição ao público ou de documentação, se revistam de interesse cultural relevante e preencham pelo menos um de entre os seguintes requisitos:

a) Hajam resultado de produções nacionais ou de produções estrangeiras relacionadas com a realidade e a cultura portuguesas;

b) Integrem, independentemente da nacionalidade da produção, colecções ou espólios conservados em instituições públicas ou que, independentemente da natureza jurídica do detentor, se distingam pela sua notabilidade;

c) Representem ou testemunhem vivências ou factos nacionais relevantes.

2 – As séries de sons amadores podem ser incluídas no património fonográfico, nos termos da lei.

CAPÍTULO VII
DO PATRIMÓNIO FOTOGRÁFICO

ARTIGO 90º
Património fotográfico

1 – Integram o património fotográfico todas as imagens obtidas por processos fotográficos, qualquer que seja o suporte, positivos ou negativos, transparentes ou opacas, a cores ou a preto e branco, bem como as colecções, séries e fundos compostos por tais espécies que, sendo notáveis pela antiguidade, qualidade do conteúdo, processo fotográfico utilizado ou carácter informativo sobre o contexto histórico-cultural em que foram produzidas, preencham ainda pelo menos um de entre os seguintes requisitos:

a) Hajam sido produzidas por autores nacionais ou por estrangeiros sobre Portugal;

b) Contenham imagens que possuam significado no contexto da história da fotografia nacional ou da fotografia estrangeira quando se encontrem predominantemente em território português há mais de 25 anos;

c) Se refiram a acontecimentos, personagens ou bens culturais ou ambientais relevantes para a memória colectiva portuguesa.

2 – As fotografias inseridas em álbuns ou livros impressos, incluindo imagens originais ou em reprodução fotomecânica, integram o património fotográfico quando correspondam à previsão do número anterior e constem de edições portuguesas ou de edições estrangeiras reproduzindo obras de autores nacionais ou de estrangeiros sobre Portugal.

3 – Sem prejuízo do regime geral, devem ser objecto de classificação como de interesse nacional as espécies, colecções, séries e fundos fotográficos anteriores a 1866 abrangidos pela previsão do nº 1 ou do nº 2 do presente artigo quando se verifique em relação a eles algum dos seguintes pressupostos:

a) Tenham pertencido a instituição ou pessoa notáveis cuja actividade ou obra possam ajudar a conhecer;

b) Se encontrem, a qualquer título, na posse do Estado.

4 – Sem prejuízo do regime geral, devem ser objecto de classificação como de interesse público as espécies, colecções, séries e fundos fotográficos posteriores a 1865 abrangidos pela previsão do nº 1 ou do nº 2 do presente artigo quando se verifique em relação a eles algum dos seguintes pressupostos:

a) Sejam anteriores a 1881 e se encontrem a qualquer título na posse do Estado;

b) Sejam anteriores a 1881 e deles não existam exemplares em arquivos de titularidade pública;

c) Possuam mais de 100 anos e tenham pertencido a instituição ou pessoa notáveis cuja actividade ou obra possam ajudar a conhecer.

5 – Devem ser objecto de inventário os fundos fotográficos abrangidos pela previsão do nº 1 do presente artigo em relação aos quais se verifique algum dos seguintes pressupostos:

a) Se encontrem a qualquer título na posse do Estado;

b) Venham a ser voluntariamente apresentados pelos respectivos possuidores, se outro não for o motivo invocado para a respectiva inventariação nos termos do regime geral de protecção dos bens culturais;

c) Tenham pertencido a instituição ou pessoa notáveis cuja actividade ou obra possam ajudar a conhecer.

TÍTULO VIII
DOS BENS IMATERIAIS

ARTIGO 91º
Âmbito e regime de protecção

1 – Para efeitos da presente lei, integram o património cultural as realidades que, tendo ou não suporte em coisas móveis ou imóveis, representem testemunhos etnográficos ou antro-

pológicos com valor de civilização ou de cultura com significado para a identidade e memória colectivas.
2 – Especial protecção devem merecer as expressões orais de transmissão cultural e os modos tradicionais de fazer, nomeadamente as técnicas tradicionais de construção e de fabrico e os modos de preparar os alimentos.
3 – Tratando-se de realidades com suporte em bens móveis ou imóveis que revelem especial interesse etnográfico ou antropológico, serão as mesmas objecto das formas de protecção previstas nos títulos IV e V.
4 – Sempre que se trate de realidades que não possuam suporte material, deve promover-se o respectivo registo gráfico, sonoro, áudio-visual ou outro para efeitos de conhecimento, preservação e valorização através da constituição programada de colectâneas que viabilizem a sua salvaguarda e fruição.
5 – Sempre que se trate de realidades que associem, também, suportes materiais diferenciados, deve promover-se o seu registo adequado para efeitos de conhecimento, preservação, valorização e de certificação.

ARTIGO 92º
Deveres das entidades públicas

1 – Constitui especial dever do Estado e das Regiões Autónomas apoiar iniciativas de terceiros e mobilizar todos os instrumentos de valorização necessários à salvaguarda dos bens imateriais referidos no artigo anterior.
2 – Constitui especial dever das autarquias locais promover e apoiar o conhecimento, a defesa e a valorização dos bens imateriais mais representativos das comunidades respectivas, incluindo os próprios das minorias étnicas que as integram.

TÍTULO IX
DAS ATRIBUIÇÕES DO ESTADO, REGIÕES AUTÓNOMAS E AUTARQUIAS LOCAIS

ARTIGO 93º
Atribuições comuns, colaboração e auxílio interadministrativo

1 – As Regiões Autónomas e os municípios comparticipam com o Estado na tarefa fundamental de proteger e valorizar o património cultural do povo português, prosseguido por todos como atribuição comum, ainda que diferenciada nas respectivas concretizações e sem prejuízo da discriminação das competências dos órgãos de cada tipo de ente.

2 – Sem prejuízo das reservas das atribuições e competências próprias, o Estado, as Regiões Autónomas e os municípios articularão entre si a adopção e execução das providências necessárias à realização de fins estabelecidos na presente lei e os respectivos órgãos assegurarão a pres-tação recíproca de auxílio entre os serviços e instituições deles dependentes no tocante à circulação de informação e à prática de actos materiais que requeiram conhecimentos ou utensilagem especializados.
3 – O Estado, as Regiões Autónomas e os municípios constituirão fundos e estabelecerão regimes de comparticipação, de modo a enquadrar as intervenções de conservação, restauro, manutenção e valorização dos bens culturais por eles classificados ou inventariados e, tanto quanto possível, de bens culturais que, não obstante haverem sido objecto de um tal acto por parte de outra pessoa colectiva pública, se encontrem na respectiva área de jurisdição.

ARTIGO 94º
Atribuições em matéria de classificação e inventariação
1 – A classificação de bens culturais como de interesse nacional incumbe, nos termos da lei, aos competentes órgãos e serviços do Estado, a classificação de bens culturais como de interesse público incumbe aos competentes órgãos e serviços do Estado ou das Regiões Autónomas quando o bem ali se localizar, nos termos da lei e dos estatutos político-administrativos, e a classificação de bens culturais como de interesse municipal incumbe aos municípios.
2 – A classificação de bens culturais pelos municípios será antecedida de parecer dos competentes órgãos e serviços do Estado, ou das Regiões Autónomas se o município aí se situar.
3 – Se outra coisa não for disposta pela legislação de desenvolvimento, o silêncio do órgão competente pelo prazo de 45 dias vale como parecer favorável.
4 – Os registos de classificação das Regiões Autónomas serão comunicados ao Estado, e os registos de classificação dos municípios serão comunicados ao Estado, ou ao Estado e à Região Autónoma.
5 – A classificação de bens culturais pertencentes a igrejas e a outras comunidades religiosas incumbe exclusivamente ao Estado e às Regiões Autónomas.
6 – Sem prejuízo de delegação de tarefas permitida pelo nº 2 do artigo 4º, a inventariação de bens culturais incumbe aos competentes órgãos e serviços do Estado e das Regiões Autónomas e, bem assim, aos municípios, devendo processar-se com recurso a bases de dados normalizadas e intercomunicáveis, nos termos do disposto pela legislação de desenvolvimento.
7 – À competência para classificar e inventariar corresponde a de emitir actos em sentido oposto.

ARTIGO 95º
Outras atribuições

1 – Salvo disposição da lei em contrário, incumbirá às pessoas colectivas públicas cujos órgãos hajam procedido, por esta ordem, à classificação ou inventariação, ou tenham pendentes procedimentos para esse efeito, a tomada das seguintes decisões, quando a elas haja lugar na base de normas que as prevejam:

a) Expropriação de bens culturais ou de prédios situados na zona de protecção de bens culturais imóveis;

b) Autorização, exercício do direito de preferência ou outras decisões motivadas pela alienação de bens culturais;

c) Emissão de parecer vinculativo, autorização ou asseguramento de intervenções de conservação, restauro, alteração ou de qualquer outro tipo sobre bens culturais ou nas respectivas zonas de protecção;

d) Reconhecimento do acesso de detentores de bens culturais aos benefícios decorrentes da classificação ou inventariação.

2 – Na ausência de normas específicas de distribuição da competência no seio da pessoa colectiva pública apurada nos termos do número anterior, o poder para praticar os actos ali referidos caberá, consoante os casos, ao organismo da administração central ou regional cujo escopo corresponda à natureza do bem ou, na sua falta, ao governo central ou regional ou ao município.

ARTIGO 96º
Providências de carácter organizatório

No âmbito dos organismos existentes ou a criar, funcionarão obrigatoriamente as seguintes estruturas e cargos:

a) Uma estrutura de coordenação, a nível infragovernamental, das administrações estaduais do ambiente, do ordenamento do território, do equipamento, das obras públicas e da cultura;

b) Serviços de inspecção e observação dos bens classificados;

c) Serviços que especificamente acompanhem o comércio de arte e das antiguidades;

d) Um centro de estudos do direito do património cultural e da promoção, no plano técnico, da sua consolidação, actualização e aperfeiçoamento.

TÍTULO X
DOS BENEFÍCIOS E INCENTIVOS FISCAIS

ARTIGO 97º
Regime de benefícios e incentivos fiscais

A definição e estruturação do regime de benefícios e incentivos fiscais relativos à protecção e valorização do património cultural são objecto de lei autónoma.

ARTIGO 98º
Emolumentos notariais e registrais

1 – Os actos que tenham por objecto bens imóveis ou móveis classificados, bem como a contracção de empréstimos com o fim da respectiva aquisição, estão isentos de quaisquer emolumentos registrais e notariais.

2 – A isenção emolumentar prevista no número anterior não abrange os emolumentos pessoais nem as importâncias correspondentes à participação emolumentar devida aos notários, conservadores e oficiais do registo e do notariado pela sua intervenção nos actos.

ARTIGO 99º
Outros apoios

1 – O Governo promoverá o apoio financeiro ou a possibilidade de recurso a formas especiais de crédito, em condições favoráveis, a proprietários ou outros titulares de direitos reais de gozo sobre bens culturais classificados ou inventariados com a condição de os mesmos procederem a trabalhos de protecção, conservação e valorização dos bens, de harmonia com as normas estabelecidas sobre a matéria e sob a orientação dos serviços competentes.

2 – Os benefícios financeiros referidos no número anterior poderão ser subordinados a especiais condições e garantias, em termos a fixar, caso a caso, pela administração competente.

TÍTULO XI
DA TUTELA PENAL E CONTRA-ORDENACIONAL
CAPÍTULO I
DA TUTELA PENAL

ARTIGO 100º
Infracções criminais previstas no Código Penal

Aos crimes praticados contra bens culturais aplicam-se as disposições previstas no Código Penal, com as especialidades constantes da presente lei.

Nota:

Pressupostos da punição criminal

– acção do agente [comportamento activo (*facere*) ou omissivo (*omittere*) desconforme ao Direito];

– culpa [imputabilidade, dolo (grosso modo, intenção de realizar o crime)/negligência (omissão de um dever de cuidado de previsão, adequado a evitar a realização de um tipo legal de crime); não verificação das causas de exclusão da ilicitude].

A culpa no domínio da responsabilidade contratual "é apreciada, na falta de outro critério legal, pela diligência de um bom pai de família, em face das circunstâncias de cada caso" (art. 487º, nº 2, do CC). Explicam Pires de Lima e Antunes Varela, "Código Civil Anotado", Vol. I, 4ª ed., 1987, p. 489: "A referência expressiva ao *bom pai de família* acentua mais a nota *ética* ou *deontológica* do bom cidadão (do *bonus cives*) do que o critério puramente estatístico do *homem médio*. Quer isto significar que o julgador não está vinculado às práticas de *desleixo*, de *desmazelo* ou de *incúria*, que porventura se tenham generalizado se outra for a conduta exigível aos homens de boa formação e de são procedimento"). A culpa extracontratual é "apreciada nos termos aplicáveis à responsabilidade civil" (art. 499º, nº 2, do CC). O dispositivo resolve o problema de saber se a culpa do devedor deve ser apreciada *in abstracto* (pela diligência de um bom pai de família), ou *in concreto*, em atenção à diligência normal do devedor. Tendo-se optado pelo primeiro entendimento (traduz-se na omissão reprovável de um dever de diligência (do *bonus pater famílias*), aferido em abstracto).

– ilicitude (manifestação expressa pela desconformidade entre o comportamento devido e o executado);

– resultado (mero perigo/dano). A lei admite os *crimes de mero perigo* e os *crimes de dano*, nos primeiros não exige a verificação efectiva do perigo de lesão; nos segundos, exige a lesão efectiva.

– nexo causal acção-resultado (causalidade adequada);

– tipicidade (juízo de valor jurídico-criminal, assente na lei – *nullum crimen sine lege*).

Apresentam-se como mais comuns os seguintes erros de premissa no tratamento desta matéria:

i) qualificar os bens ambientais como *res communnes* ou *res nullius*, ou seja:

– enquadrá-los como bens que não pertencem a ninguém e assim a sua degradação fica impune, ninguém pode ser responsabilizado por ela;

– considerá-los como bens sobre os quais não existem direitos reais (definidos como um poder de impôr aos outros uma atitude de respeito), *v.g.* água corrente, mar, ar.

ii) qualificar como *res derelictae* (subespécie de *res nullius*) os resíduos de cada ciclo económico (fumos, esgotos para os rios), permitindo a irresponsabilidade pela degradação dos bens ambientais.

Diz JORGE BRAVO ("A tutela penal dos interesses difusos", CE, 1997, p. 32), "o bem jurídico que o direito penal protegerá será, não o ambiente enquanto valor absoluto, mas a qualidade do ambiente, dentro de certos parâmetros considerados adequados a permitir a vida do Homem com certa qualidade".

TIPOLOGIA DE CRIMES AMBIENTAIS PREVISTOS NO CÓDIGO PENAL

Arts. 272º a 286º – Crimes de perigo comum

a) Incêndios, explosões e outras condutas especialmente perigosas (art. 272º, do CP),

b) Energia nuclear (art. 273º, do CP);

c) Incêndio florestal (art. 274º, do CP);

d) Substâncias explosivas ou análogas e armas (art. 275º, do CP);

e) Infracção de regras de construção, dano em instalações e perturbação de serviços (art. 277º, nº 1, als. c) e d), do CP);

f) Danos contra a natureza (art. 278º, do CP);

g) Poluição (art. 279º, do CP);

h) Poluição com perigo comum (art. 280º, do CP).

i) Perigo relativo a animais ou vegetais (art. 281º, do CP);

j) Corrupção de substâncias alimentares ou medicinais (art. 282º, do CP);

l) Propagação de doença, alteração de análise ou de receituário (art. 283º, do CP).

Sobre Direito Contra-Ordenacional do Ambiente, *v.* Lei nº 50/2006, de 29 de Agosto que aprovou a lei quadro das contra-ordenações ambientais.

ARTIGO 101º
Crime de deslocamento

Quem proceder ao deslocamento de um bem imóvel classificado, ou em vias de classificação, fora das condições referidas no artigo 48º, é punido com pena de prisão até 3 anos ou com pena de multa até 360 dias.

ARTIGO 102º
Crime de exportação ilícita

1 – Quem proceder à exportação ou expedição de um bem classificado como de interesse nacional, ou em vias de classificação como tal, fora dos casos previstos nos nºs 2 ou 3 do artigo 65º, é punido com pena de prisão até 5 anos ou com pena de multa até 600 dias.
2 – Em caso de negligência, o agente é punido com pena de prisão até 1 ano ou com multa até 120 dias.

ARTIGO 103º
Crime de destruição de vestígios

Quem, por inobservância de disposições legais ou regulamentares ou providências limitativas decretadas em conformidade com a presente lei, destruir vestígios, bens ou outros indícios arqueológicos é punido com pena de prisão até 3 anos ou com pena de multa até 360 dias.

CAPÍTULO II
DA TUTELA CONTRA-ORDENACIONAL

ARTIGO 104º
Contra-ordenações especialmente graves

Constitui contra-ordenação punível com coima de 500000$00 a 5000000$00 e de 5000000$00 a 100000000$00, conforme sejam praticados por pessoa singular ou colectiva:
a) O deslocamento ou a demolição de imóveis classificados, ou em vias de classificação, fora das condições referidas nos artigos 48º e 49º;
b) A realização de obras que hajam sido previamente embargadas de harmonia com o disposto no nº 1 do artigo 47º;

c) A exportação e a expedição de bens classificados, ou em vias de classificação, em violação do disposto no artigo 65º;
d) A violação do disposto no nº 1 do artigo 64º, quando o agente retirar um benefício económico calculável superior a 20000000$00.

ARTIGO 105º
Contra-ordenações graves

Constitui contra-ordenação punível com coima de 350000$00 a 3500000$00 e de 3500000$00 a 20000000$00, conforme sejam praticadas por pessoa singular ou colectiva:
a) A violação do disposto no nº 3 do artigo 45º, no artigo 51º e no nº 6 do artigo 75º, bem como do regime de apresentação de licença de exportação de bens culturais para fora do território aduaneiro da União Europeia, tal como prescrito no artigo 2º do Regulamento nº 3911/92/CEE, do Conselho, de 9 de Dezembro;
b) A violação do disposto no artigo 32º, nos nºs 1 e 2 do artigo 36º, no artigo 57º e no nº 1 do artigo 64º, fora dos casos previstos na alínea d) do artigo 104º, bem como a violação do disposto no nº 1 do artigo 78º;
c) A violação do dever de comunicação de importação ou de admissão, decorrente do disposto no nº 1 do artigo 68º;
d) A violação do disposto no nº 3 do artigo 45º e no artigo 51º, bem como o deslocamento ou a demolição ilícita, a realização de obras previamente embargadas ou a exportação ou expedição de bens realizadas em desconformidade com o disposto nos nºs 1 e 5 do artigo 66º, quando, em qualquer dos casos, a violação respeite a bens classificados como de interesse público.

ARTIGO 106º
Contra-ordenações simples

Constitui contra-ordenação punível com coima de 100000$00 a 500000$00 e de 500000$00 a 5000000$00, conforme sejam praticadas por pessoa singular ou colectiva:
a) A violação do disposto no artigo 32º e nos nºs 1 e 2 do artigo 36º, quando a mesma respeite a bens classificados como de interesse municipal;
b) A violação do disposto no artigo 21º e no nº 1 dos artigos 41º e 46º, e a violação de algum dos deveres ou restrições previstos nas alíneas a), b) e c) do nº 2 do artigo 60º

ARTIGO 107º
Negligência

A negligência é punível.

ARTIGO 108º
Sanções acessórias

1 – Conjuntamente com a coima prevista no tipo legal de contra-ordenação, pode ser aplicada ao infractor uma das seguintes sanções acessórias:
a) Apreensão dos bens objecto da infracção;
b) Interdição do exercício da profissão de antiquário ou leiloeiro;
c) Privação do direito a subsídio ou benefício outorgado por entidade ou serviço público para efeitos de salvaguarda ou valorização de bem cultural;
d) Privação do direito de participar em arrematações ou concursos públicos;
e) Encerramento do estabelecimento cujo funcionamento esteja sujeito a autorização ou licença de autoridade administrativa;
f) Suspensão de autorizações, licenças e alvarás.
2 – As sanções referidas nas alíneas b) e c) do número anterior terão a duração máxima de dois anos, que se contarão a partir da decisão condenatória.

ARTIGO 109º
Responsabilidade solidária

Quando tiverem sido executados trabalhos de conservação ou restauro que impliquem dano irreparável ou destruição ou demolição em bens classificados ou em vias de o serem, sem prévia autorização do serviço competente, as pessoas a quem se achem vinculados, por contrato de trabalho, de prestação de serviços ou de empreitada, aqueles que cometerem qualquer das contra-ordenações previstas nesta lei são subsidiariamente responsáveis pelo pagamento da importância igual à da coima àqueles aplicável, salvo se provarem ter tomado as providências necessárias para os fazer observar a lei.

ARTIGO 110º
Instrução e decisão

1 – A instrução do procedimento por contra-ordenação cabe ao serviço da administração do património cultural competente para o procedimento de classificação.

2 – A aplicação da coima compete ao órgão dirigente do serviço referido no número anterior, cabendo o montante da coima em 60% ao Estado e em 40% à entidade respectiva, salvo quando cobradas pelos organismos competentes dos Governos Regionais, caso em que revertem totalmente para a respectiva Região.

TÍTULO XII
DISPOSIÇÕES FINAIS E TRANSITÓRIAS

ARTIGO 111º
Legislação de desenvolvimento

1 – Sem prejuízo dos poderes legislativos regionais, no prazo de um ano, deve o Governo aprovar, preferencialmente de forma unitária e consolidada, a legislação de desenvolvimento.
2 – No prazo de um ano, devem o Governo central e os Governos Regionais aprovar as alterações das leis orgânicas dos vários institutos e serviços da administração do património cultural competente que se revelem necessárias à compatibilização daqueles diplomas com as orientações formuladas na presente lei.

ARTIGO 112º
Anteriores actos de classificação e inventariação

1 – Mantêm-se em vigor os efeitos decorrentes de anteriores formas de protecção de bens culturais móveis e imóveis da responsabilidade da administração central ou da administração regional autónoma, independentemente das conversões a que tenha de se proceder por força da presente lei.
2 – Os bens imóveis anteriormente classificados pelo Estado ou pelas Regiões Autónomas como valores concelhios passam a considerar-se bens classificados de interesse municipal.
3 – A legislação de desenvolvimento determinará as demais regras necessárias à conversão para novas formas de protecção e designações.

ARTIGO 113º
Disposições finais e transitórias avulsas

1 – Consideram-se feitas para as correspondentes disposições desta lei todas as remissões para normas da Lei nº 13/85, de 6 de Julho, contidas em leis ou regulamentos avulsos.

2 – Enquanto não for editada a legislação de desenvolvimento da presente lei, no território do continente considerar-se-ão em vigor as normas até agora aplicáveis do Decreto nº 20985, de 7 de Março de 1932, com as sucessivas alterações, em tudo o que não contrarie princípios ou disposições fundamentais da presente lei.
3 – Os representantes das autarquias locais e das demais pessoas colectivas públicas não territoriais deverão remeter ao Governo, no prazo de dois anos a contar da entrada em vigor da presente lei, os instrumentos de descrição a que se refere o artigo 63º.
4 – Legislação especial assegurará um regime transitório de protecção urbanística aplicável aos conjuntos e sítios já classificados e àqueles que o venham a ser até à entrada em vigor da legislação e dos instrumentos que tornem exequível o disposto nos artigos 53º, 54º e 75º da presente lei.
5 – O Governo fica obrigado a apresentar à Assembleia da República, de três em três anos e com início em 2001, um relatório circunstanciado sobre o estado do património cultural em Portugal.

ARTIGO 114º
Normas revogatórias e inaplicabilidade
1 – Sem prejuízo do disposto no artigo anterior, são revogadas as Leis nºs 2032, de 11 de Junho de 1949, e 13/85, de 6 de Julho, bem como todas as disposições de leis gerais da República que contrariem o disposto na presente lei.
2 – São revogados a alínea b) do nº 1 do artigo 9º e os artigos 21º a 30º do Decreto-Lei nº 16/93, de 23 de Janeiro, bem como os artigos 6º e 46º-A deste mesmo diploma, na redacção que lhes foi dada pela Lei nº 14/94, de 11 de Maio.
3 – O disposto no Decreto nº 14881, de 13 de Janeiro de 1928, no Decreto-Lei nº 48547, de 27 de Agosto de 1968, e no Decreto Regulamentar nº 90/84, de 26 de Dezembro, que de algum modo interfira com bens imóveis classificados ou em vias de o ser, sejam eles monumentos, conjuntos ou sítios, fica para todos os efeitos condicionado à presente lei e à legislação específica existente.
4 – Mantém-se em vigor a Lei nº 19/2000, de 10 de Agosto.

ARTIGO 115º
Entrada em vigor
1 – Em tudo o que não necessite de desenvolvimento, esta lei entra em vigor 60 dias após a respectiva publicação.
2 – As demais disposições entram em vigor com os respectivos diplomas de desenvolvimento ou com a legislação de que se mostrem carecidas.

Património Cultural Subaquático

DECRETO-LEI Nº 164/97, DE 27 DE JUNHO[44]

O presente decreto-lei visa harmonizar a legislação que rege a actividade arqueológica em meio subaquático com a aplicável à actividade arqueológica em meio terrestre. Esta necessidade é tanto maior quanto se autonomizou no Instituto Português de Arqueologia, criado pelo Decreto-Lei nº 117/97, de 14 de Maio, a gestão da actividade arqueológica nacional.

A legislação que anteriormente regia o domínio específico da arqueologia subaquático, consubstanciada no Decreto-Lei nº 289/93, de 21 de Agosto, actualizado pelo Decreto-Lei nº 85/94, de 30 de Março, conjugado com a Portaria nº 568/95, de 16 de Junho, afastava-a de forma clara da arqueologia terrestre no que respeita aos critérios de base metodológica e à tutela do Estado. Por outro lado, esses diplomas consagravam, de forma nítida, a exploração comercial da actividade arqueológica subaquático, com prejuízo para a contextualização científica do património cultural em causa.

O presente diploma elimina o concessionamento da exploração comercial do património cultural subaquático. Toda a actividade arqueológica realizada em meio subaquático é reconduzida à condição de empreendimento estritamente científico e são impedidas as práticas destrutivas ou intrusivas que possam danificar bens culturais subaquáticos e respectivas zonas envolventes. São salvaguardados, porém, os direitos dos achadores fortuitos, com o objectivo de compatibilizar a garantia dos direitos dos cidadãos com a necessidade de preservar

[44] Nos termos da Lei nº 19/2000, de 10.08, nas Regiões Autónomas dos Açores e da Madeira, a adopção das medidas necessárias e indispensáveis para a realização de trabalhos arqueológicos, terrestres e subaquáticos, e para o levantamento, estudo, protecção, conservação e valorização do património cultural arqueológico, terrestre e subaquático, móvel e imóvel, e suas zonas envolventes, é da competência dos respectivos Governos Regionais, que deverão garantir as condições, designadamente de recursos humanos e orçamentais, para o efeito necessárias (art. 1º).
Nos termos do art. 2º, a "realização de trabalhos referidos no artigo anterior relativos ao património cultural subaquático carece de licenciamento da autoridade competente, que não substitui nem dispensa as demais autorizações legalmente exigidas".

a memória histórica e a informação científica que os bens por eles achados possam trazer à arqueologia portuguesa.

Foram ouvidos os órgãos de governo próprio das Regiões Autónomas dos Açores e da Madeira.

Assim:

No desenvolvimento do regime jurídico estabelecido pela Lei nº 13/85, de 6 de Julho, e nos termos da alínea *c*) do nº 1 do artigo 201º da Constituição, o Governo decreta o seguinte:

CAPÍTULO I
DISPOSIÇÕES GERAIS

ARTIGO 1º
Património cultural subaquático

1 – O património cultural subaquático é constituído por todos os bens móveis ou imóveis e zonas envolventes, testemunhos de uma presença humana, possuidores de valor histórico, artístico ou científico, situados, inteiramente ou em parte, em meio subaquático, encharcado ou húmido:

a) No mar territorial, seus leitos e margens;

b) Nos cursos de água, seus leitos e margens;

c) Nos lagos, lagoas e lagunas, seus leitos e margens;

d) Nos cais e valas, seus leitos e margens;

e) Nas águas sujeitas à influência das marés nos rios, lagos, lagoas e lagunas, seus leitos e margens;

f) Nos pântanos;

g) Nas águas subterrâneas;

h) Nas águas dos poços e reservatórios;

i) Nas zonas inundadas periodicamente ou actualmente assoreadas, seus leitos e margens, desde que tais trabalhos incidam sobre bens ou indícios de âmbito náutico.

2 – Integram ainda o património cultural subaquático os bens que sejam arrojados ou que se encontrem no subsolo das águas e zonas referidas no número anterior.

3 – Os bens referidos nos números anteriores são considerados, para os efeitos previstos na Lei nº 13/85, de 6 de Julho, como bens arqueológicos.

4 – São também património cultural subaquático os sítios arqueológicos subaquáticos localizados em zonas submersas onde se encontrem bens culturais que pela sua natureza ou interesse de conjunto ali devam permanecer.

ARTIGO 2º
Propriedade do Estado

1 – Os bens referidos no artigo anterior sem proprietário conhecido constituem propriedade do Estado.

2 – Equiparam-se a bens sem proprietário conhecido os que não forem recuperados pelo proprietário dentro do prazo de cinco anos a contar da data em que os perdeu, abandonou ou deles se separou de qualquer modo.

ARTIGO 3º
Inventariação

Os bens referidos no artigo 1º que forem considerados de valor cultural serão objecto de um inventário a homologar pelo Ministro da Cultura, sob proposta do Instituto Português de Arqueologia (IPA), quando, pelo seu relevante interesse histórico, artístico ou científico, merecerem especial protecção, de acordo com o estipulado na Lei nº 13/85, de 6 de Julho.

ARTIGO 4º
Procedimento de inventariação

1 – O achamento ou recolha de bens determina a abertura de um procedimento de inventariação, tendo em vista a instrução do respectivo processo de classificação.

2 – O procedimento de inventariação de bens arqueológicos achados ou recolhidos no decurso de trabalhos arqueológicos subaquáticos inicia-se:

a) Em momentos previamente determinados pelo IPA;

b) No fim dos trabalhos arqueológicos subaquáticos.

3 – O procedimento de inventariação de achado fortuito inicia-se com o recebimento no IPA do auto do achado fortuito.

4 – A inventariação de sítios arqueológicos é precedida de parecer das entidades com atribuições e competências nas áreas das pescas e transportes marítimos.

5 – Enquanto decorrer o procedimento de inventariação, os bens achados ou recolhidos ou os sítios arqueológicos não poderão, consoante os casos, ser objecto de alienação, alteração ou exportação.

6 – O despacho que homologar a inventariação estabelecerá a delimitação da zona e as medidas de salvaguarda do sítio arqueológico subaquático.

ARTIGO 5º
Prazo para a inventariação

O procedimento de inventariação deve ser concluído no prazo de 60 dias, podendo ser, em circunstâncias excepcionais, prorrogável por idêntico período, mediante despacho do Ministro da Cultura.

ARTIGO 6º
Bens inventariados

É interdita a alienação, alteração ou exportação de bens inventariados fora dos termos previstos para os bens classificados na Lei nº 13/85, de 6 de Julho, sob pena de nulidade dos actos praticados.

CAPÍTULO II
TRABALHOS ARQUEOLÓGICOS SUBAQUÁTICOS

ARTIGO 7º
Trabalhos arqueológicos subaquáticos

1 – São considerados trabalhos arqueológicos subaquáticos todas as acções que visem exclusivamente o estudo, a salvaguarda e a valorização dos bens do património cultural subaquático e que recorram a métodos consagrados do ponto de vista da arqueologia, quer se revistam ou não de natureza intrusiva e perturbadora relativamente ao seu inter-relacionamento e ao seu meio envolvente, e que, pelo seu carácter programático, excedam a mera observação visual directa e o simples registo documental não intrusivo, desde que não recaindo no âmbito do artigo seguinte.

2 – A recolha de bens do património cultural subaquático só é permitida no âmbito de trabalhos arqueológicos subaquáticos devidamente licenciados pelo IPA.

3 – A fixação dos termos do depósito definitivo ou temporário dos bens móveis recolhidos através de trabalhos arqueológicos subaquáticos é da competência do Ministro da Cultura, sob proposta do IPA.

4 – Os bens recolhidos durante a realização de trabalhos arqueológicos subaquáticos são insusceptíveis de aquisição por usucapião.

ARTIGO 8º
Utilização de aparelhos de detecção aproximada ou remota

1 – A utilização de aparelhos de detecção aproximada ou remota, como sejam detectores de metais, magnetómetros, resistivímetros, sonares de varrimento lateral e de sísmica de reflexão e penetração, para fins de detecção de bens arqueológicos carece de autorização do IPA, devendo para o efeito a mesma ser solicitada mediante requerimento devidamente fundamentado e identificados os especialistas e as entidades envolvidos.

2 – Sem prejuízo do estabelecido no número anterior, a utilização de detectores de metais é proibida na área de todos os sítios de valor arqueológico subaquático reconhecidos e constantes do inventário e dos registos do IPA, assim como nas áreas permanente, temporária ou intermitentemente emersas das zonas do domínio público marítimo.

ARTIGO 9º
Licenças

1 – A realização de trabalhos arqueológicos subaquáticos carece de licença.

2 – A licença para a realização de trabalhos arqueológicos subaquáticos é da competência do Ministro da Cultura, sob proposta do IPA e ouvidos os órgãos consultivos competentes, aplicando-se o disposto na Portaria nº 269/78, de 12 de Maio, com as alterações introduzidas pela Portaria nº 195/79, de 24 de Abril, sem prejuízo das condicionantes impostas pelo artigo seguinte.

3 – A licença referida no número anterior não substitui nem dispensa as demais autorizações legalmente exigidas.

ARTIGO 10º
Condicionantes para os trabalhos arqueológicos subaquáticos

1 – Os trabalhos arqueológicos subaquáticos não poderão efectuar-se em áreas onde se encontrem:

a) Reservas naturais;

b) Zonas militares temporária ou permanentemente restritas;

c) Zonas de pesca delimitadas;

d) Zonas de passagem de cabos de telecomunicações e de energia, oleodutos, gasodutos e emissários;

e) Zonas de exploração petrolífera ou de outros minerais;

f) Navios de guerra afundados durante a II Guerra Mundial;

g) Navios afundados que contenham explosivos, óleos ou outros materiais a bordo cuja libertação ponha em perigo o equilíbrio ecológico;
h) Corredores de navegação delimitados por esquemas de separação de tráfego ou sempre que possa ser afectada a segurança da navegação ou a exploração comercial dos portos.
2 – Mediante proposta do IPA, e quando esses trabalhos se revelem indispensáveis à salvaguarda de bens de valor cultural, pode ser autorizada a realização de trabalhos arqueológicos subaquáticos nas áreas referidas no número anterior, por despacho conjunto do Ministro da Cultura e do membro do Governo responsável pela área que estiver em causa, ouvidos os órgãos consultivos competentes.

ARTIGO 11º
Medidas de prevenção

Nas áreas de trabalhos arqueológicos subaquáticos o IPA promove a adopção pelas entidades competentes das medidas de prevenção, designadamente de navegação e pesca, que se mostrem adequadas às actividades arqueológicas subaquáticos, bem como à salvaguarda dos bens encontrados ou provavelmente existentes.

CAPÍTULO III
ACHADOS FORTUITOS

ARTIGO 12º
Achado fortuito

1 – Quem por acaso achar ou localizar quaisquer bens previstos no artigo 1º deverá comunicar o facto à estância aduaneira ou órgão local do sistema de autoridade marítima com jurisdição sobre o local do achado, a qualquer outra autoridade policial ou directamente ao IPA, no prazo de quarenta e oito horas.
2 – As entidades referidas no número anterior devem dar conhecimento da comunicação ao IPA no prazo de vinte e quatro horas, ou, quando a comunicação imediata não for possível, no prazo de quarenta e oito horas.
3 – Salvo motivo justificado, a falta de comunicação do achado no prazo referido no nº 1 determina a perda dos direitos do achador, sem prejuízo da responsabilidade civil, criminal e contra-ordenacional a que haja lugar.
4 – Quando o achado for comunicado directamente ao IPA, este de-verá dar conhecimento do facto às entidades com jurisdição sobre o local do achado no prazo de vinte e quatro horas.

ARTIGO 13º
Auto de achado fortuito

1 – A entidade a quem for comunicado o achado ou a localização de bens lavrará auto de achado fortuito.
2 – O auto especificará a natureza e as características do achado, o local, o dia e a hora da descoberta, bem como a identificação do achador.
3 – A entidade que lavrar o auto guardará o achado ou, quando isso não for possível, assegurará o depósito do mesmo em condições de segurança.
4 – É obrigatória a entrega ao achador de cópia do auto e recibo do depósito do achado.
5 – A entidade que lavrar o auto enviará de imediato cópias ao IPA e à autoridade aduaneira, bem como à autoridade marítima que tenha jurisdição sobre o local do achado.

ARTIGO 14º
Inventariação do achado fortuito

1 – O IPA determinará o local do depósito provisório dos bens inventariados, nos termos dos artigos 3º e seguintes.
2 – O IPA notificará a inventariação ao achador e às autoridades que tenham jurisdição sobre o local do achado.
3 – No caso de o IPA não se pronunciar pelo valor cultural ou o Ministro da Cultura não homologar a proposta de inventariação, aquele notificará deste facto as autoridades que tenham jurisdição sobre o local do achado.

ARTIGO 15º
Achados fortuitos em obra nova

1 – Quando, em virtude de trabalhos de qualquer natureza, designadamente dragagens, remoção de terra, areia ou outros materiais e prospecções petrolíferas ou de minerais, forem encontrados ou localizados bens referidos no artigo 1º, o achador ou a entidade responsável pela execução da obra devem, respectivamente, propor ao IPA a suspensão dos trabalhos e proceder à sua suspensão imediata, efectuando a comunicação prevista no artigo 12º.
2 – Os trabalhos ficarão suspensos até que o IPA autorize a respectiva continuação.
3 – O IPA tem um prazo de 10 dias a contar do recebimento do auto de achado fortuito para decidir sobre a continuação dos trabalhos.
4 – Quando o achador ou a entidade responsável pela execução dos trabalhos não suspender ou prosseguir os trabalhos sem autorização expressa do IPA, este poderá desencadear o embargo administrativo.

CAPÍTULO IV
RECOMPENSAS

ARTIGO 16º
Direitos do achador

Os achados fortuitos constituem o achador no direito de receber uma recompensa, calculada sobre o valor atribuído aos bens nos termos dos artigos 17º, 18º, 19º e 20º.

ARTIGO 17º
Recompensa do achado fortuito

1 – O achador tem direito ao pagamento de metade do valor do achado fortuito que venha a ser inventariado, nos termos do artigo 3º.

2 – No caso de se tratar de localização de um complexo de achados correspondentes a um contexto arqueológico coerente e delimitado, cujo valor cultural seja confirmado pelos serviços competentes do IPA, ao achador cabe uma recompensa de montante baseado no valor patrimonial atribuído ao achado, segundo tabela a aprovar por portaria conjunta dos Ministros das Finanças e da Cultura.

ARTIGO 18º
Avaliação

1 – O IPA determinará o valor do achado fortuito ou dos bens recolhidos nos 30 dias seguintes à respectiva inventariação.

2 – Em casos de especial dificuldade de avaliação, o Ministro da Cultura pode prorrogar até 90 dias o prazo previsto no número anterior.

3 – O IPA comunicará ao achador, no prazo de 10 dias, o valor atribuído ao achado fortuito.

ARTIGO 19º
Discordância sobre a avaliação

O achador que não aceite a determinação do valor dos bens inventariados apresentará requerimento ao IPA para a constituição de uma comissão arbitral nos 10 dias seguintes à notificação da avaliação.

ARTIGO 20º
Comissão arbitral

1 – A comissão arbitral será composta por três membros de reconhecida idoneidade científica, sendo um nomeado pelo IPA, outro pelo achador e o terceiro, que presidirá, de comum acordo pelos dois primeiros árbitros.
2 – O achador indicará o nome do árbitro no requerimento a que se refere o artigo anterior e o IPA nomeará o seu árbitro nos 10 dias subsequentes.
3 – Na falta de acordo sobre a escolha do árbitro que presidirá à comissão, aplicar-se-ão as regras da Lei nº 31/86, de 29 de Agosto.

CAPÍTULO V
FISCALIZAÇÃO E CONTRA-ORDENAÇÕES

ARTIGO 21º
Fiscalização

1 – A fiscalização do cumprimento das disposições do presente diploma compete ao IPA.
2 – No exercício da competência referida no número anterior, o IPA pode solicitar a colaboração de outras entidades cujas competências de fiscalização se enquadrem no âmbito de aplicação deste diploma.

ARTIGO 22º
Contra-ordenações

1 – Sem prejuízo de outras sanções que se mostrem aplicáveis, constituem contra-ordenações, puníveis com a aplicação das seguintes coimas:
a) De 400000$00 a 750000$00 e de 5000000$00 a 9000000$00, a violação dos nºs 4 e 5 do artigo 4º, conforme seja praticada por pessoa singular ou colectiva, respectivamente;
b) De 30000$00 a 750000$00 e de 1500000$00 a 9000000$00, a violação do disposto no artigo 8º e nos nºs 1 e 2 do artigo 12º, conforme seja praticada por pessoa singular ou colectiva, respectivamente;
c) De 400000$00 a 750000$00 e de 5000000$00 a 9000000$00, a violação do disposto no nº 1 do artigo 9º, no nº 1 do artigo 10º e nos nºs 1 e 2 do artigo 15º, conforme seja praticada por pessoa singular ou colectiva, respectivamente.
2 – A tentativa é punível nas situações previstas nas alíneas a) e c) do número anterior.

3 – A negligência é punível nas situações previstas nas alíneas b) e c) do nº 1, sendo os montantes mínimos e máximos das coimas a aplicar iguais a metade dos montantes mínimo e máximo aí previstos.

ARTIGO 23º
Pesca profissional

1 – Nas áreas de trabalhos arqueológicos subaquáticos, devidamente demarcadas e assinaladas e desde que garantidas as medidas de prevenção previstas no artigo 11º, constitui contra-ordenação, punível com coima de 400000$00 a 750000$00 e de 5000000$00 a 9000000$00, o exercício da pesca profissional durante a realização de trabalhos arqueológicos subaquáticos, conforme seja praticado por pessoa singular ou colectiva, respectivamente.

2 – A tentativa é punível.

3 – A negligência é punível, sendo os montantes mínimo e máximo das coimas a aplicar iguais a metade dos montantes mínimo e máximo previstos no nº 1.

ARTIGO 24º
Sanções acessórias

1 – Nos processos por contra-ordenações previstas nos artigos anteriores podem ser aplicadas as seguintes sanções acessórias, nos termos da lei geral:

a) Perda das embarcações, instrumentos ou equipamentos utilizados na prática da contra-ordenação;

b) Interdição de exercer a actividade relacionada com a contra-ordenação.

2 – Quando a decisão condenatória definitiva proferida no processo declarar a perda dos bens a favor do Estado, compete ao Ministro da Cultura determinar a respectiva afectação.

ARTIGO 25º
Aplicação das coimas

1 – A instrução dos processos de contra-ordenações é da competência do IPA ou da Inspecção-Geral das Actividades Culturais.

2 – A aplicação das coimas e das sanções acessórias é da competência do director do IPA.

ARTIGO 26º
Produto das coimas

O produto da aplicação das coimas previstas no presente diploma é repartido do seguinte modo:

a) 60% para o Estado,

b) 20% para o IPA;

c) 20% para a entidade instrutora.

CAPÍTULO VI
DISPOSIÇÃO FINAL

ARTIGO 27º
Norma revogatória

São revogados os Decretos-Leis nºs 289/93, de 21 de Agosto e 85/94, de 30 de Março, e a Portaria nº 568/95, de 16 de Junho.

Actividade Termal

DECRETO-LEI Nº 142/2004, DE 11 DE JUNHO

A actividade termal está, histórica e umbilicalmente, ligada ao sector da saúde e à prestação de cuidados nesta área, o que tem vindo a reflectir-se na legislação que regula o sector há largos anos, com destaque para o ainda parcialmente vigente Decreto nº 15 401, de 20 de Abril de 1928, que, para além de disciplinar a indústria de exploração de águas, inclui também regras sobre a criação, organização e funcionamento dos estabelecimentos termais.

Este sector de actividade apresenta, contudo, outras potencialidades associadas ao bem-estar e lazer das populações, assumindo também um papel fundamental na indústria do turismo.

Por seu lado, constata-se que a grande parte dos recursos hidrominerais susceptíveis de serem aproveitados para a actividade termal e o termalismo localizam-se nas regiões mais desfavorecidas e do Interior do País.

Assim, esta nova apetência surge como de inegável interesse para estas localidades e para as regiões onde se encontram tais recursos, permitindo abrir uma nova via de desenvolvimento sectorial local ou regional, gerando investimento e emprego, o que por si só reclama um envolvimento directo por parte das autoridades locais e regionais no fomento deste fenómeno.

Estando a legislação que rege o sector, em larga medida, desadequada tendo em conta as novas valências do termalismo, assim como os estrangulamentos verificados na prática, exige-se a revisão do regime jurídico que regula a actividade termal.

O presente diploma estabelece, assim, novas regras no domínio do licenciamento dos estabelecimentos termais, da organização, do funcionamento e da fiscalização do sector.

Introduzem-se normativos inovadores e dinamizadores em todas estas vertentes, procurando responder às exigências relativas à prestação de cuidados de saúde, bem como às do mercado e de melhoria da competitividade, promovendo o acesso à actividade e a melhoria de oferta nos novos estabelecimentos e nas termas já em funcionamento, buscando a modernização e requalificação das infra-estruturas e equipamentos nas estâncias e estabelecimentos termais do País. Para tal, procura-se adequar a actividade termal às expectativas e exigências dos consumidores primacialmente orientados para os vectores do tratamento e prevenção, do bem-estar e do lazer, com acento tónico na qualidade dos serviços que procuram e lhes são prestados.

Deste modo, mantém-se a essencial vocação dos estabelecimentos termais como unidades prestadoras de cuidados de saúde, mas adequando, também, a sua existência às novas tendências deste sector, mormente no que respeita ao acesso à sua actividade e à gestão, garantindo-se a necessária fiscalização e responsabilização dos agentes e entidades que actuam no sector.

Foram ouvidas a Associação Nacional de Municípios Portugueses e a Ordem dos Médicos.

Assim:

Nos termos da alínea *a*) do nº 1 do artigo 198º da Constituição, o Governo decreta o seguinte:

CAPÍTULO I
DISPOSIÇÕES PRELIMINARES

ARTIGO 1º
Objecto e âmbito

1 – O presente diploma regula o licenciamento, a organização, o funcionamento e a fiscalização dos estabelecimentos termais.

2 – Sem prejuízo do disposto no número seguinte, todos os estabelecimentos termais, quer do sector público quer do sector privado, estão abrangidos pelas disposições previstas neste diploma.

3 – O presente diploma é aplicável aos hospitais termais públicos a título supletivo.

ARTIGO 2º
Definições

Para efeitos do presente diploma, entende-se por:

a) «Termas» os locais onde emergem uma ou mais águas minerais naturais adequadas à prática de termalismo;

b) «Termalismo» o uso da água mineral natural e outros meios complementares para fins de prevenção, terapêutica, reabilitação ou bem-estar;

c) «Estância termal» a área geográfica devidamente ordenada na qual se verifica uma ou mais emergências de água mineral natural exploradas por um ou mais estabelecimentos termais, bem como as condições ambientais e infra-estruturas necessárias à instalação de empreendimentos turísticos e à satisfação das necessidades de cultura, recreio, lazer activo, recuperação física e psíquica asseguradas pelos adequados serviços de animação;

d) «Balneário ou estabelecimento termal» a unidade prestadora de cuidados de saúde na qual se realiza o aproveitamento das propriedades terapêuticas de uma água mineral natural para fins de prevenção da doença, terapêutica, reabilitação e manutenção da saúde, podendo, ainda, praticar-se técnicas complementares e coadjuvantes daqueles fins, bem como serviços de bem-estar termal;

e) «Técnicas complementares» as técnicas utilizadas para a promoção da saúde e prevenção da doença, a terapêutica, a reabilitação da saúde e a melhoria da qualidade de vida, sem recurso à água mineral natural e que contribuem para o aumento de eficácia dos serviços prestados no estabelecimento termal;

f) «Serviços de bem-estar termal» os serviços de melhoria da qualidade de vida que, podendo comportar fins de prevenção da doença, estão ligados à estética, beleza e relaxamento e, paralelamente, são susceptíveis de comportar a aplicação de técnicas termais, com possibilidade de utilização de água mineral natural, podendo ser prestados no estabelecimento termal ou em área funcional e fisicamente distinta deste;

g) «Tratamento termal» o conjunto de acções terapêuticas indicadas e praticadas a um termalista, sempre sujeito à compatibilidade com as indicações terapêuticas que foram atribuídas ou reconhecidas à água mineral natural utilizada para esse efeito;

h) «Técnica termal» o modo de utilização de um conjunto de meios que fazem uso de água mineral natural, coadjuvados ou não por técnicas complementares, para fins de prevenção, terapêutica, reabilitação e bem-estar;

i) «Hospital termal» o estabelecimento termal com área de internamento;

j) «Termalista» o utilizador dos meios e serviços disponíveis num estabelecimento termal;

l) «Concessionário» a entidade a quem foi atribuída a concessão da exploração da água mineral natural nos termos dos Decretos-Leis nºs 86/90 e 90/90, ambos de 16 de Março;

m) «Titular do estabelecimento termal» a entidade a quem foi atribuída a licença de funcionamento de um estabelecimento termal.

ARTIGO 3º

Delimitação territorial da estância termal

1 – A área territorial da estância termal é definida por portaria conjunta dos Ministros da Economia, da Saúde e das Cidades, Ordenamento do Território e Ambiente, a requerimento

do interessado apresentado junto da câmara municipal, e sob proposta desta, a apresentar no prazo de 90 dias contados da data de recepção do requerimento do interessado.
2 – A portaria referida no número anterior contém a identificação das condições que devem ser asseguradas pelo concessionário e pelo titular do estabelecimento termal, de modo a não prejudicar a actividade termal na área territorial delimitada.
3 – Na área territorial da estância termal, as designações «termas», «estabelecimento termal», «SPA» ou quaisquer outras similares são utilizadas exclusivamente pelo titular do estabelecimento termal.

ARTIGO 4º
Serviços prestados nos estabelecimentos termais

1 – Os estabelecimentos termais prestam os seguintes tipos de serviços:
a) Serviços fundamentais que são prestados mediante técnicas termais para fins de prevenção de doenças, terapêuticos, de reabilitação e de manutenção da saúde;
b) Serviços complementares que utilizam técnicas complementares e que contribuem para o aumento da eficácia dos serviços fundamentais;
c) Serviços acrescentados ou colaterais que são independentes dos serviços fundamentais e complementares ministrados, integrando os serviços de bem-estar termal que, pelas características próprias do estabelecimento termal e zona envolvente, podem ser ministrados com recurso à utilização da água mineral natural e técnicas termais.
2 – O estabelecimento termal deve garantir sempre os serviços indicados na alínea a) do número anterior, conferindo-lhes prioridade.

CAPÍTULO II
ORGANIZAÇÃO E FUNCIONAMENTO
SECÇÃO I
PRINCÍPIOS GERAIS

ARTIGO 5º
Liberdade de escolha

No âmbito da prestação de cuidados de saúde deve ser respeitado o princípio de liberdade de escolha do estabelecimento termal pelos termalistas.

ARTIGO 6º
Regras deontológicas

No desenvolvimento da sua actividade, os estabelecimentos termais e os seus profissionais devem observar o cumprimento das regras deontológicas aplicáveis.

ARTIGO 7º
Dever de cooperação

Os titulares dos estabelecimentos termais devem colaborar com as autoridades de saúde nas campanhas e programas de saúde pública.

SECÇÃO II
DA ACTIVIDADE

ARTIGO 8º
Obrigações do titular do estabelecimento termal

Constituem obrigações dos titulares dos estabelecimentos termais:

a) Contratar o director clínico e o restante corpo clínico;

b) Elaborar o regulamento interno do estabelecimento termal, ouvido o director clínico;

c) Responder às reclamações apresentadas, nos termos do artigo 15º;

d) Enviar o relatório clínico ao delegado regional de saúde ou ao seu adjunto, de acordo com o modelo aprovado pelo Ministério da Saúde, até 31 de Março de cada ano;

e) Informar os termalistas das contra-indicações da prática do termalismo no estabelecimento termal;

f) Assegurar as condições necessárias à preservação da qualidade da água, designadamente nos sistemas de adução, armazenamento e distribuição, bem como nos pontos de utilização da água, e das normas de segurança no estabelecimento termal.

ARTIGO 9º
Direcção clínica

1 – Os estabelecimentos termais só podem funcionar sob a direcção clínica de um médico hidrologista, reconhecido pela Ordem dos Médicos, devendo a Direcção-Geral da Saúde ser informada da respectiva contratação.

2 – O director clínico é contratado e exerce as suas funções sujeito às regras do direito privado, sem prejuízo da sua autonomia técnica.

3 – O director clínico assume a responsabilidade clínica do estabelecimento termal, o que implica presença física que garanta a qualidade dos cuidados de saúde dispensados, devendo ser substituído, nas suas ausências e impedimentos, por um dos médicos hidrologistas que prestem serviço no estabelecimento termal e reconhecido pela Ordem dos Médicos, devendo dar-se conhecimento dessa substituição à Direcção-Geral da Saúde quando aquela se prolongar por mais de 30 dias.

4 – A substituição referida no número anterior é improrrogável, não podendo ultrapassar o período de um ano.

5 – O director clínico poderá assumir a responsabilidade de mais do que um estabelecimento termal, sem prejuízo do previsto no nº 3 do presente artigo.

6 – Em caso de morte ou incapacidade permanente do director clínico ou qualquer outro impedimento para o exercício das funções superior ao prazo de um ano, deve o titular do estabelecimento termal proceder à sua substituição e informar a Direcção-Geral da Saúde, nos termos do nº 1 do presente artigo.

7 – A substituição do director clínico deve ser efectuada no prazo máximo de 90 dias contados do conhecimento dos factos a que alude o número anterior.

8 – É da responsabilidade do director clínico zelar pela qualidade dos tratamentos termais e cuidados clínicos a prestar, bem como pelo cumprimento das normas ético-deontológicas pelo corpo clínico, e ainda:

a) Assegurar a direcção clínica dos serviços prestados;

b) Assegurar a correcta execução e aplicação dos tratamentos e das técnicas termais no estabelecimento termal, bem como controlar as condições de utilização da água mineral natural, de forma a preservar as suas propriedades terapêuticas e qualidade, informando o titular do estabelecimento termal das anomalias verificadas;

c) Avaliar e definir as contra-indicações da água utilizada no estabelecimento termal, independentemente das suas finalidades e respectivas práticas;

d) Zelar pela organização e actualização do arquivo clínico do estabelecimento termal;

e) Assegurar que fiquem registadas na ficha de cada utilizador as prescrições médicas que lhe foram feitas bem como as suas alterações, a evolução clínica observada, os resultados dos tratamentos termais e quaisquer outros dados relevantes colhidos na observação clínica;

f) Velar pela higiene das instalações e equipamentos clínicos, alertando imediatamente o titular do estabelecimento termal para as reparações e modificações que se mostrem necessárias;

g) Propor ao titular do estabelecimento termal o encerramento provisório das instalações ou a suspensão da utilização dos equipamentos clínicos nos casos em que possa ser posto em causa o normal funcionamento do estabelecimento termal;

h) Dar cumprimento às disposições relativas às doenças de declaração obrigatória bem como de vigilância epidemiológica;
i) Elaborar o relatório clínico de acordo com o modelo aprovado pelo Ministério da Saúde e submetê-lo à apreciação do titular do estabelecimento termal;
j) Providenciar para que na área da estância termal, durante a época termal, esteja assegurada a permanente disponibilidade de, pelo menos, um elemento do seu corpo clínico durante o período de funcionamento dos estabelecimentos termais;
l) Assegurar e garantir a prioridade dos serviços fundamentais no estabelecimento termal.

ARTIGO 10º
Pessoal médico

1 – O estabelecimento termal deverá dispor, para além do director clínico, de um número de médicos hidrologistas que, em função da frequência do estabelecimento termal, seja suficiente para assegurar a qualidade dos tratamentos termais e cuidados clínicos a prestar.
2 – A contratação dos médicos hidrologistas é efectuada pelo titular do estabelecimento termal, ouvido o director clínico.
3 – No estabelecimento termal podem ainda exercer funções médicos de outras especialidades.
4 – A relação contratual entre o titular do estabelecimento termal, os médicos hidrologistas e os médicos de outras especialidades rege-se pelas regras do direito privado.

ARTIGO 11º
Outro pessoal

1 – Os estabelecimentos termais devem dispor de pessoal técnico com as qualificações adequadas ao desempenho das respectivas funções.
2 – A contratação do pessoal técnico é efectuada pelo titular do estabelecimento termal.

ARTIGO 12º
Regulamento interno

Os estabelecimentos termais devem dispor de regulamento interno, elaborado pelo seu titular e ouvido o director clínico, do qual deve constar, designadamente, o seguinte:
a) Identificação do director clínico e dos membros do corpo clínico;
b) Estrutura organizacional do estabelecimento termal;
c) Normas de acesso e de funcionamento;
d) Normas relativas aos termalistas.

ARTIGO 13º
Identificação

1 – Os estabelecimentos termais devem ser identificados por meio de sinalética adequada afixada nas instalações, em local bem visível.
2 – A sinalética referida no número anterior é definida em portaria conjunta dos Ministros da Saúde e da Economia.
3 – A identificação do director clínico bem como dos restantes membros do corpo clínico deve ser afixada, de forma visível, na entrada do estabelecimento termal.

ARTIGO 14º
Informações ao público

Os estabelecimentos termais devem afixar em local bem visível e acessível ao público o horário de funcionamento, a tabela de preços, a indicação da existência de livro de reclamações e a licença de funcionamento.

ARTIGO 15º
Livro de reclamações

1 – Os estabelecimentos termais devem dispor de livro de reclamações, de modelo normalizado, com termo de abertura datado e assinado pelo delegado regional de saúde, devendo ser disponibilizado ao termalista ou a qualquer interessado sempre que solicitado.
2 – Os titulares dos estabelecimentos termais devem enviar mensalmente ao delegado regional de saúde territorialmente competente as reclamações efectuadas pelos seus utilizadores.
3 – O modelo de livro de reclamações é o aprovado para as unidades privadas de saúde.

ARTIGO 16º
Seguro profissional e de actividade

A responsabilidade civil profissional bem como a responsabilidade pelas actividades dos estabelecimentos termais devem ser transferidas, total ou parcialmente, para empresas de seguros.

ARTIGO 17º
Conservação e arquivo

Os titulares dos estabelecimentos termais devem conservar relativamente a qualquer processo, e pelo menos durante 10 anos, sem prejuízo de imposição legal que obrigue a prazo superior, os seguintes documentos:

a) *Os processos clínicos dos termalistas;*
b) *O registo dos tratamentos termais e das técnicas complementares efectuadas;*
c) *Os resultados dos programas analíticos realizados;*
d) *Os relatórios das vistorias efectuadas;*
e) *Os contratos celebrados relativos à recolha de resíduos;*
f) *Os relatórios anuais.*

CAPÍTULO III
LICENCIAMENTO DE ESTABELECIMENTOS TERMAIS

ARTIGO 18º
Licença ou autorização de construção

Os processos respeitantes à instalação de novos estabelecimentos termais são regulados pelo Decreto-Lei nº 555/99, de 16 de Dezembro, competindo às câmaras municipais ou aos respectivos presidentes, conforme os casos, o seu licenciamento ou autorização, de acordo com as especificidades estabelecidas no presente diploma.

ARTIGO 19º
Pedido de licenciamento

1 – O pedido de licenciamento do funcionamento de um novo estabelecimento termal é efectuado mediante a apresentação de requerimento dirigido ao Ministro da Saúde, devendo o mesmo dar entrada na Direcção-Geral da Saúde, do qual devem constar:
a) *O nome ou a denominação social e demais elementos identificativos da entidade requerente;*
b) *A indicação da residência ou da sede da entidade requerente;*
c) *O número fiscal de contribuinte ou de pessoa colectiva;*
d) *A identificação do director clínico a contratar;*
e) *O tipo de serviços que se propõe prestar no estabelecimento termal, identificando a tipologia dos tratamentos termais abrangidos pelos serviços fundamentais;*
f) *A localização do estabelecimento termal e a sua designação.*
2 – O requerimento é acompanhado pelos seguintes documentos:
a) *Documento comprovativo do direito de exploração de uma água mineral natural para efeitos termais;*
b) *Documento comprovativo das indicações terapêuticas da água mineral natural a utilizar;*

c) Cópia do bilhete de identidade do requerente e do respectivo cartão de contribuinte ou do cartão de pessoa colectiva, que podem ser certificados pelo serviço receptor;

d) Certidão actualizada do registo comercial;

e) Certificado do registo criminal do requerente ou dos administradores ou gerentes da entidade requerente;

f) Projecto do corpo clínico a admitir e do quadro de pessoal a afectar aos tratamentos termais;

g) Programa funcional, memória descritiva, projecto das instalações em que o estabelecimento ermal deverá funcionar e informação prévia, nos termos do artigo 14º do Decreto-Lei nº 555/99, de 16 de Dezembro;

h) Projecto de regulamento interno.

3 – No âmbito do processo de licenciamento, o director-geral da Saúde pode solicitar à entidade requerente os esclarecimentos e elementos adicionais que considerar necessários, o que deverá ser feito por uma única vez, salvo motivo fundamentado.

4 – O processo de licenciamento deve ser concluído no prazo de 90 dias a contar da data da entrada do pedido do requerente na Direcção-Geral da Saúde.

5 – Os emolumentos e taxas a pagar pelo requerente são fixados por portaria conjunta dos Ministros das Finanças, da Economia e da Saúde.

ARTIGO 20º
Atribuição da licença de funcionamento

1 – A licença de funcionamento de um novo estabelecimento termal é concedida por despacho do Ministro da Saúde, sob proposta do director-geral da Saúde.

2 – A licença prevista no número anterior deve especificar:

a) O tipo de estabelecimento termal;

b) A identificação das indicações terapêuticas que o estabelecimento termal pode prosseguir;

c) O tipo de serviços a prestar no estabelecimento termal, identificando a tipologia dos tratamentos abrangidos pelos serviços fundamentais.

3 – É condição de atribuição da licença de funcionamento:

a) O cumprimento cumulativo dos requisitos exigidos no presente diploma, nomeadamente em matéria de instalações, organização e funcionamento;

b) A adequação do corpo clínico ao tipo de serviços a prestar no estabelecimento termal.

4 – Sem prejuízo do disposto no número anterior, a licença só é atribuída se o requerente ou, caso este seja uma pessoa colectiva, os membros do órgão de administração que detenham a direcção efectiva do estabelecimento termal a licenciar não se encontrem abrangidos por proibição legal do exercício do comércio ou não tenham sido alvo de condenação por sentença transitada em julgado que determine a interdição do exercício de profissão relacionada com a actividade de exploração de estabelecimentos termais, salvo se houver lugar a reabilitação ou se tiver decorrido o prazo de interdição.

5 – O disposto no nº 4 é igualmente aplicável ao director clínico nos casos em que este se encontre legalmente impedido do exercício daquelas funções ou judicialmente interdito do exercício da profissão, nos termos da parte final do mesmo número.

6 – A eficácia da licença de funcionamento fica condicionada:

a) À apresentação da licença de utilização emitida nos termos do Decreto-Lei nº 555/99, de 16 de Dezembro;

b) À declaração de conformidade do estabelecimento termal com os requisitos referidos no nº 3, emitida pelo Ministro da Saúde, sob proposta do director-geral da Saúde, após a realização da vistoria prevista no artigo 21º do presente diploma.

7 – O documento referido na alínea a) do número anterior deverá ser apresentado pelo titular à Direcção-Geral da Saúde no prazo máximo de dois anos a contar da data do despacho do Ministro da Saúde a que se refere o nº 1, findo o qual caduca a licença atribuída.

8 – O prazo estabelecido no número anterior pode ser prorrogado por um período de sei meses por despacho do Ministro da Saúde, a requerimento, devidamente fundamentado, do titular do estabelecimento termal.

9 – A declaração de conformidade a que se refere a alínea b) do nº 6 é emitida após a apresentação, pelo titular, da relação do corpo clínico, acompanhada dos certificados de habilitações académicas e profissionais respectivas.

ARTIGO 21º
Vistoria

1 – A concessão da licença ou autorização de utilização do estabelecimento termal depende de prévia vistoria realizada pela câmara municipal, a qual, sempre que possível, deve ser efectuada em conjunto com a vistoria necessária à eficácia da licença de funcionamento.

2 – Para efeitos do disposto no número anterior, a câmara municipal deve comunicar ao delegado concelhio de saúde, com 15 dias de antecedência, a data, a hora e o local da vistoria, dando disso conhecimento ao director-geral da Saúde.

ARTIGO 22º
Alterações relevantes

1 – As alterações relevantes, designadamente, da estrutura dos estabelecimentos termais e dos sistemas de adução, armazenamento e distribuição de água mineral natural estão sujei-

tas ao regime consagrado para o licenciamento das instalações e do funcionamento dos estabelecimentos termais previsto no presente diploma.

2 – Nos casos de alteração, remodelação ou transformação do estabelecimento termal que não provoque modificações na estrutura do edifício deve o titular do estabelecimento termal enviar à Direcção-Geral da Saúde uma memória descritiva do projecto que inclua a identificação das intervenções a realizar.

3 – A licença de funcionamento é ainda objecto de alteração nos casos em que o estabelecimento termal pretenda prestar outro tipo de serviços ou outra tipologia de tratamentos abrangidos pelos serviços fundamentais, para além dos constantes daquela, devendo, para o efeito, ser apresentado requerimento dirigido ao Ministro da Saúde, através do director-geral da Saúde, com os seguintes elementos:

a) Identificação do estabelecimento termal;

b) Identificação do novo tipo de serviços a prestar ou da tipologia dos novos tratamentos abrangidos pelos serviços fundamentais;

c) Indicação das admissões de pessoal clínico ou afecto aos tratamentos abrangidos pelos serviços fundamentais, se for o caso.

4 – A cessão de exploração ou qualquer forma de alteração da titularidade do estabelecimento termal devem ser comunicadas previamente à Direcção-Geral da Saúde, que avaliará sobre a sua conformidade com os requisitos previstos no presente diploma sujeitando-a, em 30 dias, a autorização do Ministro da Saúde.

5 – O desrespeito pelo disposto nos números anteriores determina a suspensão da licença de funcionamento, sem prejuízo da aplicação do regime contra-ordenacional a que haja lugar.

ARTIGO 23º
Vistoria e inspecção

1 – Compete ao delegado concelhio de saúde efectuar as vistorias necessárias:

a) Ao processo de licenciamento do funcionamento do estabelecimento termal;

b) Às alterações relevantes previstas no nº 1 do artigo 22º do presente diploma;

c) Ao pedido de introdução de novos serviços termais e de novas tipologias de tratamentos abrangidos pelos serviços fundamentais;

d) Ao levantamento da suspensão de funcionamento dos estabelecimentos termais.

2 – Compete-lhe, ainda, no âmbito dos poderes de vistoria e vigilância sanitária:

a) Verificar a satisfação dos requisitos técnicos e legais exigidos para o funcionamento dos estabelecimentos termais;

b) Avaliar a implementação dos programas de controlo de qualidade;

c) Propor as medidas correctivas consideradas necessárias face às deficiências detectadas;

d) Verificar as condições de funcionamento dos equipamentos existentes;
e) Participar ao delegado regional de saúde as infracções que constituam contra-ordenações, com vista à aplicação das coimas previstas na lei.
3 – Compete ao delegado regional de saúde:
a) Fazer cumprir pelos estabelecimentos termais as normas que tenham por objecto a defesa da saúde pública, requerendo, quando necessária, a intervenção das autoridades administrativas e policiais;
b) Levantar os autos relativos às infracções e instruir os respectivos processos.
4 – Na fiscalização dos estabelecimentos termais, devem as autoridades de saúde avaliar e promover a qualidade técnica, assistencial e humana dos cuidados e tratamentos prestados.
5 – No âmbito do exercício dos poderes que lhes são atribuídos no presente diploma, podem os delegados de saúde socorrer-se de outras entidades, organismos ou indivíduos de diversas especialidades ou disciplinas, designadamente da Direcção-Geral da Saúde.
6 – O disposto nos números anteriores não prejudica o exercício de competências próprias, no âmbito da fiscalização e inspecção, por parte das autoridades de saúde, da Inspecção-Geral da Saúde ou de outras entidades públicas.

ARTIGO 24º
Medidas correctivas

1 – Sempre que, após vistoria, se comprove que o estabelecimento termal não dispõe de director clínico ou dos meios humanos e materiais exigidos pelo presente diploma, mas seja possível supri-los, deve o director – geral da Saúde propor ao Ministro da Saúde a aplicação das medidas correctivas adequadas a esse fim.
2 – O despacho que determinar a aplicação das referidas medidas fixa o prazo, não superior a 180 dias, dentro do qual o estabelecimento termal deve iniciar as obras ou suprir as demais situações em falta.

CAPÍTULO IV
DA QUALIDADE E FUNCIONAMENTO

ARTIGO 25º
Controlo de qualidade da água

1 – As águas minerais naturais utilizadas nos estabelecimentos termais estão sujeitas a controlo laboratorial, através da realização de exames bacteriológicos e físico-químicos, nos ter-

mos da Portaria nº 1220/2000, de 29 de Dezembro, bem como às orientações do programa de controlo da qualidade a estabelecer anualmente pela Direcção-Geral da Saúde.
2 – No início de cada ano civil, no caso de funcionamento permanente, ou antes da abertura de cada época termal, no caso de funcionamento sazonal, o titular do estabelecimento termal deve enviar ao delegado regional de saúde ou ao seu adjunto um documento assinado pelo director clínico no qual se comprove que a água se encontra em condições de poder ser utilizada.
3 – A realização dos exames será efectuada em laboratórios acreditados, a solicitação do titular do estabelecimento termal.
4 – A Direcção-Geral da Saúde deverá, no início de cada ano civil, divulgar os critérios a que as análises deverão obedecer, de acordo com o programa de controlo da qualidade estabelecido, bem como indicar os métodos de análise que deverão ser seguidos para que haja absoluta uniformidade nos métodos de análise, quando aplicados por qualquer dos laboratórios citados no número anterior.
5 – Os técnicos encarregados das colheitas devem identificar o tipo de água analisada, especificando o local onde a colheita foi efectuada dentro do estabelecimento termal.
6 – As autoridades de saúde, nos casos de risco para a saúde, designadamente quando se verificar grave poluição química ou bacteriológica da água, promovem a suspensão da actividade nos pontos de utilização onde se verifique, até que volte a estar assegurada a normalidade das características químicas ou bacteriológicas da água.

ARTIGO 26º
Manual de boas práticas

1 – As autoridades competentes para o exercício do controlo oficial deverão promover e apoiar a elaboração de manuais de boas práticas de higiene destinados à utilização pelas entidades do sector como orientação para a observância dos requisitos de higiene e qualidade dos cuidados prestados.
2 – Os manuais deverão ser elaborados pelas associações sectoriais.
3 – Será sempre garantida a audição dos titulares de interesses legítimos que possam ser afectados pela aprovação e cumprimento dos manuais.
4 – Os projectos de manuais de boas práticas serão apresentados à Direcção-Geral da Saúde para efeitos de avaliação pelas entidades que forem designadas por despacho do Ministro da Saúde.
5 – Os manuais de boas práticas que forem considerados conformes com o disposto no presente diploma serão objecto de divulgação junto das empresas do sector e das autoridades de saúde.

ARTIGO 27º
Funcionamento

Por portaria conjunta dos Ministros da Economia e da Saúde podem ser concretizados os requisitos técnicos de funcionamento dos estabelecimentos termais relativos ao licenciamento e ao exercício da actividade, designadamente quanto às instalações, equipamentos e procedimentos técnico-organizacionais constantes do presente diploma.

ARTIGO 28º
Reconhecimento de novas indicações terapêuticas

O reconhecimento de novas indicações terapêuticas de uma água mineral natural, que se destina a ser usada em estabelecimentos termais, deve ser requerido pelo interessado à Direcção-Geral da Saúde, que juntará, para aquele efeito, o protocolo de investigação médico-hidrológica a efectuar.

ARTIGO 29º
Comissão de avaliação técnica

1 – Com vista à definição da estrutura base de um protocolo de investigação para a qualificação de novas indicações terapêuticas de uma água mineral natural, é criada uma comissão de avaliação técnica.

2 – A comissão de avaliação técnica tem a seguinte composição:

a) Um representante da Direcção-Geral da Saúde;

b) Um representante da Direcção-Geral de Geologia e Energia;

c) Um representante da Associação Nacional de Municípios Portugueses;

d) Um representante da Ordem dos Médicos;

e) Um representante dos institutos de hidrologia;

f) Um representante da Sociedade Portuguesa de Hidrologia Médica;

g) Um representante da Associação das Termas de Portugal.

3 – A comissão de avaliação técnica poderá, se entender necessário, convidar personalidades ou instituições especializadas na matéria da sua competência, com vista a integrarem a própria comissão.

4 – O mandato dos membros da comissão de avaliação técnica tem a duração de três anos, podendo ser renovado.

5 – Compete à comissão de avaliação técnica:

a) Estabelecer normas e critérios para a elaboração do protocolo de investigação médico-

-hidrológica para a qualificação de novas indicações terapêuticas de águas minerais naturais;
b) Analisar a conformidade dos protocolos de investigação médico-hidrológica com as normas e os critérios estabelecidos;
c) Avaliar os benefícios terapêuticos de uma água mineral natural;
d) Avaliar as condições de utilização da água mineral natural para a realização de estudos;
e) Apreciar os relatórios de evolução de estudos;
f) Apreciar e emitir parecer sobre o relatório final do estudo médico-hidrológico executado num prazo de 60 dias contados de forma seguida após a sua apresentação;
g) Propor à Direcção-Geral da Saúde o reconhecimento das indicações terapêuticas de águas minerais naturais comprovadas pela comissão.
6 – As normas de funcionamento da comissão constarão de regulamento interno a elaborar pelos seus membros.
7 – À comissão presidirá o representante da Direcção-Geral da Saúde.
8 – As deliberações da comissão são tomadas por maioria de votos dos membros presentes, tendo o presidente voto de qualidade.
9 – O secretariado da comissão é da responsabilidade da Direcção-Geral da Saúde.
10 – Cada entidade suportará os encargos de participação dos respectivos representantes na comissão.

ARTIGO 30º
Aprovação de novas indicações terapêuticas

1 – As indicações terapêuticas atribuídas às águas minerais naturais usadas nos estabelecimentos e estâncias termais são aprovadas por despacho do Ministro da Saúde, após reconhecimento da Direcção-Geral da Saúde, sob proposta da comissão de avaliação técnica, nos termos do disposto no artigo anterior.
2 – O despacho do Ministro da Saúde, proferido nos termos do número anterior, que atribuir novas indicações terapêuticas à água mineral natural utilizada no estabelecimento termal deve proceder à correspondente alteração da licença de funcionamento.

CAPÍTULO V
SANÇÕES

ARTIGO 31º
Contra-ordenações

1 – Constituem contra-ordenações puníveis com coima graduada de € 1250 a € 3700, no caso de o titular do estabelecimento termal ser pessoa singular, e de € 4000 a € 40 000, no caso de ser pessoa colectiva:

a) O funcionamento que decorra em condições de manifesta degradação qualitativa dos cuidados e dos tratamentos prestados ou em grave violação das práticas médicas ou regras deontológicas;

b) O funcionamento sem observância do disposto no artigo 20º e no nº 2 do artigo 24º;

c) Deficiências de funcionamento ou defeitos do estabelecimento termal que produzam risco significativo para a saúde pública;

d) A violação do disposto nos artigos 8º e 9º;

e) A inobservância do disposto nos artigos 12º, 13º, 14º, 15º, 16º, 17º e 22º;

f) O incumprimento do disposto no artigo 25º

2 – A determinação da medida da coima é feita nos termos da lei geral.

3 – A negligência é punível, reduzindo-se a metade os montantes máximo e mínimo das coimas previstas no nº 1.

ARTIGO 32º
Procedimento contra-ordenacional e destino das coimas

1 – A instrução dos procedimentos contra-ordenacionais compete ao delegado regional de saúde da área onde se situe o estabelecimento termal.

2 – A aplicação das coimas previstas no artigo anterior e das sanções acessórias estatuídas nos artigos 33º e 34º compete ao director-geral da Saúde.

3 – O produto das coimas reverte em 60% para o Estado, em 20% para a Direcção-Geral da Saúde e em 20% para a entidade que instruir o procedimento.

ARTIGO 33º
Suspensão de licença

1 – Sempre que se verifique que as deficiências de funcionamento ou os defeitos do estabelecimento termal produzem risco significativo para a saúde pública, o delegado regional de saúde deve instaurar o respectivo procedimento contra-ordenacional e propor ao director-

geral da Saúde a suspensão da licença de funcionamento do estabelecimento termal como sanção acessória.

2 – Quando se verificarem as situações previstas no número anterior, o delegado regional de saúde pode impor, simultaneamente, a inibição do funcionamento do estabelecimento termal, devendo informar, de imediato, o director-geral da Saúde.

3 – A suspensão de licença, aplicada a título de sanção acessória, tem uma duração máxima de dois anos contados da data da decisão condenatória definitiva.

4 – Logo que cessem os motivos que determinaram a suspensão da licença de funcionamento, o titular do estabelecimento termal pode requerer o seu termo ao director-geral da Saúde, através do delegado regional de saúde, o qual pode ser decidido, sob proposta deste, após a realização de vistoria ao estabelecimento termal pelo delegado concelhio de saúde competente.

ARTIGO 34º
Encerramento de estabelecimento

1 – Sempre que o funcionamento de um estabelecimento termal decorrer em condições de manifesta degradação qualitativa dos cuidados e dos tratamentos prestados, ou se verificar grave violação das práticas médicas ou regras deontológicas, ou, ainda, se não for respeitado o prazo previsto no nº 2 do artigo 24º, o director-geral da Saúde pode determinar o encerramento do estabelecimento termal, a título de aplicação de sanção acessória, mediante proposta do delegado regional de saúde, a quem compete instaurar o respectivo processo contra-ordenacional.

2 – É aplicável às situações previstas no número anterior o disposto no nº 2 do artigo 33º.

3 – O encerramento do estabelecimento termal, a título de aplicação de sanção acessória, tem uma duração máxima de dois anos contados da decisão condenatória definitiva.

ARTIGO 35º
Legislação subsidiária

Ao presente diploma é subsidiariamente aplicável o regime geral das contra-ordenações, previsto no Decreto-Lei nº 433/82, de 27 de Outubro, com as alterações posteriormente introduzidas.

CAPÍTULO VI
DISPOSIÇÕES FINAIS

ARTIGO 36º
Disposições transitórias

1 – O pessoal que à data da entrada em vigor do presente diploma esteja no exercício de funções técnicas pode permanecer na mesma situação, com salvaguarda das situações jurídicas constituídas.

2 – Os directores clínicos com o curso de hidrologia médica ministrado pelos institutos de hidrologia reconhecidos e que exerçam a sua actividade nos estabelecimentos termais à data da entrada em vigor do presente diploma deverão num prazo máximo de cinco anos disponibilizar-se para a obtenção da respectiva competência.

3 – Os estabelecimentos termais em funcionamento à data da entrada em vigor do presente diploma prosseguem as indicações terapêuticas que para cada um deles tenha sido definida através de despacho conjunto dos Ministros do Comércio e Turismo e da Saúde de 4 de Maio de 1989 e diplomas subsequentes.

4 – Os estabelecimentos termais em funcionamento à data da entrada em vigor do presente diploma podem, ainda, prosseguir as indicações terapêuticas que, embora não estejam previstas nos diplomas a que se refere o número anterior, constem dos anuários médico-hidrológicos de Portugal, da inspecção de águas minerais da Direcção-Geral da Saúde ou de outros documentos oficiais do Ministério da Saúde.

5 – Os estabelecimentos termais que se encontrem em funcionamento à data de entrada em vigor do presente decreto-lei devem, no prazo de um ano, adaptar-se às regras constantes nos capítulos II e IV do presente diploma.

ARTIGO 37º
Procedimentos pendentes

1 – Os processos que se encontrem pendentes para efeitos de licenciamento ou alterações, transformações ou remodelações dos estabelecimentos termais são avaliados por uma comissão de avaliação e são decididos por despacho do Ministro da Saúde, sob proposta do director-geral da Saúde.

2 – A comissão de avaliação é composta por um representante da Direcção-Geral da Saúde, da Direcção-Geral de Geologia e Energia e pelo delegado de saúde concelhio competente.

3 – Compete à comissão de avaliação verificar do cumprimento dos requisitos técnicos

dos projectos a licenciar, em função do regime fixado nos diplomas ao abrigo dos quais se formulou o procedimento respectivo, por referência ao estabelecido no presente diploma, especialmente quanto às regras que digam respeito à regular prestação de cuidados de saúde.
4 – No caso de incumprimento destas regras, deverá o requerente ser notificado das medidas necessárias à regularização da situação às exigências previstas neste diploma.
5 – Se a situação não for regularizada em conformidade com as medidas propostas pela comissão de avaliação no prazo de um mês, o pedido formulado é indeferido.
6 – Os processos que se encontrem pendentes para efeitos de atribuição de novas indicações terapêuticas em estabelecimentos já existentes ou a licenciar são objecto de atribuição das indicações requeridas, com carácter provisório, a serem validadas após a entrada em vigor dos critérios dos protocolos de investigação médico-hidrológica a realizar no presente quadro legal pela comissão de avaliação técnica em prazo a definir por esta.
7 – A atribuição provisória será feita por despacho do Ministro da Saúde, sob proposta do director-geral da Saúde, após parecer da comissão de avaliação técnica.
8 – Para efeitos da atribuição prevista nos n.ºs 6 e 7, deverá a referida comissão verificar previamente se o recurso é considerado como água mineral natural e se existe tradição comprovada da sua utilização para as vocações requeridas, devendo esta verificação ser efectuada por médico com competência reconhecida em hidrologia.

ARTIGO 38º
Adjuntos

As competências atribuídas por este diploma aos delegados regionais de saúde podem ser delegadas nos seus adjuntos.

ARTIGO 39º
Legislação subsidiária

1 – Em tudo o que não se encontre previsto no presente diploma, é aplicável, com as devidas adaptações, a legislação relativa às unidades privadas de saúde.
2 – O previsto no número anterior não prejudica a aplicação de regimes específicos ao licenciamento, organização e funcionamento dos serviços a prestar no estabelecimento termal.

ARTIGO 40º
Norma revogatória

São revogados o Decreto nº 15 401, de 20 de Abril de 1928, e o despacho conjunto nº 577/ /2001, de 29 de Junho.

ARTIGO 41º
Entrada em vigor

O presente diploma entra em vigor 30 dias após a data da sua publicação.

PORTARIA Nº 196/2010, DE 9 DE ABRIL – FORMULÁRIO PARA PEDIDO DE MANIFESTAÇÃO DO PATRIMÓNIO CULTURAL IMATERIAL E AS RESPECTIVAS NORMAS DO PREENCHIMENTO DA FICHA DE INVENTÁRIO

O procedimento de inventariação do património cultural imaterial constitui um instrumento indispensável da correspondente política de protecção e valorização, cujos princípios orientadores foram instituídos pelo Decreto-Lei nº 139/ /2009, de 15 de Junho.

Com a instituição de um procedimento de inventariação do património cultural imaterial dá-se um significativo passo no sentido da sua identificação, estudo e documentação sistemáticos, enquanto componente prévia e imprescindível da sua adequada salvaguarda e divulgação.

O inventário nacional do património cultural imaterial constitui, assim, um instrumento necessário:

a) Ao conhecimento alargado, à escala nacional, das múltiplas manifestações do património cultural imaterial, designadamente, no âmbito da identificação de diversidades, recorrências e afinidades tipológicas;

b) À promoção do rigor técnico e profissional na identificação, estudo e documentação do património cultural imaterial;

c) À definição das formas de acesso ao património cultural imaterial por parte das respectivas comunidades, grupos e indivíduos.

Finalmente, importa sublinhar que a inventariação a nível nacional fundamenta a eventual salvaguarda à escala internacional, para tal recorrendo aos mecanismos instituídos pela Convenção da UNESCO para a Salvaguarda do Património Cultural Imaterial, designadamente a lista representativa do património cultural imaterial da humanidade e a lista do património cultural imaterial que necessita de salvaguarda urgente.

Assim:

Em cumprimento do disposto nos nºs 2 do artigo 7º, 6 do artigo 8º e 2 do artigo 30º do Decreto-Lei nº 139/2009, de 15 de Junho, e ao abrigo do disposto na alínea c) do artigo 199º da Constituição, manda o Governo, pela Ministra da Cultura, o seguinte:

ARTIGO 1º
Objecto

São aprovados:

a) O formulário para pedido de inventariação de uma manifestação do património cultural imaterial, constituído:

i) Pela ficha de inventário do património cultural imaterial, cujos campos de preenchimento obrigatório são os constantes do anexo i da presente portaria e da qual faz parte integrante;

ii) Pela documentação a apresentar em conjunto com a referida ficha de inventário referida na alínea anterior, cujos elementos obrigatórios são os constantes do anexo ii da presente portaria e da qual faz parte integrante;

b) As normas de preenchimento da ficha de inventário do património cultural imaterial constantes do anexo iii da presente portaria e da qual faz parte integrante.

ARTIGO 2º
Divulgação

Os elementos previstos no artigo anterior são divulgados no sítio oficial na Internet do Instituto dos Museus e da Conservação, I. P.

ARTIGO 3º
Início de vigência

A presente portaria entra em vigor 30 dias após a sua publicação.

Pela Ministra da Cultura, *Elísio Costa Santos Summavielle*, Secretário de Estado da Cultura, em 5 de Abril de 2010.

ANEXO I

Ficha de inventário do património cultural imaterial

I – Identificação

1 – Domínio.

2 – Categoria.

3 – Denominação.

4 – Outras denominações.

5 – Contexto tipológico.
6 – Contexto de produção:
6.1 – Contexto social:
6.1.1 – Comunidade(s).
6.1.2 – Grupo(s).
6.1.3 – Indivíduo(s).
6.2 – Contexto territorial:
6.2.1 – Local.
6.2.2 – Freguesia.
6.2.3 – Município.
6.2.4 – Distrito.
6.2.5 – País.
6.2.6 – Nuts II.
6.2.7 – Nuts III.
6.3 – Contexto temporal:
6.3.1 – Periodicidade.
6.3.2 – Data(s).
7 – Caracterização:
7.1 – Caracterização síntese.
7.2 – Caracterização desenvolvida.
7.3 – Manifestações associadas.
8 – Contexto de transmissão:
8.1 – Estado.
8.2 – Descrição.
8.3 – Modo(s).
8.4 – Agente(s).
8.5 – Idioma(s).
9 – Origem/historial.

II – Documentação

10 – Bibliografia.
11 – Fontes escritas.
12 – Fontes orais.
13 – Fotografia.
14 – Filme.
15 – Som.
16 – Outra documentação.

III – Direitos associados

17 – Tipo.

18 – Detentor.

IV – Património associado

19 – Património cultural:

19.1 – Móvel.

19.2 – Imóvel.

19.3 – Imaterial.

20 – Património natural.

ANEXO II
Documentação obrigatória a integrar o pedido de inventariação

I – Identificação do proponente

1 – Designação.

2 – Número de identificação fiscal.

3 – Contactos:

3.1 – Morada, incluindo freguesia, código postal e concelho.

3.2 – Telefone(s).

3.3 – Fax.

3.4 – Endereço electrónico.

3.5 – Página na Internet.

4 – Designação da tutela do proponente (quando aplicável):

4.1 – Número de identificação fiscal.

4.2 – Contactos.

II – Caracterização do proponente

1 – Tipologia da entidade:

1.1 – Organismo da administração pública central ☐

1.2 – Organismo da administração pública regional ☐

1.3 – Organismo da administração pública local:

1.3.1 – Município ☐

1.3.2 – Freguesia ☐

1.4 – Unidade de investigação ☐

1.5 – Estabelecimento de ensino superior ☐
1.6 – Associação de defesa do património ☐
1.7 – Museu ☐
1.8 – Outra: ______________________________ ☐
2 – Inserção territorial:
2.1 – Concelho.
2.2 – Distrito.
2.3 – NUT II.
2.4 – NUT III.
3 – Responsável:
3.1 – Nome.
3.2 – Cargo ou função.
3.3 – Habilitações académicas.

4 – Caracterização do histórico e das actividades desenvolvidas pelo proponente, designadamente em matéria de identificação, estudo e documentação do património imaterial.

III – Fundamentação do pedido de inventariação

1 – Caracterização da relevância da manifestação

1 – Caracterização e fundamentação da relevância da manifestação do património cultural imaterial de acordo com, pelo menos, um dos critérios genéricos de apreciação constantes das alíneas a) a h) do artigo 10º do Decreto-Lei nº 139/2009, de 15 de Junho.

2 – Caracterização da relevância da manifestação do património cultural imaterial na sua relação com demais manifestações de património cultural, móvel, imóvel ou imaterial.

3 – Caracterização da relevância da manifestação do património cultural imaterial na sua relação com património natural.

4 – Caracterização da relevância da manifestação do património cultural imaterial na sua relação com estudos científicos ou técnicos, com metodologias de pesquisa, com programas de informação e divulgação, ou com programas de sensibilização em curso com vista à salvaguarda da mesma.

5 – Caracterização da relevância da manifestação do património cultural imaterial na sua relação com a missão, visão, valores e vectores estratégicos da entidade requerente ou de outras entidades.

6 – Caracterização da relevância da manifestação do património cultural imaterial na sua relação com as actividades desenvolvidas, em curso ou projectadas, pela entidade requerente ou por outras entidades.

7 – Caracterização de eventuais ameaças à continuidade da prática e ou da transmissão da manifestação do património cultural imaterial.

8 – Caracterização de acções de salvaguarda e valorização de que a manifestação do património cultural imaterial tenha sido ou seja actualmente objecto, por parte da entidade requerente ou por parte de outras entidades.

2 – Documentação da relevância da manifestação

O pedido de inventariação de uma manifestação do património cultural imaterial é obrigatoriamente fundamentado com a associação da documentação julgada pertinente, em suporte escrito ou com recurso a outros media, designadamente, e quando aplicável, registos fotográficos, fílmicos ou videográficos e sonoros que contribuam para a devida caracterização documental da mesma manifestação.

3 – Direitos de propriedade intelectual

Sempre que recaiam direitos de propriedade intelectual sobre algum dos espécimes documentais a que se refere o número anterior, compete à entidade requerente obter o consentimento prévio e expresso do detentor desses mesmos direitos para a utilização do respectivo espécime documental no âmbito da inventariação da mesma manifestação do património cultural imaterial, designadamente para fins da sua divulgação pública, devendo o mesmo consentimento ser anexo ao pedido de inventariação.

4 – Direito à imagem

Competem à entidade requerente as necessárias diligências para que os espécimes documentais a que se refere o nº 2 do presente anexo observem o devido respeito pelo direito à imagem dos indivíduos neles eventualmente retratados, designadamente diligenciando para que o uso da imagem de um indivíduo ocorra de forma autorizada.

5 – Protecção de dados pessoais

Competem à entidade r equerente as necessárias diligências para que toda a informação constante do pedido de inventariação de uma manifestação do património cultural imaterial, independentemente da sua natureza ou suporte, e designadamente no âmbito do disposto no artigo 29º do Decreto-Lei nº 139/2009, de 15 de Junho, observe o disposto na legislação aplicável em matéria de protecção de dados pessoais.

6 – Declaração de compromisso

Compete à entidade requerente a emissão de declaração de compromisso que ateste a veracidade dos factos e motivos expostos no respectivo pedido de inventariação, de acordo com a minuta indicada infra.

Declaração de compromisso

(Nome e cargo/função do responsável da entidade requerente), declaro que todas as informações prestadas nos elementos constantes do presente pedido de inventariação do(a) (denominação da manifestação) correspondem à verdade, não tendo sido omitido nenhum facto relevante para a sua apreciação, e que as informações documentais que integram o presente pedido de inventariação respeitam o disposto na legislação aplicável em matéria de direitos de propriedade intelectual, do direito à imagem e de protecção de dados pessoais.

... (local e data).

... (nome e assinatura do responsável da entidade requerente).

7 – Pedido de inventariação e procedimento

O formulário para pedido de inventariação de uma manifestação do património cultural imaterial é objecto de preenchimento obrigatório por parte dos agentes implicados no seu processo de identificação, estudo e documentação e correspondente apresentação, por escrito, ao Instituto dos Museus e da Conservação, I. P., dirigido ao presidente da Comissão para o Património Cultural Imaterial.

8 – Recolha e tratamento da informação

8.1 – O processo de identificação, estudo e documentação de uma manifestação do património cultural imaterial, designadamente para fins do seu pedido de inventariação, efectua-se com recurso a informações de arquivo e ou recolhas no terreno, de acordo com metodologias, técnicas e meios adequados às especificidades da manifestação em análise, designadamente com recurso aos métodos e técnicas de pesquisa em antropologia.

8.2 – O processo de identificação, estudo e documentação de uma manifestação do património cultural imaterial, designadamente para fins do seu pedido de inventariação, é conduzido por profissionais portadores de habilitação académica adequada, designadamente na área das Ciências Sociais, sob orientação técnica de profissionais que, cumulativamente, possuam prática profissional com um mínimo de dois anos, ou formação complementar específica com a duração mínima de dois anos, em ambos os casos atestada por currículo devidamente comprovado.

8.3 – Para os efeitos previstos no número anterior, são consideradas de formação específica as licenciaturas, mestrados ou doutoramentos em área adequada das Ciências Sociais, designadamente em Antropologia, bem como os graus académicos equivalentes conferidos por universidades estrangeiras.

ANEXO III

Normas de preenchimento da ficha de inventário

I – Identificação

1 – Domínio. – Campo destinado à identificação do domínio de referência que enquadra a manifestação do património cultural imaterial que constitui objecto do pedido de inventariação, designadamente os constantes das alíneas a) a e) do nº 2 do artigo 1º do Decreto-Lei nº 139/2009, de 15 de Junho.

2 – Categoria. – Campo destinado à identificação da categoria específica que, no âmbito do respectivo domínio, enquadra a manifestação do património cultural imaterial, designadamente:

Organização social;
Norma e regulação social;
Arquitectura e construção;
Habitação e espaço doméstico;
Cozinha, alimentação e estimulantes;
Corpo, vestuário e adornos;
Higiene e conforto;
Medicina e saúde;
Gestão de recursos energéticos;
Gestão de recursos hídricos;
Gestão de biótopos;
Colecta e caça;
Pesca e aquicultura;
Criação e utilização de animais;
Agricultura e silvicultura;
Actividades transformadoras;
Actividades extractivas;
Transporte, comércio e comunicação;
Festividades cíclicas;
Rituais colectivos;
Ritos de passagem;
Actividades lúdicas;
Espectáculo e divertimento;
Manifestações artísticas e correlacionadas;
Manifestações musicais e correlacionadas;
Manifestações teatrais e performativas;

Manifestações literárias, orais e escritas;

Concepções míticas e lendárias;

Concepções e práticas mágico-religiosas.

3 – Denominação. – Campo destinado ao registo do nome pelo qual a manifestação do património cultural imaterial é mais comummente conhecida e designada pela comunidade ou grupo respectivo.

4 – Outras denominações. – Sempre que conhecidas, deverão indicar-se neste campo todas as outras denominações aplicadas à manifestação do património cultural imaterial, quer de uso actual quer de uso passado com comprovado registo histórico, por parte da comunidade ou grupo respectivo, ou por parte de outras comunidades ou grupos.

5 – Contexto tipológico. – Campo destinado à caracterização da tipologia alargada em que se insere a manifestação do património cultural imaterial que constitui objecto do pedido de inventariação. Sempre que possível, deverão identificar-se os âmbitos gerais, de carácter social, territorial e temporal, documentados para essa tipologia de manifestações no contexto nacional.

6 – Contexto de produção. – Secção destinada à caracterização do âmbito social, territorial e temporal da produção e reprodução da manifestação do património cultural imaterial, devendo a informação ser repartida pelos campos respectivos.

Para efeitos do preenchimento dos campos relativos ao contexto temporal em que se processa a transmissão da manifestação do património cultural imaterial deverão identificar-se, nos campos respectivos, a periodicidade com que se efectua a transmissão e a recriação da manifestação, independentemente de esta se revestir de carácter episódico ou cíclico, bem como a(s) data(s) ou período(s) da sua usual realização no calendário anual.

7 – Caracterização:

7.1 – Caracterização síntese – campo destinado à caracterização abreviada da manifestação do património cultural imaterial, que deverá obedecer à seguinte fórmula descritiva: denominação da manifestação, contexto social, territorial e temporal da sua produção e transmissão.

7.2 – Caracterização desenvolvida – campo destinado à caracterização em profundidade da manifestação do património cultural imaterial, identificando, em particular: as comunidades, grupos e indivíduos envolvidos na sua produção e reprodução, bem como o contexto territorial em que a manifestação ocorre; as diferentes fases em que se estrutura a sua produção e reprodução, bem como as práticas, as representações, os conhecimentos, as competências técnicas, os bens materiais (objectos, edifícios ou qualquer tipo de estrutura), os lugares e os espaços naturais específicos associados a cada uma dessas fases.

Deverão ser indicados os modos de organização da respectiva comunidade ou grupo, bem como os respectivos referentes e quadros culturais, indispensáveis à compreensão alargada da manifestação do património cultural imaterial.

Deverão ainda ser registadas neste campo as informações relativas às outras denominações eventualmente atribuídas à manifestação, designadamente quanto aos contextos (sociais, históricos ou outros) da sua produção.

7.3 – Manifestações associadas – deverão ser indicadas neste campo eventuais manifestações de património cultural imaterial, de âmbito local, regional ou nacional, com as quais se articule a manifestação em apreço, ou que resultem indispensáveis para o adequado conhecimento desta, designadamente no âmbito da identificação de diversidades, recorrências e afinidades tipológicas.

8 – Contexto de transmissão:

No campo «Estado» deverá ser claramente identificado se a transmissão da manifestação se encontra activa ou inactiva, devendo ser identificadas a(s) data(s), ou o(s) período(s), em que tal transmissão cessou ou se verificou no passado.

No campo «Descrição» deverão ser caracterizadas em pormenor as variadas formas de que se reveste o processo de transmissão da manifestação, tais como: aprendizagem formal e ou informal; recurso estrito à oralidade, ou de forma combinada com a aprendizagem pela escrita; acesso livre ou condicionado; no âmbito de rituais de passagem da vida do indivíduo; no âmbito de determinado momento do ciclo temporal da comunidade ou do grupo; com recurso à utilização de determinados lugares, espaços naturais ou elementos da cultura material (objectos, edifícios ou qualquer tipo de estrutura); em articulação com outras manifestações do património imaterial.

Para efeitos do preenchimento dos campos relativos ao(s) modo(s) e ao(s) idioma(s) em que se processa a reprodução da manifestação do património cultural imaterial, via transmissão geracional, será(ão) tido(s) em conta o(s) respectivo(s) agente(s), quer se trate de comunidades, de grupos ou de indivíduos.

9 – Origem/historial. – Campo destinado à caracterização, em profundidade, do conhecimento disponível sobre a manifestação do património cultural imaterial, com recurso a fontes orais, escritas, ou a qualquer outro tipo de informação, designadamente de carácter audiovisual, que permita atestar a respectiva biografia social, identificando eventuais alterações na manifestação, de carácter estrutural ou conjuntural, e independentemente do âmbito das mesmas.

Neste campo deverão ser mencionados as datas e os períodos, passíveis de comprovação documental e ou com recurso à memória colectiva, que consubstanciem marcos de particular importância no percurso da manifestação, e que permitam, designadamente, aferir a sua criação, ciclos da sua continuidade, fases de interrupção da sua prática, ou o seu desaparecimento.

Neste campo deverão ser igualmente registadas as informações pertinentes relativamente aos agentes (colectivos ou individuais) ou mecanismos (designadamente de âmbito identitário, político, religioso, técnico, científico, ou outro), que assumiram papel de relevância em cada uma das fases do percurso da manifestação do património cultural imaterial.

II – Documentação

Secção destinada à identificação da documentação de referência produzida sobre a manifestação do património cultural imaterial, devendo a informação ser repartida pelos campos aplicáveis. No campo «Fontes orais» deverão ser registadas transcrições de recolhas de literatura oral, entrevistas, entre outros elementos afins. Deverão ser claramente identificados os respectivos detentores dos direitos de autoria e de reprodução.

III – Direitos associados

Secção destinada à identificação de direitos que eventualmente recaiam sobre a manifestação do património cultural imaterial, designadamente sobre os seus detentores, sobre os responsáveis pela sua transmissão, ou outros.

IV – Património associado

Secção destinada à caracterização da eventual articulação da manifestação do património cultural imaterial com elementos da cultura material (bens móveis, móveis integrados ou imóveis), com demais manifestações do património imaterial, ou com património natural, devendo a informação ser repartida pelos campos respectivos. Sempre que os mesmos bens sejam objecto de protecção legal, deverão ser identificados a forma e o nível de protecção respectivos.

PORTARIA Nº 257/2011, DE 12 DE JULHO – DEFINE OS MODELOS DE SINALIZAÇÃO PARA EFEITOS DE IDENTIFICAÇÃO A INFORMAÇÃO RELATIVA À CONSERVAÇÃO DA NATUREZA E DA BIODIVERSIDADE NO ÂMBITO DAS ÁREAS PROTEGIDAS.

Nos termos do artigo 24º do regime jurídico da conservação da natureza e da biodiversidade, aprovado pelo Decreto-Lei nº 142/2008, de 24 de Julho, a sinalização para efeitos de identificação e informação relativa à conservação da natureza e da biodiversidade no âmbito das áreas protegidas consta de modelos próprios a aprovar por portaria do membro do Governo responsável pela área do ambiente.

Considerando que os suportes actualmente em utilização são muito dispendiosos, é de toda a conveniência a adopção de formas mais simplificadas e em materiais menos onerosos como suporte dos conteúdos a expor.

A presente portaria é, portanto, um acto de execução administrativa das opções tomadas no âmbito do regime jurídico da conservação da natureza e da biodiversidade.

Assim:

Ao abrigo do disposto no artigo 24º do regime jurídico da conservação da natureza e da biodiversidade, aprovado pelo Decreto-Lei nº 142/2008, de 24 de Julho, manda o Governo, pelo Secretário de Estado do Ambiente, no uso das competências delegadas nos termos da alínea b) do nº 1.2 do despacho nº 932/2010 (2ª série), publicado no Diário da República, de 14 de Janeiro de 2010, o seguinte:

ARTIGO 1º
Objecto

A presente portaria define os modelos de sinalização para efeitos de identificação e informação relativa à conservação da natureza e da biodiversidade no âmbito das áreas protegidas.

ARTIGO 2º
Sinalização de áreas protegidas

1 – A sinalização de áreas protegidas compreende um conjunto de painéis e estruturas que assinalam a aproximação destes sítios, pontos de paragem, locais específicos de temática interpretativa, acompanhamento em percursos pedestres e limites das respectivas áreas.

2 – Sem prejuízo das situações em que a sinalização é regulada pelo disposto no Código da Estrada e legislação complementar, nos locais de via pública ou outros em que se torne necessário colocar sinalização geral ou específica relevante para a visitação ou reconhecimento de uma área protegida, devem ser utilizados os modelos de painéis e estruturas de sinalização estabelecidos na presente portaria.
3 – A instalação da sinalização de áreas protegidas nas vias públicas só pode ser efectuada mediante autorização das entidades competentes.

ARTIGO 3º
Modelos de painéis e estruturas de sinalização de áreas protegidas

1 – Para efeitos do disposto na presente portaria, existem os seguintes modelos de painéis e estruturas de sinalização:
a) «Mesa interpretativa (MIG)» – sinalização específica de informação, temática, interpretativa ou informativa destinada a fornecer aos visitantes dados complementares às actividades interpretativas;
b) «Painel grande (PG)» – sinalização de orientação geral em pontos de paragem de visitantes destinada a fornecer indicações específicas de localização, colocada nas portas de entrada, miradouros e em centros de interpretação;
c) «Painel pequeno (PP)» – elemento de sinalização informativa, destinado ao suporte de informação e acompanhamento, nomeadamente em percursos pedestres, destinada a informar aos visitantes a existência e a orientação em percursos pedestres;
d) «Painel de boas-vindas/interpretativo (PBV)» – elemento de sinalização informativa, de aproximação e de boas-vindas, destinado ao suporte de informação sobre os limites de uma área protegida ou de um local particular. Colocação à entrada das principais vias de acesso às áreas protegidas;
e) «Totem local (TL)» – elemento de sinalização direccional e informativa, destinado à indicação de direcção, distância e à sua marcação. Sinalização específica de informação e de acompanhamento destinada a fornecer aos visitantes a existência e a orientação de percursos pedestres. Suporta uma pequena área de informação;
f) «Totem direccional (TD)» – elemento de sinalização direccional, destinado à indicação de direcção para pontos de interesse, serviços ou interdições;
g) «Totem percurso/actividade/serviço (TIP)» – elemento de sinalização informativa sobre a actividade, o percurso ou o serviço.
2 – Os modelos de painéis e estruturas de sinalização referidos no número anterior devem obedecer às características constantes do anexo I da presente portaria, que dela faz parte inte-

grante, que estabelece o grafismo dos caracteres, símbolos e pictogramas, bem como os respectivos pormenores de dimensionamento.
3 – Os materiais, dimensões e regras de colocação dos painéis e estruturas de sinalização são os constantes do anexo II da presente portaria, que dela faz parte integrante.
4 – Quando se verifique a inadequação do estabelecido nos anexos à situação concreta, ou a impossibilidade da sua colocação, pode o presidente do ICNB, I. P., fundamentadamente, através de despacho, estabelecer regras alternativas ou outros meios de sinalização.

ARTIGO 4º
Outros painéis e estruturas de sinalização

Podem ser colocados nas áreas protegidas painéis e estruturas de sinalização adicionais e não incluídos nos modelos previstos na presente portaria, desde que visem complementar a informação, nomeadamente em termos turísticos, culturais e de serviços.

ARTIGO 5º
Divulgação dos modelos de painéis e estruturas de sinalização

Os modelos de painéis e estruturas de sinalização e as respectivas regras encontram-se disponíveis, em suporte digital, no sítio da Internet do ICNB, I. P.

O Secretário de Estado do Ambiente, *Humberto Delgado Ubach Chaves Rosa*, em 1 de Junho de 2011.

ANEXO I
Modelos de sinalização das áreas protegidas

Mesa interpretativa

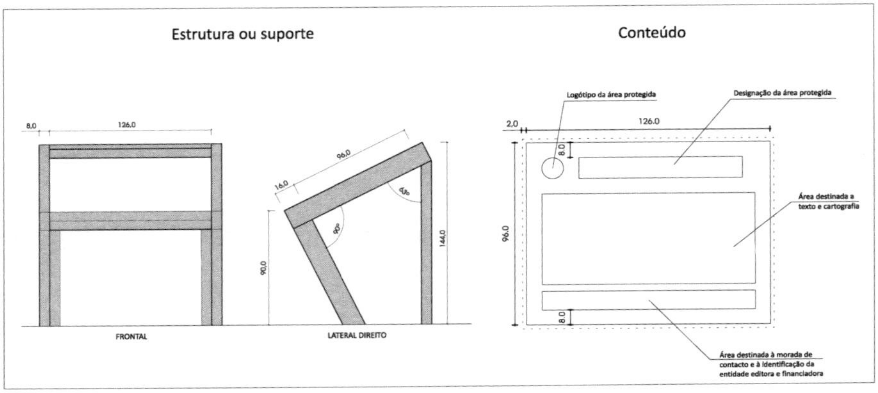

Painel grande

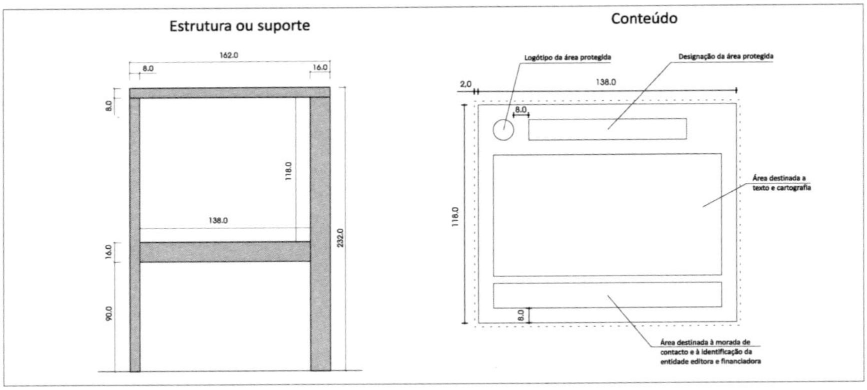

Painel pequeno

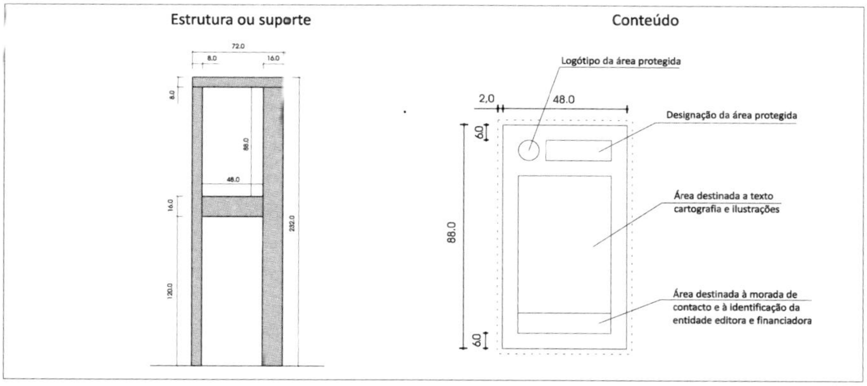

Painel de boas-vindas/interpretativo

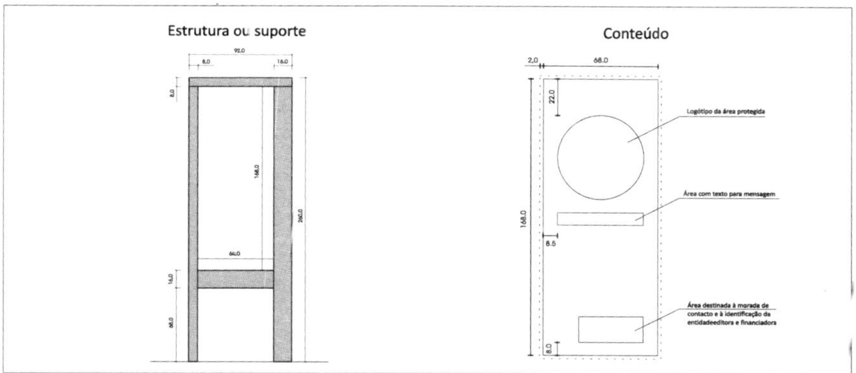

Totem local

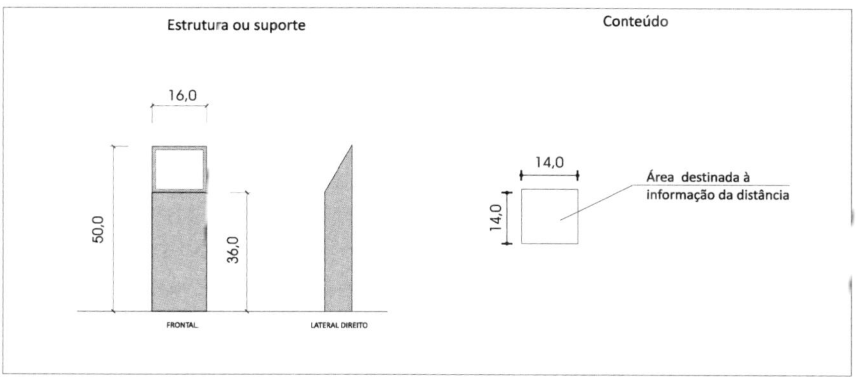

Totem direccional

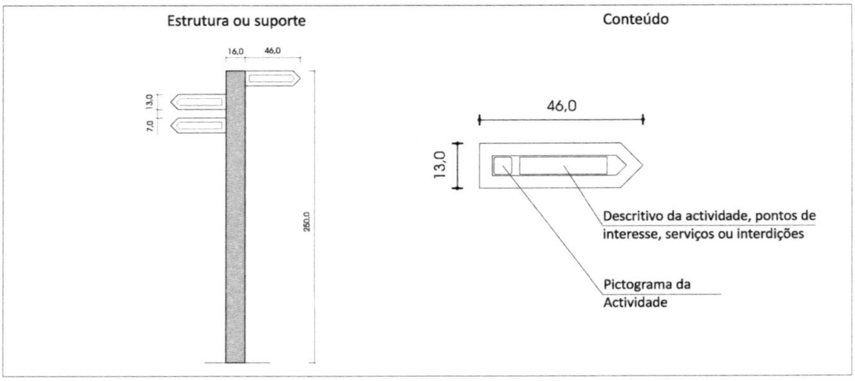

Totem de actividade/percurso/serviço

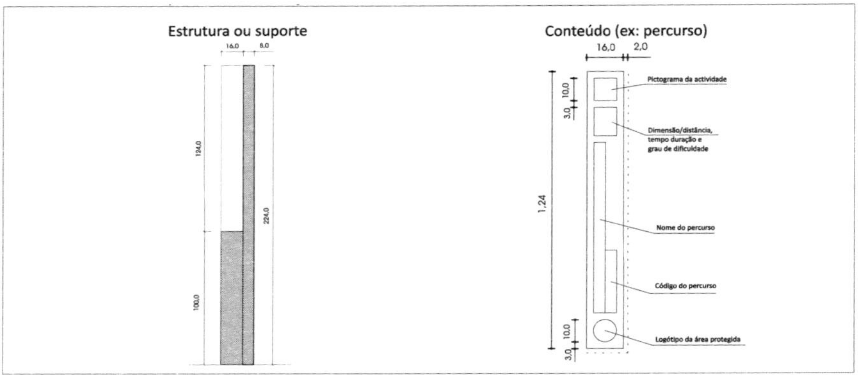

ANEXO II

Características, materiais, dimensões e regras de colocação

1 – Nos painéis e estruturas de sinalização vertical estão incluídos a sinalização de aproximação e de boas-vindas, a sinalização geral em pontos de paragem de visitantes, a sinalização específica de informação e acompanhamento em percursos e a sinalização de limites das áreas protegidas.

2 – Nos painéis e estruturas de sinalização em plano inclinado está incluída a sinalização do tipo mesa com informações específicas temáticas, interpretativas ou informativas.

3 – Os suportes dos painéis e estruturas de sinalização devem ser realizados em materiais resistentes, indicando-se como possibilidades os painéis compósitos de PVC, os painéis lamelados de madeira ou ainda materiais metálicos.

4 – O reverso dos painéis e estruturas de sinalização deve ser, regra geral, livre de informação, sendo possível a utilização para aposição de informação complementar, quando tal se justifique.

5 – Os suportes dos painéis e estruturas de sinalização devem cumprir as indicações de secção mínima presentes nas peças desenhadas, utilizando-se peças de madeira com secções regulares e com tratamento por autoclave, antixilófago e antifúngico.

6 – Devem ser cumpridas as indicações de montagem, corte e encaixe previstas nas peças desenhadas.

7 – Os painéis e estruturas de sinalização devem ser colocados de forma a garantir boas condições de leitura das mensagens nele contidas.

8 – Os painéis e estruturas de sinalização não podem ser acompanhados de motivos decorativos ou de qualquer espécie de publicidade comercial.

LEI Nº 23/2007, DE 4 DE JULHO, QUE APROVOU O REGIME JURÍDICO DE ENTRADA, PERMANÊNCIA, SAÍDA E AFASTAMENTO DE ESTRANGEIROS DO TERRITÓRIO NACIONAL (arts. 1º a 25º; 44º a 58º; 66º a 71º e 134º a 160º)

A Assembleia da República decreta, nos termos da alínea *c*) do artigo 161º da Constituição, o seguinte:

CAPÍTULO I
DISPOSIÇÕES GERAIS

ARTIGO 1º
Objecto

A presente lei define as condições e procedimentos de entrada, permanência, saída e afastamento de cidadãos estrangeiros do território português, bem como o estatuto de residente de longa duração.

ARTIGO 2º
Transposição de directivas

1 – Esta lei transpõe para a ordem jurídica interna as seguintes directivas comunitárias:

a) Directiva nº 2003/86/CE, do Conselho, de 22 de Setembro, relativa ao direito ao reagrupamento familiar;

b) Directiva nº 2003/110/CE, do Conselho, de 25 de Novembro, relativa ao apoio em caso de trânsito para efeitos de afastamento por via aérea;

c) Directiva nº 2003/109/CE, de 25 de Novembro, relativa ao estatuto dos nacionais de países terceiros residentes de longa duração;

d) Directiva nº 2004/81/CE, do Conselho, de 29 de Abril, relativa ao título de residência concedido aos nacionais de países terceiros que sejam vítimas do tráfico de seres humanos ou objecto de uma acção de auxílio à imigração ilegal e que cooperem com as autoridades competentes;

e) Directiva nº 2004/82/CE, do Conselho, de 29 de Abril, relativa à obrigação de comunicação de dados dos passageiros pelas transportadoras;

f) Directiva nº 2004/114/CE, do Conselho, de 13 de Dezembro, relativa às condições de admissão de nacionais de países terceiros para efeitos de estudos, de intercâmbio de estudantes, de formação não remunerada ou de voluntariado;
g) Directiva nº 2005/71/CE, do Conselho, de 12 de Outubro, relativa a um procedimento específico de admissão de nacionais de países terceiros para efeitos de investigação científica.
2 – Simultaneamente, procede-se à consolidação no direito nacional da transposição dos seguintes actos comunitários:
a) Decisão Quadro, do Conselho, de 28 de Novembro de 2002, relativa ao reforço do quadro penal para a prevenção do auxílio à entrada, ao trânsito e à residência irregulares;
b) Directiva nº 2001/40/CE, do Conselho, de 28 de Maio, relativa ao reconhecimento mútuo de decisões de afastamento de nacionais de países terceiros;
c) Directiva nº 2001/51/CE, do Conselho, de 28 de Junho, que completa as disposições do artigo 26º da Convenção de Aplicação do Acordo de Schengen, de 14 de Junho de 1985;
d) Directiva nº 2002/90/CE, do Conselho, de 28 de Novembro, relativa à definição do auxílio à entrada, ao trânsito e à residência irregulares.

ARTIGO 3º
Definições
Para efeitos da presente lei considera-se:
a) «Actividade altamente qualificada» aquela cujo exercício requer competências técnicas especializadas ou de carácter excepcional e, consequentemente, uma qualificação adequada para o respectivo exercício, designadamente de ensino superior;
b) «Actividade profissional independente» qualquer actividade exercida pessoalmente, no âmbito de um contrato de prestação de serviços, relativa ao exercício de uma profissão liberal ou sob a forma de sociedade;
c) «Actividade profissional de carácter temporário» aquela que tem carácter sazonal ou não duradouro, não podendo ultrapassar a duração de seis meses, excepto quando essa actividade seja exercida no âmbito de um contrato de investimento;
d) «Centro de investigação» qualquer tipo de organismo, público ou privado, ou unidade de investigação e desenvolvimento, pública ou privada, que efectue investigação e seja reconhecido oficialmente;
e) «Convenção de Aplicação» a Convenção de Aplicação do Acordo de Schengen, de 14 de Junho de 1985, assinada em Schengen em 19 de Junho de 1990;
f) «Estabelecimento de ensino» um estabelecimento, público ou privado, reconhecido oficialmente e cujos programas de estudo sejam reconhecidos;

g) «Estado terceiro» qualquer Estado que não seja membro da União Europeia nem seja Parte na Convenção de Aplicação ou onde esta não se encontre em aplicação;

h) «Estagiário não remunerado» o nacional de um Estado terceiro que tenha sido admitido no território nacional para realizar um período de formação não remunerada, nos termos da legislação aplicável;

i) «Estudante do ensino superior» o nacional de um Estado terceiro que tenha sido aceite por um estabelecimento de ensino superior para frequentar, a título de actividade principal, um programa de estudos a tempo inteiro, conducente à obtenção de um grau académico ou de um diploma do ensino superior reconhecido, podendo abranger um curso de preparação para tais estudos ou a realização de investigações para a obtenção de um grau académico;

j) «Estudante do ensino secundário» o nacional de um Estado terceiro que tenha sido admitido no território nacional para frequentar o ensino secundário, no quadro de um programa de intercâmbio reconhecido ou mediante admissão individual;

l) «Fronteiras externas» as fronteiras com Estados terceiros, os aeroportos, no que diz respeito aos voos que tenham como proveniência ou destino os territórios dos Estados não vinculados à Convenção de Aplicação, bem como os portos marítimos, salvo no que se refere às ligações no território português e às ligações regulares de transbordo entre Estados Partes na Convenção de Aplicação;

m) «Fronteiras internas» as fronteiras comuns terrestres com os Estados Partes na Convenção de Aplicação, os aeroportos, no que diz respeito aos voos exclusiva e directamente provenientes ou destinados aos territórios dos Estados Partes na Convenção de Aplicação, bem como os portos marítimos, no que diz respeito às ligações regulares de navios que efectuem operações de transbordo exclusivamente provenientes ou destinadas a outros portos nos territórios dos Estados Partes na Convenção de Aplicação, sem escala em portos fora destes territórios;

n) «Investigador» um nacional de Estado terceiro titular de uma qualificação adequada de ensino superior, que seja admitido por um centro de investigação para realizar um projecto de investigação que normalmente exija a referida qualificação;

o) «Programa de voluntariado» um programa de actividades concretas de solidariedade, baseadas num programa do Estado ou da Comunidade Europeia, que prossiga objectivos de interesse geral;

p) «Residente legal» o cidadão estrangeiro habilitado com título de residência em Portugal, de validade igual ou superior a um ano;

q) «Sociedade» as sociedades de direito civil ou comercial, incluindo as sociedades cooperativas e as outras pessoas colectivas de direito público ou privado, com excepção das que não prossigam fins lucrativos;

r) «Título de residência» o documento emitido de acordo com as regras e o modelo uniforme em vigor na União Europeia ao nacional de Estado terceiro com autorização de residência;
s) «Trânsito aeroportuário» a passagem, para efeitos da medida de afastamento por via aérea, do nacional de um Estado terceiro e, se necessário, da sua escolta, pelo recinto do aeroporto;
t) «Transportadora» qualquer pessoa singular ou colectiva que preste serviços de transporte aéreo, marítimo ou terrestre de passageiros, a título profissional;
u) «Zona internacional do porto ou aeroporto» a zona compreendida entre os pontos de embarque e desembarque e o local onde forem instalados os pontos de controlo documental de pessoas.

ARTIGO 4º
Âmbito

1 – O disposto na presente lei é aplicável a cidadãos estrangeiros e apátridas.
2 – Sem prejuízo da sua aplicação subsidiária e de referência expressa em contrário, a presente lei não é aplicável a:
a) Nacionais de um Estado membro da União Europeia, de um Estado Parte no Espaço Económico Europeu ou de um Estado terceiro com o qual a Comunidade Europeia tenha concluído um acordo de livre circulação de pessoas;
b) Nacionais de Estados terceiros que residam em território nacional na qualidade de refugiados, beneficiários de protecção subsidiária ao abrigo das disposições reguladoras do asilo ou beneficiários de protecção temporária;
c) Nacionais de Estados terceiros membros da família de cidadão português ou de cidadão estrangeiro abrangido pelas alíneas anteriores.

ARTIGO 5º
Regimes especiais

1 – O disposto na presente lei não prejudica os regimes especiais constantes de:
a) Acordos bilaterais ou multilaterais celebrados entre a Comunidade Europeia ou a Comunidade Europeia e os seus Estados membros, por um lado, e um ou mais Estados terceiros, por outro;
b) Convenções internacionais de que Portugal seja parte ou a que se vincule, em especial os celebrados ou que venha a celebrar com países de língua oficial portuguesa, a nível bilateral ou no quadro da Comunidade dos Países de Língua Oficial Portuguesa.

2 – O disposto na presente lei não prejudica as obrigações decorrentes da Convenção Relativa ao Estatuto dos Refugiados, adoptada em Genebra em 28 de Julho de 1951, alterada pelo Protocolo Adicional à Convenção Relativa ao Estatuto dos Refugiados, adoptado em Nova Iorque em 31 de Janeiro de 1967, das convenções internacionais em matéria de direitos humanos e das convenções internacionais em matéria de extradição de pessoas de que Portugal seja parte ou a que se vincule.

CAPÍTULO II
ENTRADA E SAÍDA DO TERRITÓRIO NACIONAL
SECÇÃO I
PASSAGEM NA FRONTEIRA

ARTIGO 6º
Controlo fronteiriço

1 – A entrada e a saída do território português efectuam-se pelos postos de fronteira qualificados para esse efeito e durante as horas do respectivo funcionamento, sem prejuízo do disposto na Convenção de Aplicação.

2 – São sujeitos a controlo nos postos de fronteira os indivíduos que entrem em território nacional ou dele saiam, sempre que provenham ou se destinem a Estados que não sejam Parte na Convenção de Aplicação.

3 – O disposto no número anterior aplica-se igualmente aos indivíduos que utilizem um troço interno de um voo com origem ou destino em Estados que não sejam Parte na Convenção de Aplicação.

4 – O controlo fronteiriço pode ser realizado a bordo de navios, em navegação, mediante requerimento do comandante do navio ou do agente de navegação e o pagamento de taxa.

5 – Após realizado o controlo de saída de um navio ou embarcação, o Serviço de Estrangeiros e Fronteiras, adiante designado por SEF, emite o respectivo desembaraço de saída, constituindo a sua falta um impedimento à saída do navio do porto.

6 – Por razões de ordem pública e segurança nacional pode, após consulta dos outros Estados Partes no Acordo de Schengen, ser reposto excepcionalmente, por um período limitado, o controlo documental nas fronteiras internas.

ARTIGO 7º
Zona internacional dos portos

1 – A zona internacional dos portos é coincidente na área de jurisdição da administração portuária com as zonas de cais vedado e nas áreas de cais livre com os pontos de embarque e desembarque.
2 – A zona internacional dos portos compreende ainda as instalações do SEF.

ARTIGO 8º
Acesso à zona internacional dos portos e aeroportos

1 – O acesso à zona internacional dos portos e aeroportos, em escala ou transferência de ligações internacionais, por parte de cidadãos estrangeiros sujeitos à obrigação de visto de escala nos termos da presente lei, fica condicionado à titularidade do mesmo.
2 – A zona internacional do porto é de acesso restrito e condicionado à autorização do SEF.
3 – Podem ser concedidas, pelo responsável do posto de fronteira marítima, autorizações de acesso à zona internacional do porto para determinadas finalidades, designadamente visita ou prestação de serviços a bordo.
4 – Pela emissão das autorizações de acesso à zona internacional do porto e de entrada a bordo de embarcações é devida uma taxa.
5 – Nos postos da fronteira marítima podem ser concedidas licenças para vir a terra a tripulantes de embarcações e a passageiros de navios, durante o período em que os mesmos permaneçam no porto.
6 – A licença permite ao beneficiário a circulação na área contígua ao porto e é concedida pelo SEF mediante requerimento dos agentes de navegação acompanhado de termo de responsabilidade.

SECÇÃO II
CONDIÇÕES GERAIS DE ENTRADA

ARTIGO 9º
Documentos de viagem e documentos que os substituem

1 – Para entrada ou saída do território português os cidadãos estrangeiros têm de ser portadores de um documento de viagem reconhecido como válido.
2 – A validade do documento de viagem deve ser superior à duração da estada, salvo quando se tratar da reentrada de um cidadão estrangeiro residente no País.

3 – Podem igualmente entrar no País, ou sair dele, os cidadãos estrangeiros que:
a) Sejam nacionais de Estados com os quais Portugal tenha convenções internacionais que lhes permitam a entrada com o bilhete de identidade ou documento equivalente;
b) Sejam abrangidos pelas convenções relevantes entre os Estados Partes do Tratado do Atlântico Norte;
c) Sejam portadores de laissez-passer emitido pelas autoridades do Estado de que são nacionais ou do Estado que os represente;
d) Sejam portadores da licença de voo ou do certificado de tripulante a que se referem os anexos nºs 1 e 9 à Convenção sobre Aviação Civil Internacional, ou de outros documentos que os substituam, quando em serviço;
e) Sejam portadores do documento de identificação de marítimo a que se refere a Convenção nº 108 da Organização Internacional do Trabalho, quando em serviço;
f) Sejam nacionais de Estados com os quais Portugal tenha convenções internacionais que lhes permitam a entrada apenas com a cédula de inscrição marítima, quando em serviço.
4 – O laissez-passer previsto na alínea c) do número anterior só é válido para trânsito e, quando emitido em território português, apenas permite a saída do País.
5 – Podem igualmente entrar no País, ou sair dele, com passaporte caducado, os nacionais de Estados com os quais Portugal tenha convenções internacionais nesse sentido.
6 – Podem ainda sair do território português os cidadãos estrangeiros habilitados com salvo-conduto ou com documento de viagem para expulsão de cidadão nacional de Estado terceiro.

Nota:

Para a entrada regular além do documento de viagem é necessário o visto de entrada (art. 10.°).

Os documentos de viagem reconhecidos como válidos constam do art. 17.°.

ARTIGO 10º
Visto de entrada

1 – Para a entrada em território nacional, devem igualmente os cidadãos estrangeiros ser titulares de visto válido e adequado à finalidade da deslocação concedido nos termos da presente lei ou pelas competentes autoridades dos Estados Partes na Convenção de Aplicação.
2 – O visto habilita o seu titular a apresentar-se num posto de fronteira e a solicitar a entrada no País.
3 – Podem, no entanto, entrar no País sem visto:
a) Os cidadãos estrangeiros habilitados com título de residência, prorrogação de permanência ou com o cartão de identidade previsto no nº 2 do artigo 87º, quando válidos;

b) Os cidadãos estrangeiros que beneficiem dessa faculdade nos termos de convenções internacionais de que Portugal seja Parte.
4 – O visto pode ser anulado pela entidade emissora em território estrangeiro ou pelo SEF em território nacional ou nos postos de fronteira, quando o seu titular seja objecto de uma indicação para efeitos de não admissão no Sistema de Informação Schengen, no Sistema Integrado de Informação do SEF ou preste declarações falsas no pedido de concessão do visto.
5 – A anulação pelo SEF de vistos nos termos do número anterior deve ser comunicada de imediato à entidade emissora.
6 – Da decisão de anulação é dado conhecimento por via electrónica ao alto-comissário para a Imigração e Diálogo Intercultural, adiante designado por ACIDI, I. P., e ao Conselho Consultivo para os Assuntos da Imigração, adiante designado por Conselho Consultivo, com indicação dos respectivos fundamentos.

Nota:
Os vistos de entrada constam dos artigos 45.° a 66.°.

ARTIGO 11º
Meios de subsistência

1 – Não é permitida a entrada no País de cidadãos estrangeiros que não disponham de meios de subsistência suficientes, quer para o período da estada quer para a viagem para o país no qual a sua admissão esteja garantida, ou que não estejam em condições de adquirir legalmente esses meios.
2 – Para efeitos de entrada e permanência, devem os estrangeiros dispor, em meios de pagamento, per capita, dos valores fixados por portaria dos Ministros da Administração Interna e do Trabalho e da Solidariedade Social, os quais podem ser dispensados aos que provem ter alimentação e alojamento assegurados durante a respectiva estada.
3 – Os quantitativos fixados nos termos do número anterior são actualizados automaticamente de acordo com as percentagens de aumento da remuneração mínima nacional mais elevada.

Nota:
Além da parte documental, é necessário que o cidadão demonstre possuir os meios de subsistência necessários.

ARTIGO 12º
Termo de responsabilidade

1 – Para os efeitos previstos no artigo anterior, o nacional de Estado terceiro pode, em alternativa, apresentar termo de responsabilidade subscrito por cidadão nacional ou estrangeiro habilitado a permanecer regularmente em território português.
2 – O termo de responsabilidade referido no número anterior inclui obrigatoriamente o compromisso de assegurar:
a) As condições de estada em território nacional;
b) A reposição dos custos de afastamento, em caso de permanência ilegal.
3 – O previsto no número anterior não exclui a responsabilidade das entidades referidas no artigo 198º, desde que verificados os respectivos pressupostos.
4 – O termo de responsabilidade constitui título executivo da obrigação prevista na alínea b) do nº 2.

Nota:

Em alternativa à prova dos meios de subsistência, a lei permite que um cidadão nacional ou estrangeiro a residir regularmente em Portugal assuma a responsabilidade da estada do cidadão estrangeiro.

ARTIGO 13º
Finalidade e condições da estada

Sempre que tal for julgado necessário para comprovar o objectivo e as condições da estada a autoridade de fronteira pode exigir ao cidadão estrangeiro a apresentação de prova adequada.

SECÇÃO III
DECLARAÇÃO DE ENTRADA E BOLETIM DE ALOJAMENTO

ARTIGO 14º
Declaração de entrada

1 – Os cidadãos estrangeiros que entrem no País por uma fronteira não sujeita a controlo, vindos de outro Estado membro, são obrigados a declarar esse facto no prazo de três dias úteis a contar da data de entrada.
2 – A declaração de entrada deve ser prestada junto do SEF, nos termos a definir por portaria do Ministro da Administração Interna.

3 – O disposto nos números anteriores não se aplica aos cidadãos estrangeiros:

a) Residentes ou autorizados a permanecer no País por período superior a seis meses;

b) Que, logo após a entrada no País, se instalem em estabelecimentos hoteleiros ou noutro tipo de alojamento em que seja aplicável o disposto no nº 1 do artigo 16º;

c) Que beneficiem do regime comunitário ou equiparado.

Nota:

Sempre que o cidadão estrangeiro se aloje em empreendimento turístico, cabe à respectiva entidade proceder à declaração de entrada do mesmo, através do designado boletim de alojamento (art. 15.°), junto das entidades designadas no art. 16.°, n.° 1.

ARTIGO 15º

Boletim de alojamento

1 – O boletim de alojamento destina-se a permitir o controlo dos cidadãos estrangeiros em território nacional.

2 – Por cada cidadão estrangeiro, incluindo os nacionais dos outros Estados membros da União Europeia, é preenchido e assinado pessoalmente um boletim de alojamento, cujo modelo é aprovado por portaria do Ministro da Administração Interna.

3 – Não é obrigatório o preenchimento e a assinatura pessoal dos boletins por ambos os cônjuges e menores que os acompanhem, bem como por todos os membros de um grupo de viagem, podendo esta obrigação ser cumprida por um dos cônjuges ou por um membro do referido grupo.

4 – Com vista a simplificar o envio dos boletins de alojamento, os estabelecimentos hoteleiros e similares devem proceder ao seu registo junto do SEF como utilizadores do Sistema de Informação de Boletins de Alojamento, por forma a poderem proceder à respectiva comunicação electrónica em condições de segurança.

5 – Os boletins e respectivos duplicados, bem como os suportes substitutos referidos no número anterior, são conservados pelo prazo de um ano contado a partir do dia seguinte ao da comunicação da saída.

ARTIGO 16º

Comunicação do alojamento

1 – As empresas exploradoras de estabelecimentos hoteleiros, meios complementares de alojamento turístico ou conjuntos turísticos, bem como todos aqueles que facultem, a título oneroso, alojamento a cidadãos estrangeiros, ficam obrigadas a comunicá-lo, no prazo de três

dias úteis, por meio de boletim de alojamento, ao SEF ou, nas localidades onde este não exista, à Guarda Nacional Republicana ou à Polícia de Segurança Pública.
2 – Após a saída do cidadão estrangeiro do referido alojamento, o facto deve ser comunicado, no mesmo prazo, às entidades mencionadas no número anterior.
3 – Os boletins de alojamento produzidos nos termos do nº 4 do artigo anterior são transmitidos de forma segura, nos termos a definir por portaria do Ministro da Administração Interna.

SECÇÃO IV
DOCUMENTOS DE VIAGEM
SUBSECÇÃO I
DOCUMENTOS DE VIAGEM EMITIDOS PELAS AUTORIDADES PORTUGUESAS A FAVOR DE CIDADÃOS ESTRANGEIROS

ARTIGO 17º
Documentos de viagem

1 – As autoridades portuguesas podem emitir os seguintes documentos de viagem a favor de cidadãos estrangeiros:
a) Passaporte para estrangeiros;
b) Título de viagem para refugiados;
c) Salvo-conduto;
d) Documento de viagem para expulsão de cidadãos nacionais de Estados terceiros;
e) Lista de viagem para estudantes.
2 – Os documentos de viagem emitidos pelas autoridades portuguesas a favor de cidadãos estrangeiros não fazem prova da nacionalidade do titular.

ARTIGO 18º
Passaporte para estrangeiros

A concessão do passaporte para estrangeiros obedece ao disposto em legislação própria.

ARTIGO 19º
Título de viagem para refugiados

1 – Os cidadãos estrangeiros residentes no País na qualidade de refugiados, nos termos da lei reguladora do direito de asilo, bem como os refugiados abrangidos pelo disposto no § 11º do

anexo à Convenção Relativa ao Estatuto dos Refugiados, adoptada em Genebra em 28 de Julho de 1951, podem obter um título de viagem de modelo a aprovar por portaria do Ministro da Administração Interna.
2 – O título de viagem para refugiados é válido pelo período de um ano, prorrogável, e pode ser utilizado em número ilimitado de viagens, permitindo o regresso do seu titular dentro do respectivo prazo de validade.
3 – O título de viagem para refugiados pode incluir uma única pessoa ou titular e filhos ou adoptados menores de 10 anos.
4 – Não são permitidos averbamentos no título de viagem após a emissão, com excepção dos averbamentos relativos às prorrogações de validade previstas no nº 2.

ARTIGO 20º
Competência para a concessão do título de viagem para refugiados
São competentes para a concessão do título de viagem para refugiados e respectiva prorrogação:
a) Em território nacional, o director-geral do SEF, com faculdade de delegação;
b) No estrangeiro, as autoridades consulares ou diplomáticas portuguesas, mediante parecer favorável do SEF.

ARTIGO 21º
Emissão e controlo do título de viagem para refugiados
1 – A emissão do título de viagem para refugiados incumbe às entidades competentes para a sua concessão.
2 – Compete ao SEF o controlo e registo nacional dos títulos de viagem emitidos.

ARTIGO 22º
Condições de validade do título de viagem para refugiados
1 – O título de viagem para refugiados só é válido quando preenchido em condições legíveis e com todos os espaços utilizados, quando imprescindíveis, ou inutilizados, em caso contrário.
2 – Não são consentidas emendas ou rasuras de qualquer natureza.
3 – As fotografias a utilizar devem ser actuais, a cores, com fundo contrastante e liso e com boas condições de identificação.
4 – A fotografia do titular e a assinatura da entidade emitente do título de viagem são autenticadas pela aposição do selo branco do serviço.

5 – O título de viagem é assinado pelo titular, salvo se no local indicado constar, aposta pela entidade emitente, declaração de que não sabe ou não pode assinar.

ARTIGO 23º
Pedido de título de viagem para refugiados

1 – O pedido de título de viagem é formulado pelo próprio requerente.
2 – O pedido relativo a título de viagem para menores é formulado:
a) Por qualquer dos progenitores, na constância do matrimónio;
b) Pelo progenitor que exerça o poder paternal, nos termos de decisão judicial;
c) Por quem, na falta dos progenitores, exerça, nos termos da lei, o poder paternal.
3 – Tratando-se de indivíduos declarados interditos ou inabilitados, o pedido é formulado por quem exercer a tutela ou a curatela sobre os mesmos.
4 – O director-geral do SEF pode, em casos justificados, suprir, por despacho, as intervenções previstas nos nºs 2 e 3.

ARTIGO 24º
Limitações à utilização do título de viagem para refugiados

O refugiado que, utilizando o título de viagem concedido nos termos da presente lei, tenha estado em país relativamente ao qual adquira qualquer das situações previstas nos parágrafos 1 a 4 da secção C do artigo 1º da Convenção Relativa ao Estatuto dos Refugiados, adoptada em Genebra em 28 de Julho de 1951, deve munir-se de título de viagem desse país.

ARTIGO 25º
Utilização indevida do título de viagem para refugiados

1 – São apreendidos pelas autoridades a quem forem apresentados e remetidos ao SEF os títulos de viagem para refugiados utilizados em desconformidade com a lei.
2 – Pode ser recusada a aceitação dos títulos de viagem cujos elementos de identificação dos indivíduos mencionados se apresentem desconformes.

(...)

ARTIGO 44º
Informação dos passageiros

1 – Para efeitos de aplicação do disposto no artigo 42º, as transportadoras, no momento da recolha dos dados, prestam as seguintes informações aos passageiros em causa:

a) Identidade do responsável pelo tratamento;

b) Finalidades do tratamento a que os dados se destinam;

c) Outras informações, tendo em conta as circunstâncias específicas da recolha dos dados, necessárias para garantir à pessoa em causa um tratamento leal dos mesmos, tais como os destinatários ou categorias de destinatários dos dados, o carácter obrigatório da resposta, bem como as possíveis consequências da sua omissão, e a existência do direito de acesso aos dados que lhe digam respeito e do direito de os rectificar.

2 – Quando os dados não tenham sido recolhidos junto da pessoa a que dizem respeito, o responsável pelo seu tratamento, ou o seu representante, fornece à pessoa em causa, no momento em que os dados sejam registados ou o mais tardar no momento da primeira comunicação desses dados, as informações referidas no número anterior.

CAPÍTULO IV
VISTOS
SECÇÃO I
VISTOS CONCEDIDOS NO ESTRANGEIRO

ARTIGO 45º
Tipos de vistos concedidos no estrangeiro

No estrangeiro podem ser concedidos os seguintes tipos de vistos:

a) Visto de escala;

b) Visto de trânsito;

c) Visto de curta duração;

d) Visto de estada temporária;

e) Visto para obtenção de autorização de residência, adiante designado visto de residência.

ARTIGO 46º
Validade territorial dos vistos

1 – Os vistos de escala, de trânsito e de curta duração podem ser válidos para um ou mais Estados Partes na Convenção de Aplicação.

2 – Os vistos de estada temporária e de residência são válidos apenas para o território português.

ARTIGO 47º
Visto individual e visto colectivo

1 – O visto individual é aposto em passaporte individual ou familiar.
2 – O visto colectivo é aposto em passaporte colectivo emitido a favor de um grupo de indivíduos, organizado social ou institucionalmente, previamente à decisão de realização da viagem e constituído por um mínimo de 5 e um máximo de 50 pessoas.
3 – Os vistos concedidos no estrangeiro podem ser individuais ou colectivos, salvo os referidos nas alíneas d) e e) do artigo 45º, que só podem ser concedidos sob forma individual.
4 – A concessão do visto colectivo pressupõe a entrada, permanência e saída do território português simultâneas de todos os membros do grupo.
5 – O visto colectivo tem uma validade máxima de 30 dias.

ARTIGO 48º
Competência para a concessão de vistos

1 – São competentes para conceder vistos:
a) As embaixadas e os postos consulares de carreira portugueses, quando se trate de vistos de escala, de trânsito ou de curta duração solicitados por titulares de passaportes diplomáticos, de serviço, oficiais e especiais ou de documentos de viagem emitidos por organizações internacionais;
b) Os postos consulares de carreira e as secções consulares, nos restantes casos.
2 – Compete às entidades referidas no número anterior solicitar os pareceres, informações e demais elementos necessários para a instrução dos pedidos.

ARTIGO 49º
Visto de escala

1 – O visto de escala destina-se a permitir ao seu titular, quando utilize uma ligação internacional, a passagem por um aeroporto ou um porto de um Estado Parte na Convenção de Aplicação.
2 – O titular do visto de escala apenas tem acesso à zona internacional do aeroporto ou porto marítimo, devendo prosseguir a viagem na mesma ou em outra aeronave ou embarcação, de harmonia com o título de transporte.

3 – Estão sujeitos a visto de escala os nacionais de Estados identificados em despacho conjunto dos Ministros da Administração Interna e dos Negócios Estrangeiros ou titulares de documentos de viagem emitidos pelos referidos Estados.
4 – O despacho previsto no número anterior fixa as excepções à exigência deste tipo de visto.

ARTIGO 50º
Visto de trânsito

1 – O visto de trânsito destina-se a permitir a entrada em território português a quem, proveniente de um Estado terceiro, se dirija para um país terceiro no qual tenha garantida a admissão.
2 – O visto de trânsito pode ser concedido para uma, duas ou, excepcionalmente, várias entradas, não podendo a duração de cada trânsito exceder cinco dias.

ARTIGO 51º
Visto de curta duração

1 – O visto de curta duração destina-se a permitir a entrada em território português ao seu titular para fins que, sendo aceites pelas autoridades competentes, não justifiquem a concessão de outro tipo de visto, designadamente para fins de turismo e de visita ou acompanhamento de familiares que sejam titulares de visto de estada temporária.
2 – O visto pode ser concedido com um prazo de validade de um ano e para uma ou mais entradas, não podendo a duração de uma estada ininterrupta ou a duração total das estadas sucessivas exceder três meses por semestre a contar da data da primeira passagem de uma fronteira externa.
3 – Em casos devidamente fundamentados, e quando tal se revele de interesse para o País, pode ser concedido, por despacho conjunto dos Ministros da Administração Interna e dos Negócios Estrangeiros, um visto de múltiplas entradas a determinadas categorias de pessoas com um prazo de validade superior a um ano.

Nota:
Para os fins turísticos, mantém-se o visto de curta duração.

ARTIGO 52º
Condições gerais de concessão de vistos de residência, de estada temporária e de curta duração

1 – Sem prejuízo de condições especiais aplicáveis à concessão de cada tipo de visto e dos regimes especiais constantes de acordos, protocolos ou instrumentos similares, tratados e con-

venções internacionais de que Portugal seja Parte, só são concedidos vistos de residência, de estada temporária e de curta duração a nacionais de Estados terceiros que preencham as seguintes condições:
a) Não tenham sido sujeitos a uma medida de afastamento do País e se encontrem no período subsequente de interdição de entrada em território nacional;
b) Não estejam indicados para efeitos de não admissão no Sistema de Informação Schengen por qualquer das Partes Contratantes;
c) Não estejam indicados para efeitos de não admissão no Sistema Integrado de Informações do SEF, nos termos do artigo 33º;
d) Disponham de meios de subsistência, tal como definidos por portaria conjunta dos Ministros da Administração Interna e do Trabalho e da Solidariedade Social;
e) Disponham de um documento de viagem válido;
f) Disponham de um seguro de viagem.
2 – Para a concessão de visto de residência para exercício de actividade profissional subordinada ou independente, de visto de residência para estudo, intercâmbio de estudantes, estágio profissional ou voluntariado, de visto de estada temporária e de visto de curta duração é ainda exigido ao nacional de Estado terceiro que disponha de um título de transporte que assegure o seu regresso.
3 – É recusada a emissão de visto de estada temporária ou visto de residência a nacional de Estado terceiro que tenha sido condenado por crime que em Portugal seja punível com pena privativa de liberdade de duração superior a um ano, ainda que esta não tenha sido cumprida, ou que tenha sofrido mais de uma condenação em idêntica pena, ainda que a sua execução tenha sido suspensa.
4 – Pode ser recusada a emissão de visto a pessoas que constituam uma ameaça grave para a ordem pública, segurança pública ou saúde pública.
5 – Sempre que a concessão do visto seja recusada pelos fundamentos previstos nas alíneas b) e c) do nº 1, o requerente é informado da possibilidade de solicitar a rectificação dos dados que a seu respeito se encontrem errados.

ARTIGO 53º
Formalidades prévias à concessão de vistos

1 – Carece de parecer prévio obrigatório do SEF a concessão de visto nos seguintes casos:
a) Quando sejam solicitados vistos de residência e de estada temporária;
b) Quando tal for determinado por razões de interesse nacional, por motivos de segurança interna ou de prevenção da imigração ilegal e da criminalidade conexa.
2 – Relativamente aos pedidos de vistos referidos no número anterior é emitido parecer negativo, sempre que o requerente tenha sido condenado em Portugal por sentença com trânsito

em julgado em pena de prisão superior a 1 ano, ainda que esta não tenha sido cumprida, ou tenha sofrido mais de uma condenação em idêntica pena ainda que a sua execução tenha sido suspensa.

3 – Em casos urgentes e devidamente justificados, pode ser dispensada a consulta prévia quando se trate de pedidos de visto de residência para exercício de actividade profissional independente e de estada temporária.

4 – Carece de consulta prévia ao Serviço de Informações de Segurança a concessão de visto, quando a mesma for determinada por razões de segurança nacional ou em cumprimento dos mecanismos acordados no âmbito da política europeia de segurança comum.

5 – Compete ao SEF solicitar e obter de outras entidades os pareceres, informações e demais elementos necessários para o cumprimento do disposto na presente lei em matéria de concessão de vistos de residência e de estada temporária.

6 – Os pareceres necessários à concessão de vistos, quando negativos, são vinculativos para efeitos da alínea b) do nº 1 do presente artigo, sendo emitidos no prazo de 20 dias, findo o qual a ausência de emissão corresponde a parecer favorável.

SUBSECÇÃO I
VISTO DE ESTADA TEMPORÁRIA

ARTIGO 54º
Visto de estada temporária

1 – O visto de estada temporária destina-se a permitir a entrada em território português ao seu titular para:

a) Tratamento médico em estabelecimentos de saúde oficiais ou oficialmente reconhecidos;

b) Transferência de cidadãos nacionais de Estados Partes na Organização Mundial de Comércio, no contexto da prestação de serviços ou da realização de formação profissional em território português;

c) Exercício em território nacional de uma actividade profissional, subordinada ou independente, de carácter temporário, cuja duração não ultrapasse, em regra, os seis meses;

d) Exercício em território nacional de uma actividade de investigação científica em centros de investigação, de uma actividade docente num estabelecimento de ensino superior ou de uma actividade altamente qualificada durante um período de tempo inferior a um ano;

e) Exercício em território nacional de uma actividade desportiva amadora, certificada pela respectiva federação, desde que o clube ou associação desportiva se responsabilize pelo alojamento e cuidados de saúde;

f) Permanecer em território nacional por períodos superiores a três meses, em casos excepcionais, devidamente fundamentados, designadamente o cumprimento dos compromissos internacionais no âmbito da Organização Mundial de Comércio, em sede de liberdade de prestação de serviços;
g) Acompanhamento de familiar sujeito a tratamento médico nos termos da alínea a).
2 - O visto de estada temporária é válido por três meses e para múltiplas entradas em território nacional, sem prejuízo do disposto no nº 4 do artigo 56º
3 - O prazo máximo para a decisão sobre o pedido de visto de estada temporária é de 30 dias contados a partir da instrução do pedido.

Nota:

Para o exercício de uma actividade profissional, os vistos adequados são os de estada temporária (arts. 54.° a 57.°).

ARTIGO 55º

Visto de estada temporária no âmbito da transferência de trabalhadores

A concessão de visto de estada temporária a cidadãos nacionais de Estados Partes da Organização Mundial do Comércio, transferidos no contexto da prestação de serviços ou da realização de formação profissional em território português, depende da verificação das seguintes condições:
a) A transferência tem de efectuar-se entre estabelecimentos de uma mesma empresa ou mesmo grupo de empresas, devendo o estabelecimento situado em território português prestar serviços equivalentes aos prestados pelo estabelecimento de onde é transferido o cidadão estrangeiro;
b) A transferência tem de referir-se a sócios ou trabalhadores subordinados, há pelo menos um ano, no estabelecimento situado noutro Estado Parte da Organização Mundial do Comércio, que se incluam numa das seguintes categorias:
- *i) Os que, possuindo poderes de direcção, trabalhem como quadros superiores da empresa e façam, essencialmente, a gestão de um estabelecimento ou departamento, recebendo orientações gerais do conselho de administração;*
- *ii) Os que possuam conhecimentos técnicos específicos essenciais à actividade, ao equipamento de investigação, às técnicas ou à gestão da mesma;*
- *iii) Os que devam receber formação profissional no estabelecimento situado em território nacional.*

ARTIGO 56º
Visto de estada temporária para exercício de actividade profissional subordinada de carácter temporário

1 – Pode ser concedido visto de estada temporária a nacionais de Estados terceiros que pretendam exercer em território nacional uma actividade profissional subordinada de carácter temporário, desde que disponham de promessa ou de contrato de trabalho.

2 – O Instituto do Emprego e Formação Profissional mantém um sistema de informação, acessível ao público, de onde constem todas as ofertas de trabalho subordinado, de carácter temporário, não preenchidas por nacionais de Estados membros da União Europeia, do Espaço Económico Europeu ou de Estados terceiros residentes legais em território nacional, e divulga-as, por iniciativa própria ou a pedido das entidades empregadoras ou das associações com assento no Conselho Consultivo, junto das embaixadas e postos consulares de carreira portugueses.

3 – Para os efeitos do disposto nos números anteriores, as Regiões Autónomas dos Açores e da Madeira mantêm sistemas de informação sobre ofertas de trabalho existentes na respectiva Região.

4 – O visto de estada temporária para exercício de actividade profissional subordinada de carácter temporário é concedido pelo tempo de duração do contrato de trabalho.

5 – Excepcionalmente, pode ser concedido um visto de estada temporária para exercício de actividade profissional subordinada de carácter temporário de duração superior a seis meses, sempre que essa actividade se insira no âmbito de um contrato de investimento e até ao limite temporal da respectiva execução.

ARTIGO 57º
Visto de estada temporária para actividade de investigação ou altamente qualificada

O visto de estada temporária pode ser concedido a nacionais de Estados terceiros que pretendam exercer uma actividade de investigação, uma actividade docente num estabelecimento de ensino superior ou uma actividade altamente qualificada por período inferior a um ano, desde que:

a) Sejam admitidos a colaborar num centro de investigação, reconhecido pelo Ministério da Ciência, Tecnologia e Ensino Superior, nomeadamente através de uma promessa ou contrato de trabalho, de uma proposta ou contrato de prestação de serviços ou de uma bolsa de investigação científica; ou

b) Tenham uma promessa ou um contrato de trabalho ou uma proposta escrita ou um contrato de prestação de serviços para exercer uma actividade docente num estabelecimento de ensino superior ou uma actividade altamente qualificada em território nacional.

SUBSECÇÃO II
VISTO DE RESIDÊNCIA

ARTIGO 58º
Visto de residência

1 – O visto de residência destina-se a permitir ao seu titular a entrada em território português a fim de solicitar autorização de residência.
2 – O visto de residência é válido para duas entradas em território português e habilita o seu titular a nele permanecer por um período de quatro meses.
3 – Sem prejuízo da aplicação de condições específicas, na apreciação do pedido de visto de residência atender-se-á, designadamente, à finalidade pretendida com a fixação de residência.
4 – Sem prejuízo de prazos mais curtos previstos nesta lei, o prazo para a decisão sobre o pedido de visto de residência é de 60 dias.

(...)

SECÇÃO II
VISTOS CONCEDIDOS EM POSTOS DE FRONTEIRA

ARTIGO 66º
Tipos de vistos

Nos postos de fronteira podem ser concedidos os seguintes tipos de vistos:
a) Visto de trânsito;
b) Visto de curta duração;
c) Visto especial.

ARTIGO 67º
Vistos de trânsito e de curta duração

1 – Nos postos de fronteira sujeitos a controlo podem ser concedidos, a título excepcional, vistos de trânsito ou de curta duração ao cidadão estrangeiro que, por razões imprevistas, não tenha podido solicitar um visto à autoridade competente, desde que o interessado:
a) Seja titular de documento de viagem válido que permita a passagem da fronteira;
b) Satisfaça as condições previstas no artigo 11º;

c) Não esteja inscrito no Sistema de Informação Schengen ou na lista nacional de pessoas não admissíveis;
d) Não constitua uma ameaça para a ordem pública, para a segurança nacional ou para as relações internacionais de um Estado membro da União Europeia;
e) Tenha garantida a viagem para o país de origem ou para o país de destino, bem como a respectiva admissão.
2 – Os vistos de trânsito e de curta duração emitidos ao abrigo do número anterior só podem ser concedidos para uma entrada e a sua validade não deve ultrapassar 5 ou 15 dias, respectivamente.
3 – Os vistos a que se refere o presente artigo podem ser válidos para um ou mais Estados Partes na Convenção de Aplicação.

ARTIGO 68º
Visto especial

1 – Por razões humanitárias ou de interesse nacional, reconhecidas por despacho do Ministro da Administração Interna, pode ser concedido um visto especial para entrada e permanência temporária no País a cidadãos estrangeiros que não reúnam os requisitos legais exigíveis para o efeito.
2 – O visto referido no número anterior é válido apenas para o território português.
3 – A competência prevista no nº 1 pode ser delegada no director-geral do SEF, com faculdade de subdelegação.
4 – Se a pessoa admitida nas condições referidas nos números anteriores constar do Sistema de Informação Schengen, a respectiva admissão é comunicada às autoridades competentes dos outros Estados Partes na Convenção de Aplicação.
5 – Quando o cidadão estrangeiro seja titular de um passaporte diplomático, de serviço, oficial ou especial, ou ainda de um documento de viagem emitido por uma organização internacional, é consultado, sempre que possível, o Ministério dos Negócios Estrangeiros.

ARTIGO 69º
Competência para a concessão de vistos em postos de fronteira

É competente para a concessão dos vistos referidos na presente secção o director-geral do SEF, com faculdade de delegação.

SECÇÃO III
CANCELAMENTO DE VISTOS

ARTIGO 70º
Cancelamento de vistos

1 – Os vistos podem ser cancelados nas seguintes situações:

a) Quando o seu titular não satisfaça as condições da sua concessão;

b) Quando tenham sido emitidos com base em prestação de falsas declarações, utilização de meios fraudulentos ou através da invocação de motivos diferentes daqueles que motivaram a entrada do seu titular no País;

c) Quando o respectivo titular tenha sido objecto de uma medida de afastamento do território nacional.

2 – Os vistos de residência e de estada temporária podem ainda ser cancelados quando o respectivo titular, sem razões atendíveis, se ausente do País pelo período de 60 dias, durante a validade do visto.

3 – O disposto nos números anteriores é igualmente aplicável durante a validade das prorrogações de permanência concedidas nos termos previstos na presente lei.

4 – O visto de residência é ainda cancelado em caso de indeferimento do pedido de autorização de residência.

5 – Após a entrada do titular do visto em território nacional o cancelamento de vistos a que se referem os números anteriores é da competência do Ministro da Administração Interna, que pode delegar no director-geral do SEF, com a faculdade de subdelegar.

6 – O cancelamento de vistos nos termos do número anterior é comunicado por via electrónica à Direcção-Geral dos Assuntos Consulares e das Comunidades Portuguesas.

7 – O cancelamento de vistos antes da chegada do titular a território nacional é da competência das missões diplomáticas e postos consulares de carreira, sendo comunicado por via electrónica ao SEF.

CAPÍTULO V
PRORROGAÇÃO DE PERMANÊNCIA

ARTIGO 71º
Prorrogação de permanência

1 – Aos cidadãos estrangeiros admitidos em território nacional nos termos da presente lei que desejem permanecer no País por período de tempo superior ao inicialmente autorizado pode ser prorrogada a permanência.

2 – A prorrogação de permanência concedida aos titulares de vistos de trânsito e vistos de curta duração pode ser válida para um ou mais Estados Partes na Convenção de Aplicação.
3 – Salvo em casos devidamente fundamentados, a prorrogação a que se refere o nº 1 pode ser concedida desde que se mantenham as condições que permitiram a admissão do cidadão estrangeiro.
4 – O visto de estada temporária para exercício de actividade profissional subordinada só pode ser prorrogado se o requerente possuir um contrato de trabalho nos termos da lei e estiver abrangido pelo Serviço Nacional de Saúde ou possuir seguro de saúde.
5 – O visto de estada temporária para actividade de investigação ou altamente qualificada só pode ser prorrogado se o requerente possuir contrato de trabalho, de prestação de serviços ou bolsa de investigação científica e estiver abrangido pelo Serviço Nacional de Saúde ou possuir seguro de saúde.
6 – Salvo em casos devidamente fundamentados, a prorrogação de permanência dos titulares de visto de residência para exercício de actividade profissional subordinada, de actividade independente e para actividade de investigação ou altamente qualificada depende da manutenção das condições que permitiram a admissão do cidadão estrangeiro.

(...)

CAPÍTULO VIII
AFASTAMENTO DO TERRITÓRIO NACIONAL
SECÇÃO I
DISPOSIÇÕES GERAIS

ARTIGO 134º
Fundamentos da expulsão

1 – Sem prejuízo das disposições constantes de convenções internacionais de que Portugal seja Parte ou a que se vincule, é expulso do território português o cidadão estrangeiro:
a) Que entre ou permaneça ilegalmente no território português;
b) Que atente contra a segurança nacional ou a ordem pública;
c) Cuja presença ou actividades no País constituam ameaça aos interesses ou à dignidade do Estado Português ou dos seus nacionais;
d) Que interfira de forma abusiva no exercício de direitos de participação política reservados aos cidadãos nacionais;

e) Que tenha praticado actos que, se fossem conhecidos pelas autoridades portuguesas, teriam obstado à sua entrada no País;

f) Em relação ao qual existam sérias razões para crer que cometeu actos criminosos graves ou que tenciona cometer actos dessa natureza, designadamente no território da União Europeia.

2 – O disposto no número anterior não prejudica a responsabilidade criminal em que o estrangeiro haja incorrido.

3 – Aos refugiados aplica-se o regime mais benéfico resultante de lei ou convenção internacional a que o Estado Português esteja obrigado.

Nota:

O preceito atenta nos casos de afastamento, que podem tomar a forma de abandono voluntário (art. 138.°) ou expulsão (arts. 145.°, 151.° e 152.°).

Havendo abandono voluntário, só possível em caso de entrada ou permanência regular, o cidadão não sofre a pena de interdição de entrada (art. 144.°).

ARTIGO 135º
Limites à expulsão

Não podem ser expulsos do País os cidadãos estrangeiros que:

a) Tenham nascido em território português e aqui residam;

b) Tenham efectivamente a seu cargo filhos menores de nacionalidade portuguesa a residir em Portugal;

c) Tenham filhos menores, nacionais de Estado terceiro, residentes em território português, sobre os quais exerçam efectivamente o poder paternal e a quem assegurem o sustento e a educação;

d) Que se encontrem em Portugal desde idade inferior a 10 anos e aqui residam.

Nota:

Os limites à expulsão são concedidos àqueles cujo estatuto se aproxima muito do dos cidadãos nacionais, pela permanência em Portugal ou pela responsabilidade parental.

ARTIGO 136º
Protecção do residente de longa duração em Portugal

1 – A decisão de expulsão judicial de um residente de longa duração só pode basear-se na circunstância de este representar uma ameaça real e suficientemente grave para a ordem pública ou a segurança pública, não devendo basear-se em razões económicas.

2 – Antes de ser tomada uma decisão de expulsão de um residente de longa duração, são tidos em consideração os seguintes elementos:
a) A duração da residência no território;
b) A idade da pessoa em questão;
c) As consequências para essa pessoa e para os seus familiares;
d) Os laços com o país de residência ou a ausência de laços com o país de origem.
3 – A decisão de expulsão é susceptível de impugnação judicial, com efeito suspensivo.
4 – Ao residente de longa duração que não disponha de recursos suficientes é concedido apoio judiciário, nos termos da lei.

ARTIGO 137º
Expulsão de residentes de longa duração num Estado membro da União Europeia
1 – O titular do estatuto de longa duração concedido por um Estado membro da União Europeia pode ser expulso se permanecer ilegalmente em território nacional.
2 – Enquanto o nacional de um Estado terceiro, com autorização de residência concedida ao abrigo do artigo 116º, não tiver obtido o estatuto de residente de longa duração em território nacional, a decisão de expulsão só pode ser tomada nos termos dos nºs 1 e 2 do artigo 136º, após consulta ao Estado membro da União Europeia que lhe concedeu o estatuto.
3 – Em caso de expulsão para o território do Estado membro da União Europeia que lhe concedeu o estatuto de residente de longa duração, as autoridades competentes deste são notificadas da decisão pelo SEF.
4 – O SEF toma todas as medidas para executar efectivamente tal decisão e informar as autoridades competentes do Estado membro da União Europeia, que concedeu o estatuto de residente de longa duração à pessoa em questão, das medidas adoptadas relativamente à implementação da decisão de expulsão.

ARTIGO 138º
Abandono voluntário do território nacional
1 – O cidadão estrangeiro que entre ou permaneça ilegalmente em território nacional pode, em casos fundamentados, não ser detido nos termos do artigo 146º, mas notificado pelo SEF para abandonar voluntariamente o território nacional no prazo que lhe for fixado, entre 10 e 20 dias.
2 – O cidadão estrangeiro a quem tenha sido cancelada a autorização de residência é notificado pelo SEF para abandonar voluntariamente o território nacional no prazo que lhe for fixado, entre 10 e 20 dias.

3 – O prazo referido nos números anteriores pode ser prorrogado pelo SEF em casos devidamente fundamentados.
4 – Em caso de decisão de cancelamento de autorização de residência nos termos do artigo 85º, o cidadão estrangeiro é notificado para abandonar imediatamente o território nacional, sob pena de incorrer no crime de desobediência qualificada.
5 – O cumprimento da ordem de abandono imediato do território nacional pressupõe a utilização pelo cidadão estrangeiro do primeiro meio de viagem disponível e adequado à sua situação.

ARTIGO 139º
Apoio ao regresso voluntário

1 – O Estado pode apoiar o regresso voluntário de cidadãos estrangeiros que preencham as condições exigíveis aos países de origem, no âmbito de programas de cooperação estabelecidos com organizações internacionais, nomeadamente a Organização Internacional para as Migrações, ou organizações não governamentais.
2 – Os cidadãos estrangeiros que beneficiem do apoio concedido nos termos do número anterior, quando titulares de autorização de residência, entregam-na no posto de fronteira no momento do embarque.
3 – Durante um período de três anos após o abandono do País, os beneficiários de apoio ao regresso voluntário só podem ser admitidos em território nacional se restituírem os montantes recebidos, acrescidos de juros à taxa legal.
4 – O disposto no número anterior não prejudica a possibilidade de emissão excepcional de visto de curta duração, por razões humanitárias, nos termos definidos no artigo 68º
5 – Não são sujeitos à exigência prevista no nº 3 os cidadãos que tenham beneficiado de um regime de protecção temporária.

ARTIGO 140º
Entidade competente para a expulsão

1 – A expulsão pode ser determinada, nos termos da presente lei, por autoridade judicial ou autoridade administrativa competente.
2 – A expulsão é determinada por autoridade judicial quando revista a natureza de pena acessória ou quando o cidadão estrangeiro objecto da decisão tenha entrado ou permanecido regularmente em Portugal.

ARTIGO 141º
Competência processual

1 – É competente para mandar instaurar processos de expulsão e para ordenar o prosseguimento dos autos, determinando, nomeadamente, o seu envio para tribunal competente, o director-geral do SEF, que pode delegar nos directores regionais do serviço.
2 – Compete igualmente ao director-geral do SEF a decisão de arquivamento do processo.

ARTIGO 142º
Medidas de coacção

1 – No âmbito de processos de expulsão, para além das medidas de coacção enumeradas no Código de Processo Penal, com excepção da prisão preventiva, o juiz pode, havendo perigo de fuga, ainda determinar as seguintes:
a) Apresentação periódica no SEF;
b) Obrigação de permanência na habitação com utilização de meios de vigilância electrónica, nos termos da lei;
c) Colocação do expulsando em centro de instalação temporária ou em espaço equiparado, nos termos da lei.
2 – São competentes para aplicação de medidas de coacção os juízos de pequena instância criminal ou os tribunais de comarca do local onde for encontrado o cidadão estrangeiro.

Nota:
As medidas de coacção previstas, e para além da menção do CPP, visam essencialmente atribuir ao expulsando que não possui residência uma forma de acolhimento nos denominados, "centro de instalação temporária".

ARTIGO 143º
País de destino

1 – A expulsão não pode ser efectuada para qualquer país onde o cidadão estrangeiro possa ser perseguido pelos motivos que, nos termos da lei, justificam a concessão do direito de asilo ou onde o cidadão estrangeiro possa sofrer tortura, tratamento desumano ou degradante na acepção do artigo 3º da Convenção Europeia dos Direitos do Homem.
2 – Para poder beneficiar da garantia prevista no número anterior, o interessado deve invocar o receio de perseguição e apresentar a respectiva prova no prazo que lhe vier a ser concedido.
3 – Nos casos previstos no número anterior, o expulsando é encaminhado para outro país que o aceite.

ARTIGO 144º
Prazo de interdição de entrada

Ao cidadão estrangeiro expulso é vedada a entrada em território nacional por período não inferior a cinco anos.

SECÇÃO II
EXPULSÃO DETERMINADA POR AUTORIDADE ADMINISTRATIVA

ARTIGO 145º
Expulsão administrativa

Sem prejuízo da aplicação do regime de readmissão, a expulsão só pode ser determinada por autoridade administrativa com fundamento na entrada ou permanência ilegais em território nacional.

Nota:

A expulsão administrativa ocorre quando o cidadão entra ou permaneça irregularmente em Portugal.

ARTIGO 146º
Detenção de cidadão estrangeiro em situação ilegal

1 – O cidadão estrangeiro que entre ou permaneça ilegalmente em território nacional é detido por autoridade policial e, sempre que possível, entregue ao SEF acompanhado do respectivo auto, devendo o mesmo ser presente, no prazo máximo de quarenta e oito horas após a detenção, ao juiz do juízo de pequena instância criminal, na respectiva área de jurisdição, ou do tribunal de comarca, nas restantes áreas do País, para a sua validação e eventual aplicação de medidas de coacção.

2 – Se for determinada a detenção em centro de instalação temporária ou espaço equiparado, é dado conhecimento do facto ao SEF para que promova o competente processo visando o afastamento do cidadão estrangeiro do território nacional.

3 – A detenção prevista no número anterior não pode prolongar-se por mais tempo do que o necessário para permitir a execução da decisão de expulsão, sem que possa exceder 60 dias.

4 – Se não for determinada a detenção em centro de instalação temporária, é igualmente feita a comunicação ao SEF para os fins indicados no nº 2, notificando-se o cidadão estrangeiro de que deve comparecer no respectivo serviço.

5 – Não é organizado processo de expulsão contra o cidadão estrangeiro que, tendo entrado irregularmente no território nacional, apresente um pedido de asilo a qualquer autoridade policial dentro das quarenta e oito horas após a sua entrada.
6 – O cidadão estrangeiro nas condições referidas no número anterior aguarda em liberdade a decisão do seu pedido e deve ser informado pelo SEF dos seus direitos e obrigações, de harmonia com o disposto na lei reguladora do direito de asilo.
7 – São competentes para efectuar detenções, nos termos do nº 1, as autoridades e os agentes de autoridade do SEF, da Guarda Nacional Republicana, da Polícia de Segurança Pública, da Polícia Judiciária e da Polícia Marítima.

ARTIGO 147º
Condução à fronteira
1 – O cidadão estrangeiro detido nos termos do nº 1 do artigo 146º que, durante o interrogatório judicial e depois de informado sobre o disposto nos nºs 2 e 3, declare pretender abandonar o território nacional pode, por determinação do juiz competente e desde que devidamente documentado, ser entregue à custódia do SEF para efeitos de condução ao posto de fronteira e afastamento no mais curto espaço de tempo possível.
2 – O cidadão que declare pretender ser conduzido ao posto de fronteira fica interdito de entrar em território nacional pelo prazo de um ano.
3 – A condução à fronteira implica a inscrição do cidadão no Sistema de Informação Schengen e na lista nacional de pessoas não admissíveis pelo período da interdição de entrada.

ARTIGO 148º
Processo
1 – Durante a instrução do processo é assegurada a audição da pessoa contra a qual o mesmo foi instaurado, que goza de todas as garantias de defesa.
2 – A audição referida no número anterior vale, para todos os efeitos, como audiência do interessado.
3 – O instrutor deve promover as diligências consideradas essenciais para o apuramento da verdade, podendo recusar, em despacho fundamentado, as requeridas pela pessoa contra a qual foi instaurado o processo, quando julgue suficientemente provados os factos alegados por esta.
4 – Concluída a instrução, é elaborado o respectivo relatório, no qual o instrutor faz a descrição e apreciação dos factos apurados, propondo a resolução que considere adequada, e o processo é presente à entidade competente para proferir a decisão.

ARTIGO 149º
Decisão de expulsão

1 – A decisão de expulsão é da competência do director-geral do SEF.

2 – A decisão de expulsão é comunicada por via electrónica ao ACIDI, I. P., e ao Conselho Consultivo e notificada à pessoa contra a qual foi instaurado o processo com indicação dos seus fundamentos, do direito de impugnação judicial e do respectivo prazo, bem como da sua inscrição no Sistema de Informação Schengen ou na lista nacional de pessoas não admissíveis.

3 – A decisão de expulsão contém obrigatoriamente:

a) Os fundamentos;

b) As obrigações legais do expulsando;

c) A interdição de entrada em território nacional, com a indicação do respectivo prazo;

d) A indicação do país para onde não deve ser encaminhado o cidadão estrangeiro que beneficie da garantia prevista no artigo 143º

ARTIGO 150º
Impugnação judicial

A decisão de expulsão proferida pelo director-geral do SEF é susceptível de impugnação judicial, com efeito devolutivo, perante os tribunais administrativos.

SECÇÃO III
EXPULSÃO JUDICIAL

SUBSECÇÃO I
PENA ACESSÓRIA DE EXPULSÃO

ARTIGO 151º
Pena acessória de expulsão

1 – A pena acessória de expulsão pode ser aplicada ao cidadão estrangeiro não residente no País, condenado por crime doloso em pena superior a 6 meses de prisão efectiva ou em pena de multa em alternativa à pena de prisão superior a 6 meses.

2 – A mesma pena pode ser imposta a um cidadão estrangeiro residente no País, condenado por crime doloso em pena superior a 1 ano de prisão, devendo, porém, ter-se em conta, na sua aplicação, a gravidade dos factos praticados pelo arguido, a sua personalidade, a eventual reincidência, o grau de inserção na vida social, a prevenção especial e o tempo de residência em Portugal.

3 - Sem prejuízo do disposto no número anterior, a pena acessória de expulsão só pode ser aplicada ao cidadão estrangeiro com residência permanente quando a sua conduta constitua uma ameaça suficientemente grave para a ordem pública ou segurança nacional.
4 - Sendo decretada a pena acessória de expulsão, o juiz de execução de penas ordena a sua execução logo que estejam cumpridos dois terços da pena de prisão.
5 - O juiz de execução das penas pode decidir a antecipação da execução da pena acessória de expulsão, em substituição da concessão de liberdade condicional, logo que julgue preenchidos os pressupostos desta e desde que esteja cumprida metade da pena de prisão.

Nota:

A pena acessória completa a pena principal (*v.g.*, 8 anos de prisão). Quanto mais próximo o estrangeiro se aproxima do estatuto do cidadão nacional mais difícil se torna proceder à expulsão do cidadão.

SUBSECÇÃO II
MEDIDA AUTÓNOMA DE EXPULSÃO JUDICIAL

ARTIGO 152º
Tribunal competente

1 - São competentes para aplicar a medida autónoma de expulsão:
a) Nas respectivas áreas de jurisdição, os juízos de pequena instância criminal;
b) Nas restantes áreas do País, os tribunais de comarca.
2 - A competência territorial determina-se em função da residência em Portugal do cidadão estrangeiro ou, na falta desta, do lugar em que for encontrado.

Nota:

A pena autónoma de expulsão será aplicável aos casos em que o cidadão compromete a segurança nacional, apesar de não ter cometido, em território português, qualquer crime (art. 134.°, al. *b*)).

ARTIGO 153º
Processo de expulsão

1 - Sempre que tenha conhecimento de qualquer facto que possa constituir fundamento de expulsão, o SEF organiza um processo onde sejam recolhidas as provas que habilitem à decisão.

2 – O processo de expulsão inicia-se com o despacho que o mandou instaurar e deve conter, além da identificação do cidadão estrangeiro contra o qual foi mandado instaurar, todos os demais elementos de prova relevantes que lhe respeitem, designadamente a circunstância de ser ou não residente no País e, sendo-o, o período de residência.

3 – Em caso de acusação também pelo crime de desobediência por não abandono imediato do território nacional nos termos do nº 4 do artigo 138º, este é julgado por apenso.

ARTIGO 154º
Julgamento

1 – Recebido o processo, o juiz marca julgamento, que deve realizar-se nos cinco dias seguintes, mandando notificar a pessoa contra a qual foi instaurado o processo, as testemunhas indicadas nos autos e o SEF, na pessoa do respectivo director regional.

2 – É obrigatória a presença na audiência da pessoa contra a qual foi instaurado o processo.

3 – Na notificação à pessoa contra a qual foi instaurado o processo deve mencionar-se igualmente que, querendo, pode apresentar a contestação na audiência de julgamento e juntar o rol de testemunhas e os demais elementos de prova de que disponha.

4 – A notificação do SEF, na pessoa do respectivo director regional, visa a designação de funcionário ou funcionários do serviço que possam prestar ao tribunal os esclarecimentos considerados de interesse para a decisão.

5 – Nos casos previstos na alínea f) do nº 1 do artigo 134º aplica-se o disposto nos nºs 1 e 2 do artigo 382º e nos artigos 385º e 389º do Código de Processo Penal.

ARTIGO 155º
Adiamento da audiência

1 – O julgamento só pode ser adiado uma única vez e até ao 10º dia posterior à data em que deveria ter lugar:

a) Se a pessoa contra a qual foi instaurado o processo solicitar esse prazo para a preparação da sua defesa;

b) Se a pessoa contra a qual foi instaurado o processo faltar ao julgamento;

c) Se ao julgamento faltarem testemunhas de que o Ministério Público ou a pessoa contra a qual foi instaurado o processo não prescindam;

d) Se o tribunal, oficiosamente, considerar necessário que se proceda a quaisquer diligências de prova essenciais à descoberta da verdade dos factos e que possam previsivelmente realizar-se dentro daquele prazo.

2 – O disposto nas alíneas a) a c) do número anterior não é aplicável aos casos previstos na alínea f) do nº 1 do artigo 134º

ARTIGO 156º
Aplicação subsidiária do processo sumário

Com excepção dos casos previstos na alínea f) do nº 1 do artigo 134º, são aplicáveis, com as necessárias adaptações, as disposições do Código de Processo Penal relativas ao julgamento em processo sumário.

ARTIGO 157º
Conteúdo da decisão

1 – A decisão judicial de expulsão contém obrigatoriamente:
a) Os fundamentos;
b) As obrigações legais do expulsando;
c) A interdição de entrada em território nacional, com a indicação do respectivo prazo;
d) A indicação do país para onde não deve ser encaminhado o cidadão estrangeiro que beneficie da garantia prevista no artigo 143º
2 – A execução da decisão implica a inscrição do expulsando no Sistema de Informação Schengen ou na lista nacional de pessoas não admissíveis pelo período de interdição de entrada.
3 – A inscrição no Sistema de Informação Schengen é notificada ao expulsando pelo SEF.

ARTIGO 158º
Recurso

1 – Da decisão judicial que determina a expulsão cabe recurso para o Tribunal da Relação com efeito devolutivo.
2 – É aplicável subsidiariamente o disposto no Código de Processo Penal sobre recurso ordinário.

SECÇÃO IV
EXECUÇÃO DA DECISÃO DE EXPULSÃO

ARTIGO 159º
Competência para a execução da decisão

Compete ao SEF dar execução às decisões de expulsão.

ARTIGO 160º
Cumprimento da decisão

1 – O cidadão estrangeiro contra quem haja sido proferida decisão de expulsão deve abandonar o território nacional, ficando entregue à custódia do SEF, com vista à execução da decisão de expulsão.

2 – Pode ser dada ao cidadão estrangeiro a possibilidade de abandonar o território nacional, no prazo que lhe for fixado.

3 – Pode ser requerido ao juiz competente, enquanto não for executada a decisão de expulsão ou enquanto não expirar o prazo a que se refere o número anterior, que o expulsando fique sujeito ao regime:

a) De colocação em centro de instalação temporária ou espaço equiparado;

b) De obrigação de permanência na habitação com utilização de meios de vigilância electrónica.

c) De apresentação periódica no SEF ou às autoridades policiais.

BIBLIOGRAFIA

AMARAL, Freitas do e TORGAL, Lino, "Da natureza e regime dos contratos de exploração de jogos de fortuna e ou azar – Parecer", Estudos sobre concessões e outros actos da administração, Almedina, 2002

ANDRADE, Manuel de, "Teoria Geral da Relação Jurídica", vol. II, 1987, 7ª reimpressão, Coimbra, Almedina, p. 366

ANDRADE, Vieira de, "O dever de fundamentação expressa de actos administrativos", Coimbra, Almedina, 1992

AMARAL, Freitas do, "Curso de Direito Administrativo", Coimbra, Almedina, 1994

AMARAL, Freitas do, "Direito Administrativo, vol. II, Lisboa, 1988

AMARAL, Freitas do, "Direito Administrativo", vol. III, AFDL

ARAGÃO, Maria Alexandra, "O princípio do poluidor pagador", CE, 1997

ASCENSÃO, Oliveira, "Direito Civil. Reais", 5ª ed., Coimbra Ed., 2000

BRAVO, Jorge, "A tutela penal dos interesses difusos", CE, 1997

CAETANO, Marcelo, "Manual de Direito Administrativo", vol. II, Almedina, 10

CHAVES, Rui Moreira, "Código da Publicidade Anotado", Coimbra, Almedina, 2ª ed., 2005

CORDEIRO, Menezes, "Tratado de Direito Civil Português", I, Parte Geral, Tomo I, 1999, Coimbra, Almedina, p. 443

COSTA, Mário Júlio Almeida, "Direito das Obrigações", Coimbra, Almedina, 7ª ed., 1998

DIAS, Figueiredo e OLIVEIRA, Fernanda Paula, A discricionariedade administrativa", *Scientia Iuridica*, nºs 280/282

FERNANDES, Carvalho, "Lições de Direitos Reais", 3ª ed., 2001, *Quid Iuris*, p. 463

FERREIRA, Mário, "Da protecção penal do consumo – O problema da (des)criminalização no incitamento ao consumo", Coimbra, Almedina, 1996

LEAL, Catarina Mendes, "O Turismo Rural e a União Europeia – uma realidade em expansão – guia prático de investimento", Almedina, 2001

LIMA, Pires de e VARELA, Antunes, "Código Civil Anotado", vol. III, 1984, 2ª ed., Coimbra, Coimbra Editora

MAÇAS, Maria Fernanda, "A caducidade por incumprimento e a natureza dos prazos na atribuição da utilidade turística", CJA, nº 48, p. 3

MENDES, Isabel Pereira, Direito Real de Habitação Periódica", Coimbra, Almedina, 1993

MIRANDA, Miguel, "O contrato de viagem organizada", Coimbra, Almedina, 2000

NABAIS, Casalta, Introdução ao Direito do Património Cultural", Almedina, 2004

NEVES, Maria José Castanheira, OLIVEIRA, Fernanda Paula e LOPES, Dulce, "Regime Jurídico da Urbanização e Edificação Comentado", Almedina, 2006

OLIVEIRA, Fernanda Paula, Anotação ao Acordão do STA, de 11.01.2001, CJA, nº 29

PEREIRA, Beça, "Regime Geral das contra-ordenações e coimas", Almedina, 4ª ed.

QUINTAS, Paula, "A utilidade turística – a urgência de uma actualização", RPDC, nº 46

QUINTAS, Paula, "O Novo Regime Jurídico de instalação, exploração e funcionamento dos empreendimentos turísticos", Almedina, 2008

QUINTAS, Paula/QUINTAS, Helder, "Código do Trabalho", 2ª ed., Almedina, 2010

PINTO, Mota, "Teoria Geral do Direito Civil", 1993, 3ª ed., Coimbra, Coimbra Editora, p. 559

REIS, João Pereira e LOUREIRO, Margarida, "Regime Jurídico da Urbanização e da Edificação Anotado", Almedina, 2002

SANTOS, Simas e SOUSA, Lopes de, "Contra-ordenações – Anotações ao regime geral", Vislis Editores, 2001

SERENS, Nogueira, "Direitos do consumidor e publicidade enganosa", *in* Comunicação e Defesa do Consumidor, Instituto Jurídico da Comunicação, Faculdade de Direito, Universidade de Coimbra, 1996

SILVA, Calvão da, "Cumprimento e sanção pecuniária compulsória", Coimbra, 1997

SILVA, Vieira Pereira da, "Verde – Cor de Direito – Lições de Direito do Ambiente", Almedina, 2ª reimp. da edição de 2002

WILL, Michael, "A mensagem publicitária. Obstáculos à formação dos contratos"; Comunicação e Defesa do Consumidor, Instituto Jurídico da Comunicação, Faculdade de Direito, Universidade de Coimbra, 1996

VARELA, Antunes, "Das obrigações em geral", vol. II, Almedina, 6ª ed., 1995

LEGISLAÇÃO COMPLEMENTAR, NÃO INSERIDA NA PRESENTE OBRA:

- Regime jurídico de acesso e de exercício da actividade de campo de férias (Decreto-Lei nº 32/2011, de 07.03)
- Naturismo (Lei nº 35/2010, de 20.12)
- Processo de candidatura e reconhecimento de áreas protegidas privadas (Portaria nº 1181/2009, de 07.10)
- Equipamento de diversão (Decreto-Lei nº 268/2009, de 29.09)
- Requisitos dos parques de campismo (Portaria nº 1320/2008, de 17.11)
- Reserva Ecológica Nacional (Decreto-Le nº 166/2008, de 22.08)
- Áreas protegidas privadas (Decreto-Lei nº 142/2008, de 24.07)
- Áreas regionais de turismo (Decreto-Lei nº 67/2008, de 10.04)
- Regime jurídico da actividade de náutica de recreio (Decreto-Lei nº 124/2004, de 25.05)
- Obrigatoriedade dos estabelecimentos de restauração e bebidas disporem de um sistema de segurança privada, bem como de meios, humanos e técnicos, considerados indispensáveis ao normal funcionamento desses meios de segurança (Decreto-Lei nº 263/2001, de 28.09)
- Recintos com diversões aquáticas (Decreto-Lei nº 65/97, de 31.03, alterado pelo Decreto-Lei nº 79/2009, de 02.04)

ÍNDICE GERAL